제4차 산업혁명과 코로나19 이후를 대비한

최신 부동산개발론
- 이론과 실무 -

윤영식 저

박영사

머리말

2007년 1월 '부동산개발학'을 시작으로, 2016년 3월 「부동산개발론(제3판)」을 출간한 지도 벌써 6년이 지났다. 지금까지의 부동산시장은 양호한 입지의 땅만 확보하면 무조건 돈을 버는 독점구조였으나, 2020년을 기하여 제4차 산업혁명과 코로나19 사태로 사람과 사물, 사물과 사물, 정보와 자금의 이동하는 방식이 완전히 바뀌면서 독점구조가 깨져버렸다. 그러므로 부동산가치를 높이려면 양호한 입지의 개발상품을 고르는 데 그치지 않고 수요자에게 어떤 브랜드가치나 서비스를 제공할지 전략적으로 사고해야 한다.

정보통신기술(ICT)의 발달로 IT 기술과 통신기술이 다른 산업과 연결되고 융합되는 산업 환경의 변화를 의미하는 제4차 산업혁명의 시대에 접어들었다. 이로 인해 데이터를 다양한 방법으로 수집하고 이를 클라우드 빅데이터로 만들어 인공지능(AI)으로 제조, 서비스, 스마트데이터 분야로 구분함으로써 보다 안전하고 편리한 삶을 영위할 수 있다.

또한, 스마트데이터를 통한 정보 분석으로 예측가능케 하여 홍보활동이나 마케팅전략에 활용할 수 있다. 이는 결국 부동산개발사업에도 프롭테크라는 이름으로 개발사업의 여러 분야에서 활용할 수 있게 되었다. 즉 부동산개발환경에 엄청난 변화가 일어났다. 이와 함께 코로나19로 인한 온라인 교육, 재택근무, 온라인 쇼핑, 온라인 뱅킹업무 등 비대면 분야의 사업도 급격하게 발전하게 되었다.

특히 제4차 산업혁명시대 전국 도시계획, 스마트시티, 전자지도 등과 지목이 전답이나 임야에 적용되는 자연생태도, 경사도, 임상도, 등고선 등 760여 개 공간정보를 현행법 기준에 따라 확인하고 분석할 수 있는 플랫폼인 GisLaw가 등장하였다. 이를 활용한다면 개발사업 관련법규 검토와 입지분석 그리고 상권분석도 제한적이나마 기본적으로는 가능하다. 최근에는 부동산·공간 빅데이터/AI 전문기업, 빅밸류의 플랫폼과 Richgo Mas는 우리나라 부동산에 관한 빅데이터를 수집하고 인공지능을 통해 입지분석과 시장분석을 자세히 할 수 있게 되어, 지금까지의 인적자원과 비용 그리고 시간을 단축할 수 있다. 그러나 아직까지 완벽하지 않고 이들 플랫폼을 활용하여 입지분석을 하거나 미래 가격을 추정할 때 입지요인과 가격에 미치는 요인들이 워낙 많기 때문에 현재 시점에서 실제로 조

Real Estate Development

사한 입지환경이나 분양가격 그리고 임대가격 등을 제외한 미래 변화 가능한 입지분석과 장래 분양가 등의 추정가격을 그대로 맹신해서는 안 된다. 왜냐하면 부동산입지는 해당 부지 주변지역의 법·행정적 요인, 사회·경제적 요인, 자연적 요인이 있는데, 이 요인들을 어떻게 조합하여 적용했는지에 따라 해답이 다르게 나타날 수 있기 때문이다. 그러므로 부동산개발업자가 직접 조사한 주변 입지환경과 장래 변경이 예정된 입지환경 그리고 미래 거시경제지표들과 관계를 참고로 하여 장래 추정가격도 예측하여야 하기 때문이다.*

결국 제4차 산업혁명과 코로나19 사태는 앞으로 5~10년 이내 우리나라에서 강력한 구매력을 갖춘 MZ세대들의 트렌드가 대세로 자리매김할 것으로 예상된다. 이들은 디지털시장에서 디지털자산을 NFT로 거래하는데, NFT는 블록체인을 기반으로 하고 있어 소유권 및 판매 이력 등의 관련정보가 모두 블록체인에 저장되어 최초 발행자 등을 언제나 확인할 수 있어 위조가 불가하다. 즉 그들은 기성세대와는 완전히 다른 라이프스타일을 가졌다. MZ세대들은 오프라인보다 온라인 시장에 익숙해 디지털시장(음원저작권, 사진과 가상화폐, 가상부동산, 실물 조각부동산 등)에서 거래하고 있으며, 가상세계는 물론 가상공간과 현실공간을 넘나드는 메타버스와 같은 복합세계에서 활동하며 플랫폼을 통하여 건물과 같은 실물 부동산도 쪼개기 거래를 하고 있다.

앞에서는 언급한 것과 마찬가지로 디지털시장의 발달로 물리적 공간가치가 축소되면서 부동산의 가치는 입지만으로 결정되는 것이 아니라 브랜드, 서비스, 전략, 기술 등 다양하고 독창적인 요소로부터 영향을 받게 된다. 이로 인해 부동산개발업자(디벨로퍼)들도 엄청난 개발환경변화에 직면하게 되었다.

아울러 미국과 중국 및 EU 등 선진국은 물론이고 글로벌 각 국가들은 2020년 3월경 코로나19 팬데믹이 발생하자 경기침체를 막고자 과잉공급한 유동성과 저금리의 자금은 코로나19로 인해 산업현장으로 들어가지 않고 주식시장과 주택시장으로 몰려 2021년 10월 글로벌 국가들의 주택가격은 상승하였으며, 주식시장은 역사상 최고치를 기록하며 버블

---

* 빅밸류와 Richgo의 홈페이지 참조.

이라는 말이 자연스럽게 흘러나오고 있다. 그런데 백신의 개발과 함께 거리두기로 경기가 조금씩 살아나다가 선진국을 중심으로 백신이 어느 정도 접종되자 보복소비가 일어나는 와중에 2022년 2월 24일 러시아의 우크라이나 침공으로 전쟁이 발발하자 공급망 봉쇄로 급격한 에너지가격 및 원자재가격 상승은 생산자 및 소비자 물가상승으로 이어져 인플레이션을 촉발된 계기가 되었다. 2021년 8월, 미국은 7월 FOMC 회의록을 공개하자 다수의 연준 의원들이 올해 하반기에 테이퍼링(국채 및 MBS 채권매입을 축소하는 것)을 시작해야 한다고 주장하고 있다. 이러한 와중에 델타변이 바이러스의 확진자가 미국을 중심으로 급속히 늘어나자 스태그플레이션 우려도 함께 나오고 있다. 2022년 6월에는 미국의 소비자 물가지수 CPI가 9.1%로 고점을 기록하는가 하면 EU와 영국도 수십 년 만에 맞는 물가상승률이 금리를 급격히 인상하는 계기를 촉발하였다. IMF, WB, OECD 같은 기관들은 수 개월이 지나면서 지속적으로 세계경제성장률을 하향하고 있는데 이는 우크라이나 사태와 중국에서 코로나19 재확산으로 인한 공급망이 봉쇄되어 원유를 비롯한 원자재가격과 식료품가격 폭등에 기인한 것이다. 이를 종합하면 거시환경은 우크라이나와 러시아전쟁, 대만의 지정학적 리스크, 미·중 패권전쟁, 중국봉쇄 및 시진핑 1인 사회주의체제로 전환, 코로나19의 변이종 출현 및 확장, 이상기후 등의 다중복합인플레로 유로존과 영국 등 사상최고 내지 수십 년 만에 물가가 상승하자 물가를 잡고자 미국을 비롯한 단기간에 큰 폭으로 금리인상을 단행함으로써 초불확실성이 존재하는 것이 사실이다. 글로벌 3대 신용평가기관뿐만 아니라 글로벌 대기업 CFO들도 스태그플레이션을 경고하였다. 결국 미 연준은 11월까지 FOMC회의에서 매우 이례적으로 기준금리를 75bp라는 자이언트스텝으로 4회 연속하여 금리를 인상하기에 이르렀다. 이렇게 되자 경기침체의 경고음이 글로벌 각국에서 점점 커지고 있다. 이와 같이 거시환경이 불확실한 상황에서 필자는 25년간 부동산 대학원 강단에서 이론을 교육하고, 또 다른 25년간 건설·개발의 전반적인 실무경험, 도시계획위원, 토지평가위원, 분양가심사위원 등을 역임한 경험 및 현대, 삼성, 대우 그룹, 부동산개발협회의 특강과 건대, 고대, 매경, 금융기관 등의 최고위과정 특강 등 여러 분야

에서 체험한 이론과 실무적인 경험을 토대로 하여 본 교재를 작성하였다. 뿐만 아니라 부동산 입지의 중요성이 감소되고, 새로운 트렌드에 맞는 심도 있는 개발론(이론과 실무) 교재를 집필하여 부동산개발 관련 국가 및 지자체, 금융기관, 기업체 등과 대학원과 실무자들이 이 교재를 통해 거시경제환경과 제4차 산업혁명과 코로나19로 인한 패러다임 변화에 대응할 수 있도록 하고자 한다.

그동안 수많은 독자 여러분과 교재로 채택해 주신 선생님들이 부동산개발론 제3판까지 끊임없는 사랑으로 애독해주셔서 진심으로 감사의 말씀을 드린다.

이에 보답하고자 이번에 집필하는 「최신 부동산개발론」은 제4차 산업혁명으로 인한 프롭테크(스마트시티, 스마트홈, 스마트빌딩, 스마트팩토리, 스마트물류, 스마트팜 등)와 MZ세대들이 거래하는 디지털시장, 부동산개발관련 분야의 플랫폼의 활용방안, 자본시장과 금융시장 그리고 클라우드 빅데이터를 활용하여 인공지능을 통한 상권분석, 마케팅전략, 홍보활동에 적용하는 등 부동산개발론도 융·복합적인 학문으로 변화를 모색하고, 최근 부동산개발환경의 흐름에 선두에서 리드하면서 이론적인 부분을 실무에 적용할 수 있는 지침서가 될 수 있도록 노력하였다.

이로 인해 「최신 부동산개발론」의 내용에는 이러한 변화를 고려하고 그동안 개정된 수많은 개발관련 법·제도들을 수정하고 보완하여 다음과 같은 부분에 중점을 두어 집필 하고자 노력하였다.

첫째, 지금까지의 부동산개발사업은 오프라인에서 이어졌기 때문에 무엇보다도 물리적 공간을 중시하는 입지가 중요하였는데 제4차 산업혁명과 코로나19로 인해 물리적 공간을 초월하여 온라인공간과 디지털공간으로 이동함에 따라 이에 대응하고자 입지의 중요성을 축소하고 수요자의 니즈에 부합하는 다양한 콘텐츠와 독창적인 아이디어를 활용하는 트렌드에 맞는 개발사업을 할 수 있도록 내용을 보완하고 수정하였다. 그리고 불확실성시대 부동산개발사업에서 무엇보다도 중요한 것이 개발시점 포착이나 리스크를 줄이기 위해 장·단기 개발사업을 분류하고 각 사업별 시행시기를 결정하고자 타이밍이라고 하는 글로벌 및 국내 거시환경 분석을 좀 더 철저히 실시하였다. 이런 3가지를 중점으로 해서 제4차 산업혁명과 코로나19로 인한 개발환경변화와 개발업자의 개발전략이란 제목으로 제1장의 맨 처음 한 절을 할애하여 상세히 기술하였다.

둘째, 부동산의 개발사업을 성공적으로 추진하기 위해서는 무엇보다도 기초적이고 필수적인 지식인 부동산특성과 부동산의 특성이 부동산개발사업에 미치는 영향을 새로운 스마트 개발환경과 트렌드에 맞게 보완하여 설명하였다.

셋째, 부동산개발사업의 일반적 절차에서 개발업자의 역할과 단계별 개발업무와 참여자들의 역할을 설명하였다. 그리고 제4차 산업혁명과 코로나19 이후 개발 환경변화에서 새롭게 등장한 입지의 중요성 감소, 앞으로 구매력이 강한 MZ세대들의 트렌드, 개발의 거시적 환경변화 등을 고려하여 극대의 수익률을 위해 리스크를 극소화하고자 하는 디벨로퍼들에게 도움을 주는 데 역점을 주었다.

넷째, 부동산개발관련 필요지식을 기술하고 이들의 활용방법을 제3장에서 부동산의 융복합화, 프롭테크 활용 등 스마트환경에서 새로운 최근 트렌드에 맞게 제시함으로써 초보 디벨로퍼들까지도 쉽게 이론적 필요지식을 부동산개발 실무에 적용할 수 있도록 노력하였다.

다섯째, 부동산개발사업의 추진여부에 대해 최종 의사결정에 영향을 미치는 부동산개발사업타당성 분석을 제4장에서 스마트환경과 최근 트렌드에 맞게 설명하였다.

여섯째, 최근 부동산개발업의 현황과 당면과제를 제5장에서 제4차 산업혁명과 코로나19이후 개발환경의 변화에 맞추어 제시하고 이를 통하여 선진국형 개발사업 방식을 참고하여 개발사업을 추진할 수 있도록 노력하였다.

일곱째, 부동산정책과 역사적 조망을 통하여 우리나라 부동산개발 역사를 제6장에서 조명하고 이를 통해 국가는 기간별 부동산정책의 장·단점을 고찰함으로써 시사점을 발견하고 앞으로 올바른 부동산정책을 수립하는 데 도움이 될 수 있도록 하였으며, 민간개발업자들은 부동산 정책 실패 사례로부터 교훈을 얻고 보다 성숙하고 선진국형 디벨로퍼가

될 수 있도록 도움을 주고자 하였다.

여덟째, 부록에 실은 '건축법 시행령' [별표 1]을 수록하여 독자들의 편의를 도모하고자 하였다.

정년퇴직을 맞아 「최신 부동산개발론」을 출간할 수 있도록 지혜와 건강을 주신 하나님께 먼저 감사를 드린다.

바쁘신 가운데 본 교재에 수록한 설계도면을 쉽게 이해할 수 있도록 작성해 준 해마루 건축설계 사무소 정경운 대표에게 지면을 통해서 감사의 마음을 표한다.

마지막으로 「최신 부동산개발론」의 출판을 흔쾌히 허락해 주신 출판사 박영사 안종만 회장님과 안상준 대표님께 깊은 감사를 드린다. 아울러 이 교재가 정교하게 완성될 수 있도록 편집과 교정에 수고해 주신 사윤지 선생님과 기획·마케팅 정연환 과장님, 표지디자인 벤스토리, 마지막으로 제작에 고철민 차장님과 조영환 대리님에게도 마음속으로 깊은 감사를 드린다.

2023년 2월 1일
미래 도시 연구소에서 저자 씀

제1장
부동산개발론의 기초

Real Estate Development

제2장
부동산개발의 일반적 절차

제3장
부동산개발사업의 단계별 필요지식 활용

Real Estate Development

제4장

부동산개발사업의 타당성분석

제5장
최근 부동산개발업의 현황과 당면과제

Real Estate Development

제6장

부동산개발정책과 역사적 조망

표 목차

Real Estate Development

Real Estate Development

그림 목차

Real Estate Development

제1장

부동산개발론의 기초

Real Estate Development

부동산개발론의 기초

개요(Overview)

부동산개발은 사회적 요구에 부응하기 위한 건설 환경의 끊임없는 재구성을 말한다. 도로나 상하수도, 주택, 사무실 그리고 도시의 위락시설들은 우연히 생기는 것이 아니다. 누군가가 동기를 부여하고, 건설 및 유지관리를 하며, 궁극적으로 우리가 일하고 거주하고 향유하는 공간에 대한 재창조를 하기 위해 관리해야 한다.

개발에 대한 수요는 끊임없이 변화된다. 왜냐하면, 인구, 기술 그리고 취향이 계속 변하기 때문이다. 특히, 제4차 산업혁명과 2020년 3월을 기준으로 시작된 코로나19 팬데믹이 부동산개발환경에 엄청난 변화를 가져왔다.

정보통신기술(ICT)의 발달로 IT 기술과 통신기술이 다른 산업과 연결되고 융합되는 산업환경의 변화를 의미하는 제4차 산업혁명의 시대가 열렸다. 이로 인해 데이터를 다양한 방법으로 수집하고 이를 클라우드 빅데이터로 만들어 인공지능(AI)으로 분석하여 인간의 행동을 예측하고 대응하는 놀라운 발전을 가져왔다. 이는 결국 부동산개발사업에도 '프롭테크(proptech)'라는 이름으로 개발사업의 여러 분야에서 활용할 수 있게 되었다. 즉 부동산개발환경에 엄청난 변화가 일어났다. 이와 함께 코로나19로 인해 온라인 교육, 재택근무, 온라인 쇼핑 등 비대면 분야의 사업이 급격하게 발전하게 되었다.

결국 제4차 산업혁명과 코로나19 사태로 인하여 우리나라는 5~10년 이내에 강력한 구매력을 갖춘 MZ세대들의 트렌드가 대세로 자리매김할 것으로 예상된다. 이들은 디지털시장에서 디지털자산을 거래하고 디지털자산은 NFT로 거래하는데, NFT는 블록체인을 기반으로 하고 있어 소유권 및 판매이력 등의 관련정보가 모두 블록체인에 저장되어 최초 발행자 등을 언제나 확인할 수 있기 때문에 위조가 불가하다. 즉 그들은 기성세대와 완전히 다른 라이프스타일을 가졌다. MZ세대들은 오프라인보다 온라인 시장에 익숙해 디지털시장(음원저작권, 사진과 가상화폐, 가상부동산 등)에서 거래하고 있으며, 가상세계는 물론 가상공간과 현실공간을 넘나드는 메타버스와 같은 복합세계에서 활동하며 플랫폼을 통하여 거래하고 있다.

앞에서는 언급한 것과 마찬가지로 디지털시장의 발달로 물리적 공간가치가 축소되면서 부동산의 가치는 토지만으로 결정되는 것이 아니라 브랜드, 서비스, 전략, 기술 등 다양하고 독창적인 요소로부터 영향을 받게 된다. 이로 인해 부동산개발업자(디벨로퍼)들도 엄청난 개발환경변화에 직면하게 되었다.

아울러 2020년 3월경 코로나19 팬데믹이 오자 미국, 중국, 유럽 등 선진국은 물론 글로벌 각 국가들이 경기침체를 막고자 엄청나게 푼 유동성과 저리의 금리가 코로나로 인해 산업현장으로 들어가지 않고 주식시장과 주택시장으로 몰려 2021년 10월 각국 주택가격 상승과 주식시장은 역사상 최고치를 기록

하며 버블이라는 말이 자연스럽게 흘러나오고 있다.

부동산개발사업 중에서 데이터센터, 물류센터, 지식산업센터, 업무시설 등을 제외한 대부분의 비주거용시설들은 침체의 늪에서 벗어나지 못하고 있는 것이 현실이다.

최근 부동산개발업자는 부동산개발사업에서 위험을 줄이기 위한 방법 중 개발시점 포착이나 개발사업을 장·단기 종류별 사업으로 분류하여 사업을 해야 한다.

왜냐하면 최근 불확실성시대에는 미국, 중국, 유럽 등을 비롯한 글로벌 거시경제 환경과 국내 거시경제 환경을 면밀히 검토하여 경기침체기에 적절히 대응해야 때문이다.

본 장에서는 먼저 부동산개발환경변화와 디벨로퍼의 대응전략을 서술하고 부동산개발에 대한 내용을 개략적으로 이해하기 위하여 부동산의 특성이 부동산개발에 미치는 영향, 부동산개발의 개념과 종류, 부동산개발론의 학문적 성격규명과 부동산학에서 차지하는 위치를 살펴보고자 한다.

제1절
부동산개발환경변화와 디벨로퍼의 대응전략

1. 제4차 산업혁명시대 도래

1) 산업혁명의 변천사와 제4차 산업혁명의 이해

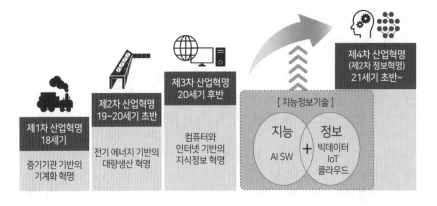

제4차 산업혁명이란 용어는 1916년 세계다보스포럼에서 처음 사용되었다. 세계다보스

[그림 1-1] 제4차 산업혁명의 핵심기술

• 과거 증기기관의 발명이 철도라는 근대적인 교통수단의 시발점이 되었듯이, 디지털, 바이오, 물리학의 발전은 **가상물리시스템(CPS)**을 구축하는 계기로 작용

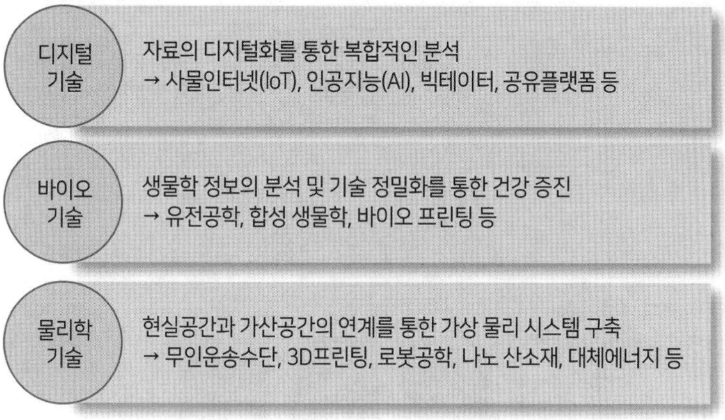

디지털 기술	자료의 디지털화를 통한 복합적인 분석 → 사물인터넷(IoT), 인공지능(AI), 빅테이터, 공유플랫폼 등
바이오 기술	생물학 정보의 분석 및 기술 정밀화를 통한 건강 증진 → 유전공학, 합성 생물학, 바이오 프린팅 등
물리학 기술	현실공간과 가산공간의 연계를 통한 가상 물리 시스템 구축 → 무인운송수단, 3D프린팅, 로봇공학, 나노 산소재, 대체에너지 등

포럼의 의장인 클라우스 슈밥은 "제4차 산업혁명이란 디지털혁명인 제3차 산업혁명에 기반을 두고 있으며, **디지털, 바이오, 물리학** 등 기존영역의 경계가 융합하는 기술혁명이다"라고 정의하였다. 이러한 제4차 산업혁명은 초연결성, 초지능화, 융합화에 기반을 두고 모든 것이 연결되어 보다 지능화된 사회로 변화하는 특징을 가지고 있다.

제4차 산업혁명은 그동안 인류가 경험하지 못할 만큼의 빠른 속도로 획기적인 기술의 진보와 전 산업분야의 혁신적인 개편을 불러일으킬 것이다. 한번 더 강조하면 단순히 기술적 발전에 그치는 것이 아니라 정치, 경제, 사회 등 모든 분야에 큰 파장을 초래할 수 있다는 것에 주목할 필요가 있다.

2) 제4차 산업혁명의 의의

제4차 산업혁명은 정보통신기술(ICT)의 발달로 IT 기술과 통신기술이 다른 산업과 연결되고 융합되는 산업환경의 변화를 의미한다.

제4차 산업혁명의 특징은 사람과 사물, 사물과 사물이 인터넷 통신망으로 연결되는 초연결성, 연결에 따라 발생하는 빅데이터를 분석하여 일정한 패턴을 파악하는 초지능성,

분석 결과를 바탕으로 인간의 행동을 예측하고 대응하는 예측 가능성에 있다.

[그림 1-2]   제4차 산업혁명 기술의 흐름도

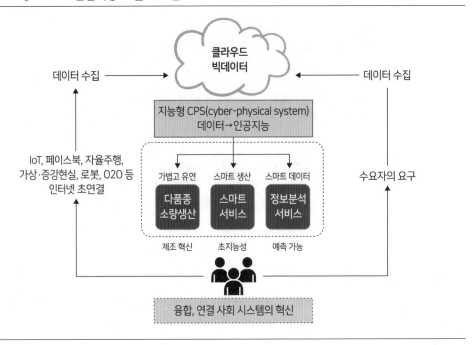

3) 제4차 산업혁명시대 프롭테크의 활용

① [그림 1－2]에서 보는 바와 같이 부동산 관련 수요자들은 필요정보를 설문조사 등
으로 수집하고 한편으로는 IoT, 가상, 증강현실, 인터넷 등에서 초연결 데이터를 데
이터센터1)에서 수집(임대)하여 클라우드 빅데이터로 작성하고 이를 AI로 분석하여
마케팅전략, 상권분석 등에 활용할 수 있다.

② 산업 및 서비스 로봇기술과 AI, IoT를 활용한 스마트시티, 스마트홈, 스마트오피스,
스마트팩토리 등 자동화 시스템을 구축함으로써 편리함과 안전화를 도모할 뿐만 아
니라 인건비도 줄일 수 있다.

---

1) 데이터센터는 서버 컴퓨터와 네트워크 회선 등을 제공하는 건물이나 시설을 말하며, 서버 호텔(server
hotel)이라고도 부른다.

③ 블록체인을 기반으로 한 부동산 및 금융거래의 플랫폼 구축으로 안전성을 도모할 수 있다.

④ 드론을 활용하여 현장을 촬영(AR)하고, 이 현장지도를 컴퓨터에 저장한 후 가상현실(VR) 공간인 컴퓨터에서 최적의 토지이용계획과 3D 조감도를 작성함으로써 효율성과 홍보활동에도 긍정적인 영향을 미친다.

⑤ 5G 통신기반으로 초연결성과 초지연성으로 인해 실시간 정보전송이 가능, 온라인을 통한 구매활동으로 판매시설 면적감소와 물류센터 증가, 원격진료, 원격상담과 원격영상 통화로 인한 시간단축과 재택근무로 인한 오피스 면적 축소에 따른 공유오피스 활용이 증가될 것으로 예상된다.

2. 부동산시장의 글로벌화

1) 부동산투자의 글로벌화

부동산투자(부동산매매, 임대관리, 개발 포함)자는 국내뿐만 아니라 국외, 즉 글로벌시장에서도 투자가 가능한 시대가 도래하였으므로 이에 대비하여야 한다.

즉, 국내투자자(기업, 사모펀드. IB, 개인 등)는 외국에 투자를 하고, 외국 투자자는 국내에 투자(투자이민제 도입, 물류센터 등)가 가능하므로 해외시장의 이해가 필요하다.

2) 부동산시장의 경기변동은 글로벌 거시경제지표와 일반경기에 많은 영향을 받는다.

① 부동산경기는 거시경제지표와 일반경기에 따라 변동한다.

② 특히 국내 일반경기는 수출의존도가 높은 미국시장과 중국시장, EU시장 등 글로벌시장의 영향을 많이 받는다.

③ 그러므로 국내 부동산경기를 예측하기 위해서는 거시경제지표(미국, 중국, EU 경제성장률, 금리)를 지속적으로 체크하고, 국내 일반경기와 진행되고 있는 부동산대책을

참고하여 이에 대한 대응방안을 마련하여야 한다.

3. 부동산시장의 융·복합화

1) 제4차 산업혁명에 의한 IT와 결합 사례(괄호: 국내기업)

① 건설: ConTech 도입(5대 그룹의 건설사 드론 및 AI의 현장 도입), 협업S/W: 프로코어, 자료분석: 룸빅스, 프리패브: 브루홈스

② 상업용: CreTech, 스마트시티: 구글 자회사인 사이드워크랩스(포스코ICT, 옴니시스템 외 5개사), 스마트빌딩: 허니웰(HDC아이콘트롤스 외 다수), 블랙스톤의 자산관리: 비티 에스, 시설관리: 엔틱 등

③ 주거용: HomeTech, Smart Home(LG전자 + GS건설, LG 유플러스, SK텔레콤 외 다

[그림 1-3] 부동산산업과 IT 및 ICT산업의 융·복합화

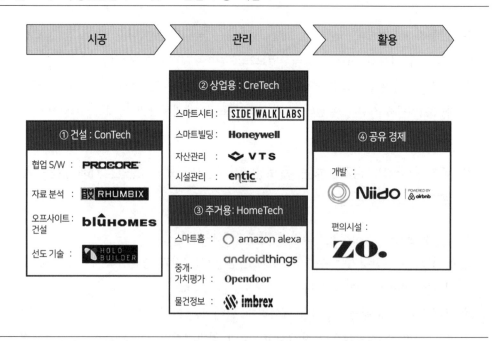

자료) 허윤경·김성환, 프롭테크 기업, 부동산 산업의 새로운 미래, 한국건설산업연구원, 2019.

수): 아마존 알렉사, 구글의 안드로이드싱스, 중개·가치평가(㈜빅밸류, 직방, 다방 등): 오픈도어, 물건정보: 임브렉스

④ 공유경제(Shared Economy): Share House 및 공유오피스 개발, 공유숙박: 에어비앤비의 니도, 편의시설: 조(zo.)

⑤ 기타(Law Talk: 좋은 변호사와 상담), GisLaw, 리치고 Mas, 카카오, 네이버 등의 플랫폼활용 메타버스 플랫폼 활용한 홍보 및 마케팅전략, 오락, 엔터, 스포츠 등

2) 자본시장과 금융시장과 융합(대출, 개발, 투자, 자문)

부동산개발은 부동산펀드의 자산운용사가 자금을 투자받거나 부동산리츠에 의한 투자를 받아 부동산개발업자가 사업을 수행한 후 수익을 투자자에게 배당하는 시스템으로 변화하였다. 부동산개발업자가 ABS 등을 담보로 자금을 조달하는 방식도 도입되어 운용되고, PF 시행 전에 브릿지론을 제2금융에서 조달한 후 PF 자금으로 상환하는 방식을 취하는 경우도 일반적이다.

한편, 부동산펀드나 PF를 혼용하여 오피스빌딩을 개발하거나 구입하여 운영하다가 매도하기도 한다. 부동산 금융기관들도 부동산 부서를 신설하여 직접 개발사업에 투자하거나 자산운용사를 활용하여 수익을 창출하는 구조를 만들어 가고 있는 실정이다. 이들을 요약하면 다음과 같다.

① 자본시장법의 부동산집합투자기구(부동산펀드)에 의한 투자
② 부동산투자회사법의 부동산리츠에 의한 부동산투자
③ 부동산 PF, PFV, ABS, MBS, ABCP 등 금융과 자본시장 융합
④ 부동산펀드와 부동산 PF 등의 유동화 등으로 대출과 자금조달
⑤ 금융기관의 부동산신탁회사 및 자산운용사 설립
⑥ P2P를 통한 자금조달 및 대출
⑦ 증권사 자본금 증액을 통해 IB(투자은행)로서 부동산업에 진출

4. 부동산 관련 인구 및 가구와 경제패턴의 변화

1) 인구구조의 변화

① 출생감소로 인한 인구 절벽현상(0.7명대)은 수요부족으로 연결
② 2018년 8월 고령사회(14.2%) 진입으로 구매력이 약화되었으며, 2025년에는 초고령 사회(20%)로 접어들어 노인을 위한 창의적 부동산개발상품이 필요할 것
③ 2017년부터 생산가능 인구(15~64세)감소로 경제성장성의 약화 우려

2) 가구구조와 경제패턴의 변화

① 1~2인 가구 수가 60% 이상의 급격한 증가로 인한 소형주택 선호
② 경기침체로 인한 용어(3포 세대와 현재는 5포 세대) 등장
③ 경제 환경변화로 인한 공유경제(소유개념 → 이용개념) 필요
④ 100세 시대 노인들의 주택을 담보로 연금에 의존한 생활과 경제참여
⑤ 오프라인보다 온라인 플랫폼을 통한 쇼핑활동 증가로 인해 물류센터 필요
⑥ MZ세대들의 재테크를 위한 가상화폐와 국내외 주식 등 위험자산 선호
⑦ 2030세대의 재테크에 대한 특별한 관심 및 공격적 투자
⑧ 메타버스 등 3차원의 가상세계 등을 활용한 홍보 및 마케팅전략 수립

5. 부동산개발환경변화에 따른 개발투자 전략

1) 양호한 입지의 중요성 감소

제4차 산업혁명과 코로나19로 인해 물리적 공간에서 디지털공간으로 전환이 확대됨에 따라 비주거시설은 지금까지의 입지만으로는 개발사업이 성공되기 어렵다. 그러므로 앞으로는 개발업자들도 브랜드가치, 서비스, 전략, 기술 등을 디지털콘텐츠로 생성하고 홍

보도구와 마케팅전략으로 활용해야 한다.

다시 말하면, 제4차 산업혁명과 코로나19로 재택근무에 따른 오피스 공실증가와 온라인 쇼핑에 따른 판매시설 매장면적 감소, 원격회의, 원격상담 등으로 출장여행이 줄어 숙박시설이 감소되고, 금융플랫폼 뱅크(K뱅크, 카카오뱅크, 토스뱅크 예정)의 출현과 2년 이내 휴먼AI의 대신영업으로 오프라인 금융기관 영업점포가 폐지 또는 축소된다.

입지 양호한 명동상권, 홍대상권도 판매 및 근생시설의 공실이 늘어나고, 여의도, 종로지역, 테헤란로 등 오피스 공실이 증가한다. 반면, 엔데믹과 보복소비심리로 소매시설의 공실이 감소한다.

다양한 플랫폼(교육, 홍보, 영상회의, 쇼핑, 금융 등)의 인터넷 서브증가로 데이터센터와 온라인 쇼핑으로 물류센터의 풍부한 수요는 지속적으로 유지될 것이다.

산업의 융·복합화로 개발업자도 자본시장과 금융시장에 참여해야 지속 성장 가능한 체제의 구조를 확립할 수 있다.

초고령사회로 노인요양시설 및 독창적인 노인주택이 필요하다.

[그림 1-4] 상업용 데이터센터 시장

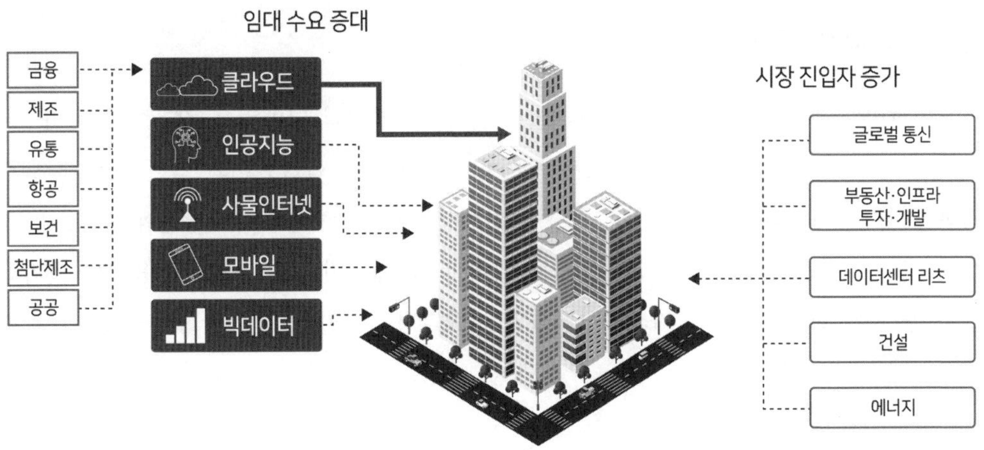

결국 개발업자는 상기의 사항들을 철저히 숙지하여 다음과 같은 방법으로 개발사업에 활용하고 적용하여 수익률을 극대화하여야 한다.

① 수요가 있고 니즈에 부합하는 시설로 리노베이션이 필요하다.

② 수요가 풍부한 물류센터나 데이터센터(미국 리츠) 개발사업을 추진해야 한다.

③ 오프라인 매장과 온라인 매장이 동시에 시너지효과를 창출수단으로 활용해야 한다.

④ 공실의 오피스를 스마트 공유오피스로 변경하여 적절히 임차인을 구해야 한다.

⑤ 인구구조변화로 스마트 플랫폼 활용 실버산업 개발에 주력할 필요가 있다.

한편, 제4차 산업혁명과 코로나19로 인해 산업의 경계가 허물어지고, 융·복합화로 패러다임의 변화가 부동산개발사업에 상당한 영향을 미친다.

① 부동산개발도 단순히 물리적인 개발만이 아니라 금융시장과 자본시장으로 융합되고 확대됨에 따라 개발업자들도 이에 대응하여야 한다.

② 부동산개발회사도 IT와 통신기술과 결합하여 플랫폼회사로 변신이 필요하다.

③ 글로벌 개발회사로 변신하기 위해 펀드(자산운용사) 및 리츠를 설립하여 자금을 조달하고, 이 자금으로 사업을 추진하여 배당하는 형식을 취한다.

④ 부동산개발과 금융, 건설, 세무, 엔지니어링, 법률 등 결합을 통한 새로운 개발환경 변화에 대응할 수 있어야 한다.

2) Trend의 변화

우리나라 전체 인구의 34%(약 1,700만 명)인 젊은 세대의 구매력을 갖추어야 한다. 특히 강력한 소비층으로 급부상한 MZ세대(20~30대)들은 [그림 1-5]와 같은 메타버스 플랫폼을 활용하고, 디지털자산(음원, 사진 등과 가상화폐, 가상자산투자, 부동산의 조각투자 등)을 거래하고 투자하기 때문에 개발업자는 네이버 등 메타버스 플랫폼을 활용하여 아파트 실제 공간 및 모델하우스를 가상공간화하고 아바타가 그곳에서 활동함으로써 홍보 및 마케팅전략을 수립할 수 있다.

(1) 메타버스의 개념과 활용분야

메타버스는 초월을 뜻하는 메타(meta)와 현실세계를 뜻하는 유니버스(universe)의 합성어로, 가상세계와 현실세계를 혼합한 혼합세계이다. 이는 개인을 표현하는 아바타들이 놀이, 업무, 소비, 소통 등 소셜과 각종 활동을 할 수 있는 플랫폼을 일컫는다.

[그림 1-5] 메타버스 플랫폼인 컴투버스

자료) 컴투스.

조재욱에 의하면 메타버스환경은 가상현실 또는 증강현실에서 아바타를 활용하여 사회, 경제, 문화, 취미, 인적교류 등의 활동이 가능하게 하는 가상의 세계, 즉 온라인 세계가 된다.

한편, 인터넷 세계는 컴퓨터의 키보드나 마우스로 접근할 수 있지만, 메타버스의 혼합세계는 아바타를 매개로 접근한다.

부동산개발회사는 개발프로젝트에 대한 홍보 및 마케팅전략으로 활용할 수 있다. 메타버스 플랫폼을 기반으로 도시 및 건축 설계, 홍보 및 마케팅전략, 부동산, 유통, MZ세대 관련 서비스 등 삶의 모든 분야에 접목할 수 있는 플랫폼들이 확장·발전할 것으로 판단된다. 메타버스 산업은 아직까지 초보단계로 구체적인 활용방법이 부재하나, 2028년까지 연평균 43% 성장이 예상되고 있다. 이 산업은 정치, 게임, 엔터, 홍보, 매매, 미술, 사진, 음악저작권 등 넓은 산업분야로 확장되어 메타버스 플랫폼을 활용하며, NFT로 소유와 컨텐츠를 네이밍하고 블록체인 구축을 통해 안정성을 도모하는 방법을 사용하여 발전되어 가고 있다.

정부는 2024년까지 메타버스와 NFT 및 블록체인 플랫폼을 활용하여 종이서류 없이 금융기관에 방문하여 대출을 받거나 부동산도 중개소에서 안전하게 거래될 수 있도록 준비하고 있다.

[그림 1-5]의 컴투스는 메타버스 '컴투버스'에 올해 하반기 약 2,500명 규모의 임직원 전체를 입주시켜 가상오피스로 먼저 서비스한다. 출퇴근·일정 관리·회의 등을 지원하고 이용자의 업무 활동에 따른 보상으로 컴투버스 안에서 소비할 수 있는 토큰을 발행한다. 내년 상반기부터 다른 기업의 입주를 받아 이용자를 확보하고, 가상오피스를 넘어 업무·문화·경제 활동이 종합적으로 이뤄지는 메타버스로 확장한다.

(2) 부동산의 디지털자산화와 한국은행의 중앙은행 디지털화폐(CBDC) 실험

최근에는 부동산(건물 등)을 디지털자산으로 증권화하여 쪼개어 매각하거나 임대하여 투자자들에게 수익률을 배당하는 방식이다.

사업구조를 [그림 1-6]에서 보는 바와 같이 건물주는 부동산신탁사에 건물을 위탁하고 이 건물을 담보로 수익증권을 발행하여 거래소를 통해 투자자들에게 공모를 참여케 하고 수익증권을 지급해 준다.

[그림 1-6] 부동산의 디지털자산화

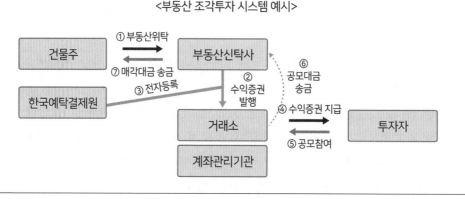

<부동산 조각투자 시스템 예시>

자료) 루젠트블록.

예탁결제원에 전자등록을 함으로써 투자자보호는 물론이고 주식거래를 가능케 해준다.

이 서비스는 소액으로 투자가 가능하다는 장점이 있다. 상장된 모든 부동산 자산의 최소 투자금액은 5,000원이다. 또 투자자가 원하는 건물을 골라서 투자할 수 있다.

아울러 투자자는 투자 대상 건물 임대수익을 정기적으로 배당 받을 수 있다. 투자 대상 부동산이 매각될 경우 해당 판매에 대한 시세차익도 얻을 수 있다. 신속한 투자금 회수가 가능하다.

기존 부동산 투자방식의 경우 투자금이 장기간 묶이게 되어 상대적으로 환금성이 낮다는 지적을 받았다. 하지만 펀블(funble)에서는 투자자가 디지털자산증권 거래를 통해 투자금을 회수할 수 있다.

한편, 한국은행은 중앙은행 디지털화폐(CBDC: Central Bank Digital Currency)의 오프라인 구현, 이자지급과 환수, 동결 및 추심, 국가 간 송금 등 다양한 정책지원 및 지급서비스 등 2단계 실험을 성공적으로 마쳤다.

6. 글로벌 거시경제 및 부동산시장 환경변화에 따른 디벨로퍼 대응방안

1) 거시경제 환경분석의 필요성과 거시경제 환경의 동향

(1) 거시경제 환경분석의 필요성

글로벌 거시경제 환경은 거시경제지표로서 일반적으로 미국, EU, 영국, 중국과 기타 국가 등의 GDP 성장률, 소비자물가, 금리, 고용지표, 국채수익률, 환율, 주식, 채권 등을 나타내며, 이 지표들의 변화에 따라 통화정책과 경기가 변화한다. 지표들이 중요한 이유는 앞으로 부동산시장을 예측하는 데 도움을 주기 때문이다.

제4장 부동산개발사업의 타당성분석에서 부동산 시장조사·분석은 거시적 시장분석과 미시적 시장분석으로 구분할 수 있다. 거시적 시장분석은 거시경제지표, 일반경기와 더불어 부동산시장의 경기를 예측하고 분석하는 것을 의미한다.

거시적 시장분석을 실시하기 위해서는 필요한 거시경제지표를 분석해야 하는데, 지금과 같은 글로벌 시대에는 글로벌과 국내 거시경제지표가 필요하다.

그런데 거시적 시장분석을 하는 중요한 이유는 부동산개발사업을 추진함에 있어 개발시점과 분양(임대)시점을 포착하기 위해서는 부동산경기의 흐름을 분석하고 예측해야 하기 때문이다. 즉, 부동산경기의 흐름을 분석하고 예측하기 위해서는 거시경제지표 분석이 필수적이다. 뿐만 아니라 부동산 경기하락과 상승기에는 수요·공급분석에 따른 개발업종과 규모를 달리하여야 하기 때문이다.

(2) 거시경제지표동향 및 분석

2020년 3월경 코로나19 팬데믹이 오자 미국과 EU, 영국 등 선진국은 물론이고 글로벌 각 국가들은 경기침체를 막고자 통화량을 과잉 공급하여 풍부한 유동성과 저리의 금리상 태에서 팬데믹에 의한 비대면으로 엄청나게 풀린 자금이 산업현장으로 들어가지 않고 주 식시장과 주택시장으로의 자금 쏠림현상이 각국의 주식가격과 주택가격을 끌어올렸다. 특히 주택가격 상승은 2021년 10월 역사상 최고치를 기록하며 버블이라는 말이 자연스럽 게 흘러나올 정도였다. 2021년 8월, 미국은 7월 FOMC 회의록을 공개하자 다수의 연준 의원들이 금리는 동결하되 올해 안에 테이퍼링(국채 및 MBS 채권매입을 축소하는 것)을 시 작해야 한다고 주장하고 있다. 그해 8월 잭슨홀 미팅에서도 금리인상시기와 테이퍼링 시 점과 연계되어선 안 된다는 의견이다. 파월 연준 의장은 잭슨홀 미팅에서도 올해 안에 테 이퍼링에 대한 가능성을 시사하였다. 그러나 파월 연준 의장을 중심으로 의원들은 고물가 는 일시적이라고 하면서 양적 축소에 대한 의견을 무시하였다. 그런데 백신의 개발과 함 께 거리두기로 경기가 조금씩 살아나다가 선진국을 중심으로 백신이 어느 정도 접종되자 보복소비가 일어나는 와중에 2022년 2월 24일 러시아의 우크라이나 침공으로 전쟁이 발 발하게 되었고, 공급망 봉쇄로 급격한 에너지가격 및 원자재가격 상승은 생산자 및 소비 자 물가상승으로 이어져 인플레이션을 촉발한 계기가 되었다. 이러한 와중에 델타변이 바 이러스의 확진자가 미국을 중심으로 급속히 늘어나자 스태그플레이션 우려도 함께 나오 고 있다. 그런데 <표 1-5>에서 보는 바와 같이 미 연준은 2022년 1월 기준금리를 0.25%에서 3월 0.5%로 베이비스텝 인상, 5월 1.0%로 빅스텝으로 올렸다. 그러나 2022년 6월에는 미국의 소비자물가지수(CPI)가 9.1%로 고점을 기록하는 상황에 처하자 파월 연 준 의장이 4월까지 인플레가 일시적이라고 실기한 것이 현실화되었다.

2022년 6월에 물가가 급하게 오르자 실기를 놓친 연준은 단기간에 기준금리를 큰 폭 (6월, 7월, 9월, 11월 연속 0.75%p) '자이언트 스텝'으로 인상하는 지경에 이르게 되었다. 그 러나 <표 1-6>에서 보는 바와 같이 고용지표인 실업률이 약 3.5% 정도의 완전 고용 상태로 되자 파월 연준 의장을 비롯한 연준 의원들은 실물경제를 희생하더라도 물가가 잡힐 때까지 지속적으로 금리를 올릴 것이란 매파적인 발언을 쏟아내기 시작하였다. 그러자 달러는 강세로 되고, 이에 반해 타국들의 화폐의 가치는 큰 폭으로 하락하였다. 달러 인덱스는 고공 행진하여 킹 달러라는 말이 나올 정도였다. 이에 더하여 EU와 영국도 수십 년 만에 맞는 물가상승률이 금리를 급격히 인상하는 계기를 만들었다. 한국의 원화는 <표 1−7>에서 보는 바와 같이 유로화(패러티 붕괴), 파운드화 그리고 엔화와 약 80% 정도 연동되어 움직이는 구조가 되어 있기 때문에 이들의 약세가 곧 원화의 약세로 갈 수밖에 없는 불가피한 상황인 것이다. 중국도 포치선인 7.0위안을 돌파하였으며, 일본의 시장개입에도 불구하고 150엔을 돌파하기에 이르렀다.

한국도 물가안정과 달러 유출을 줄이고자 금리를 <표 1−5>에서 보는 바와 같이 금융통화위원회가 열릴 때마다 매번 인상시켜야만 했다. 이러한 거시환경 속에서 IMF, WB, OECD같은 기관들은 처음 발표 시점부터 수개월이 지나면서 지속적으로 세계경제 성장률(GDP)을 하향시키고 있다. 이는 우크라이나 사태와 중국에서 코로나19 재확산으로 인한 공급망이 봉쇄되어 원유를 비롯한 원자재가격과 식료품가격 폭등으로 인해 금리를 급격하게 인상함으로써 <표 1−2>에서 보는 바와 같이 글로벌 주요국들은 분기별 경제성장률이 둔화하는 현상이 현실로 나타났다. 이를 종합하면 거시환경은 우·러 전쟁, 대만의 지정학적 리스크, 미·중 패권전쟁, 중국봉쇄 및 시진핑 1인 사회주의체제로 전환, 코로나19의 변이종 출현 및 확장, 이상기후 등의 다중복합인플레로 글로벌 국가와 함께 유로존과 영국 등은 사상 최고 내지 수십 년 만에 물가상승률을 기록하였다. 물가를 잡고자 미국을 비롯한 글로벌 국가들은 경쟁이라도 하듯이 단기간에 큰 폭으로 금리인상을 단행함으로써 경기와 고용을 감소시켜 경기침체를 유발할 처지에 놓이게 되었다.

그러나 2022년 12월 13일(현지시각) 미국은 12월 FOMC 회의에서 기준금리를 4연속 '자이언트 스텝'인 75pb를 멈추고, '빅스텝'인 50bp를 인상함으로써 기준금리는 4.25~4.50%에 도달하였다. 미 연준은 점도표를 참고한 최고금리를 5.1%로 가이드라인을 제시하였다. 이에 시장에서는 금리인상에 대한 속도 조절론과 PIVOT(방향전환)에 대한 기대감이 높아졌다. 그 이유는 미국의 소비자물가지수(CPI/근원 CPI)와 금리인상 추이가 <표 1−4>와 <표 1−5>에서 나타난 바와 같기 때문이다.

미국의 소비자물가지수(CPI/근원 CPI)는 2022년 1월(7.5%/6.0%)부터 6월(9.1%/5.9%)까지 대체로 상승하여 정점을 찍고, 10월(7.7%/6.3%)까지는 둔화되다가, 11월(7.1%/6.0%)에 시장예상치를 훨씬 하회하였다. 기준금리 추이는 5월 1.0%, 6월 1.75%, 7월 2.5%, 9월

3.25%, 10월 4.0%, 12월 4.5%이다. CPI는 6월에 정점을 찍었고, 근원 CPI는 9월에 정점을 찍고 하락하는 추세이다. 기준금리는 6월부터 10월까지 네 번 연속으로 75bp로 인상하다가 11월 CPI가 예상치를 하회하자 12월에 50bp로 완화하여 인상하였다. 그러나 파월 연준 의장은 아직 긴축이 충분치 않다고 하면서 금리인상이 지속적으로 필요하다고 하였다. 또한 확실한 물가하락까지 금리인하는 없다는 것과 '금리인상 속도보다 유지기간'이 더 중요하다는 매파적인 발언을 함으로써 앞으로 상당 기간 금리인하의 기대감을 줄어들게 하였다.

한편, 글로벌 주요국인 유로존과 영국도 소비자물가지수(CPI) 추이가 <표 1-4>에서 보는 바와 같이 2022년 1월부터 지속적으로 상승하여 10월에는 각각 10.6%/5.0%와 11.1%/ 6.5%로 정점을 찍고, 11월에는 각각 10.0%/5.0%, 10.7%/6.3%로 보합 내지는 하락세로 접어들어 물가가 둔화 조짐을 보였으며, 12월에는 기준금리를 공통적으로 50bp로 완화하여 인상함으로써 2.5%와 3.5%(영국의 금리는 2008년 이후 최고치)에 이르게 되었다. 이러한 기준금리 수준은 유로존이나 영국의 CPI가 사상 최고치 또는 40여 년 만의 최고치로 아직도 물가수준이 턱없이 높아 통화정책의 전환은 시기상조이며, 금리의 지속적인 인상 필요성을 언급한 ECB 총재 리카르드의 발언에서도 매파적인 기조를 짐작할 수 있다. 이뿐만 아니라 ECB는 이르면 내년 3월부터 150억 유로씩 통화 긴축(QT)을 시사하였다. 금리인상의 완화적인 태도를 취하였으나, 여전히 금리인상의 필요성으로 인한 경기침체에 대한 우려는 심화되었다.

2022년 10월 중국과 중화권 경제국가가 13차례 인하하고 일본이 마이너스 금리를 유지하는 것을 제외하면, 미국을 위시한 각국 중앙은행들은 무려 300차례 넘게 금리를 인상하였으며 금리를 한 차례 이상 올린 국가만도 70개국이 넘는다. 이 중 50bp 이상을 단행한 국가도 60%가 넘는다.

이러한 현상은 고물가에 대한 자국 경제를 보호하고 외화(달러)유출을 방지하고자 취하는 조치이다. 이렇게 함으로써 <표 1-7>과 같이 9월 말 한때, 달러에 비해 각국 통화가치가 너무나 하락하여 유로화의 패러티 붕괴, 위안화의 포치선 돌파, 원화 폭락, 엔화의 150엔 돌파 등 비정상적인 국면에 처한 적이 있었다. 그러나 12월 중순 달러 대비 각국의 화폐 가치가 어느 정도 안정화 국면에 놓이게 되었다.

<표 1-1>의 12월 FOMC 경제전망에서 보는 바와 같이 미 연준은 내년 GDP를 하

향조정하고 실업률과 개인소비자 지출인 PCE(Personal Consumer Expenditure)를 상향조
정하였다.

<표 1-1> 2022년 12월 FOMC 경제전망

	2022년		2023년	
	9월 전망	12월 전망	9월 전망	12월 전망
실질 GDP	0.2%	0.5%	1.2%	0.5
실업률	3.8%	3.7%	4.4%	4.6%
PCE 인플레이션	5.4%	5.6%	2.8%	3.1%

2022년 하반기에 전 세계의 여러 국가가 금융위기설에 시달리고 있다. 이미 베네수엘
라를 비롯하여 아르헨티나, 스리랑카, 레바논, 터기 등 중동 및 남미, 아프리카까지 세계
유수의 나라들이 파산 및 파산위기에 직면해 있다.

이와 같은 금리인상 폭과 속도는 역사상 단 한 번도 없었다. 그 이유는 지난 30년간은
인플레이션을 경험하지 못했기 때문이다. 한국은 물가상승률이 5%대이지만, 유럽과 영국
은 8~10%대, 미국은 8%대의 물가상승률을 기록 중이다. 이는 곧 금리인상이 불가피하다
는 결론이 나온다. 미국이 물가가 잡히기 전까지 끊임없이 금리를 올릴 거란 시그널을 보
이자 달러 강세는 지속되고 있다. 이에 반해 미국을 제외한 다른 글로벌 국가는 환율방어
를 위해 경기침체가 눈앞에 보임에도 불구하고 자금유출을 염려한 나머지 어쩔 수 없이
금리인상을 하고 있다. 이는 세계 여러 국가에서 금융위기설이 난무하고 있는 이유이다.
몇 개의 주요국 사례를 들어보면 다음과 같다.

먼저 영국은 트러스 총리가 취임하면서 물가폭등시기임에도 불구하고 대규모 감세정책
과 재정정책을 펼치겠다는 계획을 발표하면서 영국 길트채 폭등과 파운드 폭락으로 전
세계 금융시장이 요동치며 영국발 금융위기설이 등장하였다. 그러자 미국과 IMF는 감세
정책과 재정정책을 철회하고 긴축으로 방향 선회를 압박하였다. 결국, 트러스 총리는 취임
44일 만에 최단명으로 퇴임하게 되었다. 새로 취임한 수낵 총리가 트러스 총리의 정책을
원상태로 되돌리겠다는 계획을 발표하자 영국 국채금리가 안정되고 파운드화가 상승하면
서 금융시장이 안정되었다. 이는 다시 미국 금융시장으로 전달되어 미국을 비롯한 글로벌
금융시장이 안정을 찾게 됨으로써 영국발 금융위기설은 하나의 해프닝으로 끝났다.

10월 중순경 금융시장에서 가장 화두가 된 나라는 영국이지만, 엔·달러 환율이 148엔을 돌파하면서 일본발 위기설도 제법 눈에 띄게 부상하고 있다. 이 근거는 BOJ가 엔화의 약세를 막고자 지금의 양적완화 정책을 중단할 가능성이 있고, 일본이 보유한 막대한 해외자산(선진국의 건전한 국채)을 매도하고 엔화자산으로 환류한다면 글로벌 금융시장에 쇼크가 일어날 것이란 것이다. 그러나 일본 구로다 총재는 '일본의 물가는 임금인상이 동반되지 않아 미국, 유럽 등 국가들의 물가상승과 성격이 다르기 때문에 건전한 경제지원을 위해 통화완화를 지속하겠다'라는 의지를 피력하였다. 또 하나는 일본이 엔화의 약세로 사상최대의 무역적자를 기록함에도 불구하고, 세계최대 순자산으로부터 나오는 소득수지가 사상 최대치를 돌파하여 경상수지는 흑자를 이어가고 있기 때문이다. 이러한 이유로 해외재산 매각의 근거는 설득력을 잃게 되어 일본발 금융위기는 희박하다.

한동안 잠잠하던 중국경제 위기론이 최근 수면 위로 떠오르고 있다. 그 이유는 중국의 3분기 경제성장률은 3.9%로 깜짝 성장하였으나, 2분기까지는 경제성장률이 0.4%를 기록했기 때문이다. 소매판매와 산업생산 등 각종 경제지표는 추락하고, 청년실업률이 20%에 육박할 정도로 치솟았다. 무엇보다 중국경제의 1/4을 차지하는 부동산시장의 불안이 실물경제는 물론이고 금융시장까지 위협하고 있어 우려를 낳고 있다. 특히 부동산은 평균 공실이 12.1%에 이르고, 10채 중 1채는 빈집으로 남아 있다.

2022년 10월 27일 중국 시진핑의 3연임 확정 후 집단체제가 아닌 1인 독재체제인 시진핑 영수체제로 전환하였다. 중국 경영운영 체계도 시장경제에서 '계획경제'로 환원하며, 대외적으로는 개방경제에서 '폐쇄경제'로 복귀하고 대만 침공설까지 나오면서 차이나 런(탈 중국화)현상, 즉 중국 부자들과 기업 그리고 외국기업들이 자금을 중국에서 빼는 현상을 말한다. 코로나19로 인한 봉쇄정책에 대한 시위가 확산되자 중국은 코로나 완화정책과 함께 금리인하와 자금지원을 통한 경제성장을 우선시하는 방향으로 전환하면서 위기설은 사라졌다. 이러한 경제성장 우선시 정책과 코로나 완화정책으로 이동성이 개선됨에 따라 모건 스탠리는 내년 중국 GDP를 5%에서 5.4%로 상향조정하였다.

한편, 2022년 10월 국내 금융시장을 살펴보면, 레고랜드 사태가 금융시장 전체를 요동치게 만들었다. 높은 신뢰도로 평가받는 공기업 한국전력과 한국도로공사도 돈을 빌리지 못했거나 채권을 발행하는 데 실패하였다. 이에 따라 금융당국은 금융사들에 전폭적인 지원과 더불어 우량한 업체에 대해선 적극적인 대출을 시행하도록 독려하는 등 추가적인 지원 대책도 강구하였다. 또한 부동산 PF 대출로 어려움을 겪는 증권사들의 채권 발행 등이 막히게 될 경우에는 한국증권금융을 통해 유동성 문제를 지원함으로써 임시방편으로 금융시장의 위기는 넘긴 것으로 보였다. 그러나 부동산개발사업에 대한 금융권의 PF 대출은 거의 이루어지지 않고 있어 일부 지방 중소건설사는 부도를 맞았다. 부동산하락의 폭이 심화되고 미분양사태가 수도권으로 확산되면서 2022년 12월보다 2023년 상반기부터 신용도 낮은 건설업체들을 중심으로 도산이 우려되는 시점이다.

2022년 1월부터 12월까지 지속적인 주택가격 하락과 하락폭이 심화되고 있는 가운데 설상가상으로 IMF는 금리인상으로 인하여 한국의 집값 붕괴 우려 표명과 함께 가계 부채와 주택시장 동시 연착륙안을 권고하였다. 이렇게 되자 주택시장은 한 층 더 얼어붙게 되었다.

특히, 한국의 부동산은 역자산 효과가 0.23일 정도로 큰 상태이므로, 5월 이후 7개월 연속 무역수지 적자인 상태의 일반경기에 악영향을 미쳐 경기침체를 촉발할 수 있는 계기가 될 수도 있다는 우려의 목소리도 나온다.

결국 <표 1-1>부터 <표 1-7>까지의 거시경제지표와 거시경제동향을 종합하여 분석해 보면 우·러 전쟁, 대만의 지정학적 리스크, 중국의 공급망 봉쇄정책, 미·중 패권전쟁 등과 고물가, 고금리, 고환율 등으로 인해 앞으로 경기침체는 불가피할 것으로 전망된다.

2) 거시경제 환경변화에 따른 경기전망

(1) 일반경기변동과 전망

① 글로벌 경기변동과 전망

글로벌 경기를 전망하기 위해서는 경기를 구성하는 거시경제지표들에 대해 살펴보아야 한다. 거시경제지표의 주요한 요소는 GDP, 물가지수, 금리, 실업률, 환율 등이다. 그리고 거시경제의 주요국으로 세계 경제의 중심국이며 기축통화국인 미국을 비롯하여 유럽, 영국, 중국, 일본, 한국 등으로 한정하여 살펴보기로 한다.

ⅰ) IMF, WB, OECD 등이 코로나19로 인한 과잉유동성 공급과 저금리 상태에 비대면으로 인한 산업현장으로 자금이 들어가지 않고 주식시장이나 주택시장으로 쏠림현상으로

주택가격이 폭등하여 버블을 형성하는 글로벌 국가의 공통적인 문제이다. 엔데믹으로 전환되자 보복소비 등으로 물가가 상승하는 가운데 2022년 2월 24일 우·러 전쟁, 대만의 지정학적 리스크, 코로나19 엔데믹, 미·중 패권전쟁, 중국의 제로코로나 정책으로 공급망 봉쇄, 이상기후 등 다중복합인플레로 인하여 세계경제성장률을 <표 1-2>와 같이 대체로 하향조정하였다.

<표 1-2> 세계경제성장률 하향조정 추이

√ IMF, 세계 GDP 2022년 1월 4.4% → 4월 3.6% → 7월 3.2% → 10월 3.2%
  2023년 2.9% → 2.7%로 다시 하향조정
√ WB, 세계 GDP 2022년 1월 4.1% → 4월 3.2% → 6월 2.9% → 2023년 3%
√ OECD, 세계 GDP 2022년 6월 3.0% → 9월 3.0% → 11월 3.1% → 2023년 2.2%

ii) 글로벌 GDP

미국의 GDP를 분기별로 살펴보면 <표 1-3>에서 살펴보는 것처럼 2분기 연속 마이너스를 기록하여 기술적 침체에 진입하였고, 3분기에 3.2%라는 깜짝 실적으로 보이고 있으나 구체적으로 GDP 구성요소를 분석해 보면 전문가들은 일시적이라 판단한다.

2022년 10월 7일에서 11일 사이 미국 경제전문가 대상 설문조사에 의하면 63%가 12개월 안에 경기침체에 빠질 것으로 나타났다. 이런 수치는 7월 조사(49%)보다 상당히 높아진 것이다.

이 표에서 유로존, 영국, 중국, 일본, 한국 등의 국가들도 분기가 지나면서 하락하는 지표를 나타내고 있어 경기는 하락 내지 침체로 진입하는 것으로 예측할 수 있다.

<표 1-3> 글로벌 주요국 GDP (단위: %)

구분	미국	유로존	영국	중국	일본	한국	비고
2021년 4분기	6.9	0.3	1.3	4.0	1.0	1.1	
2022년 1분기	-1.6	0.6	0.8	4.8	0.1	0.6	
2022년 2분기	-0.6	0.8	0.2	0.4	1.1	0.7	
2022년 3분기	3.2	0.3	-0.3	3.9	-0.8	0.3	

주) 1. 주요국 GDP는 전 분기 대비인데, 중국은 전년 대비 GDP임.
  2. 미국의 3분기 반등은 강달러로 인한 수출보다는 수입물가가 낮아 발생한 일시적 개선일 수 있음.

iii) 소비자물가지수

글로벌 주요국의 소비자물가지수는 <표 1-4>에 나타나 있다.

2022년 1월부터 10월까지 소비자물가지수를 살펴보면 미국, 유로존, 영국, 중국, 일본, 한국 등 모든 국가가 예외 없이 급격하게 상승하고 있는 것으로 나타났다. 특히, 영국은 10월 CPI가 11.1%로 41년 만에 최고치를 기록했으며, 유로존이 10월 10.6%로 10개월 연속 사상 최고치를 경신하고 있다. 일본도 11월 3.8%로 41년 만에 최고치를 기록했다. 그러나 11월에는 미국, 유로존, 영국, 중국, 한국 등은 소비자물가지수가 둔화되는 현상이 나타났다.

글로벌 중심국인 미 연준은 경기를 희생하더라도 물가를 잡기 위해서는 금리를 단기간에 큰 폭으로 올리므로, 이로 인해 경기침체 우려가 심화되고 있다.

<표 1-4> 2022년 글로벌 주요국 소비자물가지수(CPI/근원 CPI)   (단위: %)

구분	미국	유로존	영국	중국	일본	한국	비고
1월	7.5/6.0	5.1/2.3	5.5/4.4	0.9	0.5	3.6	
2월	7.9/6.4	5.9/2.7	6.2/5.2	0.9	0.9	3.7	
3월	8.5/6.5	7.4/2.9	7.0/5.7	1.5	1.2	4.1	
4월	8.3/6.2	7.4/3.5	9.0/6.2	2.1	2.5	4.8	
5월	8.6/6.0	8.1/3.8	9.1/5.9	2.1	2.5	5.4	
6월	9.1/5.9	8.6/3.7	9.4/5.8	2.5	2.4	6.0	
7월	8,5/5.9	8.9/4.0	10.1/6.2	2.7	2.6	6.3	
8월	8.3/6.3	9.1/4.3	9.9/6.3	2.5	3.0	5.7	
9월	8.2/6.6	9.9/4.8	10.1/6.5	2.8	3.0	5.6	
10월	7.7/6.3	10.6/5.0	11.1/6.5	2.1	3.7	5.7	
11월	7.1/6.0	10.0/5.0	10.7/6.3	1.6	3.8	5.0	

주) 미국과 중국을 제외하고는 소비자물가지수가 1월부터 10월까지 지속적으로 상승 중임.

iv) 글로벌 주요국(미국, 유럽, 영국, 중국, 일본, 한국, 캐나다)의 기준금리 추이

글로벌 기준금리를 <표 1-5>에서 살펴보면 상기 주요 국가 중 중국과 일본을 제외한 모든 국가들이 단기간에 큰 폭으로 기준금리를 올리는 것으로 나타났다. 미국보다 앞서 발표하는 캐나다가 10월 기준금리를 50bp 인상함으로써 통화긴축종료가 임박했음을

암시하여 연준 금리인상에 조절론을 기대하게 하였다. 하지만 미국은 11월 2일에 75bp를 올리고 12월 14일에 50bp를 올려 기준금리가 4.5%에 도달하였고, 2023년에는 최종금리를 5.1%로 가이드 라인을 제시하고 지속적으로 금리를 올릴 것이란 매파적인 발언을 하였다. 이어 유로존도 12월에는 50bp를 올리어 2.5%에 도달하였고, 영국도 12월 14일 50bp 인상으로 3.5%에 도달하여 2008년 이후 최고치를 기록하였다. 12월에는 공통적으로 금리인상에 대해 완화적인 스탠스를 취했으나 소비자물가지수에 비해 기준금리가 너무나 낮아 ECB 리가르드 총재는 통화정책전환은 시기상조라며 2023년 3월부터 통화긴축과 함께 금리인상의 지속적인 필요성의 매파적인 발언을 하였다. 즉, 경기침체보다도 물가의 안정을 우선하고 있어 경기침체는 불가피해 보인다.

<표 1-5> 2022년 글로벌 주요국 기준금리   (단위: %)

구분	미국	유로존	영국	중국	일본	한국	캐나다
1월	0.25		0.25	3.7	-0.1	1.25	0.25
2월		0.0	0.5	3.7	-0.1		
3월	0.5	0.0	0.75	3.7	-0.1		0.5
4월		0.0		3.7	-0.1	1.5	1.0
5월	1.0		1.0	3.7	-0.1	1.75	
6월	1.75	0.0	1.25	3.7	-0.1		1.5
7월	2.5	0.5		3.7	-0.1	2.25	2.5
8월			1.75	3.65	-0.1	2.5	
9월	3.25	1.25%	2.25	3.65	-0.1		3.25
10월	4.0	2.0%	3.0	3.65	-0.1	3.0	3.75
12월	4.5	2.5	3.5	3.65	-0.1	3.25	4.25

주) 한국의 기준금리 3.25%는 11월에 발표한 2022년 최종 수치임.

한편, 일본은 11월 소비자물가지수가 41년 만에 최고치인 3.8%를 기록했으나 마이너스 금리를 그대로 유지하고 있다. 그 이유는 GDP 대비 국가부채 비율이 262%로 매우 높기 때문이다. 미 연준의 12월 점도표에서 나타났듯이 2023년 최종금리는 5~5.25%로 형성될 것으로 전망된다.

ⅴ) 글로벌 주요국 실업률

글로벌 주요국의 실업률은 <표 1-6>과 같다.

표에서 나타난 바와 같이 실업률은 모든 나라가 1월부터 10월까지 거의 변동이 없다. 그 이유는 실업률은 경기에 대한 후행지표이기 때문이다.

고용지표가 악화되고 인금인상이 중단되어야 물가안정에 도움이 되므로 실업률이 높아지더라도 금리인상은 불가피하다.

<표 1-6> 2022년 글로벌 주요국 실업률 (단위: %)

구분	미국	유로존	영국	중국	일본	한국	비고
1월	4.0	6.8	3.9	5.3	2.8	3.6	
2월	3.8	6,8	3.8	5.5	2.7	2.7	
3월	3.6	6.8	3.7	5.8	2.6	2.7	
4월	3.6	6.8	3.8	6.1	2.5	2.7	
5월	3.6	6.6	3.8	5.9	2.6	2.8	
6월	3.6	6.6	3.8	5.5	2.6	2.9	
7월	3.5	6.6	3.6	5.4	2.6	2.9	
8월	3.7	6.7	3.5	5.3	2.5	2.5	
9월	3.5	6.6	3.6	5.5	2.6	2.4	
10월	3.7	6.5	3.7	5.5	2.6	2.4	

ⅵ) 글로벌 주요국 환율

글로벌 주요국의 환율은 <표 1-7>에 나타나 있다.

<표 1-7>에서는 2021년 말부터 2022년 7~9월 말의 환율이 나타나 있는데, 우선 기축 통화국인 미국은 달러 인덱스가 2021년 말 95.67에서 2022년 7월 말 105.9, 8월 말 108.7, 9월 말 112.12로 달러강세가 지속되는 가운데 타 국가들은 달러가치에 비해 약세현상을 나타내고 있다. 특히 유로존은 달러 대 유로화가 1:1인 패러티가 붕괴되었으며, 중국은 포치선인 7.0위안을 돌파하여 7.3위안을 기록했고, 일본 엔화도 151.96엔으로 150엔을 돌파하는가 하면, 한국 원화도 1,446.62원 등 강달러에 비해 상대적으로 다른 국가들은 달러대비 턱없이 약세를 기록함으로써 글로벌 금융시장이 요동치고 경기침체의 전조 현상이 심화되고 있다.

<표 1-7> 글로벌 주요국 환율

구분	미국	유로존	영국	중국	일본	한국	비고(한국)
2021년 말	95.67	1.1370	1.3532	6.3561	115.08	1213.88	2022년 1월 1일
2022년 7월 말	105.9	1.0220	1.2171	6.7445	133.27	1353.54	2022년 8월 1일
2022년 8월 말	108.7	1.0054	1.1622	6.8904	138.96	1445.64	2022년 9월 1일
2022년 9월 말	112.12	0.9802	1.1170	7.1160	144.74	1447.11	2022년 10월 1일
2022년 12월 중순	104.0	1.22	1.06	6.96	137.3	1308.02	2022년 12월 15일
변동폭	17%	14%	18%	12%	26%	19.18%	2022년 9월 말 기준

주) 2022년 최고치인 114.74 강달러로 인해 다른 주요국(유로화 0.9535로 패러티붕괴, 영국 파운드화 1.0384, 중국위안화 7.3094, 일본엔화 151.96, 한국 1,446.62)들의 화폐가치가 달러에 비해 올해 12~26% 사이의 약세를 면치 못했다.

미국을 비롯한 상기 주요 국가들이 11월 CPI가 꺾이고 12월 기준금리도 75bp가 아닌 50bp로 완화하자 12월 중순에는 미국 달러 인덱스가 104대 정도로 안정됨에 따라 다른 국가들의 환율도 하향 안정화되어 가고 있다. 그러나 여전히 세계경제가 고금리, 고물가, 고환율로 몸살을 앓고 있으며 미국의 지속적인 금리인상은 한국을 포함한 신흥국가에 악재로 작용하고 있다.

vi) 경기침체의 시그널
■ 경기침체신호는 여러 가지가 있으나 과거의 자료들을 비추어 보면 다음과 같다.
　- 미국채 금리 2년물과 10년물의 역전현상(9~24개월 사이 경기침체)
　- 10월 26일, 미국채 금리 3개월과 10년물의 역전현상(6개월~1년 이내 침체)
　- 경기순환 변동치로 선행지수 하강, 인플레 5% 이상이 지속될 경우
　- 2분기 이상 연속 미 GDP가 (−)인 경우는 기술적 침체에 진입
　- 미국 집값, 두 달 연속 하락 … 2009년 이후 최대폭
■ 경기침체 예상 시기
　- 글로벌 거시환경의 종합을 통한 경기침체시기를 예상하는 것은 불가능하나
　- 상기 6가지 예측 시그널을 종합하면 빠르면 2023년 상반기 늦어도 2023년 하반기부터는 경기가 침체될 것임을 지난 70년 역사로도 증명됨
　- 미국이 기준금리 상승을 멈춘 후부터 1년 정도 시차를 두고 경기침체가 발생

– 미국 경기침체 발생은 역사적으로 보면 연준의 금리인하 시점부터

[그림 1-7] 세계경제성장률(GDP) 전망

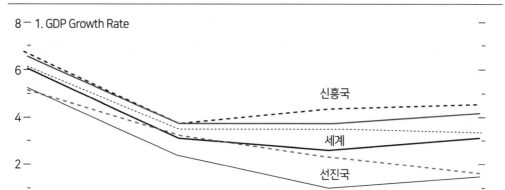

8 - 1. GDP Growth Rate

신흥국

세계

선진국

자료) IMF.
주) 점선 = 2022년 4월 전망, 실선 = 2022년 10월 전망.

상기의 거시경제지표들과 미 연준의 2022년 말 금리를 4.5%, 2023년 상반기를 4.75%로 가정하여 종합하여 세계경제성장률(GDP)을 예상해 보면 [그림 1-7]과 같이 2023년 상반기까지 하락하여 저점을 형성하고 하반기부터는 상향으로 방향을 전환하는 것으로 나타났다.

② 국내 경기변동과 전망

경기란 한마디로 경제상황을 의미하는데 현재와 미래의 경제상황에 대한 자료는 투자자나 정책당국자 혹은 일반국민들에게 의사결정을 위한 매우 중요한 정보가 된다. 이러한 경기에 대한 판단 및 예측자료에는 여러 경기지표들이 있지만 가장 대표적인 것이 경기종합지수이다. 경기종합지수란 경기변동의 국면·전환점과 속도·진폭을 측정할 수 있도록 고안된 경기지표의 일종으로 국민경제의 각 부문을 대표하고 경기를 잘 반영하는 경제지표들을 선정한 후 이를 가공·종합하여 작성한다.

ⅰ) 경기종합지수는 생산, 소비, 투자, 고용, 금융, 대외 등 경제의 각 부문을 종합하여 작성되므로 국민경제의 총체적인 수준을 파악할 수 있게 된다.

한국의 경기종합지수는 선행종합지수, 동행종합지수, 후행종합지수 3개가 작성되고 있으며, 기준년도수치가 100(예: 2015＝100)이 되도록 하여 산출하고 있다. 이들의 지수는 기획재정부에서 관리한다.

ⅱ) 선행종합지수는 건설수주, 재고순환, 소비자 기대지수 등의 지표처럼 실제 경기순환에 앞서 변동하는 개별지표를 가공·종합하여 만든 지수로 향후 경기변동의 단기예측에 이용된다.

[그림 1-8]   경기선행종합지수

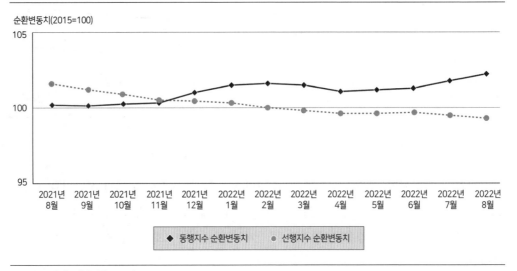

순환변동치(2015=100)

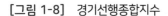

자료) 통계청, 「산업활동동향」.

2021년 8월의 선행종합지수는 129.5(2015＝100)로 전월비가 0.1이나, 2022년 3월부터 8월까지의 선행지수 순환 변동치를 [그림 1-8]을 통해 살펴보면 5월, 6월은 전월비와 동일하나 4월, 7월, 8월은 전월비가 하락하는 것으로 나타났다.

ⅲ) 동행종합지수는 공급측면의 광공업 생산지수, 취업자수 등과 수요측면의 내수출하지수 등과 같이 실제 경기순환과 함께 변동하는 개별지표를 가공·종합하여 만든 지수로 현재 경기상황의 판단에 이용된다. 동행종합지수는 2022년 8월은 123.1로 전월비가 0.7이나, 동행지수 순환 변동치는 3월, 4월에 하락하고 5월부터 8월까지는 상승하고 있다.

ⅳ) 후행종합지수는 재고, 소비지출 등 실제 경기순환에 후행하여 변동하는 개별지표를 가공·종합하여 만든 지표로 현재 경기의 사후 확인에 이용된다.

후행종합지수는 2022년 3월부터 8월까지를 기준으로 125.4에서 8월 128까지 상승하는 것으로 나타났다.

③ 외부환경과 국내경기 변동 및 전망

앞의 <표 1-3>부터 <표 1-7>까지는 GDP, 물가지수, 금리, 실업률, 환율 등이 있다. 24년 만의 고물가, 13년 만의 고환율, 10년 만의 고금리로 인해 낮아지는 경제성장률 등 복합위기 리스크에 직면해 있다. 특히 고환율은 강달러 탓도 있지만 유로화와 파운드화의 약세 및 엔화약세 등과 우리나라 펀드멘탈 자체가 낮기 때문이다. 특히, 수출 주도국인데 불구하고 66년 만에 발생한 최악의 무역적자 상태로 10월 말 기준 7개월 연속 적자를 기록하였다. 이뿐만 아니라 우리나라 수출액의 25%를 차지하는 대중국 무역경쟁력의 약화와 함께 중국의 시장침체도 경기불황으로 인해 우리나라 경기에 악영향을 미치고 있다. 미국의 지속적인 금리인상, 유럽과 영국의 고물가와 고금리로 인한 경기침체, 경기를 살리기 위해 금리인하 등의 부양책에도 불구하고 중국의 부실한 경기상태 등 외부경제 환경의 모든 지표와 국내의 경제 환경도 하강국면을 피할 수 없을 정도로 처참하다.

한편, 이승석 한국경제연구원의 부연구위원도 "고물가·고금리·고환율로 인해 스태그플레이션이 현실화되는 가운데 2023년을 기점으로 경기불황 국면에 본격 진입할 가능성이 확대됐다"고 말했다. 2022년 2·4분기 실질 GDP 성장률은 0.7%로 1%를 하회했고, 전년 동기 대비 성장률도 2.9%에 그쳤다. 특히 그동안 성장을 견인해 온 순수출의 성장 기여도가 줄었고, 무역수지는 7개월 연속 적자를 기록했다.

이 부연구위원은 "5~6% 수준의 소비자물가의 높은 상승세 지속, 한은 기준금리인상, 환율 급등 등이 최근 경기 둔화의 주요 원인"이라고 설명했다. 반면 2022년 2·4분기 3.0%를 기록했던 실업률은 8월에 2.1%, 9월에 2.4%를 기록하며 안정세를 나타냈다.

한국경제연구원은 한국의 경제성장률을 2022년 2.3%, 2023년 1.9%로 전망했으며, 민간소비 증가율을 2022년 3.0%, 2023년 2.5%로 예상했다. 2022년 경상수지는 상품수지 흑자 감소의 영향으로 200억 달러 중반 수준에 그칠 것으로 봤다. 2023년 3.5%의 물가상승률, 1,455원의 원·달러 환율을 전망했다.

이 부연구위원은 "복합적 위기의 인식 속에서 체감경기가 부진하고, 실물경제 위축의 가속화가 진행되고 있는 상황"이라고 주장하듯이 경기침체 국면으로 진입하는 것은 필연적이다.

(2) 부동산경기변동과 전망

① 부동산경기변동

부동산경기도 일반경기와 마찬가지로 [그림 1-9]에서 보는 바와 같이 회복기, 호황기를 지나 정점 후 후퇴기, 침체기를 거쳐 다시 회복기의 4국면으로 반복하면서 변동한다.

[그림 1-9] 경기순환국면

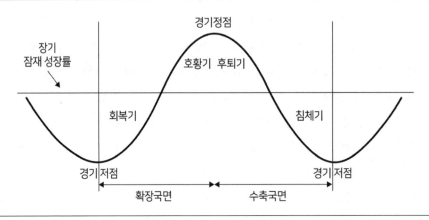

경기순환을 살펴보면 단기, 중기, 장기파동으로 구별한다. 단기는 약 3년 반을 주기로 하며, 이것을 발견한 키친의 이름을 따서 키친파동이라 부른다. 중기는 10년을 주기로 하며, 발견자 주글러의 이름을 따서 주글러 파동이라 한다. 장기는 50년을 주기로 하며, 발견자의 이름을 따서 콘드라티에프 파동이라 한다. 10년과 50년 주기 사이에 한센의 17년 건축순환파동과 쿠즈네츠의 20년 주기 파동도 있다. 이 중 어느 주기를 따르냐는 국가나 부동산개발업종과 개발규모에 따라 주기의 파동을 따르는 것이 정해져 있지는 않으며, 거시경제 환경변화에 따라 일정한 주기의 변동을 따르지 않는 경우가 많다.

그러나 국내에서는 부동산개발사업의 특성상 10년을 주기로 하는 주글러 파동과 17년 한센 건축순환주기, 20년 쿠즈네츠 파동이 적합하다고 생각한다. 이는 지난 부동산 경기의 역사를 보면 10년과 20년 사이의 주기를 적용하는 것이 타당하다고 사료된다.

지난 역사를 통해서 국내 부동산경기 사이클을 살펴보면 부동산가격은 1차 상승기인 1986년부터 1992년까지 7년 동안 상승하고, 2차 하락기인 1992년부터 1998년까지 6년 동안 보합 내지 하락하고, 3차 상승기인 2000년부터 2007년 초까지 8년 동안 상승(2006년 강남 최고가)하며, 다시 4차 하락기인 2008년부터 2013년까지 6년 동안 하락하고, 5차 상승기인 2013년부터 2021년 말까지 8년 동안 상승(2008년 30%↓-2017년 10년이 걸려 회복함)한 것으로 나타났다. 이를 기준으로 보면 앞으로 6~7년 동안 하락할 것으로 추론된다.

② 부동산경기 전망

부동산경기를 전망한다는 것은 불가능하기 때문에 예단은 금물이고 부동산경기 예측을 통해 국가나 지자체, 기업, 금융기관, 개발업자의 리스크 관리에 도움을 주고자 하였다.

2017년 문재인 정부 출범 후 부동산 규제정책과 금리인상으로 2018년 후반 일시 주택가격이 하락하였으나, 2019년 코로나로 인해 미국을 비롯한 세계 각국들의 과도한 유동성 공급과 저금리가 산업현장으로 들어가지 않고 주택시장과 주식시장으로 자금이 몰려 사상 최대급 주택가격 상승으로 주택가격 버블을 글로벌 국가가 공통적으로 형성한 것이다. 이에 우리나라 부동산시장, 특히 주택시장도 <표 1-8>과 같이 글로벌 시장에서 2021년 3분기 56개 국가 중 가장 높은 상승률을 기록했다.

<표 1-8> 2021년 3분기 주택가격 상승률

순위	국가	실질 상승률	명목 상승률
1	한국	23.9	26.4
2	스웨덴	17.8	20.3
3	뉴질랜드	17.0	21.9
4	터키	15.9	35.5
5	호주	15.9	18.9
6	네덜란드	15.7	18.4
7	저지섬	14.9	18.4
8	슬로바키아	13.9	18.4
9	미국	13.3	18.7
10	캐나다	12.9	17.3

자료) Knight Frank Global House Price(2021년 3분기 56개국 중 1위).

또한, <표 1-9>에서 보는 바와 같이 서울은 2021년 1월을 기준으로 세계 도심 아파트 중 가격 상승률은 1위지만 가격측면에서는 홍콩 다음으로 2위를 기록하는 등 주택 가격의 버블이 심한 상태이기 때문에 국내 부동산개발업자들은 앞으로 부동산시장을 예측하여 대응하기가 어렵다.

<표 1-9> 세계 주요 도심 아파트 가격 및 변동률

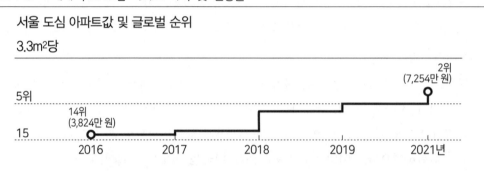

서울 도심 아파트값 및 글로벌 순위

세계 주요 도심 도시 아파트값 및 변동률

	2016년 말	2021년 1월 11일	변동률
서울	3824만 6677원	7254만 7162원	89.7%
홍콩	8612만 3317원	1억 1668만 7235원	35.5%
베이징	4384만 7091원	5886만 5851원	34.3%
뉴욕	4637만 6350원	5905만 4220원	27.3%
싱가포르	6500만 2187원	7169만 5554원	10.3%
도쿄	4143만 790원	4359만 609원	5.2%

자료) 넘베오.
주) 2021년 1분기 1인당 GDP 홍콩 49,850 $, 영국 49,761 $, 한국 34,994 $, 싱가포르 79,576 $, 미국 76,027 $, 프랑스 44,747 $, 일본 39,243 $.

이에 더하여 코로나19와 우·러 전쟁, 미·중 패권전쟁, 이상기후, 중국의 제로코로나 정책으로 공급망 봉쇄 등에 의한 식량 값과 원자재가격 폭등으로 극심한 인플레가 발생하였다. 이로 인해 미국이 폭등한 물가를 잡고자 단기에 큰 폭의 금리인상을 단행하다 보니 다른 국가들도 금리를 올리고, 미국 달러 대비 자국의 화폐가치 약세현상으로 다른 국가들은 고물가, 고금리, 고환율로 인해 경기침체는 피할 수 없을 것으로 사료된다.

2022년 초기에는 지방에서부터 가격하락 현상이 나타나다가 8월 이후로 서울과 수도권지역으로 확산되어 하락세가 확산되고 하락폭도 점점 커져 10월 말 하락폭이 최고치를 경신하였다.

윤석열 정부의 부동산 시장 규제 완화기대와 건축비 증가로 2022년까지는 신규 주택시장은 급랭은 하지 않을 것으로 예상하였으나, 기존주택은 금리상승 부담으로 거래 절벽과 주택가격 하락폭은 지역마다 차이가 있지만 20~30% 정도 기록하고 있다.

하락폭과 기간을 전망하는 것은 업종에 따라 다르고 글로벌 경제 상황, 즉 거시경제지표 영향 때문에 정확한 예측은 불가능하다. 그러나 시계열분석을 통해 우리나라의 지나간 부동산경기 역사를 예측해 보면 주택시장은 앞으로 6~7년은 하락 국면일 가능성이 높다. 이 기간 중에도 1~1.5년 동안은 상승기가 나타날 수 있다. 상승폭과 하락폭도 지난 금융위기 때의 통계치를 참고하고자 한다.

한국건설산업연구원에서 발표한 2023년 주택·부동산 경기전망에서 [그림 1−10]에 나타난 바와 같이 과거 추이를 볼 때 상승기에는 최대 60%대 상승을 비교적 단기간에 보이는 반면, 하락기에는 비교적 장기에 걸쳐 최대 20%대 하락을 보이는 것으로 나타났다. 다만, 최근 주택가격 상승기 지속기간이 길고 상승폭이 컸다는 점(2013.1.~2021.10.(105M): 서울 159.4%, 인천 89.4, 경기 101.3% 상승)을 고려하였다.

[그림 1-10] 수도권아파트 매매 장기추이

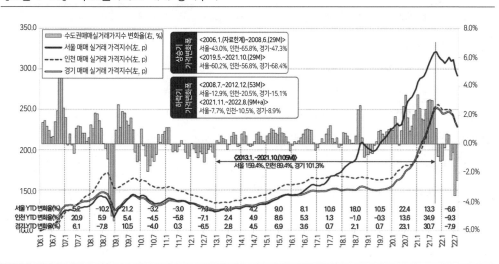

주) 각 지역의 가격변화 관찰이 용이하도록 매매실거래지수의 시작점인 2006.1.＝100을 기준으로 환산한 것임.
자료) 한국부동산원(2022).

2022년 9월 23일 한국경제연구원은 보도 자료를 통해 수도권 주택가격은 최소 35% 이상 거품이라고 발표한 바 있다. 이들을 종합적으로 고려해 보면 이번 하락기에 30~ 50% 정도는 조정이 있을 것으로 예측된다.

한편, 금리와 주택가격의 변화를 살펴보면 [그림 1 – 11]과 같다.

[그림 1-11] 역대 금리인상기 중 주택가격 변화

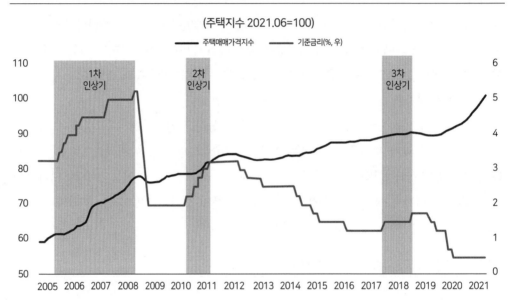

자료) 한국은행 · 한국부동산원.

주택가격과 금리는 일반적으로 반비례하는 것으로 나타난다.

장기적으로 2005년부터 2021년까지 중 · 장기적 관점에서 기준금리는 우하향하는 추세였으며, 금리와 주택가격이 반비례하였다. 그러나 2005~2008년, 2010~2011년, 2017~2018년 사이, 단기간에는 금리가 오르는 시기에는 주택가격도 오르는 경우도 있었다.

그러나 2022년 이후 금리는 오르는데 가격은 오히려 내리고 있다. 그 이유는 금리가 오르는 시점의 글로벌 및 국내 경제상황과 주택가격이 어느 수준에 있느냐에 따라 다르기 때문이다.

2008년 금융위기 이후 주택가격이 하락하게 되는데 <표 1 – 10>으로 설명하면 2013년 8월에 저점을 찍고 2021년 말까지 상승하고 2022년 1월부터 10월까지 하락하는 것으

<표 1-10> 아파트(60m², 85m² 등의 규모) 평균단위 매매가격 추이   (단위: 천 원/m²)

구분	전국	수도권	지방권	6대광역시	5대광역시	9개도	8개도	서울
2012년 01월	3,224	4,387	2,057	2,400	2,315	2,646	1,827	6,350
2012년 02월	3,220	4,376	2,060	2,399	2,315	2,646	1,831	6,329
2013년 01월	3,063	4,065	2,056	2,359	2,304	2,541	1,835	5,846
2013년 08월	**3,042**	**4,005**	**2,076**	**2,374**	**2,330**	**2,531**	**1,848**	**5,742**
2013년 12월	3,074	4,042	2,101	2,407	2,360	2,558	1,869	5,786
2014년 12월	3,179	4,173	2,183	2,514	2,459	2,648	1,936	5,939
2015년 12월	3,467	4,555	2,424	2,854	2,821	2,851	2,077	6,553
2016년 12월	3,506	4,634	2,435	2,902	2,864	2,866	2,054	6,717
2017년 12월	3,933	5,303	2,634	3,211	3,169	3,079	2,146	8,000
2018년 12월	4,058	5,621	2,576	3,207	3,164	3,101	2,039	8,691
2019년 12월	4,358	6,172	2,651	3,329	3,284	3,245	2,068	10,010
2020년 12월	4,943	7,023	2,986	3,840	3,756	3,753	2,229	11,113
2021년 12월	6,361	**9,352**	3,658	**4,877**	**4,688**	5,073	2,718	13,896
2022년 01월	**6,361**	**9,350**	**3,659**	**4,874**	**4,684**	**5,075**	**2,725**	**13,898**
2022년 02월	6,355	9,340	3,657	4,867	4,676	5,072	2,729	13,886
2022년 03월	6,346	9,325	3,653	4,856	4,665	5,065	2,732	13,875
2022년 04월	6,340	9,318	3,649	4,846	4,655	5,061	2,735	13,875
2022년 05월	6,331	9,303	3,644	4,831	4,642	5,056	2,737	13,861
2022년 06월	6,320	9,289	3,637	4,817	4,629	5,048	2,737	13,851
2022년 07월	6,302	9,261	3,627	4,799	4,612	5,033	2,734	13,822
2022년 08월	6,260	9,200	3,604	4,760	4,579	4,998	2,721	13,759
2022년 09월	**6,201**	**9,108**	**3,573**	**4,705**	**4,530**	**4,949**	**2,707**	**13,654**
2022년 10월	**6,110**	**8,966**	**3,529**	**4,629**	**4,466**	**4,876**	**2,683**	**13,474**

자료) 한국부동산원.

로 나타났다.

　　그러나 상업시설과 산업시설은 일반경기의 영향을 받기 때문에 동행지수 순환변동치를 참고하되 자세한 사항은 제6장을 참고하기 바란다.

　　마지막으로 부동산개발의 원료인 토지시장의 경기전망을 위해서 지난 통계작성이 시작된 2002년부터 2021년 말까지 연도별 토지가격지수를 지역별로 살펴보면 다음과 같다. 예를 들어, 서울과 경기지역을 살펴보면 [그림 1-12]와 같다. 2002년부터 2007년까지 오르다가 금융위기를 맞이하자 약간 하락을 보이고 2021년까지 약 20년간 지속적으로 상승하고 있다. 토지만의 특성인 부증성 때문에 주택가격 등 부동산가격이 폭등함에 따라 토지가격도 지속적으로 오르는 것은 필연적이며 2021년 말 수준은 사상 최고의 정점이라 할 수 있다.

[그림 1-12] 서울 및 경기지역 연도별 지가지수(단, 2021년 9월=100)

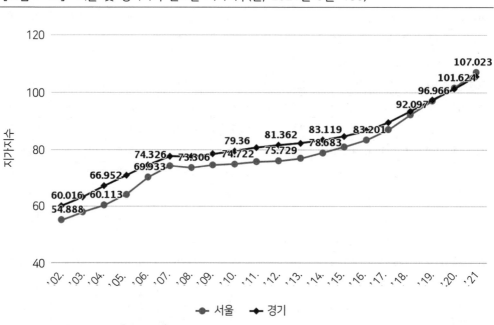

이러한 지가도 버블상태를 형성한 주택 시장이 침체 국면에 진입하자 지가 상승률 또한 둔화되고, 토지거래량도 크게 줄어든 것으로 나타났다. 지가 상승폭은 2020년 2분기 이후 가장 낮은 수준을 나타냈다. [그림 1-13]의 2022년 2·3분기 지역별 지가 변동률을 참조하기 바란다.

2022년 10월 25일 국토교통부에 따르면 지난 3분기 전국 지가는 0.78% 상승했다. 상승세가 이어졌지만 상승폭은 크게 줄어들었다. 작년 3분기(1.07%) 대비 0.29% 포인트 감

[그림 1-13] 2022년 2분기 및 3분기 지역별 지가 변동률

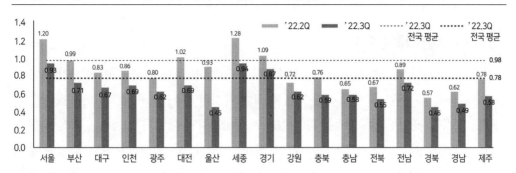

자료) 국토교통부.

소했고, 지난 2분기(0.98%)에 비해서는 0.20% 포인트 감소했다. 3분기 지가 상승률(0.78%)은 지난 2017년 1분기(0.74%) 이후 가장 낮은 수준이다.

2021년 말부터 이어지고 있는 주택 시장 침체와 거래절벽이 지가 상승률에도 영향을 미치고 있는 것으로 풀이된다.

지가 상승률 둔화는 수도권과 비수도권을 가리지 않았다. 3분기 수도권 지가 상승률은 0.89%로 지난 2분기(1.10%) 대비 0.21% 포인트 축소됐고, 지방은 0.60%로 2분기(0.78%) 대비 0.18% 포인트 축소됐다.

서울은 2분기 1.20%에서 3분기 0.93%로 줄었고, 부산(0.99% → 0.71%), 대구(0.83% → 0.67%), 인천(0.86% → 0.69%), 광주(0.80% → 0.62%), 대전(1.02% → 0.69%), 울산(0.93% → 0.46%), 세종(1.23% → 0.94%) 등도 일제히 축소됐다.

서울, 세종, 경기(1.03% → 0.87%) 등 3개 시도만 전국 평균(0.78%)보다 높은 수준을 보였다. 시·군·구 단위에서는 서울 성동구(1.37%), 서울 용산구(1.21%), 경기 하남(1.19%), 경북 군위(1.12%), 서울 종로구(1.08%) 등 68개 시군구가 전국 평균을 상회했다.

토지 거래량(건축물 부속 토지 포함)도 크게 줄었다. 지난 3분기 토지 거래량은 약 48만 필지(383.1㎢)로 지난 2분기 대비 26.4% 감소했다. 17개 시·도 모두 2분기 대비 토지 거래량이 감소했으며, 인천(-40.6%)이 가장 많이 줄었다. 광주(-37.1%), 세종(-35.2%) 등도 큰 폭으로 감소했다.

3) 부동산경기변화에 따른 개발업자의 대응방안

(1) 부동산경기변동의 특성

부동산경기도 일반경기와 마찬가지로 [그림 1-9]에서 보는 바와 같이 회복기, 호황기를 지나 정점 후 후퇴기, 침체기를 거쳐 다시 회복기의 4국면으로 반복하면서 변동한다. 하지만 부동산 경기변동은 부동산의 특성으로 일반경기와 다르게 변동하는 특성이 있다.

① 부동산시장은 고정성이라는 특성으로 인해 지역시장을 형성하기 때문에 글로벌 국가나 국내에서도 지역에 따라서 호황과 불황이 다르게 나타난다. 경기 회복기나 후퇴기도 시간적 차이를 갖는다. 회복기나 호황기가 길고 후퇴기나 침체기가 짧은 지역은 부동산 입지가 양호하다고 한다.

② 부동산개발사업은 일반적으로 규모가 크고 기간이 길기 때문에 경기변동기간이 일반경기보다는 길게 나타난다. 경기변동기간이 짧게는 5년, 길게는 20년까지 걸리는 경우도 많기 때문에 부동산경기 주기를 10~20년 사이로 보고 개발사업을 추진한다. 이는 부동산의 공급의 한정성이라는 특성 때문에 부동산경기의 주기가 길 뿐만 아니라 부동산경기의 정점과 저점의 진폭도 일반경기보다는 크다. 만약에 수요가 많아서 부동산개발업자가 공급을 하고자 한다면 인·허가 기간과 공사기간으로 인해 수요에 맞추지 못하기 때문에 가격은 한동안 올라간다. 반대로 이미 공급이 많아져서 수요를 다 충족하였는데도 건축 중에 있는 경우 초과공급 현상으로 인해 가격이 하락하고 저점이 예상보다 깊게 형성하기도 한다.

③ 부동산경기는 부동산의 고유한 특성 때문에 수요·공급의 법칙이 적용되지 않는다. 왜냐하면 수요량과 가격 관계의 수요탄력성은 비탄력적이기 때문이다. 그리고 공급도 건축기간으로 인해 공급량과 가격이 일치하지 않기 때문에 공급의 탄력성도 필요·충분조건에 맞지 않는다.

④ 부동산의 종류에 따라서 경기변동에 차이가 나타난다. 그러나 일반적으로 실물자산인 부동산은 금융자산인 주식과는 달리 일반경기에 6~12개월 정도 후행하고 주식은 일반경기에 6~12개월 정도 선행하는 것으로 알려져 있다.

한편, 주거용부동산, 상업용 및 공업용부동산과 같은 부동산의 종류에 따라서 경기변동의 시기가 다르게 나타난다. 안정근에 의하면 상업용과 산업용부동산은 일반경기가 호전되어 경제가 활성화되면 업무를 위한 사무실공간이나 생산을 위한 공장이 필요하므로 일반경기와 동행하는 경향이 있다. 이와는 반대로 불경기가 되면 상업용이나 산업용부동산의 수요가 감소하게 되어 이런 시설들은 개발을 하지 않기 때문에 금리가 하락한다면 주거용부동산에 대한 수요가 많아져서 주거용부동산은 일반경기변동과 역순환적 관계에 있다. 이를 표로 나타내면 <표 1-11>과 같다.

<표 1-11> 일반경기와 부동산경기의 시간적 관계

구분	내용	시간적 관계
금융자산인 주식	일반경기보다 선행	선순환적
실물자산인 부동산	일반경기보다 후행	후순환적
상업용 및 산업용부동산	일반경기와 동행	동시순환적
주거용 부동산	일반경기와 역행	역순환적

자료) 안정근, 현대부동산학 제5판, 서울: 양현사, 2014.

부동산개발업자가 개발시점과 분양(임대)시점을 포착하기 위해서는 거시적 시장분석이 필요한데, 거시적 시장분석은 거시경제지표와 일반경기와 더불어 부동산시장의 경기를 예측하고 분석하는 것을 의미한다. 그런데 앞에서 거시경제지표를 분석해 볼 때 모든 지표(GDP, 소비자물가지수(CPI), 금리, 실업률, 환율 등)들이 불경기로 가는 과정이며 우리나라 경기에도 악영향을 미치는 것으로 나타났다. 이와 함께 앞에서 언급한 대로 2019년 코로나로 인해 미국을 비롯한 세계 각국들의 과도한 유동성 공급과 저금리가 코로나로 인해 산업현장으로 들어가지 않고 자금이 주택시장과 주식시장으로 몰려 사상 최대급 주택가격 상승으로 거의 모든 국가의 주택가격은 버블상태이다. 이러한 상황에서 부동산 경기변동과 경기전망을 통해 부동산개발업자의 대응방안을 수립하면 다음과 같다. 신규 디벨로퍼와 기존 개발업을 수행하고 있는 디벨로퍼에 따라 다르게 대응하여야 한다.

① 신규 부동산개발업자
– 먼저, 부동산개발사업은 고위험, 고수익 사업이라는 것을 명심해야 하고, 개발업자의 노하우와 자금능력에 맞는 프로젝트를 구상하여야 한다.
– 부동산경기의 순환국면 중 회복기, 수축기 등을 파악하여야 하는데 예측하기 어렵다.

- 앞에서 분석한 여러 거시경제지표를 분석한 결과 앞으로 6~7년 동안은 침체국면인 가운데 2023년 하반기 이후 회복기가 도래할 것으로 조심스럽게 예측해 본다.
- 이러한 회복기가 추세상승이 아니라 가격하락에 대한 단기 반등으로 보아야 하기 때문에 모든 현금전체를 투자하지 말고 자금조달도 신중을 기해야 한다.
- 결국, 개발업자는 벌집순환모형을 통해서 부동산거래량과 가격변동을 파악해야 한다.
- 그러나 이 경우에도 부동산개발사업의 종류, 즉 주거용, 상업용, 산업용 등에 따라 경기변동 특성이 다르기 때문에 입지에 따른 시장분석을 통해서 수요가 증가하는 사업을 선택하되 단기적으로 끝날 수 있는 사업을 추진해야 한다.

② 기존 부동산개발업자

- 다중복합인플레로 변수가 하나만 변해도 경기변동이 다르기 때문에 예측은 불가능하나 여러 지표와 문헌에 따른 공통적으로 적용되는 부동산경기의 순환사이클을 여러 지표를 통해 분석한 결과 앞으로 6~7년 동안은 침체국면이 지속될 것이다. 그러나 돌발변수가 발생하지 않는다면 침체국면 중에서도 12~18개월 정도는 상승기가 도래하는데, 그 시기가 2023년 하반기부터 2024년 상반기까지 될 가능성이 있다.
- 도시개발사업과 같은 장기사업은 현장별로 사업추진 시기가 다르므로 2023년 하반기 이후에 분양이 가능한 사업장은 그때까지 인·허가를 완료하여야 한다.
- 토지가격은 경기변동 상황을 분석해 볼 때 통계발표 이후 2021년 말까지 우 상향방향 추세가 지속되었다. 그러므로 부동산경기가 하락국면에 있는 상황에서 높은 지가수준에 있는 토지는 더 이상 구입하지 않고 기다려야 한다.
- 도시개발사업장 등 3~4년 후에 분양이 될 사업장은 금융기관으로부터 조달된 자금의 이자비용을 줄이는 다양한 방안을 모색하여야 한다. 남은 토지대금은 인·허가 이후 연기 방안도 마련하여야 한다.
- 프로젝트 초기에 있는 사업장은 최유효이용방안을 모색하여 경기불황에도 견딜 수 있는 최적의 프로젝트를 발굴하고 임대용개발사업도 고려하여야 한다.
- 경기불황에도 견딜 수 있고 장래 산업발전에 꼭 필요하며 리스크가 상대적으로 적은 폐기물사업, 첨단 산업단지, 데이터산업센터 등의 사업을 발굴하여야 한다.
- 현재 추진하고 있는 부동산개발사업으로 조달된 자금이자 부담을 줄이기 위해서는 타인과 지분투자를 조인시키는 PFV 법인을 설립하는 것도 하나의 방법이다.

- 부동산개발업자가 추세적으로 어느 국면인지는 [그림 1 – 14]의 제6국면인 벌집순환
  모형을 참조하여 판단하되, 2022년 10월의 주거시설 경기국면은 가격하락과 거래량
  절벽으로 제4국면에 해당한다.

[그림 1-14] 벌집순환모형(HONEY-COMB CYCLE MODEL)의 주택경기

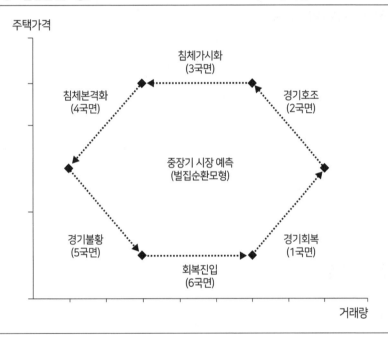

부동산의 특성이 개발에 미치는 영향

1. 부동산의 개념과 분류

부동산은 민법 제99조 제1항에 의하면 토지 및 그 정착물을 말하며 대표적으로 건축물과 토지를 의미한다. 특히, 실외골프장 철탑을 둘러친 그물망, 옹벽과 어린이 놀이터는 공작물이라고 하며 교량은 구축물로 분류된다.

한편, 시설별로 분류하면 주거시설과 비주거시설로 분류한다.

비주거시설은 다시 판매시설, 업무시설, 산업시설, 물류시설, 데이터시설, 주차장시설, 운송시설, 공공시설, 학교와 같은 기타시설로 분류된다.

2. 부동산의 특성

부동산의 특성에는 물리적 특성과 사회경제적 특성 그리고 법·제도적 특성으로 구분하며 다음과 같다. 물리적 특성 중 가장 중요한 것은 부동성(고정성)인데 제4차 산업혁명과 코로나19로 인한 트렌드 변화로 물리적 공간이 고정되어 있던 기존과는 달리 온라인쇼핑, 재택근무, 온라인 교육, 영상회의 등으로 인해 디지털공간으로 이동함에 따라 입지의 중요성이 상대적으로 감소하게 되었다는 점을 개발업자는 명심하여야 한다.

1) 물리적 특성

① 부동성(고정성), ② 영속성, ③ 개별성(이질성), ④ 부증성

2) 사회·경제적 특성

① 용도의 다양성, ② 입지의 가변성, ③ 내구성, ④ 공급의 한정성,
⑤ 합병·분할의 가능성, ⑥ 상호의존성, ⑦ 입지적 접근성

3) 제도적 특성

① 관련 법규 및 계획, ② 공공규제, ③ 지역사회 관습

3. 부동산의 특성이 개발사업에 미치는 영향

1) 부동성(고정성)이 부동산개발에 미치는 영향

부동성이란 부동산의 지리적 위치가 고정되어 있음을 의미하기 때문에 부동산시장은
지역시장(local market)을 형성하며 홍보활동이나 마케팅활동도 그 지역을 중심으로 이루
어져야 한다.

부동산이 부동성에 의해 부동산의 가치는 입지라고 하는 해당 부동산이 위치하고 있
는 주변 환경에 의해서 많은 영향을 받고 있다. 그러나 앞에서도 언급한 대로 제4차 산
업혁명과 위드 코로나시대, 개발환경변화로 입지의 중요성이 감소하고 있음을 유의해야
한다.

2) 영속성(내구성 포함)이 부동산개발에 미치는 영향

부동산은 영속성이나 내구성 때문에 가격보다는 가치를 중요시한다.

즉, 동산과 같이 한번 쓰고 버리는 것이라면 무조건 값싸게 사면 되는데 부동산은 영속
성과 오랫동안 사용할 수 있는 내구성 때문에 가격보다는 가치를 중시하는 것이다.

예를 들어, 토지의 용도지역이 자연녹지인 상태에서 도시·군기본계획상 시가화예정용

지이고 실제로 개발압력이 있어 개발 가능하다면 자연녹지인 용도지역을 주거지역으로 용도변경을 한 후 지구단위계획을 통해 5개 층 이상의 아파트 사업도 가능하다. 그러므로 가격은 조금 비싸더라도 가치가 가격보다 훨씬 높기 때문에 부동산개발업자에게는 그만큼 수익이 늘어나기 마련이다.

3) 개별성이 부동산개발에 미치는 영향

부동산은 위치, 크기, 모양 등에서 모두 제각각 다르다.

같은 위치에 같은 아파트를 건설할지라도 향이나 층 그리고 조망에 따라 가치가 다르기 때문에 향별, 층별, 조망에 따라 분양 가격이 차이나는 이유다.

특히, 상업시설이나 토지 등의 부동산은 개별성이 아주 강하게 나타나기 때문에 최근에는 토지를 구입할 시 주변의 디지털 인프라를 포함한 모든 입지 조건과 규모, 모양 등을 상권특성에 맞는지 파악한 후에 의사결정을 내리는 것이 안전하다.

이와 같이 부동산은 개별성으로 인해서 완전한 대체관계에 제약이 따른다.

4) 부증성과 공급의 한계성이 부동산개발에 미치는 영향

부동산 중 토지는 생산되는 재화가 아니기 때문에 희소가치가 존재하며, 수요가 증가하는 경우에는 한동안 공급제한으로 인해 가격 상승이 불가피하다.

그러므로 도심의 노후 주거시설과 상업시설은 도시의 지속성을 위해 도시재정비사업이 필요하다.

5) 용도의 다양성 및 상호의존성이 부동산개발에 미치는 영향

부동산은 여러 가지 용도로 사용가능하다. 용도의 다양성을 이용, 부가가치가 가장 높은 시설(업종)을 찾아 개발하는 것을 부동산의 "최유효이용방안"이라 한다.

부동산개발사업을 고려하는 해당 부동산은 주변 다른 특정한 부동산에 의하여 많은 영향을 받는다. 마찬가지로 해당 부동산도 다른 부동산의 용도나 가치변화에 많은 영향을 미친다. 이런 특성을 상호의존성이라 한다.

6) 입지의 가변성 및 입지적 접근성이 부동산개발에 미치는 영향

부동산은 특성상 위치는 고정되어 있으나 도로 등과 같은 기반시설, 인구증감, 가구증 감, 소득 등의 사회·경제적인 변화 등으로 농촌이 도시로 변화함으로써 입지가 변화하게 된다.

부동산개발업자는 도시기본계획과 관리계획 그리고 그 지자체의 도시개발계획을 면밀 히 검토하여 용도지역 및 건축규제 등 법·행정적으로 자연녹지지역이 주거지역으로, 주 거지역이 상업지역으로 용도지역이 변경되고 경제특구나 관광특구로 지정될 가능성이 입 지의 부지를 확보해야 한다.

[그림 1-15] 성남-여주 전철 노선도

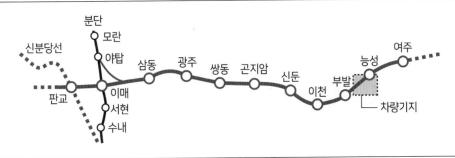

제2영동고속도로(광주－원주) 개통과 [그림 1－15]와 같은 성남과 여주의 복선전철 등 의 신설로 인해 접근성이 양호한 부동산의 입지가 형성되므로 그만큼 부가가치가 높아진 다. 그러므로 개발업자는 현재 도로망이나 예상 도로망을 철저히 조사한다면 리스크는 줄 이고 수익률을 높일 수 있다.

7) 합병·분할의 가능성이 부동산개발에 미치는 영향

부동산은 물리적으로나 경제적으로 합병·분할가능 건물을 건축함에 있어 당해 용도에 적합한 최적의 규모로 개발하기 위해 필요한 조치로서 값싼 맹지에 진출입로를 개설하여 부가가치를 높이는 방안을 모색하여야 한다.

개발업자가 필요로 하는 건폐율이나 용적률을 적용받기 위해서는 주변 토지와의 교환 또는 매입이 필요한데 이를 위해서는 합병·분할이 필요하다.

8) 제도적 특성이 부동산개발에 미치는 영향

(1) 관련법규 및 관련계획

부동산 취득, 이용 그리고 처분하는 경우에 동산과 달리 공법(건물용도 결정 및 인·허가)과 사법(민법총칙, 물권법) 등이 필요하다. 예를 들어, 취득하는 경우에는 토지거래허가제가 공법에 해당하고 계약법과 민법총칙 및 물권법 등이 사법에 해당한다.

국토계획이나 수도권정비계획 그리고 도시·군기본계획과 같은 상위계획과 도시·군관리계획(용도지역·지구·구역제, 기반시설정비, 지구단위계획, 기타 도시개발사업 또는 재정비사업 포함)과 같은 관련계획도 부동산개발에 많은 영향을 미친다.

(2) 공공규제

공공이라 함은 정부, 지방자치단체, 환경단체, 시민단체, 주민 등을 의미하는데 정부나 지방자치단체는 인·허가를 받도록 하고 시민단체나 주민들은 친환경적이고 지역주민들에게 유익하고 건전한 개발 요구하므로, 개발업자는 이에 대한 대책으로 인·허가나 민원에 대하여 미리 충분한 대책을 세워서 개발사업을 추진하여야 리스크를 줄일 수 있다. 여기서 개발업자가 주의할 점은 ESG에 대한 소명감을 갖고 민원이 발생하지 않도록 친환경적이고 주민들에게 유익한지를 철저히 검토하는 것이다.

(3) 지역사회의 관습

부동산에 대한 인식이나 관습은 국가나 지역사회에 따라서 다르게 나타나는 것이 일반적이다. 또한 동일한 지역이라고 할지라도 시대의 흐름에 따라 변화하므로 부동산에 대한 인식이나 관습도 부동산시장을 차별화시키는 요인이 되고 있다.

4. 부동산개발사업에 공부서류와 용도지역의 가능 건축물 활용방법

정부는 2016년 1월 1일부터 <표 1-12>와 같이 18종을 1종의 '부동산종합증명서'에 담아 발급해 주는 일사편리(kras.go.kr/)서비스를 제공하고 있다.

<표 1-12> 18종 부동산 공부 현황

분야	부동산 공부	관련법	관련부처	운영
지적 (7종)	1) 토지대장 2) 임야대장 3) 공유지연명부 4) 대지권등록부 5) 지적도 6) 임야도 7) 경계점좌표등록부	공간정보의 구축 및 관리 등에 관한 법률	국토교통부	시·도 시·군·구
건축물 (4종)	8) 건축물대장(일반건축물) 9) 건축물대장(총괄표제부) 10) 건축물대장(집합표제부) 11) 건축물대장(집합전유부)	건축법		
토지(1종)	12) 토지이용계획확인서	토지이용규제 기본법		
가격 (3종)	13) 개별공시지가확인서 14) 개별주택가격확인서 15) 공동주택가격확인서	부동산가격공시에 관한 법률	.	
등기 (3종)	16) (토지) 등기사항전부증명서 17) (건물) 등기사항전부증명서 18) (집합건물) 등기사항전부증명서	부동산등기법	대법원 (법원 행정처)	등기소

1종의 [부동산종합증명서]에는 토지(또는 임야)대장과 건축물대장에 해당하는 토지표시란과 건축물 표시란이 있고, 등기부에 해당하는 토지, 건축물 소유자 현황과 등기 특정권리 사항이 있으며, 토지이용계획확인서에 해당하는 토지이용계획란과 토지이용계획도면이, 지적도에 해당하는 지적도면이 나타나 있다.

현재와 다른 점은 별도로 토지 경계점 좌표 등록사항이 첨부되어 있다는 점이다.

부동산종합증명서를 발급하는 방법은 부동산의 종류에 따라 토지만 있는 부동산은 부동산 종합증명서[토지]를 발급하고, 토지와 건축물이 함께 있는 부동산은 부동산종합증명서[토지, 건축물]를 발급하며, 공동주택과 같은 집합건물에 대한 부동산은 부동산종합증명서[토지, 집합건물]를 발급하면 된다. 그러나 18종을 1종으로 통합하여 발급하게 되면서 많은 부분이 빠져있는 경우가 있기 때문에 리스크를 줄이기 위해서는 개발업자들은 개별공부서류를 각각 발급하여 활용하는 것이 안전하다.

1) 공부서류

부동산개발업자는 개발사업을 수행하는 첫 번째 단계가 대상부지에 대한 공부서류 검토이다. 공부서류를 통해서 인·허가는 물론이고 토지의 최유효이용활용도 가능하다.

제4차 산업혁명으로 인해 다양한 플랫폼들이 등장하여 활용되고 있다.

특히 최근에는 스마트시티 등 760가지의 도시공간정보가 담긴 GISLaw 플랫폼을 활용하여 다양한 정보를 습득할 수 있다. GISLaw 플랫폼은 회원제로 운영되며 여기에는 ⅰ) 부동산기본정보, ⅱ) 입지분석, ⅲ) 법률분석 등으로 구분하여 전국의 거의 모든 부동산에 적용되는 정보를 습득할 수 있다. 이를 간략히 표로 요약하면 <표 1-13>과 같다.

<표 1-13> GISLaw 정보의 요약

구분	중분류	세부정보내용
기능정보	▪ 위치정보	도로명 주소, 지번주소 정보
	▪ 토지정보	지목현황, 소유현황, 공시지가, 토지형상
	▪ 건축물 정보	용도현황, 구조현황, 층수현황, 경과연도, 연면적, 건폐율, 용적률
	▪ 도시계획정보	기본계획(생활권), 관리계획(용도지역·지구·구역, 시설현황), 개발행위구역·지구단위계획구역정보, 개발구역정보, 공적규제정보
입지분석	▪ 자연환경분석	표고, 경사분석, 향분석, 단면분석, 생태자연도, 식생(임상별·영급별), 국토환경, 수리수문, 기상기후 * 「산지관리법」등 관련 기준을 적용한 개발가능지 분석
	▪ 토지·건물분석	- 정비사업지지정요건 • 토지형상(과소필지, 부정형, 세장형 필지), 노후도, 호수밀도, 접도율 분석) - 그외 토지이용, 토지피복, 지가변화·표준지, 주변건물 현황분석 * 「도시 및 주거환경정비법」 및 「도시 및 주거환경정비 조례」(162개 지자체)의 판단기준 적용
	▪ 도시계획분석	기본계획(생활권), 관리계획(용도지역·지구·구역, 시설현황), 개발행위구역·지구단위계획구역정보, 개발구역정보, 공적규제정보
법률분석	▪ 허용용도분석	- 건축물 허용용도분석 • 「국토의 계획 및 이용에 관한 법률」을 준용하여 대상지역의 용도지역·지구·구역별 건축가능 유모판단 • 아파트, 공장, 창고 등 「건축법 시행령」 [별표 1]의 건축물 용도 모두 선택하여 분석가능
	▪ 도시개발분석	- 정비사업분석 • 재개발, 재건축, 주거환경개선사업 등 개발방식별 개발가능 유모 판단

GISLaw 플랫폼을 이용하는 데 주의할 점은 시간을 절약하기 위해 인·허가를 위한 법률적 검토, 입지분석 등의 본 정보를 기초적으로 활용할 수 있다. 그러나 실제 프로젝트를 수행하기 위해서는 본 정보를 참고로 하고 프로젝트에 참여하는 엔지니어링회사와 기타 개발관련 참여자(컨설팅회사 등)와 디벨로퍼가 협력하여 다방면에서 상세한 분석을 통해 최적의 대안을 택해야 극소의 리스크와 극대의 수익률을 추구할 수 있다.

한편, 정부에서도 2024년까지 블록체인 기반 부동산 거래 플랫폼을 구축하기로 함에 따라 2024년 이후에는 대출이나 매매계약 등을 위해서 종이서류·기관 방문 없이 계약에서 등기까지 한 번에 처리 가능한 서비스 체계가 구축될 것으로 예상된다.

(1) 공부서류에는 ① 토지이용계획확인서, ② 토지대장(또는 임야대장), ③ 건축물대장(건축물이 있는 경우), ④ 지적도(또는 임야도) 및 수치지적도, ⑤ 등기사항(전부)증명서 등이 있다.

(2) 지도로서는 ⑥ 지형도, ⑦ 부동산 지번도, ⑧ 부동산 전자지도, ⑨ 기타 각종 부동산지도가 있다.

① 토지이용계획확인서

<표 1-14>에서 보는 바와 같이 토지이용계획확인서는 첫째, 국토의계획및이용에관한법률에 의한 건축물의 용도나 규모를 결정할 지역·지구·구역 등이 기재되어 있고, 둘째, 다른 법률에 의한 지역·지구 등, 군사시설구역 및 보호구역, 농업진흥구역 및 보호구역, 보전산지, 자연공원구역 및 보호구역, 상수원보호 및 수질보전대책특별권역 여부, 문화재구역 및 보호구역 여부 등과 셋째, 토지거래허가구역 여부, 건축선의 후퇴, 가로구역별높이제한 등이 기재되어 있는 가장 중요한 공부서류이다.

만약, <표 1-14>에서 보는 바와 같이 용도지역이 제3종일반주거지역이고 자연경관지구라면 서울시 조례는 4미터 이하의 높이제한이 있고 공공시설보호지구로 잡혀 있다면 주거시설은 불가능하고 업무시서로서 4미터 이하만 가능하다. 또한 다른 법률, 군시시설보호구역이라면 높이제한이 있다는 것을 개발업자는 명심해야 한다.

한편, 도로의 형태, 도로의 너비, 도로에의 저촉여부 등을 확인가능하고 도로(저촉·접함), 공원 기타 등 도시·군계획시설 포함여부도 확인이 가능한 공부서류이다. 여기서 주의해야 할 점은 '토지이용계획확인서'도 누락된 부분이 있을 수 있으니 반드시 개발사업장 해당 지자체 관련 부서에 방문하여 다른 여러 가지 규제사항 등을 확인하여야 토지매입과 인·허가 등에 관한 리스크를 줄일 수 있다.

<표 1-14> 토지이용계획확인서

토지이용계획확인서				처리기간	
				1일	
신청인	성명		주소		
			전화번호		
신청 토지	소재지		지번	지목	면적(m²)
지역·지구 등의 지정 여부	「국토의 계획 및 이용에 관한 법률」에 따른 지역·지구등	제3종일반주거지역, 자연경관지구, 공용시설(보호지구)			
	다른 법령 등에 따른 지역·지구등	과밀억제권역, 군사시설보호구역, 문화재보호구역, 상대보호구역(교육환경보호에 관한 법률)			
「토지이용규제 기본법 시행령」 제9조제4항 각 호에 해당되는 사항		토지거래허가구역, 건축선 2m 후퇴, 가로구역별높이제한			
확인 도면				범례	
				축척 /	
「토지이용규제 기본법」제10조제1항에 따라 귀하의 신청토지에 대한 현재의 토지이용계획을 위와 같이 확인합니다. 년 월 일 특별자치도지사 시장·군수·구청장 직인				수입증지 붙이는 곳	
				수입증지 금액 (지방자치단체의 조례로 정함)	

② 토지(임야)대장

토지대장에는 토지면적과 지목확인이 가능하고 토지분할 또는 합병역사도 확인할 수 있으며 토지등급과 개별공시지도 확인이 된다. 그러나 공시지가는 1990년도부터 실시되어 왔기 때문에 1990년도부터 별도로 발급받아 가격의 변천사를 확인할 수 있다.

③ 건축물대장

건축물대장에서는 건물의 규모(면적, 층수 등)와 구조를 확인할 수 있다.

준공일자와 사용검사일을 확인할 수 있고, 1979년 이후 준공된 건물은 주차대수도 확인이 가능하다. 또한, 건물의 사용용도 확인 및 건폐율, 용적률도 확인할 수 있으며, 만약에 개발업자가 건축물을 구입하고자 한다면 사용목적에 따라 건폐율이나 용적률을 활용 측면을 고려하고 리노베이션 등을 고려한다면 주차대수도 법적으로 가능한지를 검토해야 한다.

④ 지적(임야)도면

공부상 토지(임야)의 형상 확인할 수 있고 도로와의 저촉여부 확인이 가능하며 만약에 맹지인 경우에는 진입도로를 만들어 부가가치를 높이고 토지의 형상이 건축하기에 부적절한 경우에는 주변토지와의 교환 또는 매입을 고려하여 부가가치를 높일 수 있다.

주변토지의 용도지역 및 지목을 확인하여 다른 용도지역으로의 변경 가능여부도 검토하는 것이 부가가치를 높일 수 있는 하나의 방법이다. 건축사는 지적도면을 이용하여 건축설계를 하는데 최근에는 수치지적도를 이용한다. 수치지적도를 이용하면 현장위치의 오차를 줄일 수 있는 것이 장점이라 할 수 있다.

⑤ 부동산등기사항(전부)증명서

부동산등기사항전부증명서는 표제부(소재지, 면적 등)와 갑구(소유권에 관한 표시) 그리고 을구(소유권 이외의 사항: 용익물권과 담보물권인 저당권과 유치권)로 구성되어 있으며, 개발업자가 부동산을 구입하고자 한다면 등기사항전부증명서를 철저히 검토하여 분쟁의 소지를 없애야 한다.

그런데 여기서 부동산등기부등본과 토지대장 또는 건축물대장의 소유권이 다른 경우, 특별한 사정이 없으면 등기부등본이 우선하고 면적은 건축물(토지)대장이 우선한다.

⑥ 지형도

지형도는 지도로서 토지의 지형 및 고도 확인과 주변 실제 현황을 확인할 수 있으나, 최근에는 드론활용의촉진및기반조성에관한법률(약칭: 드론법)에 의한 드론을 통하여 현장을 촬영하여 컴퓨터에 저장하고 축적을 지적도와 맞추어 토지이용계획과 조감도를 작성한다면 효율적이고 그만큼 생동감과 현실감이 있어 고객들에게 어필하기에도 적합하고 홍보활동이나 마케팅전략으로 활용할 수도 있다.

⑦ 부동산 지번도

어떤 지역 안에 있는 토지를 일정한 구역으로 나누고 번호를 표시하여 그린 도면이다.

부동산개발업자는 지도와 지형도를 가지고 대략적인 위치 판단과 주변 여건에 대한 판단이 되었다면 대상물건에 대한 세밀한 분석이 필요하다. 이때 필요한 것이 지번이 나오고 경계가 나오는 지번도나 지적도(임야도)다. 지번도는 각 지도제작사에서 제작하여 배포하는 1/5000 지번도 책자들이다.

대부분 군 단위로 제작되기도 하나 요즘은 수도권, 남부권, 북부권 등 2~5개 시·군을 묶어서 제작되기도 한다. 또한 항공사진과 같이 제작된 지번도면도 있다

⑧ 부동산 전자지도

부동산 전자지도 프로그램을 활용하여 항공사진과 지적(지번)도 겹쳐보기를 해 보면 입지분석과 상권파악 등 개발계획 수립 시 유용하게 활용할 수 있다.

제4차 산업혁명시대에 등장한 GISLaw 플랫폼을 활용한다면 많은 도움을 받을 수 있다.

⑨ 기타 부동산지도 및 도시계획·개발도

부동산지도는 지번도, 도시계획·개발도, 전자지도 등 여러 가지 유형이 있는데, 부동산개발 용도에 따라 적합한 지도를 구입하여 활용할 수 있다.

2) 용도지역 안에서 건축할 수 있는 건축물과 건축할 수 없는 건축물

부동산개발업자는 토지이용계획확인서를 통해서 용도지역을 파악하였다면 다음으로 그 용도지역 안에서 가능한 건축물을 알기 위해서 국토의계획및이용에관한법률시행령 "별표 2부터 별표 25까지"를 참조하면 된다. 그런데 법률이 변경되기 때문에 리스크를 줄이기

위해서는 다음이나 네이버 포털사이트에 '국가법령정보센터'라고 적고 주소창을 클릭하여 국가법령센터 홈페이지에서 최신 현행 법령, 자치법규, 행정규칙 등을 찾아 확인하는 것이 안전하다.

여기서는 용도지역이 '준주거지역안에서 건축할 수 없는 건축물'의 사례를 들어본다. 1. 건축할 수 없는 건축물은 법률에 의한 것이고, 2. 지역여건에 따른 도시계획조례로 건축할 수 없는 건축물이 나열되어 있다. 건축할 수 없는 건축물에 포함되지 않아야 건축이 가능하다. 이런 방식을 네거티브(Negative)방식이라고 하고, 건축할 수 있는 건축물의 경우를 포지티브(Positive)방식이라 한다. 이와 같이 네거티브방식의 용도지역은 준주거지역, 준공업지역, 일반상업지역, 중심상업지역, 유통상업지역, 근린사업지역 그리고 도시외지역에서 계획관리지역과 같이 7개 용도지역이 있고, 나머지 지역은 모두 건축할 수 있는 건축물로서 포지티브방식의 건축이 가능한 용도지역이다.

■ 국토의 계획 및 이용에 관한 법률 시행령 [별표 7] <개정 2021. 7. 6.>

준주거지역안에서 건축할 수 없는 건축물(제71조 제1항 제6호 관련)

1. 건축할 수 없는 건축물
    가. 「건축법 시행령」 별표 1 제4호의 제2종 근린생활시설 중 단란주점
    나. 「건축법 시행령」 별표 1 제7호의 판매시설 중 같은 호 다목의 일반게임제공업의 시설
    다. 「건축법 시행령」 별표 1 제9호의 의료시설 중 격리병원
    라. 「건축법 시행령」 별표 1 제15호의 숙박시설[생활숙박시설로서 공원·녹지 또는 지형지물에 따라 주택 밀집지역과 차단되거나 주택 밀집지역으로부터 도시·군계획조례로 정하는 거리(건축물의 각 부분을 기준으로 한다) 밖에 건축하는 것은 제외한다]
    마. 「건축법 시행령」 별표 1 제16호의 위락시설
    바. 「건축법 시행령」 별표 1 제17호의 공장으로서 별표 4 제2호 차목 (1)부터 (6)까지의 어느 하나에 해당하는 것
    사. 「건축법 시행령」 별표 1 제19호의 위험물 저장 및 처리 시설 중 시내버스차고지 외의 지역에 설치하는 액화석유가스 충전소 및 고압가스 충전소·저장소(「환경친화

적 자동차의 개발 및 보급 촉진에 관한 법률」제2조 제9호의 수소연료공급시설은 제외한다)

  아. 「건축법 시행령」별표 1 제20호의 자동차 관련 시설 중 폐차장

  자. 「건축법 시행령」별표 1 제21호의 가목·다목 및 라목에 따른 시설과 같은 호 아목에 따른 시설 중 같은 호 가목·다목 또는 라목에 따른 시설과 비슷한 것

  차. 「건축법 시행령」별표 1 제22호의 자원순환 관련 시설

  카. 「건축법 시행령」별표 1 제26호의 묘지 관련 시설

2. 지역 여건 등을 고려하여 도시·군계획조례로 정하는 바에 따라 건축할 수 없는 건축물

  가. 「건축법 시행령」별표 1 제4호의 제2종 근린생활시설 중 안마시술소

  나. 「건축법 시행령」별표 1 제5호의 문화 및 집회시설(공연장 및 전시장은 제외)

  다. 「건축법 시행령」별표 1 제7호의 판매시설

  라. 「건축법 시행령」별표 1 제8호의 운수시설

  마. 「건축법 시행령」별표 1 제15호의 숙박시설 중 생활숙박시설로서 공원·녹지 또는 지형지물에 의하여 주택 밀집지역과 차단되거나 주택 밀집지역으로부터 도시·군계획조례로 정하는 거리(건축물의 각 부분을 기준으로 함) 밖에 건축하는 것

  바. 「건축법 시행령」별표 1 제17호의 공장(제1호 바목에 해당하는 것은 제외한다)

  사. 「건축법 시행령」별표 1 제18호의 창고시설

  아. 「건축법 시행령」별표 1 제19호의 위험물 저장 및 처리 시설(제1호 사목에 해당하는 것은 제외한다)

  자. 「건축법 시행령」별표 1 제20호의 자동차 관련 시설(제1호 아목에 해당하는 것은 제외한다)

  차. 「건축법 시행령」별표 1 제21호의 동물 및 식물 관련 시설(제1호 자목에 해당하는 것은 제외한다)

  카. 「건축법 시행령」별표 1 제23호의 교정 및 군사 시설

  타. 「건축법 시행령」별표 1 제25호의 발전시설

  파. 「건축법 시행령」별표 1 제27호의 관광 휴게시설

  하. 「건축법 시행령」별표 1 제28호의 장례시설

제3절
부동산개발의 개념과 종류

1. 부동산개발의 개념

　부동산개발(real estate development)의 개념을 옥스퍼드 사전에서 찾아보면 "토지 위에 건물을 지어 이익을 얻기 위해 일정면적의 토지를 이용하는 과정(the process of using an area of land especially to make a profit by building on it)"으로 풀이하고 있으며, Afred A. Ring & J. Dasso는 부동산개발을 "완성되어 운용할 수 있는 부동산을 생산하기 위하여 토지와 개량물(Improvement)의 결합"으로 정의하였고, Richard B. Peiser는 그의 저서 『Professional Real Estate Development』에서 부동산개발이란 "기존 건물을 리노베이션 하여 임대하는 것에서부터 나대지를 구입하여 그 토지를 개량하여 판매에 이르기까지 다방면의 사업인 동시에 포괄적인 활동을 의미한다"라고 정의를 내렸다.[2] 또한, Larry E. Wofford는 그의 저서 『Real Estate(New York: John wiley & Sons, 1986)』에서 부동산개발 이란 "인간에게 생활, 일, 쇼핑, 레저 등의 공간을 제공하기 위하여 토지를 개량하는 활동"이라고 정의하였는데, 여기서 토지개량활동이란 건축물의 건축과 토지 조성활동을 의미한다.

　우리나라의 안정근은 부동산개발의 개념을 협의의 개념과 광의의 개념으로 구분하였는데, 협의의 개념은 "택지나 공장 부지를 조성하고 도로나 상수도와 같은 사회기반시설(Infra-structure)을 설치하는 이른바 건축 활동 전 단계"를 의미하고 광의의 개념은 보다 일반적인 개념으로 "토지와 개량물을 결합하여 실제로 운영할 수 있는 부동산을 생산하는 것"이라고 정의를 내렸다.[3] 부동산개발업의관리및육성에관한법률에 의하면 부동산개발이란 타인에게 공급할 목적으로 토지를 건설공사 또는 형질변경의 방법의 조성하는 행

---

2) Richard B. Peiser & Dean Schwanke, Proffessional Real Estate Development, Washington, D.C.: Dearborn Financial Pablishing, Inc. and The Urban Land Institute, 1992, p.2.
3) 안정근, 현대부동산학 제5판, 서울: 양현사, 2014, p.312.

위 또는 건축물을 건축, 대수선, 리모델링 또는 용도변경 하는 행위를 말한다.

이런 부동산개발의 개념을 종합해 볼 때 부동산개발이란 "인간에게 필요한 공간을 제공하기 위하여 토지와 개량물을 결합하여 분양, 임대 또는 운영할 수 있는 부동산을 생산하는 활동"이라고 정의를 내릴 수 있다. 그러므로 현재 부동산개발업의관리및육성에관한법률로 정해져 있는 부동산개발의 개념 수정이 상기와 같이 필요하다.

2. 부동산개발 관련 유사개념

1) 부동산개발과 도시개발

우리나라에서의 부동산개발을 협의의 개념으로 보면 주류를 이루는 것이 사적(private)이고 미시적(Micro: site)이며 재무적(financial) 관점에서 접근하는 반면에, 도시개발은 공적(public)이고 거시적(macro: urban structure)이며 경제적(economic) 관점에서 접근하는 개발을 말한다. 그러나 부동산개발의 광의의 개념은 도시개발 개념을 포함한다.

부동산 디벨로퍼를 창의적인 선구자로서 위험을 무릅쓰고 다양한 이해관계를 조율하며 도시, 커뮤니티, 이웃의 미래를 상상하고 만들어 가는 기업가인 부동산 디벨로퍼의 구체적인 업무를 살펴보면 부동산개발과 도시개발의 명확한 의미를 보다 잘 파악할 수 있다.

디벨로퍼는 우리가 삶의 많은 시간을 보내는 건물들을 만들어 내는 것이다. 우리는 그들이 만든 사무실에서 일하고 쇼핑몰과 문화공간을 이용한다. 디벨로퍼가 만든 산업, 물류센터는 식품, 가구, 전자기기, 의류, 가전제품까지 우리가 소비하는 물품을 보관한다. 여행을 할 때는 디벨로퍼가 만든 호텔에서 묵고, 그들이 만든 레스토랑에서 식사를 하며, 그들이 만든 오락, 문화 시설을 찾아간다. 대부분의 국민들은 디벨로퍼들이 대량 생산한 단독주택이나 아파트, 다세대주택을 임차하거나 매입해 그곳에서 자라고 살아간다.[4]

---

4) 피터헨디 브라운(김인아 역), 부동산 디벨로퍼의 사고법, 차밍시티, 2021, p.63.

2) 부동산 컨설팅과 개발사업과의 관계

부동산 컨설팅이란 부동산 컨설턴트(전문가)가 부동산투자, 개발, 처분, 관리, 기획, 세무 등과 같은 광범위한 부동산 업무에 관련된 제반 문제점에 대한 전문적인 지도 및 조언을 제공함으로써 의사결정을 할 수 있도록 하는 것을 말하며 부동산개발사업은 개발업자가 건축주를 대행하거나 직접 부동산개발사업을 풀 턴키 방식5)으로 추진하는 것을 말한다.

3) 건설업과 개발업의 관계

지금까지 우리나라에서는 건설업과 개발업을 상세히 구분하지 않고 사용해 왔다. 왜냐하면, 부동산개발에 대한 개념이 완전히 정립되지 않았을 뿐만 아니라 한국표준산업분류표에서조차도 부동산개발업을 독립된 산업으로 분류하지 않고 단지 부동산개발 및 공급업이라 하여 건설업과 달리 건물을 직접 생산하지 않고 도급 건설하여 판매하는 것을 편의상 부동산개발업으로 간주해 왔다.

세법에서는 건설업과 개발업의 구분이 없고 단지 주택신축판매업과 부동산매매업으로 대별되는데, 주택신축판매업은 법인에 있어서 세무상 약간의 혜택과 토지 등 양도소득에 대한 비과세 적용이 배제되는 것 외에는 부동산매매업과 다를 바 없다. 그러나 앞에서 언급한 것들과 부동산개발업의관리및육성에관한법률을 참고하여 개발업과 건설업을 구분해 보면 건설업은 발주자에 의해 공사비를 받고 공사를 대신 해주는 업 등을 말하고, 개발업은 영리를 목적으로 토지를 매입하여 택지, 공장용지 등으로 개발하거나 이미 개발된 택지나 건물을 매입하여 건축물 등을 신축(또는 재축)하여 분양 또는 임대하는 산업을 말한다. 이와 같이 건물을 신축하는 경우 주로 공사는 도급을 주는 형태를 띠지만, 경우에 따라서는 자체조직으로 건물을 지어 분양이나 임대 또는 자체 운영하기도 한다.

특수한 경우로서 PM(Project Management)은 개발업자가 일정한 대가를 받고 이런 일련의 과정을 다른 사업시행자를 대신하여 추진하는 경우를 말하기도 한다.

---

5) 풀 턴키(Full Turn–key) 방식이란 부동산개발사업에서 행해지는 계약방식으로서 사업타당성 검토부터 설계 및 시공에 이르기까지 전 과정을 대행해주는 계약방식을 말한다.

4) 시행자, 시공자, 시행자겸 시공자, 건설사업관리자(CMr)

시행자는 사업주체로서 일정한 목표(또는 목적)하에 어떤 프로젝트를 계획하고 진행하여 사업을 완료하는 자를 말하며, 공공이나 민간이 모두 사업시행자가 될 수 있다. 공공택지개발 등은 LH공사 등이 공공시행자가 되며, 민간이 토지를 구입하여 상업시설 또는 주거시설 등으로 개발한 후 분양하는 경우 민간이 사업시행자가 된다.

물론 개인 건축주나 건설회사와 같은 법인도 사업시행자가 될 수 있다.

한편, 사업시행자를 부동산개발에 한정하여 사용하는 경우에는 개발업자(또는 디벨로퍼)라고 말할 수 있다. 『부동산 디벨로퍼의 사고법』에 의하면 디벨로퍼는 우리들이 공동체로서 지속적이고 편리한 삶을 영위할 수 있는 도시를 만든다. 우리가 삶의 많은 시간을 보내는 건물들을 만들어 낸다. 우리는 그들이 만든 공장이나 사무실에서 일하고 쇼핑몰과 문화공간을 이용한다. 디벨로퍼가 만든 산업, 물류센터는 식품과 가구, 전기기기, 의류, 가전제품까지 우리가 소비하는 물품을 보관한다. 여행을 할 때는 디벨로퍼가 만든 호텔에서 묵고, 그들이 만든 레스토랑에서 식사를 하며, 그들이 만든 오락 문화시설을 찾아 간다. 마지막으로 우리가 잠을 자고 쉬는 장소인 주택을 만든다.

시공자는 발주자(건축주, 시행자, 개발업자 등)로부터 공사도급을 받아, 공정에 따른 보수(공사비)를 받고 공사를 진행하여 완료한 후에 개량물을 발주자에게 인도하는 자를 말한다. 일반적으로 시공회사를 건설회사라고 부르기도 한다.

시행자겸 시공자는 건설회사가 자체사업으로 자기계정에 의하여 토지를 매입하고 건물을 지어 분양하는 자를 말한다.

건설사업관리자(CMr: Construction Manager)는 건설사업의 공사비절감(cost), 품질향상(quality), 공기단축(time) 등을 목적으로 발주자로부터 건설사업관리(CM: Construction Management)업무의 전부 또는 일부를 위탁받아 관리하는 자를 말한다. 건설산업기본법에서는 "CM을 건설공사에 관한 기획, 타당성 조사·분석, 설계, 조달, 계약, 시공관리, 감리, 평가, 사후관리 등에 관한 관리업무의 전부 또는 일부를 수행하는 것"으로 정의하고 있다.

3. 부동산개발의 종류

부동산개발의 종류는 저자에 따라 다양하게 분류할 수 있으나, 여기서는 첫째, 부동산
개발제도에 따라 택지개발, 산업용지개발, 도시개발(기업도시개발 포함), 재개발, 신탁개발,
지역균형개발 등으로 분류하고, 둘째, 개발주체에 따라 공공개발과 민간개발 그리고 민·
관 합동개발로 구분해 보고, 셋째, 개발사업방식에 따라 민간부문에서는 자체사업, 지주
공동사업, 토지신탁개발과 컨소시엄 구성 개발방식으로, 공공부문에서는 민간자본유치사
업방식으로 구분해 볼 수 있으며, 넷째, 개발시설별로 주거시설, 상업시설, 공공시설, 산
업시설, 기타 시설로, 다섯째, 개발사업의 인·허가 유형별로, 여섯째, 기타로서 복합단지
개발로 분류할 수 있다. 이들을 보다 자세히 소개하면 다음과 같다.

1) 부동산개발제도에 따른 분류

부동산개발제도는 먼저 토지의 사용목적에 따라 택지개발과 산업용지개발로 나누어 볼
수 있다. 도시개발은 택지개발이나 산업용지개발과 같이 단일목적이 아닌 복합적 기능을
가진 단지 또는 시가지를 조성하는 것을 말한다. 이뿐만 아니라 재개발, 신탁개발 그리고
지역균형개발 등으로 구성된다. 이들을 표로 정리하면 <표 1-15>와 같다.

(1) 택지개발

택지개발에는 택지개발촉진법에 의한 택지개발예정지구의 택지개발사업과 국토의계획
및이용에관한법률에 의한 지구단위계획 또는 개발행위허가제도, 주택법에 의한 대지조성
사업 등이 있다.

특히 택지개발은 국가나 지방자치단체, 공공기관 등이 도시의 자족기능을 갖출 수 있
는 규모(약 250만 평 이상)로 신도시를 건설하기 위하여 도시 내·외 지역을 막론하고 일정
한 면적의 미성숙지역을 대상으로 난개발을 방지하고 계획적인 개발을 하기 위하여 먼저
택지개발촉진법등에 의한 택지개발예정지구로 지정한 후 그 위에 도시에 필요한 개발계
획을 세워서 업무를 추진하는 개발유형을 말한다. 개발행위허가제도나 주로 개별필지에

<표 1-15> 부동산개발제도에 따른 분류

구분		개발제도	법적근거
용도에 따른 토지 개발	택지개발	▪ 택지개발사업 ▪ 지구단위계획 및 개발행위허가 ▪ 대지조성사업	▪ 택지개발촉진법 ▪ 국토의 계획 및 이용에 관한 법률 ▪ 주택법
	산업용지개발	▪ 국가산업단지조성사업 ▪ 지방산업단지조성사업 ▪ 농공단지조성사업 ▪ 개별공장입지	▪ 산업입지 및 개발에 관한 법률 ▪ 산업집적활성화 및 공장설립에 관한 법률 (개별공장설립)
도시 개발	도시개발	▪ 도시개발사업	▪ 도시개발법
	기업도시개발	▪ 기업도시개발사업	▪ 기업도시특별법
재개발	정비사업	▪ 주거환경개선사업 ▪ 재개발사업 ▪ 주택재건축사업	▪ 도시및주거환경정비법
	재정비촉진사업	▪ 재정비촉진사업	▪ 도시재정비촉진을 위한 특별법
신탁개발		▪ 국유지의 신탁 ▪ 공유지의 신탁	▪ 국유재산법 ▪ 공유재산 및 물품관리법
		▪ 산업단지의 신탁개발사업 ▪ 도시개발의 신탁개발사업	▪ 산업입지 및 개발에 관한 법률 ▪ 도시개발법
지역균형개발		▪ 행정중심복합도시건설사업 ▪ 개발촉진지구개발사업 ▪ 특정지역개발사업 ▪ 지역개발사업	▪ 신행정수도 후속대책을 위한 연기·공주지역 행정중심복합 도시건설을 위한 특별법 ▪ 지역개발 및 지원에 관한 법률

자료) 류해웅, 부동산제도, 서울: 부연사, 2006, p.256 재구성.

소규모의 개발사업에 필요하고 대지조성사업은 택지개발사업보다는 규모가 작은 주로 공동주택단지를 개발하기 위하여 필요하다.

(2) 산업용지개발

산업용지개발에는 산업입지및개발에관한법률에 의한 국가산업단지조성, 지방산업단지, 농공단지조성 등의 계획입지에서의 개발과 개별공장개발의 개별입지에서의 개발 등이 있다. 산업용시설 중 데이터센터, 물류센터, 지식산업센터에 대한 자세한 내용은 제6장 마지막 부분인 4. 산업용시설 편을 참고하기 바란다.

(3) 도시개발

도시개발은 도시개발법에 의한 도시개발사업과 기업도시특별법에 의한 기업도시개발사업이 있다. 도시개발법은 도시계획법의 도시계획사업에 관한부분과 토지구획정리사업법의 토지구획정리사업과 통합·보완하여 제정되었다. 도시개발사업은 도시개발구역 안에서 주거·상업·산업·유통·정보·통신·생태·문화와 보건 및 복지 등의 기능을 가지는 단지 또는 시가지를 조성하기 위하여 시행하는 사업을 말한다. 도시개발법은 개발사업의 성격에 따라 사업의 시행방식을 수용 또는 사용에 의한 방식, 환지방식 그리고 양자 혼합방식으로 자유롭게 선택할 수 있도록 하였다. 기업도시는 산업입지와 경제활동을 위하여 민간기업이 산업·연구·관광·레저·업무 등의 주된 기능과 주거·교육·의료·문화 등의 자족적 복합기능을 고루 갖추도록 개발하는 도시를 말한다. 기업도시개발사업은 기업도시를 조성하기 위하여 시행하는 사업을 말한다.

(4) 도시재개발

도시재개발은 도시가 제 기능을 할 수 없을 정도로 진부화되었거나 슬럼화된 기존도시를 대상으로 도시기능을 회복하기 위한 개발로써 도시 및 주거환경정비법에 의한 도시정비사업, 즉 주거환경개선사업, 재개발사업, 주택재건축사업 등이 여기에 해당한다. 다음으로 도시재정비촉진을 위한 특별법에 의한 재정비촉진사업은 낙후된 도시지역에 대한 주거환경개선과 기반시설의 확충 및 도시기능의 회복을 위한 사업을 광역적으로 계획하고 체계적이고 효율적으로 추진하기 위하여 시행하는 사업을 말한다.

(5) 신탁개발

신탁개발은 국·공유지와 사유지 구분 없이 신탁에 의한 개발을 할 수 있다. 뿐만 아니라 산업단지나 도시개발사업도 신탁개발에 의해 시행할 수 있는 제도가 되어 있다.

(6) 지역균형개발

지역균형개발사업에는 신행정수도 후속대책을 위한 연기·공주 행정중심복합도시건설을 위한 특별법에 의한 행정중심복합도시건설사업을 비롯하여 지역개발및지원에관한법률에 의한 지역의 성장 잠재력을 개발하고 공공과 민간의 투자를 촉진하여 지역개발사업이 효율적으로 시행될 수 있도록 종합적·체계적으로 지원함으로써 지역경제를 활성화하고, 국토의 균형 있는 발전에 이바지함을 목적으로 지역개발사업, 거점지역과 그 인근지역을 연계하여 지역발전의 전략적 거점으로 육성하거나 특화산업을 발전시키기 위하여 종합적·체계적으로 개발하기 위한 지역개발사업, 그 밖에 국가의 특별한 사회적·경제적 목적을 위하여 집중적으로 연계·개발하기 위한 지역개발사업으로서 대통령령으로 정하는 지역개발사업 등이 있다.

한편 '투자선도지구'는 지역의 성장거점으로 육성하고 특별히 민간투자를 활성화하기 위하여 제45조에 따라 지정·고시된 지구이다.

'낙후지역'은 「국가균형발전 특별법」 제2조 제6호에 따른 성장촉진지역 및 같은 조 제7호에 따른 특수상황지역이다.

'거점지역'이란 산업·문화·관광·교통·물류 등의 기능 수행에 필요한 인적·물적 기반을 갖추고 있어 인근지역과의 관계에서 중심이 되는 지역이다.

마지막으로 '지역활성화지역' 낙후지역 중 개발수준이 다른 지역에 비하여 현저하게 열악하고 낙후도가 심하여 지역의 발전을 위하여 국가 및 지방자치단체의 특별한 배려가 필요한 지역으로서 국토교통부장관이 제67조에 따라 지정한 지역을 말한다.

2) 개발주체에 의한 분류

(1) 공공개발사업(제1섹타)

공공개발이란 국가나 지방자치단체, 정부투자기관과 공사, 지방공기업 등이 사업시행자가 되는 것을 말한다.

이들이 시행자가 되는 공공개발사업은 기반시설을 위시하여 대규모 택지개발이나 도시계획사업이 대부분을 차지한다.

공공시설의 개발은 개발의 리스크를 최소화하고 경제적인 이익을 극대화하려는 민간개발사업과는 달리 사회적 편익을 고려하는데 사회적 편익이 비용을 초과한다면 사업타당성이 인정된다. 이를 분석하는 기법이 비용－편익분석기법이고 일반적으로 공공개발의 의사결정에 이용되고 있지만 사업의 비용과 편익을 측정하고 확인하는 데는 많은 어려움과 한계가 있다.

(2) 민간개발사업(제2섹타)

민간개발사업에는 크게 단독개발사업과 공동개발사업으로 분류할 수 있으며, 단독개발사업은 다시 가장 단순한 개발형태로 자신이 소유하고 있는 부동산을 개발하는 경우, 시행자라 불리는 개발회사에 의하여 시공은 하지 않고 시행만 하는 경우, 건설회사에 의한 자체사업 등으로 분류된다. 공동개발사업으로는 신탁회사와 금융기관 등과 공동개발사업과 지주공동사업으로 나눌 수 있으며, 전형적인 지주공동사업은 토지소유자가 토지를 현물로 투자하고 개발업자 또는 건설업자가 개발비용을 투자하여 개발을 완료한 후 투자수익을 각자가 투자한 비율로 분배하는 방식을 말한다.

물론, 이러한 민간부문의 모든 개발의 목적은 리스크는 극소화하고 수익률은 극대화하는 것이다.

(3) 민·관합동개발사업

일명 '제3섹터 방식'이라고도 하는 민·관합동개발방식은 지방자치단체 등이 민간기업과 합동으로 개발하는 방식으로 지방자치단체의 재정자립도 확립차원에서 행해지고 있는 방식이다.

이 사업에서 공공기관은 토지와 인·허가를 담당하고, 민간기업은 기술과 자본을 투입하여 공공목적과 사업목적을 동시에 달성하는 이중효과가 있다.

제3섹터 방식에 의한 개발사업은 사회기반시설에 대한 민간투자법에 의한 사회기반시설에 대한 민간의 투자를 촉진하여 창의적이고 효율적인 사회기반시설의 확충·운영을 도모하는 사업을 말한다.

(4) 민·관합동법인(PPP: Public-Private Partnership)

민간기업(토지소유자와 포함)과 공공기관이 민·관합동법인을 만들고 자본공여자가 자본을 투입하여 사업을 시행한 후 민간기업(토지소유자)에게는 현금으로 청산하든지 아니면 대물로 상환하는 방식이다.

이 사업방식의 일반적인 전제조건은 첫째, 민간(토지소유주)과 자본공여자 등이 위험과 이익을 공유하는 구조를 기획·관리할 수 있는 전문지식과 협상력이 필요하다. 부수적 효과는 매수방식에 비해 초기투자비용이 절감된다. 둘째, 공공은 공공의 권고에 따른 빠른 인·허가 및 이해반영의 대가로 용적률 완화 등의 인센티브를 제공한다.

(5) 민간자본유치사업

국·공립대학교의 기숙사, 도서관, 체육관, 문화회관 등의 공공시설이나 도로, 철도, 항만 등 사회기반시설에 민간자본을 유치하는 사업으로 유치방식에 따라 ① BTL 사업방식, ② BTO 사업방식, ③ BOT 사업방식 등과 같이 분류할 수 있다.

① BTL 사업방식

BTL(Build-Transfer-Lease) 사업방식은 민간사업자가 자금을 투입하여 사회기반시설을 건설하고 준공시점에서 소유권을 정부에 귀속하고 관리운영권을 획득하고 정부가 이 시설을 임대, 사용하고 약정기간 동안 임대료를 지급하여 투자비를 보전해 주는 방식이다. 이 방식에 적합한 시설은 <표 1-16>과 같다.

<표 1-16> BTL 협약체결 가능시설 유형

교육시설	문화복지시설	환경시설	기타시설
초중등 노후학교 체육관 강당 대학기숙사 기능대학시설	도서관 박물관 문예회관 노인복지시설 아동보육시설	하수관거 정비	군인아파트 사병내무반 일반철도

BTL은 민간이 건설한 시설을 정부가 리스해서 사용하고 리스료를 지급하기 때문에 위험이 없고 적정 수익률이 보장되기 때문에 프로젝트파이낸싱을 해주는 은행에서 선호하는 사업방식이다.

② BTO 사업방식

BTO(Build-Transfer-Operate) 사업방식은 민간이 공공시설을 짓고 운영하면서 최종소비자에게 사용료를 부과해 투자비를 회수하는 방식이다. 주로 도로, 철도, 항만 등 SOC 시설건설에 사용되는 사업방식이며, 이 방식은 민간사업자가 건설 및 운영위험도 부담해야 하는 방식으로 BTL 사업방식과 BTO 사업방식을 비교하면 <표 1-17>과 같다.

<표 1-17> BTL 사업방식과 BTO 사업방식의 비교

추진방식	BTL(Build-Transfer-Lease)	BTO(Build-Transfer-Operate)
대상시설 성격	최종수요자에게 사용료 부과로 투자회수가 어려운 시설	최종수요자에게 사용료 부과로 투자비회수가 가능한 시설
투자비회수	정부의 시설 임대료	최종사용자의 사용료
사업 리스크	민간의 수요위험 배제	민간이 수요위험 부담

③ BOT 사업방식

BOT(Build-Operate-Transfer) 사업방식은 기획, 설계, 건설까지 함께 수주하는 풀 턴키 방식의 프로젝트를 준공 후에도 그 운영을 맡아 프로젝트의 건설비용을 회수하고 그 후 정부에 양도하는 방식이다.

(6) 컨소시엄 구성 사업방식

컨소시엄 구성 사업방식은 대규모 개발사업 등에 있어서 대규모 자금조달이 필요하거나 기술 등이 필요하여 개발회사와 개발회사, 개발회사와 건설회사, 개발회사와 금융기관, 개발회사와 건설회사 및 금융기관 등이 컨소시엄을 구성함으로써 대규모 자금조달은 물론이고, 사업 리스크도 분담할 수 있는 장점이 있는 사업방식이다. 단점으로는 출자회사 간 의견조율이 잘되지 않는 경우에는 사업시행기간이 장기화될 수 있다는 것이다.

- SPC 설립에 의한 PFV 사업구조([그림 1-16] 참조)
  - PFV는 자본금 50억 원 이상이고 2년 이상 한시적으로 운영되는 명목상 회사 발기인 중 금융기관이 5% 이상 출자해야 하며,
  - 자산운용은 자본금 5,000만 원 이상의 자산관리회사(AMC)에 일괄 위탁해야 한다.
  - 이러한 조건을 충족하면서 회계연도별로 배당 가능한 이익의 90% 이상을 주주에게 배당하는 경우, 법인세를 면제해 주고 과밀억제권역이 법인 설립시 중과면제 혜택을 준다(법인세법 제51조의2 개정 및 시행령 제86조의2 참조).
- 투자자의 역할
  - CI(Construction Investor): 개발사업의 건설공사(지급보증 및 채무인수 부담)

- FI(Finance Investor): 재무적 투자자로서 금융기관 등이 투자를 하고 배당을 받는다. 위험부담을 회피하기 위하여 건설회사에 리스크 전가 등 소극적으로 투자한다.
- SI(Strategic Investor): 전략적 투자자로 주로 개발업체, 운영관리업체, 설계업체 등이 투자자로 참여하고 배당을 받는다.
- 해외투자자 및 공공이 지분참여한다.

[그림 1-16] PFV(프로젝트금융투자회사) 구조

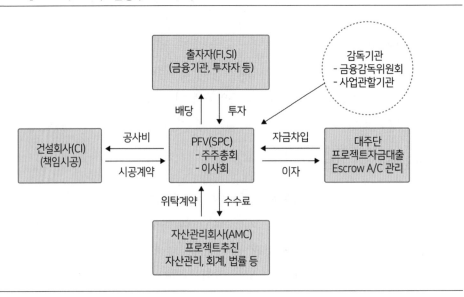

주) 2024년 12월 31일까지 연장.

(7) 부동산 신디케이션

부동산 신디케이션(real estate syndication)은 부동산개발사업을 공동으로 수행하기 위하여 일반투자자들의 자금과 부동산개발업자의 전문성이 결합된 투자집단을 의미한다.

신디케이션이 부동산을 취득, 개발, 관리, 운용, 매도하기 위해서는 법인의 형태를 가져야 하는데, 이를 신디케이션 회사(syndication firm) 또는 신디케이트(syndicate)라고 한다. 그리고 신디케이터(syndicator)가 있는데, 신디케이터란 신디케이션의 결성에 주도적 역할을 하며 신디케이션의 운영과 관리의 책임을 지는 법인이나 자연인을 일컫는다. 보통 건설회사, 개발회사, 리츠 등이 신디케이터로서 역할을 하며, 이들의 법인 형태도 주식회사,

합자회사, 합명회사 등 다양하다. 만약 합명회사로 구성한다면 개발업자는 무한책임사원이 되고 일반투자자는 유한 책임사원이 된다. 그러므로 일반 소액투자자들은 경영에 참여하지 못한다.

(8) 조인트벤처

조인트벤처(joint venture)란 특정목적의 부동산 벤처사업을 공동으로 영위하기 위하여 자연인이나 법인의 결합체로 구성된 공동벤처회사를 말한다. 신디케이션이 수많은 소액투자자로 구성된다면 조인트벤처는 소수의 개인이나 기관투자자로 구성된다. 조인트벤처는 일반적으로 부동산개발업자와 대출기관 사이에 형성된다. 개발업자는 대출기관이 가지지 못한 경험과 전문성을 가지고 있고, 대출기관은 개발업자가 가지지 못한 자본을 가지고 있다. 이 대출기관은 저당투자자가 아닌 지분투자자로서 일정한 지분의 대가로 부동산의 운영소득과 처분시 양도소득을 지분비율에 따라 할당받는다. 개발업자와 대출기관은 특정한 조인트벤처사업을 위하여 자회사를 설립하여 운영하기도 한다. 조인트벤처도 합자회사 형태를 띤다면 개발업자는 무한책임사원, 대출기관은 유한책임사원이 되므로 사업의 통제권을 갖지 못한다.

만약 합명회사의 형태를 띤다면 2중과세 문제는 해결할 수 있지만 무한책임을 져야하는 단점도 있다.

3) 개발시설별 분류

주거시설, 상업시설, 산업시설, 공공시설, 기타시설로 구분해 볼 수 있으며, 주거시설에는 공동주택(아파트·연립·다세대), 단독(다가구주택), 전원주택 등이 있고, 상업시설에는 판매시설(아케이드·백화점·쇼핑센터·시장·도매시장), 업무시설(오피스·오피스텔), 숙박시설(콘도·여관·호텔), 레저시설 및 운동시설(골프장·볼링장·스키장·놀이기구), 관람집회시설(영화관·예식장), 근린시설 등이 있다. 공업시설(산업시설)에는 공장, 발전소 등이 있고, 공공시설에는 공공청사, 도로, 항만시설, 공항시설, 터미널 등이 있으며, 기타(복합시설)에는 민자역사, 민·관 복합시설(동경 도청사), 주상복합시설 등이 있다.

4) 개발사업방식별 분류(민간)

민간개발사업방식에는 자체사업, 지주공동사업, 토지신탁개발, 컨소시엄 구성 개발방식이 있다.

(1) 자체사업

자체사업은 일반적으로 토지소유자가 사업주체가 되어 자기책임 하에 자금을 조달하고 건설회사에 도급을 주어 건설한 후 분양 또는 임대·운영하는 사업을 말한다.

(2) 지주공동사업

지주공동사업은 원래 일본에서 정형화된 사업형태로서 세 가지 방식으로 나누어진다. 등가교환방식, 사업수탁방식, 차지방식이 있으나, 차지방식은 토지 임대차에 대한 법이 정비되어 있지 않아 활용이 불가능한 사업방식이므로 우리나라에서는 등가교환방식과 사업수탁방식이 주로 행해지고 있다.

등가교환방식은 토지의 일부 또는 전부를 개발업자에 제공하는 한편, 개발업자(또는 건설회사)는 제공받은 토지를 개발하고 건축물을 건축하여 토지평가액과 건축비(개발사업비)를 기준으로 양자가 토지는 공유하고 건물은 구분 소유하는 방식이다. 등가교환방식의 계약방식별 유형을 보면 ① 조합에 의한 개발, ② 대물변제예약에 의한 개발, ③ 매매에 의한 개발, ④ 교환에 의한 개발 등이 있다.

등가교환방식의 장점으로 토지소유자 입장에서는 개발에 대한 노하우 없이 개발사업에 참여하고 개발이익을 향유하며, 개발업자 입장에서는 토지비용이라는 초기 투자비를 줄일 수 있기 때문에 리스크를 줄일 수 있다.

사업수탁방식은 토지소유자가 토지의 소유권은 그대로 둔 채 개발업자에게 사업시행을 의뢰하고 개발업자는 사업대행에 따른 수수료를 취하는 형태이다. 사업자금(건축비등)조달은 토지소유자 스스로 하거나 개발업자의 선임대에 대한 임차보증금으로 가능하다.

건설회사가 개발업자가 되는 경우에는 건설도급공사비도 함께 향유할 수 있다.

토지(개발)신탁 방식은 토지소유자가 자기의 토지를 신탁회사에 위탁하고 수탁자인 신탁회사는 위탁자의 의향에 따라 최적이용방안을 검토하고 사업계획서를 작성한 다음 개발사업을 위해 자체자금 또는 금융기관으로부터 자금을 차입하여 건설회사에 공사를 발주하고 건설공사가 완료되면 신탁목적에 따라 토지 및 건물을 분양 또는 임대한 후 사업으로부터 수입 중에서 차입자금의 원리금 상환, 신탁보수, 관리비 등의 제 경비를 제외하고 나머지를 수익자(토지소유자 또는 제3자)에게 배당한다. 만약 위탁자가 운영할 목적이라면 신탁기간 종료 후에 신탁되었던 토지 및 건물을 공사비, 신탁보수, 관리비 등 제 경비를 정산한 후 위탁자에게 반환한다.

5) 개발사업의 인·허가 유형별 분류

개발사업의 인·허가 유형도 시설별로 다르게 나타나는데, 여기서는 대표적인 시설이라 할 수 있는 주거시설, 산업시설, 관광·체육시설로 구분하여 살펴보기로 한다.

(1) 주거시설

주거시설을 개발하는 경우 입지유형에 따라 개별입지와 계획입지로 구분한다.
개별입지는 ① 개발행위허가, ② 지구단위계획, ③ 주택건설사업계획승인, ④ 도시개발사업(민간시행) 등에 의하여 인·허가를 진행하고, 계획입지는 ④ 도시개발사업(공공시행), ⑤ 택지개발사업에 의하여 인·허가를 추진할 수 있다. ⑥ 주거환경정비사업은 개별입지와 계획입지 요소를 모두 포함하고 있다.

(2) 산업시설

산업시설을 개발하는 경우, 먼저 공장인 경우는 입지유형에 따라 개별입지와 계획입지로 구분되며, 개별입지는 공장설립 승인 또는 창업사업계획승인으로 인·허가를 진행하고, 계획입지는 국가산업단지·지방산업단지·농공단지 등에 입주하여 건축허가를 통해 공장을 개발하면 된다.
다음 창고인 경우는 개별입지에서는 개발행위허가 또는 지구단위계획에 의한 인·허가를 진행하고 계획입지에서는 물류단지계획에 의하여 개발한 토지나 시설 등을 직접 사용하거나 임대 혹은 분양을 할 수 있으며 타인이 개발한 유통단지 내의 토지를 분양받아 건축허가로 창고를 개발할 수 있다.

이것을 그림으로 요약하면 [그림 1 − 17]에서 보는 바와 같다.

[그림 1-17] 시설별 사업의 종류

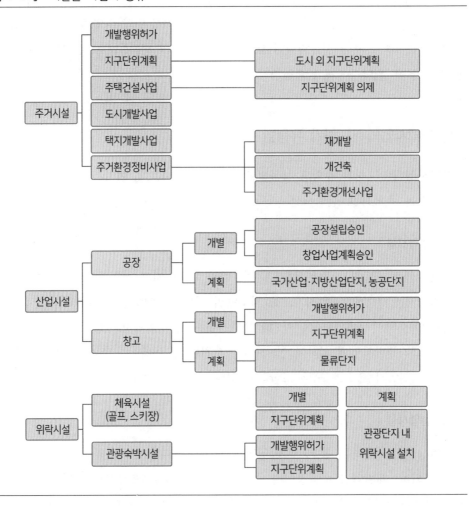

(3) 관광·체육시설

관광·체육시설을 개발하는 경우에도 관광숙박시설은 개별입지에서 개발행위허가와 지구단위계획에 의하여 인·허가를 진행하고, 계획입지에서 관광단지 개발계획에 부합되게 인·허가를 진행하면 된다.

체육시설(골프장, 스키장)인 경우, 개별입지에서는 지구단위계획으로 인·허가를 진행하고, 계획입지에서는 관광숙박시설과 마찬가지로 관광단지 개발계획에 부합되게 체육시설을 설치하면 된다.

6) 복합단지개발

(1) 개요

복합단지란 주거단지, 산업단지, 교육·연구단지, 문화단지, 관광단지, 유통시설, 기반시설 등 일련의 시설을 종합적으로 계획하고 개발하는 일단의 토지를 말한다. 이러한 복합단지는 상기에서 열거한 각각의 단지 또는 시설 중 기반시설을 제외한 최소한 2개 이상의 단지 또는 시설이 포함되어야 하며, 각각의 단지 또는 시설은 각각 독립적인 기능수행이 가능하여야 한다.

복합단지의 입지는 지역여건 및 장기적인 개발방향과 조화가 이루어질 수 있도록 수도권정비계획, 광역개발계획, 도·군계획, 도시·군기본계획 등 상위계획의 지역개발방향과 조화를 이루어야 한다.

(2) 개발절차

복합단지는 개발업자가 복합단지 개발계획을 작성하여 시·도지사에 사업시행자 지정을 받아 사업을 시행할 수 있으나, 고려 중인 복합단지가 2개의 시·도에 걸치는 경우로서 시·도 간에 합의가 이루어지지 않을 경우 국토교통부장관이 시행자를 지정할 수 있다. 시·도지사는 시장·군수, 관계기관과의 협의 및 주민설명회 등의 절차를 거쳐 시행자를 지정한다.

사업시행자로 지정을 받은 자는 실시계획서를 작성하여 시·도지사의 승인을 얻은 후 사업을 시행하여야 한다. 여기서 실시계획승인을 받으면 국토이용계획변경, 도시계획결정, 농지전용허가 등 22개 법률의 인·허가 사항이 의제 처리된다.

4. 부동산개발업의 한국표준분류방식에서의 규정

우리나라의 표준산업분류방식에서는 부동산업을 부동산임대 및 공급업, 부동산 관련 서비스업으로 대별하고 있다.

부동산임대업은 주거용 건물임대업과 비주거용 건물임대업, 기타부동산 임대업으로 나누고, 부동산공급업은 주거용 건물공급업과 비주거용 건물공급업 그리고 기타 부동산업으로 부동산중개 및 대리업, 부동산투자자문업 그리고 부동산감정평가업으로 구분된다.

부동산공급업이 부동산건설업과 다른 점은 <표 1-18>의 한국표준산업분류표에 쉽게 이해할 수 있도록 잘 나타나 있다. 즉 건물공급업과 건설업이 다른 점은 건물의 생산을 직접 하지 않고 도급 건설하여 판매하는 데 있다.

<표 1-18> 한국표준산업분류표에 의한 부동산업

부동업 (68)	부동산임대 및 공급업 (681)	부동산임대업 (6811) (자기소유 또는 임차한 부동산의 임대)	주거용 건물임대업: 주거용 건물 임대
			비주거용 건물임대업: 사무, 상업 및 기타 비주거용 건물 임대(오피스텔, 화랑 포함)
			기타부동산임대업: 농업용 토지, 광물채굴 토지 및 기타부동산을 임대하는 활동(토지, 묘지, 광업권, 지상권 임대 등)
		부동산개발 및 공급업 (6812) (직접 개발한 농장, 택지, 공업용지 등의 토지와 도급주어 건설한 건물분양·판매 등)	주거용 건물 개발 및 공급업: 도급건설로 건설한 주거용 건물 분양, 판매
			비주거용 건물 개발 및 공급업: 도급건설로 건설한 비주거용 건물 분양, 판매
			기타부동산 개발 및 공급업: 택지, 농지 및 농장, 공업용지 등의 각종 용도의 토지 및 기타부동산을 분양, 판매(직접 또는 위탁건설) 구입 토지의 재판매
	부동산 관련 서비스업 (682)	부동산관리업 (6821)	주거용 부동산관리업과 비주거용 부동산관리업
		부동산중개 및 대리업 (6822)	수수료 또는 계약에 의해 건물, 토지 및 관련 구조물 등을 포함한 모든 형태의 부동산을 구매 또는 판매하는데 관련된 부동산 중개 또는 대리 서비스를 제공하는 산업활동을 말한다.
		부동산투자자문업 (6822)	수수료 또는 계약에 의해 건물, 토지 및 관련 구조물 등을 포함한 모든 종류의 부동산을 구매 또는 판매하는데 관련된 부동산투자 자문 서비스를 제공하는 산업활동을 말한다. 부동산 중개 및 대리와 관련된 자문 서비스는 제외한다.
		부동산감정평가업 (6822)	수수료 또는 계약에 의해 부동산 임대, 부동산 판매 등에 따른 부동산 감정 평가 업무를 수행하는 산업활동을 말한다.

자료) 국토교통부.

자기계정에 의해 건물을 직접 건설하여 분양·판매하는 활동은 건물건설업으로 분류된다. 한편 건물을 직접 건설하더라도 그것을 임대하는 것은 임대업으로 분류되고 있다.

일반적으로 부동산개발업은 표준산업분류표상에서 건물공급업과 건물건설업 그리고 건물을 직접 또는 도급을 주어 건설한 후 임대하는 경우의 임대업을 합친 업종으로 해석할 수 있을 것이다.

5. 부동산개발사업의 특징

1) 부동산개발사업은 사회전반에 지대한 영향을 미치고 효율성뿐만 아니라 형평성도 고려하여야 하므로 개발업자의 의식개혁과 전문성이 동시에 요구된다. 즉 최근 이슈화되고 있는 ESG 소명을 갖고 디지털 인프라에 적합한 다양한 아이디어와 독창성이 필요한 사업이다.

2) 부동산개발사업은 소요기간이 길고 복잡하며 막대한 초기투자비용으로 인해 리스크가 다른 어떤 사업보다도 큰 편이다. 위험이 큰 반면에 수익 또한 큰 고위험, 고수익(High Risk, High Return)의 사업이다. 그러므로 무엇보다도 거시적 경제환경을 고려하여 미래 부동산경기 예측력이 필요한 사업이다.

3) 부동산개발사업은 제4차 산업혁명과 코로나19로 인한 물리적 공간의 중요성이 감소하고 온라인 공간이 주요하게 자리매김함은 물론이고 프롭테크 발달로 IT와 건설 그리고 금융 등이 합쳐진 융·복합 사업이므로, 개발사업에 필요한 지식도 법률적 지식, 경제적 지식, 기술적 지식뿐만 아니라 IT 및 ITC 등 플랫폼과 같은 다양한 지식이 필요하다. 그러므로 광범위한 분야의 전문가들이 필요하며, 개발업자는 이들을 조율할 수 있는 협상력과 추진력도 강하게 요구된다.

4) 부동산개발사업은 한정된 토지자원을 효율적으로 활용해야 하므로 어느 사업보다 공공의 역할이 중요하며, 건전한 개발사업은 정부나 지자체의 적극적인 지원이 필요하다.

부동산개발론의 학문적 성격과 위치

1. 부동산개발론의 정의

부동산개발론의 정의를 내리기 위해서는 먼저 부동산개발의 정의부터 알아야 하는데, 부동산개발은 "인간에게 필요한 공간을 제공하기 위하여 토지와 개량물을 결합하여 분양, 임대 또는 운영할 수 있는 부동산을 생산하는 활동"이라는 것을 앞에서 정의한 바 있다. 이를 기초로 부동산개발론에 대한 정의를 내려 보면 다음과 같다.

부동산개발론이란 "인간에게 필요한 공간을 제공하기 위해 토지와 개량물을 결합하여 분양, 임대 또는 운영할 수 있는 부동산을 생산하는 활동 등과 관련이 있는 직업적, 물리적, 법률적, 경제적, 제도적 제 측면을 기술하고 분석하는 학문분야의 한 분야"로 정의할 수 있다.

이와 같이 부동산개발과 관련되어 있는 물리적, 법률적, 경제적, 제도적, 제 상황과 제 조건을 부동산개발환경이라 한다. 즉, 부동산개발론은 부동산개발환경을 연구하는 학문이므로 부동산개발환경을 구성하고 있는 모든 요소와 요소들 간의 상호작용은 부동산개발론의 연구대상이다. 부동산개발론에서는 부동산개발과 관련된 여러 가지 문제들을 분석하기 위해서 인접학문에서 개발된 원리나 방법 등을 도구로 많이 사용한다. 부동산개발관련 분석에 유용한 도구를 제공해 주는 인접분야로는 건축학, 토목공학, 경제학, 경영학, 금융학, 관리학, 마케팅, 지리 및 지적학, 도시 및 지역계획학, 개발관련 법률과 정책 그리고 최근에 프롭테크라는 분야로 드론을 활용하여 현장을 촬영하고 이를 CAD로 토지이용계획과 3D 조감도까지 그려 현실감과 최적의 설계를 할 수 있다. 이뿐만 아니라 GisLaw와 같은 플랫폼을 통하여 760개의 도시계획과 입지의 정보를 취득할 수 있다.

이와는 달리 인공지능으로 인·허가 여부를 쉽게 파악할 수 있다. 그리고 빅밸류와 리치고 앱을 통하여 입지분석과 시장분석을 통하여 마케팅전략도 가능하다. 이와 같이 부동산관련 IT와 정보통신의 기술의 결합 플랫폼 등이 많이 등장하고 있다. 부동산학에서와 마찬가지로 부동산개발론에서도 부동산이 가지는 여러 가지 특성 때문에 이와 같은 인접 학문에서 개발된 원리를 부동산개발론에 그대로 직접적으로 적용하는 데는 많은 어려움 이 따른다.6) 부동산개발론도 부동산학에서 중요한 분야로 취급하고 있는 부동산시장론, 부동산투자론, 자본시장론, 부동산금융론, 부동산관리론, 정보통신론, 부동산중개 및 마케팅 등과 같이 부동산의 특성 때문에 인접분야에서 개발된 원리를 그대로 적용하지 못하고 수정하여 적용해야 할 것이다.

한편, 부동산학을 부동산투자와 관련하여 그와 밀접한 부동산 직업들에 대하여 학제적 연구를 하는 응용종합 사회과학이라고 규정하기도 하고,7) 부동산학을 제도적 접근법과 의사결정 과정적 접근법으로 나누기도 한다.

제도적 접근법은 부동산 관련 법률과 정책에 관한 연구를 중심으로 하여 부동산시장에 대한 광범위한 공적개입을 전제로 하고 있는 반면에, 의사결정적 접근법은 부동시장의 자율성을 전제로 특히 민간부문에 있어서 부동산개발, 투자, 금융과 관련된 경제학과 경영학의 방법론을 주로 사용하게 된다. 이제까지 우리나라에서는 부동산시장에 대해 다양한 규제들이 시행되어 왔고 이로 인해 부동산학에서도 제도적인 접근법이 주류를 이루어 왔으나, 부동산시장에 대한 규제 완화와 더불어 국제화, 개방화가 진전됨에 따라서 점차 의사결정을 중심으로 한 접근법이 호응을 얻어가고 있다.8)

그러나 부동산개발학론 학문의 특성상 제도적 접근법과 의사결정적 접근법을 동시에 따르는 종합적 접근법을 따라야 한다.

2. 부동산개발론의 위치

부동산개발환경을 부동산 의사결정분야, 부동산 의사결정지원분야, 부동산학의 기초분야 그리고 제도적 분야로 나누어 볼 수 있는데, 이 네 분야를 그림으로 표시하면 [그림 1-18]과 같다. 이 중에서 부동산 의사결정분야와 부동산 의사결정지원분야는 실무적 분

---

6) 안정근, 현대부동산학 제5판, 서울: 양현사, 2014, p.3.
7) 이춘섭, "부동산학의 학문적 성격", 부동산학 연구 제4집, 1998, p.37.
8) 조주현, 부동산학원론, 서울: 건국대학교 출판부, 2002, p.5 재인용.

야를, 부동산학의 기초분야는 부동산학의 이론적 분야를 나타내고 있으며, 제도적 분야는 부동산개발의 정책분야를 나타내고 있다. 부동산투자와 금융은 독자적으로는 부동산 의사결정분야에 속해 있지만, 부동산개발과 관련하여 투자는 개발사업의 의사결정을 할 수 있게 해주는 투자분석기법을 제공해주고 금융은 개발사업에 필요한 자금조달에 기여하기 때문에 의사결정지원 분야의 역할도 한다.

부동산 의사결정지원분야에 속하는 부동산마케팅, 부동산평가, 부동산상담, 프롭테크, 부동산관리 등과 같은 활동들은 투자자나 대출자와 함께 개발업자에게도 개발에 필요한 서비스를 제공하는 역할, 즉 지원기능을 수행한다.

부동산학의 기초분야는 부동산 의사결정분야나 부동산 의사결정지원분야에 속하는 여러 가지 부동산 활동뿐만 아니라 부동산개발활동에도 기초적인 이론과 지식을 제공하는 분야이다. 부동산의 특성, 법적 성질과 세금, 부동산시장, 도시지역, 기초적 금융수학 등에 관한 이해는 복잡한 부동산개발활동을 수행하는 데에 있어서 필수적으로 요구되는 사항이다.

[그림 1-18] 부동산개발환경과 연관분야

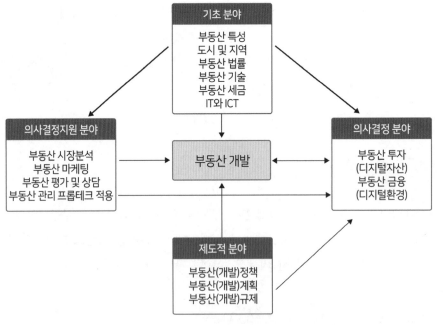

자료) 안정근, 현대부동산학 제5판, 서울: 양현사, 2014, p.6을 참고로 저자 재구성.

한편, 부동산의 제도적 분야는 부동산개발규제, 부동산개발계획, 부동산개발정책 등으로 부동산개발에 공적인 입장에서 영향을 미친다.

부동산개발의 합리적인 의사결정을 위해서 부동산학의 기초분야와 결정지원분야의 도움을 받아야 할 뿐만 아니라 의사결정분야인 투자론, 자본시장론, 세제론, 금융론 등과도 깊은 관계를 맺고 이들의 도움을 받아야 한다. 또한 공공의 개발규제에 대처하기 위해서는 부동산의 정책방향과 개발계획 공공의 역할에 대한 정보와 지식이 필요하기 때문에 제도적 분야의 도움도 필요하다.

복습문제

01. 제4차 산업혁명과 코로나19로 인한 산업환경의 변화에 따른 부동산개발업의 변화에 대하여 예를 들어 논의해 보라.

02. 제4차 산업혁명과 코로나19로 인하여 개발환경변화 중 크게 3가지 분류로 나누어 설명해 보라.

03. 제4차 산업혁명과 코로나19로 인한 개발환경변화로 인하여 입지분석의 중요성이 감소한 이유는?

04. 메타버스, NFT, 블록체인 등이 무엇인지 설명하고 부동산개발사업의 어떤 측면에서 활용될 수 있는지 논의해 보라.

05. 부동산개발업도 융·복합화가 중요한데, 이에 대한 업계의 변화와 우리나라 개발 업자의 대책은?

06. 최근 부동산시장에서 거시적 측면(글로벌 거시경제지표와 부동산대책 등)이 중요시되는 이유는?

07. CPI와 PCE의 차이점을 설명해 보라.

08. 빅밸류나 리치고앱 플랫폼을 활용하여 부동산개발사업의 인·허가나 시장분석에서 어떻게 활용되는지를 논의해 보라.

09. 공부서류의 종류와 그 포함된 내용이 무엇이며 부동산개발사업에 어떻게 적용되는지 설명해 보라.

10. 최근 드론이 부동산개발사업에 어떻게 활용되는지 논의해 보라.

11. 부동산개발사업에서 GISLAW 플랫폼을 어떤 측면에서 활용할 수 있는지 논의해 보라.

12. 부동산의 특성 중 부동성과 영속성(내구성)이 부동산개발사업에 어떤 영향을 미치는지 기술해 보라.

13. 부동산의 특성 중 합병, 분할의 가능성이 부동산개발사업에 어떠한 영향을 미치는지 구체적인 예를 들어 설명해 보라.

14. '사회기반시설에 의한 민간투자법'에 의한 민간투자사업의 투자방식을 BTL, BTO, BOT 사업방식에 대해 각각 설명해 보라.

15. 우리나라의 '부동산개발업의 관리 및 육성에 관한 법률'에 따르면 부동산개발업의 정의가 잘못되었다는 것을 알 수 있는데 그 이유는?

16. 시설별 사업의 인·허가 종류를 개별입지와 계획입지를 구분하여 기술해 보라.

17. 복합용도개발의 정의와 입지에 대하여 설명해 보라.

18. 부동산개발과정 절차를 간단히 기술하고 각 단계별 수행 작업에 무엇이 있는지 기술해 보라.

19. 부동산개발업자의 역할에 대하여 아는 바를 기술해 보라.

20. 부동산개발론의 위치에 대하여 논의해 보라.

제2장

부동산개발의 일반적 절차

Real Estate Development

제2장 부동산개발의 일반적 절차

개요(Overview)

이 장에서의 부동산개발과정은 [그림 2-1]과 같은 부동산개발과정을 기본모델로 정하였다. 이와 같은 기본모델은 통상적으로 진행되어 온 기존의 개발절차와 선진국 모델을 참고로 하고 우리나라 실정에 맞도록 수정·보완함으로써 논리적 틀을 제공함은 물론 이론적으로나 실무적으로 개발과정에 쉽게 접근할 수 있도록 하였다.

이 장은 본 교재의 핵심이라 할 수 있는 부동산개발과정에 참여하는 참여자들 모두가 그들의 목적을 달성할 수 있도록 하는 것이다. 그 목적 달성을 위하여 이 장을 4절로 구성하고 그 내용체계를 다음과 같이 구성하였다.

첫째, 개발업자들은 그들이 처음 구상하는 순간부터 그들이 건설을 종료하고 지속적인 자산관리를 할 때까지 단계별 사건의 연계와 연속적인 단계를 따르기 마련이다. 그러므로 부동산개발업이 선진국 형으로 변화를 꾀하고자 부동산개발절차를 사건의 연계 단계를 따르면서도 우리나라 실정에 맞게 개발과정의 단계를 구성하였다.

둘째, 제4차 산업혁명과 코로나19로 인해 개발사업의 환경변화, 개발사업의 개방화, 부동산과 금융 그리고 자본시장과의 결합, 개발사업구조의 변경, 공공의 역할 증대 등 개발환경이 복잡해짐에 따라 이들을 체계화하기 위해 각 단계별 개발업자와 참여자의 역할, 단계별로 어떤 작업이 이루어져야 하는 지, 다른 단계와의 상호관계를 어떻게 정립하여야 하는지 살펴보았다.

셋째, 궁극적으로 개발사업의 목적이 공공은 도시기능을 향상시키고 경제적 성장을 도모하는 것이며, 민간참여자는 매력적인 도시를 만들고 그 안에서 다양한 콘텐츠의 시설을 통하여 인간의 삶을 풍성하게 하는 것은 물론 리스크를 극소화하고 수익률을 극대화하는 것을 목적으로 한다. 그렇기 때문에 개발사업의 각 단계별 위험요소와 이에 대한 대응방안을 모색하고자 하였다.

넷째, 부동산개발사업을 추진함에 있어 각 단계별 필요한 지식을 파악해 보고 그 지식을 어떻게 활용하여야 개발사업의 리스크는 줄이고 수익률을 극대화할 수 있는지를 모색해 보았다.

부동산개발과정과 개발업자의 역할

1. 부동산개발과정의 종류

현재까지 사용되고 있는 부동산개발과정들은 살펴보면 비교적 간단한 단계에서부터 여러 복잡한 단계에 이르기까지 다양하다.

비교적 간단한 단계접근법의 예로, 1983년 Cadman & Crowe는 개발과정을 ① 평가, ② 준비, ③ 실행, ④ 처분의 4국면으로 나누었다.

보다 자세한 부동산개발과정모델은 Mike E. Miles가 1991년에 자신의 저서 『Real Estate Development』에서 8단계(① 아이디어 구상, ② 아이디어 정제, ③ 타당성분석, ④ 계약협상, ⑤ 공식적 서명, ⑥ 건설, ⑦ 준공 및 오픈, ⑧ 자산 및 부동산관리)로 구분하였다.

한편, John Ratcliffe & Michael Stubbs(1996)는 Urban Planning and Real Estate Development란 저서에서 5단계(① 사업구상과 초기고려, ② 부지평가와 타당성분석, ③ 상세설계와 평가, ④ 계약과 건설, ⑤ 마케팅·관리·처분)로 구분하였다.

국내의 안정근은 저서 「현대부동산학」에서 부동산개발과정을 ① 아이디어, ② 예비적 타당성분석, ③ 부지모색 및 확보, ④ 타당성분석, ⑤ 금융, ⑥ 건설, ⑦ 마케팅의 7단계로 구분하였으며, 조주현은 저서 「부동산학원론」에서 ① 예비계획, ② 최종계획, ③ 사업관리, ④ 자금융자의 4단계로 구분하였다. 어떤 개발과정을 사용하느냐는 국가·시대적 배경 그리고 부동산개발업자의 목적이나 사업의 성격에 따라서 달라질 수 있다.

여기서는 우리나라 실정에 맞도록 수정·보완하고 부동산개발과정을 [그림 2-1]과 같이 체계화함으로써 일반화하고자 한다.

지금까지 통상적으로 진행해 온 개발과정절차는 1) 사업구상 단계, 2) 예비설계 및 예비적 검토 단계, 3) 부지매입단계, 4) 사업타당성 분석단계, 5) 금융단계, 6) 시행 단계, 7) 마케팅단계, 8) 운영·관리단계를 수정하여 만든 것으로 사용되었다. 그 이유는 토지수요초과 현상으로 인해 예비적 검토 이후 부지를 바로 매입하였기 때문이다.

외환위기와 금융위기 이후 공공부문이 강화되었고 경우에 따라서는 관련법규에 합치
되더라도 인·허가가 불가능한 경우가 발생할 수 있는 방향으로 관련법규의 전면 개정 등
부동산환경의 복잡성으로 인해 부지를 직접 매입하는 것이 매우 위험한 경우도 있다. 따
라서 이 단계에서는 선진국에서처럼 부지 옵션계약 등을 실시하여 부지를 확보해 두는
정도로 하고 사업타당성 분석이 완전히 끝난 후 부지를 매입하는 것으로 해야 하기 때문
에 부지매입 단계는 부지확보 단계로 바꾸었다.

수요가 공급을 초과하는 상태에서 인·허가가 거의 불투명한 경우를 제외하고는 옵션
계약이 불가능하다. 그러나 급변하는 부동산개발환경에 대처하기 위하여 반드시 시행되
어야 하는 계약형태의 하나이다. 인·허가는 부지확보 시점부터 다른 업무에 구애받지 않
고 진행할 수 있으며, 가능하면 사업타당성 분석 완료 시까지 사업시행 단계의 인·허가
는 완료되어야 한다. 또한, 개발사업구조가 시공사와 개발업자 구조에서 개발업자, 시공
사, 금융기관의 3자 구조로, 경우에 따라서는 부동산신탁회사가 개입되는 4자 구조로 변
경되었으며, 강화된 공공부문과 다양해진 개발사업 참여자들로 인해 개발사업이 점점 복
잡해짐에 따라 협상 및 계약 단계의 중요성이 부각되었다. 그러므로 금융 단계는 협상 및
계약체결 단계로 변경하고자 한다.

한편, 인·허가는 부지확보 단계에서부터 시작하여 사업타당성 분석단계까지 완료하여
야 사업의 계속추진 여부를 결정할 수 있다. 다음으로 협상체결시도 공정하고 투명하게
협상하고 계약들을 체결하여야 한다.

시행단계는 건설단계로 바꾸어서 [그림 2−1]과 같은 개발과정을 일반적 절차로 삼고

[그림 2-1] 부동산개발의 일반적 절차

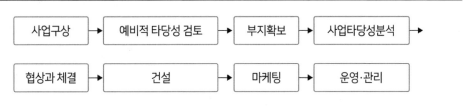

주) 1) 상기의 과정 중 여러 단계를 동시에 검토해야 하는 경우가 많다.
2) 일반적으로 실시계획인가나 사업승인과 같은 실제 사업을 진행할 수 있는 복잡한 인·허가는 부지확보시
점부터 진행하여 사업타당성 분석단계까지는 완료하여야 하나 완료하지 못하는 경우, 건축심의 등을 받
아 인·허가가 확실하다면 협상과 체결단계를 진행한다.
3) 사업시행 인·허가 후도 건설과 마케팅, 준공과 입주자 모집 또는 회원모집과 등록절차와 같이 사업완료
시점까지 계속 진행된다.

각 단계별로 개발에 필요한 사항들과 개발업자의 역할에 대하여 살펴보고자 한다.

상기 8단계 과정을 수행하는 개발업자의 역할을 살펴보면 크게 사업구상 단계에서 사업타당성 분석단계까지는 아이디어를 창조하고 정제하는 역할을, 협상과 체결단계에서는 협상자 역할을, 건설단계부터 운영관리단계까지는 관리자 역할을 해야 한다.

이러한 부동산개발사업을 추진하는 방법에는 두 가지 경우가 있는데, 첫 번째는 토지는 소유하고 있으나 개발사업의 아이디어가 없는 경우이고, 두 번째는 사업아이디어는 있으나 부지가 없어 부지를 찾아 사업을 추진하는 경우이다.[1]

2. 부동산개발업자의 역할 및 참여자

1) 부동산개발업자와 역할

(1) 부동산개발사업과 개발업자의 개념

최근 우리나라에서도 개발업자(디벨로퍼)임을 자부하는 건설업체나 개발사업자들이 눈에 띄게 늘어나고 있지만, 디벨로퍼가 무엇을 뜻하는지 어떤 사업을 하는 사람들을 디벨로퍼라고 부르는지 정확한 개념이 정립되어 있지 않다. 디벨로퍼의 개념을 세우기 위해서는 디벨로퍼의 구체적인 업무를 살펴보아야 한다. 디벨로퍼는 우리가 삶의 많은 시간을 보내는 건물들을 만들어 내는 것이다. 우리는 그들이 만든 사무실에서 일하고 쇼핑몰과 문화공간을 이용한다. 디벨로퍼가 만든 물류센터는 식품, 가구, 전자기기, 의류, 가전제품까지 우리가 소비하는 물품을 보관한다. 여행을 할 때는 디벨로퍼가 만든 호텔에서 체류하고, 그들이 만든 레스토랑에서 식사를 하며, 그들이 만든 오락, 문화 시설을 찾아간다. 대부분의 국민들은 디벨로퍼들이 대량 생산한 단독주택이나 아파트, 다세대주택을 임차하거나 매입해 그곳에서 자라고 살아간다.[2]

한편, 디벨로퍼가 발달한 미국에서는 디벨로퍼들을 일명 프로젝트 매니지먼트 컴퍼니(project management company)로 부른다. 부동산 프로젝트 매니지먼트라 함은 자신이 건

---

1) David M. Geltner·Norman G. Miller, Commercial Real Estate Analysis & Investments, South-Western Publishing, 2001, p.774.
2) 피터헨디 브라운(김인아 역), 부동산 디벨로퍼의 사고법, 차밍시티, 2021, p.63.

축주이거나 건축주를 대행하여 개발사업의 총괄을 일임받은 자를 말한다. 즉 대지구입에서부터 개발기획, 시장조사분석, 경제성분석, 건축설계 및 시공(공정관리 포함), 임대·분양, 운영·관리 등의 기능을 직접 갖추거나 전문협조업체를 두어 운영하는 자를 말한다. 이런 사례들을 참고하여 개발사업과 디벨로퍼의 개념을 정립해 보면 다음과 같다. 피터헨디 브라운이 언급한 여러 종류의 부동산시설들 중 어떤 부동산에 대해 프로젝트를 기획하고 관련 정보를 수집하여 사업타당성을 분석하고 사업가능여부판단 및 최적대안을 선정한 후, 자금조달, 건축설계, 시공, 분양(임대) 및 운영계획 그리고 마지막 관리까지 업무를 대행하거나 직접 수행하는 부동산개발업무과정을 추진하는 것을 개발사업이라 하며, 이것을 전담하는 자가 바로 디벨로퍼.

(2) 개발업자의 역할

개발업자(디벨로퍼)의 역할은 창조자, 협력자, 협상가, 관리자, 위험관리자 그리고 투자자이기도 하고, 단순히 싸게 사서 비싸게 파는 사람들보다도 훨씬 사업가적인 다양한 비전이 있어야 한다. 이러한 개발업자가 개발과정에서 해야 하는 일을 서술하면 다음과 같다.[3]

첫째, 사업장 주위의 인접주민을 설득하고 지방자치단체의 인·허가를 얻어야 한다. 때로는 허가를 받기 위하여 프로젝트를 변경할 수도 있다. 이러한 경우에는 개발업자의 유연성이 요구된다.

둘째, 개발업자는 적정한 가격으로 공간을 사용할 매수인이나 임차인을 찾아야 한다.

셋째, 내부개발팀을 만들고 건설감독, 공정관리 등을 맡을 외부전문가를 모집해야 한다.

넷째, 자본시장에서 그 프로젝트의 사업타당성을 제시하고 개발금융이나 지분투자를 유도하여 자금을 조달한다. 이러한 과정에서 개발업자는 리스크를 관리하고 프로젝트 시작부터 끝날 때까지 복잡한 업무관계를 풀어나가야 한다. 또한 개발업자에게는 어떠한 문제나 장애에도 불구하고 목적하는 결과를 얻기 위해 끝까지 노력하는 추진력이 필요하다. 특히 창의성과 추진력은 교육과정에서 배울 수 없는 요소들로서 개발업자에게는 기업가와 마찬가지로 본능에 속할 정도로 중요하다.

한편, 개발업자는 그들이 부족한 분야에 대해서는 능력 있는 전문가를 찾아서 그들이

---

3) Miles. Mike E., et al., Real Estate Development: principles and process(Third Edition), Washington, D.C: The Urban Land Institute, 2001, pp.8−9.

일할 수 있도록 동기를 부여하고 분위기를 조성해야 하므로 통합적인 조정능력과 강력한 리더십을 필요로 하고 개발사업의 전 과정에 걸쳐 수많은 일을 처리하는 동시에 모든 요소들이 정해진 시간과 예산으로 적절하게 수행되어질 수 있음을 보증해야 하며 관련된 모든 위험에 대해 최종적인 책임을 져야 한다.

개발업자의 다양한 역할들을 그림으로 나타내면 [그림 2-2]와 같다.

[그림 2-2] 부동산개발업자의 역할

자료) Miles. Mike E., et al., Real Estate Development: principles and process (Third Edition), Washington, D.C: The Urban Land Institute, 2001, p.9.

2) 부동산개발사업 참여자

부동산개발과정은 참여자들의 끊임없는 상호작용 속에서 진행된다.

부동산개발과정에 참여하는 자들을 크게 세 집단으로 구분하여 보면 첫째, 부동산개발 상품을 구입 또는 임차하는 소비자 집단이고, 둘째는 공급자 집단이며, 셋째는 건전한 개발을 촉진시키고 지역경제가 활성화되도록 규제와 감시 및 지원을 하는 공공집단이다.

개발사업의 과정에서 꼭 필요하고 참여해야 하는 전문가들을 세부적으로 살펴보면 첫째, 부동산개발상품을 매입하는 매수자와 유통업자, 최종 소비자, 임차하는 임차인과 공유오피스와 같은 전차인 등이 있다. 둘째, 공급자로서 참여하는 집단으로 건축사, 조경전문가, 도시계획기술사, 기술자(감리자), 도급업자, 환경컨설턴트, 교통컨설턴트, 부동산시장 분석가, 부동산마케팅 전문가, 프로젝트금융(P/F: Project Financing. 이하 "P/F라 한다") 전문가, 부동산관리자 등이 있다. 셋째, 수요자와 공급자의 양쪽에 참여하는 중개사, 상담사, 변호사, 회계사 및 세무사, 감정평가사 등이 있다. 마지막으로 지역경제 활성화를 위해 규제와 감시 및 지원을 하는 공공집단인 정부, 지방자치단체, 환경단체, 시민단체, 주민 등이 있다.

제2절

개발 단계별 수행 작업 및 참여자의 역할

1. 개발과정 단계별 수행 작업

1) 공부서류 검토 및 사업구상 단계

공동주택(전원주택 포함), 호텔, 콘도, 오피스텔, 백화점 등 특정사업추진을 예정하고 있는 개발업자는 그 시설용도에 맞는 적절한 부지를 찾아야 하고, 이미 토지는 확보하고 있으나 특정사업추진예정이 없는 개발업자는 공부서류를 검토하고 현장조사를 실시한 다음 이 토지를 무엇으로 활용해야 최유효이용이 가능한지를 자신의 개발능력, 자금동원능력 등을 고려하여 구상해 보는 단계다.

창의적이고 다양한 사업구상을 위한 기법으로서는 브레인스토밍(Brain storming), 한 집단에 의해서 확인된 아이디어 사이에서 우선순위를 결정하기 위한 기법으로 노미날 그룹 프로세스(Nominal group process), 인터뷰에 의한 델파이 기법(Delphi method), 포커스 그룹(Focus groups), 서베이(Surveys) 등이 사용되기도 한다.4)

2) 예비적 타당성 분석단계

예비적 타당성 분석은 부지를 확보하기 전에 대상 부지에 대하여 공부서류를 검토하고 관련계획 및 법규검토, 입지분석과 기초 시장조사를 통하여 가능업종을 구상해 보고 이를 토대로 예비설계(계획설계)를 실시하여 개발사업이 완료되었을 때 예상되는 수입과 비용을 추정하여 개략적인 수지분석을 함으로써 사업가능 여부를 판단하는 것이다. 이때 추정 수입은 시장에서 분양 또는 임대 가능한 선에서 결정되어야 한다.

또한, 여기서 개략적인 수지분석과 건축계획에 필요한 예비설계(건축계획설계)는 개발사업의 승패를 좌우할 정도로 중요하다. 왜냐하면 건축법 등에서 허용하는 최고의 높이와 연면적으로 건축한다고 하여 반드시 수익률이 극대가 되지 않기 때문이다.

시장조사와 개략적인 수지분석을 통하여 충분히 타당성이 있다고 판단한다면 부지확보 단계로 넘어가고, 그렇지 않으면 여기서 중단하거나 대안을 모색해야 한다. 이 단계에서도 특정사업이 예정된 경우라면 특정사업에 대해서 관련법규 검토, 입지분석 및 시장성 조사와 수지분석을 하여 그 사업의 사업성 여부를 판단하면 된다.

4) Miles, Mike E., et al., op. cit., pp.191-194. 1) 브레인스토밍(brain-storming): 회의에서 모든 아이디어를 비평 없이 발표하거나 제출하여 그중에서 최선책을 결정하는 방법이다. 2) 델파이기법(Delphi Method): 특정(개발)분야에 관한 전문가를 대상으로 앙케이트(또는 인터뷰)를 실시하여 의견을 수렴하는 방식이다. 3) 노미날 그룹 프로세스(Nominal group process): 한 집단에 의해 확인된 아이디어 사이에서 우선순위를 결정하기 위한 기법을 말한다. 4) 포커스 그룹(Focus groups): 8명에서 12명으로 구성되고 2시간 동안 모임을 갖고 대부분 잠재소비고객의 희망사항을 충족하기 위해 제안된 프로젝트를 수정하는 데 사용하는 기법이다. 5) 서베이(Surveys): 새로운 상품이나 프로젝트 혹은 진행 중인 프로젝트를 수정하고자 개발업자가 아이디어를 창출하기 위하여 사용하는 기법 중 하나이다.

3) 부지확보 단계

개발업자가 예비적 타당성 분석단계 이전부터 부지를 확보한 상태라면 부지확보 단계는 생략될 수 있지만, 그렇지 않고 하나의 부지나 여러 부지 중 예비적 타당성 분석에서 어떤 개발사업이 타당성이 있다고 판단되면 부지확보 단계에 들어간다. 부지확보 방법에는 부지를 ① 직접 매입하는 방법(개인 혹은 기업으로부터 매입, LH공사 등으로부터 매입, 경매, 공매), ② 지주공동 사업방법 등이 있다. 부지는 개발사업의 자료로서 부지확보의 성공여부는 개발사업의 성공여부에 직결되기 때문에 아주 중요한 단계이며, 시간적 여유도 많지 않으므로 부동산 매매예약이나 약정을 통해서 부지를 확보한다면, 리스크를 줄일 수 있다.

한편, 부지확보와 함께 실시설계와 인·허가를 준비해야 한다.

(1) 부지를 직접 매입하는 경우

토지이용계획확인서를 통해서 용도지역, 지구, 구역을 검토해 실제 인·허가 가능 여부 및 기타 상수도 보호구역, 보전임지 등의 개발규제 지정여부를 체크한다. 다음으로 지적도(임야도)로 실제 부지 모양과 인접 토지와의 관계를 확인하고 토지형상에 따른 교환 여부 등을 고려하여야 한다. 지적도와 지형도의 축척을 일치시켜 실제부지형상(등고선 표시)을 체크한 다음 현장조사를 실시한다. 최근에는 드론을 통한 사진촬영을 통해 지형도를 대신하여 최적의 토지이용계획 가능여부와 조감도 작성 등도 검토한다.

현장조사를 통해 진입로 존재유무를 확인하고 만약 진입로가 없다면 진입로 설치에 필요한 토지구입 가능성을 타진해 본다. 마지막으로 계약시는 공부상 면적과 실측 면적이 차이가 나는 경우를 대비하여 계약서상에 면적차이에 대한 정산 내용을 기입해야 하며, 등기부 등본을 통해서 진정한 권리의 소유자인지의 여부를 확인한다. 종중 토지인 경우 종중 규약에 따른 종중 회의록 및 종중매도결의서 유·무를 파악해야 하고 종중대표와 계약을 체결하여야 계약이 무효가 되지 않는다.

인·허가에 리스크가 있는 사업은 반드시 조건부 또는 옵션계약을 체결하여야 리스크를 줄일 수 있다.

(2) 지주공동사업을 추진하는 경우

예비적 타당성분석 자료를 근거로 하여 최유효이용방법과 공동사업조건을 제시함과 아울러 개발업자와 토지소유자간의 각각 투자비에 대한 사업수익의 배분액(면적)을 결정하여 토지소유자에게 제시함으로써 판단하게 된다. 이 단계에서는 약정체결 정도로 하고 다음 단계인 사업타당성을 완전히 분석한 후 계약을 체결하는 것이 위험을 줄일 수 있다. 상기 어느 경우든지 약정(계약)을 체결하기 전에 반드시 검토가 되어야 하는 것은 인·허가 사항으로서 충분한 법률적 검토와 지방자치단체를 방문하여 인·허가 가능여부를 타진해 보는 것이다.

4) 사업타당성 분석단계

부지를 확보했다면 다음은 이 부지에 대한 개발사업 타당성을 분석하게 되는데 사업타당성 분석단계는 리스크를 관리하는 가장 중요한 기법으로서 철저한 타당성 분석을 하면 할수록 리스크를 줄인다. 이러한 사업타당성 분석은 다음과 같은 중요한 역할을 한다.

첫째, 타당성 분석은 판매와 협상의 도구로써 그리고 계약협상을 조정하는 계약협상을 조정하는 장치로서 역할을 한다.[5]

둘째, 그 프로젝트의 질(사업타당성이 양호한 프로젝트)이 자금조달 조건을 유리하게 해주는 결정적인 역할을 한다(이자율 및 보증, 대출조건 등 지분투자를 참여시키는 데 유리한 입장이 된다).

개발사업의 타당성분석을 어느 정도 깊이까지 하느냐는 개발사업의 성격, 규모, 개발업자의 목적, 타당성분석에 투입될 수 있는 자금 등에 따라서 달라질 수 있다. 경우에 따라서는 시장분석이 필요 없이 경제성분석만으로도 타당성분석을 한다. 먼저, 타당성 분석의 정의를 살펴보면 타당성분석의 가장 훌륭한 정의는 부동산 교육자인 A. Graaskamp가 그의 고전적인 논문인 '타당성분석의 합리적인 접근'에서 내린 것이다. 그의 정의는 "부동산 분석가 활동의 어떤 선택된 경로가 특별한 제약이나 제한된 자원의 환경에 적합한지에 대해 시험을 통과한 경우 부동산 프로젝트는 타당성 있다"는 것이다.[6] 완전한 타당성분

5) Ibid., p.401.

6) James A.Graaskamp, "*A Rational Approach to Feasibility Analysis*", Appraisal Journal, October 1972, p.515.

석은 제안된 개발사업에 대한 물리적(기술적), 법률적, 사회·경제적 타당성 등을 모두 포함한다. 물리적 분석이란 해당부지가 안고 있는 입지조건과 토양, 지질, 지형 등 물리적 요소들이 개발사업의 구조물에 미치는 영향을 분석하는 것을 말하며 법률적분석이란 해당부지에 대한 공법상 여러 가지 규제사항을 검토함으로써 개발업종과 규모 등 산정과 인·허가에 미치는 영향을 분석하는 것을 말한다. 시장에서 수요·공급분석도 반드시 포함되어야 한다. 경제적 타당성분석이란 시장분석에서 수집된 자료를 토대로 하여 개발사업에 소요되는 비용과 발생하는 수익을 분석하는 것을 말한다.[7] 이때 소요되는 비용과 발생하는 수익을 측정하기 위해서 개발시설물의 설계도가 필요한데 이때는 예비설계가 아닌 보다 자세한 실시설계가 필요하다. 타당성분석 결과 그 개발사업의 채택가능여부는 해당 개발사업이 개발업자의 목적을 얼마나 충족시킬 수 있느냐에 달려 있다. 개발사업에 대한 기대수익률과 개발업자의 요구수익률을 비교하여 기대수익률이 요구수익률보다 크

[그림 2-3] 사업타당성 분석(최유효이용방안) 진행 흐름도

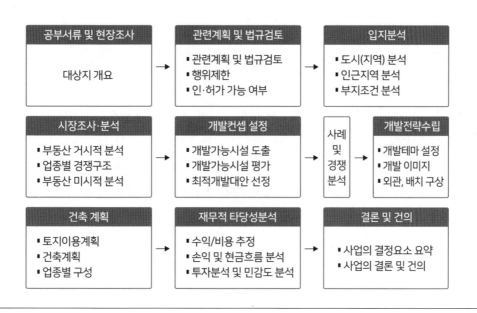

7) 안정근, 전게서, p.327.

다면 채택가능하나 요구수익률은 개발업자에 따라서 다르게 나타나므로 일정한 기대수익률 하에서도 개발업자에 따라 채택할 수도 하지 않을 수도 있다.

개발사업의 타당성분석절차는 [그림 2-3]과 같이 관련 법규검토, 입지분석, 시장분석과 개발컨셉설정, 사례분석 및 경쟁분석, 개발전략수립, 개발(건축)계획, 재무적 타당성 분석, 결론 순으로 진행된다. 경우에 따라서는 시장분석 없이 재무적 타당성분석만으로도 타당성분석을 한다.

이상의 과정이 진행되는 동안에도 개발업자는 지방자치단체 관계자들과 활발한 접촉을 하여 인·허가의 진행상황을 정확히 점검한다.

5) 종합판단

지금까지 진행해 온 과정을 재점검하여 그 사이에 개발사업에 영향을 미칠만한 특별한 변수가 발생하였다면 그것을 고려하고 개발사업의 타당성분석 결과와 개발사업의 성격, 목적 등과 개발업자의 자금동원능력 등을 감안하여 종합적으로 채택가능여부를 최종 판단하여 가능하다면 사업계획서를 작성하여 사업을 추진한다.

6) 협상 및 계약체결 단계

개발사업구조가 개발업자와 시공사의 2자 구조인 경우와 개발업자의 자금조달이 담보대출에 의존하거나 시공사에 의존하던 때에는 부동산개발과정에서 협상단계가 그리 중요하지 않았지만 개발사업 구조가 개발업자, 시공사, 금융기관, 경우에 따라서는 부동산신탁회사를 포함하여 3자 내지는 4자 구조로 복잡해지고 개발사업에 참여하는 자들이 다양해지며, 프로젝트파이낸싱에 의한 자금조달이 행해지는 경우에는 협상 및 계약 단계가 중요한 단계로 대두되었다. 그러므로 협상단계에서는 시공사와의 공사도급조건, 금융기관과는 자금조달의 규모와 시기, 이자율 등 대출조건을 지방자치단체와는 개발관련 부담금과 현장외부의 기반시설에 대한 협상을 하여야 하며 건축사, 감리자등의 계약에 대한 협상도 마무리 하여야 한다.

이 단계에서 계약이나 약정을 체결하고자 하는 경우 시공사는 당해 프로젝트에 대한 인·허가 가능성과 사업성에 역점을 두며 금융기관은 사업성과 건설회사의 책임준공에 관심을 갖는다.

사업타당성 분석은 협상의 도구로서 서비스를 제공한다. 협상단계에서는 프로젝트가 계속 진행될 수 있도록 계약조항들을 마련한 후 이 조건으로 협상을 시작한다. 위험의 통제수단인 계약들이 서로 다른 예상치 못한 일이 발생할 수 있기 때문에 이전단계에서 협상되어진 계약들에 대해서는 공동으로 서명해 두어야 한다.

계약협상 단계에서도 다른 단계와 마찬가지로 모든 것이 서로서로 상호작용을 한다. 예를 들면 금융기관은 개발업자가 시공회사와 공사도급계약을 체결하기 또는 협상이 마무리되기 전에는 자금조달에 대한 협상을 하지 않으려고 한다.

도급공사 계약서에는 건설기간 동안이나 준공 후 운영하는 동안에 일어날 수 있는 물리적, 재정적, 마케팅 운영활동에 대한 규정들이 마련되어야 한다.

계약협상 및 체결단계는 주요한 건축비용으로 손해를 입기 전에 그 사업에서 후퇴할 수 있는 마지막 기회이다. 계약이 실행된 후 중단하게 되면 그만큼 손실이 더 커진다.

건축공사비는 개발사업에 있어서 매우 큰 비중을 차지하므로 공사도급계약을 체결하는 데 신중을 기해야 한다. 물론 실시설계도를 토대로 건축공사비를 산정하지만 이때 건물수준을 어느 정도로 할 것이냐에 따라서 공사비가 크게 차이난다. 그러므로 건축비를 산정할시 개발사업의 규모와 성격, 그리고 입지조건과 마케팅전략 등을 종합적으로 고려하여 결정해야 한다. 한편, 개발업자가 부지매입자금이 부족하여 건설시공업체로부터 자금을 선지원 받는 경우는 먼저, 공사도급약정을 체결하고 인·허가를 득한 다음 착공 전 공사도급계약을 체결하는 방법과 금융기관으로부터 자금을 대출받는 방법, 경우에 따라서는 부동산 신탁회사가 개입되는 방법이 있다. 이러한 경우는 금융기관, 건설회사, 부동산 신탁회사 등이 내부적으로 협정서를 체결하고 개발업자와 건설회사는 별도로 공사도급계약을 체결하는 방법도 있다. 이 때 금융기관은 건설회사로 하여금 준공보증을 요구하고 경우에 따라서는 지급보증을 요구하기도 하는데 요즈음은 이 방법이 일반적이다.

한편, 개발사업에 필요한 자금은 토지매입자금과 건축비 등 개발사업비 등이 있다. 이와 같은 자금의 조달방법에는 자체자금과 외부자금으로 나눌 수 있으며 외부자금도 첫째, 부동산담보를 제공하고 대출받는 방법, 둘째, 프로젝트파이낸싱을 이용하는 방법, 셋째, 부동산신탁을 이용하는 방법, 넷째, 자산이나 주택저당채권을 담보로 한 채권이나 증권을 발행하여 자금을 조달하는 방법(ABS, MBS), 다섯째, 부동산펀드나 리츠를 이용하는 방법 등이 있다. 기타의 방법으로 임차자로부터 선지원 받는 방법도 있다.

특히, 프로젝트파이낸싱을 이용하는 경우 시공자와 개발업자, 대출기관간의 협약서를 작성하게 되는데 이 경우 대출자는 ① 시공자에게 책임준공, ② 개발업자에게 채무인수와 권리양도를 요구하며 토지에는 근저당이나 토지 신탁등기 된 상태에서 수익권증서위에 1순위 질권 설정을 실시하여 이중삼중으로 신용보강을 하게 되는 반면에 개발사업자에게는 아무권한이 없어 아주 불리한 입장에서 사업수행을 해야 하므로 이에 대한 대응방안을 찾아야 한다.

상기의 자금조달 방법 중 어느 방법을 이용할 것이냐는 이자율과 상환기간, 수수료, 사업시행에 개입정도 및 위험도 등을 종합8)적으로 검토하여 결정하여야 한다. 이렇게 하기 위해서는 금융시장에 대한 지식과 부동산 자금조달 의사결정에 관한 이론9) 등의 지식을 쌓아야 되고 아니면 전문가를 고용해서 도움을 받을 필요가 있다.

협상 및 계약체결 단계에서 불확실성이 적을수록 대출자에게는 위험이 줄어들고 차입자(개발업자)에게는 자금조달 이율과 조건이 좋아지기 때문에 가능한 한 불확실성 제거에 노력을 기울여야 할 것이다.

7) 건설단계

개발업자는 협상 전 단계에서 우선적으로 아이디어를 내는 창출자이며, 재촉하여 협상을 빨리 이루어지게 하는 촉진자이다.

그러나 개발과정이 협상단계에서 건설단계로 진행됨에 따라 개발업자의 역할은 주요한 협상자의 역할에서 관리자의 역할로 변화된다.

건설단계는 다른 단계와 다르게 시간이 매우 중요한 단계이다. 건설단계에 진입하면 개발업자는 다양한 불확실성에 노출되며 자금과 인력의 투입이 크게 늘어난다.

일단 도급계약이 실행되고 건설이 시작되었다면 치명적인 재정상의 손실이 없이는 중요한 수정은 불가능하다. 계약이 체결되어 건설이 시작되면 개발업자는 관리자로서의 역

---

8) Miles Mike E., et al., op. cit., pp.81−84.
9) Ibid., pp.81−90.

할이 강화된다. 또한 관리해야 할 중요한 요소들은 시간, 품질 그리고 예산이다.

이때 개발업자는 각각의 담당자들이 그들이 맡은 일을 제시간에 잘 수행할 수 있도록 해야 하며 비용을 관리하고 계속적인 모니터링을 해야 한다.

협상된 계약은 구속력을 가지고 있기 때문에 건설기간 중 변화의 요인들은 계약을 이행하는데 방해의 요인이며 비용을 더 많이 들게 한다.

이 단계는 부동산개발에 있어서 착공 및 시공과 준공의 두 단계로 구분한다. 즉 ① 착공 및 시공, ② 준공 및 소유권 보전등기 등으로 구분할 수 있다.

(1) 공사착공 및 시공

공사의 공기는 직접 개발에 드는 비용으로 연결되기 때문에 착공 전에 민원문제를 철저히 검토하고 민원의 불씨를 없애야 한다. 만약, 주변건물을 둘러보아 크랙간 부분이 있다면 이것을 사진으로 남기어 증거를 확보함으로 책임소재를 분명히 해야 한다. 또한 도급을 받는 건설회사의 수준과 하청업체의 수준을 면밀히 조사하여 주어진 여건 하에서 양질의 건물을 지을 수 있는 회사를 선정한다. 물론 공사 감리자가 공사에 대한 감리를 하겠지만 이와는 별도로 소규모 개발프로젝트는 공사가 준공될 때까지 개발업자 중 시공경험이 있는 자가 현장에 파견되어 공사 감독을 철저히 함으로써 하자발생이 없도록 해야 한다. 그리고 대규모 프로젝트는 건설사업관리자를 두어 이들로 하여금 관리를 하도록 함으로써 공기와 경비를 절감함은 물론이고 품질도 향상시킬 수가 있다.

일반 도급자 또한 통제를 위한 어떤 유형의 공식화된 프로세스를 사용하여야만 하는데 가장 일반적인 방법은 개인용 컴퓨터로 사용이 가능한 PERT와 CPM이다. PERT/CPM은 하나의 프로젝트 수행에 필요한 다수의 세부사업을 관련된 계획공정표(network)로 묶고 이를 최종목표로 연결시키는 종합관리기법이다.[10]

최근에는 공정관리는 AI를 활용하는 공정관리 플랫폼을 이용하기도 한다.

(2) 준공 및 소유권 보존등기

공사가 완성되면 사용검사(또는 사용승인)를 신청하여 준공이 떨어지면 소유권 보전등기

---

10) 이순효, PRRT.CPM 실무, 서울: 박영사, 1989, p.15. 여기서 PERT는 Program Evaluation and Review Technique의 약자이고, CPM은 Critical Path Method의 약자이다.

를 하면 된다. 하자담보 책임기간을 면밀히 검토하여 하자에 철저히 대비하여 개발업자의 명예가 훼손되지 않도록 한다.

특히 준공검사 전에 충분히 공사 진행사항을 점검하고, 인·허가 시 설계도와 일치여부를 점검하여 준공시기가 늦어지지 않도록 한다.

8) 마케팅단계

마케팅의 성공여부는 전적으로 시장성에 있기 때문에 사업타당성 분석단계에서부터 철저한 시장분석을 실시하여야 위험을 줄일 수 있다. 개발사업의 마케팅에는 세 가지 형태가 있는데 그 중 하나는 임대이며 다른 하나는 분양(처분)이고 나머지는 직영으로서 매출액 추정을 위해서 조사한다. 이와 같은 마케팅은 사업의 종류에 따라 다를 수 있으나 일

<표 2-1> 건물분양계약자 보호제도(2022년 5월 말 기준)

구분	용도별 규제내용(현행)		상가 및 업무시설 등
	공동주택	콘도미니엄	
근거법	주택법	관광진흥법	건축물 분양에 관한 법률
적용 대상	▪ 공동주택: 30세대 이상 ▪ 주상복합: 300세대 이상	50개 이상 객실	연면적 3,000m 이상 영업용 건물 (생활숙박시설 및 오피스텔 30실 이상)
분양시 대지 소유권 확보	소유권 확보	소유권 확보	소유권 확보 의무화
분양시기	▪ 분양보증을 받은 경우: 착공과 동시분양 ▪ 2개 업체시공사 연대보증 골조공사 2/3 이상 완료후 분양	건축 공정률 20% 이상인 경우 분양	다른 건설사 연대보증 후 골조공사 2/3 완료 후 (신탁보증 가입 시 착공 후)
실수요자 분양	▪ 일반, 우선, 특별 분양 등 무주택자등 우선 공급 기준에 따 라 분양	공급방법은 분양 승인 시 검토	공개 추첨
분양대금 납부방법	▪ 청약금(10%), 계약금(10%), 중도금(60%), 잔금(20%) 구분, 잔금은 사용검사일 이후	분양계획서 및 분양 공고안 승인 시 검토	분양신고 수리 시 검토
분양보증제	▪ 착공신고와 동시 분양하는 경우 분양보증 의무화	분양전 저당권해지 혹은 설정액만큼 보증보험가입	임의 가입

자료) 국토교통부.

반적으로 시행단계 중 공사착공과 동시에 이루어진다고 볼 수 있으며 상업시설의 임대활동은 개발의 초기단계부터 이루어진다. 제4차 산업혁명시대에는 MZ(2030)세대들을 잠재고객에서 충성고객으로 전환하기 위하여 메타버스 등과 같은 플랫폼을 활용하여야 한다. 최근에는 건축허가 전에 판매에 들어가는 경우도 빈번하게 발생한다. 이에 따라 분양받은 자들의 피해가 예상될 수 있는데, 이를 방지하기 위하여 정부에서는 건축물의분양에관한법률을 제정하여 시행하고 있다.

그러나 공동주택, 콘도미니엄, 상가 등의 분양계약자들을 보호하기 위한 제도는 이미 마련되어 있는데 그 용도별 규제 내용을 살펴보면 <표 2-1>과 같다.

9) 운영 및 관리

이 경우는 개발사업의 최종단계로서 개발사업을 완성하여 분양을 하지 않고 임대나 직영하는 경우로서 사업계획서에 맞추어 운영 및 관리계획서를 작성하고 이에 따라 운영·관리하는 단계다. 운영·관리계획서에는 ① 부문별 운영계획, ② 임대시 관리계획, ③ 조직 및 인원계획 등을 포함해야 한다.

2. 부동산개발과정에 참여하는 전문가의 역할

부동산개발업자는 한 프로젝트를 수행함에 있어서 혼자 독립해서 모든 일을 처리하는 것이 아니라 부동산개발의 일련의 과정에서 개발업자는 그 프로젝트의 목표를 달성하기 위하여 여러 분야에서 많은 전문가의 서비스를 받아야 한다.

물론, 이러한 전문가들은 자체조직으로 시작할 수 있지만, 부족한 분야에 대해서는 외부 전문가를 고용하여야 한다.

부동산개발과정에 어떤 전문가들이 참여하는지를 알아보고 그들의 역할이 무엇인지를 살펴보고자 한다.

1) 건축사(설계사무소)

건축의 3요소에는 건물의 안전에 관한 요소로서 구조, 건축물의 용도, 설비, 동선 등의 이용 상의 편리와 목적에 부합하도록 하는 기능, 미적인 요소에 해당하는 형태가 있다. 건축사는 이러한 건축의 3요소뿐만 아니라, 지방자치단체로부터의 인·허가, 시장의 위험 으로부터 개발과정의 중심에 위치하고 있다.

개발업자는 건축사를 내부조직으로 갖출 수도 있고, 외부로부터 용역을 수행할 수 도 있다. 어떠한 경우이든지 개발규모가 크고, 복잡해질수록 개발초기에 건축사와 한 팀을 구성하여 건축사의 아이디어가 프로젝트의 개발컨셉과 개발방향에 부합되고 잘 조화를 이룰 수 있도록 하여야 한다. 특히, 시장조사에서 얻은 정보와 마케팅 리서치 과정에서 나타난 수요자의 필요와 요구사항을 설계 시에 반영될 수 있도록 하여야 한다.

또한, 지방자치단체로부터 인·허가 과정에서 나타나는 공공의 규제에 대처할 수 있고 설득할 수 있는 설계가 될 수 있도록 하여야 한다.

부동산개발이 근본적으로 토지의 효율성을 높이고, 건물을 짓는 실질적인 과정이기 때 문에 건축 전에 건물은 계획과 설계가 잘 되어야 미래의 용도를 효과적으로 수용하고 토 지에 적합하며 사용자의 요구사항과 지역사회의 안전과 복리를 위한, 모든 법적 요구사항 에 부응할 수 있을 것이다.

그러므로 건축사는 제4차 산업혁명과 코로나로 인한 트렌드의 변화에 순응하기 위해서 는 무엇보다 독창적인 콘텐츠를 창출해야 한다. 그러기 위해서는 개발업자가 추구하는 의 도를 정확히 파악하고 이에 적합한 계획과 설계에 보다 많은 시간과 노력을 집중하여야 한다. 또한, 부동산개발의 전 과정을 이해하여야 설계변경을 포함하여 문제가 발생할 경 우에 즉각 대처할 수 있을 것이다.

개발과정에서 건축사의 업무는 개발업자가 추구하고자 하는 컨텐츠를 정확히 이해한 다음 이에 적합한 ① 기본계획, ② 예비설계, ③ 본 설계(실시설계), ④ 일정규모 이하 건 설공사에서의 감리, ⑤ 인·허가 시에 설계 및 행정업무 협조, ⑥ 공사 시에 업무협조 등 을 수행하여야 한다.

2) 조경 전문가

조경 전문가는 주변 환경에서의 입지계획과 자연환경을 향상시킴으로써 장소의 의미를 창조하는 책임을 진다.

오늘날, 개발시장에서 대부분의 잠재 수요자는 개발의 성격을 명확히 해주는 조경의 특성들에 대한 관심이 높다.

프로젝트의 명확한 이미지를 창조하려는 노력의 일환으로, 개발업자들은 특히 주거용이나 복합건물개발 프로젝트에서 프로젝트의 특별한 속성이나 테마를 명확히 해주는 건축양식에 신경을 쓰는 만큼이나 조경에 의미를 두게 된다.

조경전문가들은 식물을 고르고, 배치하여 조경혁신과 조경의 전략적 이용, 자연의 그늘 등을 통해서 조경 환경을 창출해 낸다. 조경전문가는 차도, 보도, 외부조명, 야외벤치, 분수대, 난간, 간판, 벽, 버스 정류장, 휴게소, 야외 연회장, 자전거 및 산책로 등을 설계하며 때에 따라서는 골프코스, 스키장을 디자인하기도 한다.

조경설계는 거주자가 작은 공간에서도 프라이버시를 느낄 수 있게끔 함으로써 공간의 의미를 창출해 내는데 이용될 수도 있고, 조경방식은 전체적인 개발을 부드럽게 만들고 환경 친화적인 개발로 만들어 환경규제와 개발에 대한 강한 반대를 완화시켜 주는 역할을 하기도 한다. 최근에는 환경의 질이 큰 관심사가 되었고, 그 결과 사람들은 그들의 자연환경의 질에 더욱 많은 관심을 갖게 되었다. 뿐만 아니라 탄소중립시대에는 ESG[11]라는 경영정책을 기업의 최우선 경영철학으로 내세워야 한다.

그러므로 조경은 적은 비용으로보다 많은 편익을 얻을 수 있기 때문에 개발업자는 조경에 특별한 노력을 기울여야 한다.

3) 토지이용계획가(종합엔지니어링 업체)

도시개발법에 의한 대규모 개발사업이나 국토의계획및이용에관한법률에 의한 지구단위계획에 의한 개발사업, 관광진흥법에 의한 관광단지 개발 등은 토지이용 계획가가 반드시

---

11) ESG(Environment, Social, Goverance)는 기업을 비재무적인 측면에서 평가하는 척도로서 얼마나 기업이 친환경적으로 운영하는가, 지역사회에 얼마나 기여하는가, 기업의 지배구조가 얼마나 투명하고 윤리적으로 운영하는가를 평가하는 경영정책의 일환을 말한다.

필요하다.

단일 필지의 소규모의 프로젝트는 건축사가 토지이용계획가의 일까지 대신하여 할 수 있으나 보다 규모가 큰 개발사업은 건축설계 전에 전체 부지에 대한 용도지역의 지정 및 건물의 배치 등 마스트 플랜이 필요하다. 이 마스트 플랜을 구상하고 만들기 위해서는 토지이용계획가가 필요하다.

토지이용계획가는 도시개발에 관한 풍부한 지식이 필요할 뿐만 아니라 건축사, 마케팅 전문가, 기술자 그리고 다른 개발팀 멤버와 일하면서 개발업자가 제안한 프로젝트를 성공적으로 완수하기 위하여, 부지의 최유효이용과 물리적 재산에 따른 부지사용, 목적물의 위치를 결정하는 마스트 플랜을 세운다. 특히, 제4차 산업혁명시대에는 드론을 이용한 해당 개발사업지와 주변을 촬영하고 이를 지적도와 결합하여 물리적으로 최적의 토지이용계획을 만들어 내야 한다. 나아가 현실감을 주는 3D 조감도 작성에도 많은 도움이 될 것이다.

토지이용계획가는 부지의 한계와 가능성을 다루게 되는데 자연적, 환경적, 입법의 한계는 부지 위의 개발을 수용할 수 있는 사용과 밀도를 규정한다.

다른 한편으로 잠재력을 가진 제한 요소들을 조율하는 것이 토지이용계획가의 핵심적인 임무이다.

토지이용계획가에 의해 준비된 마스트 플랜은 범람원, 습지, 경사지 등 잠재적 제한 요소를 고려하여 이것들을 유용하게 활용하여 테마성 주제로 만들 수 있다.

종종 건축물과 조경설계에 의해 인상되어지는 장소의 특정감각을 창조하기 위하여 토지이용계획가로 하여금 부지 안의 특정지역을 가장 높고 좋은 사용을 결정토록 유도한다.

4) 기술자

다양한 종류의 기술자들은 개발과정에서 중요한 역할을 하게 되는데 구조기술자는 건축물이 구조적으로 안전하고 기능적으로 편리하며 비용도 절감할 수 있는 구조적 시스템으로 설계한다.

한편, 기계 및 전기 기술자는 통상적으로 냉·열 공기조화설비, 배관 다른 기계적 시스템, 전력 및 통신 시스템을 설계한다.

특히, 토질기술자는 토양의 성분, 지하깊이, 지하수, 여러 가지 형태의 하중 등을 파악하여야 한다.

건축물 설계와 설계단계의 성공은 건축가와 기술자 사이에 좋은 관계에 달려 있으며, 전형적으로 설계팀의 우두머리로서 건축가는 자신의 예산범위 내에서 기술자들을 관리할 책임이 있다. 기술자는 건축물의 기초형식 및 기초공법 등을 결정하기도 한다.

5) 도급업자

도급업자는 원도급업자와 하도급업자로 나눈다.

원도급업자(General Contractor)는 개발업자가 발주한 프로젝트에 대하여 공사기간과 도급금액을 정한 후 도급계약을 체결한다. 원도급업자는 다시 하도급업자와 도급계약을 체결하고 그들을 관리한다.

물론 도급업자들은 종종 개발업자가 요구한 바에 따라 제안서나 그들의 과거 용역실적, 고객, 인력사항, 증명서 등을 명시한 지명원 등을 제출하는 입찰과정을 거치기도 한다.

입찰방법도 공개입찰, 지명입찰, 제한지명입찰 등 여러 가지가 있다.

개발업자가 도급업자를 선택할시 주의사항은 가장 낮은 가격을 제시한 도급업자를 선정하는 것이 언제나 좋은 선택이 아니라는 것이다.

최적의 도급수행자는 필요한 그 프로젝트에 대한 전문성과 신뢰성 등 가격 이외의 다른 중요한 특성들을 가지고 있는 자를 말한다.

또한 건축시공 팀을 갖고 있는 개발업자들은 그들이 도급업자의 역할을 하고 직접 하도급업자와 계약을 맺는 경우도 있다.

규모가 큰 프로젝트의 개발업자들은 건설사업관리자(CMr: Construction manager)라는 다른 종류의 도급업자들을 고용하기도 한다.

건설사업관리자는 개발초기에 투입되어 건축전이나 건축도중 여러 가지 서비스를 제공하며 설계단계에서는 조언을 통하여 효과적인 공사로 연결될 수 있도록 한다. 또한 건설사업관리자는 공기를 단축할 뿐만 아니라 보다 나은 품질의 공사가 되고, 공비도 절감할 수 있는 방안을 강구하는 역할을 한다.

6) 변호사

변호사들은 부동산매매계약, 설계·감리계약, 도급계약, 자금조달을 위한 업무협정, 분양계약, 임대차계약 등의 법률적 검토를 통하여 개발업자가 불리한 입장에 서지 않고, 유리한 입장에서 업무협정 및 계약이 이루어질 수 있도록 한다.

부동산의 권리분석에서 하자 발생시 이것을 처리하는 방법과 처리하는데 걸리는 시간 등을 체크하여 개발 위험을 줄여야 한다. 또한, 민원 등의 소송에도 대비하여야 한다.

7) 세무사 및 회계사

부동산개발사업에서 비용 중 중요한 부분을 차지하는 것이 세금부문이다.

세금은 탈세가 아니라 절세방안을 강구해야 하고, 회계처리도 명쾌하게 하여 불이익을 당하지 않도록 하여야 한다. 세무사 및 회계사는 보유세와 양도소득세 등과 개발부담금 등 준조세에 관한 지식도 필요하다.

또한 사업수지분석 및 현금흐름분석에도 이들의 도움이 필요하다.

뿐만 아니라, 프로젝트금융의 업무협정에 따른 참여자들의 관계에서 회계 및 세금부분의 처리도 완전하게 하여야 한다.

8) 환경컨설턴트

환경컨설턴트는 우리나라에서 일정규모 이상의 개발사업에서 요구하는 환경성 검토보고서 또는 환경영향평가 보고서 등을 작성하고 정부, 지방자치단체, 환경단체 및 주민 등의 당해 프로젝트에 대한 부정적인 입장에 대하여 설득하며 인·허가를 득할 수 있도록 도와주어야 하며 그들의 압력에 대처할 수 있는 방안을 강구하는 역할을 한다.

9) 교통컨설턴트

현행 부동산개발사업에서 교통컨설턴트 등은 환경컨설턴트 등과 마찬가지로 역할이 점점 커지고 있으며 특히 개발인·허가 과정에서 교통과 운송에 대한 문제들을 해결하여야 한다.

이들은 전문성을 발휘해서 몇 대의 차량과 트럭이 입지에 드나들 수 있고, 현재의 도로, 교차로 등의 수용능력 및 현재 도로가 새로운 교통량을 어떻게 수용할 수 있을지에 관한 중요한 사안들을 평가한다.

부동산개발사업에서 일정 규모 이상의 개발에 대한 인·허가 과정에서 도시교통정비촉진법에 의한 교통영향평가를 요구한다. 교통영향평가는 운송컨설턴트에 의하여 교통체계·주차대수·차량동선·도로 수용능력 등에 관하여 평가하고 보고서를 작성한다.

우리나라에서는 주로 교통영향평가를 용역회사에 용역을 의뢰하는 것이 일반적이다.

10) 부동산감정평가사

부동산 평가사는 시장가격을 평가하는 것이 아니라 시장가치를 평가하는 전문가이다. 시장가격이란 시장에서 매도자와 매수자 사이의 거래된 가격을 말한다.

시장가치란 "공정한 매매가 형성되기 위한 필수적인 모든 조건이 충족될 공개된 경쟁시장에서, 충분한 지식과 정보를 가지고 사려 깊게 행동하는 매도자와 매수자 사이에서 성립될 가능성이 가장 많은 가격을 화폐로 표시한 것으로서 정당하지 못한 자극이나 어떠한 압력에 의해서도 영향을 받지 아니한 가격"으로 정의된다.

부동산 평가사는 최유효이용 상태를 가정하여 토지가치를 추계한다.

감정평가사는 부동산개발사업에서 토지가치평가와 건물가치평가 할인현금흐름분석에 의한 수지 분석시 재매도 가치 평가 등을 실시한다.

부동산개발사업의 수지분석에서 취득세(등록세)의 기준은 내무부 과세표준에 의하고 이 행정안전부 과세표준은 지가 공시 법률에 의한 공시지가에 근거를 두고 있다. 또한 국토교통부 소관의 주택공시가격도 평가한다. 물론, 모든 거래 및 세금의 근거가 되는 이러한 공시가격이나 공시지가도 감정평가사에 의해 평가된다.

또한 평가사는 공익사업을위한토지등의취득및보상에관한법률에 의한 토지협의매수를 위하여 부동산을 평가한다.

감정평가사는 부동산개발사업에 비용부문의 평가뿐만 아니라 수익부문인 분양가와 임대가도 결정한다. 개발부담금을 산정하기 위해 평가도 한다.

11) 부동산중개사

부동산중개사는 매도자와 매수자 사이에서 물권을 중개해 주는 자를 말하며, 부동산 개발시는 무엇보다도 토지 또는 건물이 있는 토지가 필요한 이들을 매매 알선한다.

또한 대규모 개발사업에서 여러 필지의 토지가 필요한 경우에는 부동산중개사에게 매수를 의뢰하여 토지소유자를 일일이 만나서 토지작업을 한 다음 일반적으로 계약은 동시에 쓰거나, 계약을 개별적으로 쓰더라도 계약금은 일괄입금하며 이와 동시에 계약의 효력이 나게 함으로써 부지매입에 대한 리스크를 줄인다.

물권 중개사는 물권설명을 통해서 공법상의 인·허가 문제, 사법상의 권리하자들의 문제, 부동산 현장의 기술적인 하자문제 등을 상세히 매수자에게 설명함으로써 하자 없는 물권, 즉 부동산을 구입하도록 역할을 한다.

물론, 부동산 관리업무는 물론이고 간단한 물권은 상담업무도 겸할 수 있다.

12) 부동산상담사

부동산상담사(consultant)는 여러 종류의 전문가로 나눌 수 있는데 시장분석가, 마케팅 전문가 등이 있다.

여기서, ① 시장분석가는 시장조사 및 분석을 통해서 부동산개발사업에서 창출되는 제품이 시장에서 팔릴 수 있는지, 임대가 될 수 있는지, 된다면 얼마의 가격으로 가능한지를 조사하고 분석하여 개발업자에게 유리한 정보를 제공한다.

② 마케팅 전문가는 부동산개발사업에서 만든 제품을 판매하는 자로서 이들은 시장분석가의 시장조사분석을 토대로 할 뿐만 아니라 자체조사에서 수요자들의 필요와 욕구가 무엇인지를 확인하여 제품을 만들기 전에 이들을 설계에 반영하여야 분양률이 임대의 흡수율[12]을 높일 수 있다.

그러므로 마케팅 전문가는 설계초기부터 투입되어야 하며 마케팅 전문가는 제품판매를

---

12) 시장에 공급된 부동산이 단위기간(예: 1년, 1개월 등)동안 시장에서 흡수된 비율을 나타낸다.

촉진하기 위하여 마케팅전략을 수립하고 이들을 이용하여 판매하거나 임대를 실시한다.

그 외 부동산에 관련된 문제를 해결해 주는 역할을 하기도 하고 어떤 개발사업을 추진하기 전 사업타당성 검토의 용역을 수행하기도 한다.

13) 프로젝트금융 전문가

부동산개발사업은 대규모 자금이 소요되므로 개발업자의 자체자금만으로 불가능할 때가 많다. 따라서 외부에서 자금을 조달하게 되는데 외부에서 자금을 조달하는 방법에는 여러 가지가 있을 수 있다. 단순 저당대부에서부터 그 사업의 미래현금흐름을 기초로 하여 대부해 주는 프로젝트금융에 이르기까지 다양하다.

현재 우리나라는 프로젝트금융투자회사법이 제정되어 있지 않기 때문에 조건부 기업금융방식을 택하고 있는 실정이다.

어느 방법으로 자금을 조달하여야 개발업자가 안전하고 비용이 적게 들고 편리한지는 일반인 등과 같은 비전문가들은 알기가 어렵다.

그러므로 프로젝트금융 전문가가 이들을 처리하여야 위험 관리와 수익률을 제고하는데 일조하게 된다.

14) 부동산관리자

우리나라의 부동산개발사업은 대부분이 분양을 하고 임대나 직영을 하지 않기 때문에 부동산 관리에 있어서 기술적으로 낙후되어 있다.

개발업자가 부동산을 개발하여 임대나 직영을 할 경우에 사용자의 요구사항에 부합되어야 임대가 용이하고 임대료도 높게 받을 수 있을 것이다.

그러므로 이렇게 되기 위해서는 부동산관리자도 사용자들의 요구사항을 파악하여 개발 초기 설계시에 건축사에게 사용자들의 요구사항과 건물의 기능면이나 에너지 절약측면 등에 대하여 조언을 하여야 할 것이다.

15) 공공규제자(정부)

부동산개발과정에서 공공규제는 이론적으로는 난개발을 방지하고 토지의 효율적인 이용과 질 높은 개발을 도모하기 위해서 필요하다.

부동산개발업자들은 사업을 시작하기 전에 지방자치단체 또는 중앙정부에 인·허가를 득해야 하는데 개발의 종류와 규모에 따라서 군수 또는 시장(구청장)이 인·허가권자가 되기도 하고 보다 규모가 크거나 복잡한 사업을 도지사(광역 또는 특별시장) 또는 중앙정부장관이 되기도 한다.

일단 사업이 진행되면 또 다른 통제와 규제가 공공복리의 적합성에 따라 이루어지고 있다.

공공의 기능은 환경에서부터 소비자 보호에 이르기까지 다양하다.

때에 따라서는 규제와 제도가 급한 나머지 졸속행정 내지 임시방편에서 시작되므로 조화되고 창의적인 개발을 하지 못하는 경우도 있다. 일례로, 국가정책 또는 관련법규의 운용 잘못으로 난개발 또는 법에 어긋나는 건축물이 되기도 하는데 1993년도 국토이용관리법의 개정과 정부의 잘못된 개발지침으로 인한 도시외곽의 준농림지역에서 난개발이 이루어졌고 농촌지역에 고층아파트가 들어서면서 자연환경과 경관이 훼손되고 도로, 학교 등의 기반시설이나 공공시설의 부족으로 심각한 문제가 야기되었다. 또한, 주택부족현상에 기인한 오피스텔의 주거용으로 사용하는데 문제가 있다. 오피스텔은 엄연히 건축법 상 업무시설이고 보면 전용면적 1/2 이상을 업무시설 용도로 사용되어야 하나 현재 건립된 오피스텔의 80% 이상은 순수주거용으로 사용되고 있다. 그것도 주택부족이란 이유로 주택용으로 사용되는 면적의 120제곱미터까지 난방을 가능케 하고 있다.

만약에 사회적 요구가 사적부문의 개발과정을 통해 만족되어진다면 규제당국은 시장요구에 부응하며 체계적이고 창의적인 계획에 장벽을 만들지 말고 어떻게 하면 공공의 이익을 보호할 수 있을지 배워야 한다.

부동산개발과정이 점점 복잡해지고 비용이 많이 소요되기 때문에 프로젝트를 성공적으로 수행하기 위해서는 개발업자가 공공부문을 능동적인 참여자로 인식하고 대우하는 것이다.

3. 공공의 역할

1) 개발에 대한 규제 성향

최근 개발규모의 거대화와 개발사업의 복잡화 등으로 인해 난개발이 초래되고 있어 이들의 통제가 절실히 요구되고 있는 시점에서 공공의 역할은 무엇보다도 중요시된다.

여기서 공공이라 함은 정부, 지방자치단체, 환경단체, 시민단체, 이웃주민 등을 의미한다.

1993년 국토이용관리법의 개정으로 준농림지를 개발가능토록 한 것과 IMF지원을 받는 부동산경기 침체시기에는 경제성장과 개발활성화를 위하여 중앙 및 지방정부의 개발에 대한 규제완화가 이루어졌다.

그러나 최근으로 들어서 개발에 대한 이들 공공(환경 및 시민단체)의 태도는 너무나 부정적으로 변해가고 있다. 심지어 정부가 주도하는 사회기반시설의 고속철도의 경주구간과 외곽순환도로의 북한산 터널구간의 공사방해가 그 일례이다.

그러므로 오늘날 개발업자들은 개발의 충격을 피하거나, 적어도 완화하기 위해서 강화될 공공의 감시와 더 엄격해질 개발규제 등에 직면하고 있다.

민간개발에 대한 규제자로서, 혹은 필요시설과 서비스의 공급자로서의 공공부문의 상반된 역할은 상호적으로 끊임없이 발전해 왔다.

최근, 관련법규개정과 지방자치단체들은 개발업자가 시행하는 지역의 기반시설에 대한 금융 부담을 민간부문에 전가하고 있다.

환경단체들이나 기타 시민단체들은 특정지역, 자연동식물, 그리고 역사적인 건물을 보전하기 위해 개발에 대해서 정부가 더 엄격한 기준이나 복잡한 요구조건을 적용하도록 설득해 왔을 뿐만 아니라, 실력행사까지 자행하여 왔다.

일반적으로 부동산개발은 민간과 공공부문의 목표와 책임의 변화 내에서만 기능을 할 수 있고, 또 해야만 한다.

이러한 이유 때문에, 개발업자들은 그들의 사업이 공공의 목표에 부합한다는 것을 보증하기 위하여 관련 공무원들과 원만한 관계를 중시해야 한다는 것을 잘 알고 있다.

결국, 공공에 속하는 정부의 역할은 민간개발의 규제자이면서 필요한 시설의 공급자이기 때문에 무조건 반대 입장만을 취할 수는 없다. 그러므로 개발업자들이 그들의 사업을 성공하고자 한다면, 그들은 민간개발에 대한 공공의 요구와 바라는 것이 무엇인지를 철저히 파악한 후에 민간개발의 수익과 공공의 목표와 요구 조건이 다함께 충족할 수 있는 연결고리를 구축해야 할 것이다.

2) 규제자로서 공공부문

개발업자는 개발과정의 초기단계라 할 수 있는 인·허가 과정에서부터 지방자치단체의 규제를 접하게 된다.

이러한 규제는 사업이 최종 착공과 준공을 위한 개발사업의 승인과정에 대한 엄밀한 정밀조사를 거치면서 더 빈번해지고 강화되게 된다.

그러므로 개발업자들은 지방자치단체 조례와 포괄적인 계획 내에서 규정되는 개발 프로젝트에 대한 공공의 기대들에 부응해야 하고, 좀 더 작은 행정단위 및 건축법 등에서 규정되는 공공기준과 요구조건들을 만족시켜야 한다.

결국, 개발업자들의 사업 성패는 개발업자들이 규제프로세스나 그것의 요소들을 이해하는 정도에 달려있다고 할 수 있다.

3) 공공규제의 필요성

(1) 민간개발 규제의 필요

민간개발의 시행자인 민간기업은 이윤의 동기만을 추구하여 개발행위를 하게 되므로 정부는 토지의 계획적이고 체계적인 개발을 도모하기 위하여 민간개발사업에 통제를 불가피하게 되며 이를 위해 토지이용을 규제하는 법령제한과 함께 개발사업에 대한 인·허가를 받도록 하고 있다. 뿐만 아니라 이웃, 시민단체들은 친환경적이고 주민들의 생활편익에 도움을 줄 수 있는 개발이 되도록 압력을 행사하기도 한다.

(2) 공공개발의 간섭 필요성

앞에서 언급한 바와 같이 공공개발이란 국가나 지방자치단체, 정부투자기관과 공사 또는 지방공기업들이 사업시행자로 되는 것을 말한다.

이들이 시행자가 되는 공공개발은 대규모 택지개발이나 도시개발사업이 대부분을 차지한다.

이러한 공공개발은 개발에 앞서 계획과 정책 문제로 귀착되므로 공공개발을 위한 계획 수립 시점에서 전문가와 시민단체 등이 참여하여, 님비(NIMBY: Not in My Back Yard)현상이 아닌 실제로 국민과 후세를 위해 정부의 다른 시급한 정책에 종속되지 않고, 그 모든 사항을 고려한 백년대계의 계획이 될 수 있도록 적극적으로 감시하고 조언하며 의견을 개진하는 등 압력을 행사하여야 한다.

제3절 부동산개발사업의 리스크 관리

부동산 민간개발사업의 궁극적 목적은 리스크를 극소화하고 수익률을 극대화하는 것이다. 여기에서는 개발사업의 목적을 달성하고 부동산개발에 관한 연구를 보다 능률적으로 전개하기 위하여 먼저 리스크의 개념이 무엇인지 살펴보고 리스크를 분류해 본 다음 개발프로젝트에서 리스크의 분류체계를 바탕으로 리스크의 정량화 시도에 대하여 살펴보고자 한다. 다음으로 개발사업의 전반적인 위험요소로서 법·제도적 위험, 시장 환경 위험, 건축비용 위험 등과 이에 대한 리스크 관리방법을 설명하고자 한다. 이절 마지막으로 개발 각 단계별로 위험요소와 대응하기 위한 전략이 무엇이 있는지를 구체적으로 살펴보고자 한다.

1. 부동산개발 리스크의 개념

리스크는 학자들에 따라 다르게 규정하고 있는데 그들 중 하이네스(J.haynes)는 리스크를 손해의 가능성으로 규정하고 하디(C.O.Hardy)는 손실초래가 확실히 예상되는 경우는 그것을 미리 비용으로 계상할 수 있기 때문에 리스크에서 제외하고 단지, 비용, 손실 또는 손해에 관한 불확실성으로 정의하였다. 이들 정의에서 내재된 리스크의 특성은 한마디로 손해의 발생가능성(chance of loss)과 불확실성(uncertainty)으로 요약될 수 있다. 그러므로 부동산개발사업에서도 리스크를 "부동산개발프로젝트를 수행함에 있어 장래 불확실성으로 인한 손해가 발생할 가능성"으로 정의할 수 있다.

2. 개발 리스크의 분류 및 리스크 정량화 시도

부동산개발사업의 리스크에는 개발업자가 통제할 수 없는 것과 통제할 수 있는 것으로 분류할 수 있다. 통제할 수 없는 리스크의 대표적인 것은 외부환경요인에 의한 것으로서 일반적으로 거시경제지표인 GDP, 환율, 이자율, 통화량 등과 같은 국내외 경제상황 변화와 법·제도적 변동가능성, 부동산대책(세금강화, 대출제한 등)의 변화 등으로 볼 수 있다. 통제 가능한 리스크는 내적요인에 의한 것으로서 개발사업의 전 과정에 걸쳐 여러 가지 형태로 나타나기 때문에 개발사업의 단계별 리스크에서 자세히 살펴보기로 한다.

부동산대책의 변화 등과 같은 개발업자가 통제할 수 없는 리스크라 할지라도 이를 무시하지 말고 과거의 정책변화 등을 참고로 앞으로 정책변화의 가능성을 예측하고 대비하여야 한다. 마찬가지로 법·제도와 경기변동 상황도 개발프로젝트를 시행하는 동안 지속적으로 체크하여 대비하여야 한다. 이렇게 한다면 통제 불가능한 리스크라 하더라도 그냥 무시하는 것보다는 훨씬 리스크를 줄일 수 있다.

한편, 현재까지 부동산개발사업의 리스크에 관한 연구가 활발히 진행되어 왔으나 개발사업의 위험도를 정량화하고자 하는 연구는 거의 이루어지고 있지 않았다. 그러나 2006년도에 '부동산개발프로젝트의 위험도 정량화에 관한 연구'가 김재환에 의해 이루어졌는데 이것의 주요 내용은 먼저 개발사업의 위험도를 식별하고 그 체계를 구축하였다. 이러한 위험도를 산정하기 위해 디벨로퍼 입장에서 리스크 분류체계를 구축하였다. 구축한 분류체계를 바탕으로 AHP 기법을 통한 개발프로젝트의 상대적 위험도를 정량적으로 산정하는 것이다.[13] 물론, 부동산개발사업의 위험도를 숫자로 정량화하기는 큰 무리가 따르는 것도 사실이다. 왜냐하면 부동산개발사업의 리스크에 미치는 영향은 각각 개별적으로 미치는 것이 아니고 복합적으로 작용하기 때문이다. 그러나 부동산개발사업의 리스크에 대하여 정량적 분석을 통해서 상대적 정도를 측정함으로써 개발업자의 중요한 의사결정에 도움을 줄 수 있기 때문에 의의를 찾을 수 있다.

3. 부동산개발사업 리스크 유형

1) 법·제도적 리스크

부동산개발사업에서 시설용도를 결정하거나 정부·지방자치단체로부터 인·허가 등을 얻고자 할 때 여러 가지 법률과 제도적 규제를 받게 된다. 이러한 법률과 제도적 규제로 인해 개발사업의 비용을 증가시키거나 심지어 인·허가를 받지 못하는 경우에는 사업자체를 포기해야 하므로 엄청난 손실을 초래하게 된다. 그러므로 개발사업을 추진하고자 하는 경우에 고려하는 사업에 대하여 제일 먼저 관련계획과 관련법규 그리고 지방자치단체의 조례 등을 검토하여야 한다. 사업용도의 적합성과 인·허가에 소요되는 기간을 체크하고 그 일정이 지연되지 않도록 철저히 대비해야 한다. 시장분석이나 수지분석보다 우선하여 관련 법규 및 제도 등을 검토하는 이유는 아무리 시장성과 수익성이 있는 프로젝트라 하더라도 법률에 위배되어 인·허가가 불가능하다면 사업자체가 불가능하기 때문이다. 뿐만 아니라 시장분석과 수지분석을 하는데 드는 비용과 시간이 낭비되기 때문이다.

한편, 대규모 개발사업은 관련 법률이나 제도적 규제뿐만 아니라 지역주민들과도 직·간접적인 관련이 있기 때문에 개발사업에 대한 여론의 향방이나 인근주민들로부터 제기될

---

13) 김재환, "부동산개발프로젝트의 위험도 정량화에 관한 연구", Kreri Working Series No.06-W01, 건국대학교 부동산정책연구소, 2006.

수 있는 반대에 대해서도 철저히 대비해야 한다. 그러기 위해서는 지역주민들과 잦은 회합을 가져 지금 개발하고 있는 프로젝트가 지역주민들에게 이익을 가져다 줄 수 있다는 점과 불편을 주지 않는 방향으로 개발을 추진한다는 점을 인식시키고 협조를 당부하여야 한다.

2) 시장 환경적 리스크

부동산개발사업은 시업기간이 장기간이라는 특성이 있다. 사업을 구상하여 건축물을 완공하여 분양이나 임대(또는 직접운영)할 수 있도록 하는 데 짧게는 수개월에서 길게는 수년이상 걸린다. 사업초기에 사업성이 충분하더라도 개발기간 중에 시장상황이 변동할 수 있다는 점을 유의하여야 한다. 그러므로 개발기간이 길면 길수록 리스크는 그만큼 더 커진다. 그렇기 때문에 개발업자는 장기간 프로젝트에서는 사업단계별로 리스크를 체크하여 다음단계로 넘어갈 것인지를 결정하게 된다. 사업초기단계에서보다 말기단계에서 리스크로 인해 사업을 중단하게 된다면 그만큼 손실이 커진다.

부동산가치와 리스크는 상충관계(Trade-Off)로 볼 수 있다. 부동산 리스크는 개발완료 시점으로 옮겨 갈수록 줄어드는 대신에 부동산가치는 반대로 상승하게 된다. 그러므로 개발업자는 분양이나 임대전략을 세우는 경우 사업초기에 분양이나 임대를 하고자 한다. 이렇게 하는 이유는 공실에 따른 리스크와 사업지연에 따른 이자비용을 줄일 수 있기 때문이다. 초기에 분양이나 임대를 실시하는 경우에 리스크나 이자비용을 줄일 수는 있으나 그만큼 분양가격이나 임대료를 낮은 수준에서 결정해야하기 때문에 반드시 개발업자에게 유리하다고 볼 수 없다. 그러므로 개발업자는 어느 시점에서 분양이나 임대를 실시해야 리스크는 최소화하고 극대의 수익률을 올릴 수 있는지 면밀히 검토해야 한다.

3) 건축비용 리스크

부동산개발사업에서 비용은 크게 토지비용과 건축비 그리고 기타 판매·관리비, 설계비, 인입비 등으로 분류할 수 있다.

이들 중 제일 크게 작용하는 비용은 토지비와 건축비가 될 것이다. 여기서 토지비용은 사업초기에 지불하는 비용이므로 크게 문제가 되지 않지만 건축비는 사업진행 도중에 발생하고 사업기간에 걸쳐 지불해야 하므로 그만큼 개발업자에게는 큰 부담이 된다.

개발사업에서 건축비를 정확하게 추계하기란 여간 어려운 일이 아니다. 왜냐하면 경기전망이 불투명하거나 건설 환경이 급변하게 되면 개발기간 중에도 자재비와 인건비 변동으로 인해 건축비가 자주 변동하게 된다. 이러한 경우에 시공회사는 어떠한 구실을 삼더라도 설계변경을 시도하여 건축비를 올리려 할 것이다. 만약 개발업자가 이와 같은 리스크를 줄이고자 시공사와 도급계약을 할 때 천재지변을 제외한 어떠한 상항이 오더라도 도급금액을 변경하지 않을 것으로 계약을 체결한다면 건축비 변동에 따른 위험은 고스란히 시공사에게 넘어가게 된다. 그러므로 시공사도 건축비 산정시 위험을 포함한 건축비로 계약을 체결하려 할 것이다.

부동산개발사업의 단계별 리스크 관리

1. 사업구상 단계

부동산개발사업은 사업아이디어를 가지고 그 사업아이디어에 적합한 입지를 찾거나, 사업아이디어 없이 주어진 토지를 최유효이용방안을 모색하여 나온 최적개발대안에 대하여 사업타당성을 검토하게 되는데, 이는 ① 법률적 검토, ② 경제적 검토, ③ 기술적 검토가 복합적으로 이루어져야 한다.

그러므로 개발사업은 법률적, 경제적, 기술적 지식을 모두 동원하여 조화를 이루어야만 성공적인 사업이 될 수 있다.

사업구상 단계에서의 리스크 관리는 다음과 같다.

첫째, 개발사업의 종류와 목적에 따라 필요로 하는 자금규모와 인적 자원도 다르기 때문에 개발업자 자신의 경험과 자금 동원능력 등 자신의 한계를 정확히 인식하고 사업을 구상해야 한다.

둘째, 개발업자는 자기가 구상하는 사업에 대하여 공공과 주민들의 민원 등 외부시각을 정확히 이해해야만 위험을 최소화하면서 사회에 필요한 개발을 추구할 수 있을 것이다.

셋째, 개발업자가 구상하고자 하는 사업에 적합한 경험과 재정능력을 갖춘 파트너와 참여시킬 사람들을 고려해야 한다. 또한, 당해 구상사업과 관련이 있는 사람들 예컨대 설계자, 시공자, 금융기관, 인·허가 관청 등이 주요 참여자들과 미리 의견 교환을 하여 사업이 계속 추진될시 지체 되지 않도록 만전의 준비가 되어야 한다.

2. 예비적 타당성 검토단계

사업타당성 검토(feasibility study)란 쉽게 법규검토, 시장분석(입지분석)과 경제성분석을 말한다.

첫째, 개발사업 대상 부지에 대한 공부서류와 지방자치단체 관련자들과 면담을 통하여 인·허가에 필요한 공법적 규제와 등기부등본을 이용하여 사법적 규제 사항을 다음과 같이 검토한다.

1) 2006년 6월 8일부터 시행되는 토지이용규제기본법령과 이 법에 의한 토지이용계획 확인서에 대하여 충분히 숙지해야 한다. 국토계획법에의한 용도지역/지구 등과 기타법률에 의한 용도지역/지구, 토지이용규제기본법 제9조 제4항에 의한 규제사항 등을 면밀히 검토해야 한다. 특히, 토지이용계획확인서에 나타나지 않는 군사시설 구역의 층고제한 등은 지방자치단체와 관련 군부대에서 직접 확인하여 층고 제한 여부와 층고 제한시 몇 층까지 가능한지 체크한다.

2) 용도지역이 변경 중에 있는 토지의 경우는 국토의 계획 및 이용에 관한 법률상 현재의 용도와 변경후의 용도, 현재의 진행 단계를 체크해야 한다.

3) 택지개발촉진법에 의한 택지개발예정지구로 지정가능 토지의 경우는 가능한 한 모든 정보망을 동원하여 관련기관에 체크해 본다.

4) 최근 신설 또는 법규개정에 의하여 행위제한을 받을 수 있는 토지의 경우는 최근

법규를 검토한다.

5) 등기사항전부증명서에 의한 권리 행사에 제약을 받을 수 있는 토지의 경우는 건물과 토지소유자 동일인 여부를 직접 공부서류로 확인한다. 등기부 등본과 토지대장의 소유자가 다른 경우에는 특별한 사정이 없다면 등기부 등본이 우선한다. 또한 등기부등본의 갑구(압류, 가압류, 처분금지가처분, 소유권이전청구권의 가등기 등)와 을구(저당권, 근저당권, 전세권 등)의 권리행사 제한사항을 파악하고 이를 해결하는데 시간이 얼마나 소요될지를 법률 전문가에게 자문을 구한다.

6) 토지대장(건축물관리대장)과 등기부상 면적이 상이할 때 토지대장과 등기부상 면적차이는 어디에서 잘못이 있는지 구체적으로 확인하고 확인이 되지 않은 경우에는 토지대장이 우선한다. 토지대장과 경계 측량으로 인한 실제 토지면적 상이할 때는 반드시 계약서 조항에 명기하여 나중에 잔금 지급시 정산한다.

7) 지형도상 급경사 토지의 경우는 개발행위허가 가능여부와 대상토지의 지적이 지형도상 어디에 위치해 있는지 확인하여 사업가능여부를 판단하고 또한 능선과 골을 체크하여 나중에 절토와 성토량으로 인한 공사비 추가 부담 및 건축 시 사용가능 대지면적을 체크해 보아 사업성에 얼마나 영향을 미치는지 체크하여야 한다. 급경사시 무리한 공사로 인한 민원발생 소지가 많다.

8) 지적도(임야도)상의 대상토지형상이 부정형인 경우는 업종에 따라 대상 토지 모양을 체크해 보고 주변토지의 교환 및 매입이 가능한지를 조사해 본다.

9) 대상 부지 내 국공유지가 포함된 경우는 보존재산, 행정재산, 잡종재산 여부 체크 등 어느 재산에 속하는지 체크해 보고 매입 또는 교환(기부채납 후 무상양여 등) 가능여부도 조사해 본다.

10) 택지개발 대상 부지 내 농지와 임야가 혼합된 경우에는 용지비율을 조사하여 농지를 전체부지의 50% 미만으로 줄임으로써 절세방안을 강구해 본다.

둘째, 개발계획자체가 당해 지방자치단체의 도시기본계획 및 관리계획에 적합한 지를 체크하고 비공식적으로 공공부문과 관련자들에게 개발업자가 구상한 사업을 설명하고 의견을 교환함으로써 초기에 인·허가 가능 여부를 타진할 수 있을 뿐만 아니라 불필요한 반대를 제거하고 개발업자에게 도움이 되는 건설적인 의견을 제안 받을 수도 있을 것이다.

셋째, 상위법규를 미처 체크하지 못하여 사업추진이 불가능한 경우가 있는데, 이런 경우는 관련법규는 사업이 가능하더라도 상위법규에서 제한하는 경우가 있는지 반드시 상위법규 검토한다.

넷째, 예비적 타당성 검토를 하는 이유는 부지를 확보(매입 등) 여부를 판단하기 위한 것이므로 매우 중요하다. 제4차 산업혁명과 코로나19 이전까지는 부동산 특성상, 입지는 그 사업의 성공여부를 60~70% 좌우할 정도로 중요하였다. 그러나 제4차 산업혁명과 코로나19 시대 부동산개발환경변화로 인해 재택근무, 온라인 쇼핑 등으로 인해 비주거용 시설들은 입지의 중요성이 감소하게 되었다.

다섯째, 시장조사·분석을 하는 경우에는 먼저 거시적 시장조사·분석 및 미시적 시장조사·분석으로 분류14)하여 거시적 시장조사·분석을 한 다음 미시적 시장조사·분석을 실시한다. 시장 환경이 불확실한 경우에는 거시적 시장조사·분석이 미시적 시장조사·분석보다 훨씬 중요하므로 철저히 하여야 하며 미시적 시장조사·분석도 시장조사를 철저히 하지 않고 분양률 등을 산정하면 위험하므로 반드시 '설문조사'를 실시해야 하며 설문조사 방법을 숙지하여 올바른 판단의 근거 자료로 활용한다. 또한 시장조사를 자주하여 변동사항을 체크함으로써 프로젝트에 대한 유연성을 갖는다.

여섯째, 예비설계(가설계)에 의한 면적을 대상으로 수지분석 시는 먼저 예비설계가 정확한지 체크해 본다. 특히 지구단위계획구역인 경우 기준용적률에 지구단위계획에 적합하게 설계를 하는 경우 인센티브용적률을 더하여 허용용적률을 구하고 여기에 개발사업 부지 일부를 공공공지로 기부체납 하여 얻은 인센티브용적률을 더한 상한용적률을 적용하여도 법정용적률보다 훨씬 더 적은 경우가 흔히 있기 때문에 고려하고 있는 개발사업 부지에 적용할 수 있는 용적률이 얼마나 되는지 면밀히 검토해야 한다. 그리고 투입비용이나 예상수입(분양가)을 추정할 때에도 정확한 근거자료(감정평가 방식 도입)에 의하여야 한다. 또한 수지분석시 확률(비관적, 낙관적, 보통인 상황)에 의한 민감도분석을 실시하여 위험을 줄인다.

일곱째, 주변지역의 생애주기가 변하고 있는 경우에는 경제적, 행정적 위치의 가변성에 의한 주변지역의 생애주기가 번성기인지 쇠퇴기인지 파악한다.

여덟째, 그 대상토지의 입지의 위계를 모르는 경우 개발예정업종에 따라서 입지의 위

14) 거시적 시장조사는 일반경기 및 부동산 경기의 현황 및 전망 등을 말하고 미시적 시장조사는 부동산시장 동향(가격, 분양률(초기)), 공실률, 프리미엄, 권리금, APT 수준, 평형분포 등을 말한다.

계가 다르다. 예를 들면 주거지역은 쾌적성, 교통의 편리성, 생활의 편리성, 교육의 편리성, 의료시설이용의 편리성 등이 입지여건의 중요한 요소이다.

아홉째, 사업성과 인·허가가 불투명할 경우에는 부지를 매입하기 전에 토지이용인허가절차 간소화를 위한 특별법과 건축허가사전결정제도를 이용하여 개발행위허가 등 건축가능 여부를 먼저 타진해 본다. 그리고 용도지역/지구, 구역의 행위제한 사항 및 용적률과 건폐율을 지방자치단체 조례로 체크하여 이를 토대로 건축설계 및 수지분석을 실시해 본다. 상수 및 오폐수 처리시설 부족으로 사업수행이 불가한 경우는 먼저 사업승인을 접수하여 인·허가 여부를 타진한 다음 인·허가가 가능하다고 판단되면 시장조사를 실시한다.

3. 부지확보 단계

해당부지가 예비적 타당성 검토에서 물리적, 법률적, 경제적으로 타당하다고 할지라도 실질적인 타당성분석을 하지 않았기 때문에 곧바로 부지를 매입하지 말고 확보만 해놓는 것이 안전하다.

부지확보 방법에는 부지를 1) 직접 매입하는 방법(개인 혹은 기업으로부터 매입, 토지개발공사 등으로부터 매입, 경매, 공매), 2) 지주공동사업방법[15] 등이 있다.

부지는 개발사업의 재료로서 부지확보의 성공여부는 개발사업의 성공여부에 직결되기 때문에 아주 중요한 단계이며 또한 시간적 여유도 없으므로 부동산옵션을 사거나[16] 약정을 통해서 부지를 확보한다면 리스크를 줄일 수 있다.

같은 부지에 다수의 매수자가 생길 경우에는 옵션계약은 불가능하고 우선적으로 부지를 구입해야하기 때문에 이 단계에서는 중도금 및 잔금은 인·허가 후에 PF를 활용한다면 그만큼 리스크를 줄일 수 있다.

이 단계의 위험요소 및 대응전략은 다음과 같다.

첫째, 부지를 직접 매입하는 경우

---

15) 지주공동사업은 일반적으로 등가교환방식, 사업수탁방식, 차지방식 등의 방식이 있다.
16) 옵션을 산다는 말은 개발업자가 특정한 시간 내 특정한 가격으로 그 부지를 배타적으로 살 수 있는 권한을 산다는 의미가 된다(안정근, 전게서, p.327) 그러나 우리나라에서는 보편화되어 있지 않다.

1) 토지이용계획인원을 통해서 용도지역·지구·구역을 검토한 다음 실제 인·허가 가능 여부를 지방자치단체에서 최종적으로 세밀하게 체크해야 한다.

2) 지적도(임야도)를 통해 실제 부지 모양과 인접 토지와의 관계를 확인하며 토지형상에 따른 교환 여부 등과 지형도와 결합하여 실제 부지형상(등고선 표시)을 체크하고 현장을 조사하여 경사도 등을 통해 개발행위허가 가능여부를 체크해 보고 경사에 따라 실용가능 면적을 체크해 본다.

3) 토질을 체크하여 암반 노출시 토지매입가격을 조정한다.

4) 진입로 설치여부 및 설치 필요시 가능여부를 다각도로 체크한다.

5) 계약시 임야대장면적과 실측과의 면적 차이시 정산 내용을 계약서에 기입해야 한다.

6) 등기사항전부증명서를 통해서 진정한 권리의 소유자인지를 확인해야 한다.

7) 법인, 종중, 학교 등의 토지인 경우 (1) 법인소유 부동산 매매의 경우는 주주총회나 이사회의 방침에 의해 결정된 기관에 의한 결정여부를 확인해야 하며, 대리권이 있는 대리인과 계약할 수 있으나 실제로 대리권이 없으나 대리권이 있는 것 같아 보이는 표현대리를 조심하여야 한다. (2) 종중과의 계약은 종중규약에 의해 선출된 종중회장과 종중계약을 체결하여야 함은 물론이고, 부동산 매매 시 규약에서 인정하는 이사회나 총회에서 결정된 매도결의서와 회의록을 확인하고 사본을 계약서에 첨부 하여야 한다. (3) 학교 등과의 계약은 재단이사회의 재산처분 승인서 등을 확인하고 학교재단이사장과 계약을 체결하여야 한다.

8) 대상 부지 안에 문화재 매장여부를 체크하여 사업 불가능 및 사업지연을 미연에 방지한다.

9) 도시계획시설부지는 다른 용도로 전환하기 위해서는 도시계획시설을 해제해야만 한다. 해제 가능여부와 해제에 걸리는 시간을 체크해야 리스크를 줄일 수 있다.

둘째, 지주공동사업을 추진하는 경우

예비적 타당성 분석 자료를 근거로 하여 최유효이용방안과 공동사업조건을 제시함과 아울러 등가교환방식, 사업수탁방식, 차지방식의 지주공동사업방식 중 등가교환방식 등을 활용하여 개발업자와 토지소유자간의 각각 투자비에 대한 사업수익의 배분액(면적)을 결정하여 토지소유자에게 제시함으로써 판단하게 된다.

등가교환방식의 배분액을 예로 들면 토지소유자 지분액＝토지비/(토지비＋개발비), 개발업자 지분액＝개발비용/(토지비＋개발비용)으로 배분된다.

이 단계에서는 약정체결 정도로 하고 다음 단계인 사업타당성을 완전히 분석한 후 계약을 체결하는 것이 위험을 줄일 수 있는 방법이다.

4. 사업타당성 분석단계

사업타당성 분석단계는 리스크를 관리하는 가장 중요한 기법으로써 철저한 타당성 분석을 하면 할수록 리스크를 줄인다. 이 단계의 리스크 관리는 다음과 같다.

첫째, 지금까지 검토한 인·허가에 대하여 빠진 부분이 없는지 개정된 법률과 지침 등에 대한 부분을 검토함은 물론 도시계획과외 다른 관련 부서에서 철저하고 세밀한 법률적 검토를 하여야 리스크를 극소화할 수 있다.

둘째, 제4차 산업혁명과 코로나19로 인해 재택근무, 온라인 쇼핑 등으로 오피스면적 감소, 판매시설면적 감소 등으로 인해 입지분석의 중요성이 그 전보다 훨씬 감소하므로 최소한의 오프라인 사무실과 매장으로 재택근무와 온라인 쇼핑에 대한 시너지효과를 창출할 수 있는 방안을 마련하여야 리스크를 줄일 수 있다.

셋째, 시장에 대한 사려 깊은 고려는 개발업자와 건축사 그리고 기획가 등에게 경쟁사들로부터 얼마나 시장을 점유할 수 있는지, 새로운 틈새시장에서 어떻게 디자인 컨셉을 정해야 하는지 제시해 준다. 즉 디자인은 교섭의 확립과 세분화된 특정시장 판별의 수단으로서 나타내주기 때문에 개발업자는 시장조사에 기반을 둔 최종 설계를 도출하고 다양한 계약과 임대 그리고 협상을 하며 지방자치단체로부터 허가를 얻어야 한다.

고정대출자들에게 사업타당성 검토단계의 가장 중요한 부분은 시장분석이다. 그러므로 시장조사시 위험요소는 거시적 시장분석을 무시하고 미시적 시장분석만 철저히 하게 되는 경우인데 미시적 시장분석을 아무리 철저히 하더라도 거시적 시장분석을 하지 않는다면 실패할 확률이 매우 높다. 거시적 시장분석을 먼저 철저히 한 후 미시적 시장분석을 해야 하는데 미시적 시장조사는 ① 현장조사, ② 통계조사, ③ 설문조사(필요시) 등을 실시해야 한다.[17] 특히, 전에 한번 실시한 시장조사의 결과를 믿지 말고 월별로 구체적으로

---

17) 한국능률협회, 시장조사 및 투자분석, 1998, p.42.

자세하게 실시한다. 그리고 입지분석도 시장조사분석이 포함해야 하는데 입지분석은 도시(지역)특성분석, 인근지역분석, 부지분석 순으로 실시한다.

넷째, 개발컨셉설정시는 개발 가능시설의 평가요소인 분양성, 수익성, 장래성, 입지성, 건축가능성의 항목 중 분양성은 시장조사에 의한 초기분양률을 사용하고 수익성은 수지분석에 의한 수익률을 사용하여 평가해야 한다.

다섯째, 사례분석 및 경쟁분석을 실시한 후 개발전략수립시는 마케팅전략을 염두에 두어야 한다. 특히 제4차 산업혁명과 코로나19시대 개발환경의 변화에 따라 메타버스 플랫폼을 활용한 마케팅전략과 코로나로 인한 재택근무 및 온라인 쇼핑 등을 고려하여 시설별 입지를 선정하고 수요와 공급현황을 한번 더 체크하여 공급초과 시설은 제외하고 수요 초과시설 등을 중심으로 배치하여야 한다. 특히, 개발이미지와 개발테마를 선정할 때는 개발제품의 포지셔닝(position-ing)과 차별화 그리고 추세(trend)를 고려하여야 한다.

여섯째, 개발계획시의 건축계획 및 설계는 개발사업의 승패를 좌우할 정도로 중요하다. 왜냐하면 관련 법규 등에서 허용하는 최고의 높이와 연면적으로 건축한다고 하여 반드시 수익률이 극대가 되지 않기 때문이다. ① 상업시설인 경우 스마트빌딩을 건축한다는 사고로 최대 용적률보다는 위험을 줄이고 수익률이 극대가 되는 최적규모를 산정하여야 한다. ② 주거시설의 경우도 스마트 홈 도입은 물론 다양한 콘텐츠와 건폐율과 용적률을 입지조건에 맞게 최적 규모로 설정하고 고급화하여 다른 주거시설과 차별화함으로써 수익률을 극대화할 수 있다. 그러므로 건축계획 및 설계(조경설계 포함)를 지연, 학연 등으로 창조적이고 원가개념이 없는 회사에 맡기지 말고 설계비용이 비싸더라도 권위 있는 회사를 선정 지명입찰을 실시함으로 분양률과 회사 이미지를 제고하여야 한다.

일곱째, 경제성 분석시 위험 요소 및 대응 전략은 ① 전에 조사한 시장조사를 그대로 사용하지 말고 그 사이에 개발환경이 어떻게 변하였는지 점검하고 변하였다면 수정작업을 실시하여 그 자료를 사용하여야 한다. ② 수입이나 비용 추정시 정확한 근거자료를 토대로 하여야 한다. ③ 장기적인 임대형 개발사업뿐만 아니라 단기적인 분양형 개발사업도 반드시 현금흐름분석을 실시함으로써 현금 유동성을 체크하여야 한다.

도급공사 계약시와 분양시에 계약금, 중도금, 잔금의 납부방법을 결정해야 한다.

④ 장기적인 임대형 개발사업의 현금흐름분석에서 소위 순현재가치를 구하기 위한 할인율(자본비용), 즉 최소요구수익률(r)을 구할 때는 무위험률(r_f)과 위험할증률(r_p), 예상

된 인플레이션에 대한 할증률(r_i)를 고려하여야 한다.[18] ⑤ 수익의 기대치와 위험을 측정하는 분석방법에서는 통계적 기법을 사용하며, 수익성을 나타내는 지표로는 소득의 기대치를, 위험을 나타내는 지표로는 표준편차를 사용한다. 표준편차가 작을수록 위험이 작다. ⑥ 민감도분석을 실시하여 수익률에 민감하지 않는 지출비용은 과감히 투입하여 사업을 추진해야 한다. 반대로 수익률에 민감한 부분(분양 수익금, 건축비등)을 증액하거나 감액해야 할 때는 신중을 기해야 한다.

5. 협상 및 계약체결 단계

최근 부동산개발사업의 조건부 프로젝트파이낸싱 구조도는 개발업자, 시공사, 금융기관의 3자의 구조로 형성되었다. 그러나 보다 일반적으로 개발업자, 시공사, 금융기관과 경우에 따라서는 부동산신탁회사가 개입되기도 하는 이른바 4자의 구조도로 개발사업이 추진되고 있다. 이런 경우 부동산개발업자는 일반적으로 토지를 계약한 후 금융기관에서 대출을 요구하면 금융기관은 리스크를 줄이기 위해 시공사로부터 책임준공과 채무인수 등을 요구한다. 개발업자는 도급공사 조건으로 책임준공과 채무인수 등을 요구한다. 또한 금융기관은 개발업자로부터 자금을 대출해 주어 잔금을 치르고 등기이전을 하면 신탁회사에 담보신탁이나 관리신탁을 요구한다. 결국, 개발업자, 금융기관, 시공사, 신탁회사가 미리 각자의 수행 작업과 책임을 적시한 협약서를 작성하고 이를 토대로 도급계약과 자금조달계약, 신탁계약을 체결하는 것이 일반적이다. 이런 경우의 리스크 관리는 다음과 같다.

첫째, 공사도급에 대한 경우 ① 계약협정을 통해서 잠재적 손실을 타인에게 배분하므로 계약은 또 하나의 위험관리 수단이다. ② 공사도급은 수급회사 측면에서 보면 지분계약, 미분양시 대물계약, 일반도급계약 등이 있으며 어느 방법을 택할지는 분양성과 현금흐름분석을 종합적으로 고려하여 결정해야 한다. ③ 건축비는 개발사업의 규모와 성격, 그리고 입지조건 등을 종합적으로 고려하여 결정하여야 한다. ④ 공사민원에 대한 책임소재를 명기해야 한다. ⑤ 시행사가 토지신탁회사인 경우에는 채권 확보를 위한 신용 보

---

18) 안정근, 전게서, p.251.

강을 할 수 있도록 도급 계약을 체결하여야 한다. 위탁계정을 이용한 프로젝트파이낸싱 활용으로 가능하다.[19] ⑥ 시공사는 책임준공 조건으로 개발업자에게 채권양도 및 사업권 포기각서까지 요구하게 되는데 사업성이 확실한 프로젝트로 보증보험 등을 이용하면 보다 유리한 입장에서 협상을 할 수 있다.

둘째, 개발에 필요한 자금조달을 하는 경우 자금조달 방식에는 금융시장의 발달로 다양한 방식이 있다는 것은 앞에서 언급되었다. 어느 방법을 이용할 것이냐는 이자율과 상환기간, 수수료, 사업시행에 개입정도 등 종합적으로 검토하여 결정하여야 한다.[20]

특히, 프로젝트파이낸싱을 이용하는 경우 시공자와 개발업자, 대출기관간의 협약서를 작성하게 되는데, 이 경우 대출자는 ① 시공자에게 책임준공, 채무인수, ② 개발업자에게는 권리양도를 요구하며 토지에는 근저당이나 토지신탁 등기된 상태에서 수익권증서위에 1순위 질권설정을 실시하여 이중삼중으로 신용보강을 하게 되는 반면에 개발사업자에게는 아무권한이 없어 불리한 입장에서 사업수행을 해야 하므로 이에 대한 대응방안을 찾아야 한다. 만약 관리신탁인 경우는 우선수익권 증서를 금융기관에 직접 제공한다. 개발업자가 이에 대응하기 위해서는 사업성이 우수한 프로젝트로 금융시장에 대한 지식과 자금조달의 의사결정에 관한 이론[21] 등의 지식을 쌓든지 아니면 전문가를 고용해서 도움 받을 필요가 있다. 이러한 지식을 갖고 프로젝트별로 각각 자금조달방식을 적용하여 수지분석을 실시하여 비교해 보아 가장 유리한 쪽을 선택하면 된다. 신용보강에 대응하기 위해서는 보증회사를 이용함으로써 유리한 입장에서 협상할 수 있다.

불확실성이 적을수록 대출자에게는 위험이 줄어들고 차입자(개발업자)에게는 자금조달 이율과 조건이 좋아진다는 것을 깨닫고 개발업자는 프로젝트 시작부터 위험을 철저히 관리하여 불확실성을 줄여야 한다.

6. 건설단계

첫째, 개발업자는 일반적으로 공사품질 등으로 보증하기 위해 시공회사로 하여금 이행

19) 조성진, 부동산개발금융, 건국대학교 부동산정책연구소, 2003, p.35.
20) Miles, Mike E., et al., op. cit., pp.81-84.
21) Ibid., pp.81-90.

보증금을 수납토록 하여 공사완료를 보장토록 한다. 개발업자는 만약의 사태에 대비하기 위하여 화재보험, 산재보험 등에 가입하고 적기에 보험이 집행되도록 해야 한다. 한편, 건설 후 운영을 담당할 사람들을 계획에 포함시키고 일찍 현장에 투입하여 효율적인 설비 운영이 될 수 있도록 의견을 조율토록 한다.

둘째, 건축 감독과 건설관리는 중요한 위험통제 수단으로서 개발업자는 건설사업관리자를 감독해야 할 뿐만 아니라 건설업자들의 보증계약서를 요구할 수도 있다. 뿐만 아니라 하청업체들이 공사를 수행함에 있어 요구되는 면허를 소지하고 있는지 그리고 하청업체들에게 공사비가 제대로 지급되고 있는지도 점검하여야 한다.

셋째, 공사착공 및 시공시의 민원문제는 공사의 공기로 연결되고 이는 곧바로 개발에 드는 비용으로 연결되기 때문에 착공 전에 민원 문제를 철저히 검토하고 민원의 불씨를 제거한다. 만약, 주변건물을 둘러보아 크랙간 부분이 있다면 이것을 사진으로 남기어 증거를 확보함으로 책임 소재를 분명히 한다.

1) 민원의 불씨를 사전에 제거 한다. 사전에 인근주민과 관계개선 작업을 하고 크랙부분은 사전에 점검하여 기록으로 남겨 주민과의 마찰을 미리 차단하고 차수공법 등을 사용하여 주변건물의 크랙 등을 미연에 방지한다.

2) 부지내부의 산업쓰레기 매립여부 확인 – 소유자부담으로 제거토록 한다(계약서에 명시).

3) 품질은 그 회사의 장래를 결정하기 때문에 하청업자들의 실명제를 실시하여 품질을 제고토록 한다. 또한 자체 품질관리팀을 운영하여 품질을 제고한다.

넷째, 건설현장에서는 PERT와 CPM이 공정을 관리하는 유용한 수단이다. 이 기법들은 건설과정에 결정적으로 영향을 줄 수 있는 중요한 공정들에 맞춤으로써 위험을 통제할 수 있다. 최근에는 공정관리 플랫폼을 활용하기도 한다.

7. 마케팅 단계

우리나라 부동산시장 환경이 제4차 산업혁명과 코로나19로 인한 트렌드변화로 메타버스 등과 같은 플랫폼을 활용하는가 하면 <표 2-2>에서 보는 바와 같이 국제개방화와 외환위기를 거치면서 많은 변화를 가져 왔는데 이와 같은 변화추세에 순응하여 마케팅전략을 수립해야 한다. 마케팅은 공간을 판매하거나 임대하기 훨씬 전 그리고 상품을 설계하기 전에 시작해야 한다. 그것은 어떠한 사업이라도 트렌드변화에 따른 고객들의 필요와 욕구에서부터 출발하며 이러한 필요와 욕구를 경쟁적으로 만족시켜준다는 마케팅개념에서부터 출발해야 하기 때문이다.

마케팅의 성공여부는 전적으로 시장성에 있기 때문에 사업타당성 분석단계에서부터 철저한 시장분석을 실시하여야 위험을 줄일 수 있다. 그러므로 철저한 시장조사와 분석에 기초하여야 한다.

마케팅 단계의 리스크 관리는 다음과 같다.

첫째, 제4차 산업혁명과 코로나19로 인한 부동산시장 환경에 적절하게 대응하여야 한다. 뿐만 아니라 글로벌 시대 국제개방화와 외환위기를 거치면서 많은 변화를 가져왔는데 이와 같은 변화추세에 순응하여 마케팅전략을 수립해야 한다.

둘째, 마케팅의 성공여부는 전적으로 시장성에 있기 때문에 사업타당성 분석단계에서부터 철저한 시장분석을 실시하여야 위험을 줄일 수 있다. 그러므로 철저한 시장조사와 분석에 기초하여야 한다. 그리고 시장세분화 전략시는 동일한 사람이라도 여러 표적시장의 고객이 될 수 있기 때문에 시장세분시에 특별히 유의하여야 한다.

셋째, 표적화 전략시는 세분시장별로 기회요인과 위협요인을 파악하여 어떤 세분시장이 표적시장에 적합한지를 검토해야 한다.

<표 2-2> 부동산시장의 환경변화

구분	변화 추세
1. 부동산 소유관련 인식	소유개념 → 이용(개발) 및 공유개념
2. 주거 소유 형태	자가 → 임대(경기에 따라 다르게 나타남)
3. 정부 정책	투기 억제 → 거래 활성화
4. 외국인 투자	억제 → 권장
5. 기업	부동산보유(담보용) → 매각(현금흐름 중시)
6. 부동산 평가방법	시장접근법 → 소득접근법
7. 분양전략	일률적 → 차별화

넷째, 포지셔닝전략은 입지조건과 주변 경쟁 회사관계를 고려하여 차별적 우위를 구축하여야 한다. 즉 품질과 가격은 비례관계에 있으나 소비자 필요와 욕구를 잘 파악한다면 차별적 우위가 가능하다.

다섯째, 마케팅 믹스 전략은 ① 미리 임대하는 것과 미리 파는 것은 초기의 높은 공실위험을 줄여준다. ② 분양 전 메타버스와 같은 플랫폼을 통하여 홍보활동은 물론이고 사업설명회 등을 실시하여 고객들에게 어필한다. ③ 디지털공간의 모델하우스(메타버스와 같은 플랫폼)를 활용하여 홍보활동 및 실수요자와의 양방통행을 통한 제품소개 및 수정, 독창적인 인테리어도입과 디스플레이로 고객들에게 어필한다. ④ 미분양 발생시 현금수지분석을 고려하여 수납방법을 조정하고 중도금 무이자 등을 실시하며 입주자의 동의를 얻어 설계변경도 고려해본다. ⑤ 선임대후 분양전략과 좋은 임차자 들에게 개발된 공간을 임대하게 되면 가능 매수자들을 높은 가격으로 끌어들일 수 있는 유인책이 된다. 또한 주요 임차자들을 먼저 확보하여 유치시킨다면 기타 소규모 임차자들은 이 같은 중요임차자[22]가 입지하느냐의 여부에 좌우하는 경우가 많다. ⑥ 만약, 대규모 업무시설은 공유오피스 등을 고려하고 쇼핑센터는 온라인을 위한 지원시설로 활용하여야 시너지효과를 창출 할 수 있다. ⑦ 가격과 분양률을 비교하여 최적의 대안을 선택한다. ⑧ 마케팅 담당자를 설계단계부터 투입하여 마케팅에 도움이 되도록 해야 한다.

여섯째, 메타버스와 같은 플랫폼으로 상시 방문을 통한 홍보활동과 마케팅담당자들 에게 설계의 우수성, 금융, 세무 등과 협상기법 등의 교육을 실시하여 고객들에게 이필 할 수 있는 마케팅전략을 수립하여 시행할 수 있도록 해야 한다.

8. 운영 및 관리 단계

부동산관리의 기본기능은 관리계획(안)수립, 예산수립, 공간 재 임대, 임대료 징수, 임차인들과의 관계유지, 장부기록, 건물유지보수, 에너지절약, 보안, 인력감독, 보험 그리고 일반적인 사업의 장단기 가치보전을 포함한다. 이러한 관리단계의 위험관리는 다음과 같다.

---

22) 쇼핑센터나 대규모의 사무실 등은 전국적인 명성이 있는 백화점이나 유명회사의 지점을 사전에 확보해야 하는데, 여기서 백화점이나 유명회사의 지점이 중요(또는 정박)임차자에 해당한다.

첫째, 부동산관리에 포함되는 모든 이슈들은 개발과정속의 개발자체계획에 포함되어야한다. 즉, 개발계획 초기에 스마트빌딩으로 건축함으로써 수익원과 비용절감기법들이 결합될 수 있고 최유효이용이 가능한 구조물이 만들어 질 수 있다. 그러므로 관리팀을 개발초기에 투입하여야 하며 개발과정이 끝나는 시기에는 부동산관리팀의 역할은 조언자에서운영자로 바뀐다.

둘째, 제4차 산업혁명과 코로나19로 인한 개발환경변화에 따라 특정시장에서 어떤 형태의 공간을 과도하게 보유하고 있는 것으로 판단되거나, 시장트렌드가 바뀌면 이용자들의 수요변화에 맞추어 용도변경과 리모델링 등을 추진한다.

셋째, 운영 및 관리경험이 없는 경우에는 일정기간 전문기관에 위탁하는 것이 위험을줄일 수 있다.

넷째, 소유자와 관리업체간 관리계약시 ① 관리서비스의 책임구분, ② 광고 판촉에 대한 책임, ③ 고용과 지출에 대한 항목 및 책임을 구분하여야 한다.

제5절 부동산개발사업의 각 단계별 필요지식

오늘날 개발은 법적사항, 입지의 적합성, 시장전망, 판매가능성, 공공의 규제, 협상과계약, 설계의 제반요소, 부지개발, 건설기술, 환경이슈, 금융, 위험관리, 건물관리, 사업성검토, 부동산가치평가, 세금 등에 대하여 과거 어느 때보다도 많은 지식이 요구된다.

보다 능률적으로 개발을 연구하기 위하여 개발 단계별로 어떤 지식이 필요한지 알아보고 제3장에서 이 지식들을 체계적으로 정리하고자 한다.

1. 사업구상 단계

사업구상 단계에서는 대상부지와 관련한 각종 공부서류[23]를 검토하고 현장을 방문하여 어떤 종류의 사업이 적합한지를 많은 지식과 경험에서 나오는 직관을 통해 구상해 보는 단계이다.

이 단계는 개발업자가 종합적인 마케팅컨셉을 이해할 필요가 있다. 이 종합적인 마케팅 컨셉은 1) 고객이 원하는 것이 무엇인지 알아내고, 2) 그것을 생산하여, 3) 팔거나 임대할 수 있도록 설득하는 것이다. 이러한 마케팅 개념은 개발팀의 창조적인 구상원안이 생산적 으로 실현될 수 있는 아이디어로 흐를 수 있다는 의사결정구조체를 제공해 준다.[24]

먼저, 사업고려 대상 부지에 법률적으로 어떤 용도의 시설들이 가능한지를 개략적으로 구상해 보기 위해서는 토지이용규제기본법에 의한 토지이용계획확인서에 기재된 지역·지 구 등의 지정과 별도의 행위제한내용을 검토하여야 한다. 또한 대상부지의 해당 용도지역 에 따른 용적률과 건폐율도 알 수 있기 때문에(물론 자세한 것은 지방자치단체 조례로 정하기 때문에 조례를 참고 하여야 한다) 토지대장의 토지면적과 지적도의 토지모양을 검토해 봄으 로써 건축법에 의한 건축 규모도 예측해 볼 수 있다. 그러므로 이런 경우에는 토지이용규 제기본법과 국토의계획및이용에관한법률 그리고 건축법 등의 법률적 지식이 필요하다. 또한 현장조사를 하는 경우 지형도와 지적도와 같은 공부서류가 필요한데(특히, 건물이 없 는 도시 외곽 지역에서 필요함) 이러한 지형도와 지적도는 개발계획을 수립하는 데는 물론 이고 현장을 찾는데도 사용될 수 있다. 현장을 찾고자 하는 경우에는 지형도와 지적도의 축척을 동일하게 하여 지형의 모양과 대상지의 지적의 모양을 비교하면 가능하다. 특히 지형도는 등고선으로 지형의 모양이나 고저 등과 경사의 정도를 나타내기 때문에 모든 개발계획시 이용되고 있다. 일례를 들면, 도시기본계획이나 신도시계획, 수도권정비계획 등을 수립할시 반드시 지형도를 이용한다.

부동산개발에 관련된 세금과 관련된 개별공시지가는 부동산가격공시에관한법률에 의하

---

[23] 여기에서 공부서류란 ① 토지이용계획확인서, ② 토지대장(임야대장), ③ 지적도(임야도), ④ 등기부등본, ⑤ 지형도, ⑥ 공시지가 등을 말한다.

[24] Miles, Mike. E., et al., op. cit., p.185.

여 표준지㎡당 가격을 기준으로 비준표에 의하여 산정된 것인데 이것을 통하여 지가 현황을 알 수 있다.

여기에 필요한 지식은 지리학의 등고선 보는 법과 부동산 공시법인 공간정보의구축및관리에관한법률 그리고 부동산가격공시에관한법률 등이다. 기타 국유재산법과 농지법, 산림법 및 산지관리법에 관한 지식도 필요하다.

등기사항전부증명서는 부동산에 대한 소유관계와 권리의 제한관계를 나타내는 것으로 소유관계는 소유권 그리고 권리의 제한 관계는 용익물권인 전세권, 지상권, 지역권 등과 담보 물권인 저당권이 있는데, 이들의 권리관계는 민법 중에서 물권법에 대하여 알아야 하며 부동산 매입 또는 확보 단계에서는 반드시 그리고 구체적으로 체크하여야 한다.

또한, 창의적이고 다양한 사업구상을 위한 기법들은 경영학에 관한 지식도 필요하다.[25]

2. 예비적 타당성 검토단계

예비적 타당성 검토단계에서는 부지를 확보하기 전에 보다 구체화된 사업구상을 위해 관련법규 검토, 시장조사 및 분석과 개략적인 설계 및 수지분석을 하여 초기 단계의 사업을 구체화해야 한다.

관련법규뿐만 아니라 상위법규와 상위계획도 검토해야 하는데 수도권 지역인 경우 국토의계획및이용에관한법률뿐만 아니라 그 상위법인 수도권정비계획법도 검토해야 한다. 그 이유는 관련법규에서는 가능하나 상위법규에서 불가능한 경우가 있기 때문이다.

예를 들면 수도권지역의 자연보전권역에서 아파트사업을 하고자 하는 경우와 과밀억제권역에서 연수원을 개발하고자 하는 경우에는 수도권정비계획법을 검토해야 한다. 왜냐하면 수도권정비계획법에 의하면 자연보전권역에서 택지개발을 하는 경우, 면적이 제한[26]되어 있고 과밀억제권역에서는 일정면적 이상의 연수원 신축이 불가능하기 때문이다.

또한, 인·허가 사항을 체크하기 위해서는 토지이용규제기본법과 국토의계획및이용에

---

25) Ibid., pp.191－195.
26) 1개사가 개발할 수 있는 면적은 30,000㎡ 이하가 원칙이고, 예외적으로 오폐수 총량제에 의한 계획이 수립된 지방자치단체에서는 수도권정비계획심의를 받을 경우 200,000㎡ 이하로 제한된다.

관한법률 및 조례 그리고 건축법 등을 알아야 한다. 만약, 공동주택건설을 위한 경우라면 주택법과 관련기준 등도 알아야 한다.

시장조사·분석은 경제적 거시경제학과 미시경제학 그리고 지역경제학에 대한 지식이 필요하며 특히 거시환경에서 부동산 경기동향을 분석하기 위해서는 시계열분석과 횡단분석, 그리고 수요공급에 관한 분석은 물론이고 인구추세를 분석하기 위한 외삽법 등의 기법 등도 알아야 한다. 시장조사시 통계조사, 현장조사, 설문조사기법도 알아야 한다. 가설계는 기술적인 지식으로 건축법과 관련지식, 수지분석과 민감도분석은 경제적 지식으로 투자론의 의사결정기법과 수지분석 및 현금흐름분석기법 등을 알아야 한다.

분양가 결정을 위해서는 가격을 산출하는데 사용되는 감정평가론의 평가기법을 알아야 한다.

3. 부지확보 단계

우리나라에서는 일반적으로 토지를 먼저 매입한 후에 사업을 추진하는데 부동산개발사업이 다른 어떤 사업보다도 리스크가 크기 때문에 사업성과 인·허가가 완전히 검증되기 전까지는 부지를 조건부 또는 옵션계약을 통하여 부지를 확보함으로써 리스크를 줄일 수 있다.

물론, 예비적 타당성 검토단계에서의 검증으로 시간적 여유가 없거나 사업성에 어느 정도 확신이 서는 경우라면 곧 바로 부지를 취득할 수도 있다.

부지를 직접 매입하는 경우에는 공부서류 검토 단계에서 등기부등본에 나타난 토지소유권과 관련 제한사항 등에 관하여 민법 중 물권법의 소유권과 용익물권(전세, 지상, 지역권) 및 담보물권(저당권)에 대하여 지식을 갖고 있어야 한다. 물론, 경매 공매 등도 경매법과 관련 지식을 알아야 한다.

토지가격 산출에 필요한 부동산 평가론의 평가기법과 토지취득 시 납부할 취득세와 등록세, 그리고 보유할 동안의 재산세 및 종합부동산세, 처분시에 납부해야 하는 양도소득세 등의 조세에 관한 지식이 필요하다.

한편 토지의 소유가 종중토지인 경우에는 종중규약과 학교시설인 경우 국토의계획및이용에관한법률에 의한 도시계획시설과 재단이사회의 재산처분승인 등에 관한 지식도 필요하다. 또한, 계약시에는 계약에 관한 일반적인 지식도 필요하다.

4. 사업타당성 분석단계

개발사업의 타당성 분석단계는 최종적으로 의사결정을 할 수 있는 판단 기준이 되기 때문에 어느 단계보다도 중요한 단계이므로 철저한 검토가 필요하다.

이 단계에서의 1) 관련법규는 보다 자세히 검토되어야 하므로 관련 계획도 함께 검토하여야 한다. 국토기본법에 의한 국토계획으로서 국토종합계획, 특정지역종합 계획, 도종합계획, 시 종합계획, 군 종합계획과 국토의계획및이용에관한법률에 의한 도시계획으로서 도시기본계획과 도시관리계획을 알아야 하며 도시기본계획은 도시관리계획의 입안의 지침이 되며, 도시관리계획은 용도지역/지구, 구역의 지정 또는 변경에 관한 계획이므로 개발사업이 시설 입지의 행위 제한에 직접적인 영향을 주기 때문에 매우 중요하다.

도시기반설치 및 정비계획, 도시개발사업, 도시정비사업, 도시계획시설 사업도 도시관리계획이다. 도시의 일부지역을 계획적인 개발과 양호한 환경 조성을 위하여 필요한 지구단위계획도 개발사업에서 반드시 알아야 하는 도시관리계획이다.

한편 토지이용규제기본법에 대한 내용도 알아야 이 법에 의한 토지이용계획확인서도 잘 활용할 수 있다.

대규모 개발사업을 하고자 하는 경우에는 사업방법에 따라 도시개발법에 의한 도시개발사업으로 할 것인가 아니면 국토의계획및이용에관한법률에 의한 지구단위계획으로 할 것인지를 검토하여 적합한 것을 선택하면 된다.

물론, 계획을 위해서는 건축법을 알아야 함은 당연하다. 건축법은 건축계획과 설계에 필요하며, 가로구역별높이제한이나 일조권 등의 규정은 국토의계획및이용에관한법률에 의한 용적률 및 건폐율과 함께 개발규모에 직접적인 영향을 주기 때문에 개발업자는 반드시 숙지해야 한다.

사업구상하고 있는 시설에 따라서 각각 시설관련법규도 함께 검토해야 하는데, 공동주택인 경우는 주택법과 관련 기준을, 판매시설은 유통산업발전법을, 운동시설은 체육시설의설치및이용에관한법률을, 관광숙박시설은 관광진흥법을, 일반숙박시설은 공공위생관리법을, 실버타운은 노인복지법 등과 함께 검토되어야 한다. 이 외에도 관련 법규에 의한 규제내용도 수십 가지 내지 수백 가지가 되기 때문에 면밀한 검토가 필요하다.

2) 입지분석 및 시장조사 분석은 시장분석의 같은 범주에서 검토가 가능하나 보다 면밀히 조사하기 위해 분류하는 것이 효율적이다.

입지분석은 지역범위에 따른 분석방법으로 도시지역분석, 인근지역분석, 부지분석으로 세분할 수 있는데, 이에 필요한 지식은 도시경제학이나 지역경제학 그리고 주거시설, 상업시설, 공공시설 등의 입지에 대한 이론[27]이다.

시장분석은 크게 거시적 분석과 미시적 분석으로 나눌 수 있다. 거시적 분석은 경제학에 속하는 거시경제에 속하는 일반경기 동향, 전망, 지역경제 등이고, 미시적 분석은 다시 ① 통계조사, ② 현장조사, ③ 설문조사 등을 통하여 수집한 자료를 분석하는 것이다.

한편, 통계자료를 분석하기 위해서는 통계학의 통계기법의 지식이 필요하고, 설문조사에 의한 자료를 분석하기 위해서는 경제, 경영학의 계량분석기법의 지식이 필요하다.

현장조사에 의한 가격 자료로부터 정보를 얻기 위해서는 부동산 평가론의 비용접근법, 시장접근법, 소득접근법등의 평가기법이 필요하다. 또한 업종이 구체적으로 정해진 경우는 경영학의 상권분석기법과 이론이 필요하다.

최근에는 부동산·공간 빅데이터/AI 전문기업, 빅밸류의 플랫폼과 Richgo Mas는 우리나라 부동산에 관한 빅데이터를 수집하고 인공지능을 통해 입지분석과 시장분석을 자세히 할 수 있게 되어, 지금까지의 인적자원과 비용, 그리고 시간을 단축할 수 있다. 그러나 아직까지 완벽하지 않고 이들 플랫폼을 활용하여 미래 가격을 추정할 때 가격에 미치는 요인들이 워낙 많으며, 이 요인들을 어떻게 조합하여 적용했는지에 따라 해답이 다르게 나타날 수 있으므로 이러한 점을 고려하여 해석함으로써 보다 더 나은 결과를 도출할 수 있을 것이다.

3) 개발컨셉설정 단계의 개발컨셉설정시 가능시설 도출을 위해서는 관련법규와 입지 및 시장분석을 실시하여야 하며 가능시설평가 시는 시장성, 입지성, 수익성, 장래성, 건축가능성 등의 5가지 항목으로 평가하게 되는데 여기서 시장성은 시장조사 및 분석에 의하여, 입지성은 입지분석에 의하여, 수익성은 설계에 의한 수지분석에 의하여, 장래성은 구

---

27) 대한국토·도시계획학회 편저, 지역경제론, 서울: 보성각, 1999, pp.89-144.

체적인 경제상황과 부동산경기 및 추세를 검토함으로, 건축가능성은 토지모양이 설계상 관련시설에 적합한지, 그리고 토질이 건축하기에 적합한지를 검토하는 것으로 경제, 경영, 투자분석기법과 기술적 지식인 건축 관련지식이 동시에 필요하다. 그리고 개발 기본 방향 구상시는 마케팅에 대한 지식도 필요하다.

4) 개발계획시는 건축계획 및 설계(조경 포함)가 필요한 단계인데, 이 단계는 건물의 3요소인 구조, 기능, 형태를 충분히 고려할 수 있는 건축(조경포함)에 관한 지식이 필요하며 유능한 건축사와 엔지니어의 역할이 아주 강조되는 단계이다. 또 조정계획가의 도움도 필요한 단계이다.

구조적으로도 안전하고 기능적으로 편리하며 에너지를 절약할 수 있도록 설계해야 하며 형태에 있어서 아름다움을 추구하는 시설계획이 되기 위해서는 기술적인 건축, 조경 관련 지식 등이 필요하다. 또한 단지계획시는 주변 입지현황도 충분히 고려해야 하기 때문에 입지분석가도 필요하다. 그리고 상업시설인 경우, 최적규모산정을 위해서는 시장조사에 따른 층별 분양가와 건축비(사업비)를 비교할 수 있는 지식이 필요하다.

5) 경제성분석은 크게 공공부분과 민간부분으로 나눌 수 있는데, 공공부문은 비용/편익 분석으로 형평성, 효율성을 적절히 조화를 기하고, 민간부문에 있어서는 주로 재무적 타당성분석으로 수익성분석과 현금흐름분석이 주를 이룬다.

민간부문의 수익과 위험의 측정은 경영학의 통계기법인 소득의 기대치와 위험을 나타내는 지표인 표준편차를 사용해야 하기 때문에 이에 대한 지식이 필요하다.

수지분석의 구성요소로서 수입이나 비용을 추정하는 경우, 수입은 주로 분양가나 임대가 이므로 시장조사에 의하여 수집된 자료를 이용하여 시장접근법으로 평가하거나 비용접근법이나 소득접근법의 평가기법으로도 분양가나 임대가를 산출할 수 있다.

최근에는 부동산가격이 그 구성요소의 특성에 따라 차별화되므로 특성가격함수(Hedonic Price Function)에 의하여 시장가치를 회귀분석과 같은 통계적 방법을 사용하여 추계함으로써 분양가나 임대가를 산출한다.

비용에 있어서 토지가격은 시장조사에 의한 시장접근법의 평가기법에 의하고 토지취득에 따른 취득세(등록세)는 조세론의 지식이 필요하고, 건축비는 건축설계에 의한 견적으로 산정되기 때문에 적산과 견적에 대한 기술적 지식이 필요하다.

건축 인입비는 전기, 상하수도, 가스 등을 인입하는데 드는 비용이다. 판매 및 관리비는 주로 판매비와 일반관리비로 구성하는데 판매비는 홍보비, 판촉비, 판매용역비 등이고, 일반 관리비는 주로 구성원들의 급여와 업무와 관련한 사무실 관리에 필요한 관리비이다.

또한 수지분석을 위해서는 회계에 관한 기본 지식이 필요하다. 장기적인 임대형 개발사업의 경우는 현금흐름 분석이 중요하며, 특히 투자의사결정의 기준이 되는 순현재가치(NPV)와 내부수익률(IRR)에 관한 지식이 필요하다.

민감도분석은 수입과 지출 중 한 요소만 변화시켰을 때 수익률의 변화를 체크해 봄으로써 위험을 줄일 수 있는 기법이다. 이는 시뮬레이션의 일종으로 이에 대한 시나리오별 지식 역시 필요하다.

5. 협상 및 계약체결 단계

개발환경에 신속히 대응할 수 있는 설계능력을 보유해야 하며, 그보다 더 중요한 것은 개발업자가 유능한 건축사를 선택하여 개발초기 개발프로젝트에 참여시켜 소기의 목적을 달성할 수 있는 안목이 있어야 하고, 인·허가에 필요한 관련 법규 검토를 위해서는 이에 대한 지식이 필요하다.

허가를 득한 후에는 합작계약, 건설자금 대부계약, 장기대출계약, 시공계약, 토지구매계약, 보험계약, 사전임대계약 등의 계약을 체결하게 되므로 계약법과 부동산금융에 관한 지식, 건축과 토목 등의 공사에 관한 지식, 임대차에 관한 관련법과 지식이 필요하다.

공사도급계약 시에는 계약법과 건설에 관한 기술적지식이 필요하며, 공사도급방법을 결정하기 위해서 분양성과 현금흐름 분석에 관한 지식도 필요하다. 분양성과 현금흐름분석의 결과에 따라서 지분제방식이 유리한지, 도급제방식이 유리한지 판단할 수 있기 때문이다.

부동산개발 자금조달 측면에서 보면 부동산개발사업에 필요한 자금조달 방식은 사업방식에 따라 다양하다.

전통적인 저당 금융으로부터 부동산신탁을 이용하는 방법과 자산담보증권(ABS: Asset-Backed Security),28) 주택저당증권(MBS: Mortgage-Backed Security)29)의 발행에 의하는

---

28) 자산담보증권은 1998년 9월 16일 제정된 자산유동화에 관한 법률에 근거해서 현금흐름이 있는 자산을 담

방법, 프로젝트파이낸싱에 의한 방식 등이 있으며, 특히 부동산시장을 자본시장으로 결합시켜 주는 부동산펀드와 리츠 등에 의한 방법이 있는데 이런 것을 알기 위해서는 부동산의 금융에 관한 지식과 부동산 자금조달 의사결정에 관한 이론 등의 지식 등과 선진기법 등을 연구하고 이해하는 지식이 필요하다.

6. 건설단계

지하 굴착시 주변건물의 안전을 유지하기 위하여 필요한 지식으로 토목 공학의 토질에 관한 지식과 지하수 차단으로 안전굴착을 할 수 있는 차수공법 등의 시공관련 지식이 필요하다. 공사를 하는 동안에도 공정을 관리해주는 PERT/CPM기법과 건설관리기법인 건설사업관리 제도 또한 필요한 지식이다.

미국에서 흔히 사용하고 있고 우리나라에서도 건설산업기본법에서 규정하고 있는 건설사업관리(CM)는 건설 기간 전, 기간 동안, 기간 후까지 통합적인 관리하는 방법을 설명해주기 때문에 이에 관련지식을 습득하고 잘 활용한다면 건설사업관리제도의 최종목표인 공사비 절감, 공기단축, 품질향상 등의 효과를 얻을 수 있다.

건물 준공시에 필요한 것은 준공검사에 필요한 서류는 물론이고 하자담보책임에 관한 것이다. 이것은 건설산업기본법에 의하여 구조별 하자 담보책임기간이 기록되어 있다. 하자담보책임에 대한 하자보증이행증권을 준공검사에 필요한 서류와 함께 제출하여 지방자치단체가 보관한다.

7. 마케팅 단계

제4차 산업혁명시대 메타버스와 같은 플랫폼을 통해 회사브랜드와 프로젝트를 소개하

보로 발행한 증권을 말한다.

29) 주택저당증권은 1999년 1월 29일 제정된 주택저당채권 유동화 회사법에 따라 주택저당채권 유동화 회사가 발행하는 MBS로 불리는 증권을 말한다.

여 타 회사와 차별화를 꾀한다. 이런 플랫폼을 통해 강력한 수요층으로 자리 잡을 MZ세대들을 잠재고객에서 충성고객으로 만들기 위해 노력해야 한다. 마케팅은 트렌드와 시장분석을 토대로 전략을 세우기 때문에 시장분석에 관한 지식과 마케팅에 관한 지식이 동시에 필요하다. 여기서 주의할 점은 시장조사 및 분석은 부동산의 특성과 밀접한 관계가 있으므로 부동산의 특성도 잘 숙지하여야 한다. 뿐만 아니라 마케팅에는 제품의 차별화도 필요하기 때문에 프로젝트의 초기에 실시되는 단지 및 건축 설계 시에 마케팅 전문가를 참여시키는 것이 더욱 중요하다.

8. 운영 및 관리 단계

부동산관리에 필요한 지식은 관리계획 수립, 예산수립, 임대에 관한 경영학적 지식과 건물관리의 유지보수 및 에너지 절약에 필요한 지식, 용도 변경과 리모델링에 관한 기술적 지식도 필요하다. 관리계약시 필요한 계약법에 관한 법률적 지식도 필요하다.

부동산관리는 단순한 시설관리가 아닌 자산관리측면에서 보아야 하기 때문에 자산관리에 관한 선진기법의 지식이 필요하다.

9. 기타

그 외에 개발사업 추진과 관련하여 개발프로젝트의 목표를 달성할 수 있도록 하기 위하여 사업추진방법의 개선방안과 그 외 부동산의 역사적 조망 등에 관한 지식이 필요하다. 왜냐하면 부동산의 역사적 조망을 통해 개발사업의 변천사뿐만 아니라, 국가의 토지정책과 주택정책의 변화와 경기변동 등에 관한 사항과 당면한 과제 등을 검토할 수 있기 때문이다. 이러한 지식들은 개발방향을 수립하는데 절대적으로 필요하다. 그리고 부동산의 용도별 특성으로 인해 주거, 상업, 공업, 농업, 관광, 레저시설 등의 개발에 관한 세부적인 지식도 필요하다.

복습문제

01. 부동산개발사업에서 프로젝트 금융전문가의 역할은 무엇인가?

02. 부동산개발에서 공공의 역할은 무엇인가?

03. 부동산개발사업의 리스크 유형에는 어떤 것이 있는가?

04. 부동산개발사업에서 단계별 리스크 관리에 대해서 논의해 보라.

05. 부동산개발사업에서 각 단계별 필요지식에 대하여 기술해 보라.

06. 공사도급계약방식에서 단순도급계약방식과 분양에 따른 지분제 계약방식을 설명하고 단순도급계약방식과 지분계약방식을 어떠한 경우에 택해야 디벨로퍼에게 유리한지 설명해 보라.

07. 제4차 산업혁명시대 마케팅의 최근 트렌드에 대해 논의해 보라. 마케팅 단계에서 마케팅 전문가가 성공적인 마케팅전략이나 마케팅 활동을 하기 위해서 우선적으로 어떤 작업이 필요한가? 그리고 마케팅 전문가는 어느 단계 시점부터 부동산개발사업에 참여해야 하는지?

08. 운영 및 관리 단계에서 부동산 관리의 수준이 아직도 시설관리 정도의 수준에 불과한데 시설관리, 부동산관리, 자산관리에 대하여 구분하여 설명하고 우리나라가 지향해야 할 단계를 제시해 보라.

09. 부동산개발사업에 참여하는 참가자 중에 부동산상담사가 중요한데 그 이유를 설명해 보라.

10. 부동산개발프로젝트에서 부동산 자금조달은 앞으로 갈수록 중요한데 부동산 프로젝트 전문가가 되기 위한 선행조건과 갖추어야 할 지식은 무엇인지?

11. 국가나 지자체의 공공규제자로서의 역할이 무엇이며 공공규제가 필요한 이유를 설명하고 논의해 보라.

제3장

부동산개발사업의 단계별 필요지식 활용

Real Estate Development

제3장 부동산개발사업의 단계별 필요지식 활용

개요(Overview)

이 장에서는 부동산개발사업에 관한 필요지식을 개발사업 추진 단계별로 개발사업에 활용방안을 제시하고자 한다.

제1절의 사업구상 단계에서는 부동산 공부서류에 관한 필요지식 활용, 현장조사 방법, 토지이용계획서에 나타난 용도지역/지구의 활용 방법을 제시한다.

제2절의 예비적 타당성 분석단계에서는 관련 계획 및 법규에 관한 필요지식 활용, 인·허가에 필요한 지식 활용, 시장조사분석, 예비설계 및 경제성 분석에 관한 지식 활용 방법을 제시한다.

제3절의 부지확보 단계에서는 토지확보 및 필요지식 활용, 토지를 직접 매입하는 방법, 경매 및 공매에 의한 방법, 지주공동사업에 의한 필요지식 활용 방법을 제시한다.

제4절의 사업타당성 분석단계에서는 인·허가에 필요한 주요 법률 활용방법, 부동산시장의 종합분석에 관한 지식, 상권분석에 필요한 지식 활용, 부동산투자분석 활용, 부동산평가 및 간이타당성분석 지식 활용방법을 제시한다.

제5절의 협상과 계약체결 단계에서는 사업약정서에 관한 필요지식 및 활용, 자금조달에 필요한 지식 및 활용방법, 공사도급과 설계계약의 필요지식 및 활용방법 등을 제시한다.

제6절의 건설단계에서는 건설관리자로서 필요지식 활용, 제4차 산업혁명에 따른 프롭테크 활용방법을 제시한다.

제7절의 마케팅 단계에서는 마케팅전략과 필요지식 활용, 시장점유마케팅전략, 고객 점유마케팅전략, 관계마케팅전략에 관한 필요지식 활용방법을 제시한다.

제8절의 부동산 운영·관리 단계에서는 부동산관리와 필요지식 활용, 부동산관리의 의의와 영역별 구분에 관한 내용을 제시하고 설명한다.

제1절 사업구상 단계

　부동산개발사업에서 공동주택(단독주택 포함), 호텔, 콘도, 오피스텔, 백화점 등 특정사업 추진을 예정하고 있는 개발업자는 그 시설용도에 맞는 적절한 부지를 찾아야 한다. 이미 토지는 확보하고 있으나 특정사업 추진예정이 없는 개발업자는 공부서류를 검토하고 현장조사를 실시한 다음 이 토지를 무엇으로 활용해야 최유효이용이 가능한지를 자신의 개발능력, 자금동원능력 등을 고려하여 구상해 보는 단계다.

　사업구상 단계에서는 대상부지와 관련한 각종 공부서류[1]를 검토하고 현장을 방문하여 어떤 종류의 사업이 적합한지를 많은 지식과 경험에서 나오는 직관을 통해 구상해 보는 단계이다.

　이 단계는 개발업자가 종합적인 마케팅컨셉을 이해할 필요가 있다. 이를 위해서 제4차 산업혁명과 코로나19로 인한 개발환경변화를 파악해야 한다. 부동산 관련 수요자들의 필요정보와 IoT, 가상, 증강현실 등 인터넷 초연결 데이터를 수집하여 클라우드 빅데이터로 작성하고 이를 AI로 분석하여 마케팅전략, 상권분석 등에 활용하는 기법이 새롭게 등장하고 메타버스와 같은 플랫폼의 등장으로 쌍방의 참여가 가능한 디지털공간에서의 홍보가 가능하게 되었다. 제4차 산업혁명과 코로나19로 인해 데이터센터나 물류센터와 같이 수요가 풍부한 시설도 새로 등장하였다. 이러한 것을 고려하여 종합적인 마케팅컨셉을 설정하여야 한다. 이를 위해 고객이 원하는 것이 무엇인지 알아내고 그것을 생산하여 팔거나 임대할 수 있도록 설득하는 것이다. 이러한 마케팅 개념은 개발업자의 창조적인 구상원안이 생산적으로 실현될 수 있는 아이디어로 흐를 수 있다는 의사결정구조체를 제공해 준다.[2] 이러한 개발사업은 법률적, 경제적, 기술적 지식을 모두 동원하여 조화를 이루어야만 성공적인 사업이 될 수 있다.

---

1) 여기에서 공부서류란 ① 토지이용계획확인서, ② 토지대장(임야대장), ③ 지적도(임야도), ④ 등기부등본, ⑤ 건축물대장, ⑥ 공시지가 및 주택공시가격 등을 말한다.
2) Miles, Mike. E., et al., op. cit., p.185.

<표 3-1> 18종 부동산 공부 현황

분야	부동산 공부	관련법	관련부처	운영
지적 (7종)	1) 토지대장 2) 임야대장 3) 공유지연명부 4) 대지권등록부 5) 지적도 6) 임야도 7) 경계점좌표등록부	공간정보의 구축 및 관리 등에 관한 법률	국토교통부	시·도 시·군·구
건축물 (4종)	8) 건축물대장(일반건축물) 9) 건축물대장(총괄표제부) 10) 건축물대장(집합표제부) 11) 건축물대장(집합전유부)	건축법		
토지(1종)	12) 토지이용계획확인서	토지이용규제 기본법		
가격 (3종)	13) 개별공시지가확인서 14) 개별주택가격확인서 15) 공동주택가격확인서	부동산가격공시에 관한 법률		
등기 (3종)	16) (토지) 등기사항전부증명서 17) (건물) 등기사항전부증명서 18) (집합건물) 등기사항전부증명서	부동산등기법	대법원 (법원행정처)	등기소

2016년 1월 1일부터 <표 3-1>과 같이 18종을 1종의 '부동산종합증명서'에 담아 발급해 주는 일사편리(kras.go.kr/)서비스를 제공하고 있으나 개발업자는 개별 공부서류를 발급받아 검토하여야 한다.

1. 부동산 공부서류에 관한 필요지식 활용

정부는 2024년까지 블록체인 기반 부동산 거래 플랫폼을 구축하여 종이서류·기관 방문 없이 계약에서 등기까지 한 번에 처리 가능한 서비스 체계를 구축한다는 계획을 추진하고 있다.

1) 주요한 공부서류에는 ① 토지이용계획확인서, ② 토지대장(또는 임야대장), ③ 건축물대장, ④ 지적도(수치지적도) 또는 임야도, ⑤ 등기사항(전부)증명서 등이 있다.

2) 지도로서는 ⑥ 지형도, ⑦ 부동산 지도가 있다.

① 토지이용계획확인서 <표 3-2 참조>

공부서류 중에서 가장 중요한 서류라 할 수 있는 토지이용계획확인서에는 다음과 같은 내용이 포함되어 있다.

첫째, 국토계획법의 건축물의 용도나 규모를 결정할 지역·지구·구역과

둘째, 다른 법률에 의한 지역/지구 등, 즉 군사시설구역 및 보호구역, 농업진흥구역 및 보호구역, 보전산지, 자연공원구역 및 보호구역, 상수원보호 및 수질보전대책특별권역 여부, 문화재구역 및 보호구역 여부 등이 나타나 있다.

셋째, 토지거래허가구역 여부, 건축선의 후퇴, 가로구역별높이제한 등이 나타나 있는데 여기에 나타난 용도지역과 지구 등에 따라 관련 법규를 모두 검토해야 한다.

한편, 도로의 형태, 도로의 너비, 도로에의 저촉여부 등도 확인할 수 있으며 도로(저촉 또는 접함), 공원 기타 등 도시·군계획시설 포함 여부도 확인하여 인·허가 시에 반드시 고려 하여야 한다.

개발업자가 여기서 주의할 점은 토지이용계획확인서에 나타나지 않은 규제사항 등을 도시계획과 등과 같은 담당부서를 방문하여 확인하여야 리스크를 줄일 수 있다.

② 토지(임야)대장

토지면적과 지목확인 그리고 토지분할 또는 합병역사 확인, 토지등급 확인 및 개별공시지가를 확인할 수 있다. 개별공시지가는 표준지 공시지가에 의해 정해지는데 취득세, 종합부동산세 등은 물론이고 준조세인 개발부담금에도 영향을 미치므로 절세방안을 마련 하여야 한다.

③ 건축물대장

건축물대장에서는 건물의 규모(면적, 층수 등)와 구조 확인하고 준공일자와 사용검사일 확인, 주차대수를 확인한다.

건물의 사용용도 및 건폐율, 용적률을 확인한다. 건물의 현황에 따라 철거를 하고 다시 개발을 하든지 아니면 리노베이션(용도변경과 리모델링)을 통해 수익률 제고하는 방안을 고려할 수 있다.

④ 지적(임야)도면

토지(임야)의 형상을 확인하는 공부서류로서 부정형인 경우 합병·분할 가능성이라는

부동산 특성을 이용하여 주변토지와의 교환 및 매입을 통하여 최적의 건폐율과 용적률로
부가가치를 제고할 수 있다.

<표 3-2> 토지이용계획확인서

토지이용계획확인서				처리기간	
				1일	
신청인	성명		주소		
			전화번호		
신청 토지	소재지		지번	지목	면적(m²)
지역·지구 등의 지정 여부	「국토의 계획 및 이용에 관한 법률」에 따른 지역·지구등		제3종일반주거지역, 자연경관지구, 공용시설(보호지구)		
	다른 법령 등에 따른 지역·지구등		과밀억제권역, 군사시설보호구역, 문화재보호구역, 상대보호구역(교육환경보호에 관한 법률)		
「토지이용규제 기본법 시행령」 제9조제4항 각 호에 해당되는 사항			토지거래허가구역, 건축선 2m 후퇴, 가로구역별높이제한		
확인 도면				범례	
				축척 /	
「토지이용규제 기본법」 제10조제1항에 따라 귀하의 신청토지에 대한 현재의 토지이용계획을 위와 같이 확인합니다. 년 월 일 특별자치도지사 시장·군수·구청장 [직인]				수입증지 붙이는 곳	
				수입증지 금액 (지방자치단체의 조례로 정함)	

또한 도로와의 저촉여부 확인해야 하는데 축적이 큰 경우에는 도로에 접했는지 여부가 확실하지 않으므로 지적과를 방문하여 확인하여야 한다. 한편, 주변토지의 지목 및 형상을 통해 장래 발전가능을 예측해 볼 수 있다.

⑤ 부동산등기사항(전부)증명서

이 공부서류의 구성을 보면 표제부[부동산의 표시(소재지, 면적 등)]와 갑구(소유권에 관한 표시), 을구[소유권이외의 사항, 용익물권과 담보물권(저당권, 유치권) 등]으로 구성되어 있다. 등기부등본은 일반적으로 사법적으로 활용되는데, 거래의 무효와 취소 등의 민법총칙과 소유권, 점유권 그리고 용익물권(전세권, 지상권, 지역권)과 담보물권(저당권, 유치권 등)의 물권법에 관한 지식이 필요하다. 이들은 고려부동산을 매입할 때 권리분석을 위한 자료로서 소중하며 무효나 취소에 대한 위험을 줄이고 가처분이나 가등기가 갑구 1순위에 설정되어 있는 경우에 법정분쟁에서 패하거나 많은 시간을 재판에 허비하기 때문에 이런 부동산은 매입을 포기하는 것이 개발사업을 하는데 비용과 시간을 절약할 수 있다.

예를 들면, 집합건물 표제부에서 공유지분은 재건축이나 재개발시 환지나 조합원들의 부담금과 사업성 검토에서 필요하다. 또한, 오피스를 개발하여 임대하는 경우에 금융권에서는 전세권과 지상권 설정을 요구하게 되는데, 이는 나중에 임대보증금을 제때에 돌려주지 못하면 재판절차를 거치지 않고 경매를 청구할 수 있다는 것을 개발업자는 명심하여야 한다.

한편, 토지거래허가 구역에서 토지를 계약하더라도 유동적 무효이므로 사업 인·허가가 불가능시에는 토지거래허가 불가능하므로 계약금을 떼이지 않고 돌려받을 수 있다.

⑥ 지형도

토지의 지형 및 고도 확인과 주변 실제 환경현황을 파악할 수 있다. 일반적으로 등고선이 나타나 있으며 이 등고선은 경사도를 파악하는데 활용되기도 한다.

도시기본계획에는 그 지역에 임야의 등고선으로 개발가능지역을 표시되어 있다는 것을 알고 개발업자는 고려대상 임야에 개발을 하기 전에 이 부분을 반드시 확인하여야 리스크를 줄일 수 있다. 휴대용 GPS 장치와 스마트폰 응용 프로그램을 활용하여 실제지형에서 현위치, 해발고도, 동서남북 등을 확인할 수 있다.

최근에는 드론을 통하여 개발대상 부지주변을 촬영하여 컴퓨터에서 축적을 지적도와 맞추어 최적의 토지이용과 현실감 있는 조감도 작성에도 활용한다.

⑦ 부동산지도

부동산지도에는 지번도, 도시계획/개발도, 전자지도 등이 있으며 용도에 따라 적합한 지도를 구입하여 활용하고, 부동산전자지도 프로그램을 활용하여 항공사진(스카이뷰)과 지적(지번)도 겹쳐보기를 해 보면 입지분석과 상권파악 등 개발계획 수립 시 활용하는데 필요하다. 최근 부동산지도와 지번도에는 용도지역이 표시되어 있기 때문에 개발계획을 수립하는데 많은 도움이 된다. 도시계획과 개발도의 지도도 지자체의 개발계획도와 거의 유사할 정도로 흡사하다.

2. 현장조사 방법

현장방문을 하는 이유는 주변지역의 현실적인 입지조건과 도시기본계획과 도시관리계획에서 당해 개발사업 부지가 어떠한 위치에 있는지 파악할 수 있다. 또한 개발업자는 진행되고 있는 해당 지자체의 개발 계획도를 소지하여 현장방문을 통해 주변지역의 입지변화를 예상하여 대상 개발사업 부지에 대한 사업구상을 하는데 고려하여야 한다.

부동산개발업자는 소유토지 주변지역의 개발 입지변화와 주변지역으로 고속도로, 국도와 지방도 그리고 도시계획도로의 개설에 관한 정보를 습득하여야 한다.

고속도로는 도로공사, 국도와 지방도는 지방·국토관리청, 도시계획도로는 지자체 건설과를 방문하여 파악하고 주변지역의 어느 지점으로 통과하는지를 검토하여 이를 개발구상에 활용한다.

3. 토지이용계획확인서에 나타난 용도지역/지구 활용

1) 국토계획법에 의한 용도지역/지구

용도지역은 개발가능시설을 나타내므로 주거, 상업, 공업, 녹지와 도시외지역중 관리지역, 농림지역, 자연환경보전지역을 나누어져 있다. 개발가능시설 중 용도지역에 따라 네 거티브(Negative)방식과 포지티브(Positive)방식으로 나타난다. 네거티브방식은 준주거지 역, 준공업지역, 일반상업, 중심상업, 근린상업, 유통상업지역과 계획관리지역과 같은 7개 용도지역이다. 이들 용도지역에는 1. 법률로 건축할 수 없는 건축물, 2. 고려대상 지역의 도시계획조례로 건축할 수 없는 건축물로 구성되어 있다. 1번이나 2번에도 나타나지 않 는 건축물이 가능하다. 또한 용도지구는 용도지역의 기능을 강화하거나 완화하는 역할을 한다. 예를 들면 제3종 일반주거지역인데 지구가 중요시설물 보호지구라면 서울시 도시 계획조례로 주거시설이 불가능하다. 만약, 자연녹지인데 자연취락지구라면 건폐율이 20% 가 아니고 60%로 완화된다.

다른 법령으로 군사기지 및 군사시설보호구역은 건물의 용도제한이나 높이제한이 존재 한다. 문화재보호구역도 마찬가지로 높이제한이 가해짐으로 지자체 담당부서에서 확인하 여야 인·허가문제가 될 수 있고 시간이 낭비될 수 있으므로 개발업자는 반드시 선제적으 로 검토하여야 한다. 마지막으로 토지거래허가구역, 건축선 2m 후퇴, 가로구역별높이제 한도 검토하여야 한다(국토계획법 시행령 [별표 7] 참조).

■ 국토의 계획 및 이용에 관한 법률 시행령 [별표 7] < 개정 2021. 7. 6.>

준주거지역안에서 건축할 수 없는 건축물(제71조 제1항 제6호 관련)

1. 건축할 수 없는 건축물

　가. 「건축법 시행령」 별표 1 제4호의 제2종 근린생활시설 중 단란주점

　나. 「건축법 시행령」 별표 1 제7호의 판매시설 중 같은 호 다목의 일반게임제공업의 시설

　다. 「건축법 시행령」 별표 1 제9호의 의료시설 중 격리병원

　라. 「건축법 시행령」 별표 1 제15호의 숙박시설[생활숙박시설로서 공원·녹지 또는 지 형지물에 따라 주택 밀집지역과 차단되거나 주택 밀집지역으로부터 도시·군계획조 례로 정하는 거리(건축물의 각 부분을 기준으로 한다) 밖에 건축하는 것은 제외한다]

　마. 「건축법 시행령」 별표 1 제16호의 위락시설

　바. 「건축법 시행령」 별표 1 제17호의 공장으로서 별표 4 제2호 차목(1)부터 (6)까지

의 어느 하나에 해당하는 것

사.「건축법 시행령」별표 1 제19호의 위험물 저장 및 처리 시설 중 시내버스차고지 외의 지역에 설치하는 액화석유가스 충전소 및 고압가스 충전소·저장소(「환경친화적 자동차의 개발 및 보급 촉진에 관한 법률」제2조 제9호의 수소연료공급시설은 제외한다)

아.「건축법 시행령」별표 1 제20호의 자동차 관련 시설 중 폐차장

자.「건축법 시행령」별표 1 제21호의 가목·다목 및 라목에 따른 시설과 같은 호 아목에 따른 시설 중 같은 호 가목·다목 또는 라목에 따른 시설과 비슷한 것

차.「건축법 시행령」별표 1 제22호의 자원순환 관련 시설

카.「건축법 시행령」별표 1 제26호의 묘지 관련 시설

2. 지역여건 등을 고려하여 도시·군계획조례로 정하는 바에 따라 건축할 수 없는 건축물

가.「건축법 시행령」별표 1 제4호의 제2종 근린생활시설 중 안마시술소

나.「건축법 시행령」별표 1 제5호의 문화 및 집회시설(공연장 및 전시장은 제외)

다.「건축법 시행령」별표 1 제7호의 판매시설

라.「건축법 시행령」별표 1 제8호의 운수시설

마.「건축법 시행령」별표 1 제15호의 숙박시설 중 생활숙박시설로서 공원·녹지 또는 지형지물에 의하여 주택 밀집지역과 차단되거나 주택 밀집지역으로부터 도시·군계획조례로 정하는 거리(건축물의 각 부분을 기준으로 한다) 밖에 건축하는 것

바.「건축법 시행령」별표 1 제17호의 공장(제1호 바목에 해당하는 것은 제외한다)

사.「건축법 시행령」별표 1 제18호의 창고시설

아.「건축법 시행령」별표 1 제19호의 위험물 저장 및 처리 시설(제1호 사목에 해당하는 것은 제외한다)

자.「건축법 시행령」별표 1 제20호의 자동차 관련 시설(제1호 아목에 해당하는 것은 제외한다)

차.「건축법 시행령」별표 1 제21호의 동물 및 식물 관련 시설(제1호 자목에 해당하는 것은 제외한다)

카.「건축법 시행령」별표 1 제23호의 교정 및 군사 시설

타.「건축법 시행령」별표 1 제25호의 발전시설

파.「건축법 시행령」별표 1 제27호의 관광 휴게시설

하. 「건축법 시행령」 별표 1 제28호의 장례시설

2) 다른 법령 등에 따른 지역 지구

당해 부동산이 소재하는 지역이 수도권이라면 수도권정비계획법을 검토해야 한다.

수도권정비계획법에는 과밀억제권역, 성장관리권역, 자연보전권역의 3가지 권역이 있는데 각 권역별로 행위제한 사항이 있다.

수도권정비계획법은 상위법이므로 다른 법률보다 우선하여 당해 법령에 정해진 권역별 행위제한 사항을 철저히 검토하여 인·허가에 저촉되지 않도록 하여야 한다.

한편, 군사기지 및 군사시설보호법에 의한 군사시설구역은 건축물의 용도제한이나 높이제한과 같은 규제사항이 있으며, 문화재보호법에 의한 문화재보호구역에는 사업자체의 가능여부와 높이제한 사항 등을 철저히 검토하여 인·허가에 대비하여야 한다.

3) 「토지이용규제기본법」 제9조 제4항 각호에 해당하는 사항

여기에는 일반적으로 토지거래허가구역, 건축선 2m 후퇴, 가로구역별높이제한 사항 등이 기록되어 있으니 이 부분도 검토하여 개발계획시 적용하여야 한다. 특히, 고려대상 부지가 토지거래허가구역이라면 먼저 토지매매계약을 체결한 후에 토지 사용승락서를 받아 인·허가를 진행해야 한다.

만약 인·허가가 불가능하다면 계약서에 특약사항이 없다면 유동적 무효에서 확정적 무효가 되므로 계약금을 포기하지 않고 계약금을 반환받을 수가 있다.

4) 토지이용계획확인서에 나타난 용도지역지구 활용방법 종합

'건축법 시행령' [별표 1]은 본 부록에 게재하여 놓았으니 참고로 하고 부동산개발사업에서 인·허가 및 용도변경 등을 위해서는 공부서류 중 '토지이용계획확인서'를 통해 먼저 국토의계획및이용에관한법률에 의한 용도지역/지구 등을 확인해야 한다.

해당 용도지역/지구에 맞는 건축물의 건축 가능 여부는 '국토의 계획 및 이용에 관한 법률' 시행령 [별표 2]~[별표 25]에서 확인할 수 있다. 만약 용도지역이 준주거지역이라면 앞의 [별표 7] '준주거지역안에서 건축할 수 없는 건축물'을 참고하기 바란다.

그리고 다른 법령 등에 따른 지역/지구에서는 해당법령을 검토하여 대처하고 토지이용규제기본법 시행령 제9조 제4항 각호에 해당하는 사항 등을 마지막으로 검토해야 한다. 해당 개발사업에 꼭 필요한 법령들은 가장 최근 개정된 법령에 맞게 아래 "검색 방법"에 따라 검색하되 조례는 반드시 해당 사업부지가 있는 자방자치단체의 조례를 참고하기 바란다.

※ 검색 방법: 먼저 Daum 이나 Naver 검색창에 '국가법령정보센터'를 클릭하면 → 국가법령정보센터(http//www.law.go.kr/)이 나타나는데 이곳을 클릭하면 모든 법령/자치법규 검색창이 나타남

여기에 '국토의 계획 및 이용에 관한 법률'을 클릭하면 최근 법률, 시행령, 시행규칙이 나타남 → 여기서 가장 최근 시행령 별표/서식을 클릭하면 [별표 2]부터 [별표 25]까지 나타남 → 이것들을 HWP파일로 된 것을 선택하여 다운받아 참고하기 바란다. 다른 법령 등도 같은 방법으로 검색하여 최근 법률, 시행령, 시행규칙을 참고하면 된다.

제2절 예비적 타당성 검토단계

토지는 갖고 있으나 사업아이디어 없는 경우는 예비적 타당성 검토단계는 필요 없이 곧바로 사업타당성 분석단계로 넘어간다.

사업아이디어가 있는 경우에는 예비적 타당성 검토단계를 거쳐서 부지확보(매입) 여부를 판단한다. 예비적 타당성 검토단계에서는 관련법규 검토, 인·허가 입지분석, 시장조사·분석과 개략적인 설계 및 수지분석을 하여 해당사업부지로 초기 단계의 사업 가능여부를 판단해 본다. 여기서 개략적인 수지분석과 건축계획에 필요한 예비설계(건축계획설계)는 개발사업의 승패를 좌우할 정도로 중요하다. 왜냐하면 건축법 등에서 허용하는 최고의 높이와 연면적으로 건축한다고 하여 반드시 수익률이 극대화 되지는 않기 때문이다.

시장조사와 개략적인 수지분석을 통하여 충분히 타당성이 있다고 판단한다면 부지확보
단계로 넘어가고 그렇지 않으면 여기서 중단하거나 대안을 모색해야 한다. 이 단계에서도
특정사업이 예정된 경우라면 특정사업에 대해서 관련법규, 입지분석 및 시장성 조사와 수
지분석을 하여 그 사업의 사업성 여부를 판단하면 된다.

1. 관련계획 및 법규에 관한 필요지식 활용

최적의 사업구상과 인·허가를 위한 관련법규뿐만 아니라 상위법규와 상위계획도 검토
해야 한다. 수도권지역인 경우 국토의계획및이용에관한법률뿐만 아니라 그 상위법인 수
도권정비계획법을 먼저 검토해야 한다. 그 이유는 관련 법규에서는 가능하나 상위법규에
서 불가능한 경우는 인·허가가 불가능하기 때문이다. 국토이용관리체계도 [그림 3-1]에
서 보는 바와 같이 상위법률부터 하위법률 및 관련법률을 차례로 검토하여야 한다.

[그림 3-1]   국토이용관리체계도(관련법 체계도)

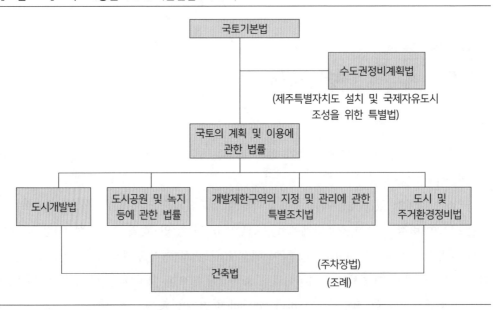

상위법률 및 하위법률 그리고 개략적인 관련법률을 서술하면 <표 3-3>과 같다.

<표 3-3> 법률체계에 따른 법률

상위법률	국토기본법, 국가균형발전특별법, 수도권정비계획법, 지역개발 및 지원에 관한 법률, 경제자유구역의 지정 및 운영에 관한 법률, 제주특별자치도 설치 및 국제자유도시 조성을 위한 특별법
하위법률	도시개발법, 택지개발촉진법, 도시 및 주거환경정비법, 주택법, 개발제한구역의 지정 및 관리에 관한 특별조치법, 도시공원 및 녹지 등에 관한 법률, 건축법, 주차장법 등
관련법률	농지법, 산지관리법, 자연공원법, 문화재보호법, 수도법, 자연환경보전법, 군사기지 및 군사시설보호법, 산업입지 및 개발에 관한 법률, 전원개발특례법

2021년 5월 1일부터 토지이용규제정보서비스는 토지이음(www.eum.go.kr/)으로 통합 운용되고 있다. 토지이음은 토지이용계획, 도시계획, 규제안내서, 고시정보 등으로 구성되어 있다.

건축법 시행령 [별표 1]의 시설물의 간단한 인·허가의 필요한 사항들은 규제안내서에서 확인할 수 있다.

■ 건축법 시행령 [별표 1]: 용도별 건축물의 종류

1. 단독주택	8. 운수시설	15. 숙박시설	22. 분뇨 및 쓰레기처리시설
2. 공동주택	9. 의료시설	16. 위락시설	23. 교정 및 군사 시설
3. 제1종 근린생활시설	10. 교육연구시설	17. 공장	24. 방송통신시설
4. 제2종 근린생활시설	11. 노유자시설	18. 창고시설	25. 발전시설
5. 문화 및 집회시설	12. 수련시설	19. 위험물저장 및 처리시설	26. 묘지관련시설
6. 종교시설	13. 운동시설	20. 자동차관련시설	27. 관광휴게시설
7. 판매시설	14. 업무시설	21. 동물 및 식물관련시설	28. 장례시설
29. 야영장시설	(관리동, 화장실, 샤워실, 대피소. 취사시설 등의 바닥면적 300m² 이하)		

한편, 부동산개발사업에서 가장 중요한 법률인 국토의계획및이용에관한법률(약칭: 국토계획법)이다. 이 법률의 주요 구성요소를 크게 분류하면 광역 도시계획, 도시·군기본계획, 도시·군관리계획으로 구분할 수 있으며 도시·군관리계획을 세분하면 지구단위계획, 기

반시설계획, 도시·군계획사업, 용도지역/지구, 용도구역, 도시·군계획시설 등으로 세분 가능하며 <표 3-4>와 같다.

<표 3-4> 국토의 계획 및 이용에 관한 법률의 내용

구분		주요사항	비고
광역도시계획		법 제10조 규정에 의하여 지정된 광역계획권의 20년 단위로 장기 발전 방향을 제시하는 계획	
도시·군기본계획		20년 단위로 하여 기본적인 공간구조와 장기도시개발의 방향 및 도시·군관리계획 입안의 지침	
도시·군관리계획		10년마다 수립하는 시·군의 토지이용, 교통, 환경, 경관, 안전, 산업, 정보통신, 보건, 후생, 안보, 문화 등에 관한 계획 급격한 여건변화로 도시기본계획을 재수립하는 경우에는 도시기본계획의 정책방향에 부합하도록 도시·군관리계획 재검토 필요	
도시·군 관리계획	지구단위 계획	도시계획수립대상 지역안의 일부에 대하여 그 지역을 체계적이고 계획적으로 관리하기 위하여 입체적으로 수립하는 도시·군관리계획 도시내/외지역의 지구단위계획/(계획관리지역 또는 개발진흥지구)	
	기반시설 계획	기반시설의 설치·정비·개량에 관한 계획	
	도시·군 계획사업	1. 도시개발법에 의한 도시개발사업, 2. 도시계획시설사업 3. 도시 및 주거환경정비법에 의한 도시정비사업	
	용도지역/지구	1. 지역: 도시, 관리, 농림, 자연환경보전지역 2. 지구(2018년 4월 19일부터 시행) 　① 경관지구(자연, 시가지, 특화경관지구) 　② 고도지구 　③ 방화지구 　④ 방재지구 　⑤ 보호지구(역사, 중요시설물, 생태계보호지구) 　⑥ 취락지구(자연, 집단취락지구) 　⑦ 개발진흥지구(주거, 산업, 관광·휴양, 복합개발, 특정개발진흥지구) 　⑧ 복합용도지구(신설) 　⑨ 특정용도 제한지구(지자체장이 세분가능)	
	용도구역	개발제한구역, 시가화조정구역, 도시자연공원구역, 수산자원보호구역	
	입지규제 최소구역	입지규제 최소구역의 지정과 변경 그리고 관리에 계획	
	도시·군 계획시설	도로, 광장, 주차장, 자동차정류장, 시장, 철도, 공원, 공항, 학교 등 기반시설 중 도시·군관리계획으로 결정으로 되는 시설	

주) 1) 주민제안으로 용도지구를 폐지하고 지구단위계획으로 대체할 수 있음.
　　2) 용도지구를 조례로 세분할 수 있고 개발진흥지구를 농업시역에도 지구단위계획으로 적용 가능함.

'국토계획법'의 용도지역은 토지의 이용, 건축물의 용도, 건폐율, 용적률, 높이 등을 제한함으로써 토지를 경제적, 효율적으로 이용하고 공공복리를 증진하기 위하여 서로 중복되지 않게 도시·군관리계획으로 결정하는 지역을 말한다. 용도지구/구역은 용도지역의 기능(건축물의 용도, 건폐율, 용적률, 높이 등)을 강화하거나 완화하는 역할을 한다.

부동산개발사업에서 대상토지의 용도지역/지구, 형상, 면적, 권리관계 등을 살펴보기 위해서는 먼저 공부서류를 검토해야 한다.

2016년 1월 1일부터 <표 3-5>와 같이 부동산 공부서류를 통합하고자 18종을 1종의 '부동산종합증명서'에 담아 발급해 주는 일사편리(kras.go.kr/)서비스를 제공하고 있다.

<표 3-5> 18종 부동산 공부 현황

분야	부동산 공부	관련법	관련부처	운영
지적 (7종)	1) 토지대장 2) 임야대장 3) 공유지연명부 4) 대지권등록부 5) 지적도 6) 임야도 7) 경계점좌표등록부	공간정보의 구축 및 관리 등에 관한 법률	국토교통부	시·도 시·군·구
건축물 (4종)	8) 건축물대장(일반건축물) 9) 건축물대장(총괄표제부) 10) 건축물대장(집합표제부) 11) 건축물대장(집합전유부)	건축법		
토지(1종)	12) 토지이용계획확인서	토지이용규제 기본법		
가격 (3종)	13) 개별공시지가확인서 14) 개별주택가격확인서 15) 공동주택가격확인서	부동산가격공시에 관한 법률		
등기 (3종)	16) (토지) 등기사항전부증명서 17) (건물) 등기사항전부증명서 18) (집합건물) 등기사항전부증명서	부동산등기법	대법원 (법원행정처)	등기소

부동산 공부서류를 통합하여 18종을 1종의 '부동산종합증명서'에 담아 발급하는 경우 너무 많은 부분이 누락되는 경우가 있기 때문에 부동산개발업자들은 18종의 공부서류를 각각 별도로 발급받아 검토하는 것이 리스크를 줄일 수 있는 방법이다.

정부는 2024년까지 포스트 코로나 시대, 블록체인 기반 부동산 거래 플랫폼 구축 추진 중에 있으며 이러한 플랫폼이 구축되면 종이서류·기관 방문 없이 계약에서 등기까지 한 번에 처리 가능한 서비스 체계가 구축된다. 그러나 그때까지 종이서류로 된 중요한 공부서류를 발급받아 부동산개발사업에 활용하여야 한다. 제3장 제1절에서 언급한 중요한 공부서류는 ① 토지이용계획확인서, ② 토지대장(또는 임야대장), ③ 건축물대장(건축물이 있는 경우), ④ 지적도(수치지적도 포함) 또는 임야도, ⑤ 등기사항(전부)증명서 등이 있다. 지도로서는 지형도와 부동산 지도가 있다.

2. 인·허가

인·허가는 제일 먼저 공부서류에서 토지이용계획확인서에 나타난 국토의계획및이용에관한법률에 의한 용도지역/지구, 다른 법률에 의한 지역/지구, 토지이용규제기본법 시행령에 의한 사항을 검토하여 여기에 맞는 법률의 용도지역/지구에 해당하는 건축물 가능시설과 행위제한 사항을 상위 법률부터 검토하여 인·허가 가능 여부를 간단히 검토한다. 만약, 대상지의 개발가능여부를 판단하기 위해서는 그 지역의 도시·군기본계획에 나타난 기개발지, 개발가능지, 개발억제지, 개발 불가능지에 대한 사항을 검토한다. 이들을 구분하는 사항은 대체로 표고, 경사도, 생태자연도, 임상도, 국토환경성평가 등이다. 이들을 검토하는 방법으로 여러 가지가 있을 수 있으나 최근에는 GisLaw라는 플랫폼을 도움을 받는 다면 시간을 절약 할 수 있다.

개발사업의 인·허가는 개발사업의 규모와 종류에 따라서 다르나 일반적으로 개발사업 초기부터 시작하여 사업완료시점까지 계속해서 진행되기 때문이다. 일반적으로 실시계획인가나 사업계획승인과 같은 실제 사업을 진행할 수 있는 인·허가는 부지확보 시점부터 진행하여 협상과 계약체결 단계 초기까지 완료하면 사업을 계속 진행할 수 있다는 것이고, 전체 인·허가는 공사착공 및 준공, 입주자모집, 회원모집과 등록절차 등은 사업 완료 시점까지 계속 진행된다. 인·허가 절차와 기간은 개발사업의 종류와 규모에 따라서 모두 다르기 때문에 시설별, 규모에 따른 관련법규를 철저히 이해하고 지방자치단체와 긴밀히 상의하여 기간을 단축할 수 있도록 해야 한다.

주거시설, 산업시설, 위락시설(관광숙박·체육시설)의 대표적으로 아파트, 공장, 창고, 관광호텔, 골프장 등을 포함한 부동산개발사업은 세 가지 종류의 인·허가가 필요하다.

여기서 세 가지 종류는 토지개발과 관련된 인·허가, 사업승인과 관련된 인·허가, 건축행위인·허가를 말한다. 각각의 개발과정에서 받아야 하는 인·허가 절차와 서류는 개별법에서 규정하고 있다. 예를 들면 토지이용규제와 관련된 법률로는 국토기본법, 국토계획법, 토지이용규제기본법, 도시개발법, 택지개발촉진법, 도시 및 주거환경정비법, 농지법, 산지관리법 등이 있으며, 사업승인과 관련된 법률로는 주택법, 산업집적활성화및공장설립에관한법률, 관광진흥법, 체육시설설치·이용에관한법률 등이 있으며, 건축허가는 건축법에서 규정하고 있다.

[그림 3-2]   개별시설별 및 입지유형별 인·허가 종류

한편, 이 절에서는 [그림 3-2]에서 보는 바와 같이 주거, 산업, 위락시설(관광숙박·체육시설)의 토지개발 관련 인·허가 단계를 토지이용규제기본법에 의한 국토교통부에서 발행한 「규제안내서 작성 방안」을 참고로 하여 대지조성 단계, 사업승인 인·허가 및 건축 관련 인·허가 단계를 사업승인 및 건축 단계, 건축 후 단계로 나누어 설명하고자 한다.

이 세 가지 유형은 크게 입지특성에 따라서 개별입지와 계획입지로 구분이 가능하다. 개별입지와 계획입지에 따라서 세부절차가 달라지는데 큰 차이점은 계획입지의 경우는 별도의 대지조성 단계가 필요치 않다는 점이다. 대지조성 단계는 기본적으로 해당 시설에 적합하도록 토지의 용도를 변경하는 과정으로서 가장 많은 준비과정을 거쳐야 하므로 서류준비와 기간 측면에서 계획입지에 비해 까다롭다는 특징을 가지고 있다. 그러므로 개발업자는 개별입지에서 사업을 할 것인지 아니면 계획입지에서 사업을 할 것인지를 먼저 결정하여야 한다.

개별입지나 계획입지가 결정되었다 하더라도 시설에 따라 세부적인 절차가 다른데, 그 이유는 각 시설이 개별법에 의해 적용을 받기 때문이다.

<표 3-6> 개발시설별 및 입지유형별 인·허가 절차

단계	공통절차	고유절차	개발시설유형							
			아파트		공장		창고		골프장	
			개별	계획	개별	계획	개별	계획	개별	계획
대지조성	농지 및 산지 전용 등, 개발행위허가, 도시관리계획	구역지정		o		o		o		o
		사전환경성검토		△		△			o	o
		실시계획승인		o		o		o		o
사업승인 및 건축	건축허가, 착공신고, 감리, 사용승인	주택사업승인	o	o						
		공장설립승인			o					
		창업사업계획			o					
		창고 건축허가					o	o		
		체육시설승인							o	o
건축 후	관리대장에 기재	등록			o	o			o	o
		입주	o	o						
		분양	o	o					o	o

주) △는 개별시설 내 세부유형에 따라 차이가 날 수 있음.

도시개발사업과 같은 복잡한 사업은 계획단계에서 도시개발사업을 제안하고 시행단계에서 조합설립과 함께 시행자지정을 받고 실시계획인가를 받아 환지계획과 사업시행 그리고 공사준공으로 사업을 완료하는 순서로 진행된다. 그러므로 종합엔지니어링회사와의 용역계약이 필요하다.

부동산개발업자는 개발시설별, 입지유형별에 따른 인·허가 절차를 <표 3-6>에서 보는 바와 같이 1) 주거시설(공동주택), 2) 산업시설(공장), 3) 위락시설(관광숙박·체육시설)을 참고하여 실제 사업에서 활용해야 한다.

1) 주거시설(아파트)

아파트를 건설하고자 하는 경우 먼저 개별입지에서 사업을 할 것인지 아니면 계획입지에서 사업을 할 것인지를 결정해야 한다. 개별입지에서 사업을 하고자 하는 경우에는 지구단위계획 또는 개발행위허가, 비도시지역의 지구단위계획, 일반주택건설사업, 도시개발사업(민간)에 의한 주택건설사업을 하는 경우로 구분할 수 있다. 계획입지에서 개발사업을 하는 경우는 도시개발사업(공공)에 의한 도시개발구역 내에서 또는 택지개발지구 내에서 주택건설 사업을 하는 경우로 나눌 수 있다. 표로 정리하면 <표 3-7>과 같다.

<표 3-7> 개발사업 유형별 아파트건설사업의 구분

구분	개발사업 유형에 따른 아파트건설사업
계획입지	▪ 도시개발법에 의한 도시개발사업(공공시행) ▪ 택지개발촉진법에 의한 택지개발사업
개별입지	▪ 개발행위허가 ▪ 주택법에 의한 주택건설사업(30세대 이상) ▪ 도시지역외 지구단위계획(10만m² 이상) ▪ 도시개발법에 의한 도시개발사업(민간시행)

아파트건설사업의 개략적인 인·허가 절차를 대지조성 단계, 사업계획승인 및 건축단계, 건축 후 단계로 나누어 보면 <표 3-8>과 같다.

<표 3-8> 아파트건설의 일반적 인·허가 절차

대지조성단계		사업계획승인 및 건축단계			건축 후 단계
입지선정	사업주체선정	영향평가	사업승인	건축	분양
부지확보 ↓ 용도지역 검토 ↓ 용도변경	사업주체 선정 ↓ 사업자 등록	초안작성 의견수렴 ↓ 영향평가서 작성 ↓ 협의 및 보완	사업계획 승인신청 ↓ 사업계획 승인	착공신고 ↓ 사용승인	입주자모집 ↓ 청약접수 ↓ 계약체결

주) 건축 후 단계의 입주자 모집은 후분양인 경우임.

대지조성단계는 입지 가능한 용도를 찾거나 입지가능하도록 용도 변경을 하고 사업주체를 선정하여 주택건설사업자 등록을 하면 된다. 사업계획승인 및 건축단계는 주택법 등 개별법에 의한 사업계획승인을 받아 건축하는 단계로서 사업계획승인 전에 영향평가 (영향성검토) 대상은 영향평가 초안을 거쳐 영향평가서를 작성하고 협의 보완절차를 거쳐야 한다.

사업계획승인을 득한 경우에는 각 개별 법률에 의한 승인, 허가, 인가 등의 사항을 관련서류를 첨부함으로써 의제처리 받을 수 있다. 사업승인 후 착공신고를 하고 아파트를 건설하여 완료하면 사용승인을 신청하여 득하면 사업계획승인 및 건축단계는 완료된다. 건축 후 단계는 입주자를 모집하고 청약접수를 받은 후 계약체결을 하면 인·허가 절차가 완료된다. 물론 주택도시보증공사에 보증을 받으면 착공과 동시에 입주자를 모집을 할 수 있다.

이와 같은 인·허가 절차를 보다 세부적으로 구분하여 설명하기 위하여 먼저 계획입지 내에서 아파트건설을 하고자 하는 경우를 예를 들어보면 다음과 같다.

국가 등이 시행하는 도시개발구역 또는 택지개발지구에서 공동주택용지를 분양받은 민간주택건설업체는 해당사업에서 정한 토지이용계획 및 지구단위계획의 내용에 어긋나지 않는 범위 내에서 사업계획에 승인을 얻어야 한다.

주택법에 의한 사업계획승인 시 건축법 등 24개의 개별법에서 규정하고 있는 건축허가와 각종 사항들이 의제처리 되며 의제처리에 필요한 서류를 제출하여야 한다. 사업계획승인을 얻은 후에는 착공신고를 하고 일정공정이 지난 후(주택보증을 얻는 경우에는 착공과 동시)에 주택공급규칙에 의한 입주자를 모집하고 청약접수를 받은 후 계약체결을 하는 순으로 진행된다.

둘째, 개별입지에서 아파트건설 사업을 시행하는 경우는 앞에서 살펴본 바와 같이 개발행위허가, 비도시 지구단위계획에 의한 아파트건설사업, 주택법에 의한 아파트건설사업, 도시개발사업(민간)에 의한 아파트건설 사업으로 구분할 수 있다.

(1) 개발행위허가 또는 도시외 지구단위계획에 의한 아파트건설사업

아파트를 건설하기 위해서는 가장 먼저 해야 할 일은 공동주택 입지에 맞는 용도지역을 찾는 것이다. 우리나라의 용도지역·지구는 국토의계획및이용에관한법률에 규정되어 있다. 용도지역은 도시지역, 관리지역, 농림지역, 자연환경보전지역으로 나누어지며, 도시지역은 주거, 상업, 공업, 녹지지역으로 세분되며 이들 지역은 각각 다시 세분된다. 관리지역도 계획관리, 생산관리, 보전관리지역으로 세분된다. 아파트 가능입지는 국토계획법 시행령 [별표 2]~[별표 25]와 지자체의 도시계획조례로 정해진다.

같은 용도지역에서 종을 변경하거나 도시관리계획 변경절차를 거쳐 아파트 가능입지로 용도변경을 할 수 있다. 이 과정은 도시관리계획 변경절차에 따라서 진행되며 도시계획위원회의 심의를 거쳐 도시기본계획 등 상위계획에 부합하는 토지(도시기본계획에 주거용지나 시가화예정용지로 지정된 자연녹지)에 한하여 용도변경을 하거나 지구단위계획구역을 지정할 수 있다.

비도시지역인 계획관리지역에서는 주택법에 의한 사업계획승인 전에 도시지역외 지구단위계획을 수립하도록 되어 있으며 규모도 10만m² 이상으로 제한하고 지구단위계획의 내용도 주거형 지구단위계획으로 도시내 지구단위계획과 차이가 있다.

개발행위허가에 의한 아파트건설사업은 일반적으로 30세대 미만으로서 규모가 작아 소규모로 건축허가에 의하여 아파트를 건설하며 공사완료 후에 분양을 하게 된다.

건축행위를 하는 경우에는 국토계획법에 의한 개발행위허가를 먼저 받아야 하지만 도시지역 외 지구단위계획을 수립한 지역에서는 개발행위허가를 받지 않고 사업계획승인을 받은 후 공사를 착공하게 되며 일정공정이 지난 후(주택보증을 얻는 경우에는 착공과 동시)에 주택공급규칙에 의한 입주자를 모집하고 청약접수를 받은 후 계약체결을 하는 순으로 진행된다.

사업계획승인 전에 영향평가서를 작성하여 협의하고 보완하여야 한다.

(2) 주택법에 의한 아파트건설사업

일반적으로 주택법에 의한 아파트건설사업도 대지조성단계는 개발행위허가의 방법과 동일하나 연간 30세대 이상의 주택건설 사업을 시행하기 위해서는 주택건설사업자로 등록하여야 한다. 사업계획승인 및 건축단계에서는 이와 같이 등록한 주택건설사업자가 아파트건설 입지를 선정한 후 아파트건설 사업계획서를 작성하여 사업계획승인을 신청하여야 한다. 사업계획승인신청 전에 영향평가를 협의하여야 하며 사업계획승인 신청 후 지구단위계획을 수립하여 협의하여야 한다. 주택법에 의한 주택건설사업의 지구단위계획을 수립하는 경우는 지구단위계획구역 지정절차 및 지구단위계획입안 및 결정절차 중 주민의견청취, 시·군 도시계획위원회의 자문, 시·도 도시계획위원회의 심의 등 사전절차는 생략할 수 있으며 지구단위계획에 대한 도시관리계획결정조서, 도시관리계획결정도, 계획설명서 및 보고서 작성시 필수적인 항목을 주택법에 규정에 의하여 설치하는 기반시설, 건축물의 용도, 건폐율, 용적률 및 높이의 최고한도 또는 최저한도로 한정한다.

이렇게 하여 사업계획승인을 받은 후 착공신고를 하고 일정공정이 지난 후(주택보증을 얻는 경우에는 착공과 동시)에 주택공급규칙에 의한 입주자를 모집하고 청약접수를 받은 후 계약체결을 하는 순으로 진행된다.

(3) 도시개발사업에 의한 아파트건설사업

도시개발사업에 의한 아파트건설을 위해서는 먼저 도시개발구역으로 지정받고 사업시행자로 지정받아야 한다. 사업시행자로 지정되고 본격적인 실시계획의 입안 및 지구단위계획수립과 관계기관의 협의(각종 영향평가포함)를 통하여 실시계획인가를 받게 되면 도시개발사업의 시행방식이 결정되는 것이다. 여기서는 수용·사용 방식은 생략하고 환지방식으로 사업을 시행하는 경우로 한정하여 인·허가 절차를 설명하고자 한다.

실시계획인가를 받기 위해서는 광역교통개선대책을 수립해야 하며 환경영향평가, 교통영향평가, 재해영향평가 등 각종영향평가에 대한 협의와 에너지이용합리화계획에 대해서 협의하여야 한다. 민간이 시행하는 도시개발사업은 실시계획 승인 시 주택사업승인이 의

제처리 된다. 실시계획인가를 받은 후 환지계획을 작성하고 착공신고를 한다. 공사를 완료하여 준공검사를 받은 후 환지처분을 하고 등기신청과 청산절차까지 진행하면 도시개발사업에 의한 아파트건설 사업이 완료된다.

2) 산업시설(공장)

공장을 설립하고자 하는 경우 먼저 공장을 개별입지에 공장을 건설할 것인가 아니면 산업단지에 입주하여 공장을 건축할 것인가를 결정해야 한다.

[그림 3-3] 공장입지의 일반적 절차

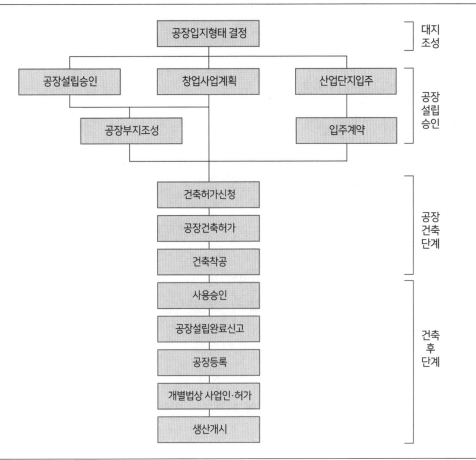

만약 개별입지에 공장을 설립하고자 하는 경우에는 산업집적활성화및공장설립에관한 법률 제8조에 의한 공장 입지기준에 용도지역별로 허용 또는 제한되는 공장의 업종, 규모, 범위 등을 체크하고 공장설립승인 또는 창업계획승인 둘 중 하나를 선택하여 공장 부지를 조성해야 한다. 물론 개발행위허가나 지구단위계획으로 공장 부지를 조성할 수 있다.

한편 계획입지인 산업단지에서 공장을 건설하고자 하는 경우는 국가 등에서 기 조성한 산업단지를 분양받아 입주계약을 체결하여야 한다.

그 이후 단계는 개별입지든 계획입지든 간에 구별하지 않고 건축허가를 얻어 착공하고 공사완료 후 사용승인을 얻음으로써 건축단계는 완료된다.

사용승인 후 공장설립완료 신고를 하고 공장을 등록하면 건축 후 단계가 완료된다. 이를 그림으로 표시하면 [그림 3-3]과 같다.

3) 관광·체육시설(등록체육시설)

개별입지에 민간이 골프장 등과 같은 등록 체육시설을 건설하는 경우에는 지구단위계획에 의해서만 가능하다.

2011년 6월 30일 헌법재판소에서 "'국토의 계획 및 이용에 관한 법률' 제2조 체육시설 정의 조항이 포괄적으로 규정돼 있어 공공필요성이 부족한 일부 시설(민간 골프장 등)을 설치하기 위해 수용권이 과잉행사될 우려가 발생하게 된다"면서 '헌법불합치' 결정을 함에 따라 민간이 골프장 등 체육시설 건설은 도시계획시설로 설치할 수 없게 되었다.

2011년 11월 28일 국토교통부는 '도시계획시설의 결정·구조 및 설치기준에 관한 규칙'에서 민간이 설치하는 골프장은 도시계획시설로 설치할 수 없도록 일부 개정되었다.

(1) 지구단위계획에 의한 체육시설개발

민간 개발업자가 골프장이나 스키장과 같은 등록체육시설을 건설하려면 이제는 도시·군계획시설로는 불가능하고 지구단위계획에 의해서만 가능하다.

먼저, <표 3-9>에서 보는 바와 같이 골프장을 건설하기 위하여 개발업자는 80%이상 대상 토지를 확보한 상태에서 시·군에 주민입안을 제안하고 제안을 받은 시·군은 지

<표 3-9> 지구단위계획에 의한 체육시설 인·허가 절차

대지조성단계	사업계획 및 건축단계	건축 후 단계
기초조사	교통영향평가(27홀 이상) 환경영향평가 사전재해성평가	등록
↓		↓
주민입안제안	협의 ↓ 매수	검토
↓	사업계획신청	↓
도시관리계획작성	토지사업권 ↓ 100%확보	등록증 교부
↓	사업계획승인 도 → 사업자	
지방의회의견청취	↓	
↓	착공	
주민의견청취	↓	
↓	회원모집	
도시관리계획 결정신청 (지구단위계획구역지정 및 지구단위계획)	↓	
↓	준공검사	
관계행정기관장협의	↓	
↓	공사완료 공고	
도시계획위원회심의		
↓		
도시관리계획 결정고시 (지구단위계획구역지정 및 지구단위계획)		
↓		
시행자 지정		

구단위계획구역지정 및 지구단위계획을 위한 도시관리계획 입안절차 이행을 위해서는 주민의견청취, 시·군 의회 의견청취, 시군도시계획위원회 자문을 거쳐서 도시관리계획(지구단위계획구역지정 및 지구단위계획)결정신청을 하고 관계행정기관장관 협의 후 도시계획심의를 마치고 도시관리계획(지구단위계획구역지정 및 지구단위계획)결정고시를 받으면 시행자가 지정되고 시행자는 사업계획신청전에 교통영향평가, 환경영향평가, 사전재해성평가 등

을 받아야 한다. 사업계획승인 신청을 하려면 100% 토지사업권확보를 해야 하며 사업계획승인 후에 착공신고를 하고 일정한 공정률이 진행되면 회원모집을 할 수 있다.

공사를 완료한 후에 준공검사를 득하고 공사완료 공고를 한 후 등록을 하고 등록증을 교부받으면 인·허가 절차가 종료된다.

(2) 관광단지내 체육시설 개발사업

관광단지내 체육시설개발사업이란 관광진흥법에 의해서 지정된 관광단지내에서 체육시설을 설치하는 것으로 체육시설의설치·이용에관한법률 등 개별법에서 정하는 기준으로 설치한다는 점에서 개별입지와 마찬가지다.

관광단지 안에서 체육시설은 <표 3-10>에서 보는 바와 같이 도시관리계획 변경 또는 도시계획시설결정 등의 절차가 필요 없다. 관광단지내에서의 사업시행은 관광단지개발사업의 시행자로 지정받아 조성계획을 작성하면 도시관리계획 결정 및 실시계획인가가

<표 3-10> 관광단지내에서 설치사업에 체육시설 인·허가 절차

대지조성단계	사업계획 및 건축단계	건축 후 단계
관광단지 지정신청	사업계획승인신청	등록
↓	↓	↓
조사 및 측량	관계기관장 협의	등록심의 위원회 심의
↓	↓	↓
관계 행정기관장 협의	사업계획승인서 교부	등록증 교부
↓	↓	
관광단지지정고시	착공	
↓	↓	
시행자지정	회원모집	
↓	↓	
조성계획승인신청	준공검사	
↓	↓	
관계행정기관장협의	공사완료 공고	
↓		
조성계획승인		

의제 처리되므로 별도의 도시관리계획 절차 없이 서류제출만으로 체육시설을 설치할 수 있다. 사업계획승인 및 건축단계에서는 사업계획을 신청하여 관계기관장과의 협의를 하고 사업계획승인을 받으면 착공신고를 한 후 일정한 공정이 지난 후 회원모집을 한다. 공사를 완료하면 준공검사를 실시하고 공사완료 공고를 하게 된다. 공사완료 후 체육시설등록을 하고 사업을 개시한다.

3. 부동산 입지분석

부동산개발사업에서 입지분석을 하는 목적은 크게 2가지로 분류되는데, 사업아이디어는 갖고 있으나 사업부지가 정해져 있지 않은 경우에는 그 사업아이디어에 맞는 최적의 부지를 선택하기 위한 것이고, 토지는 소유하고 있으나 사업아이디어가 없는 경우에는 그 토지의 최유효이용방안을 모색하기 위해서 입지분석을 실시하며, 만약 사업아이디어가 있다면 그 사업아이디어가 그 부지에 적합한지를 검토하기 위해 입지분석을 실시해야 한다.

1) 입지분석의 의의

입지분석이란 부동산이 위치하고 있는 인문적, 자연적 주변환경(입지조건)을 분석하는 것을 말한다. 부동산개발사업에서는 코로나19 이전에는 첫째도 입지, 둘째도 입지, 셋째도 입지일 정도로 매우 중요했다. 그러나 제4차 산업혁명과 코로나19 이후에는 주거시설을 제외하고는 온라인 쇼핑, 재택근무, 영상회의 등으로 입지의 중요성이 감소되고 우리나라 잠재고객으로 등장한 2030세대들의 메타버스와 NFT, 블록체인 등의 패러다임변화로 인한 트렌드의 변화와 미국을 비롯한 글로벌 경기의 초불확실성으로 인한 거시경제환경이 중요해지고 있다.

2) 입지분석의 구분

인문적 입지조건은 법률·행정적 조건과 사회·경제적 조건 분석으로 구분할 수 있다.

법률·행정적 입지조건은 관련법규 규제 및 건축제한 사항 등이며, 사회적 조건은 ① 스마트 인프라환경, 공공시설 정비상태, ② 도로, 교통조건, ③ 공해, 위험, 혐오시설 등이다.

눈에는 보이지 않는 법률·행정적 조건은 고려대상 부동산을 포함한 주변지역의 용도지역/지구가 장래 발전에 장애가 되는 군사시설보호구역이나 문화재보호구역 등이 지정되어 있거나 개발제한구역이 지정되어 있다면 개발업자는 고려대상 부동산은 매입을 포기해야 한다.

경제적 입지조건은 직업, 인구특성, 소득수준, 생활양식 등이 있다. 이러한 내용은 통계청의 통계자료나 지자체의 관련 통계로서 파악할 수 있다.

자연적인 입지조건 분석은 상권단절, 부지의 지형, 지세, 지질, 면적 등을 분석한다.

판매시설은 상권단절 된 지역은 고객창출형이 아니라면 적합한 입지가 아니다. 지형은 토지이용계획이나 건축설계시에 부정형인 경우에 건폐율이나 용적률에 불리하기 때문에 개발업자는 인접토지와의 교환여부 및 매입여부로 부가가치를 높일 수 있는지를 검토하여야 한다.

고층의 건물을 고려한다면 연약지반이라면 암반지점까지 지지력을 위해 파일을 박아야 하고 지표면에서 얕은 곳에 강암이 나타난다면 무진동 암파쇄 공법을 사용해야 하는데 소요비용과 가능여부를 검토하여야 한다.

3) 입지의 규모나 범위

입지의 범위와 규모는 개발업종에 따라 다르며 이는 제4장의 입지분석을 참조하기 바란다.

4) 입지분석의 절차

입지분석의 절차는 개발대상지역의 도시기본계획을 참고로 도시 및 지역분석, 인근지역분석, 부지분석 순으로 실시하며, 자세한 내용은 제4장 입지분석을 참조하기 바란다.

4. 부동산 시장조사·분석

부동산 시장분석도 제4차 산업혁명과 코로나19로 인한 온라인 쇼핑 등으로 인해 대형 백화점이나 쇼핑센터는 메타버스공간을 제공하여 온라인 쇼핑의 시너지효과를 누릴 수 있고 최첨단시설인 로봇과 디지털 무인매장을 통해 호기심을 불러 일으켜 집객효과를 노리고 인건비를 줄임으로써 경쟁력을 강화할 수 있다.

부동산 시장분석을 위해서는 시장분석에 대한 의의와 목적, 시장분석의 주요내용 그리고 시장분석의 종합적인 접근방법을 이해해야 부동산개발사업에 보다 더 효율적으로 활용할 수 있다.

1) 시장분석의 의의와 목적

시장분석의 목적을 달성하기 위해서는 시장분석에 앞서 부동산시장의 특성을 잘 이해하여야만 한다.

부동산시장은 일반상품시장과는 달리 부동산시장만이 갖고 있는 특성이 있는데, 그 특성을 살펴보면 다음과 같다.

첫째, 부동산시장은 부동산의 고정성이란 특성 때문에 국지적으로 형성된다. 다시 말하면 동일한 국가 내에서도 동일한 시장이 아니라 지역마다 다른 지역시장을 형성한다.

둘째, 거래의 비공개성과 정보의 불완전성이다. 부동산거래 가격을 공개하는 것이 아니라 매매 당사자만이 알고 있으며 경우에 따라서는 정부규제, 세금 등을 피하기 위해 실제와 다른 조건의 거래내용을 신고하므로 이런 정보는 불완전하다.

셋째, 비표준화성이다. 부동산의 개별적인 특성으로 인해 부동산시장을 복잡하게 하고 다양하게 하여 상품의 표준화를 불가능하게 하기 때문이다.

넷째, 시장의 비조직성이다. 부동산시장은 지역성, 거래의 비공개성, 비표준화 등으로 인해 시장의 조직화가 거의 불가능하다.

다섯째, 수급조절의 곤란성이다. 부동산의 수요·공급곡선은 비탄력적이므로 가격이 하락하더라도 수요가 늘어나지 않으며 수요가 급증하더라도 여기에 맞추어 공급을 제때 할 수가 없다.

여섯째, 환금성이 부족한 시장이다. 주식시장에 상장한 부동산리츠는 자금이 필요한 경우 수일 안에도 현금화할 수 있으나 실물 부동산은 현금화하는 데 최소한 수개월 이상 소요된다.

일곱째, 부동산시장은 정부정책에 많은 영향을 받는다. 이에 부동산경기에 영향을 미치거나 가격이 왜곡되고 가격조절기능이 상실되는 경우가 많다.

(1) 시장분석의 개념

부동산 시장분석(market analysis)이란 시장성분석을 포함하는 개념으로 개발이나 투자와 관련된 의사결정을 하기 위하여 거시적으로는 거시경제지표(물가, 금리 등과 일반경기)를 분석하는 것이다. 미시적으로는 부동산의 특성상 용도별, 지역별로 각각의 시장의 수요와 공급에 미치는 요인들과 수요와 공급의 상호관계가 대상물건(대상부동산)의 가치에 어떠한 영향을 미치는가를 조사·분석하는 것을 말한다.

(2) 시장분석의 구분

부동산 시장분석은 ① 거시적 시장분석, ② 미시적 시장분석, ③ 시장차별화, ④ 시장세분화로 구분된다.

① 거시적 시장분석

거시적 시장분석은 당해 부동산이 속한 지역에 영향을 주는 거시경제지표들과 일반경기와 더불어 변동하고 있는 부동산의 경기변동을 분석하고 예측하는 것이다. 현 시장의 상황분석은 부동산 경기순환과 인근지역 생애주기를 통하여 가능하다. 또한 그 지역의 입지적 시장 환경 특성과 정부의 부동산에 대한 정책환경도 신중히 고려해야 한다. 부동산경기의 장기하락 국면인 경우에는 개발사업종류나 개발착수 시점이 중요하기 때문에 부동산시장을 수시로 분석하여 개발시점에서 완료시점을 보다 정확하게 예측해야 한다. 개발업자는 장기 하락 국면에서도 단기 상승기에 분양이나 임대를 하여야 부가가치를 극대화할 수 있다.

② 미시적 시장분석

미시적 시장분석은 세부 각 시장의 현황분석을 위해 통계조사, 현장조사, 설문조사 등

의 방법으로 조사한 정보를 이용하여 수요량의 파악과 적정한 공급규모의 산정 및 가격
결정을 도출해 내는 일련의 작업이다.

시장분석을 어렵게 만드는 것은 시장분석이 단지 현재 상황을 보고하는 것에서 그치는
것이 아니라 미래의 수요·공급에 대한 예측을 포함하고 있기 때문이다. 미래에 대한 예
측이 어려운 것은 계획된 프로젝트의 결과를 장래에 일어난다고 가정하여 미래의 소득과
비용을 자본환원율(할인율) 등으로 할인하여 현재가치로 평가해야하기 때문이다.

공간AI 전문 기업 부동산 및 금융혁신을 목표로 빅데이터와 인공지능기술을 활용하여
부동산에 대한 가치평가 기준을 제공하는 프롭테크 기업이다. 다양한 서비스를 제공하는
플랫폼을 활용하여 주거시설 시세를 조회하고 상권매출 추정을 한다면 시간을 절약 할
수 있다.

미국감정평가협회(AI: Appraisal Institute)의 정의에 따르면 시장분석은 수요와 공급 의
상호관계가 대상물건의 가치에 어떤 영향을 미치는가를 조사·분석하는 것으로 시장 조건
을 조사대상 부동산과 연관시키는 것이다. 따라서 시장분석은 지역에서 발생하는 수요규
모를 파악하고(수요분석), 이러한 수요에 부합하는 공급량을 추정하는 것이다(공급분석).
이러한 수요·공급분석과 경쟁분석(competitive analysis)을 통해 과다한 공급이나 충족되
지 못한 수요가 있는지 여부를 판단하는 것이다.

③ 시장차별화

시장분석을 용이하게 하기 위하여 부동산시장을 몇 개의 하위시장으로 나눌 수 있다.
전체시장을 보다 작고 동질적인 몇 개의 작은 하위시장으로 나누는 과정을 시장차별화
(market disaggregation)라고 한다.

토지이용의 유형에 따라 ① 주거용(residential) 시장, ② 상업용(commercial) 시장, ③
산업용(industrial) 시장으로 분류해 볼 수 있다. 다시 주거용 부동산은 단독주택과 공동주
택(다세대, 연립, APT 등), 지역에 따른 도심주택과 전원주택 등으로 나눌 수 있으며, 소유
형태에 따라서 매매시장과 임대시장으로 구분될 수도 있다.

④ 시장세분화

시장차별화를 통해서 구체적인 부동산 제품을 명확히 구분하게 되면 관심의 초점은 소
비자 측면으로 옮겨진다. 소비자들은 유사한 특성을 가진 그룹으로 분류되어질 수 있으며

구체적인 부동산 제품에 대한 그들의 선호는 유사한 특징을 나타낼 것이다. 유사한 특징을 가진 보다 작은 그룹들로 소비자를 세분하는 과정을 시장세분화(market segmen tation)라고 한다.

소비자 특성에 따라 세분해 보면 다음과 같이 구분된다.

① 소비자의 연령과 성별 등 인구통계학적 특성

② 소비자의 경제적 특성(소득)

③ 소비자의 생활양식 및 의식구조 등

시장분석을 위한 자료로서 1차자료(primary data)와 2차자료(secondary data)를 사용하는데, ⅰ) 1차 자료는 분석가가 직접 조사하는 자료로서 ㉠ 분양가, ㉡ 임대가, ㉢ 분양률, ㉣ 공실률, ㉤ 임대율, ㉥ 권리금 등이 있으며, ⅱ) 2차자료는 다른 사람이나 기관에 의해 가공된 자료로서 ㉠ 인구통계자료, ㉡ 토지가격, ㉢ 분양률, ㉣ 소득에 관한 통계자료, ㉤ 소비자의 의식수준 등이 있다. 2차 자료를 시장분석가가 직접 조사하는 경우는 1차 자료가 된다.

(3) 시장분석의 목적

부동산 시장분석을 실시하는 목적은, 첫째, 최유효이용을 전제로 한 시장가치추계이고, 둘째, 예상프로젝트가 매매 또는 임대 차원에서 수요자들로부터 인정받을 수 있는가를 판단하기 위해서 실시하며, 셋째, 기존용도 및 대체용도, 투자대안으로서 가능성을 판단하는 데 사용할 수 있다.

2) 시장분석의 주요 내용

시장분석의 주요 내용에는 여러 가지가 있지만 미국도시토지연구소(ULI: Urban Land Institute)의 시장분석 내용을 살펴보면 <표 3-11>과 같다.

<표 3-11> 미국도시토지연구소(ULI) 시장분석의 주요 내용

주요범주	주요항목	상세항목
배경	인구학적 동향	
	공간 동향	
시장범위	1차 시장	
	필요한 경우 2차 시장과 3차 시장	
프로젝트 수요-공급	프로젝트 수요	수요원천의 성장 추세
		공간 수요로 전환 가능
	프로젝트 공급	기존 재고의 공실률
		계획 중인 프로젝트의 확장 및 개량규모
		신규 재고
		총공급: 유형, 수량, 가격 및 임대 범위, 입지, 스케줄
	미 충족 스케줄	유형, 수량, 가격 및 임대료 범위, 스케줄
순 흡수율 결정	시장 점유 경쟁력	경쟁특성: 유형, 수량, 가격 및 임대료 범위, 입지, 스케줄
	프로젝트 순 흡수율	1차 시장. 필요한 경우 2차와 3차 시장
개발프로필	수량, 유형, 임차인 구성, 가격 및 임대료 범위 개발 스케줄	

자료) 감정평가연구원, "오피스시장 분석방법", 삼성에버랜드, 2000, p.66.

5. 예비설계 및 경제성분석

부동산개발사업의 초기 수지분석을 위해서는 건축계획 및 설계(조경 포함)에 관한 지식
이 필요한데, 이 경우에는 단지계획과 개략적인 건물의 매스를 결정하는 것이 일반적이다.
토지이용계획(단지계획), 배치계획, 평면계획, 단면계획과 주차장계획 등도 개략적으로
필요하다. 최근에는 단지계획시는 주변 입지현황도 고려해야하기 때문에 드론으로 주변
지역을 촬영하여 CAD로 토지이용계획을 실시한다. 다양한 대안을 검토하여 최적의 대안
을 선정해야 한다.
상업시설인 경우, 최적규모산정을 위해서는 시장조사에 따른 층별 분양가와 건축비(사
업비)를 비교할 수 있는 능력과 지식이 필요하다.
한편, 경제성분석은 크게 공공부분과 민간부분으로 나눌 수 있다. 공공부문은 비용/편

익 분석으로 형평성, 효율성을 적절히 조화를 기하고, 민간부문에 있어서는 주로 재무적 타당성 분석으로 수익성분석과 현금흐름분석과 투자분석이 주를 이룬다.

민간부문의 수익과 위험의 측정은 경영학의 통계기법인 소득의 기대치와 위험을 나타내는 지표인 표준편차를 사용해야 하기 때문에 이에 대한 지식이 필요하다.

수지분석의 구성요소로서 수입이나 비용을 추정하는 경우, 수입은 주로 분양가나 임대가 이므로 시장조사에 의하여 수집된 자료를 이용하여 시장접근법으로 평가하거나 비용접근법이나 소득접근법의 평가기법으로도 분양가나 임대가를 산출할 수 있다.

최근에는 부동산가격이 그 구성요소의 특성에 따라 차별화되므로 특성가격함수(Hedonic Price Function)에 의한 시장가치를 회귀분석과 같은 통계적 방법을 사용하여 추계함으로써 분양가나 임대가를 산출한다.

비용에 있어서 토지가격은 시장조사에 의한 시장접근법의 평가기법에 의하고 토지취득에 따른 취득세는 조세론의 지식과 세무사의 도움이 필요하고, 건축비는 건축설계에 의한 견적으로 산정되기 때문에 적산과 견적에 대한 기술적 지식과 함께 건축사의 도움이 필요하다.

건축 인입비는 전기, 상하수도, 가스 등을 인입하는 데 드는 비용이다. 판매 및 관리비는 주로 판매비와 일반관리비로 구성하는데, 판매비는 홍보비, 판촉비, 판매용역비 등이고 일반 관리비는 주로 구성원들의 급여와 업무와 관련한 사무실 관리에 필요한 관리비이다.

또한 수지분석은 3년 이내의 단기프로젝트는 손익분석과 5년 이상의 장기프로젝트는 시간가치를 고려해야하기 때문에 현금흐름분석을 실시한다.

장기적인 임대형 개발사업의 경우는 현금흐름 분석이 중요하며 특히, 투자의사결정의 기준이 되고 할인현금수지법인 순현재가치(NPV)와 내부수익률(IRR)에 관한 지식을 활용해야 한다.

민감도분석은 수입과 지출 중 한 요소만 변화시켰을 때 수익률의 변화를 체크해 봄으로써 위험을 줄일 수 있는 기법이다. 이는 시뮬레이션의 일종으로 이에 대한 지식 역시 필요하다.

실제사례는 제4장 재무적 타당성 분석 사례수지분석의 민감도분석을 참조하기 바란다. 그런데 민감도분석은 확률을 기반으로 경기시나리오(호경기, 불경기, 보통경기) 가격시나리오(분양가, 건축비, 토지비등이 5% 상승하는 경우와 하락하는 경우), 분양율 시나리오(초기 분양률이 80%, 100%, 120%인 경우), 자금조달 비용시나리오(이자율이 4%, 6%, 8%인 경우)에 따른 민감도 등 다양한 방법으로 리스크를 줄일 수 있다. 그러므로 개발업자는 이와 같은 민감도분석을 적극 활용하여야 한다.

부지확보 단계

1. 토지(부지) 확보 및 필요지식 활용

해당 토지(부지3))가 예비적 타당성 검토에서 물리적·법적·경제적으로 타당하다고 할지라도 실질적인 타당성분석을 하지 않았기 때문에 바로 부지를 매입하지 말고 확보만 해놓는다. 부지확보 방법에는 부지를 직접 매입하는 방법(개인 혹은 기업으로부터 매입, LH공사 등으로부터 매입), 경매·공매에 의한 매입방법, 지주공동 사업방법 등이 있다

부지는 개발사업의 재료로서 부지확보의 성공여부는 개발사업의 성공여부에 직결되기 때문에 아주 중요한 단계이며, 또한 시간적 여유도 없으므로 부동산 옵션계약4)을 통해서 부지를 확보한다면 리스크를 줄일 수 있다. 그러나 아직 우리나라는 이제도가 실행되지 못하고 있다. 그 이유는 지금까지 토지는 수요자 우위의 시장이었기 때문이다.

같은 부지에 사업성이 담보되거나 다수의 매수자가 생길 경우에는 옵션계약이나 조건부계약은 불가능하다. 이 경우에는 부지를 먼저 구입해야하기 때문에 매매계약서의 중요성 대두된다. 그러므로 고려대상 토지에 대한 인·허가 가능여부의 공법적 지식과 계약과 관련한 사법(물권법과 민법총칙)에 관한 충분한 지식이 필요하다.

---

3) 부지는 정해진 시설의 사업을 위한 토지를 말한다. 예를 들면 호텔부지, 아파트부지 등이 있다.
4) 옵션을 산다는 말은 개발업자가 특정한 시간 내 특정한 가격으로 그 부지를 배타적으로 살 수 있는 권한을 산다는 것을 의미하는데, 우리나라에서는 보편화되어 있지 않다.

2. 토지(부지)를 직접 매입하는 방법

어떤 개발업자가 토지를 매입하려고 한다면 먼저 계약을 하여야 하는데 일반적으로는 계약금을 지불한 후 얼마기간이 지난 후에 중도금과 잔금을 지불한다. 경우에 따라서는 계약금을 지불한 후에 인·허가를 득한 후에 중도금과 잔금을 지불하는 경우인데 이 경우에는 PF 등의 대출을 받아 중도금과 잔금을 지불하기도 한다. 만약 도시개발사업 중 환지방식으로 사업을 하는 경우에는 조합을 설립하기 위한 일정한 조합원과 면적에 대한 법적 동의서를 받아야 토지 사용권원을 확보하게 된다. 어떠한 경우든 간에 협약서나 계약서를 작성하게 된다. 협약서나 계약서의 형식은 다양하나 유리한 입장에서 계약체결과 경매·공매 시 권리분석을 위한 물권법과 민법총칙의 무효와 취소에 관한 지식 그리고 계약에 관한 지식과 국토계획법의 도시기본기본계획과 도시개발법의 사업진행에 필요한 절차에 관한 지식을 충분히 숙지하고 있어야 한다.

1) 부동산 권리분석을 위한 지식

부동산을 매매 또는 임대차하거나 경매·공매 등에 참여하고자 하는 경우에는 권리분석을 하여야 하는데, 이 권리분석을 위해서는 사법인 민법 중 '물권법'에 관한 기본적인 지식이 있어야 한다. 여기서, 물권의 대상이 되느냐 안 되느냐는 지배할 수 있는지 없는지에 따라 구분할 수 있다.

우리나라 민법에서 규정하고 있는 물권의 종류는 소유권과 제한물권 그리고 점유권으로 나눌 수 있는데, 제한물권을 다시 용익물권과 담보물권으로 나누고, 용익물권은 사용가치를 우선시하는 지상권·지역권·전세권으로 세분할 수 있으며, 담보물권은 교환가치를 우선시하는 유치권·질권·저당권 등으로 세분할 수 있다. 여기서 부동산은 질권 설정이 불가능하다.

이들을 도표로 표시하면 [그림 3-4]와 같다.

부동산개발과 관련하여 물권들에 대하여 간단히 설명하면 다음과 같다.

[그림 3-4] 물권의 분류

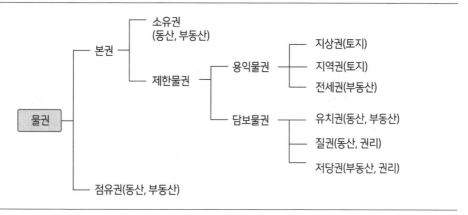

자료) 김용한, 물권법, 서울: 박연사, 1996, p.37.

(1) 점유권

민법은 물건을 사실상 지배하는 경우에는 점유권을 가진다. 점유권은 점유라는 사실을 법률요건으로 하며 그것은 일종의 물권으로서 다루어진다.

(2) 소유권

소유자가 법률의 범위 내에서 그 소유물을 사용, 수익, 처분할 권리를 말한다.

(3) 지상권

지상권이란 타인의 토지에 건물, 기타의 공작물이나 임목을 소유하기 위하여 그 토지를 이용할 수 있는 용익물권이다. 만약 20년간 토지에 지상권을 설정한다면 그 토지에 건물을 지어 20년간 사용·수익 후 철거후 반환하면 된다.

(4) 지역권

지역권이란 설정행위에 의하여 정해진 일정한 목적을 위하여 타인의 토지를 자기 토지의 편익에 이용할 수 있는 용익물권이다. 지역권에 있어서 편익을 받는 토지를 요역지라 하고 편익을 제공한 토지를 승역지라고 한다. 이와 같이 고려대상부지가 맹지로서 타인토지를 승역지로 사용하는 경우에 사람의 통행은 가능하나 4m 이상의 건축법상 도로를 건설하고 자 한다면 요역지인 고려대상토지와 교환하거나 승역지의 토지 일부를 매입하여야 한다.

(5) 전세권

전세권이란 전세금을 지급하고 타인의 부동산을 점유하여 그 부동산의 용도에 좇아 사용·수익하며 그 부동산 전부에 대하여 후순위권리자와 기타 채권자보다 전세금에 관한 우선변제권이 인정되는 특수한 용익물권이다. 이와 비슷한 것으로 주택에 대한 임차권이 있는데, 이것은 '주택임대차보호법'에 의한 확정일자를 받고 주민등록을 이전하여 놓고 이주를 마친 경우에는 전세보증금에 대하여 후순위권리자와 기타 채권자보다 우선변제권 이 있다는 점에서 전세권과 같은 효력을 지니나, 다른 점은 전세권은 전세기간 만료 후 보증금을 반환받지 못하는 경우 바로 경매신청이 가능하지만 확정일자를 받은 임차권은 승소판결 후 경매신청이 가능하다는 것이다.

(6) 유치권

타인의 물건 또는 유가증권을 점유한 자가 그 물건이나 유가증권에 관하여 생긴 채권 을 가지는 경우에 그 채권의 변제를 받을 때까지 그 물건을 유치할 수 있는 권리이다. 일 례를 들면, 임차인이 임차한 부동산을 위하여 지출한 필요비용 상환을 받을 때까지 그 임 차물을 보유할 수 있다. 유치권도 목적물에 대하여 경매청구가 가능하다. 유치권행사를 확실하게 하기 위해서는 매일 그 현장에 출입자 명단을 작성하고 현장 변화상황을 일지 로 기록하여 남겨 경매시 법원에 제출하여야 한다.

(7) 질권

채권자가 그 채권을 확보하기 위하여 채무자 또는 제3자로부터 동산 또는 재산권을 채 무의 변제가 있을 때까지 유치함으로써 채무의 변제를 간접적으로 강제하는 동시에 변제 가 없을 때에는 그 동산 또는 재산권으로부터 우선변제를 받을 수 있는 권리이며 약정담 보물권이다. 일반적으로 부동산에서는 개발업자가 신탁회사에 사업토지에 대한 신탁을 의뢰하고 등기를 이전해 주면 신탁회사에서 우선변제 수익권증서를 발급해주는데 만약

금융기관이 PF를 해주는 경우라면 그 금융기관은 최우선변제 수익권증서에 제1순위 질권 설정을 하게 된다.

(8) 저당권

채무자 또는 제3자가 점유를 이전하지 않고 채무의 담보로서 제공한 부동산에 대하여 채무의 변제가 없을 때에는 채권자가 다른 채권자보다 자기 채권의 우선변제를 받을 수 있는 권리이며 약정담보물권이다.

2) 부동산등기사항전부증명서에 관한 지식 활용

우리나라에서는 물권의 변동사항에 대해서는 공시제도를 택하고 있기 때문에 부동산 등기부등본에 기록이 된다. 그렇기 때문에 권리분석을 위해서는 등기부등본을 확인해야 한다. 주의할 점은 우리나라의 부동산 등기에 대한 공신력을 인정하지 않기 때문에 타인이 명의신탁 한 것인지를 파악하는 것은 분쟁을 줄이는 방법이다. 부동산신탁회사와 종중을 제외한 부동산명의신탁은 부동산실명제 위반으로 불법이다. 부동산의 소유자에 대해서는 토지대장과 건물대장이 등기부 등본사항을 보조할 수 있다. 토지대장과 등기부등본과의 소유자가 틀린 경우에는 특별한 사유가 없다면 등기부 등본이 우선한다. 그러나 면적은 토지대장이나 건물대장이 우선한다. 등기의 효력과 등기부의 구성을 살펴보면 다음과 같다.[5]

먼저, 등기의 효력에는 ① 권리변동의 효력, ② 대항의 효력, ③ 순위확정의 효력, ④ 점유의 효력, ⑤ 실체적 권리관계의 존재를 추정하는 효력 등이 있다.

다음으로 등기부의 구성을 살펴보면 등기부는 표제부, 갑구, 을구의 세 부분으로 나누어지는데, 표제부는 부동산의 위치, 사용목적, 면적, 구조, 변동연혁 등 부동산의 표시에 관한 사항이 기록되고 갑구에는 소유권에 관한 사항으로 보존등기, 이전등기, 가등기, 압류, 가처분, 경매신청, 파산, 화의, 가압류, 회사정리와 이런 것들의 권리의 변경등기 및 각 권리의 말소 및 회복등기가 기록된다. 을구에는 소유권이외의 권리사항으로서 지상권, 지역권, 전세권, 저당권, 근저당권, 임차 등의 설정 및 각 권리의 변경사항이 기록되고, 또한 위 각 권리에 대한 가압류, 가처분, 경매신청 등이 기록된다.

---

5) 조주현, 전게서.

3) 계약에 관한 지식

(1) 계약의 의의

두 사람이상의 당사자가 서로 상반되는 의사 표시의 합치에 의하여 성립되는 법률행위를 계약이라 한다. 매매의 경우에는 팔겠다는 청약과 사겠다는 승낙이 있어야 한다.

(2) 계약 자유의 원칙

① 계약은 체결하고 안 하고는 자유라는 계약체결의 자유, ② 서면이건 구두이건 상관하지 않는 방식의 자유, ③ 법테두리 안에서의 계약내용은 자유라는 내용의 자유, ④ 상대방선택을 자유롭게 할 수 있는 상대방선택의 자유 등이 있다.

(3) 계약이 무효가 되는 경우

① 의사능력이 없는 자(정신병자, 식물인간, 농아 등)와의 계약
② 불능한 계약(계약하였으나 계약 전 대상 부동산이 소멸된 경우)
③ 강행 법규 위반계약(토지거래허가구역에서의 무허가 거래)
④ 반사회질서계약
⑤ 불공정한 계약(궁박, 경솔, 무경험자와의 계약)
⑥ 통정허위 표시에 의한 계약(상대적 무효)
  • 채무면탈하기 위한 가장 매매 계약
  • 세금 감면을 위한 가장 매매 계약

(4) 취소될 수 있는 계약

불완전한 계약으로서 ① 행위무능력자(미성년자, 피한정 후견인, 피성년 후견인)와의 계약, ② 사기에 의한 계약, ③ 강박에 의한 계약, ④ 착오에 의한 계약 등이 있고 이러한 계약은 취소할 수 있다. 취소할 수 있는 자는 당사자, 대리인, 승계인(상속인) 등이며, 선의의 제3자에게 대항하지 못한다.

(5) 법인, 종중, 학교 등 재단법인과의 계약

법인과의 계약은 부동산 매매의 경우는 주주총회나 이사회의 방침에 의해 결정된 기관에 의한 결정여부를 확인해야 한다. 대리권이 있는 대리인과 계약할 수 있지만 실제로 대리권이 없으나 대리권이 있는 것 같아 보이는 표현대리를 조심하여야 한다.

종중과의 계약은 종중규약에 나오는 규약에 의하여 선출된 종중회장과 계약을 체결하여야 함은 물론이고, 부동산 매매시 규약에서 인정하는 이사회나 총회에서 결정된 매도결의서와 회의록을 확인하여야 한다.

학교 등과의 계약은 재단이사회의 재산처분승인서등을 확인하고 학교재단이사장과 계약을 체결하여야 한다.

(6) 계약체결과 계약금

계약금은 계약에 대한 증거금으로 통상 전체매매금액의 10%로 하고 있으나, 이것은 법적으로 정해진 것은 아니다. 중도금 몇 %, 잔금 몇 %로도 서로 합의에 의하여 결정한다. 계약금의 성격은 위약금과 해약금의 성격으로 나눠진다.

위약금은 ① 매도인에게 몰수되는 위약계약금, ② 손해배상액의 예정으로서 작용하는 계약금이 있다.

해약금은 상대방이 계약의 이행에 착수하기 전까지 매수자는 계약금을 포기하고, 매도자는 계약금의 배액을 변상하면 계약을 일반적으로 해제 또는 해지 할 수 있다. 여기서, 계약의 이행이라 함은 일반적으로 중도금 수납을 기준으로 한다. 이때, 매도자나 매수자 모두는 공탁제도를 이용할 수 있다. 예를 들어, 매도자가 가격이 오를 것을 대비하여 중도금을 받기 전에 계약 취소를 요구하는 경우, 매수자는 중도금, 잔금 등을 공탁하고 대항 할 수 있다. 만약, 매수자가 먼저 계약금 배액을 공탁한 후 계약 취소를 요구하는 경우는 매도자는 대항할 수 없다.

(7) 계약의 해제, 해지

① 해제는 계약당사자 한쪽의 해제의사표시에 의하여 유효하며, 성립한 계약을 처음부터 효력이 발생하지 않도록 원상태로 회복시키는 것이다.

② 해지는 계약해지시점이전의 계약은 유효하나 계약해지시점부터 계약상태를 무효화 시키는 것이다.

③ 계약해제의 종류

㉮ 서로 약정에 의한 약정해제와 ㉯ 계약상대방의 채무불이행(이행지체, 이행불능, 불완전 이행 등) 등으로 인한 법정해제가 있으며, 여기서 이행지체인 경우에는 상당한 기간 최고 후 해제를 할 수 있다. 그리고 ㉰ 계약당사자의 합의에 의한 합의해제 등이 있다.

3. 경매 · 공매에 의한 방법

부동산경매란 채무자가 채권자로부터 돈을 빌려 갚지 않을 경우, 채권자는 채무자명의의 부동산등의 재산에 대해 법원의 경매절차를 통해 자기채권을 회수하는 절차를 말한다.

공매는 세금체납자나 금융기관의 비업무용 물건을 일반인들에게 공개입찰이나 유찰계약 등의 방법을 통해 매매하는 것으로 공매는 주로 자산관리공사에서 주관한다. 그러나 산림청이나 농협 등에서 행하는 공매도 있다.

경매는 권리분석이 까다롭기 때문에 전문지식을 갖고 있어야 실패하지 않는다.

모든 인수책임은 낙찰자가 져야 한다.

채권자나 세입자가 많을 경우 법적인 변수가 발생할 수 있어 소유권 주장에 어려움이 따를 수 있다. 이러한 경매에 대한 권리분석은 등가시항전부증명서를 통하여 실시할 수 있으며 물권법에 관한 지식을 철저히 숙지하여야 한다.

그러나 공매는 경매보다 가격 면에서 비싸며 비업무용의 경우 3회 유찰까지는 토지거래허가, 임야매매증명이 면제되지 않는다.

압류재산의 경우에는 세입자가 비워주지 않으면 명도소송을 거쳐야 인도명령을 신청할 수 있다는 것도 명심하여야 한다.

4. 지주공동사업에 의한 방법

지주공동사업은 원래 일본에서 정형화된 사업형태로서 세 가지 방식으로 나누어진다. 등가교환방식, 사업수탁방식, 차지방식이 있으나, 차지방식은 토지 임대차에 대한 법이 정비되어 있지 않아 활용이 불가능한 사업방식이므로 우리나라에서는 등가교환방식과 사업수탁방식이 주로 행해지고 있다.

1) 등가교환방식

등가교환방식은 토지의 일부 또는 전부를 개발업자에 제공하는 한편, 개발업자(또는 건설회사)는 제공받은 토지를 개발하고 건축물을 건축하여 토지평가액과 건축비(개발사업비)를 기준으로 양자가 토지는 공유하고 건물은 구분 소유하는 방식이다. 등가교환방식의 계약방식별 유형을 보면 ① 조합에 의한 개발, ② 대물변제예약에 의한 개발, ③ 매매에 의한 개발, ④ 교환에 의한 개발 등이 있다.

등가교환방식의 장점으로 토지소유자 입장에서는 개발에 대한 노하우 없이 개발사업에 참여하고 개발이익을 향유하며, 개발업자 입장에서는 토지비용이라는 초기투자비를 줄일 수 있기 때문에 리스크를 줄일 수 있다. 그러나 토지비용과 개발비용을 산출하는데 의견을 일치하기가 어렵다. 그러므로 객관적으로 서로가 신뢰할 수 있는 방법을 강구하여야 한다.

2) 사업수탁방식

사업수탁방식은 토지소유자가 토지의 소유권은 그대로 둔 채 개발업자에게 사업시행을 의뢰하고 개발업자는 사업대행에 따른 수수료를 취하는 형태이다. 일반적으로 우리나라는 부동산신탁회사들이 사업을 수탁한다. 그러나 PMC라고 하는 부동산개발대행사가 개발사업을 대행해주고 수수료를 취하는 형식의 경우도 있다.

사업자금(건축비 등) 조달은 토지소유자 스스로 하거나 개발업자의 선임대에 대한 임차

보증금으로 가능하다. 건설회사가 개발업자가 되는 경우에는 도급공사비도 함께 향유할
수 있다.

제4절 사업타당성 분석단계

　일반적으로 부동산개발사업 진행은 사업구상과 예비적 타당성 검토, 부지확보, 사업타
당성분석, 협상과 계약체결, 건설, 마케팅, 운영 및 관리단계과정을 거치게 된다. 이 단계
에서는 부지확보를 한 상태이므로 보다 시간적 여유를 갖고 법률적, 경제적, 기술적으로
타당한지를 모두 분석하는 단계이다. 그러므로 완전한 타당성분석을 위해서 제4장의 별
도의 장을 할애하고자 한다. 본 절에서는 제4장에서 다루지 않지만 개발업자가 사업타당
성분석에서 기본적으로 필요하고 꼭 숙지해야 할 내용들을 다루고자 한다.
　본 절에서 서술하는 지식의 순서는 1. 부동산개발관련 주요법률, 2. 부동산시장의 종합
분석, 3. 상권분석, 4. 투자분석, 5. 부동산평가 및 간이타당성분석이다.

1. 부동산개발관련 주요법률과 필요지식 활용

1) 국토의 계획 및 이용에 관한 법률

　'국토의 계획 및 이용에 관한 법률'의 주요 내용은 비도시지역도 도시지역과 마찬가지로
도시계획을 수립해 관리하므로 계획이 선행되지 않으면 개발하지 않는 소위 '선계획－후
개발'의 국토이용체계를 확립하였다. 그 뿐만 아니라 전 국토에 도시계획기법을 적용하였
다. 그 일례로 지구단위계획이나 개발행위허가를 들 수 있는데, 도시·비도시지역 구분

없이 합리적이고 체계적인 개발을 하고자 지구단위계획을 도입하였고, 그 외 모든 토지개발은 개발행위허가를 받아야 한다.

부동산개발업자들이 명심해야 할 것은 종전에는 용도지역·지구에 맞는 건축 자유의 원칙을 적용해 기속재량행위로 관련 법규에 맞으면 모두 인·허가를 해주었으나 이제는 자유재량행위로 전환해 지자체장이 법령에 부합하더라도 계획이 부적합 하거나 기반시설 또는 주변 환경을 고려하여 조건부허가 또는 불허가 처분도 할 수 있다.

개발행위허가는 일정한 규모까지만 가능하고 그것을 넘어가는 경우에는 도시계획위원회의 심의를 거치거나 지구단위계획으로 개발사업을 시행하여야 한다. 그러므로 개발업자는 '국토계획법'을 철저히 숙지하여야 한다.

이 법률에 의한 개발규제를 알아보기 위해서는 도시·군계획의 구성 내용을 이해하여야 한다. 도시·군계획은 크게 도시·군기본계획과 도시·군관리계획으로 나누고, 도시·군관리계획은 다시 용도지역·지구·구역의 지정 및 변경에 관한 계획, 기반시설의 설치·정비 또는 개량에 관한 계획, 도시계획사업, 지구단위계획구역의 지정 또는 변경과 지구단위계획을 말한다.

여기서는 부동산개발사업에 필요한 도시·군기본계획, 도시·군관리계획, 지구단위계획, 개발행위허가 등을 중심으로 설명하고 도시개발사업은 별도로 도시개발법에서 설명하고자 한다.

(1) 도시·군기본계획

도시·군기본계획은 시·군의 관할구역에 대하여 기본적인 공간구조와 장기발전방향을 제시하는 종합계획으로서 도시·군관리계획의 수립지침이 되는 계획을 말한다. 20년마다 도시·군기본계획을 수립하되 수립대상 지역은 특별시, 광역시, 시·군(광역시 안에 있는 군은 제외)을 대상지역으로 한다.

부동산개발업자가 대규모 개발사업을 수행하기 위해서는 먼저 인구나 시가화예정용지를 도시·군기본계획에 반영해야 하므로 포함할 내용과 절차를 이해해야 할 필요가 있다.

① 도시·군기본계획에 포함할 내용
– 지역의 특성과 현황
– 계획의 목표와 지표의 설정(계획의 방향목표지표 설정)

[그림 3-5]   도시·군기본계획 절차도

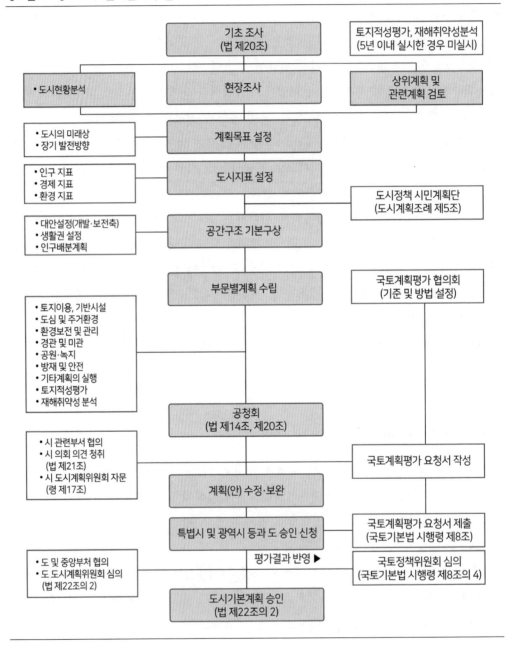

- 공간구조의 설정(개발축 및 녹지축의 설정, 생활권 설정 및 인구배분)
- 토지이용계획(토지의 수요예측 및 용도, 배분용도지역 관리방안 및 비도시지역 성장관리방안)
- 기반시설(교통, 물류체계, 정보통신, 기타 기반시설계획 등)
- 도심 및 주거환경(시가지정비, 주거환경계획 및 정비)
- 환경의 보전 및 관리와 경관 및 미관
- 공원녹지
- 방재·안전 및 범죄예방
- 경제·산업·사회·문화의 개발 및 진흥(고용, 산업, 복지 등)
- 계획의 실행(재정확충 및 재원조달, 단계별 추진전략)

② 도시·군기본계획의 절차

도시개발사업과 같은 대규모 개발사업을 영위하고자 하는 경우에는 무엇보다도 도시·군기본계획의 절차도를 숙지하여야 인·허가에 빠른 대응을 하며 시간을 절약하고 경비도 절약할 수 있다.

도시·군기본계획의 절차도를 표시하면 [그림 3-5]와 같다.

(2) 토지이용계획

목표연도 토지수요를 추정하여 산정된 면적을 기준으로 시가화용지, 시가화예정용지, 보전용지로 토지이용계획을 수립한다.

① 시가화용지

현재 시가화가 형성된 기존 개발지로서 기존의 토지이용을 변경할 필요가 있을 때 정비 하는 토지로서 주거용지, 상업용지, 공업용지, 관리용지로 구분하여 계획하고, 면적은 계획수립 기준년도의 주거, 상업, 공업, 관리용지로 하여 위치별로 표시하며 시가화용지 대상지역은 도시지역 내 주거, 상업, 공업지역, 택지개발예정지구, 국가 또는 일반산업단지, 전원개발사업구역, 도시공원 중 어린이공원, 근린공원, 계획관리지역 중 비도시 지구단위계획구역으로 지정된 지역(관리용지로 계획)을 대상으로 한다.

② 시가화예정용지

시가화예정용지는 당해 도시의 발전에 대비하여 개발축과 개발가능지를 중심으로 시가화에 필요한 개발공간을 확보하기 위한 용지이며, 장래 계획적으로 정비 또는 개발할 수 있도록 도시적 서비스의 질적, 양적 기준을 제시한다.

시가화예정용지 대상지역은 도시지역의 자연녹지지역과 관리지역의 계획관리지역 및 개발진흥지구 중 개발계획이 미 수립된 지역을 중심으로 시가화예정용지를 계획하되, 개발 용도지역으로 부여하기 위해서는 지구단위계획수립이 수반되어야 한다. 또한 상위계획상의 개발계획과 조화가 되는지 여부와 개발의 타당성을 면밀히 분석하여 선정한다.

③ 보전용지

보전용지는 토지의 효율적 이용과 지역의 환경보전·안보 및 시가지의 무질서한 확산을 방지하여 양호한 도시환경을 조성하도록 개발억제지 및 개발불가능지와 개발가능지 중 보전하거나 개발을 유보하여야 할 지역으로 한정한다.

(3) 도시·군관리계획

부동산개발업자가 원하는 개발사업에 적합한 용도지역을 변경하기 위해서는 도시·군관리계획에 포함내용과 관리계획의 수립 및 변경절차를 이해하여야 한다.

도시·군관리계획이란 특별시·광역시·특별자치시·특별자치도·시 또는 군의 개발·정비 및 보전을 위하여 수립하는 토지이용, 교통, 환경, 경관, 안전, 산업, 정보통신, 보건, 복지, 안보, 문화 등에 관한 계획을 말한다.

용도지역은 도시지역과 도시외 지역으로 구분하고, 도시지역은 다시 주거지역·상업지역·공업지역·녹지지역으로, 도시외 지역은 관리지역·농림지역·자연환경보전지역으로 구분된다. 여기서 용도지역은 토지의 이용, 건축물의 용도, 건폐율, 용적률, 높이 등을 제한함으로써 토지를 경제적·효율적으로 이용하고 공공복리를 증진하기 위하여 서로 중복되지 않게 도시·군관리계획으로 결정하는 지역을 말한다. 용도지역을 세분하면 <표 3-12>와 같다.

용도지구는 경관, 고도, 방화, 방재, 보호, 취락, 개발진흥, 복합용도지구(신설), 특정용도제한 등 10개 지구가 있으며 도시계획조례로 세분하거나 신설 가능하다.

<표 3-12> 용도지역의 세분

대분류(4개)	중분류(9개)	소분류(21개)
도시지역	주거지역	제1,2종 전용, 제1,2,3종 일반, 준주거지역
	상업지역	중심, 일반, 근린, 유통상업지역
	공업지역	전용, 일반, 준공업지역
	녹지지역	보전, 생산, 자연녹지지역
관리지역	보전관리지역	보전관리지역
	생산관리지역	생산관리지역
	계획관리지역	계획관리지역
농림지역	농림지역	농림지역
자연환경보전지역	자연환경보전지역	자연환경보전지역

여기서 용도지구는 용도지역의 제한을 강화 또는 완화하여 적용함으로써 용도지역의 기능을 증진시키고 미관, 경관, 안전 등을 도모하기 위하여 도시관리계획으로 결정하는 지역을 말한다.

용도구역은 개발제한구역, 시가화조정구역, 수산자원보호구역, 도시자연공원구역 등 4가지가 있다.

여기서 용도구역은 용도지역 및 용도지구의 제한을 강화 또는 완화하여 따로 정함으로써 시가지의 무질서한 확산방지, 계획적이고 단계적인 토지이용의 도모, 토지이용의 종합적 조정과 관리를 위하여 도시관리계획으로 결정하는 지역을 말하며 개발제한구역, 시가화조정구역, 도시자연공원구역의 3개 구역은 국토교통부 장관이, 수산자원보호구역은 해양수산부장관이 직접 관리한다.

[그림 3-6]   도시·군관리계획 절차도

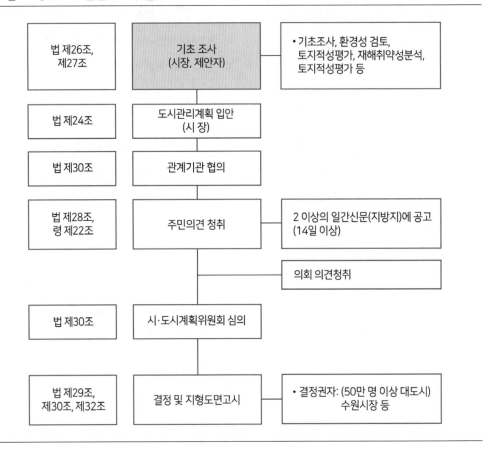

3) 지구단위계획

지구단위계획은 당해 지구단위계획구역의 토지이용을 합리화하고 그 기능을 증진시키며 경관·미관을 개선하고 양호한 환경을 확보하며, 당해 구역을 체계적·계획적으로 개발·관리하기 위하여 건축물 그 밖의 시설의 용도·종류 및 규모 등에 대한 제한을 완화하거나 건폐율 또는 용적률을 완화하여 수립하는 계획이다. 지구단위계획은 주민(개발업자)제안으로 용도지역 중분류 내에서 종상향이 가능하다. 수립절차는 [그림 3-7]과 같다.

[그림 3-7] 지구단위계획 수립절차

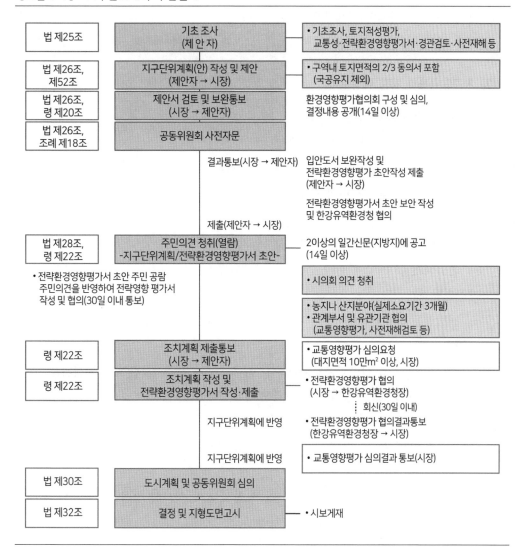

(1) 지구단위계획구역지정 목적

- 계획적이고 체계적인 도시의 정비·관리·개발 등
- 주거·산업·유통·관광휴양·복합 등 지구단위계획구역의 중심기능
- 해당 용도지역의 특성

- 지역 공동체의 활성화
- 안전하고 지속가능한 생활권의 조성
- 해당 지역 및 인근 지역의 토지이용을 고려한 토지이용계획과 건축계획의 조화

(2) 지구단위계획 지정 대상구역

■ 도시지역 내 지구단위계획구역
  - 제37조에 따라 지정된 용도지구
  - 「도시개발법」 제3조에 따라 지정된 도시개발구역
  - 「도시 및 주거환경정비법」 제4조에 따라 지정된 정비구역
  - 「택지개발촉진법」 제3조에 따라 지정된 택지개발예정지구
  - 「주택법」 제16조에 따른 대지조성사업지구
  - 「산업입지 및 개발에 관한 법률」 제2조 제8호의 산업단지와 같은 조 제12호의 준산업단지
  - 「관광진흥법」 제52조에 따라 지정된 관광단지와 같은 법 제70조에 따라 지정된 관광특구
  - 개발제한구역·도시자연공원구역·시가화조정구역 또는 공원에서 해제되는 구역, 녹지지역에서 주거·상업·공업지역으로 변경되는 구역
  - 도시지역으로 편입되는 구역 중 계획적인 개발·관리가 필요한 지역
  - 주거·상업·업무 등의 기능을 결합하는 등 복합적인 토지이용을 증진시킬 필요가 있는 지역
  - 유휴 토지를 효율적으로 개발하거나 교정시설, 군사시설 등을 이전 또는 재배치하여 집중적으로 정비가 필요한 지역
  - 시범도시와 개발행위허가 제한지역
  - 지하 및 공중공간을 효율적으로 개발하고자 하는 지역
  - 용도지역의 지정·변경에 관한 도시·군관리계획을 입안하기 위하여 열람 공고된 지역
  - 주택재건축사업에 의하여 공동주택을 건축하는 지역
  - 지구단위계획구역으로 지정하고자 하는 토지와 접하여 공공시설을 설치하고자 하

는 자연녹지지역

– 양호한 환경의 확보 또는 기능 및 미관의 증진 등을 위하여 필요한 지역으로서 특별시·광역시·특별자치도·시·군의 도시계획조례로 정하는 지역

■ 도시지역 외 지구단위계획구역(중·대규모 개발사업에 활용)

– 계획관리지역이 50% 이상으로서 다음 요건에 해당하는 지역

• 계획관리지역외 지구단위계획구역으로 포함할 수 있는 나머지 용도지역은 생산관리지역 또는 보전관리지역일 것

• 다만 지구단위계획구역에 포함되는 보전관리지역의 면적은 전체 구역면적이 10만m² 이하인 경우는 구역 면적의 20% 이내, 10~20만m² 사이는 2만m²를 20만m² 초과하는 경우는 구역 면적의 10% 이내

• 공동주택 중 아파트 또는 연립주택의 건설계획이 포함되는 경우에는 30만m²(수도권정비계획법 제6조 제1항 제3호의 규정에 의한 자연보전권역인 경우와 지구단위계획구역안에 초등학교 용지를 확보하여 관할 교육청의 동의를 얻는 등의 경우에는 10만m²) 이상일 것

• 일단의 토지면적이 각각 10만m² 이상, 총면적이 30만m² 이상이고, 각 구역이 면적중심 간의 최장거리가 1.5Km 이내인 경우로서 각 구역이 15m 이상의 도로로 연결되는 경우 하나의 구역으로 지정 허용

• 기타의 경우에는 3만m² 이상일 것

• 당해지역에 도로·수도공급설비·하수도 등 기반시설을 설치할 수 있을 것

• 자연환경·경관·미관 등을 해치지 않고 문화재의 훼손우려가 없을 것

– 개발진흥지구로서 다음 요건에 해당하는 지역

• 계획관리지역에 적용되는 요건에 해당할 것

• 계획관리지역이 50% 이상인 지역에 적용되는 요건에 해당할 것. 단, 계획관리지역 외 지구단위계획구역으로 포함할 수 있는 나머지 용도지역은 생산관리지역일 것

• 주거개발진흥지구 및 복합개발진흥지구(주거기능이 포함된 경우에 한한다), 특정개발진흥지구는 계획관리지역일 것

• 산업·유통개발진흥지구 및 복합개발진흥지구(주거기능이 포함되지 아니한 경우에

한한다): 계획관리지역·생산관리지역 또는 농림지역

- 관광·휴양개발진흥지구: 도시지역 외의 지역

■ 지구단위계획의 내용

- 용도지역 또는 용도지구를 세분하거나 변경하는 사항
- 기존의 용도지구를 폐지하고 그 용도지구에서의 건축물이나 그 외 용도·종류 및 규모 등의 제한을 대체하는 사항
- 기반시설의 배치와 규모
- 도로로 둘러싸인 일단의 지역 또는 계획적인 개발·정비를 위하여 구획된 일단의 토지의 규모와 조성계획
- 건축물의 용도제한·건축물의 건폐율 또는 용적률·건축물의 높이의 최고한도 또는 최저한도
- 건축물의 배치·형태·색채 또는 건축선에 관한 계획
- 환경관리계획 또는 경관계획
- 교통처리계획
- 지하 또는 공중공간에 설치할 시설물의 높이·깊이·배치 또는 규모
- 대문·담 또는 울타리의 형태 또는 색채
- 간판의 크기·형태·색채 또는 재질
- 장애인·노약자 등을 위한 편의시설 계획
- 에너지 및 자원의 절약과 재활용에 관한 계획
- 생물 서식공간의 보호·조성·연결 및 물과 공기의 순환 등에 관한 계획

(3) 지구단위계획구역에서의 건폐율, 용적률, 높이 등의 완화

부동산개발사업시 국토계획법에 의하여 공공시설부지 등을 제공하거나 건축법상 공개공지 등을 법적한도 초과하여 설치하는 경우에는 건폐율 등을 완화할 수 있다는 것을 숙지하고 이를 적극적으로 활용한다면 최적의 규모로 체계적이고 효율적인 개발사업을 수행할 수 있다.

4) 개발행위허가

도시·비도시지역 구분 없이 합리적이고 체계적인 개발을 하고자 지구단위계획과 개발행위허가가 도입하였다. 이와 같은 행위제한에 대한 인·허가 시 기속재량행위가 아니라 지방자치단체장이 인·허가 조건에 적합할지라도 불허가 또는 조건부 허가가 가능한 자유재량행위임을 개발업자는 명심하고 이에 대비하여야 한다.

(1) 의의

건축물의 건축, 공작물의 설치, 토지의 형질변경, 토석의 채취, 토지의 분할 및 물건을 쌓아놓는 행위를 하고자 하는 자가 「국토의 계획 및 이용에 관한 법률」에 의하여 특별시장·광역시장·시장 또는 군수의 허가를 받는 행위를 말한다.

(2) 개발행위허가 기준

- 용도지역별 특성을 고려하여 대통령령으로 정하는 개발행위의 규모에 적합할 것. 다만, 개발행위가 「농어촌정비법」 제2조 제4호에 따른 농어촌정비사업으로 이루어지는 경우 등 대통령령으로 정하는 경우에는 개발행위 규모의 제한을 받지 아니한다.
- 도시·군관리계획 및 제4항에 따른 성장관리방안의 내용에 부합할 것
- 도시·군계획사업의 시행에 지장이 없을 것
- 주변지역의 토지이용실태 또는 토지이용계획, 건축물의 높이, 토지의 경사도, 수목의 상태, 물의 배수, 하천·호소·습지의 배수 등 주변 환경이나 경관과 조화를 이룰 것
- 해당 개발행위에 따른 기반시설의 설치나 그에 필요한 용지의 확보계획이 적절할 것
- 기타 도시계획조례가 정하는 기준에 적합할 것
- ■ 특별시장·광역시장·특별자치시장·특별자치도지사·시장 또는 군수는 난개발 방지와 지역특성을 고려한 계획적 개발을 유도하기 위하여 필요한 경우 대통령령으로 정하는 바에 따라 개발행위의 발생 가능성이 높은 지역을 대상지역으로 하여 기반시설의 설치·변경, 건축물의 용도 등에 관한 관리방안(이하 "성장관리방안"이라 한다)을 수립할 수 있다.
- ■ 특별시장·광역시장·특별자치시장·특별자치도지사·시장 또는 군수가 개발행위의

발생 가능성이 높은 지역을 대상지역으로 하여 기반시설의 설치·변경, 건축물의 용도 등에 관한 성장관리방안을 수립할 수 있는 지역은 유보용도 지역으로서 다음 어느 하나에 해당하는 지역으로 한다. 다만, 기반시설의 설치·변경 등을 위하여 필요한 경우에는 성장관리 방안 수립 대상지역 전체 면적의 20% 이하의 범위에서 보전용도지역을 일부 포함할 수 있다.

- 개발수요가 많아 무질서한 개발이 진행되고 있거나 진행될 것이 예상되는 지역
- 주변의 토지이용이나 교통여건 변화 등으로 향후 시가화가 예상되는 지역
- 주변지역과 연계하여 체계적인 관리가 필요한 지역
- 그 밖에 상기에 준하는 지역으로서 도시·군계획조례로 정하는 지역

■ 성장관리방안에는 다음의 사항 중 제1항과 제2항을 포함한 둘 이상의 사항이 포함되어 야 한다.
- 도로, 공원 등 기반시설의 배치와 규모에 관한 사항
- 건축물의 용도제한, 건축물의 건폐율 또는 용적률

<표 3-13> 개발행위허가를 받아야 하는 대상 및 규모

개발행위	도시지역·도시 외 지구단위계획구역	비도시지역
건축물 설치	건축허가 및 신고대상 건축물	건축허가 및 신고대상 건축물
공작물 설치	50t, 50m², 25m² 초과 녹지지역 비닐하우스 설치 제외	150t, 150m³, 75m² 초과, 관리 농림지역 비닐하우스 설치 제외
토지형질 변경	■ 50cm 초과 성·절토, 정지, 포장 ■ 주거, 상업, 공업지역 지목변경 비 수반 제외 ■ 조성 완료된 기존대지에 건축물 등 설치 제외 ■ 국가 및 지자체 공익용 사업을 위한 경우 제외	660m² 초과 토지에서 50cm 초과 성·절토, 정지, 포장
토석채취	25m² 초과 면적에서 50m³ 초과	250m² 초과 면적에서 500m³ 초과
토지분활	■ 사도개설허가 받은 토지 제외 ■ 공공용지사용 토지 분할 제외 ■ 용도폐지 행정재산 또는 일반재산의 매각, 교환, 양여를 위한 분할 제외 ■ 최소대지면적(주거 60m², 상업 150m², 공업 150m², 녹지 200m²) 이하로 분할	■ 녹지, 관리지역, 농림 및 자연환경보전지역 에서 인·허가를 받지 않고 분할 ■ 건축법 제57조 제1항에 따른 주거 60m³, 상업 150m³, 공업 150m³, 녹지지역 200m³ 이하로 분할
물건적치	■ 25m², 50t, 50m³ 초과 녹지지역, 지구단위계획 구역에서 25m² 이하인 토지에서 50t, 50m³ 이 하 제외	■ 250m², 500t, 500m³ 초과 관리지역 250m² 이하 토지에 500t, 500m³ 이하 제외

　　- 건축물의 배치·형태·색채·높이, 환경관리계획 또는 경관계획

　　- 그 밖에 난개발을 방지하고 계획적 개발을 유도하기 위하여 필요한 사항으로서
　　　도시·군계획조례로 정하는 사항

■ 개발행위에 대한 도시계획위원회의 심의

○ 관계 행정기관의 장은 건축물이나 공작물설치를 위한 토지형질변경 하는 행위를 이
　　법에 따라 허가 또는 변경허가를 하거나 다른 법률에 따라 인가·허가·승인 또는 협
　　의를 하려면 대통령령으로 정하는 바에 따라 중앙도시계획위원회나 지방도시계획위
　　원회의 심의를 거쳐야 한다.

○ 개발행위허가 규모이상인 경우

○ 제1항에도 불구하고 다음의 어느 하나에 해당하는 개발행위는 중앙도시계획위원회
　　와 지방도시계획위원회의 심의를 거치지 아니한다.

　　- 제8조, 제9조 또는 다른 법률에 따라 도시계획위원회의 심의를 받는 구역에서 하
　　　는 개발행위

　　- 지구단위계획 또는 성장관리방안을 수립한 지역에서 하는 개발행위

　　- 주거지역·상업지역·공업지역에서 시행하는 개발행위 중 특별시·광역시·특별자
　　　치시·특별자치도·시 또는 군의 조례로 정하는 규모·위치 등에 해당하지 아니하
　　　는 개발행위

　　- 「환경영향평가법」에 따라 환경영향평가를 받은 개발행위

　　- 「도시교통정비 촉진법」에 따라 교통영향평가에 대한 검토를 받은 개발행위

　　- 「농어촌정비법 제2조 제4호에 따른 농어촌정비사업 중 대통령령으로 정하는 사업
　　　을 위한 개발행위

　　- 「산림자원의 조성 및 관리에 관한 법률」에 따른 산림사업 및 「사방사업법」에 따
　　　른 사방사업을 위한 개발행위

■ 다음의 개발행위는 허가대상에서 제외

　　- 도시계획사업(택지개발사업 등 도시계획사업을 의제하는 사업포함)

　　- 경작을 위한 토지의 형질 변경

　　- 보전관리·생산관리·농림·자연환경보전지역안의 산림에서의 개발행위(산지관리법

적용)

* 용도구역(개발제한구역·시가화조정구역·수산자원보호구역)에는 개발행위허가가 적용되지 않고, 별도의 행위허가를 받아야 한다.

■ 개발행위허가 규모는 <표 3-14>와 같다.

<표 3-14> 개발행위허가 규모

용도 지역		규모
도시지역	주거·상업·자연녹지·생산녹지	1만m²
	공업지역	3만m²
	보전녹지	5천m²
관리지역		3만m²
농림지역(농업진흥지역)		3만m²
자연환경보전지역		5천m²

주) 관리지역 및 농림지역의 경우 위 면적범위 내에서 조례로 따로 정할 수 있음.

■ 다음 사업에는 규모제한을 적용하지 않는다.
 − 지구단위계획이 수립되어 기반시설이 설치되었거나 개발행위와 동시에 기반시설이 설치될 지역
 − 농어촌정비법에 의한 농어촌정비사업
 − 비도시지역에서의 초지조성, 영림행위, 골재, 토석채취, 채광사업 등

2) 수도권정비계획법(서울특별시, 인천광역시, 31개: 28개시·3개군)

(1) 수도권지역은 총면적 11,723km²이고 인구는 전 국민의 약 50%로서 자본과 인적자원이 풍부하기 때문에 수도권 과밀화 현상이 지속되었다. 이러한 과밀화 현상을 해소하고 균형개발을 유도하기 위하여 수도권시책으로 '수도권정비계획법'에 의한 행위제한이라는 규제와 수도권 정비계획에 의한 권역 및 공간구조 조정이라는 정비계획을 수립하였다.

(2) 수도권을 과밀억제권역, 성장관리권역, 자연보전권역의 3대 권역으로 지정하여 권역별로 행위제한을 받도록 규정하였다. 여기서 과밀억제권역은 인구 및 산업이 과도하게

집중되거나 집중될 우려가 있어 그 이전 또는 정비가 필요한 지역이다. 성장관리권역은 과밀억제권역으로부터 이전하는 인구 및 산업을 계획적으로 유치하고 산업의 입지와 도시의 개발을 적정하게 관리할 필요가 있는 지역이며, 자연보전권역은 한강수계의 수질 및 녹지 등 자연환경의 보전이 필요한 지역이다.

(3) 수도권정비계획법에서 말하는 인구유발시설의 종류는 대학·산업대학·교육대학·전문대학·대학원대학 등의 학교, '산업집적 활성화 및 공장설립에 관한 법률'에 의한 건축연면적 500m² 이상의 공장, 건축연면적 1천m² 이상의 공공청사, 건축연면적 25천m² 이상의 업무용·복합용 건축물과 15천m² 이상의 판매용 건축물 등 대형건축물, 건축연면적 3만m² 이상의 연수시설 등이다.

<표 3-15> 3개 권역내 행위 제한

구분	과밀억제권역	성장관리권역	자연보전권역
공장	공장총량규제		
종합대학	신설금지 (서울로 이전금지)	신설금지 (소규모대학 허용)	신설금지 (소규모대학 허용)
전문대학 산업대학 대학원대학	신설허용 (서울은 대학원대학)	신설허용	산업대금지, 대학원대학 및 전문대 허용
공공청사	신축금지(중앙부처 제외), 증축·용도변경은 심의 후 허용		
판매·업무시설	과밀부담금부과 (서울시에 한함)	규제폐지	오염총량제 시행지역 연수시설, 업무시설, 판매시설, 복합건축물의 건축 및 용도변경 가능
택지조성사업	100만m² 이상 심의 후 허용(국토부장관 승인)		* 오염총량제 미 시행지역 3만~6만m² 미만 수도권정비계획 심의 후 허용 * 오염총량제 시행지역(택지, 도시개발, 지역종합개발) - 도시지역(주, 상, 공) 10만m² 이상: 심의 후 허용 - 비도시지역 10만~50만m² 심의 후 허용 지구단위계획으로 시행
산업용지조성	30만m² 이상 심의 후 허용		
관광지조성	10만m² 이상/공유수면매립지의 관광지조성사업 30만m² 이상 심의 후 허용		
도시개발사업	100만m² 이상 또는 100만m² 미만이고 공업용도 구획면적 30만m² 이상 심의 후 허용		
지역종합 개발사업	100만m² 이상 또는 100만m² 미만이고 공업용도 구획 30만m² 이상 또는 관광단지가 포함된 10만m² 이상 심의 후 허용		

주) '한강수계 상수원 수질개선 및 주민지원 등에 관한 법률'에 따라 고시된 수변구역에서 시행하는 택지조성, 도시개발, 지역종합개발사업은 제외.

(4) 3개 권역 내 구체적 행위제한사항

부동산개발업자는 <표 3-15>에서 보는 것과 같이 수도권의 3개 권역 내 행위제한
사항을 철저히 숙지하여야 인·허가는 물론이고 도시개발사업과 같은 대규모 개발을 영위
하는데도 수도권 정비계획에 적합한 사업을 할 수 있다.

(5) 수도권지역에서의 대규모 개발사업을 시행하거나 허가를 하고자 하는 경우에는 수
도권정비위원회의 심의를 거쳐 국토교통부장관과 협의하거나 승인을 얻어야 한다. 환경영
향평가를 위한 '환경영향평가법'이 있고 교통영향평가를 위한 '도시교통정비촉진법'이 있으
며, 사전재해대책 영향성검토 및 재해영향평가를 위한 '자연재해대책법' 등이 있다.

(6) '수도권정비계획법'은 상위법이기 때문에 이 법에 의하여 개발규제를 받는다면 국토
계획법에서 허용된다 하더라도 개발이 불가능하다는 것을 개발업자는 명심해야 한다.

3) 도시개발법

도시개발법은 도시개발에 필요한 사항을 규정하여 계획적이고 체계적인 도시개발을 도
모하고 쾌적한 도시환경의 조성과 공공복리의 증진에 이바지함을 목적으로 한다.

(1) 도시개발구역으로 지정할 수 있는 대상 지역 및 규모

① 도시지역
- 주거지역 및 상업지역: 1만m² 이상
- 공업지역: 3만m² 이상
- 자연녹지지역: 1만m² 이상
- 생산녹지지역(생산녹지지역이 도시개발구역 지정면적의 100분의 30 이하인 경우만 해당된
  다): 1만m² 이상
② 도시지역 외의 지역
- 30만m² 이상. 다만, 공동주택 중 아파트 또는 연립주택의 건설계획이 포함되는 경

우로서 다음 요건을 모두 갖춘 경우에는 10만m² 이상으로 한다.
- 도시개발구역에 초등학교용지를 확보(도시개발구역내 또는 도시개발구역으로부터 통학이 가능한 거리에 학생을 수용할 수 있는 초등학교가 있는 경우를 포함한다)하여 관할 교육청과 협의한 경우
- 도시개발구역에서 「도로법」 제12조부터 제15조까지의 규정에 해당하는 도로 또는 국토교통부령으로 정하는 도로와 연결되거나 4차로 이상의 도로를 설치하는 경우
③ 자연녹지지역, 생산녹지지역 및 도시지역 외의 지역에 도시개발구역을 지정하는 경우에는 광역도시계획 또는 도시·군기본계획에 의하여 개발이 가능한 지역에 서만 국토교통부 장관이 정하는 기준에 따라 지정하여야 한다. 다만, 광역도시계획 및 도시·군기본계획이 수립되지 아니한 지역인 경우에는 자연녹지지역 및 계획관리지역에서만 도시개발구역을 지정할 수 있다.

(2) 도시개발사업방식의 종류는 수용·사용방식, 환지방식, 혼용방식이 있으며, 장·단점의 내용도 <표 3-16>과 같다.

(3) 도시개발사업은 민간 개발업자도 공공과 마찬가지로 대규모 개발사업 창의적이고 체계적이며 다양한 콘텐츠를 포함한 도시를 개발 할 수 있다. 물론, 도시개발방식 중 환지방식은 원주민들이 골고루 개발이익을 향유하며 같은 지역에서 재정착할 수 있어 지속가능한 도시가 만들어진다는 큰 장점이 있다. 추진일정도 5년 이상 장기이므로 추진절차를 숙지하고 시장분석도 거시경제 환경분석과 사업성분석도 시간가치를 고려한 현금흐름을 실시하고 NPV, IRR로 투자분석을 실시해야 한다.

도시개발사업과 같은 복잡한 사업은 계획단계에서 도시개발사업을 제안하고, 시행단계에서 조합설립과 함께 시행자 지정을 받고, 실시계획인가를 받아 환지계획과 사업시행 그리고 공사준공으로 사업을 완료하는 순서로 진행된다.

[그림 3-8]   도시개발사업 추진 절차도

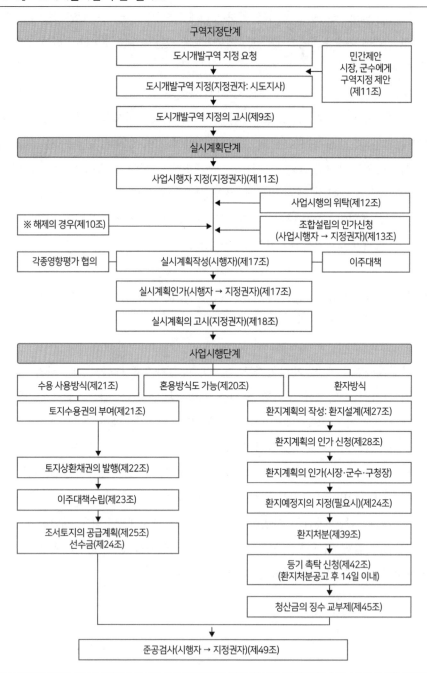

그러므로 이와 같이 도시개발을 위한 인·허가와 사업추진 절차가 복잡하므로 개발업자는 도시개발사업의 경험이 많은 종합엔지니어링회사와의 용역계약이 필요하다.

<표 3-16> 수용·사용방식, 환지방식, 혼용방식의 장단점

도시개발법에 의한 도시개발				
수용·사용방식		환지방식		혼용(수/사+환지)방식
▪ 토지수용법에 따라 시행자가 매수개발 ▪ 기간 조성이 빠르다 개발이익은 없다 ▪ 초기비용과다 ▪ 주민 재정착의 곤란 ▪ 매수에 따른 반발		▪ 사업 수기존권리를 신규 토지에 이전 ▪ 기간 조성이 길다 ▪ 개발이익 주민환원 ▪ 환지에 따른 민원 ▪ 체비지매각지연문제 ▪ 기간시설용지확보난		▪ 환지와 수/사구역 구분 ▪ 구역 내 원하는 토지 ▪ 재정착 유도 ▪ 수/사+환지=혼용방식 ▪ 환지요구 소유자 과다 ▪ 부분적 난 개발 ▪ 시행 구역간 형평성

자료) 국토교통부.

2. 부동산시장의 종합분석

부동산 시장조사의 종류인 통계자료조사, 현장조사, 설문조사를 통한 시장분석은 앞의 예비적 타당성 분석에서 언급하였다. 여기서 통계자료조사, 현장조사, 설문조사 중에서 가장 중요한 것은 현장조사이다. 왜냐하면 통계조사는 개발업자가 원하는 범위의 자료가 부족하고 설문조사는 표본조사로서 통계기법이 복잡하여 한계가 있고 설문을 받는 자의 지식수준이나 진실성의 정도에 차이가 있으므로 신뢰성에 의문이 생기기 때문이다. 그러나 현장조사는 개발업자가 자세히 조사하는 만큼 보다 신뢰할 만한 시장분석 자료를 얻을 수 있다. 주거시설이나 업무시설은 현장조사나 통계조사가 신뢰성이 있지만 판매시설은 지역에 있는 개별부동산에 따라 다르기 때문에 현장조사가 무엇보다 중요하다. 예를 들면 개별부동산에 대한 토지가, 분양가, 임대가, 매매가, 공실률, 평균수익률, 권리금 존재여부, 층별 효용도 등을 자세히 조사하면 조사할수록 보다 정확한 가격정보 등으로 시장분석에 소중한 자료로 활용될 수 있기 때문이다.

여기서는 부동산 시장차별화에 따라 주거시설, 판매시설, 업무시설 등과 같은 업종으로 나누어지는데, 업종별 시장분석은 제외하고 입지분석과 시장분석을 종합하여 분석하고 시장성분석까지 실시하는 종합적인 시장분석에 대하여 고찰해 보고자 한다. 그러기 위해서는 우선 시장분석 범주를 설정해야 하는데, 기본적인 분석범주로 시장 분석개관 및 지역(입지)분석, 시장성분석으로 설정하고 하위범주로는 6개를 설정하는 종합시장분석방법을 <표 3-17>과 같이 제시한 다음 각각에 대한 구체적인 방법을 살펴보고자 한다.

<표 3-17> 종합시장분석을 위한 범주구성

기본범주	주요항목	세부 분석 항목
시장지역 개관	거시경제분석	국가 및 국제경제동향분석. 지역경제기반분석
	하위시장 구분과 분석	거시시장지역분석, 지역구분과 분석
	주변지역 및 부지 분석	▪ 공간적 스케일에 따른 분석: 도시네트워크 분석, 경쟁업종 결절지 비교분석, 미시적 분석 및 상대 평가 ▪ 분석대상의 속상에 따른 분석: 물리적, 법제적, 경제적
시장성 분석	수요분석	조사내용, 수요자유형, 수요추계 및 분석, 순 흡수면적
	공급분석	재고분석과 유형별 특성분석, 공급예정분석, 공실률 및 공급경쟁분석, 개발환경 분석
	흡수율분석	한계수요분석, 흡수율 추계 시 유의사항, 흡수율 추계

자료) 감정평가연구원, "오피스시장 분석방법", 삼성에버랜드, 2000, p.83 재구성.

1) 시장분석개관 및 지역분석

시장분석개관 및 지역분석은 부동산개발업자에게 전체부동산개발과정을 진행시킬 것인가에 대한 기본적인 진단을 제공하기 위한 목적으로 한다. 따라서 대상 프로젝트와 관련한 기본개념 및 특성, 시기, 입지를 정의하고 외부환경의 변화추세와 연관시켜 분석을 진행한다.[6]

이 단계에서는 단순히 입지에 대한 정보만 제공하는 것이 아니라 해당 프로젝트와 관련한 위험을 평가하고 수요와 공급을 적절하게 추정하는 데 필요한 핵심정보, 즉 시장성을 판단할 수 있는 시장분석개관이 이루어져야 한다.

---

6) 감정평가연구원, "오피스시장 분석방법", 삼성에버랜드, 2000, pp.83-91 참조.

① 거시경제분석

거시경제분석은 기본적으로 잠재적인 개발 또는 투자 기회를 판별하기 위해 수행하는 기초조사로서 국가 또는 국제적 경제동향분석과 같은 비공간적 분석과 지역경제 기반분석에 중점을 두고 있는 공간적 분석으로 구분한다. 이러한 거시경제분석 및 지역거시경제 시장분석은 특정입지와 연관시켜 분석하지 않고, 오히려 현재의 국내 또는 국제 경제의 개관에 중점을 두며, 특히 경제성장, 인플레이션, 이자율 등이 투자에 유리한 방향인가 아니면 불리한 방향인가 등을 검토한다.

② 하위시장 구분과 분석

공간적 분석은 다시 거시시장분석과 하위시장(sub market)분석으로 구분할 수 있다.

거시시장분석은 하나 또는 둘 이상의 대규모 시장을 대상으로 입지·경제·시장 여건 등을 조사하며, 주요 조사요소로는 해당 거시시장의 경제기반과 성장가능성분석, 경제활동 중 대상 프로젝트의 성장잠재력분석, 해당 프로젝트의 수요·공급에 영향을 미치는 거시경제요인 동향 등을 들 수 있다. 이를 위해서는 기본적으로 인구구성 및 예측, 소득 및 고용구조와 예측 등의 과업을 수행한다. 특히 세계화와 정보통신기술의 발전에 따라 산업구조의 전환(industrial restructuring)이라는 차원의 분석을 중시하여야 한다.

하위시장분석에서 가장 중요한 과업은 해당 업종의 하위시장의 강점과 약점을 나타내는 다양한 모습 등을 조사하는 것이다. 즉, 단일 도시지역의 시장여건을 분석하는 것으로 하위시장을 설정하고 가능한 범위 내에서 해당 업종의 개발잠재력을 파악하는 데 그 목적이 있다.

일반적으로 개발업자는 대상 프로젝트에서 시장지역을 구분하기 위해서 입지와 경쟁이라는 두 가지 관점을 사용한다.

입지측면에서 해당 프로젝트가 입지하고 있는 장소를 둘러싸고 있는 지역은 구입자 또는 임차인 모집을 위한 경쟁지역으로 정의되며, 이러한 지리적인 지역은 해당 입지가 위치한 하위시장과 인접한 하위시장들로 구성된다.

경쟁측면에서는 개발대상 업종과 직접적으로 임차인 경쟁을 벌이는 세부업종들이 시장지역으로 정의된다. 따라서 경쟁측면에서 정의하고 있는 시장의 범위는 입지측면에서 정의하는 시장지역보다 넓은 지역으로 나타난다.

하위시장이란 투자대상 물건과 경쟁관계에 있는 물건들이 입지하고 있는 지역으로 정의되며, 일본에서는 동일수급권이란 표현을 쓴다.

가장 중요한 시장논리는 '대체의 원리'가 적용되는 지역인지 여부가 하위시장을 구분하는 기준이 된다는 것이다.

투자자 입장에서는 대상 부동산 구입자 또는 임차인을 둘러싸고 다른 물건과 경쟁관계에 있는 지역으로 정의할 수 있다.

시장지역을 구분하는 이유는, 첫째, 시장지역을 정확히 구분하지 못할 경우 부적절한 자료를 과다하게 수집하여 비용과 시간 낭비는 물론이고 분석의 정확성이 떨어지기 때문이다.

둘째, 개발업자는 국가 또는 광역권 등과 같은 넓은 범위의 부동산 동향, 전체부동산에 대한 수요·공급 상황에 궁극적으로 관심을 두는 것이 아니라 대상 부동산과 경쟁관계에 있는 특정유형의 물건(대체성이 있는)이 존재하는 경쟁시장에 궁극적인 관심을 두기 때문이다.

셋째, 지리상의 범위를 한정함으로써 임대료 수준, 공실률, 가격에 영향을 미치는 경쟁부동산을 보다 심층적으로 조사하는 것이 가능하고, 그 분석을 바탕으로 대상 부동산의 시장성(수익성)을 명확하게 판단할 수 있는 토대가 마련되기 때문이다.

③ 인근지역 및 부지분석

부동산개발사업의 타당성분석에서 인근지역 및 부지분석은 매우 중요한 단계이다. 인근지역 및 부지분석은 구매자나 임차인을 유인할 수 있는 건물의 잠재력에 영향을 미치고, 부지선정에 따라 임대료, 점유수준, 토지가격 등의 중요한 변수들이 결정되기 때문이다.

인근지역 및 부지분석은 지역시장분석을 수행한 후 해당 지역 내에서 개발에 가장 적합한 부지를 결정하기 위해 이용 가능한 건축 부지를 검토하는 것이다.

일반적으로 부지분석은 부지의 물리적·법적 용량, 긍정적·부정적 근린효과, 잠재적이용에 대한 토지이용의 적합성, 도시 내·도시 간 접근성, 경쟁적 토지이용과 관련한 공간적 위치 등을 포함한다. 따라서 부지선정을 위해서는 각 대안들의 입지, 접근성, 물리적 속성, 대상 부지 주변의 해당 업종의 임대료와 점유율, 용도지역/지구제 또는 해당 부지의 개발가능성 등에 대한 비교연구가 필요하다.

2) 부동산 시장분석을 위한 시장조사

부동산 시장조사는 시장분석을 위한 자료와 정보를 수집하는 것으로, 제일 먼저 기초조사를 실시하여야 한다. 기초조사에서는 대상 부동산에 대한 공부서류 검토와 인·허가 가능여부를 검토하여야 한다. 대상 부지가 속한 지역의 도시·군기본계획 등 상위계획과 도시·군관리계획 등 관련계획을 검토하여 예상되는 개발계획에 부합하는지 여부와 그 부지의 용도지역을 검토하여 개발가능업종을 고려한 시장조사 범위와 방향을 구상해 본다. 이렇게 한 다음 종합시장분석의 거시경제와 지역시장 및 부지분석 자료를 토대로 하여 개발업종과 규모에 따른 시장조사 범위를 확정한다. 다음은 시장조사 범위에 알맞은 시장조사방법을 설계하고 자료를 수집하여 수집된 자료를 분석한 다음, 분석결과를 토대로 보고서를 작성하는 순으로 진행한다.

시장조사의 방법은 크게 통계자료조사와 현장조사 그리고 설문조사의 세 부문으로 나눌 수 있다. 자세한 내용은 제4장 부동산개발사업타당성 분석의 시장조사내용을 참조하기 바란다.

3) 시장성분석

① 시장성분석의 개념

시장성분석(marketability analysis)이란 특정부동산에 대한 미시분석을 말한다. 시장성분석은 특정부동산에 대한 시장조건을 과제로 삼기 때문에 인근지역과 같은 미시시장의 시장조건을 전제로 분석하는 것이다. 이러한 시장성분석은 시장분석의 마지막 단계라고 할수 있으며, 특정부동산이 시장성이 있는지 여부를 결정하기 위하여 이용자들의 선호도를 분석하고 가격, 품질, 부동산 속성 등의 측면에서 경쟁관련 정보를 중심으로 경쟁 상태를 분석해서 해당 프로젝트가 흡수율을 최대화시킬 수 있는지 여부 및 프로젝트의 성공가능성을 분석하는 것이다.

만약, 업무시설에 대한 시장성분석을 실시한다면 다음과 같은 절차를 진행한다.

시장성분석에서는 현재와 미래의 대상 부동산에 대한 수요·공급분석을 통해 흡수율분석(absorption rate analysis)을 실시하는 것이 중요한 절차이며, 시장에서 분양(또는 임대)될 수 있는 가격(또는 임대료), 적정개발 규모 등의 예측을 목표로 한다. 결국 시장성분석의 최종결과는 흡수율분석이 된다.

② 시장성분석의 구성요소

시장성분석의 구성요소는 ① 인근지역 및 부지분석, ② 경쟁성 조사, ③ 시장흡수율, 총가능소득, 공실률 추정, 분양가격, 임대가격, ④ 잠재적 고객의 심리적 요인분석 등이 있다.

③ 시장성분석의 절차와 흡수율분석

시장성분석의 절차를 보면 대상 부동산의 속성 파악 → 상권파악 및 설정 → 수요 매개변수 파악 → 시장점유율 추정 → 시장흡수율분석(예측) 순으로 진행된다. 여기서 시장흡수율분석이란 시장성분석의 마지막 단계로, 시장에서 수요규모와 경쟁적인 공급현황이 파악되면 대상 부동산이 얼마만큼 수요를 흡수할 수 있는가를 분석하는 것이다. 이러한 시장흡수율을 분석하기 위해 미국의 부동산투자수탁자협회인 NCREIF(National Council of Real Estate Investment Fiduciaries)의 권장안의 절차를 살펴보면, 과거 흡수율패턴분석 → 시장조건과 조정 → 흡수시간 추계 → 임대료 타당성분석 등의 단계를 거치도록 되어 있다. 먼저, 과거의 수요와 공급 통계를 통해 과거 흡수율패턴과 상관관계를 분석하고, 상관성이 없을 경우 그 차이를 조정한다. 다음으로 미래수요 동향을 시장조건과 연계하여 검토하고 하위시장의 특수한 상황을 고려하여 모든 가용 공간 및 건축 중인 공간에 대한 흡수시간을 계산한다. 즉, 현재 총재고량과 현재 점유 공간 규모를 파악하여 연간 순 흡수량을 계산하여 흡수시간을 추계한다. 마지막으로 부동산 유형 및 등급별로 손익분기임대료 수준을 분석하고, 손익분기임대료와 시장임대료의 상관관계를 분석하여 유형별 임대료 타당성분석을 실시한다.

한편, Myers & Mitchell은 원단위법의 관점에서 흡수율 추계공식을 다음과 같이 정리하였다.

$$시장흡수율 = 지역성장률 \times 수요매개변수 \times 시장점유율$$

여기서 시장흡수율 추정은 지역성장 예측, 수요매개변수분석, 시장점유율분석을 거치게 된다. 먼저, 지역성장률은 어떤 지역의 인구 또는 고용량이 증가하고 있다면 이는 새로운 부동산 수요를 창출한다는 논리에 근거하고 있다. 다음으로 수요매개변수분석은 지

역성장예측에서 추계한 거시적 수요기반을 해당 지역의 실제시장수요로 전환시키는 과정
이다. 예를 들면 새로 창출된 고용 인구에 수요매개변수 종업원당 사무실 면적을 곱해 줌
으로써 고용증가에 관한 자료로부터 임대공간의 수요 증가치를 추정할 수 있다. 마지막
단계는 수요기반요소와 매개변수를 통해 잠재적 시장규모를 추정한 다음, 대상 부동산이
수요를 얼마만큼 점유할 것인가를 추정하는 것이다. 점유율 산정을 위하여 먼저 경쟁대상
시설을 정하고 다음 경쟁대상 시설에 따라 분할된 수요매개변수와 분할된 성장자료를 가
지고 점유율을 분석한다. 점유율 산정방법에는 여러 가지가 있으나 가장 간단한 점유율
산정방법은 "Fair Share"에 의해 정의한 것으로 하나의 시설이 차지하는 점유율은 총 이
용 가능면적에 대한 해당 시설의 면적비와 같다는 것이다.[7]

시장흡수율분석에서 가장 필수적이면서도 오류가 많은 것은 점유율분석이다. 명확하게
점유율을 추정하는 것은 쉽지 않다. 점유율분석은 단순히 현재 지어지고 있는 것뿐만 아
니라 앞으로 경쟁이 될 수 있는 공급을 예측하여야 하기 때문이다.

④ 상권설정

시장성분석은 특정 개발프로젝트를 대상으로 시장점유율과 시장흡수율을 파악하는 것
을 목적으로 하기 때문에 대상시설의 이용이 예상되는 소비자 분포지역과 경쟁 대상시설
이 입지한 지역을 중심으로 한 구체적인 분석을 실시해야 한다. 그러므로 상업용 부동산
의 시장성분석을 위해서는 먼저 상권을 설정하는 것이 선행되어야 한다. 대상 부동산의
상권설정은 이후 이루어지는 시장점유율이나 시장흡수율분석결과에 중요한 영향을 미치
기 때문에 신중한 판단이 요구된다.

⑤ 시장점유율 추정

대상 부동산을 중심으로 한 상권을 설정하고 나면 다음으로 중요한 것이 시장점유율을
추정하는 것이다. 시장점유율이란 상권 내 대상 부동산과 경쟁 부동산의 입지규모·특성
을 고려하여 전체 상권수요에 대한 대상 부동산의 점유비율로써 나타낸다.

가령, 분석대상 쇼핑센터의 매장면적이 10,000m²이고 상권 내 경쟁시설을 포함하는 총
매장면적 규모가 100,000m²라면 해당 시설에 의한 시장점유율은 10%라는 추측을 할 수
있다. 이와 달리 유사지역 내 대상 부동산의 특성과 유사한 비교 부동산의 시장점유율 자

---

7) 상게서, pp.122-123 참조.

료를 이용하여 적용하는 유추법이 이용되기도 한다.

 상업용 부동산의 시장점유율은 그 예측이 매우 어려운데, 이는 소비자의 취향과 선호도가 매우 빠른 속도로 변화하고 있기 때문이다. 특히 제4차 산업혁명과 코로나19로 인한 온라인 판매와 오프라인과 함께 온라인 판매가 혼합되어 하이브리드 형식의 판매시설이 많기 때문이다.

 이와 같이 상업용 부동산개발시 시장점유율분석은 필수적인 부분임에도 불구하고 적절한 점유율 추정이나 도출된 결과의 논리성 부족으로 인해 시장분석 결과의 신뢰도를 약

<표 3-18> 시장분석과 시장성분석의 구성요소의 차이점

시장분석의 구성요소	시장성분석의 구성요소
1. 지역 및 도시분석 - 당해지역의 경제활동분석 - 경제기반분석 - 인구 및 소득분석 - 교통망분석 - 성장과 개발 유형	1. 개발컨셉(기존의 이용방안)은 무엇인가? - 입지분석/부지계획 - 건축계획 및 설계 - 인테리어와 외장특성 - 마케팅계획
2. 인근지역분석 - 인근지역의 경제활동분석 - 인구적 특성 - 교통의 흐름 - 인근지역에서 개발사업의 현재와 미래의 경쟁력	2. 현재 시장이 제공하는 것은?
3. 부지분석 - 용도지역/지구: 개발규제사항 - 접근성 - 기반시설 제공여부 - 지형, 부지의 크기와 모양	3. 현재 시장이 요구하는 것은?

4. 수요분석
 - 수요에 영향을 주는 요인분석
  • 인구특성, 소득수준. 고용상태 등
  • 생활양식과 지역관습
  • 이자율, 세금, 인플레이션
 - 지역시장수요의 추세분석
	4. 제안사항
	 - 개발컨셉은 개선될 수 있는가?
	 - 개발컨셉에 대한 예상가격 구조는 정확한가?

5. 공급분석
 - 공급에 영향을 주는 요인분석
  • 공실률과 임대료추세
  • 건축 착공량과 인·허가량
  • 도시/지역계획
  • 건축비용과 금융의 유용성
	5. 시장점유율 추정/흡수율 예측
	 - 거시적/미시적 수요·공급의 결론은?
	 - 경쟁력은?
	 - 온라인 판매량을 추정 가능한가?

화시키기도 한다. 따라서 신뢰할 수 있는 자료와 논리를 통해 대상 부동산의 시장점유율 추정방법을 개선해 나가고자 하는 노력이 지속적으로 요구된다. 지금까지 설명한 시장분석과 시장성분석을 개념적 틀로 구분하여 보면 <표 3-18>과 같다.

최근에는 부동산·공간 빅데이터/AI 전문기업, 빅밸류의 플랫폼과 Richgo Mas는 우리나라 부동산에 관한 빅데이터를 수집하고 인공지능을 통해 입지분석과 시장분석을 자세히 할 수 있게 되어, 지금까지의 인적자원과 비용 그리고 시간을 단축할 수 있다.

그러나 아직까지 완벽하지 않고 이들 플랫폼을 활용하여 미래 가격을 추정할 때 가격에 미치는 요인들이 워낙 많고 이 요인들을 어떻게 조합하여 적용했는지에 따라 해답이 다르게 나타날 수 있으므로, 이러한 점을 고려하여 해석함으로써 보다 더 나은 결과를 도출할 수 있을 것이다.

3. 상권분석

개발사업 아이템이 정해져 있거나 최유효이용방안을 통해서 최적의 개발업종이 정해지면 상권분석을 실시해야 하는데, 이를 활용하기 위해서는 상권에 대한 이해가 우선되어야 한다.

상권이란 "단독 혹은 집적 상업시설이 고객을 흡인할 수 있는 지리적 범위"를 나타내는 것으로 정의된다.

상권분석은 구상사업 아이템을 갖고 입지분석과 시장조사분석을 통해 가능지역을 선정한 후에 경험적인 방법에 의하여 몇 개의 후보지를 사전에 정해 놓고 이에 대한 시장잠재력을 분석하는 ① 부지평가기법과 ② 주어진 입지에 있어서 적합한 업종과 상권의범위 그리고 매출액을 추정하는 상권획정기법으로 대별할 수 있다.[8] 특히 상권범위확정기법은 Reilly의 소매중력법, Converse의 상권분기점법, Kain의 고객흡인력모형, Huff의 확률모형, 수정Huff모형 등이 있으며, 이들 모형에서는 주로 상점의 매력도와 소비자의 특성, 그리고 소비자와 상점을 이어주는 공간의 마찰정도라는 세 가지 요소에 의해서 상권의 수요를 추정하게 된다.

---

8) 조주현, 전게서, p.222.

1) 상권범위의 확정

상권분석의 첫 번째 단계는 상권범위를 확정하는 작업이며 이에 대해서는 많은 이론적·실증적 연구가 있었다. 즉, 상권의 종류 및 위계에 관해서는 ① 소비자와 판매자의 관점에서 본 W. Christaller의 중심지이론, ② 소비자의 흡수범위를 중심으로 한 W. Applebaum의 1, 2, 3차 상권, ③ Stern과 El-Ansery의 소비자, 판매자, 판매량의 관점에서 정의되는 상권, ④ Huff의 확률적 상권이론이 있다. 이러한 이론들은 나름대로의 논리와 장점을 가지고 있음에도 불구하고 우리나라에 그대로 적용하기에는 도시구조의 차이와 구매 관습의 차이로 다소 무리가 있을 것으로 예상된다. 중심지이론에 의하면 상권은 상품의 구매빈도와 금액에 따라서 그리고 소비자의 공간적 분포에 따라서 최소지지 인구수에 따라 위계가 형성되는 것으로 본다. 이는 공간독점의 가설에 입각한 Reilly의 소매상권이론, Converse의 상권분기점이론과 맥을 같이한다. 또한, 상권이란 앞서 언급했듯이 "단독 혹은 집적 상업시설이 고객을 흡인할 수 있는 지리적 범위"를 나타내는 것으로 정의되기도 하며, 현재 상권, 기대상권, 차 상권(30km, 1시간 이내) 등 실무에서는 다양한 개념의 상권이 사용되고 있다.

일본의 통산성에서 발행한 「대형점 심사요령」에서는 주된 상권의 설정거리라는 개념을 사용하고 있는 바, 이는 점포면적 30,000m² 이상은 상권설정 반경을 10km, 15,000~30,000m²까지는 4km를 사용하고, 점포면적 3,000~6,000m²은 3km, 3,000m² 미만의 경우는 2km를 적용하고 있다. 단, 신규점포로부터 상권설정 반경 2배의 범위 내에 당해 점포면적과 동등 이상의 면적을 가지는 점포가 없는 경우는 규정의 2배를 주된 상권으로 정하는 것으로 되어 있어 소매업의 건전한 발전을 도모하고 있다.

한편, 상권별 고객 흡인율은 연구목적에 따라 다르게 정의되는데, 일본의 중소기업청에서 발간한 「진단요령 등 사례집」을 근거로 보면 <표 3-19>와 같이 개별상점과 상점군의 경우로 나누어 접근하고 있다. 즉, 개별상점의 독점력은 비교적 높게 추정하여 점포 중심의 상권설정이 이루어지는 반면, 상점군의 경우는 소비자의 관점에서 추정하는 것이 중요한 차이라고 할 수 있다.[9]

이와 같은 상권분석방법에 있어 절대적인 기준은 없다. 오히려 상권 전체를 일률적으

9) 조주현, 부동산시장·상권분석론, 건국대학교 부동산정책연구소, 1997, p.32.

로 보지 않고 상권구분에 대응하는 마케팅전략이 필요하다.

<표 3-19> 상점집적 형태별 상권의 흡인율

점포유형	상권	고객흡인율
개별점포	1차	매상 혹은 고객수이 60% 이상을 점하는 고객 거주범위
	2차	1차 이후의 30%
	3차	2차 이후의 5%
상업집적 지역	1차	상권 내 소비수요의 30% 이상을 흡수하는 지역
	2차	상권 내 소비수요의 10%
	3차	상권 내 소비수요의 5%

자료) 市原實, 「商圈と賣上高豫測」, 東京: 同友館, 1995, p.4; 조주현, 상게서, p.33 재인용.

2) 상권추정기법

상권추정기법에는 ① 실제조사방법, ② 2차자료 이용방법, ③ 통계적 분석방법, ④ 상권 설정모델방식을 이용하는 방법 등이 있다.

(1) 실제(현지)조사방법

① 점두조사

방문하는 소비자의 주소파악으로 자기점포상권을 조사하는 방법으로서 상권뿐만 아니라 방문이유, 소요시간, 이용교통수단 등을 조사한다.

② 직접면접조사

조사원이 각 가정을 개별 방문함으로써 상권을 분석하는 방법으로 1만세대인 경우 2%인 200세대 정도의 추출로서 신뢰도가 충분하다.

직접면접조사 중 고객점표기법(CST: Customer Spotting Technique)은 상업용 매장을 방문하는 고객을 대상으로 인터뷰를 통해 그들의 주소지분포를 도면에 나타냄으로써 상권을 파악하는 기법이다. 그러나 최근에는 대부분의 고객이 카드를 사용하기 때문에 카드에 정보가 다 수록되어 있기 때문에 카드를 분석하는 것이 훨씬 빠르고 정확하다.

CST기법의 절차는 다음과 같다.[10]

먼저, 대상 쇼핑센터를 방문하는 고객을 대상으로 출입구 조사와 인터뷰를 통해 그들의 주소지와 소비행태에 관한 정보를 얻어 이를 격자 도면상에 표시하여 고객분산도를 작성한다.

이때 도면 위에 분석대상 쇼핑센터로부터 일정거리 반경을 그리면 시장 내 거리별 고객수를 파악할 수 있다.

두 번째 단계는 격자별 인구를 계산하는 일이다.

격자인구의 정확성을 기하기 위해서는 가로구역별 또는 행정단위별로 격자를 구성할 수 있다.

셋째, 격자별 인구가 계산되었다면, 이번엔 격자별로 매출액을 추계한다.

표본고객 1인당 매출액을 $100라고 가정하면 그 격자의 매출액은 100×격자 내의 고객수가 될 것이고, 매출액을 그 격자 내의 인구수로 나누면 격자별 1인당 평균매출액이 계산될 수 있다.

넷째, 1인당 매출액이 높은 격자에서 낮은 격자로 순위를 매긴 후 대상 쇼핑센터에서 가까운 곳으로부터 그 수를 세어 전체매출액의 60%에 해당하는 지역을 1차상권, 90%에 해당하는 지역을 2차상권으로 설정하였다.

그리고 이 격자도면을 실제 현황도 또는 토지이용도 위에 겹쳐놓고 산, 하천 등 자연적인 장애요소와 인공적 요소를 참고로 하여 1차, 2차 상권을 수정하여 사용한다.

CST map은 유통업자에게 다음과 같은 중요한 정보를 제공해 주기 때문에 소매정착수립에 유용하다.

i) 상권규모를 파악하여 1차상권과 2차상권, 한계상권을 결정할 수 있다.

ii) 상권규모가 파악되면 상권 내 고객의 인구통계적, 사회경제적 특성을 파악할 수 있는데, 이것은 머천다이징(merchandising)[11]과 가격정책에 유용하다.

iii) 상권의 규모를 알기 때문에 효율적인 광고를 할 수 있으며, 구입가능성이 높은 표적 고객들만을 상대로 판매촉진수단을 제공할 수 있다.

---

10) Neil Carn et al., 1988, pp.192-195.
11) 일반적으로 MD라고 부르며 기업의 마케팅 목표를 달성하기 위한 특정 상품과 서비스를 가장 효과적인 장소, 시기, 가격 그리고 수량으로 제공하는 일에 관한 계획과 관리를 말한다.

ⅳ) 경쟁의 정도를 측정할 수 있다.

ⅴ) 신규점포가 기존점포의 고객을 어느 정도 잠식할 것인가의 추정이 가능하므로 점
포의 확장계획에 유용하게 활용될 수 있다.

그러나 현재는 쇼핑센터를 방문하는 대부분의 고객들이 신용카드 등을 사용함으로써
고객의 소비규모, 소비성향, 거주지 등을 알 수 있기 때문에 상권분석이 보다 쉬워진다.

③ 드라이브테스트

조사원이 도보, 자전거, 자동차 등을 이용해서 지리적 조건과 교통상태를 파악함으로써
상권을 조사하는 방법이다.

여기에서 현지조사법은 구체적인 소비자의 행동과 상가의 흡인력 파악은 가능하나 비
용이 많이 드는 것이 단점이다.

(2) 2차자료 이용방법

도시의 상공회의소나 다른 업소가 조사한 자료를 이용하는 것으로서 시간적 격차를 고
려해야 하므로, 개략적인 상권파악만이 가능하다.

(3) 통계적 분석방법(다중회귀분석)

통계분석법은 소비자의 행동과 상권성립의 관계를 통계자료로부터 유추하며, 판매액(고객
수)은 소득, 거리, 교통수단연계, 매장면적, 상품구성, 가격, 품질 등과의 함수관계에 있다.

(4) 상권설정모델방식(수학적 분석법)을 이용하는 방법

이 방법은 경험적 연구의 결론을 수식화하여 일반이론으로 발전시킨 것이다. 여기서는
상권설정모델은 생략하고 제4장 상권분석 편을 참조하기 바란다.

4. 부동산 투자분석

부동산개발사업의 타당성분석의 마지막 단계인 사업성분석(수지분석)은 매우 중요하다.
개발업자가 고려하고 있는 개발사업이 인·허가가 가능하고 시장성이 있다 하더라도

수지타산이 맞지 않는다면 사업의 지속적인 추진이 불가능하기 때문이다.

그러므로 사업성분석 방법은 3년 내의 단기프로젝트와 5년 이상의 장기프로젝트를 구별하여 사업성을 검토하게 된다. 단기프로젝트는 일반적으로 손익분석과 현금 과부족 분석을 실시하고 장기프로젝트는 현금흐름분석과 수지분석을 실시한다.

장기프로젝트는 외국처럼 부동산을 개발하여 분양하지 않고 5년 이상 임대를 하여 상가를 활성화한 후에 프로젝트 전체를 매각하는 방식으로 진행한다. 여기서 임대하는 동안은 임대소득, 즉 영업소득이 발생하고, 양도시에는 양도소득, 즉 자본이득이 발생하게 되는데, 이들은 발생시점이 현재시점이 아니기 때문에 현재시점으로 할인을 하여야 한다. 그러므로 이를 할인현금수지법이라 한다. 즉 할인현금수지법은 시간가치를 고려해야 하기 때문에 미래에 발생하는 임대소득이나 양도소득을 각각 발생시점에서 현재시점으로 할인하여야 한다. 할인현금수지법의 실제사례는 제4장에 잘 나타나 있다.

한편, 부동산개발업자는 개발사업에 대한 사업성분석을 위해서는 먼저 부동산투자에 대한 전반적인 내용도 두루 이해할 필요가 있기 때문에 여기서는 부동산개발사업에 활용할 수 있도록 전반적인 내용을 설명하고자 한다.

1) 부동산투자의 의의

부동산투자란 미래의 불확실한 수익을 위해서 현재의 확실한 소비를 희생시키는 행위를 말한다.

투자의 대가는 수익률로 나타나며 수익률은 시간에 대한 비용과 위험에 대한 비용으로 구성되어 있다.

2) 부동산 투자분석의 의의

부동산개발사업에서 최적개발대안이 경제적으로 충분히 타당성이 있다고 해서 언제나 투자대안으로 채택되는 것은 아니다. 왜냐하면 개발업자 입장에서 볼 때 채택된 최적개발대안은 투자 가능한 개발대안 중 하나일 뿐이다.

일반적으로 투자분석에서는 부동산투자로부터 기대되는 비용과 편익을 분석한다. 비용과 편익은 여러 가지 측면에서 측정될 수 있지만 가장 흔히 쓰이는 것이 현금수지분석이다. 현금수지분석 방법에는 단순 어림셈법에서부터 복잡한 현금할인수지법(Discounted Cash Flow Method)에 이르기까지 여러 가지가 있다.

이런 판단의 근거로서 기대수익률과 요구수익률을 비교하는 내부수익률법과 시장가치와 투자가치를 비교하는 순현가법이 있다. 여기서 내부수익률법에서는 기대수익률이 요구수익률보다 높으면 투자를 채택하고 그 반대인 경우는 기각한다. 순현가법에서는 투자가치가 시장가치보다 크면 투자를 채택하고 투자가치가 시장가치보다 작으면 기각한다.

3) 부동산투자(개발)의 환경의 변화

최근에는 제4차 산업혁명과 코로나19로 인한 개발환경의 변화에 따른 부동산도 [그림 3-9]에서 보는 바와 같이 오프라인이 아닌 온라인 시장, 즉 메타버스를 통하고 NFT를 매개로 디지털시장에서 거래되며 부동산을 쪼개기로 하여 매매하는 경우가 등장하고 있다.

건물 지분을 주식처럼 소액으로 사고 팔 수 있는 거래소, 이른바 '부동산 조각투자' 플랫폼들 간 경쟁이 본격적으로 시작된다. 1호 플랫폼인 '카사'에 이어 세종텔레콤의 '비브릭', 루센트블록의 '소유', 펀드블록글로벌의 '펀블'도 최근 본격적으로 서비스를 개시했거나 개시를 준비하고 있다.

[그림 3-9] 부동산 조각투자

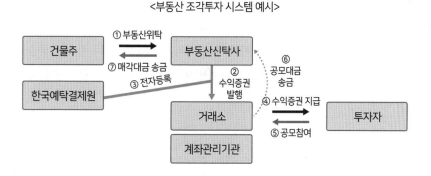

<부동산 조각투자 시스템 예시>

카사의 조각투자의 현황을 보면 <표 3-20>과 같다. '자본시장법'에 의한 부동산펀드, '부동산투자회사법'에 의한 REITs[12]와 데이터센터나 물류센터와 도시개발사업과 같은 개발프로젝트의 수익성을 담보로 하는 P/F(PFV포함) 등이 운용되어 이른바 부동산, 금융, 자본시장이 통합되어 운용되고 해외 부동산투자회사가 국내에 투자하고 우리나라에서도 해외 부동산에 투자하는 사례가 빈번하며 대규모 개발사업에 진출하는 등 글로벌 시대를 맞아 부동산 투자환경이 급변하고 있다.

1호 플랫폼인 '카사'의 조각투자 현황을 살펴보면 <표 3-20>과 같다.

<표 3-20>   카사의 조각투자 현황

건물	공모 시점	완판 시간	공모 총액(원)	공모 참여자(명)	댑스 수량(주)	비고
역삼 런던빌	2020년 11월	8일	101억 8000만	7091	203만 6000	매각 예정
서초 지웰타워	2021년 7월	2시간 27분	40억	3021	80만	상장 완료
역삼 한국기술센터	2021년 9월	1일	84억 5000만	2625	169만	매각 완료
여의도 익스콘벤처타워	2022년 3월	14분	16억 4000만	1534	32만 8000	상장 완료
부티크호텔 르릿	2022년 4월	5분 16초	22억	1906	44만	상장 완료

자료) 카사.

4) 부동산투자 수익률과 위험

(1) 부동산투자 수익률의 종류

부동산투자 수익률의 종류에는 기대수익률, 요구수익률, 실현수익률이 있다.

① 기대수익률은 투자로부터 예상되는 수입과 예상되는 지출을 토대로 계산되는 수익률이다.

② 요구수익률은 투자에 대한 위험 때문에 투자자가 부동산에의 투자결정을 위해 충족되어야 할 최소한의 수익률이며, NPV와 PI기법으로 투자분석을 하는 경우에 이 요구수익률을 사용한다.

---

12) 주택 개발 공모 리츠는 건설사·금융사 컨소시엄이 리츠를 설립, LH 공동주택 용지를 매입해 주택을 개발하는 사업이다. 리츠 주식 중 50%는 공모 방식으로 발행해야 한다. 이는 일반 국민에게도 개발 이익을 누릴 기회를 주기 위해서이며, 리츠 주주가 되면 배당 수익률 6~9%를 보장받을 수 있다.

③ 실현수익률은 투자 후 현실적으로 실현된 수익률을 말한다.

(2) 부동산투자의 위험

부동산투자위험은 일반적으로 ① 체계적 위험과 ② 비체계적 위험이 복합적으로 나타나며, ㉠ 사업상 위험(business risk), ㉡ 금융적 위험(financial risk), ㉢ 법률적 위험(legal risk), ㉣ 유동성 위험(liquidity risk) 등과 같은 종류의 위험이 있다.

① 체계적 위험

경기의 변동, 환율의 변동, 인플레이션의 심화, 이자율의 변동 등 시장의 여러 가지 요인에 의하여 발생되는 피할 수 없는 위험을 말한다.

② 비체계적 위험

부동산투자의 특성에 따라 나타나거나 부동산사업에 국한하여 나타나는 위험으로서 투자대상마다 상이하게 나타나므로 위험측정이 체계적 위험에 비하여 어려운 점이 많으나 효율적인 포트폴리오를 구성하는 경우에 제거 가능함으로써 분산가능 위험이라고도 한다.

5) 위험과 기대수익률과의 관계

실현된 결과가 예상한 결과로부터 벗어날 가능성을 불확실성 또는 위험이라고 한다. 기대수익률이 동일한 두 개의 투자대안이 있을 경우 하나가 다른 하나보다 덜 위험 한쪽을 택하려고 할 것이다. 투자자의 이런 행동을 '위험기피적(risk averse)'이라고 부른다.

일반적으로 위험과 수익률과의 관계는 비례관계가 성립한다.

장래의 기대되는 수익이 확실한 경우의 수익률을 무위험률이라고 한다. 이것은 정부가 보증하는 국채의 실질적 이율 같은 것인데, 순수한 시간가치에 대한 대가가 된다. 그러나 정부가 보증하고 있는 국채라도 인플레이션이 있을 경우에는 그것의 실질가치가 하락할 위험성이 있다.

시장위험에 대한 대가를 위험할증률(risk premium)이라고 하므로 요구수익률은 다음과 같이 구성된다.

$$r = r_f + r_p + r_i$$
$$= 10\%$$

여기서 r_i: 예상된 인플레이션에 대한 할증률(3%)

r_f: 무위험률(3%)

r_p: 위험할증률(4%)

6) 부동산투자의 위험과 분석방법

(1) 위험과 수익의 측정

일반적으로 위험분석에서는 통계적 기법을 사용한다. 수익성을 나타내는 지표로는 소득의 기대치를, 위험을 나타내는 지표로는 표준편차를 사용하고 있다.

미래의 현금수지(cash flow)는 불확실성으로 인하여 예측이 곤란하므로 보통은 확률적으로 계산하게 된다. 투자안에 대한 일어날 수 있는 경우에 각각의 확률을 부과하고 이것을 가중 평균하여 현금수지의 기대치를 계산하고 각 경우의 소득이 기대치에 벗어나는 정도로서 위험을 계산하게 된다. 여기에서 기대치에 벗어나는 정도는 분산이나 표준편차를 의미한다.

어떤 투자안에 대한 순영업소득(Net Operating Income)의 크기와 그것의 발생가능성이 <표 3-21>과 같이 나타나 있다.

<표 3-21> 순영업소득의 크기와 발생가능성   (단위: 백만 원)

시나리오	순영업소득	확률(P)
불황	900	0.1
보통	1,000	0.8
호황	1,100	0.1

<표 3-21>을 이용하여 순영업소득에 대한 기대치 E(NOI)와 위험의 정도를 나타내는 표준편차 σ를 계산해 보면 다음과 같다.

$$E(NOI) = 900(0.1) + 1,000(0.8) + 1,100(0.1)$$
$$= 1,000백만 \ 원$$
$$\sigma = \sqrt{0.1(900-1,000)^2 + 0.8(1,000-1,000)^2 + 0.1(1,100-1,000)^2}$$
$$= \ 44.7백만 \ 원$$

상기의 투자안에 대한 순영업소득의 기대치는 1,000백만 원이며 표준편차는 44.7백만 원이다. 표준편차가 투자안에 대한 위험의 지표로서 표준편차가 작으면 작을수록 위험성이 작다는 것을 의미한다. 2개의 투자대안을 고려하고 있을 때 순영업소득의 기대치는 같고 표준편차가 다르다면 작은 쪽을 선택하는 것이 위험성이 작으므로 유리하다.

만약, A, B 투자대안이 있는 경우는 A의 기대치는 B보다 크거나 같고, 표준편차는 B와 같거나 작을 경우는 투자대안 A를 선택한다. 반면에 A의 기대치와 표준편차가 모두 B보다 크거나 작은 경우는 기대치와 표준편차를 비교하는 방법으로는 의사결정을 할 수가 없으며 표준편차와 할인율 간의 관계를 이용하여 할인율을 구한 다음 이 할인율로 순현가를 계산하여 이 중 순현가가 큰 것을 선택하면 된다.

이에 대한 예를 들면 다음과 같다.

어떤 회사에서 투자안 X와 투자안 Y를 고려 중에 있다고 가정하자.

이 투자안들에 대한 순영업소득(net operating income)의 크기와 그것의 발생가능성은 <표 3-22>와 같이 나타나 있다.

<표 3-22> 투자별 순영업소득의 크기와 발생가능성 (단위: 백만 원)

시나리오	확률(P)	투자안(X)	투자안(Y) 순영업소득
호황	0.2	6,000	10,000
보통	0.6	4,000	5,000
불황	0.2	2,000	0

<표 3-22>를 이용해서 투자안 X와 Y의 순영업소득에 대한 기대치 E(X), E(Y)와 표준편차 $\sigma(X)$와 $\sigma(Y)$를 계산해 보면 다음과 같다.

① 투자안 X

$$E(X) = 0.2(6,000) + 0.6(4,000) + 0.2(2,000)$$

$$= 4,000$$

$$\sigma(X) = \sqrt{0.2(6,000-4,000)^2 + 0.6(4,000-4,000)^2 + 0.2(2,000-4,000)^2}$$

$$= 1,265 \qquad 분산계수 = \frac{1,265}{4,000} = 0.316$$

② 투자안 Y

$$E(Y) = 0.2 \times (1,000) + 0.6 \times (5,000) + 0.2 \times (0) = 5,000$$

$$\sigma(X) = \sqrt{0.2(10,000-5,000)^2 + 0.6(5,000-5,000)^2 + 0.2} = 3,162$$

투자안 X와 투자안 Y를 비교하여 보면 투자안 Y가 수익률이 높지만 위험도 높다. 그러면 어느 투자안이 더 유리한 것일까?

의사결정자들은 위험정도에 따라서 순현가를 계산하기 위하여 할인율을 결정해야 하므로 비록 주관적일지라도 위험과 할인율 간의 관계를 고려하여야 한다.

[그림 3-10] 투자의 위험(표준편차로 계산됨)과 할인율과의 관계를 나타낸 것으로 kf는 위험이 없는 투자 할인율이며, 위험적 분산계수가 많아질수록 할인율은 커진다.

[그림 3-10]   표준편차와 할인율과의 관계

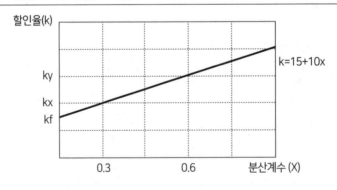

투자안 X의 할인율 $\kappa x = 15 + 10(0.316) = 18.16$
투자안 Y의 할인율 $\kappa y = 15 + 10(0.632) = 21.32$
(0.316과 0.632는 투자안 X와 Y의 분산계수이다)

이와 같이 위험과 할인율의 관계식은 주관적인 위험의 평가에서 결정될 수도 있으며, 객관적인 자료(특히 증권시장의 자료)들을 사용하여 개략적으로 결정할 수도 있다. 위험과 할인율과의 관계식이 이와 같이 결정되었다면 투자안 X와 Y를 분석하는 데 사용될 할인율을 산출할 수 있을 것이다.

투자안 X의 할인율은 18.16%, 투자안 Y의 할인율은 21.32%로 하여 각각의 순현가를 계산하고 이 중 순현가가 큰 것을 선택하면 된다.

(2) 포트폴리오의 위험과 수익

① 개별자산의 위험과 수익

수익률과 위험이 각각 다른 두 개의 투자대안이 있는데, 이 중 어느 하나가 위험도 높고 수익률도 높다고 하자. 이럴 경우 평균－분산법은 두 개의 투자대안 중 어느 것을 선택해야 할지 적절한 판단 기준이 되지 못한다. 그러나 이 두 투자대안을 적절히 결합한 포트폴리오의 위험과 수익을 분석해 보면 이 두 개 중 하나를 선택했을 경우보다 적절히 결합했을 경우가 위험은 낮아지지만 수익은 오히려 높아진다는 것을 발견할 수 있다. 예를 들어 설명하면 다음과 같다.

<표 3-23> 개별부동산의 수익과 위험

부동산 A		부동산 B	
기대수익률	확률	기대수익률	확률
10%	0.2	30%	0.2
12%	0.2	24%	0.2
14%	0.2	18%	0.2
16%	0.2	12%	0.2
18%	0.2	6%	0.2
E(R) = 14%		E(R) = 18%	
σ = 0.0283		σ = 0.0849	

자료) 안정근, 현대부동산학 제5판, 서울: 양현사, 2014.

<표 3-23>에서 살펴보는 바와 같이 부동산 B대안이 부동산 A대안보다 수익률과

위험정도가 모두 높다. 그러므로 어느 대안에 투자해야 할지 평균－분산법으로는 판단이 서지 않는다. 이 문제를 해결하기 위한 다른 한 가지 방법으로 포트폴리오 이론을 적용해 보자.

② 포트폴리오의 기대수익률과 위험의 계산

<표 3－24>는 2개의 자산으로 구성되는 대안 A와 대안 B를 여러 개의 포트폴리오로 결합해 보니 포트폴리오 II는 위험을 제거하면서 더 높은 수익을 얻고 포트폴리오 III은 같은 위험이 같은 수준에서 더 높은 수익을 얻을 수 있다. 이러한 효과를 포트폴리오 효과라 한다.

<표 3-24> 포트폴리오의 기대수익률과 위험

확률	I	II	III	IV	V
	100% A	3/4A+1/4B	1/2A+1/2B	1/4A+3/4B	100% B
0.2	10%	15%	20%	25%	30%
0.2	12%	15%	18%	21%	24%
0.2	14%	15%	16%	17%	18%
0.2	16%	15%	14%	13%	12%
0.2	18%	15%	12%	9%	6%
E(R)	14%	15%	16%	17%	18%
σ	0.0283	0.0000	0.0283	0.0566	0.0849

자료) 안정근, 현대부동산학 제5판, 서울: 양현사, 2014.

<표 3－24>에서 살펴보는 바와 같이 투자대안 I과 V보다는 I과 V를 결합한 대안이 수익률이 높은데 비해서 위험이 낮아지거나 위험이 같아지는 것을 투자대안 II와 III에서 발견할 수 있다.

6) 부동산 투자의사결정 방법

(1) 부동산 투자의사결정의 개념

부동산 투자의사결정이란 어떤 부동산에 투자할 것인가, 하지 않을 것인가라는 문제만을 의미하는 것이 아니다. 부동산을 구입할 것인가? 만약 소유부동산이 있다면 지금 처분할 것인가 혹은 계속 보유할 것인가? 아니면 개발할 것인가? 개발한다면 얼마의 규모로 어떤 업종을 선택해서 개발할 것인가? 분양할 것인가 혹은 임대할 것인가? 등의 다양한 형태의 의사결정이 포함된다. 여기에서 가장 중요한 것은 투자여부에 대한 의사결정이다.

(2) 부동산 투자의사결정의 과정

부동산 투자의사결정 과정은 보유와 처분 시에 예상되는 수입과 지출을 비교함으로써 이루어진다. 부동산 투자의사결정의 과정에는 다음과 같은 네 가지 단계가 있다.

첫째, 투자자의 목적이 무엇인가를 파악한다(현금수입, 인플레이션 헷지(inflation hedge), 후손들을 위한 배려, 부동산가치의 상승 기대).

둘째, 투자환경(investment environment)을 분석한다. 부동산 투자환경에는 부동산시장의 상황뿐만 아니라 법적·금융적·세제적 환경도 포함된다. 이 과정에서 부동산투자자는 많은 전문가의 도움을 받을 수 있다.

셋째, 부동산투자로부터 기대되는 비용과 편익을 분석한다. 비용과 편익은 여러 가지 측면에서 측정될 수도 있지만 가장 흔히 쓰이는 것이 현금수지분석이다. 현금수지분석방법에는 단순한 어림셈법에서부터 복잡한 할인현금수지법(DCFM: Discounted Cash Flow Method)에 이르기까지 여러 가지가 있다.

넷째, 이상의 분석을 토대로 해서 투자를 할 것인가, 하지 않을 것인가를 최종적으로 결정한다. 이런 판단의 근거로서 다음 두 가지 방법을 쓰고 있는데, 하나는 기대수익률과 요구수익률을 비교하는 방법이고, 다른 하나는 투자가치(investment value)와 시장가치(market value)를 비교하는 방법이다.

기대수익률과 요구수익률의 비교는 내부수익률법으로 이루어지고, 시장가치와 투자가치의 비교는 순현가법으로 이루어진다.

(3) 부동산 투자의사결정을 위한 분석기법

부동산 투자의사결정을 위한 분석기법은 계량적 분석기법과 재무분석기법으로 나눌 수 있다. 사업상 재무분석기법만으로 투자분석을 하는 경우도 있으나 개발사업과 같은 복잡한 사업성분석은 이 같은 두 분석기법을 잘 조화하여 활용하여야 합리적인 결과를 기대할 수 있다.

수지분석을 보다 정확하게 하기 위해서는 무엇보다도 수입과 비용을 정확하게 추정하여야 한다. 수입을 정확하게 추정하기 위해서는 시장분석을 철저하게 하여야 한다.

비용은 토지관련 비용, 건축관련 비용, 부대비용 등을 정확하게 추정하여야 한다.

수지분석 방법은 3년 내외의 단기프로젝트와 5년 이상의 장기프로젝트로 구분하여야 한다. 3년 이내는 총수입에서 총지출을 뺀 손익분석을 실시하고 5년 이상의 장기프로젝트는 현금흐름분석을 실시하여 투자분석기법인 NPV법, IRR법, PI기법 등으로 투자가능여부를 결정한다. 보다 자세한 사항을 위해서는 제4장의 재무적 타당성 분석을 참조하기 바란다.

5. 부동산평가 및 간이타당성분석

부동산개발과정에서 필요한 부동산평가는 부동산의 일반적인 평가와 구분할 필요가 있다.

부동산평가는 부동산 매매시와 시장조사를 통한 가치추계를 위해서 필요하고, 이를 바탕으로 분양가나 임대가를 결정하는 경우에도 필요하다. 또한 저당대출을 하는 경우에도 평가에 관한 지식이 필요하다. 뿐만 아니라 지주공동사업이나 기업 간 컨소시엄을 통한 개발사업을 하는 경우에도 부동산평가에 관한 지식이 필요하다.

부동산개발사업에서 완전한 사업타당성 분석이란 법률적, 경제적, 기술적으로 타당한지를 분석하는 것이다. 이와 같이 완전한 사업타당성 분석과 토지가격으로 임대료를 구하는 방법과 임대료를 통해서 토지가격을 구하는 방법인 간이타당성분석을 하는 두 가지 방법이 있다.

이런 지식을 활용한다면 주어진 토지가격에서 얼마의 임대료가 사업성이 있는지를 분석할 수 있다. 만약 산출된 임대료가 시장에서 경쟁력이 없다면 토지가격이 너무 높다는 것을 의미하므로 토지가격을 할인하여 구입하던지 아니면 더 저렴한 다른 토지를 구입해야 할 것이다. 이와는 반대로 정해진 임대료가 시장에서 경쟁력이 있다면 이를 기준으로 하여 토지가격을 결정하고 이 수준의 토지가격으로 토지를 구입하여 사업성에 무리가 없을 것이다.

1) 부동산평가의 의의

부동산평가란 부동산의 시장가치를 추계하는 것을 말한다. 여기서 시장가치란 '공정한 매매가 형성되기 위한 필수적인 모든 조건이 충족된 공개된 경쟁시장에서 충분한 지식과 정보를 가지고 사려 깊게 행동하는 매도자와 매수자 사이에서 성립될 가능성이 가장 높은 가격을 화폐로 표시한 것으로서, 정당하지 못한 자극이나 어떠한 압력에 의해서도 영향을 받지 않는 가격'이라고 정의된다.

2) 부동산 평가기법

일반적으로 부동산평가기법에는 시장접근법, 비용접근법, 소득접근법 등이 주로 사용되며 이와 같은 감정평가 3방식을 적용하는 데는 시장분석이 핵심적인 정보를 제공해 준다.

예컨대 시장접근법과 관련해서는 경쟁부동산 확인 및 비교가능성 결정, 시장조건에 대한 이해를 통한 시장조건변동에 따른 비교부동산의 판매가격을 조정할 수 있게 해주며, 비용접근법과 관련해서는 시장분석을 통해 현재의 건축비용과 시장조건에 대한 정보를 획득하여 투자자가 기대하는 이윤, 경제적 이점과 기능퇴화 정도를 추계할 수 있다.

소득접근법의 경우 시장분석을 통해 공실률, 흡수율, 시장임대료, 기대수익률, 경쟁위치에 대한 자료를 수집하고, 소득접근법에서 이러한 정보는 예상임대 및 시장점유율, 적정할인율, 자본환원율을 결정하는 데 사용한다.

(1) 시장접근법

① 개념

시장접근법(market approach)은 사례비교법이라고도 하며, 대상 부동산과 비교대상인 부동산의 매매사례 또는 임대사례에 관한 자료를 수집하고 서로 비교·분석하여 대상 부동산의 시장가치를 평가하는 방법을 말한다.

이 방법은 수익성 또는 비수익성 부동산의 평가에 모두 적합하다.

② 평가절차

ⅰ) 최근 3개월 이내에 거래된 자료로서 대상 부동산과 유사한 부동산의 매매사례 자

료를 수집한다.

ⅱ) 비교 부동산과 대상 부동산은 부동산 속성항목들이 유사해야 하고 속성항목의 차이에 대해서는 금액 또는 비율로 보정해야 한다.

ⅲ) 대상 부동산의 특성과 비교 부동산의 특성을 비교·분석한다. 비교항목은 입지, 매매시기, 매매조건, 융자조건, 물리적 특성, 부동산 등에 관한 권리이다.

ⅳ) 분석결과로부터 대상 부동산의 시장가치를 추계한다.

③ 매매사례의 분석과 조정

매매사례의 분석이란 부동산평가사가 비교 부동산과 대상 부동산이 어떤 점에서 차이가 있으며 이 차이가 대상 부동산의 가치평가에 어떠한 영향을 주는지를 분석하는 것을 말한다. 매매사례분석이 끝나면 비교 부동산과 대상 부동산과의 특성별 차이가 가치에 미치는 영향을 계산하여 비교 부동산의 매매가격에 가감하게 되는데, 이를 조정이라 한다. 조정하는 방법에는 비율을 조정하는 방법과 금액을 조정하는 방법이 있다.

④ 비준가격 추정법

$$① \qquad ② \qquad ③ \qquad ④ \qquad ⑤ \qquad ⑥$$

▶ 비준가격＝거래사례가격×시점수정치×사정보정치×지역요인비교치×개별요인비교치×면적비교치

아래 자료 1, 2를 참고로 하여 대상부동산의 비준가격을 구해 보면 다음과 같다.

■ 자료 1) 대상 부동산 사례 부동산

• 소재: A지역, B지역

• 면적: 453m², 330m²

• 가격: 66,000,000원

■ 자료 2) • B지역은 A지역보다 30% 열세다.

• 사례 부동산은 B지역 표준적 사용획지와 개별요인이 10% 열세다.

• 대상 부동산은 B지역의 표준적 사용획지와 비등하다.

• 사례 부동산 매매일시 2014년 11월, B지역의 지가지수 100

• 대상 부동산 평가시점 2015년 8월, B지역의 지가지수 108

$$① \qquad ② \qquad ④ \qquad ⑤ \qquad ⑥$$

▶ 비준가격 = $66,000,000 \times 108/100 \times 100/70 \times 100/90 \times 453/330$

단, 사정보정치는 정산가격이므로 1이다.

(2) 비용접근법

① 개념

비용접근법(cost approach)은 원가법이라고도 하며, 이 방법은 평가대상 부동산과 동일한 부동산으로 새로 신축하는 데 드는 비용에 입각하여 가치추계를 하는 방법을 말한다.

② 평가절차 및 평가법

▶ 지가추계 ≲ 건물 및 부대시설의 건축비 산정 ≲ 발생 감각상각 산정 ≲

지가 + 건축물의 재생산비용 − 감가상가액

▶ 부동산가치 추정 = 지가 + 건축비 − 감가상가액

(3) 소득접근법

소득접근법(income approach)은 수익법이라고도 하며, 예상되는 순영업소득을 자본환원율로 할인하여 현재가치로 구하는 것이 소득접근법에 의한 가치추정방법이다.

$$V = I/R$$

V: 부동산의 가치

I: 예상 순영업소득

R: 자본환원율

여기서 자본환원율이라 함은 소득을 가치로 환원시키는 비율을 말하며, 자본환원율을 구하는 방법에는 시장추출법, 투자결합법, Ellwood법, 조성법 등이 있다.

$$자본환원율 = 할인율(요구수익률) − 부동산가격의 기대상승률 + 감각상각률$$

2) 간이타당성분석

간이타당성분석이란 부동산개발사업이나 오피스빌딩 등과 같은 부동산에 대출을 받아 투자하는 경우, 완전한 재무타당성분석이 시간과 경비가 많이 소요되기 때문에 초기에 사업가능 여부를 판단할 수 있도록 간이로 재무타당성을 분석하는 것을 말한다.

간이타당성분석은 투자의사결정과 관련하여 대출자와 지분투자자를 동시에 만족시켜야 한다. 먼저 대출자의 입장에서는 저당대출금에 대한 이자와 원금을 갚을 수 있을 정도로 해당 프로젝트가 충분한 현금흐름을 창출할 수 있어야 하고 채무불이행 시에 저당권자가 저당목적물을 취득하여 운영하거나 강제매각을 통한 매각가격이 저당대출을 회수할 수 있을 정도로 충분한 현금을 창출할 수 있어야 한다. 이러한 가능성에 대한 공통적인 측정방법이 부채감당률(DCR)과 대부비율(LTV)이다. 최소부채감당률은 1.10에서 1.30이 보통이고, 대부비율은 0.7에서 1.0 사이의 범위를 갖는 것이 보통이다.

다음으로 지분투자자의 입장에서는 해당 프로젝트가 투자금액에 대한 최소한도의 요구수익률(rates of return)을 창출할 수 있어야 하는데, 여기서 최소한도의 요구수익률은 현재가치의 수익률로 표현한다. 이는 지분투자의 현재현금흐름과 투자금액 사이의 관계를 보여주기 위함이다.

결국 간이타당성분석은 해당 프로젝트와 관련하여 초기영업결과가 채무자와 지분투자자의 임계기준치를 만족시킬 수 있는지를 검증하게 되는데, 이러한 유형의 검토는 전방위(front-door) 접근법과 후방위(back-door) 접근법에 의하여 가능하다.

전방위 접근법은 대상 프로젝트에 필요한 개발비용 추정으로부터 시작하여 그 프로젝트가 타당하기 위하여 요구되는 임대료 혹은 판매가격을 도출해 내는 것이다. 전방위기법의 마지막 단계에서 중요한 문제는 도출된 최소한의 요구임대료가 시장에서 경쟁력이 있느냐 하는 문제이다. 이와는 반대로 후방위 접근법은 시장임대료로부터 시작하여 그 프로젝트에 투입할 수 있는 최대 개발(또는 투자)비용을 찾아내는 것이다. 후방위기법의 마지막 단계에서 중요한 문제는 그 프로젝트를 이러한 비용이나 그 이하로 개발할 수 있느냐 하는 문제이다. 또한 후방위 접근법에 대한 편차는 토지잔여법과 동일하며 최대 투자비용에서 그 프로젝트의 건축 관련 개발비용을 제외하고 부지에 입찰할 수 있는 최대의 비용을 유도해 내는 것이다. 즉 토지를 구입하는 데 지불할 수 있는 최대의 비용을 산출하는 것이다.

전·후방위 접근법은 처음에는 재무적 타당성 여부를 결정하기 위하여 임대료나 투자 비용을 개략적으로 추정함으로써 거친 수준으로 타당성연구가 행해지지만 타당성연구가 진행됨에 따라 보다 명확하게 진행된다. 또한, 설계자나 임차인의 요구사항을 알게 되었 을 때 진보된 정보가 개략적인 가정을 대신하고 위험이나 가능성을 보다 더 상세하게 분 석할 수 있다.

(1) Front-Door 접근에 의한 간이타당성분석

Front-Door 접근법은 [그림 3-11]에서 보는 바와 같이 지분투자자의 요구수준을 만 족시킬 수 있는 총 임대료를 구하는 것을 내용으로 한다.

[그림 3-11] Front-Door 접근법에 의한 간이타당성평가

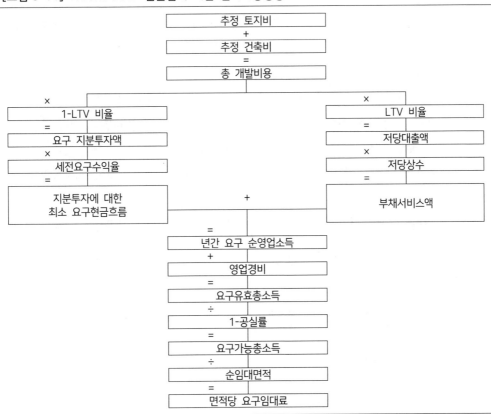

자료) Norman G. Miller & David M. Geltner Real Estate Principles for the New Economy, Thomson, 2005, p.521.

이 접근법에 필요한 작업 중에서 특히 대출자가 요구하는 부채감당률 및 손익분기점과 관련한 판단이 포함되어야 한다. <표 3-25>의 사례를 통해서 접근과정을 살펴보기로 한다.

<표 3-25> 임대 및 대출사례

순 임대가능 면적이 4,000평인 오피스빌딩을 36,800,000천 원에 개발하거나 구입할 수 있다. 1년간 운영수입 전망은 평균적으로 평당 시장 임대료는 월 92천 원, 가능소득에 대한 공실 및 임대료 손실률은 5%, 평당 영업경비는 월 17천 원이다.

저당대출자의 입장에서 최적 가능한 대출조건은 20년 대출을 완전히 상환하는데 연간 7%의 이자율이고, 7년 후부터 재협상이 가능하다. 지분투자자는 구입가격의 75% 이상을 차입할 수 없으며, 최소 수용가능한 부채감당율은 1.3이다. 잠재적인 지분투자자는 투자조건으로 세전 당기수익율을 8%에 합의하였다. 수용 가능한 최소 손익분기점유율{(default ratio): 순 영업소득이 부채 서비스액을 감당하기에 충분한 점유수준)}은 80%이다.

먼저 대출자의 기준을 검토해 보자. 대출자는 최대 대출비율이 0.75이므로 최대 저당대출액은 프로젝트비용의 75%, 즉 27,600,000천 원이다.

대출자의 대출조건은 20년 기간 동안 7% 이자율과 7년 후 재협상가능조건이다. 이러한 조건과 관련한 저당상수의 공식은 인데, 여기서 i는 이자율이고 n은 기간이므로 i에 0.07, n에 20을 대입하면 저당상수는 0.09439293이므로, 연간 최대 부채서비스액은 <표 3-26>에서 보는 바와 같이 2,605,240천 원을 의미한다.

먼저 대출자의 기준을 검토해 보자. 대출자는 최대 대부비율이 0.75이므로 최대 저당대출액은 프로젝트비용의 75%, 즉 27,600,000천 원이다.

대출자는 대출조건이 20년 기간 동안 7% 이자율과 7년 후 재협상가능조건이다. 이러한 조건과 관련한 저당상수의 공식은 $\dfrac{i}{1-\left(\dfrac{1}{(1+i)^n}\right)}$ 이다.

<표 3-26> 최대 연간 부채서비스액 계산식

(단위: 천 원)

프로젝트 비용		36,800,000
대부비율	×	0.75
최대저당대출액		27,600,000
연간부채서비스상수	×	0.09439293
연간 최대 부채서비스액		2,605,240

여기서 i는 이자율이고 n은 기간이므로 i에 0.07, n은 20에 대입하면 저당상수는 0.09439293이므로, 최대 연간 부채서비스액은 <표 3-26>에서 보는 바와 같이 2,605,240천 원을 의미한다.

지분투자금액은 프로젝트 비용과 이용 가능한 저당대출 금액과의 차액에 해당한다.

대출자들이 프로젝트 비용의 75% 이상을 제공하지 않기 때문에 지분투자자는 나머지 25%, 즉 9,200,000천 원을 제공하여야 한다.

지분투자에 대한 연간 8%의 수익률을 지분투자자가 요구할 것이므로 지분투자자에게 필요한 연간흐름은 <표 3-27>에서 보는 바와 같이 최소 736,000천 원이다.

<표 3-27> 지분투자자의 연간 최소 현금흐름 (단위: 천 원)

프로젝트 비용		36,800,000
1 - 대부비율	×	0.25
필요한 지분 투자금액		9,200,000
연간 최소 수익률	×	0.08
지분투자자의 연간 최소 현금흐름		736,000

지분투자자에 대한 부채서비스액과 세전현금흐름은 순영업소득으로부터 나온다. 따라서 첫해의 순영업소득은 2,605,240천 원+736,000천 원=3,341,240천 원과 같아야 한다.

유효총소득은 영업경비와 순영업소득의 합한 값의 요구조건을 만족할 수 있어야 하기 때문에 유효총소득은 204천 원×4,000평(816,000천 원)+3,341,240천 원=4,157,240천 원이다.

앞의 사례에서 공실 및 임대손실이 가능총소득의 5%이기 때문에 유효총소득은 가능총소득의 95%가 된다. 따라서 최소가능총소득은 유효총소득/0.95(4,157,240천 원/0.95)=4,376,042천 원이 된다.

최소가능총소득을 순임대가능면적 4,000평으로 나누면 평당임대료는 연 1,094천 원으로서 월 평당 91,160원으로 시장임대료 월 평당 92,000원보다 낮기 때문에 지분투자자는 수용가능한 프로젝트이다.

한편, Front-Door 접근법에 의한 간이타당성분석은 순 영업소득이 영업경비와 부채서비스액을 충당하는 수준인 손익분기점유율(default ratio)과 부채감당율을 결정하는 데도 사용할 수 있다. 여기서 손익분기점율은 영업경비와 부채서비스액을 더한 값에 가능총소득으로 나누어 구한다.

$$손익분기점\ 점유율 = \frac{영업경비 + 부채서비스액}{가능총소득}$$

$$= \frac{816,000 + 2,605,240}{4,376,042} = 0.782(78.2\%)$$

사례에서 이 비율이 80%이기 때문에 지분투자자를 만족시킬 수 있다.

$$또한,\ 부채감당율(DCR) = \frac{순영업소득}{부채서비스액} = \frac{4,157,240}{2,605,240}$$

=1.59이므로 대출자의 요구조건을 충족시키기에는 충분한 값이다.

앞의 사례에 대한 간이사업성평가는 지분투자자와 대출자 모두를 만족시킬 수 있다.

(2) Back-Door 접근법에 의한 간이타당성분석

Back-Door 접근법은 [그림 3-12]에서 보는 바와 같이 최대투자금액을 어느 정도 지출할 수 있는가를 보여주는 것이다.

앞의 사례에서 보는 바와 같이 사무실 공간이 시장에서 평균적으로 월 평당 92,000원으로 임대된다면, 부채서비스액과 지분투자자에게 제공되는 순영업소득의 현금흐름은 3,364,000천 원이 된다.

대출자는 최소한 부채감당율이 1.30이 될 것을 요구하고 있기 때문에 최대지원가능 부채서비스액은 3,364,000/1.30=2,587,692천 원이 된다.

사례에서 주어진 대출조건에 따르면 저당상수가 0.09439293이므로 최대저당대출액은 2,587,692천 원/0.09439293=27,414,049천 원이 된다.

연간 순영업소득이 3,364,000천 원이고 연간 부채서비스액이 2,587,692천 원인 경우에는 지분투자자에게 귀속되는 현금흐름은 776,308천 원에 불과하다.

[그림 3-12] Back-Door 접근법에 의한 간이타당성평가(대출자 관점)

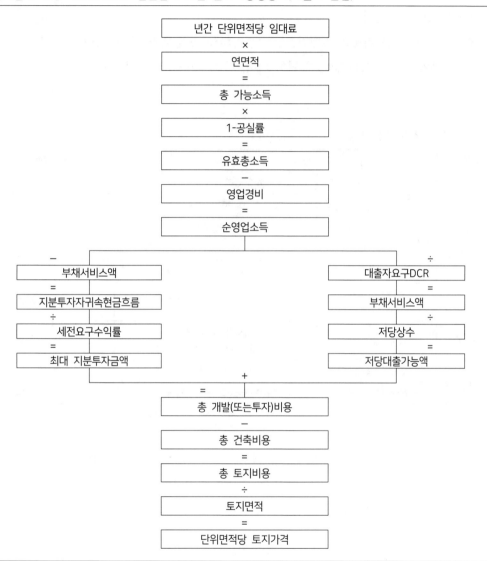

자료) Norman G. Miller & David M. Geltner Real Estate Principles for the New Economy, Thomson, 2005, p.521.

지분투자자는 최소한 8%의 수익률을 요구하므로 최대지분투자액은 776,308천 원/0.08=
9,703,846천 원이 된다.

결국 최대프로젝트비용은 최대지분투자액 9,703,846천 원과 최대저당대출액 27,414,049
천 원 합계액으로서 37,117,895천 원이 되며, 이 계산식을 표로 나타내면 <표 3-28>과
같다.

<표 3-28> 최대 가능액 추계 절차   (단위: 천 원)

추계범주	추계절차		계산식	추계결과
요구순 영업소득	가능총소득	가능총소득	4,000평×1,100천 원	4,400,000
		공실손실액	PGI×5%	220,000
	유효총소득	유효총소득	PGI-공실손실액	4,180,000
		영업경비	4,000×17천 원*12	816,000
	순영업소득		EGI-영업경비	3,364,000
최대가능 저당 대출액	최대지원가능 부채서비스액		순영업소득/최소DCR(1.30)	2,587,692
	최대저당대출액		부채서비스액/저당상수 (0.09439393: 7%, 20년)	27,414,049
최대프로 젝트비용	지분투자가귀속현금흐름		순영업소득-연간부채서비스액	776,308
	최대지분투자액		지분귀속현금흐름/지분수익률(0.08)	9,703,846
	최대프로젝트비용		최대지분투자액+최대저당가능액	37,117,895

대출자의 LTV가 75%라는 것을 고려할 때 사례 프로젝트의 LTV는 27,414,049/37,117,895
=73.85%이므로 대출자의 요구조건인 LTV 기준을 충족시킬 수 있다. 또한 손익분기점유율
을 계산해 보면 영업경비와 부채 서비스 액의 합한 금액을 가능총소득으로 나누는 것이므로

$$손익분기점유율 = \frac{816,000 + 2,587,692}{4,180,000} = 0.814(81.4\%)$$

이므로 손익분기점유율이 85%를 초과해서는 안 된다는 지분투자자의 조건도 충족할 수
있기 때문에 간이사업성평가의 결과 앞 사례의 프로젝트는 지분투자자나 대출자 양쪽을
만족시키므로 사업이 가능한 것으로 판명되었다.

한편, 본 사례의 프로젝트 수행에 필요한 총 비용은 37,117,895천 원이며 여기서 건축관련비용, 즉 816,000천 원을 제하면 20,317,895천 원이 총 토지매입 비용인데 부지면적(500평)으로 나누면 평당 40,635천 원이다. 즉 최대로 부지구입비용으로 지출할 수 있는 금액이 3.3m²당(평당) 40,635천 원이다.

제5절 협상 및 계약체결 단계

사업타당성 분석은 협상의 도구로서 서비스를 제공한다. 협상 단계에서는 프로젝트가 계속 진행될 수 있도록 계약 조항들을 마련한 후 이 조건으로 협상을 시작한다. 위험의 통제수단인 계약들이 서로 다른 예상치 못한 일이 발생할 수 있기 때문에 이전단계에서 협상되어진 계약들에 대해서는 공동으로 서명해 두어야 한다.

계약협상 단계에서도 다른 단계와 마찬가지로 모든 것이 서로서로 상호작용을 한다.

예를 들면 금융기관은 개발업자가 시공회사와 공사도급계약을 체결하기 전 또는 협상이 마무리되기 전에는 자금조달에 대한 협상을 하지 않으려고 한다.

도급공사계약서에는 건설기간 동안이나 준공 후 운영하는 동안에 일어날 수 있는 물리적, 재정적, 마케팅 운영활동에 대한 규정들이 마련되어야 한다.

협상 및 계약체결 단계는 주요한 건축비용으로 손해를 입기 전에 그 사업에서 후퇴할 수 있는 마지막 기회이다. 계약이 실행된 후 중단하게 되면 그만큼 손실이 더 커진다.

건축공사비는 개발사업에 있어서 매우 큰 비중을 차지하므로 공사도급계약을 체결하는 데 신중을 기해야 한다. 물론 실시설계도를 토대로 건축공사비를 산정하지만 이때 건물 수준을 어느 정도로 할 것이냐에 따라서 공사비가 크게 차이난다. 그러므로 건축비를 산정할 시 개발사업의 규모와 성격 그리고 입지조건과 마케팅전략 등을 종합적으로 고려하여 결정해야 한다.

개발사업구조가 개발업자, 시공사, 금융기관, 경우에 따라서는 부동산신탁회사를 포함하여 3자 내지는 4자 구조로 복잡해지고 개발사업에 참여하는 자들이 다양해지며, 프로젝트파이낸싱에 의한 자금조달이 행해지는 경우에는 협상 및 계약체결 단계가 중요한 국면으로 대두되었다. 그러므로 협상 단계에서는 시공사와의 공사도급조건, 금융기관과는 자금조달의 규모와 시기·이자율 등 대출조건을, 지방자치단체와는 개발 관련 부담금과 현장외부의 기반시설에 대한 협상을 하여야 하며 건축사·감리자 등의 계약에 대한 협상도 마무리하여야 한다. 이 단계에서 계약이나 약정을 체결하고자 하는 경우 시공사는 당해 프로젝트에 대한 인·허가 가능성과 사업성에 역점을 두며 금융기관은 사업성과 건설회사의 책임준공에 관심을 갖는다. 이러한 경우는 개발업자, 금융기관, 건설회사, 부동산신탁회사 등이 내부적으로 협정서를 체결하고 개발업자와 건설회사는 별도로 공사도급계약을 체결하는 방법도 있다. 이때 금융기관은 건설회사로 하여금 책임준공보증을 요구하고 경우에 따라서는 지급보증을 요구하기도 하는데 요즘은 이 방법이 일반적이다.

1. 사업약정서에 관한 필요지식 및 활용방법

먼저 협상을 위해서는 '하버드식 교섭술'에 나타난 Soft on the people, Hard on the Problem, 즉 문제의 본질에는 기본원칙을 그대로 고수하고 상대협상 대상자에게는 유연한 태도로 협상에 임하여야 한다는 것이다.

사업약정서작성을 위한 지식은 부지확보 단계에서 언급한 민법총칙의 계약에 관한 지식과 물권법, 그리고 부동산금융에 관한 지식, 건축과 토목에 관한 기술적 지식 등의 종합적인 지식이 필요하다.

부동산개발사업의 약정서는 개발사업의 종류와 개발사업방식 그리고 참여자들에 따라 다양하나 일반적으로는 개발업자(시행사), 시공사, 대주자 등의 대표자들이 체결하며 내용은 다음과 같이 구성되어 있다.

부동산개발사업 약정서의 내용은 1. 목적, 2. 사업개요, 3. 업무분담 및 협력의무, 4. 신탁등기, 5. 자금조달 및 채권확보, 6. 자금의 집행 및 관리, 7. 자금의 집행순서, 8. 공사도급 계약, 9. 분양업무, 10. 신탁보수, 11. 세무처리, 12. 본사업의 시행권양도 등, 13. 본사업의 시공권 양도, 14. 건물의 보존등기 등, 15. 사업의 정산, 16. 약정의 해지 및 손해배상, 17. 약정의 효력, 18. 분쟁해결 및 관할법원, 19. 기타사항 등으로 구성된다. 부동산개발업자는 약정서의 내용 범위 내에서 법률적·경제적·기술적 지식을 동원하여 불합리한 약정이 되지 않도록 해야 한다.

사 업 약 정 서

갑: 주식회사 ○○ C&D

을: 주식회사 ○○○○

병: ○○○부동산신탁㈜

약 정 내 용

본 약정은 ○○○○○○○○○ 필지 상의 『○○○ 주상복합아파트』의 신축사업(이하 "본 사업"이라 함)과 관련하여 위탁자 겸 사업시행자인 주식회사 ○○C&D(이하 "갑"이라 함), 책임시공사인 주식회사 ○○○○(이하 "을"이라 함), 자금관리신탁사인 ○○○부동산신탁(주)(이하 "병"이라 함)간에 상호 이해와 협력을 바탕으로 원활한 사업추진을 위하여 체결하고, 이를 증명하기 위하여 본 약정서 3통을 작성, 기명날인 후 "갑", "을", "병"이 각 1통씩 보관하기로 한다.

제1조(목적)

본 약정은 본 사업의 효율적이고 안정된 수행을 위하여 갑, 을, 병의 역할 및 책임을 명확히 하고 기타 본 사업추진을 위한 세부사항을 정하는데 그 목적이 있다.

제2조(사업개요)

① 사업명칭: ○○ 주상복합아파트

② 사업부지: ○○○○○○○○○○필지

③ 부지면적: ○○ 평(○○m²)

④ 건축개요:

1. 건 축 연 면 적: ○○ 평(○○m²)

2. 용   적   률: ○○%

3. 건 축 규 모: 지하 ○층 / 지상 ○층

4. 공 사 기 간: 착공허가 후 ○○개월

5. 사 업 기 간: ○○개월(본약정 체결일로부터 준공 후 3개월까지)

6. 개 발 용 도: 판매시설, 근린생활시설, 주거시설 등

※ 상기 건축개요는 설계(안)가 끝난 단계로 설계 변경 및 건축허가 변경 시 그 내용에 따라 재조정키로 한다.

제3조(업무분담 및 협력의무)

① 갑, 을, 병은 본 사업의 신속하고 정상적인 수행을 위하여 각자 업무를 분담하여 성실히 수행하고 상호 협력하며, 그에 따른 책임을 다한다.

② 갑은 시행자로서 다음의 업무를 책임지고 수행한다.

1. 법률상 및 사실상 제한이 없는 사업부지의 제공

가. 사업부지 매입 및 소유권 확보

나. 소유권 확보 당일에 병을 수탁자로 하는 담보(관리)신탁등기 실행

다. 지상물 기타 제한물권, (가)압류, 가처분, 가등기 등 법적인 제한조치 말소 및 관련 행정처리

2. 임차인, 세입자 처리(이주 및 명도완료 책임) 및 공사도로, 부지 진출입도로 확보 및 보상

3. 건축계획에 따른 건축허가(건축허가 변경승인 포함) 등 제반 대관청 인·허가 업무

4. 사업시행의 인허가 조건에 따른 일체의 부담에 대한 모든 업무 수행 및 비용 부담

5. 본 사업의 시행을 위하여 필요한 자금의 조달 및 제 사업비 부담

6. 본 사업의 시행과 관련하여 갑에게 부과되는 제세공과금 등의 부담

7. 을과 공사도급계약의 체결 및 관리

8. 설계, 감리(소방, 전기감리 포함) 계약의 체결 및 관리

9. 홍보 및 분양업무 일체

가. 분양사무실부지 임차 및 운영, 관리

나. 광고선전 및 홍보

　　단, 분양 사무실 운영 및 관리에 대한 세부사항에 대해서는 을, 병의 사전 합의하에 처리함.

10. 건축물 사용검사 후 갑 명의의 차입원리금 상환. 을에 대한 공사대금 미지급금이 있을 경우 미분양물건 전체를 병에게 담보신탁 또는 처분신탁 위탁의무 및 책임

11. 시공관련 이원을 제외한 본 사업관련 제반 민원 책임 해결(공사관련 민원 제외)

12. 본 사업관련 갑 명의로 차입하는 자금 및 분양수입금, 수분양자의 연체료, 제세공과금에 대한 환급금 등 일체의 자금입출금관리 업무를 병에게 위임

13. 수분양자에 대한 중도금 대출관련 업무의 책임

14. 갑 명의의 차입원금 ○○억원 이내 금액에 대한 상환 및 차입이자 납부의무

　　단, 차입원리금은 제7조 제1항에 의해 분양수입금에서 최우선 상환

15. 기타 본 사업의 시행을 위하여 필요한 업무

③ 을은 책임시공자로서 다음의 업무를 책임지고 수행한다.

1. 건축계획에 따른 건축인·허가(건축허가변경 포함) 등 대관청 인·허가업무지원
2. 공사도급계약의 범위에 포함된 공사관련 인·허가 조건의 이행
3. 공사도급계약에 따른 공사수행, 대관청 행정업무, 시공과 관련된 민원의 처리(진동, 소음, 분진 및 안전사고 등) 및 이에 따른 비용부담
4. 공사도급계약에 따라 공사기간 내에 본 사업 목적물의 책임시공 업무 및 이에 대한 분양 계약서상 책임시공자로서 명기 및 날인
5. 수분양자의 중도금 대출시 금융기관과 업무협약체결
6. 분양업무 지원
7. 건축물의 사용승인 후 법령상의 정해진 기간 내 하자보수 책임
8. 입주관리 지원
9. 기타 본 사업의 시공을 위하여 필요한 업무

④ 병은 다음 업무를 책임지고 수행한다.

1. 본조 제2항에서 갑이 위임하는 업무 및 기타 본약정에서 위임하는 업무를 수임
2. 본조 제2항 제14호에 의거하여 차입하는 자금에 대한 금융기관선정 및 지원 업무
3. 본 사업을 위하여 금융기관으로부터 차입하는 자금에 대한 채권확보(갑 명의의 차입금 인출·집행과 동시에 전체 사업부지에 대한 담보신탁 또는 처분신탁 등기)업무
4. 준공 시까지 갑 명의의 차입원리금 및 을의 공사대금 미지급분 잔존 시 미분양물건 전체에 대한 담보신탁 또는 처분신탁 수탁업무
5. 본조 제2항 제13호에 대한 협조 업무

제4조(신탁등기)

① 갑은 사업부지(위 지상건축물 일체 포함) 전체에 대한 소유권을 확보한 후 일체의 제한 사항을 말소하여 병에게 담보(관리)신탁등기를 하여야 한다.
② 병은 갑이 사업 부지를 신탁한 후 인허가 진행을 위하여 대지사용승락서 교부를 요구하는 경우 이에 동의하여야 한다.
③ 갑은 신탁등기 전 발생분을 포함하여 제세공과금 일체를 부담한다.
④ 신탁에 필요한 사항은 담보신탁 또는 처분신탁계약서에서 별도로 정하기로 한다.
⑤ 신탁등기에 필요한 비용은 갑이 부담하며 업무의 안전성 확보를 위하여 병이 정하는 법무사가 주관하도록 한다.

제5조(자금조달 및 채권확보)

① 병은 담보(관리)신탁 및 프로젝트 금융을 통해서 갑 명의로 토지매입 대금 및 초기 사업비 총 ○○억원 한도 내에서 금융기관에게서 조달 알선키로 하고, 갑, 을, 병은 금융기관과 더불어 별도의 대출약정서를 체결한다. 갑과 병은 대출약정서에서 정한 1순위 우선수익권 외에 본사업과 관련하여 어떠한 수익권증서도 을과 대출약정 체결 없이 발급할 수 없다.

② 갑은 건물보존등기 시까지 금융기관의 차입원리금 및 을의 공사대금이 잔존할 경우, 갑은 본 사업 목적물의 사용검사와 보존등기에 필요한 일체의 서류 및 사용검사 직후 미분양 물건 전부를 병에게 담보신탁 또는 처분 신탁하는데 필요한 일체의 서류를 병에게 교부하여야 하며 병은 이에 따라 본 사업 목적물을 보전등기하고 동시에 미분양물건을 담보신탁 또는 처분 신탁하여야 하며, 병은 수익한 도금액을 잔존대출금 및 공사대금의 ○○%에 해당하는 금액으로 하여 1순위 수익자를 금융기관, 2순위 수익자를 을로 하는 수익권증서를 발급키로 한다.

③ 본조 제2항의 경우 병은 할인분양 등의 방법으로 미분양물건을 처분하여 최우선적으로 대출약정서에 의한 금융기관의 차입원리금을 완제하고 다음으로 을의 공사비를 지급한 후, 나머지 잔액은 제7조 제1항에서 정한 순서대로 집행하여야 한다.

제6조(자금의 집행 및 관리)

① 본 사업의 원만한 수행을 위하여 분양대금의 수납 및 제사업비용의 지출 등 일체의 자금 입출금관리업무는 갑의 위임하에 준공 후 사업정산시까지 병이 수행키로 한다.

② 병은 본 사업의 자금관리를 위하여 병 명의의 을과 병의 인감을 사용하는 자금관리 계좌를 개설하여 관리키로 한다.

③ 갑은 본 사업과 관련하여 수령하는 어떠한 금원도 자금관리계좌 이외의 방법으로 수령하여서는 아니 된다. 갑은 본 사업과 관련하여 금원을 지급하는 상대방과 체결하는 계약에 자금관리계좌 이외의 지급은 효력이 없고 또한 상계할 수 없음을 명시하여야 한다.

제7조(자금의 집행 순서 등)

① 자금관리계좌의 자금은 다음 각 호의 순서에 따라 지급된다.

1. 각종 제세공과금

2. 차입원리금 및 수분양자에 대한 중도금대출이자 대납금액

3. 병의 신탁보수 및 을의 도급공사비

4. 사업경비(설계·감리비 등)

5. 갑의 일반관리비(月)

6. 갑의 사업수익금

② 자금인출방법은 갑의 서면요청에 의하여 을과 병의 날인으로 인출하여야 하고 인출시기는 병이 서면요청을 받은 날로부터 7일 이내로 한다.

③ 갑은 필수적 사업추진비용(용역비, 분양대행수수료 등)을 청구할 경우 청구금액에 대한 신청근거(계약서, 세금계산서, 계약업체의 청구서 등)를 병에게 제출하여야 하며, 병은 신청근거에 의거 갑의 계약업체 또는 납부처에 직접 지급하는 것으로 한다.

④ 본조 제1항 제6호의 갑의 사업수익금은 본 사업이 완료된 후 정산시점까지 유보하는 것을 원칙으로 하되, 본 사업의 분양계약률이 전체 분양금액 기준 80%이상 도달하여 금융 기관의 차입원리금 및 을의 도급공사비 지급에 문제가 없다고 판단되는 경우 본조 제1항의 분양수입금 집행순서에 상관없이 갑, 을, 병이 합의하여 갑의 수익금을 인출할 수 있다.

제8조(공사도급계약)

① 갑과 을은 본 약정서의 제조건을 반영하여 건축허가 완료 후 30일 이내 평당 일금 원정(부과세 별도)으로 공사도급계약을 체결키로 하며, 공사마감수준은 별첨 견적조건을 기준으로 하고, 세부사항은 공사도급계약시 확정키로 한다.

② 갑과 을은 건축허가 완료 후 갑이 제공할 시공도면을 기준으로 하여, 별첨 견적조건과 변경된 사항을 반영하여 공사도급 변경계약을 체결키로 한다. 공사도급 변경계약 체결 시, 도급공사금액의 기준은 을의 공사원가(직접공사비 및 현장관리비, 보험료 등)와 공사원가의 %(일반관리비 %, 보조부문비 %, 이윤 %)를 더한 금액을 원칙으로 한다.

③ 공사범위는 단지 내 공사에 한하며, 인입공사, 분양사무실 공사, 예술장식품, 단지 외부 및 진입로공사, 철거공사비, 폐기물처리비 등은 별도 협의하여 공사도급금액을 조정키로 한다.

④ 본 사업의 공사기간은 착공 후 개월이며, 도급계약 시 확정키로 한다.

다만, 천재지변 및 이에 준하는 경제상황의 급격한 변동 등으로 인하여 공사지연이

불가피하다고 인정되는 경우 갑, 을, 병이 합의하여 공사기간을 연장할 수 있다.

⑤ 을은 분양률 및 공사비 지급여부에 불문하고 전항에서 정한 공사기간 내에 본 사업의 목적물인 본 공사 목적물을 책임 시공하여야 하며, 을의 귀책사유로 공사가 지연되거나 시공을 포기함으로써 갑 및 병에게 손해가 발생하는 경우에는 이를 배상하여야 한다.

⑥ 공사비 지급을 위한 공사 기성률은 기성부분 산출내역서의 단가에 의하여 산정하되 감리단의 공사기성 확인서를 기준으로 한다.

⑦ 공사기성금 지급은 을이 감리단의 공정률 및 공사기성확인서를 첨부하여 갑에게 요청하고, 갑은 을의 청구일로부터 15일 이내에 병이 지정하는 관계서류를 첨부하여 병에게 지급을 요청하기로 한다.

⑧ 공사비는 매월 기성청구하고, 기성청구일로부터 15일 이내에 현금으로 지급키로 하며, 공사비 지급지연 시에는 해당 일수의 해당금액만큼 연 %의 연체이자를 적용하여 정산 지급토록 한다.

⑨ 을은 준공 후 하자보수의 책임을 부담하며, 수분양자의 중도금대출시 금융기관과 업무 협약을 체결키로 한다.

제9조(분양업무)

① 분양에 따른 매도인은 갑이 되며, 을은 책임시공자로서 수분양자와 분양계약을 체결키로 한다.

② 분양광고, 분양방법 등 분양 관련업무는 갑이 주관하여 진행하되, 을, 병과 사전 협의토록 하며, 분양가는 해당지역의 신규분양상황, 경제전망 등을 고려하여 갑, 을, 병이 협의 하여 결정하되 갑의 안을 최대한 반영토록 한다.

③ 분양수입금은 제6조 제2항의 소정의 자금관리계좌로 수납하여야 한다.

④ 분양계약서의 내용은 갑이 결정하되 분양계약서상에 본조 제3항의 자금관리계좌의 내역을 명시하고 '동 예금계좌로 입금하지 아니하는 어떠한 다른 형태의 입금 및 납부도 이를 정당한 납부로 인정하지 아니한다'라는 조항을 명시하기로 하며, 타 계좌 및 방법으로 납부하였을 경우 무효로 간주하여 이로 인해 발생한 제반 손해 및 손실 등은 갑이 전적으로 책임진다.

⑤ 분양계약서상 날인은 갑은 시행자, 을은 책임시공자로서 공동날인키로 하며, [을의

날인이 없는 계약은 무효로 한다]는 조항을 분양계약서에 명시하기로 한다.

⑥ 분양계약서는 3부 작성하여 갑, 을, 수분양자가 각 1부씩 보관하되 병은 사본을 보관한다.

⑦ 본사업과 관련하여 갑은 을, 병의 상호 및 로고를 사용함에 있어 분양 및 임대와 관련한 홍보를 제작, 광고의 내용, 분양계약서 작성 등의 일체의 행위에 대하여 을, 병의 사전 동의를 얻어야 하며 병의 명칭은 자금관리신탁사로 표기하여야 한다.

⑧ 분양 업무는 갑이 주관하되, 분양의 효율성을 위해 갑이 ( )와 체결할 분양 대행용역 계약에 의하여 수행한다.

⑨ 분양률이 저조하여 자금운용에 지장이 있다고 판단될 경우 갑, 을, 병은 상호 협의하여 가격할인 등 필요한 조치를 취할 수 있다.

제10조(신탁보수)

① 신탁보수는 일금 원으로 금일(\)로 하며 본 사업 계약 시 %, 나머지 %는 제2조 제4항 제5호의 사업기간 동안 월 단위로 균등분할하여 매월 25일에 지급하기로 하고, 차액은 최종 보수 지급시 정산하기로 한다.

② 동 사업기간을 초과하는 경우에는 위 대리사무보수를 동 사업기간으로 나눈 금액에 대하여 동 사업기간 초과 월수를 곱한 금액을 추가로 지급한다. 다만, 월 단위 미만의 일수가 15일 이상이면 1개월 해당보수를 지급하고 15일 미만이면 지급하지 않는다.

③ 제5조의 담보신탁 또는 처분신탁보수는 담보신탁 또는 처분신탁계약서에서 별도로 정한다.

제11조(세무처리)

① 본 사업과 관련한 일체의 세무계산 및 납부에 대한 책임은 갑이 부담한다.

② 납부세액은 분양수입금에서 갑이 부담하되, 부가세환급금은 병 명의의 분양수입금 통장에 환급금 수령과 동시에 입금하여야 하며, 이를 이행치 않을 경우 민형사상의 책임은 갑이 부담한다.

제12조(본 사업의 시행권 양도 등)

① 을과 병은 공동으로 다음 각 호의 사유 발생 시 본 사업의 시행권(갑이 본 사업과 관련하여 가지는 모든 권리를 포함한다)을 을에게 이전할 것을 요청할 수 있고, 을의 서

면 통지로써 별도의 약정이 없더라도 갑의 시행권은 그 서면통지를 수령한 시점부터 을에게 양도되는 것으로 한다.

1. 부도, 파산신청, 화의신청, 회사정리신청 또는 이에 준하는 사태가 발생한 경우
2. 기업구조조정촉진법 상의 부실징후기업으로 지정되는 경우
3. 대출약정서상 갑이 기한의 이익을 상실하는 경우
4. 갑이 본 계약을 위반하였음에도 불구하고 개발사업을 계속 수행하는 경우

② 본조 제1항에 의한 본 사업의 시행권 양도로 갑이 보유하고 있던 다음 각 호의 일체의 권리 및 의무는 을에게 이전된다. 이 경우 갑은 본 사업과 관련된 모든 권리를 상실하며, 민형사상의 이의, 소제기, 기타 민원 등 본 사업 시행에 직간접적으로 영향을 줄 수 있는 일체의 행위를 할 수 없다.

1. 본 사업 부지의 소유권 및 그에 관련된 일체의 권리
2. 주상복합건물, 공사관리소 등 본 사업부지 지상 및 지하의 모든 건축물(건축 중인 건축물을 포함)의 소유권 및 기타 그에 관련된 일체의 권리
3. 본 약정에 따라 수분양자 및 제3자와 체결한 계약상 일체의 권리와 의무

③ 본조 제1항의 서면 통지가 있는 경우 을은 그 통지일로부터 3주 내에 건축허가서상의 사업주체 변경, 본 사업부지의 소유권 이전, 분양대금채권의 양수도, 분양대금 납입계좌 및 날인 변경 등 본 사업의 시행권 양수와 관련된 모든 절차가 종료될 수 있도록 최대한 협조하여야 하고 본 약정상의 갑과 같은 의무를 부담하여 시행자로서 업무를 성실히 수행하여야 한다.

④ 본 사업의 분양계약서에는 [수분양자는 주식회사 ○○C&D가 본 주상복합의 시행권 및 분양자로서의 권리와 의무를 시공자인 주식회사 ○○○○에 양도하는 경우 이에 이의 없이 동의한다. 또한 수분양자는 본 주상복합 개발사업의 시행권 및 분양자로서의권리와 의무가 주식회사 ○○○○에게 양도되는 경우 수분양자는 주식회사 ○○○○으로부터 그러한 양도 사실을 통보받고 10일 이내에 서면에 의한 이의를 제기하지 않는 경우에는 별도의 동의 절차 없이 시행자 및 분양자 변경에 동의한 것으로 본다]라는 문언이 명시되어야 한다.

⑤ 을은 시행권 양도에 대한 제1항의 서면통지시점으로부터 본 약정과 대출약정서에 다른 갑의 금융기관에 대한 채무를 인수하기로 한다.

⑥ 갑은 본조 제1항의 시행권 양도 사유가 발생할 때에 대비하여 본조 제3항의 제반절차 이행에 필요한 다음의 서류를 작성하거나 발급받아 병에게 제출하여야 한다.

1. 사업시행권 양도각서

2. 본조 제2항 제1호 내지 제2호상의 일체의 권리(토지 및 건축물 소유권 등) 포기각서

3. 상기 서류에 각 법인인감을 날인하고 그 날인한 수만큼의 인감증명서를 제출(본 계약 체결일로부터 매 6개월마다 다시 제출)

⑦ 갑, 을, 병은 본 조항의 약정을 제소전화해조서로 작성하여 보관하며, 그 비용은 갑이 부담한다.

⑧ 갑은 본 사업의 시행권이 을 등에게 양도되어 본 사업이 성공적으로 수행될 수 있도록 시행권 양도에 수반된 제반 절차의 이행에 적극 협조하여야 한다.

제13조(본 사업의 시공권 양도)

① 다음 각 호의 사유 발생시 갑 또는 병은 본 사업의 시공권(을이 본사업과 관련하여 가지는 모든 권리를 포함한다)을 갑, 병이 지정하는 자에게 이전할 것을 요청할 수 있고, 갑 또는 병의 서면 통지로써 별도의 약정이 없더라도 을의 시공권은 그 서면통지를 수령한 시점부터 당연히 갑, 병이 지정하는 자에게 양도되는 것으로 하고, 을은 이러한 양도에 대하여 아무런 이의를 제기하지 않는다.

1. 을에게 부도, 파산신청, 화의신청, 회사정리신청 또는 이에 준하는 사태가 발생하는 경우

2. 을의 귀책사유로 갑이 본 계약을 위반하거나 대출약정서상 기한의 이익을 상실하는 경우

② 을은 공증된 공사도급계약 양도각서를 비롯하여 시공권 이전에 필요한 모든 서류를 조건 없이 공사도급계약 체결과 동시에 병에게 보관시켜야 하며, 상기 서류 중 유효기한이 있는 서류는 계속해서 보완하여야 한다.

제14조(건물의 보존등기 등)

① 갑은 건물 준공과 동시에 모든 보존등기업무를 일체의 서류를 구비하여 병에게 위임하여야 하며, 이를 해태하여 발생된 모든 법적책임 및 손해는 갑이 부담한다.

② 갑과 병은 보존등기 시 기분양분에 한하여 담보신탁 또는 처분신탁등기를 해지하기로 한다.

제15조(사업의 정산)

① 갑, 을, 병은 준공 후 3개월 내 본 사업을 정산키로 한다.

② 갑은 정산 시 발생하는 일체의 사업 손익에 대해 권리와 의무를 부담하고, 을과 병은 정산 손익에 대해 일체의 책임이 없다.

③ 부족금액 발생으로 미지급금 등이 잔존할 경우 갑이 이를 지급키로 한다.

제16조(약정의 해지 및 손해배상)

① 본 약정은 갑, 을, 병이 모두 동의한 경우를 제외하고는 해지 또는 해약을 할 수 없다.

② 기타 본 약정을 위반하여 손해가 발생할 경우 귀책사유가 있는 당사자는 상대방에게 손해배상 책임을 지기로 한다.

제17조(약정의 효력)

본 약정은 체결과 동시에 그 효력을 발생하며, 본 약정서상 명시되지 않는 사항에 대하여는 일반적인 상관례에 따라 갑, 을, 병이 상호 협의하여 수정 및 보완 후 처리키로 한다.

제18조(분쟁해결 및 관할 법원)

① 본 약정에 관하여 분쟁이 발생한 경우에는 당사자가 합의하여 해결하기로 한다.

② 본조 제1항에 의하여 합의가 성립되지 않는 분쟁에 대한 소송의 관할은 서울지방법원 본원을 관할법원으로 한다.

제19조(기타사항)

① 본 사업에 관련한 인허가, 분양, 시공 등의 업무 일체는 제3조에서 정한 업무범위와 역할에 따라 갑과 을의 권한과 책임으로 진행한다.

다만, 갑과 을은 각각의 주요업무(건축인허가, 분양사무실 준공, 주요공정 진행현황 등) 진행시 사전에 병에게 그 현황을 서면으로 통지하여야 한다.

② 본 사업의 성공적인 수행을 위하여 본 약정체결 전 발생한 제반 용역계약은 무효로 한다. 단, ㈜○○○과 체결할 분양대행용역계약 및 사전에 갑, 을, 병이 합의한 용역계약은 예외로 한다.

첨 부: 1. 법인인감증명서 각 1부

2. 사용인감계 각 1부

3. 법인등기부등본 1부

4. 견적 조건 1부

2021. . .

"갑" 시행자 / 위탁자: ○○○○○○○○○○○○○○○

주식회사 ○○ C&D

대표이사 ○○○ ㊞

"을" 책 임 시 공 자: ○○○○○○○○○○○○○○○

주식회사 ○○○○

대표이사 ○○○ ㊞

"병" 수 탁 자: ○○○○○○○○○○○○○○

○○○부동산신탁주식회사

대표이사 ○○○ ㊞

2. 자금조달에 관한 필요지식 및 활용방법

개발사업에 필요한 자금은 토지매입자금과 건축비 등 개발사업비 등이 있다. 이와 같은 자금의 조달방법은 자체자금과 외부자금으로 나눌 수 있으며, 외부자금도 첫째 부동산 담보를 제공하고 대출받는 방법, 둘째 프로젝트파이낸싱을 이용하는 방법, 셋째 부동산신탁을 이용하는 방법, 넷째 자산이나 주택저당채권을 담보로 한 채권이나 증권을 발행하여 자금을 조달하는 방법(자산담보증권: ABS, 주택저당담보증권: MBS), 다섯째 리츠(REITs: Real Estate Investment Trusts)를 이용하는 방법 등이 있다. 기타의 방법으로 임차자로부터 선 지원받는 방법도 있다.

상기의 자금조달방법 중 어느 방법을 이용할 것이냐는 개발사업의 종류와 규모, 그리고 시공회사의 명성에 따라서 자금조달방법을 선택하고 이자율과 상환기간, 수수료, 사업시행에의 개입정도 및 위험도 등을 종합적으로 검토하여 결정하여야 한다. 최적의 자금조달방법을 선택하기 위해서는 금융시장에 대한 지식과 부동산 자금조달 의사결정에 관한 이론 등의 지식을 쌓아야 되고 아니면 외부에서 전문가를 고용해서 도움을 받을 필요가 있다.

협상 및 계약체결 단계에서 불확실성이 적을수록 대출자에게는 위험이 줄어들고 차입자(개발업자)에게는 자금조달 이율과 조건이 좋아지기 때문에 가능한 한 불확실성 제거에 노력을 기울여야 할 것이다.

프로젝트파이낸싱을 이용하는 경우 시공자와 개발업자, 대출기관 간에 협약서를 작성하게 되는데, 이 경우 대출자는 ① 시공자에게 지급보증, 채무인수, 책임준공, ② 개발업자에게는 사업권포기각서, 권리양도 등을 요구하며 토지에는 근저당이나 토지신탁등기된 상태에서 수익권증서 위에 1순위 질권 설정을 실시하여 이중삼중으로 신용보강을 하게 되는 반면에, 개발사업자에게는 아무 권한이 없어 불리한 입장에서 사업수행을 해야 하므로 이에 대한 대응방안을 찾아야 한다. 이렇게 하기 위해서는 사업성이 우수한 프로젝트로 금융시장에 대한 지식과 자금조달의 의사결정에 관한 이론 등의 지식을 쌓든지 아니면 전문가를 고용해서 도움을 받을 필요가 있다. 이러한 지식을 토대로 프로젝트별로 각각 자금조달방식을 적용하고 수지분석을 실시하여 비교해 봄으로써 가장 유리한 쪽을 선택하면 된다. 신용보강에 대응하기 위해서는 보증회사를 이용하여 유리한 입장에서 협상할 수도 있다.

1) 부동산개발사업의 자금조달 시 필요한 지식

부동산개발사업의 자금조달 방법은 부동산개발금융의 유형에 따라 크게 금융회사의 대출 등을 통한 자금조달과 자본시장을 통한 자금조달(증권화)로 구분할 수 있다.

<표 3-29>에서 보는 바와 같이 금융회사의 대출 등을 통한 자금조달은 다시 여신 기능이 있는 은행, 상호저축은행, 보험회사와 부동산신탁 등을 통한 부동산개발자금을 조달하는 방법으로 구분한다.

<표 3-29> 부동산금융의 종류별 자금조달기법

부동산개발금융의 종류		자금을 조달하는 금융기법
금융회사대출을 통한 자금조달	프로젝트파이낸싱(PF)	프로젝트의 현금흐름, 즉 수익성을 담보로 자금을 조달하는 기법
	은행의 신탁계정에 의한 부동산신탁	신탁계정의 자금을 대출해 주는 것으로 부동산펀드 도입으로 이 기법은 부동산펀드로 흡수됨.
자본시장을 통한 자금조달	자산담보부증권(ABS)	금융기관이나 일반기업이 대출채권 또는 매출채권 등 부동산 등의 유무형 자산을 기초로 자산유동화증권을 발행하여 자금을 조달하는 방법
	부동산펀드 & 부동산투자신탁	자본시장법에 의하여 투자자로부터 수탁된 자금을 부동산에 투자, 운용하 여 발생된 수익을 투자자에게 배분하는 금전신탁
	부동산투자회사(REITs)	불특정 다수의 자금을 모집하여 부동산이나 부동산 관련 상품에 투자하거 나 부동산금융을 제공한 대가로 얻은 투자 수익을 배당하는 금융기법

　자본시장을 통한 자금조달(증권화)은 다시 자산유동화법상 SPC를 이용한 자금조달(ABS 등: 회사채 형태), 상법상 SPC를 이용한 자금조달(ABCP: 기업어음형태) 자본시장법상 펀드를 이용한 자금조달(간접투자증권형태) 그리고 부동산투자회사법상 REITs를 이용한 자금조달(회사채 형태) 등의 방법으로 세분해 볼 수 있다.

　이러한 다양한 자금조달 수단들은 개별적으로 이루어질 수도 있지만 둘 이상 복합적으로 이루어질 수도 있다.

　자본시장 활성화에 따라 자산유동화법에 의한 자산유동화증권(ABS)발행과 상법상 SPC를 이용한 자금조달(ABCP: 자산유동화 기업어음), 자본시장법상 펀드를 이용한 자금조달(간접투자증권형태) 그리고 부동산투자회사법상 REITs를 이용한 자금조달(회사채 형태) 등의 방법으로 재편될 것이다.

　이들을 다시 근거법, 관리주체, 자본금, 개발사업, 제한여부, 투자회사설립조건, 위험부담, 비용, 세제지원 등에 따라 비교해 보면 <표 3-30>과 같다.

<표 3-30> 부동산개발금융별 비교분석표

구분	PF(조건부)	PFV	ABS	부동산펀드	REITs
근거법	은행대출규정	법인세법	자산유동화에 관한 법률	자본시장법	부동산투자회사법
관리주체	은행	AMC	자산보유자	AMC	SPC, AMC
자본금		50억	0.5억	사모 10억 원(등록) 공모 20억 원(인가)	자기관리리츠 5억 원, 위탁관리 및 구조조정 리츠 3억 원
개발사업	제한없음	제한없음	제한없음	제한없음	주총의결 사항
투자회사 설립		관할세무서 등록	금감위 등록	금감위 등록(사모) 및 인가(공모)	국토교통부 인가 자기관리리츠 70억 위탁관리 및 구조 조정 리츠 50억 원
위험부담	은행, 시공사, 시행사	PFV출자자 출자지분만큼	채권매입자 (후순위채 발행, 담보물취득, 시공사연대입보 등)	펀드투자자 (수탁회사의 자산운용회사 감시기능)	REITs출자자 (국토교통부, 금감위 공동감독준법감시인 의무화)
비용	시공사 신용등급에 따른 여신금리	자산관리 및 자금관리 비용	신용공여사의 채권금리 + 40~200bp + 초기발행비용	신탁보수(운용, 판매, 수탁, 사후관리 신탁수수료)	자산관리 비용(위탁관리)
세제지원		법인세 감면	법인세 감면	법인세 감면	법인세 감면(위탁관리REITs)

2) 금융회사 대출 등을 통한 자금조달

(1) 프로젝트파이낸싱

프로젝트파이낸싱(P/F: Project Financing)이란 앞에서 언급한 바와 같이 사업주와 법적으로 독립된 프로젝트로부터 미래에 발생하는 현금흐름(cash flow)을 담보로 하여 해당 프로젝트의 자금을 조달하는 기법이다. 프로젝트금융에서는 대출 상환 재원이 프로젝트의 사업성이며 기업의 신용과는 무관하다. 그러므로 프로젝트금융에서는 당해 프로젝트에서 발생하는 수익과 프로젝트를 수행하는 기업의 다른 사업에서 발생하는 수익이 구분·관리되어야 한다. 그러나 국내에서는 완전한 PF는 시행되지 않고 조건부 PF방식으로 운용되고 있다.

① 조건부 PF 방식

조건부 PF 방식은 금융기관이 개발업체에 기업금융방식으로 자금을 제공하되 자금의 용도를 당해 프로젝트에 한정함으로써 프로젝트금융의 효과를 발휘토록 하는 방안이다.

금융기관이 사업주와 약정에 따라 위탁관리계좌(escrow account)[13]를 개설하고 이 위탁관리계좌에서 시공회사 등에 대금을 지급할 뿐만 아니라 당해 프로젝트에서 발생하는 분양대금이나 임대수입도 위탁관리계좌로 입금토록 함으로써 금융기관이 프로젝트의 현금 유출입을 관리할 수 있다.

위탁관리계좌를 통해 자금용도를 제한함으로써 사업주로 하여금 실패한 타현장으로 자금전용을 하지 못하도록 할 수는 있으나, 자금용도를 한정하고 계약서에 일정한 조건을 부여하더라도 개발업자가 파산에 이를 경우, 원리금 상환을 완전히 보장받지 못하므로 현 기업의 신용수준으로는 자금조달이 어려운 제약이 있다. 그래서 금융기관에서는 [그림 3-13]에서 보는 바와 같이 시공회사의 신용을 보고 대출하거나 개발회사에서 부도가 발생할 경우에 시공회사의 책임준공, 채무인수 등의 조건으로 프로젝트자금을 대출해 준다.

[그림 3-13] 프로젝트파이낸싱 구조

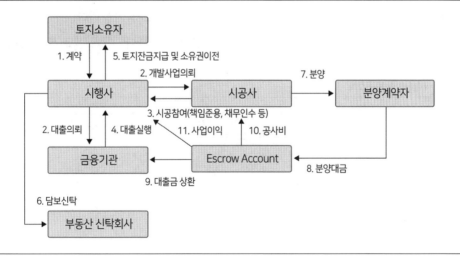

---

13) 금융기관이 사업주와 약정에 따라 위탁관리계좌를 설정하여 이 계좌에서 건축비를 지불하고, 분양할 경우, 분양대금을 직접 위탁관리계좌로 입금토록 함으로써 금융기관이 프로젝트의 현금유출입을 관리할 수 있도록 한 것이다.

이와 같은 PF대출에서 주의해야 할 점은 사업약정서를 개발업자에게 불리하지 않고 공정하게 작성하는 것이다.

이러한 프로젝트파이낸싱으로 자금을 대출하는 경우에도 시간이 걸리므로 그전에 개발사업자금이 필요하다면 브릿지론(Bridge Lone)을 이용하여야 한다.

② 프로젝트금융투자회사(PFV)를 설립하는 방식

2001년 하반기에 프로젝트금융투자회사법의 상정을 추진하였으나 결국 폐지되고 그 보완책으로 법인세법 제51조의2 개정 및 시행령 제86조의2을 개정하면서 조세감면 특례법에 포함함으로써 이중과세의 문제를 해결하게 되었다. 법인세법 개정으로 제9호는 삭제되고 조세특례법 제104조의31 제1항으로 이동되었으며 일몰제(2022년 12월 31일)가 적용되었다. 그러나 개발업자들의 민원에 의해 2년 연장하는 것으로 결론이 났다.

프로젝트금융투자회사(PFV: Project Financing Vehicle)의 구조도를 살펴보면 [그림 3-14]와 같다. 또한 법인세법 제51조의2 개정 및 시행령 제86조의2 신설조항에 의하면 프로젝트금융투자회사는 자본금 50억 원 이상이며 2년 이상 한시적으로 운영되는 명목상회사로서 발기인 중 금융기관이 5% 이상 출자해야 하며, 자산운용은 자산운용사(AMC)에 일괄 위탁해야 한다. 여기서 자산관리운용자(또는 자산관리회사)는 출자자들이 세운 자본금 5,000만 원 이상의 별도법인이거나 출자자 중 한 회사로서 가능하다. 자금관리회사는 신탁업법에 의한 신탁업을 영위하는 금융기관(은행)이어야 한다. 이러한 조건을 충족하면

[그림 3-14] PFV구조도

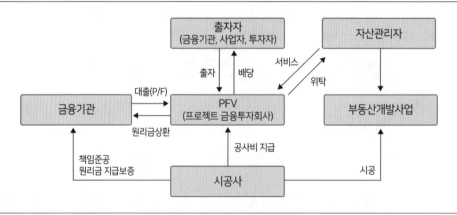

주) 2024년 12월 31일까지 2년 연장.

서 회계연도별로 배당 가능한 이익의 90% 이상을 주주에게 배당하는 경우, 법인세를 면제해주고 과밀억제권역내 법인설립 등기시 중과세 배제 등의 혜택을 주도록 되어 있다.

이러한 구조가 원활히 형성되기 위해서는 무엇보다도 금융기관이 사업성 분석을 위한 노하우를 개발하고 대출심사 시 개발업체가 제안하는 사업성분석 결과를 검증할 수 있어야 한다. 한편 사업성평가 기관에 의뢰하여 사업성 분석의 정확도를 제고시켜야 한다. 또한, 신용보완 기관도 참여시켜 사업에 대한 보증을 하게 함으로써 리스크를 줄인다. 뿐만 아니라 금융기관의 PFV 투자에 대한 규제가 완화되고 PFV에 대한 추가적인 규제완화와 세제혜택이 있어야 한다.

③ 부동산 신탁회사를 이용하는 방법

개발회사가 부동산신탁을 이용하는 방법에는 개발신탁, 관리신탁, 담보신탁 방법이 있으며 모두가 토지의 소유권이 신탁회사로 이전하는 것은 동일하나 관리신탁은 우선 수익증권을 발행하여 금융기관에게 직접발행해 주며 담보신탁은 개발회사 앞으로 우선 수익권증서를 발행하고 금융기관과 시공사는 제1, 2순위 질권 설정을 하는 것이 일반적이다.

만약 개발신탁을 활용할 경우 프로젝트 자산이 신탁회사로 이전되므로, 사업주와 프로젝트가 분리되어 사업주 신용도와 관계없이 프로젝트 수익성을 기초로 금융 지원이 가능하게 된다.

순수개발신탁에서는 개발업체가 사업권 일체를 신탁회사에 위탁하고 자신은 위탁자와 수익권자 지위로만 남기 때문에 프로젝트에서 배제되는 문제점이 있다. 이런 문제점을 보완하기 위해 순수개발신탁에서는 프로젝트관리(PM: Project Management)나 건설사업관리(CM: Construction Management)를 도입하여 개발업체는 분양관리, 공사 발주를 담당하고 이를 통해 사업이익에 참여하는 방안도 강구될 수 있다.

그런데 부동산신탁회사 입장에서는 수탁 사업별로 비소구금융이 이루어지지 않기 때문에 특정 프로젝트의 사업성이 양호하지 않더라도 신탁사가 상환하는 기업금융방식으로 자금을 조달할 수 있다.

본래 의미의 프로젝트금융을 위해 수탁 프로젝트별 절연 장치가 요구된다. 이에 대한 대책방안으로 위탁계정을 이용할 수 있다.

한편, [그림 3-13]에서 보는 것과 같이 신탁담보대출을 이용하여 프로젝트금융을 통해 자금을 조달할 수 있으며 여기서는 결제 위탁계정을 이용하므로 금융기관 입장에서는 어느 정도 안정성을 확보할 수 있다. 이 경우도 사업위험을 신탁회사에 전가시키고 신탁회사는 다시 금융기관이나 신용보완기관으로 위험을 부분적으로 전가한다. 이에 따른 금리상승 부담과 금융절차에 복합성에 따른 사업이 지연될 수 있는 단점이 있다.

3) 자본시장을 통한 자금조달

(1) 자산담보증권, 저당담보증권 등을 이용한 자금조달 방법

① 자산유동화와 자산담보증권

자산유동화는 각종 대출채권, 매출채권 및 부동산 등 유동성이 없는 자산을 증권으로 전환하여 자본시장에서 현금화하는 일련의 행위를 말한다.

자산담보증권(ABS)은 이러한 자산유동화의 결과로 발행하는 증권을 말한다. 이 중 유동화자산이 주택저당채권인 경우에는 주택저당담보증권(MBS: Mortgage Backed Securities)이라 한다.

주택저당채권을 보유하고 있는 주택금융기관들은 자산유동화에관한법률에 의거 ① 주택저당채권을 신탁회사에 신탁하거나, ② 유동화중개회사를 설립하여 유동화증권을 발행하거나, ③ 자산유동화업무를 전문으로 하는 외국법인에 양도하는 등의 방법으로 주택저당채권을 매각함으로써 주택저당채권을 유동화할 수 있다. 국내의 주택저당담보증권의 발행실적은 KoMoCo의 MBS(수익증권형태)발행과 뉴스테이트캐피탈의 MBS(사채형태)발행 등이 있다.

② 자산담보증권에 의한 자금조달 구조(직접발행)

자산담보증권(ABS)은 발행과정이 다소 복잡하여 발행비용이 더 드는 단점이 있으나 금융을 일으키는 쪽에서는 싼 자금조달의 수단이 되고 투자자에게는 높은 수익률을 준다는 장점이 있어 현재 기업금융방식의 하나로 확고히 자리매김하고 있다. 자산담보증권은 개발회사가 직접발행하거나 금융회사가 부동산개발회사에 실행한 대출채권을 유동화회사(SPC)에 양도하여 유동화 회사는 이 양도받은 대출채권을 기초로 ABS를 발행하고 증권사는 SPC사가 발행한 ABS를 인수하여 이것을 다시 투자자들에 매각하여 자금을 회수하는 형식을 취한다. [그림 3-15]는 분양대금을 담보로 하여 자산담보증권을 발행하는 구조이며, [그림 3-16]은 대출채권을 유동화한 ABS를 통해 자금을 조달하는 구조의 예이다.

[그림 3-15] 분양대금 담보부증권(ABS)

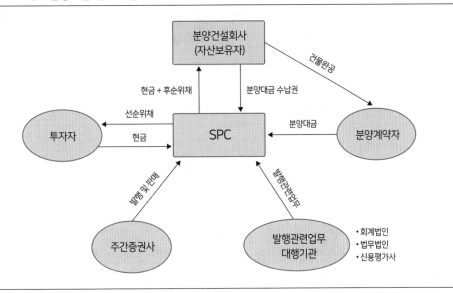

[그림 3-16] 대출채권을 유동화한 자산담보부증권(ABS)

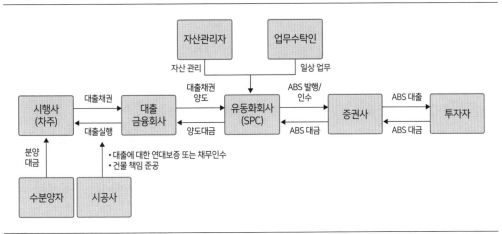

(2) 상법상 SPC를 이용한 ABCP(자산유동화 기업어음)발행에 의한 자금조달

상법상 SPC가 개발회사에 대한 금융회사의 대출채권을 양수받아 이를 기초자산으로 하여 기업어음(CP)을 발행한다. 이와는 반대로 상법상 SPC를 설립하여 SPC가 먼저 기업어음(CP)을 발행하여 조달한 자금을 개발회사에 대여하는 방법이 이용되기도 한다.

한편, 자산유동화법은 규제법이 아닌 지원법이므로 동법의 적용을 받고자 하는 경우를 제외하고는 감독당국에 자산유동화계획을 등록하지 않고 ABCP를 발행한다.

[그림 3-17] 상법상 SPC를 이용한 부동산개발금융 ABCP 구조도

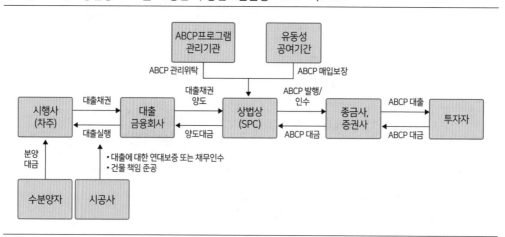

(3) 부동산펀드에 의한 자금조달

자본시장법(자본시장과 금융투자업에 관한 법률)에 의한 부동산펀드는 부동산집합투자기구라고 명명하며 자산운용사는 부동산투자업자를 말한다.

부동산펀드의 종류는 공모펀드와 사모펀드로 구분하며 일반적으로 50인 이상을 대상으로 하여 자금을 모으는 펀드는 공모펀드이고 49인 이하를 투자자를 대상으로 하는 것을 사모펀드라 한다. 물론 공모펀드(20억 원 이상)와 사모펀드(10억 원 이상)의 자본금과 금융감독위원회에 인가사항과 등록사항도 차이가 난다.

공모펀드는 투자자들을 보호하기 위하여 많은 규제사항과 감독원에 감독을 받아야 하며 사모펀드는 공모펀드에 비하여 규제가 적다. 그러므로 자산운용사는 사모펀드를 대상

으로 하여 설립한다.

　최근에는 사모펀드의 체계를 [그림 3-18]과 [그림 3-19]와 같이 개편하고 있다.

[그림 3-18] 사모펀드 체계개편

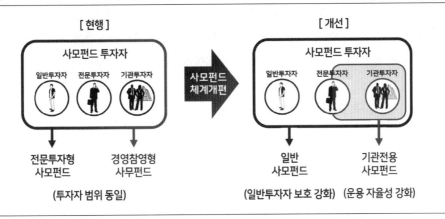

[그림 3-19] 사모펀드 제도개편

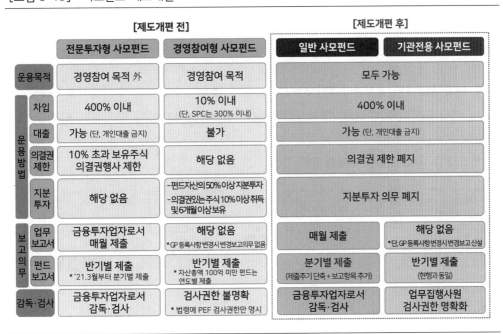

		[제도개편 전]		[제도개편 후]	
		전문투자형 사모펀드	경영참여형 사모펀드	일반 사모펀드	기관전용 사모펀드
운용목적		경영참여 목적 外	경영참여 목적	모두 가능	
운용방법	차입	400% 이내	10% 이내 (단, SPC는 300% 이내)	400% 이내	
	대출	가능 (단, 개인대출 금지)	불가	가능 (단, 개인대출 금지)	
	의결권 제한	10% 초과 보유주식 의결권행사 제한	해당 없음	의결권 제한 폐지	
	지분 투자	해당 없음	-펀드자산의 50% 이상 지분투자 -의결권 있는 주식 10% 이상 취득 및 6개월 이상 보유	지분투자 의무 폐지	
보고의무	업무 보고서	금융투자업자로서 매월 제출	해당 없음 *GP 등록사항 변경시 변경보고의무 없음	매월 제출	해당 없음 *단, GP 등록사항 변경시 변경보고 신설
	펀드 보고서	반기별 제출 * '21.3월부터 분기별 제출	반기별 제출 * 자산총액 100억 미만 펀드는 연도별 제출	분기별 제출 (제출주기 단축+보고항목 추가)	반기별 제출 (현행과 동일)
감독·검사		금융투자업자로서 감독·검사	검사권한 불명확 * 법령에 PEF 검사권한만 명시	금융투자업자로서 감독·검사	업무집행사원 검사권한 명확화

① 금융회사 대출 등을 통한 자금조달

부동산개발회사에 직접 자금을 대출해 주는 펀드는 일반적으로 부동산펀드라고 하며
[그림 3-20]에서 보는 바와 같이 증권회사 등을 통해 투자자로부터 자금을 모아 부동산
간접투자기구(부동산펀드)에 납입하고 부동산간접투자기구(부동산펀드)는 간접투자증권을
증권회사를 통해 투자자에게 제공한다. 부동산간접투자기구는 납입받은 자금을 시행사(개
발회사) 등에게 대출해 주는데, 이때 시공사의 연대보증 등을 요구한다.

[그림 3-20] 직접 대출형 펀드

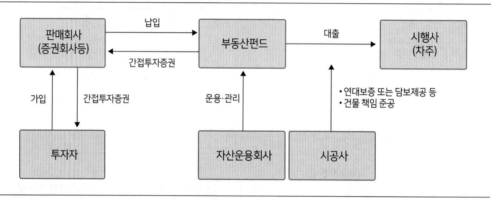

PF 대출채권 취득방식은 [그림 3-21]과 같이 금융회사에서 먼저 시행사에 대출을 한
후 이 대출채권(신탁수익권)을 부동산간접투자기구(특별자산펀드)에 양도하고 이것을 기초

[그림 3-21] 대출채권 등 취득형 펀드

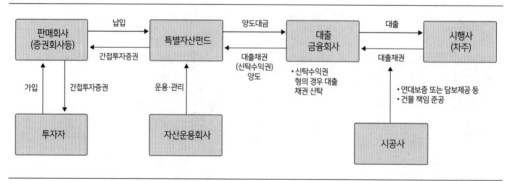

로 간접투자증권을 발행하여 투자자에게 판매하여 자금을 조달하는 형식을 취하는 것을 말한다.

(4) 리츠에 의한 자금조달 방법

① 리츠의 의의 및 설립구조

부동산투자회사(REITs)란 다수의 투자자들로부터 자금을 모아 부동산이나 부동산 관련 상품에 투자하고 그 부동산으로부터 발생하는 수익을 투자자들에게 다시 배당하는 회사 또는 투자신탁을 말한다. 그런데 이런 리츠의 지분은 부동산 증권화 상품으로 대부분 증권거래소에서 상장되어 거래할 수 있도록 법제화되어 있다.

지분을 상장하기 때문에 기존의 신탁이나 조합형태의 부동산펀드에 비해 유동성과 환금성이 높은 투자수단이 된다. 또한 리츠는 투자대상이 부동산이지만 리츠의 지분은 자본시장과의 결합을 통하여 금융 상품화할 수도 있는 것이 리츠의 특징이라 할 수 있다.

<표 3-31> 리츠와 부동산투자신탁의 비교

구분	리츠	부동산투자신탁
법적근거	부동산투자회사법	신탁업법
자금모집	주식발행	수익증권 발행
자본금	250억 원 이상	없음
투자자지위	주주	수익자
회사형태	실체 또는 서류회사	한시적 금전신탁상품
투명성	회사형으로 투명성 확보가능(법적 장치 강구)	신탁형으로 투명성확보가 곤란, 부동산시장의 불투명성과 연계하여 많은 문제 발생
유동성	주식시장 상장으로 유동성 확보(상장 의무화)	수익증권 상장이 제한되며 상장되더라도 유동성 미흡
투자자보호	적극적인 투자자 보호장치 마련	관련규정 없음(약관에 규정)
성격	장기적인투자상품(부동산소유, 임대)	단기적인 투자상품(부동산담보대출)
배당	실적배당의 성격이 강함	원금보장의 성격이 강함
주 투자대상	기존 임대용 부동산,부동산개발, 대출	부동산대출, 개발
경영참여	주총, 이사회를 통한 적극적인 경영참여 가능	원칙적으로 불가능
특징	안정성이 강함	고수익, 고위험을 통한 다양한 개발상품 가능

자료) 박상덕, 리츠 관련법규 및 정책방향에 관한 세미나, 2001, p.8. 일부수정.

일반적으로 리츠의 설립구조는 신탁형과 회사형으로 구분되는데 신탁형은 자산의 위탁자와 그 신탁자산을 관리하는 수탁자의 계약에 따라 발행되는 수익증권을 위탁자가 취득하는 형식이며, 회사형은 부동산의 전문가가 일반투자자로부터 자금을 모아 회사를 조직하고 일반투자자는 이 회사의 주주로 참여하는 형태이다. 외국의 경우를 살펴보면 미국은 대부분 회사형이며, 영국은 회사형과 계약형이 반반이고, 호주는 신탁형으로 운영하고 있는 것으로 알려져 있다.

투자분에 대하여는 회사형의 경우에는 주식, 계약형의 경우에는 수익증권이란 형태의 증권이 투자자에게 교부된다. 또한 수익증권은 환매 여부에 따라 중도 환매와 추가설정이 가능한 개방형과 중도환매가 되지 않고 시장에서 수요공급에 따라 결정된 가격으로 매매. 유통되는 폐쇄형으로 구분된다. 신탁형과 회사형의 차이는 <표 3-31>에 잘 나타나 있다.

② 리츠의 일반적 구조

리츠는 부동산지분을 주식이나 채권, 수익증권 등으로 상품화하고, 이러한 상품화한 부동산을 자본시장의 투자자와 리츠를 매개로 상호 연결된 구조를 가진다. 이러한 리츠의 구조는 사업과 관련하여 부동산투자회사 내부조직 당사자뿐 아니라 부동산 및 금융시장의 다양한 외부 이해당사자들이 참여하므로, 내부와 외부 조직으로 나누어 볼 수 있다. 내부조직으로는 이사회·감사·주주총회 등이 있으며 그 임무를 보면 주주총회에서 선임된 이사회는 관리운영회사를 지정하는 등 리츠 운영전반에 대한 권한과 책임이 부여된다. 따라서 효과적인 경영 관리가 리츠의 성공을 결정짓는다는 점에서 이사의 능력과 이사회의 효율적 운영은 중요하다. 감사는 일반적으로 내부의 감사위원회와 외부의 독립 회계감사인이 수행하며, 주주총회는 최고의 의사결정기관으로 이사회를 선임한다. 외부조직으로는 자산운용회사와 보관회사, 주간사, 신용평가회사, 부동산정보회사 등과 같은 지원조직과 증권거래소, 금융감독원과 같은 감독기능의 조직이 있다.

이 리츠의 일반적 구조는 [그림 3-22]와 같다. 먼저 스폰서(Sponsor)는 리츠를 설립하고 리츠의 내부 의사결정권을 사실상 지배하여 투자자금을 모집, 운용하는 역할을 수행한다. 그 다음 설립된 리츠는 자본시장에서 각종유가증권을 발행하여 투자자를 모집하고 이를 가지고 부동산을 매입한다. 매입한 부동산을 관리, 개발, 처분하는 기능은 부동산 운용회사에서 담당한다.

[그림 3-22] 리츠의 구조

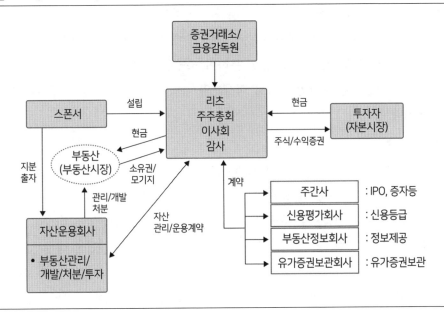

자료) 박원석·박용규, "REITs 도입의 영향과 정책과제", 삼성경제연구소, 2000, p.3.

신용평가회사는 리츠가 발행하는 주식과 회사채에 대한 신용을 평가하고 주간사인 금융기관은 리츠를 대신하여 리츠의 기업공개, 유상증자 등을 담당한다. 부동산정보회사는 투자자와 리츠의 자산운용회사에 각종 투자정보 및 부동산관련정보를 제공한다. 또한 유가증권을 보관하는 유가증권보관회사, 리츠가 발행하는 주식의 모집·판매를 대행하는 판매회사 등도 참여한다. 그리고 증권거래소, 금융감독원 등과 같은 정부조직도 리츠가 발행하는 유가증권의 관리·감독기능을 담당한다.

(5) 자금의 조달과 운용

① 자금의 조달

리츠는 지분투자자를 모집하여 자금을 조달하는 것이 일반적이지만, 레버리지 효과를 누리기 위해 채권 발행 등의 부채 조달 수단도 활용한다. 투자자금은 기업공개와 유상증자를 통하여 조달하며 이 주식들은 대부분 증권거래소에 상장되어 상장된다. 리츠는 최초 펀드 모집시에는 기업 공개를 통하여 자금을 조달한다. 현재 미국의 경우는 리츠가 대형화되면서 기업공개보다는 유상증자를 통하여 자금을 조달하는 추세에 있다.

리츠의 투자에는 개인 투자와 기관 투자가가 참여하게 되는데, 기관투자가 중에서는 연기금, 보험회사, 부동산 자문회사, 뮤추얼펀드 등이 대표적이다. 투자를 위한 차입금은 회사채, MBS, CP 발행, 은행 차입 등을 통하여 조달한다. 장기로 자금을 운용하는 리츠의 특성상 장기자금조달 수단인 무담보 회사채와 주택저당담보증권 등이 주류를 이룰 것으로 예상된다.

② 자금의 운용

리츠의 자금운용은 주로 부동산 및 관련 상품에 직·간접으로 투자하는 것이 일반적이다. 부동산투자회사법 제25조에 의하면 매분기말 현재 총자산의 90% 이상을 부동산, 부동산관련 유가증권 및 현금으로 구성해야 하며, 이 경우 총 자산의 70% 이상이 부동산이 되어야 한다고 되어 있다. 초기 우리나라의 법안에서 부동산개발사업에 대해서는 자기자본의 30% 이상을 투자하지 못하게 했을 뿐만 아니라 투자하는 경우에도 당해 회사의 주식이 증권 거래소의 유가증권 시장에 상장 되거나, 한국 증권협회에 등록된 후에 가능하도록 하였다. 부동산투자회사는 영업인가를 받거나 등록을 한 후에 자산을 투자·운용하기 위하여 또는 기존 차입금 및 발행사채를 상환하기 위하여 대통령령으로 정하는 바에 따라 자금을 차입하거나 사채를 발행할 수 있다. <개정 2016. 1. 19.>

여기서 자금차입 및 사채발행은 자기자본의 2배를 초과할 수 없다. 다만,「상법」제434조의 결의 방법에 따른 주주총회의 특별결의를 한 경우에는 그 합계가 자기자본의 10배를 넘지 아니하는 범위에서 자금차입 및 사채발행을 할 수 있다. 그러나 정부에서는 기업구조조정 리츠는 활성화되어 소기의 목적을 달성하였으나 일반리츠는 활성화되지 못하고 있을 뿐만 아니라 이중과세문제가 해결되고 자금모집이나 자산운용상 거의 규제가 없는 자본시장과금융투자업에관한법률에 의한 부동산펀드가 운용되자 부동산투자회사법을 <표 3-32>와 같이 개정하여 활성화를 도모하였다.

③ 개발형 공동투자지분 리츠(development joint-venture equity reits)

리츠는 공동투자 부동산개발사업에 참여할 수 있는데, 이런 경우에 발기인 중에는 공사자금을 조달하고자 하는 개발업자가 참여하게 된다.

리츠는 공모에 의해 모여진 투자자들로 리츠를 구성한 후 개발업자와 리츠가 공동조합

<표 3-32> 부동산투자회사법의 개정내용

구분	종전내용	개정내용	비고
회사형태	▪ 일반리츠(실체회사) ▪ 기업구조조정리츠(서류회사, CR리츠)	▪ 자기관리 리츠로 변경 ▪ 위탁관리리츠(서류회사) 신설, CR리츠 존치	
자본금	500억 원 이상	▪ 위탁관리 50억, 자기관리 70억 원 이상	
현물출자	▪ 일반리츠는 설립 시 불허 개발사업 인가후 가능 ▪ CR리츠 자본금의 30%까지	▪ 영업인가 또는 등록 전에는 현물출자 불가	
개발사업	▪ 자기자본의 30% 이내에서 건교부 인가	▪ 직전분기 대차대조표 자산총액 범위 내	개발사업 투자 가능
자금차입	원칙적으로 불가	▪ 등록 후 차입 및 사채 발행 가능	등록 후 자금 차입가능
이익배당	▪ 이익잉여금, 감가상각비 배당불가 ▪ 청산 때 정산	▪ 90% 이상 배당해야 함 감가상각 범위 내에서 이익초과 배당 가능(순이익 + 감가상가비)	투자자모집 용이
법인세	▪ CR리츠는 법인세 감면, 일반리츠는 과세	▪ 위탁관리 리츠 및 CR리츠는 법인세 면제	이중과세문제해결

을 구성한다.

리츠가 개발비용의 일정부분을 조달해 주기로 확약하기는 하나 통상자금의 집행은 건축의 진행정도에 따라 단계별로 이루어진다.

공동사업파트너로서 리츠는 개발업자와의 사이에 미리 정해진 방식에 의해 현금흐름에 의해 배분받음에 있어 분배의 선취권을 가질 수 있다.

개발업자 관점에서 보면 리츠와의 공동개발사업은 건설 및 개발에 있어 상대적으로 저렴한 자금원이 될 수 있다.

리츠펀드 주주들이 초기에 요구하는 배당 수익률은 전통적인 공사자금차입비용보다 낮을 수 있다. 더욱이 개발업자는 전통적인 대출에 의한 조달 가능액보다 많은 자금을 조달할 수 있다.

3. 공사도급과 설계(감리포함)계약에 관한 필요지식 및 활용방법

공사도급계약에 관한 경우, ① 계약협정을 통해서 잠재적 손실을 타인에게 배분하므로 계약은 또 하나의 위험관리수단이다. ② 공사도급은 수급회사 측면에서 보면 지분계약, 미분양시 대물계약, 일반도급계약 등이 있으며, 어느 방법을 택할지는 분양성과 현금흐름 분석을 종합적으로 고려하여 결정해야 한다. ③ 건축비는 개발사업의 규모와 성격 그리고 입지조건 등을 종합적으로 고려하여 결정해야 한다. ④ 공사민원에 대한 책임소재를 명기해야 한다. ⑤ 시행사가 토지신탁회사인 경우에는 채권확보를 위한 신용보강을 할 수 있도록 도급계약을 체결하여야 한다. 이는 위탁계정을 이용한 프로젝트파이낸싱 활용으로 가능하다. ⑥ 시공사는 금융기관에 대하여 지급보증, 채무인수, 책임준공 조건으로 협약을 체결하였기 때문에 개발업자에게 채권양도 및 사업권 포기각서까지 요구하게 되는데, 사업성이 확실한 프로젝트로 보증보험 등을 이용하여 이에 대응하는 것이 개발업자에게는 유리하다.

설계는 도시계획설계, 단지설계, 건축설계로 구분해 볼 수 있으나 대규모 개발사업인 경우에는 도시계획설계가 필요로 한다. 일본의 롯폰기 힐스와 같은 건물을 설계하는 경우에는 이 분야에 유명한 건축 설계자가 필요하며 중요한 건물의 설계자는 그 프로젝트의 성패를 좌우할 정도로 매우 중요하다. 그러므로 설계비용이 비싸다고 대충 설계자와 계약을 하여 개발사업을 한다면 그 프로젝트를 망칠 수 있다는 것을 명심하여야 한다. 감리자도 법적으로 공사현장에 필요하므로 대충하지 말고 실력 있고 경험이 많은 자를 선택해야 한다. 이 뿐만 아니라 공사품질을 향상시키고 공사비를 절감하기 위해서는 공사현장관리 경험이 많고 노하우가 있는 건설관리자(CM)를 선정하는 것도 고려해야 한다.

건설단계

1. 건설관리자로서 필요지식 활용

건설회사의 시공은 착공신고를 접수한 후 신고가 수리되면 공사를 착공하게 된다.

공사를 착공하기 전에 주변지역의 민원을 막기 위해 주변지역의 건물과 토지의 현황을 살펴보고 건물의 금과 토지의 붕괴 등에 필요한 대책을 세워야 한다. 즉 차수벽 설치와 옹벽 등의 설치에 관한 구조안전성을 검토해야 한다.

부동산개발 프로젝트의 주변 인프라(도로, 교량, 상·하수도, 전력, 난방 등)설치를 위해서는 토목공학에 관한 지식이 필요하다. 또한 단지 공사 및 옹벽공사 그리고 건축물 지하굴착시 주변건물의 안전을 유지하기 위하여 필요한 지식으로 토목공학의 토질에 관한 지식과 지하수 차단으로 안전굴착을 할 수 있는 차수공법 등의 시공 관련 지식이 필요하다. 공사를 하는 동안에도 공정을 관리해 주는 PERT/CPM 기법과 건설관리기본법인 건설사업관리제도에 관한 지식이 필요하다.

건설산업기본법의 목적은 건설공사의 조사, 설계, 시공, 감리, 유지관리, 기술관리 등에 관한 기본적인 사항과 건설업의 등록 및 건설공사의 도급 등에 필요한 사항을 정함으로써 건설 공사의 적정한 시공과 건설산업의 건전한 발전을 도모함을 목적으로 한다.

미국에서 흔히 사용하고 있고 우리나라에서도 '건설산업기본법'에서 규정하고 있는 건설사업관리(CM)는 건설 기간 전, 기간 동안, 기간 후까지 통합적으로 관리하는 방법을 설명해 주기 때문에 이에 관련지식을 습득하고 잘 활용한다면 건설사업관리 제도의 최종목표인 공사비절감, 공기단축, 품질향상 등의 효과를 얻을 수 있다. 최근에는 공정관리에 대한 해외 프로코어사의 협업S/W(공정)과 룸빅스사와 같은 자료분석의 S/W 등이 개발되어 보급되어 있으므로, 이러한 정보를 찾아 습득하고 활용하는 것도 리스크를 줄이고 수익률을 제고하는 방법이다.

건물 준공 시에 필요한 것은 준공검사에 필요한 서류는 물론이고 하자담보책임에 관한 것이다. 이는 '건설산업기본법'에 의하여 구조별 하자담보책임기간이 기록되어 있다. 하자담보책임에 대한 하자보증이행증권을 준공검사에 필요한 서류와 함께 제출하면 지방자치단체가 보관한다.

2. 제4차 산업혁명에 따른 프롭테크 활용방법

제4차 산업혁명에 의한 5G, 사물인터넷, 가상/증강현실, 클라우드/빅데이터/AI의 구축과 함께 스마트시티로 인해 교통 혼잡, 범죄 등 도시의 비효율과 부작용을 완화하고, 경제성장 동력 역할을 할 것으로 기대할 수 있으며 도시화 진전에 따라 각종 도시문제가 심화되는 상황에서 도시 인프라 확충은 물리적 한계가 있고 비용 부담이 크다. 그 때문에 기존 인프라를 효율적으로 활용하여 저비용으로 도시문제를 해결하는 방법으로 스마트시티와 함께 자율주행을 위한 스마트 도로와 같은 스마트 인프라 구축도 고려해야 하므로 이에 대한 지식도 필요하다. 또한 드론을 활용하여 고려하고 있는 도시개발사업부지 주변을 촬영하여 이들과 조화를 이루는 토지이용계획을 함으로써 보다 효율적이고 경제적인 프로젝트를 수행할 수 있다. 아울러 친환경정책에 의한 태양광설치, 전기차 충전소 설치, 에너지 효율화와 효율적인 관리기능을 갖추기 위한 스마트 단지와 스마트 홈 그리고 스마트빌딩에 필요한 지식도 함께 갖추어야 한다. 여기서 주의할 점은 스마트 홈의 단점인 사생활침해에 대한 문제도 시급하다는 것을 개발업자는 인식하여 이에 대한 대비책을 세워서 보완하여야 한다.

개발업자는 제4차 산업혁명에 관한 지식을 습득해야 하며, 스마트시티 스마트단지, 스마트홈, 스마트빌딩에 관한 플랫폼회사들을 활용할 필요가 있다.

마케팅 단계

1. 마케팅전략과 필요지식 활용

개발업자는 마케팅전략을 성공적으로 수행하기 위해서는 마케팅전략에 관한 지식이 필요하다. 마케팅전략 방법에는 전통적인 방식과 제4차 산업혁명으로 인해 부동산 관련 수요자들은 필요정보를 설문조사 등으로 수집하고 한편으로는 IoT, 가상·증강현실, 인터넷 등에서 초연결 데이터를 데이터센터에서 수집(임대)하여 클라우드 빅데이터로 작성하고 이를 AI로 분석하여 마케팅전략, 상권분석 등에 활용하고 이와 함께 메타버스 플랫폼을 개발프로젝트에 대한 홍보 및 마케팅전략으로 활용하는 2가지 방식이 있다.

부동산개발업자는 전통적인 마케팅전략방식과 프롭테크 및 메타버스를 활용하는 방식을 혼용하여야 합리적이고 시간을 절약할 수 있다. 그러므로 이에 대한 지식들을 서술하고자 한다.

부동산개발사업에서 마케팅 원칙들과 시장조사의 중요성은 아무리 강조해도 지나치지 않는다.

마케팅은 시설을 판매나 임대하기 훨씬 전에 그리고 상품(주거, 상업시설 등)을 설계하기 전에 시작한다. 그것은 어떠한 부동산개발사업이라도 고객의 필요와 욕구에서 출발한다. 이러한 필요와 욕구를 경쟁적으로 만족시켜 준다는 점에서 마케팅 개념에서부터 시작하기 때문이다. 이러한 마케팅을 효율적으로 수행하기 위해서는 개발업자는 마케팅전략을 수립해야 하는데 마케팅전략이란 마케팅을 충족시키기 위한 자세한 계획이다.

부동산 마케팅전략은 수요자와 공급자 입장에서 크게 3가지로 나눌 수 있는데, 생산자 입장, 소비자 입장 그리고 생산자와 소비자의 상호관계 입장에서의 마케팅전략 등이 있다. 그러므로 개발업자는 생산자 입장에서 표적시장을 집중공략하거나 틈새시장을 선점하는 전통적인 마케팅전략인 시장점유마케팅전략을, 소비자 입장에서 소비자의 의식구조, 생활양식, 소비행태, 소비자심리 등을 고려하는 고객점유마케팅전략을 세우고, 더 나아가 생산자와 소비자의 상호작용을 중시하는 관계마케팅전략까지 수립하여야 한다.

이와 같은 마케팅은 개발여건분석과 시장분석을 토대로 전략을 세우기 때문에 관련법규, 입지특성과 시장분석에 관한 지식과 마케팅에 관한 지식이 동시에 필요하다. 여기서 주의할 점은 관련법규와 입지분석은 개발업종과 규모 그리고 포지셔닝 등에 관한 지식과 시장조사 및 분석은 부동산의 특성과 밀접한 관계가 있으므로 부동산의 특성도 잘 숙지하여야 한다는 것이다. 개발업종과 규모는 국토계획법의 용도지역/지구와 기타법률에 의한 지역/지구에 따른 건축제한 사항이 있고 건폐율과 용적률에 따라 규모가 결정되기 때문에 최적의 업종과 이에 대한 최적의 규모도 개발사업의 마케팅전략에 중요한 강점요소다. 또한 입지에 적합한 개발제품과 그 제품의 수준이 결정되어야 한다. 뿐만 아니라 마케팅에는 제품의 차별화도 필요하기 때문에 프로젝트의 초기에 실시되는 단지 및 건축설계 시에 마케팅 전문가를 참여시키는 것이 매우 중요하다.

2. 시장점유마케팅전략(전통적인 마케팅전략)

전통적인 마케팅전략에는 S.T.P.(Segmentation, Target Market, Positioning) 전략과 4P (Product, Price, Place, Promotion) Mix 전략이 있다. 마케팅 믹스 전략의 이론과 실무지식을 활용하여야 성공적인 개발사업을 영위할 수 있다.

1) S.T.P. 전략

① 시장세분화

부동산시장은 시장의 조건과 고객의 필요와 욕구, 즉 고객의 특성이 다양하게 나타나므로 효율적으로 마케팅활동을 수행하고 소기의 목적을 달성하기 위해서는 시장세분화(market segmentation)가 필요하다. 시장세분화란 일정한 기준에 따라서 시장을 분할하는 활동을 말한다. 부동산시장의 세분화 기준은 주로 지역특성에 따라 기후, 인구밀도, 지역 등의 지리적 세분화를 꾀하고, 인구·통계적 특성에 따른 나이, 성별, 소득별, 직업, 종교, 교육수준, 가구수 등의 인구·통계적 세분화, 고객 심리적 특성, 즉 상·중·하의 사회계층, 생활스타일, 개성 등의 심리형태별 세분화, 구매동기, 구매준비단계, 태도, 시장요인 등의 고객행태별 세분화 등으로 분류될 수 있다.[14] 이와 같이 시장세분화의 기준에 따라 시장분석을 실시하고 이를 토대로 마케팅전략을 수립하게 된다.

② 표적시장 선정

세분화된 시장에서 자신의 상품을 구매할 수 있는 수요집단을 찾는 활동을 표적시장 (target market) 선정이라 한다.

③ 포지셔닝전략

개발업자는 선정된 표적시장 내의 수요자들을 대상으로 제품, 가격, 유통, 촉진과 관련 된 계획을 수립하고 이에 따라 마케팅활동을 수행한다.

다양한 공급경쟁자 사이에서 자사의 상품이 선택되기 위해서는 경쟁제품들에 비하여 수요자들의 욕구를 보다 잘 충족시킬 수 있는 차별적 특징이 있어야 한다. 이러한 차별화 를 위해서 자신의 상품을 어떻게 위치시킬 것인가를 찾아내는 것이 포지셔닝(position-ing)전략이다.

[그림 3-23] 입지와 가격과의 포지셔닝 사례

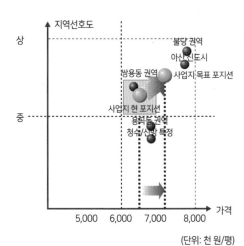

○ 권역별 대표 아파트 매매가

지역	아파트명	평형	평균매매가	평당가
불당동	아이파크	34	250,000	7,379
아산신도시	휴먼시아8단지	33	247,500	7,506
두정동	한성필하우스	32	207,500	6,533
두정동	두정염푸르지오	34	290,000	8,560
쌍용동	동일하이빌	35	250,000	7,186
용곡동	한라비발디	35	259,800	7,428
신방동	한성필하우스	34	252,500	7,520
청수동	경남아너스빌	34	209,000	6,176

(단위: 천 원/평)

(자료: 닥터아파트, 단위: 천 원)

---

14) 오준석 외, 「전략경영시대의 경영학」, 서울: 웅지경영아카데미, 2000, p.182.

2) 4P Mix

표적시장 선정이 끝나고 포지셔닝전략을 세운 다음에는 이를 토대로 상품, 가격, 판매촉진, 판매경로 등의 4P Mix 전략을 수립한다.

① 상품(product)

부동산 상품을 개발할 때 제일 중요한 것은 어떤 상품(product)을 개발하고 홍보해야 하는가의 문제에서 소비자가 원하고 필요로 하는 것이 무엇인가를 고민하고 연구해야 한다. 여기서 말하는 부동산 상품은 질, 브랜드, 포장 그리고 서비스 등에 의해서 구별되어지는 아파트, 백화점, 창고, 사무실, 호텔 등과 같은 재산의 유형을 말하며, 여기서 상품의 질(또는 특징, 옵션, 스타일 등)은 프로젝트의 건물, 공사, 형태 그리고 마무리 작업 등과 관련이 있다. 브랜드는 개발업자의 평판 또는 시공업자의 평판, 사무실빌딩의 등급과 같은 것이고, 부동산 상품을 포장한다는 것은 출입구를 자동으로 만든다든지, 방범 시스템을 갖추는 것, 광범위한 조망이 가능하도록 설계가 되는지 등과 같은 것이고, 서비스는 보안서비스나 관리용역과 같은 개발 후의 서비스를 의미한다.

② 가격(price)

부동산 상품의 적정가격을 얼마로 책정해야 하는가에서는 소비자가 지불할 수 있고 지불하고자 하는 적정가격이 얼마인가를 염두에 두어야 한다.

가격수준을 결정하거나 가격납부조건 등을 결정함에 있어 앞에서 언급한 대로 소비자 입장에서 결정하되 경쟁업자들과의 관계 그리고 제품의 특성, 입지 등을 고려하여 고가, 시가, 저가 정책 등을 구사해야 한다. 가격납부조건으로는 중도금 무이자, 분할납부 등의 방법이 있다.

③ 판매촉진(promotion)

개발업자가 아무리 좋은 상품을 개발하고 적절한 가격을 설정했다고 하더라도 이것이 곧 판매를 의미하는 것은 아니다. 그러므로 부동산의 고정성이란 특성으로 인한 제약에도 불구하고 부동산 상품을 판매하기 위해서는 촉진전략이 필요하다. 그런데 성공적인 판매촉진을 위해서는 고객으로의 일방적인 판매촉진(promotion)전략을 찾는 것에서 벗어나 소비자와 함께 의사소통(communication)을 할 수 있는 쌍방 의사소통방법이 무엇인지를 찾아야 한다.

일반적으로 판매촉진전략에는 홍보, 광고, 판매촉진, 인적 판매 등의 방법이 있다. 홍보는 특정개발업자가 판매하는 상품이나 서비스에 대한 수요를 자극하는 데 궁극적인 목표를 두고 대금을 지불하지 않고 해당 개발업체에 유익한 전달매체를 통해서 보도되도록 하는 촉진방법의 하나이다.

광고는 광고비 범위 내에서 자유로이 연출할 수 있는데 광고효과의 극대화를 위해서는 매체선정과 광고디자인이 무엇보다 중요하다. 판매촉진정책은 단기적인 정책으로서 경품이나 사업설명회 등으로 수요자를 유인하는 정책이다. 인적 판매는 수요자 및 잠재 수요자와 직접 접촉할 때 판매원이 기울이는 노력으로서 판매원의 능력여하에 따라 매출액에 상당한 영향을 미치게 된다.

④ 판매경로(place)

부동산은 입지요소가 아주 강한 상품이기 때문에 판매경로를 결정함에 있어 부동산 마케팅을 위한 적합한 판매경로(place)를 찾는 것에서부터 소비자가 방문하기 편리한 방법은 무엇이고 편리한 장소는 어디인가를 찾아내어야 한다.

전통적인 마케팅에 있어서는 모델하우스, 배분, 금융담보 조건, 위치 그리고 교통 등의 경로를 의미한다. 최근에는 디지털공간인 메타버스의 공간을 활용하는 경우가 점점 늘어나고 있다.

3. 고객점유마케팅전략(소비자중심 마케팅전략)

시장점유마케팅전략이 생산자중심의 마케팅전략이었다면 고객점유마케팅전략은 소비자 중심의 마케팅전략이라 할 수 있다.

소비자중심의 마케팅전략이란 소비자 입장에서 소비자의 의식구조, 생활양식, 소비행태, 소비자심리 등을 고려하는 이른바 감성적 접근방법으로서 마케팅효과를 극대화하고자 하는 전략을 말한다.

4. 관계마케팅전략

관계마케팅전략은 종전의 생산자중심과 소비자중심의 한쪽의 편중된 시각에서 벗어나 생산자와 소비자의 지속적인 관계를 통하여 win-win할 수 있는 장기적인 관점의 마케팅전략으로 볼 수 있다. 예를 들면 아파트를 분양받은 사람들을 컴퓨터에 입력하고 이들과 정보 교환뿐만 아니라 이들의 불편사항과 요구사항 등도 고려하여 마케팅전략을 세우는 것을 말한다.

최근에는 메타버스와 같은 디지털공간에서 정보교환과 소비자들의 불만사항과 요구사항을 입력하고 개발업자는 이에 대응하여 마케팅전략을 수정하고 보완하여 마케팅전략을 재수립한다. 최근의 마케팅전략 추세는 이 같은 관계마케팅전략을 중시한다.

제8절

운영 및 관리 단계

1. 부동산관리와 필요지식 활용

부동산관리의 단계는 시설관리, 부동산관리, 자산관리로 구분할 수 있다.

먼저 시설관리 단계는 초보적인 관리단계로서 일반적으로 기존건물을 유지 보수하는 정도의 관리이다. 건물외관의 도색에서부터 기계설비 및 전기설비의 고정수리가 필요하고 수목관리와 청소 등이 일반적이다. 이들에 관한 지식은 기계설비에 관한 지식과 전기설비에 관한 지식이 필요하고 조경에 관한 지식도 필요하다. 보통 외주용역에 의해 관리하게 되는데 용역회사의 경력과 노하우 등에 관한 정보도 필요하다.

둘째, 부동산 관리단계에서는 기존건물을 임대함에 있어서 극소의 비용과 극대의 임대료를 추구한다. 일반적으로 임대기간 동안의 임대소득을 구하는 현금흐름분석과 NPV, IRR, PI지수법과 같은 투자분석기법에 관한 지식이 필요하다. 이에 관한 자세한 사항은 제4장 제4절 경제성(재무적 타당성) 분석을 참조하기 바란다. 만약에 재무적 타당성이 없다면 시장조사·분석을 실시하여 리노베이션(용도변경과 리모델링)을 단행하여야 한다. 만약 외주용역을 준다면 용역회사의 경력과 노하우 등에 관한 정확한 정보를 필요로 한다.

셋째, 자산관리단계는 시설단계와 부동산관리 단계를 포함한다. 그러므로 시설단계와 부동산관리 단계에서 필요한 지식은 본 단계에서 동일하게 적용된다. 이외에 필요한 사항은 만약 당해 건물이 있는 지역의 상권이 쇠퇴하여 경제성이 떨어지는 경우에는 당해 건물을 매각하고 상권이 활성화되는 지역으로 이동하여야 한다. 물론 이 단계에서 취득하는 경우, 인·허가나 용도결정에 따른 관련 공법과 물권법과 계약법, 무효·취소에 관한 민법 총칙에 관한 지식이 필요하다.

2. 부동산관리의 의의와 영역별 구분

부동산관리란 대상 부동산의 효율성과 수익성을 극대화하기 위하여 대상 부동산을 유지, 보수, 경비뿐만 아니라 광고, 선전, 임대차계약, 예산수립 및 결산, 부동산 시장분석, 편익분석 등의 업무를 수행하는 활동을 말한다.

이런 부동산관리는 영역별로는 기술적 측면, 경제적 측면, 그리고 법률적 측면의 관리 등으로 구분해 볼 수 있는데 ① 기술적 측면의 관리는 건물의 하자에 대한 보수, 건축설비의 하자에 대한 보수 등 건축물의 물리적 성능을 유지하기 위한 관리이고, ② 경제적 측면의 관리는 부동산으로부터 발생하는 장기적인 수익의 극대화를 위한 자산적 측면을 다루는 관리이며, ③ 법률적 측면의 관리는 임대차계약과 일상적 행정과 관련된 부분을 다루는 관리를 말한다. 또한, 부동산관리를 단계별로 구분해 보면 가장 초보적인 관리단계인 시설관리 단계에서부터 보유기간에 초점을 맞추어 경제적인 측면도 고려한 부동산관리 단계 그리고 부동산을 하나의 자산으로 보아 포트폴리오 개념을 도입한 가장 수준 높은 관리단계인 자산관리 단계 등으로 구분되어 진다.

한편, 부동산개발사업에서는 부동산관리자가 개발사업 초기 설계단계부터 참여하여 기능적이고 에너지 절약적인 건물설계가 될 수 있도록 조언해 주어야 한다.

3. 부동산관리의 단계별 주요 내용

1) 시설관리

시설관리(facility management)는 부동산관리의 가장 초보단계로서 각종 부동산시설을 운영하고 유지하는 것으로 건물주나 시설사용자의 요구에 단순히 대응하는 정도의 소극적이고 기술적인 측면을 중시하는 관리를 말한다. 주로 대상 부동산의 기계 및 설비의 운영, 예방적 차원의 보수, 에너지관리, 보안, 기구 및 집기관리 등의 업무를 수행한다.

2) 부동산관리

부동산관리(property management)는 시설관리 단계보다는 높은 수준의 관리로서 부동산 보유기간 중에 부동산의 운영수익을 극대화하고 자산가치를 증진시키기 위하여 기획, 광고, 홍보, 시설배치, 임대유치 협상, 임대료수집, 보험, 조세관리, 월간·연간 경리보고 등의 일상적인 건물운영 및 관리뿐만 아니라 시장분석, 마케팅전략 및 수지분석도 실시하여야 한다.

한편, 우리나라 부동산관리의 주요 내용으로는 ① 임대차관리, ② 임차인관리, ③ 임대료 수납업무, ④ 자재의 구매 및 임금의 지급, ⑤ 고용인 관리, ⑥ 부동산의 유지관리 등이 있다. 여기서 건물을 유지·관리함에 있어 그 건물의 설계도면과 시방서가 매우 중요하다. 왜냐하면 그 건물의 하자로 인한 수선을 하는 경우에 당해 건물을 짓기 위해 사용한공법에 따라서 수선을 하여야 구조면에서는 안정성을 확보하고 비용측면에서는 경제적일 수 있는데 이러한 공법은 설계도면과 시방서에 나타나 있기 때문이다.

3) 자산관리

자산관리(asset management)는 부동산관리 중 최고수준의 관리로서 건물주의 부나 기업의 가치를 극대화하기 위하여 부동산 취득, 보유, 처분의 전 과정에 걸쳐 적극적이고

<표 3-33> 자산관리자의 주요업무

구분	주요업무	비고
매입시점	■ 입지분석 및 부지선정 ■ 시장조사 및 분석 ■ 경제성분석	

부동산관리계획	■ 관리계획수립
	  - 비용계획수립
	  - 능력이 검증된 관리회사선정
	  - 용역계약
	■ 시장경쟁요인 및 임차 수요분석
	■ 임대기준 수립 및 임대유치
	  - 표준임대계약서 작성
	  - 만기관리	

관찰 및 통제	■ 관리보고서작성(관리백서)
	  - 빌딩별 실적, 비용분석
	■ 위험관리(보험설계)
	  - 실정에 맞는 보험프로그램
	■ 부동산 관련세제의 평가
	  - 주기적으로 제세공과금 평가
	  - 필요시 외부자문
	■ 시설 및 안전점검
	■ TSI(Tenant Satisfaction Index)
	■ 부동산현장조사와 방문
	  - 정기적 또는 불시에 현장방문
	■ 보고서 검토
	  - 임대활동, 최근의 시장동향, 중요관리사항
	  - 운영/마케팅전략 재검토
	  - 입주/공실현황 파악	

임대유지/개보수	■ 공실 해소대책 수립 ■ 임대유지관리(정기적 입주사 방문) ■ 개보수공사 시행 및 관리	
리모델링 및 추가개발	■ 리모델링, 추가개발의 타당성 검토 ■ 추진계획수립 및 실행	
매각처분	■ 시장동향조사 및 보고 ■ 자산 사이클을 감안한 최적시기조언	

전문적인 관리를 통하여 부동산가치를 증진시키고자 하는 관리를 말한다. 주요 관리업무는 시장 및 지역경제분석, 시장경쟁요인 및 수요분석, 증·개축을 포함한 업종변경, 입주사유지, 임대전략에서부터 부지선정, 공간계획, 부동산 매입·매각 및 자금조달업무, 자산평가 및 투자분석, 포트폴리오관리 및 분석 등 다양한 업무로 구성되어 있다.

자산관리자(asset manager)의 입장에서 주요 업무를 살펴보면 <표 3-33>과 같다.

부동산관리에 필요한 지식은 관리계획 수립, 예산수립, 임대에 관한 경영학적 지식뿐만 아니라 건물관리의 유지보수 및 에너지 절약에 필요한 지식, 용도변경과 리모델링에 관한 기술적 지식도 필요하다. 또한 관리계약시 필요한 '계약법'에 관한 법률적 지식도 필요하다.

부동산관리는 단순한 시설관리가 아닌 자산관리 측면에서 보아야 하기 때문에 자산관리에 관한 선진기법의 지식이 필요하다.

복습문제

01. 상위법규와 관련법규에 의한 공간계획 체계에 대하여 기술해 보라.

02. 국토이용관련법 체계도를 그려보고 설명해 보라.

03. 수도권 정비계획법의 3개 권역을 설명하고 각 권역별 행위제한을 설명해 보라.

04. 자원보전권역내에서 택지조성사업을 실시하는 경우 오염총량제 시행지역과 비시행지역에서 각각 사업 가능한 면적 범위를 말해 보라.

05. 도시·군기본계획의 의미와 도시·군기본계획 상 토지용지 중 3가지 용지를 쓰고 각각을 설명해 보라.

06. 도시·군기본계획의 구성요소 4종류를 기술해 보라.

07. 도시·군기본계획과 관리계획의 수립절차를 말해 보라.

08. 지구단위계획 중 도시지역과 도시외 지역에서의 지구단위계획을 구분하여 설명하고 개발규제 또는 완화에 대하여 건폐율, 용적률, 건축물 높이에 대하여 인센티브를 설명해 보라. 또한 허용용도의 변경 가능 여부를 예를 들어 설명해 보라.

09. 개발행위허가 대상 중 토지형질변경 상한 규모를 기술해 보라.

10. 도시개발구역의 지정 규모를 기술해 보라.

11. 도시개발사업의 사업방식을 설명하고 장·단점을 말해 보라.

12. 부동산의 제한 물권 중 용익물권과 담보물권을 구분하여 설명해 보라.

13. 법인, 종중, 학교 등과의 계약 체결 시 유의사항을 기술해 보라.

14. 부동산의 입지란 무엇을 의미하고 입지가 중요한 이유는 부동산 특성 중 어떤 특성 때문인가?

15. 입지분석 중 도시지역, 인근지역, 부지분석 방법을 설명해 보라.

16. 부동산시장의 특성을 설명해 보라.

17. 부동산의 가치와 가격의 차이는 무엇인가?

18. 부동산 시장분석에서 거시적 시장분석과 미시적 시장분석을 구분하여 설명해 보라.

19. 설문조사의 설문지 작성시 주의할 점은 무엇인가?

20. 시장분석과 시장성분석의 차이점을 기술해 보라.

21. 상권분석방법 중 CST 기법의 절차를 설명해 보라.

22. 부동산마케팅전략에서 프롭테크 및 메타버스 활용방법과 전통적인 마케팅전략인 S.T.P 전략에 대하여 논의해 보라.

23. 부동산개발금융을 크게 2종류로 구분하여 말해 보라.

24. 부동산펀드와 리츠의 기본구조도를 그리고 설명해 보라.

25. 우리나라의 PF의 구조를 그리고 설명해 보라.

26. PFV구조도를 그리고 설명해 보라.

27. ABS와 ABCP에 대하여 아는 바를 설명해 보라.

28. 부동산평가기법의 3가지를 각각 설명해 보라.

29. 간이타당성분석 중 Front-Door 방식과 Back-Door 방식의 차이점을 설명해 보라.

제4장

부동산개발사업의
타당성분석

Real Estate Development

부동산개발사업의 타당성분석

개요(Overview)

부동산개발사업은 일반적으로 앞에서 언급한 바와 같이 [그림 4-1]과 같은 절차로 진행되어 사업타당성분석은 부지확보 단계 이후에 실시되나 제안된 개발사업이 아주 중요하거나 시간적 여유가 있는 경우에는 사업을 추진하기 전에 먼저 사업타당성 분석을 실시한 후 분석 결과를 통해 사업추진 여부를 결정한다. 그 이유는 사업타당성 분석 결과, 사업타당성이 없다면 제안된 사업을 취소하거나 대안을 찾아야만 시간과 비용을 줄일 수 있기 때문이다.

본 장의 제1절에서는 부동산개발사업의 타당성분석의 의의, 구성요소, 타당성분석, 진행과정, 분석 체계를 살펴본다. 부동산개발사업의 타당성분석 진행과정은 첫째, 개발사업 아이디어를 갖고 있으나 사업부지가 없는 경우와 둘째, 토지는 있으나 개발사업 아이디어가 없는 경우를 구분하여야 하는데 개발사업 아이디어가 있으나 사업 부지가 없는 경우는 그 아이디어에 맞는 사업부지를 선정하여 사업타당성 분석을 실시하고, 토지는 있으나, 사업아이디어가 없는 경우는 최유효이용방안을 통해서 사업타당성 분석을 실시한다.

제2절에서는 부동산개발 여건분석을 실시하는데 개발여건분석에는 공부서류 및 현장조사, 관련 계획 및 법규 검토, 입지분석, 시장조사·분석과 상권분석 등 이들을 통하여 S.W.O.T 분석을 실시하고 이를 활용하여 개발컨셉설정과 사례분석 그리고 개발전략을 수립하고자 한다.

제3절에서는 개발계획 및 건축계획에 관한 이해가 필요하다. 그러므로 토목에 관한 이해, 건축에 관한 이해와 특히, 건축의 예비설계에 관하여 사례를 들어 설명함으로써 부동산개발업자들에게 설계의 중요성을 인식시키고자 한다.

제4절은 재무적 타당성분석을 통해서 단기 프로젝트는 손익분석, 5년 이상의 장기프로젝트(임대 후 매각)는 현금흐름분석과 투자분석 그리고 민감도분석을 실시함으로써 사업의 지속적인 추진 여부를 결정하게 된다.

[그림 4-1] 부동산개발의 일반적 절차

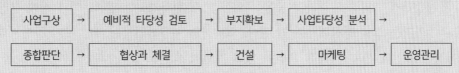

부동산개발사업의 타당성분석 의의 및 진행과정

1. 부동산개발사업의 타당성분석의 의의

부동산개발사업의 타당성분석은 제안된 개발사업이 성공적으로 추진될 수 있는지 여부를 분석하는 것을 말한다. 결국, 부동산개발사업에 대한 최종적인 투자결정여부를 판단하기 위해서 실시하는 것을 말한다.

개발사업에서 완전한 타당성분석이란 제안된 개발사업에 대한 법률적, 경제적, 기술적 (물리적) 타당성분석을 모두 실시하는 것을 의미한다.

한편, 부동산개발사업의 타당성분석은 <표 4-1>에서 보는 바와 같이 크게는 시장분석과 경제성분석으로 구성되는 것으로 보는 이도 있다. 여기서는 개발사업에 인·허가에 필요한 법률적 검토는 완료된 상태에서만 가능하다.

여기서 시장분석의 목적은 어떤 개발사업의 시장에서의 채택 가능성을 평가하기 위한 것이고 경제성분석의 목적은 시장분석에서 수집된 자료를 활용하여 개발사업에 대한 수익성을 분석하여 개발사업에 대한 재무적으로 타당한지 여부를 검토함으로써 최종적인 투자 의사결정여부를 판단하기 위함이다.

최근에는 부동산·공간 빅데이터/AI 전문기업, 빅밸류의 플랫폼과 Richgo Mas는 우리나라 부동산에 관한 빅데이터를 수집하고 인공지능을 통해 입지분석과 시장분석을 자세히 할 수 있게 되어, 지금까지의 인적자원과 비용 그리고 시간을 단축할 수 있다. 그러나 아직까지 완벽하지 않고 이들 플랫폼을 활용하여 입지분석을 하거나 미래 가격을 추정할 때 입지요인과 가격에 미치는 요인들이 워낙 많기 때문에 현재의 실제로 조사한 입지환경이나 분양가격 그리고 임대가격 등을 제외한 미래 변화가능한 입지분석과 장래 분양가 등의 추정가격을 그냥 맹신해서는 안 된다. 왜냐하면 부동산입지는 해당 부지 주변지역의 법·행정적 요인과 사회·경제적 요인이 있고 자연적 요인도 있기 때문에 이 요인들을 어떻게 조합하여 적용했는지에 따라 해답이 다르게 나타날 수 있다. 그러므로 부동산개발업

<표 4-1> 부동산개발사업의 타당성분석 구성요소

Ⅰ. 시장분석

   1. 도시 및 지역 분석(urban and regional analysis)
- 지역의 경제활동
- 경제기반분석
- 인구 및 소득분석
- 교통망의분석
- 성장과 개발의 유형

   2. 인근지역분석(neighborhood analysis)
- 인근지역의 경제활동
- 교통의 흐름
- 인근지역에서의 개발사업의 현재의 경쟁력
- 인근지역에서의 개발사업의 미래의 경쟁력
- 인구적 특성

   3. 부지분석(site analysis)
- 지역지구제 및 건축규제
- 접근성
- 편익시설
- 부지의 크기와 모양
- 지형

   4. 수요분석(demand analysis)
- 경쟁
- 인구
- 추세분석(trend analysis)

   5. 공급분석
- 공실률 및 임대료 수준
- 착공량 및 건축허가량
- 도시기반시설의 공급
- 도시계획
- 건설비용 및 금융상태

Ⅱ. 경제성분석

   1. 세전현금수지분석
- 가능총소득
- 공실률 및 불량부채
- 영업경비, 부채서비스액(원금 + 이자) * 순영업소득

   2. 세후현금수지분석
- 감가상각
- 세금: 영업소득세, 자본이득세

   3. 순현가법

   4. 내부수익률법

   5. 수익성지수법

   6. 투자결정

자료) Charles H. Wurtzebach & Mike E. Miles, Modern Real Estate, 5th ed., New York: John Wiley & Sons, 1994, pp.682–683.

자가 직접 조사한 주변 입지환경과 장래 변경이 예정된 입지환경 그리고 미래 거시경제 지표들과 관계를 참고로 하여 장래 추정가격도 예측하여야 하기 때문이다.

2. 부동산개발사업의 타당성분석 진행과정

부동산개발사업의 타당성분석 진행과정은 첫째, 개발업자가 개발업종은 정해져 있으나 부지를 확보하지 못한 경우와 둘째, 개발업자가 토지는 확보하고 있으나 개발업종이 정해져 있지 않는 경우로 나누어 볼 수 있다.

1) 개발업종이 정해져 있으나 부지를 확보하지 못한 경우

개발업종이 주거, 상업(판매 또는 업무), 산업용(물류센터, 지식산업센터, 데이터센터 등), 레저 및 스포츠 시설 중에서 개발업자의 노하우와 자금조달 능력에 따라 하나의 개발업종이 정해진다면 다음과 같은 순서로 사업타당성 분석을 실시해야 한다.

먼저 고려 대상 개발업종에 적합한 부지를 개략적으로 인·허가, 입지, 시장분석을 통해 확보하여야 한다.

이 부지에 대한 관련 법규를 통하여 인·허가 가능성을 철저히 검토하고, 인·허가에 소요되는 기간 등도 체크하여 분양(임대)시점을 파악해 두어야 한다.

입지분석은 인문적 입지조건과 자연적 입지조건으로 나누어 분석한다. 인문적 입지분석을 위해서는 법·행정적 조건을 검토하여 입지 및 건축규제 사항을 검토하여야 한다. 인문적 입지조건에서 사회적 입지조건분석을 위해서는 스마트 지역환경, 인프라환경 및 도로 및 교통환경과 공공시설 정비상태를 검토하고 혐오, 위험, 공해시설 등의 존재여부도 파악해야 한다.

경제적 입지조건을 분석하기 위해서는 그 지역의 인구특성, 소득수준, 생활양식 등을 검토해야 한다. 자연적 입지분석을 위해서는 상권단절여부, 부지의 지형, 지세, 지질, 면적 등도 검토해야 한다. 입지분석을 통해 해당 부지의 입지를 상·중·하로 구분한다.

다음은 시장분석을 실시해야 한다. 시장분석을 위해서는 먼저 시장조사를 실시해야 하는데 시장조사는 통계조사. 현장조사. 설문조사 등의 방법을 이용하여야 한다. 여기서 현장조사가 가장 중요하다.

시장분석에서는 거시적 시장분석과 미시적 시장분석, 시장차별화 그리고 시장세분화

과정을 거치게 된다. 거시적 시장분석은 글벌 거시경제지표(GDP, 물가, 금리, 환율, 고용지표 등)들과 일반경기와 더불어 부동산의 경기변동을 분석하고 예측하며 지역경제 기반 특성과 부동산대책도 검토하여야 한다.

부동산경기의 변동 분석을 통해 앞에서 검토한 인·허가 소요기간을 거친 시기에 분양(임대)시장을 예측해 본다. 분양가격과 임대가격은 3가지 시장조사를 통해 얻은 정보를 활용하여 수요·공급분석과 토지가격과 분양(임대)가격을 결정한다.

재무적 타당성 분석시 예측한 분양시기는 유동적이므로 시나리오별 분양율이나 분양가격을 결정하여야 한다. 이와 같이 현장조사, 관련법규 검토, 입지분석, 시장분석을 통해서 나타난 문제점과 잠재력을 분석하고 이와 함께 S.W.O.T 분석도 실시한다. 이와 같은 분석을 종합하여 개발컨셉을 설정한다.

이를 참고로 건축물의 기능, 외관, 전략적 측면을 고려한 시설물의 기본구조와 사회트렌드, 입지조건과 장래전망을 고려한 개발테마를 결정한다. 이들을 조합하여 양자를 충족하는 시설물의 구성, 외관, 개발이미지를 설정함으로써 차별화된 개발컨셉이 완성된다. 완성된 개발컨셉에 적합한 개발규모 및 목표고객층을 설정하고 그들을 대상으로 한 개발상품의 품질과 가격을 결정하는 포지셔닝전략을 수립한다. 그 이후 토지이용계획과 건축계획을 개발컨셉을 고려하여 수립하고 설계하여야 한다.

시장분석에서 파악한 분양가 또는 임대료를 고려하여 건축물의 업종별 구성을 실시한다. 이를 토대로 재무적 타당성을 분석하고 민감도분석도 실시하여야 리스크를 극소화 할 수 있다.

2) 토지는 확보하고 있으나 개발업종이 정해지지 않은 경우

먼저 그 부지에 적합한 최적의 개발업종을 선정하여 이 업종을 대상으로 사업타당성을 검토해야 한다. 이를 순서대로 열거하면, 공부서류 검토 및 현장조사, 관련법규 검토, 입지분석, 시장조사·분석, 개발컨셉설정, 건축계획, 재무적 타당성 분석 등이며, 이를 보다 자세히 기술해 보면 다음과 같다.

- 개발컨셉 설정을 위한 개발여건분석으로 1) 공부서류 및 현장조사, 2) 관련계획 및 관련법규 검토, 3) 입지 및 시장분석 등이 있다.

- 개발컨셉설정은 1) 개발가능업종도출, 2) 개발가능업종평가, 3) 최적업종선정, 4) 사례분석(상권분석포함) 및 경쟁구조분석, 5) 개발전략수립으로 개발컨셉이 확정된다.
- 최적업종이 선정되면 사례분석 및 경쟁구조 분석을 실시한 다음 개발전략수립을 실시한다.
- 개발 및 건축계획은 1) 토지이용계획, 2) 건축계획, 3) 업종구성 및 배치계획, 4) 동선계획, 5) 주차장계획 등으로 구성된다.
- 재무적 타당성 분석은 1) 수입/비용추정, 2) 손익 및 현금흐름분석, 3) 투자분석, 4) 민감도분석 등으로 구성된다.

이를 그림으로 나타내면 [그림 4-2]와 같다.

[그림 4-2] 사업타당성 분석(최유효이용방안) 진행 흐름도

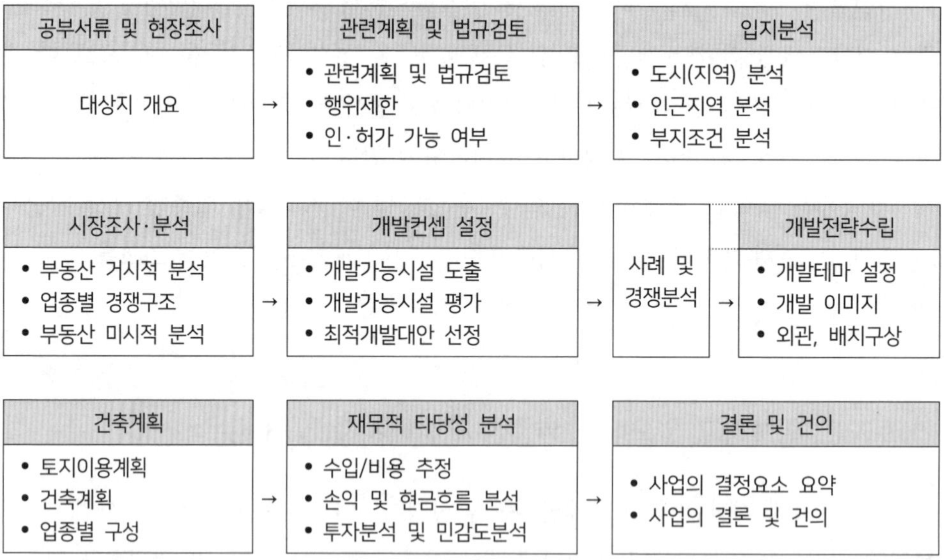

공부서류 및 현장조사	관련계획 및 법규검토	입지분석
대상지 개요	• 관련계획 및 법규검토 • 행위제한 • 인·허가 가능 여부	• 도시(지역) 분석 • 인근지역 분석 • 부지조건 분석

시장조사·분석	개발컨셉 설정	사례 및 경쟁분석	개발전략수립
• 부동산 거시적 분석 • 업종별 경쟁구조 • 부동산 미시적 분석	• 개발가능시설 도출 • 개발가능시설 평가 • 최적개발대안 선정	사례 및 경쟁분석	• 개발테마 설정 • 개발 이미지 • 외관, 배치구상

건축계획	재무적 타당성 분석	결론 및 건의
• 토지이용계획 • 건축계획 • 업종별 구성	• 수입/비용 추정 • 손익 및 현금흐름 분석 • 투자분석 및 민감도분석	• 사업의 결정요소 요약 • 사업의 결론 및 건의

부동산개발여건분석

1. 공부서류 검토 및 현장조사

1) 공부서류

공부서류에는 ① 토지이용계획확인서, ② 토지(건축물)대장, 임야대장, ③ 지적도(임야도), ④ 등기사항전부증명서 등과 지도인, ⑤ 지형도, ⑥ 부동산지도 등이 있다.

① 토지이용계획확인서를 통해서 대상토지에 어떤 용도지역/지구로 지정되어 있는지를 확인하고 다른 어떤 규제사항이 있는지를 검토하는 데 활용된다. 용도지역/지구에 따라 법률적으로 개발가능 시설이 정해기 때문(건축법 시행령 [별표 1] 및 국토계획법 시행령 [별표 2]~[별표 25] 참조)이고 기타 관련 법률도 검토해야만 인·허가에 필요한 개발업종을 선정할 수 있다.

② 토지대장(또는 임야대장)은 토지의 소유지와 면적 그리고 분할, 합병 등의 사실이 표기되어 있으므로 소유자와 면적을 알 수 있는 것은 말할 것도 없고 토지(또는 임야)의 지나간 내력까지도 알 수 있다.

③ 지적도(또는 임야도)는 토지의 형상이 나타내기 때문에 건축계획 수립시 토지를 효율적으로 활용가능한데 이를 위해서는 건축사의 도움을 받아 주변토지와 교환이나 매입을 통해서 최적의 건폐율과 용적률을 적용받을 수 있다.

④ 등기사항(전부)증명서는 토지를 매입하는 경우에 활용되는 공부서류인데 등기사항(전부)증명서의 '표제부'(토지의 소재지 등)와 '갑구'(소유권에 관한 사항 표기) 그리고 '을구'(소유권 이외의 사항) 등의 권리관계를 확실히 파악해 봄으로써 토지 매수시에 발생할 수 있는 문제점을 제거할 수 있다.

⑤ 지형도는 실제 토지형상을 나타내며 최근에는 네이버지도나 드론과 같은 IoT를 이용할 수 있다.

⑥ 부동산지도에는 지번도/지적도, 도시계획/개발도, 전자지도 등이 있으며 용도에 따라 적합한 지도를 구입하여 활용하고, 부동산전자지도 프로그램을 활용하여 항공사진과 지적도 겹쳐보기를 해 보면 입지분석과 상권파악 등 개발계획수립 시 활용하는 데 필요하다. 최근에는 GISLAW라는 플랫폼을 활용한다면 토지적성평가에 필요한 경사도, 등고선, 생태자연도 등을 알 수 있다.

2) 현장조사

한편, 현장조사를 실시하여 대상토지의 실제모양과 도로와의 관계, 접근성, 주변시설물, 공공기관과의 거리, 진행되고 있는 개발현황, 나대지 존재여부, CBD와의 거리 등을 파악하여 입지분석, 시장분석, 개발계획 및 마케팅전략 수립시 활용이 가능하다.

2. 관련계획 및 법규검토

부동산개발사업을 위한 개발계획을 세우기 위하여 먼저, 대상 토지가 속한 국가와 지역의 상위계획과 관련계획 그리고 상위법규 및 관련법규를 검토하여야 한다.

- 상위 및 관련계획을 검토하는 이유는 상위 및 관련계획은 대상 개발사업의 종류가 국토종합계획 및 수도권정비계획(수도권지역인 경우) 그리고 그 도시지역의 도시·군기본계획과 관리계획에 부합하는지 여부를 검토하여야 인·허가측면이나 장래발전가능성측면, 시장성측면, 수익성측면 등에서 적합한 개발방향을 설정할 수 있기 때문이다.
- 관련법규를 검토하는 이유는 어떤 개발업종이 시장분석과 수지분석을 통해서 사업성이 있다 하더라고 그 업종이 그 부지에서 법률적으로 인·허가가 불가능하다면 지금까지 진행해 온 시장분석과 수익성분석은 무용지물이 되며 시간과 경비만 낭비하게 되기 때문이다.
- 관련계획 및 법규검토 방법은 먼저, 개발대상부지가 토지이용계획확인서에서 어떤 용도로 지정되어 있는지 확인한 후 이 용도지역에서 국토의 계획 및 이용에 관한 법

률상 어떤 건축물용도들이 가능한지를 검토하게 된다.

– 이렇게 하여 개발가능업종들이 선정되었다면 이 선정된 개발업종(건축물용도)들이 상
위법규에도 위배되지 않고 상위계획과 관련계획에도 부합되는지 여부를 검토해야
한다.

– 만약, 부동산개발업자가 고려 중인 업종이 관련법규에 적합할지라도 상위 법규에서
불가능하다면 인·허가가 곤란한 것은 말할 것도 없고 최유효이용이 불가능하여 토
지의 가치를 증진시킬 수 없기 때문이다. 그러므로 상위법규에서부터 차례로 검토해
야 한다. 국토계획법 이외의 부동산관련법과 개별법도 함께 검토하여 법률적으로 타
당한 개발업종을 최종적으로 선정한다.

– 일반적으로 부동산개발사업에서 검토해야 할 상위계획과 관련계획, 상위법규와 관
련법규 및 기타 개별법 등을 살펴보면 다음과 같다.

(1) 상위계획(국토종합계획, 수도권정비계획 등)

(2) 도시·군기본계획 및 도시·군관리계획

(3) 상위법규 및 관련법규 검토

① 제주도특별법, 수도권정비계획법(수도권지역에 한함)

② 국토의 계획 및 이용에 관한 법률, 도시개발법, 택지개발촉진법

③ 산지관리법, 농지법, 환경정책기본법, 군사기지 및 군사시설보호법, 문화재보
호법, 상수원보호법 등

④ 건축법, 주택건설관련법규(주택법, 도시 및 주거환경정비법)

⑤ 판매시설관련 법규(유통산업발전법)

⑥ 운동시설관련 법규(체육시설의 설치·이용에 관한 법률)

⑦ 숙박시설관련 법규(공중위생관리법, 관광진흥법)

** 관광숙박시설: 상업, 일반주거, 준주거, 준공업, 자연녹지지역 등

⑧ 산업시설(산업입지 및 개발에 관한 법률, 중소기업창업지원법, 산업집적활성화 및
공장 설립에 관한 법률)

⑨ 노유자시설(노인복지법), 청소년수련시설(청소년활동진흥법)

⑩ 기타 개별법(자본시장과 금융투자업에 관한 법률) 및 관련세법

3. 입지분석

부동산의 입지는 부동산이 위치하고 있는 주변 환경을 의미한다. 부동산의 입지가 중요한 이유는 부동산의 특성인 고정성 때문이다.

부동산에는 입지에 대한 이론이 다양하게 존재한다. 1923년 비제스에 의한 동심원이론이나 1930년도의 호이트의 선형이론은 도시구조가 단일핵 구조로서 현재와 같은 도시구조가 다핵구조인 경우에는 잘 맞지 않는다. 이 두 가지를 수정하여 다핵심이론의 모형을 구축하였으나 이것 또한 국가마다 도시지역 환경이 다르므로 모든 국가에서 공통적으로 사용하기에는 부적절하다. 오히려 최근에는 지번도상 용도지역과 공시지가, 가로구역별 도로넓이, 전철노선과 역세권 위치 등이 표시된 GIS를 이용하여 입지분석을 실시하는 사례가 빈번하다. 아직도 GIS에 3D로 표시된 건물이 포함되지 않아 아쉽다.

한편, 입지론과 적지론이 있는데 입지론은 개발업자가 사업아이디어가 정해져 있는 경우에 사업아이디어에 적합한 부지를 선정하기 위하여 필요한 것이고, 적지론은 토지는 있으나 사업아이디어 없는 경우에 대상 토지에 어떤 업종을 설치하여야 부가가치를 높일 수 있는 방법을 찾는 것으로 소위 최유효이용방안을 모색하는 것을 말한다.

1) 입지분석의 의의

입지분석이란 부동산이 위치하고 있는 인문적, 자연적 제 입지조건을 분석하는 것을 의미한다.

2) 입지분석의 구분

(1) 인문적 입지조건은 법·행정적 조건과 사회·경제적 조건 분석으로 구분

○ 법·행정적 조건: 관련법규 규제 및 건축제한 사항 등
○ 사회적 조건: ① 스마트환경, 인프라환경, 공공시설 정비상태, ② 도로, 교통조건,
  ③ 공해, 위험, 혐오시설 등

○ 경제적 조건: 직업, 인구특성, 소득수준, 생활양식 등

(2) 자연적인 입지조건 분석은 상권단절, 부지의 지형, 지세, 지질, 면적 등을 분석

3) 입지분석의 유형

입지분석의 유형에는 전통적으로 도심 번화가에서부터 간선도로변, 교외 주택지, 대규모 유통단지 등으로 구분할 수 있으며 <표 4-2>에 잘 나타나 있다.

<표 4-2> 입지분석의 유형

유형	특징
도심 번화가	전통적인 상업 집적지로서, 고급 전문점 및 백화점 등이 입지하고 있어 다양한 분야에 걸쳐 고객 흡인력을 지님
도시 터미널	철도 환승 지점을 중심으로 발달한 상업 집적지로서, 역사백화점 또는 터미널빌딩 등이 핵심점포 역할을 담당함
도심 주택지	인구 밀집지역으로, 처음부터 상점가가 있어 대규모 소매점의 출점이 매우 곤란한 지역
교외 터미널	외곽 도시의 관문으로까지 발전한 상업 집적지로서, 양판점, 지점격 백화점, 대규모 전문점 체인 등이 다수 입지
간선도로변	교외를 왕래하는 자동차 고객을 대상으로 하는 상업입지 지역으로서, 주로 쇼핑센터를 중심으로 주말 및 휴일에 유난히 번성하는 지역
교외 주택지	주택 대부분 부담이 많은 소비자나 젊은 세대가 많은 지역으로, 원래부터 상점가가 적고 저렴한 가격과 새로운 감각이 중요시 되는 지역
대규모 유통단지	단지 내 중심지에 위치한 상업 집적지로서, 독점적 상업활동을 영위하기 위해서 저비용, 정가판매를 전개하는 지역

4) 시설별 입지선정 기준

시설별 입지선정기준을 설명하기 전에 모든 시설에 공통적으로 적용 가능한 넬슨의 입지선정 8원칙을 소개하면 <표 4-3>과 같다.

입지선정기준은 시설별, 업종별로 달라질 수 있는데 여기서는 주거시설, 업무시설, 판매시설, 숙박시설, 복합시설로 나누어 살펴보면 다음과 같다.

<표 4-3> 넬슨의 입지선정

상권 잠재력	현재 관할 상권 내에서 취급하려는 상품에 대한 수익성 확보 가능성에 대한 검토
접근 가능성	관할 상권 내에 있는 고객을 자기점포에 어느 정도 흡인할 수 있는가에 대한 가능성을 검토
성장 가능성	인구 증가와 소득수준의 향상으로 시장 규모나 선택한 사업장, 유통상권의 매출액이 성장할 가능성에 대한 검토
중간 차단성	기존 점포나 기존상권지역의 중간에 위치함으로써 경쟁점포나 기존의 상권지역으로 접근하는 고객을 중간에서 차단할 수 있는 가능성을 검토
누적적 흡인력	영업의 업태가 비슷하거나 동일한 점포가 집중적으로 몰려있어 고객의 흡인력을 극대화할 수 있는 가능성 및 사무실, 학교, 문화시설 등에 인접함으로써 고객을 흡인하기에 유리한 조건에 속해 있는가에 대한 검토
양립성	상호보완 관계에 있는 점포가 서로 인접해 있어서 고객의 흡인력을 높일 수 있는 경우
경쟁 회피성	경쟁점의 입지, 규모, 형태 등을 감안하여 사업장이 기존 점포와의 경쟁에서 우위를 확보할 수 있는 경우
경제성	입지의 권리금, 보증금, 월세 등을 고려해서 수익성과 생산성에 대한 검토

(1) 주거시설

주거시설의 입지선정은 도시(지역)분석, 인근지역분석, 부지분석 절차를 거친다.

○ 도시(지역)분석에서는 지역의 발전가능성과 공공시설 근접성등도 파악해 본다.

○ 인접지역분석에서는 자연환경, 교육환경, 교통환경, 생활편익환경, 의료환경 등 주변
환경을 면밀히 검토해야 한다.

○ 부지분석에서는 용도지역/지구, 토지의 형상, 토질조건, 전기, 가스, 상하수도, 진입
도로 상태 등을 검토하고 분석해야 한다.

(2) 업무시설

① 법·행정적 입지조건으로는 국토계획법 및 도시계획조례로 가능한 용도지역

− '국토계획법'에 의한 가능지역은 일반상업 및 중심상업지역이다.

− 도시계획조례에 의한 가능지역은 제1, 2, 3종 일반주거지역(단, 너비 12m 미만 도로에
접한 대지의 경우 바닥면적의 합계가 3,000m² 이하인 것에 한함)

− 준주거지역, 근린상업지역, 유통상업지역, 준공업지역 등이다.

② 사회·경제적인 입지조건으로서 업무시설 중 오피스의 입지조건
- 경제적인 효용이 큰 대도시 혹은 도시내 중심지역(CBD)에 입지한다.
- 특히, 교통이 편리하고 집약적으로 시청, 법원 등의 일군의 관청 또는 사무소 건물이 있는 비즈니스센터가 유리하다.
- 제4차 산업혁명과 코로나19로 인해 재택근무로 도심지역의 입지보다 가성비가 높은 스마타시티 인프라가 확충된 지역을 선호한다.
③ 업무시설 중 오피스텔의 입지조건
- 주거와 오피스의 기능을 동시에 수용하기에 적합한 입지이어야 해야 한다.
- 도심의 역세권으로서 대로변보다는 이면도로, 도심의 호수변이나 강변 또는 공원 옆에 입주하여 주거의 쾌적성을 누리면서 기업 상호간의 접촉과 고도의 전문 정보를 얻을 수 있는 오피스 기능에 적합한 곳이 입지가 양호하다.

(3) 판매시설(소매시설)

판매시설 중 소매시설업은 무엇보다도 입지(location)가 중요하다. 소매시설은 첫째도 입지, 둘째도 입지, 셋째도 입지일 정도로 중요하였으나, 제4차 산업혁명과 코로나19로 인한 온라인 쇼핑으로 인해 오프라인의 매장은 다양한 컨텐츠로 고객을 유인하고 이를 통해 온라인 매출증대에 시너지효과를 창출하는 것이 중요해지고 있다.

소매시설의 입지는 상가의 특성에 따라 선매품과 편의품으로 구분한다.

일반적으로 도심의 상업지는 선매품 상가의 성격이 강하고 변두리 상업지는 편의품 상가인 경우가 많다. 전문점의 입지로는 선매품 상가가 유리하고 편의품 상가는 불리하다.

① 백화점의 입지조건

백화점은 흡수할 수 있는 고객의 지리적 분포범위는 상당히 넓기 때문에 교통의 중심지인 도심에 위치하여 대규모로 영업해 왔으나 최근에는 도심백화점보다도 부도심 또는 신도시에 백화점 입지를 선호하는데, 그 이유는 도심 백화점은 주차하기가 곤란하고 교통이 혼잡하기 때문이다.

② 할인점의 입지조건

할인점의 속성상 고지가에 고밀도로 개발된 지역에는 입지하기 어려우며, 넓은 매장과 주차시설이 용이한 신도시지역 또는 대도시 외곽지역에 입지하는 것이 유리하다.

③ 쇼핑센터의 입지조건

우리나라 쇼핑센터는 대부분 이름만 쇼핑센터일 뿐 사실상 단순한 점포들이 집합된 형태에 불과하다. 쇼핑센터의 개념이 맞는 형태를 갖추려면 백화점이나 전문점을 핵심점포로 하고, 여러 편의시설이나 부대시설이 포함되어야 하지만 아직 국내에는 완전히 보편화되어 있지 않고 몇 개의 유통업체가 주를 이루고 있다.

④ 양판점의 입지조건

양판점은 백화점과 같은 좋은 품질의 상품을 할인점과 같은 저렴한 가격으로 판매한다는 것이 양판점의 영업전략이므로 양판점의 통상적으로 광역형 쇼핑센터나 초광역형 쇼핑센터의 핵심점포로 입지한 것이 일반적이나 지역형 쇼핑센터에도 단독으로 들어가기도 하나 우리나라 관습상 현재에는 거의 없는 실정이다.

⑤ 편의점의 입지조건

편의점은 일반적으로 도시형 매장이기 때문에 도시의 주택가나 젊은이들의 유동인구가 많은 도심에 입지하는 것이 유리하다.

⑥ 슈퍼마켓의 입지조건

슈퍼마켓은 단독으로 생존하기 어렵기 때문에 할인점형 슈퍼마켓으로 변신하여 소비자와 지리적으로 가장 가까운 곳에 입지해야 한다.

(4) 숙박시설(호텔)

숙박시설 중 호텔의 입지는 소매시설과 마찬가지로 첫째도 입지, 둘째도 입지, 셋째도 입지이다. 이것은 호텔경영에서도 입지가 무엇보다도 가장 중요한 연관관계를 갖고 있다는 것을 의미한다. 또한 입지조건에서 중요한 문제는 법규문제이기 때문에 국토의계획및이용에관한법률, 건축법 등에 의해 호텔건설의 가능여부를 판단해야 한다. 다른 하나의 입지적 조건의 검토사항은 환경평가개념의 도입이다.

○ 입지선정에 있어 양호한 자연환경, 자동차 교통의 용이한 접근성, 교통추세, 조망,

잠재된 자연적 요소, 노동력의 공급능력 등을 고려하여야 함

○ 특히 리조트호텔인 경우는 도심지 호텔과는 달리 주변의 관광자원에 대한 의존성이 강하게 나타남. 따라서 주변경관이나 자원이 호텔이용객을 끌어들일 수 있는 매력적인 곳일수록 이용 빈도가 높으며, 여행 목적지와 출발지 사이의 전략적인 지점에 위치한 곳도 적지라고 할 수 있음

○ 그러므로 자원의 훼손 또는 고갈 시에는 호텔의 존립마저도 위태롭게 되기 때문에 입지선정 시 주의해야 함

한편, 도심지 호텔의 입지조건은 관공서 주변 및 도심 상업지역, 도심지 번화가, 공항 또는 교통 중심지역이다. 이러한 지역 입지환경은 지역입지의 고유 특성과 호텔경영조건에 의한 시설기준, 시설구성, 가격정책, 경영형태에 이르기까지 모든 분야에 절대적인 영향을 주는 요소이기 때문에 초기 단계에서 부문별로 검토해야 한다. 호텔의 기능별 입지조건도 <표 4−4>에서 보는 바와 같이 서로 상반된 경우가 많기 때문에 수익성을 고려한 전략적 입지선정이 필요하다.

<표 4-4> 기능별 입지조건 분석

구분	조건
숙박기능에 적합한 입지조건	■ 교통이 편리하여 유동인구가 많은 지역(공항역, 고속도로 주변) ■ 주변에 업무용 공공기관이 많이 분포된 지역 ■ 지역인구의 유동이 많은 곳 ■ 식당, 연회, 업무, 사교 등 폭넓은 수요를 흡수 가능한 지역
식당기능에 적합한 입지조건	■ 도심지 번화가 주변지역 ■ 일일 유동인구가 많고 유흥 또는 쇼핑과 연결지역 ■ 주차장 또는 도심 공공 교통과 연결이 편리한 지역 ■ 이용고객이 찾기 편리하고 접근이 용이한 지역
연회기능에 적합한 입지조건	■ 도시행정과 경제활동의 중심지역 ■ 교통이 편리하고 대규모 주차가 가능한 지역 ■ 넓은 대지공간을 확보할 수 있는 지역

(5) 복합용도개발(Mixed Use Development)

일반적으로 복합시설은 주거, 업무, 판매, 숙박, 문화시설 기능이 함께 갖추어져 있기

때문에 이러한 복합시설들이 입지해야 할 곳은 모든 기능들의 수요가 함께 존재하는 대도시의 도심지에 입지해야 한다.

또한, 어느 정도 대규모 부지가 필요하며 시설의 구성에 따라 방문자, 방문고객의 수도 달라지기 때문에 교통조건, 도로조건 등을 고려한 건축물의 용도 조합이 필요하다. 또한 부지가 소재하는 지역특성과 생활양식에 대응하기 위하여 그 지역에 알맞은 대상시설 들을 추려내어 명확하게 시너지효과를 발휘할 수 있어야 한다.

5) 입지분석기법

입지분석기법에는 체크리스트 방법과 지역범위에 따른 분석방법으로 구분할 수 있다.

(1) 체크리스트에 의한 입지분석

체크리스트에 의한 방법도 주거시설이나 판매시설, 숙박시설과 같이 개발사업의 종류에 따라 입지분석에 필요한 조사항목과 변수가 달라진다.

주거시설의 경우 입지분석 절차를 살펴보면 다음과 같다.

먼저, 입지분석에 필요한 조사항목과 변수를 <표 4-5>와 같이 정한다.

둘째, <표 4-5>에서 변수별로 평점을 부여하되 그 평점은 매우 양호(10점), 양호(8점), 보통(6점), 불량(4점), 매우불량(2점) 등의 등급으로 나눈다.

여기서 주거시설 개발사업에 따라 각 항목이나 변수의 중요도가 다를 경우 항목별, 변수별로 가중치를 주어 계산할 수도 있고 동일한 척도를 적용하여 평점을 매긴 후 합계 점수를 사용할 수도 있다.

셋째, 신뢰도를 높이기 위하여 한 부지에 대하여 여러 명의 조사자가 필요하며, 각 조사자는 조사한 항목별/변수별 평점의 합계를 기준으로 표준값을 <표 4-6>과 같이 정하고 표준값으로 입지가치를 평가한다.

<표 4-5> 입지분석의 항목 및 변수

항목	변수	내용	평점
지역발전 가능성	1	경제기반산업 등의 도시의 유형	
	2	향후 지역개발계획 및 발전전망	
	3	교통망의 체계	
공공 및 의료시설 근접성	4	학교시설과의 거리(초·중·고 학군 등)	
	5	행정시설과의 거리	
	6	문화시설과의 거리	
	7	종합병원과의 거리	
주변 환경	8	지하철역과의 거리	
	9	버스 및 대중교통 연결 상태	
	10	근린생활시설/쇼핑시설 근접성	
	11	혐오시설/공해시설 유무	
	12	조망/자연환경 쾌적성	
부지 자체	13	진입도로 및 접면도로 상태	
	14	용도지역/지구, 토지규제사항	
	15	토지의 형상/고·저차등	
	16	토지의 암반/연약지반여부	
	17	전기, 가스, 상하수도등 편익시설	
	18	민원의 소지	

주) 조사항목과 변수는 주거시설의 성격에 따라 수정될 수 있고 첨삭 가능함.

　<표 4-6>은 동일척도기준으로 표준값을 정한 것이며, 만약 가중치를 부여하여 평점을 매긴다면 그에 따라 표준값도 달라져야 한다.

<표 4-6> 표준값의 입지가치 평가표

기준	표준값
① 매우 양호	180점 이상
② 양호	144점 이상 179점 이하
③ 보통	108점 이상 143점 이하
④ 불량	72점 이상 107점 이하
⑤ 매우 불량	36점 이상 71점 이하

넷째, 조사자마다 평점합계가 다를 수 있으므로 신뢰도를 높이기 위해 조사자별 결과를 다시 취합하여 조사자별 결과에 따른 적용 값을 <표 4-7>과 같이 5단계로 나누어 적용한다.

<표 4-7> 조사자별 결과에 따른 적용 값

기준	적용 값
① 매우 양호	10
② 양호	5
③ 보통	0
④ 불량	-5
⑤ 매우 불량	-10

다섯째, 조사자들의 적용 값을 모두 합하여 '0'보다 큰 경우에는 아파트개발 사업부지의 입지로서 가능하다는 것을 의미한다.

예를 들면 조사자 A의 적용 값이 5점이고, B의 적용 값이 0점, C의 적용 값이 5점, D의 적용 값이 -5점인 경우에 적용 값의 합계는 +5점이므로 사업부지의 입지로서 가능하다.

체크리스트에 의한 방법은 그것을 적용함에 있어 상대적인 용이성과 전문가의 경험을 참고로 할 수 있다는 점과, 입지 타당한 부지를 파악하고 선택하는 작업이 단일 과정 속에서 수행될 수 있다는 점이 장점으로 작용한다. 그러나 잠재적인 부지에 관련되는 서로 다른 영향 요소 간의 상호작용 효과를 다루지 못한다는 점이 조사자의 경험부족 시에는 단점으로 작용할 수 있다.

(2) 지역 범위에 따른 분석 방법

① 도시 및 지역분석

여기서 지역이란 어떤 개발사업의 시장에 미칠 수 있는 공간적 범위를 의미하는 것이다. 그러므로 분석대상이 되는 지역은 개발사업의 성격이나 규모에 따라 그 공간적 크기를 달리한다.

㉮ 분석목적: 도시의 기능을 파악하고 그 도시의 특성을 분석하여 그 도시특성에 맞는

후보사업과 사업방향을 설정함으로써 효율적인 개발사업을 추진하기 위함이다.

㉯ 분석대상
- 도시성장잠재력 및 경제기반(지역기반산업)의 분석
- 인구분석 및 지역의 소득수준과 고용수준 분석
- 제4차 산업의 환경과 사회·문화적 환경 분석
- 교통체계의 분석
- 지역의 성장 및 개발유형분석

㉰ 분석의 주안점
- 경제기반, 인구, 소득수준, 사회·문화적 환경 분석, 교통체계
- 지역성장 및 개발유형
- 상기 분석을 통해서 그 도시의 특성에 부합된 주된 기능 및 향후 부족이 예상되는 사업과 대도시 및 주요 도시와 비교·평가하여 향후 유망사업을 추출하는 것이다.

② 인근지역분석

㉮ 분석목적: 토지가 입지한 주변지역의 특성을 분석함으로써 대상토지의 개발방향을 명백히 하기 위함이다.

㉯ 분석대상
- 인근지역내(반경 1~3Km 범위) 토지이용 현황분석
  - 주요시설물 분포(교육, 문화, 공공시설 등)
  - 상업시설 분포(판매, 업무, 숙박, 관람집회, 운동시설 등)
  - 인근지역 내 나대지 파악
- 배후 인구의 특성
  - 연령구조, 성별구조, 가구의 규모, 소득 및 교육수준
- 교통의 흐름
  - 대중교통, 자가 교통, 도보 교통수단
- 미래의 경쟁성파악을 위해 인근지역 내 종류별 개발사업 파악
- 인근지역의 나대지 파악
- 인근지역의 개발변화전망

ⓓ 분석 주안점

- 인근지역은 어떤 기능이 주종을 이루고 있는가를 파악
- 어떤 종류의 개발사업의 포화상태에 있는지를 파악
- 인근지역의 나대지를 파악하여 어떤 용도지역/지구로 지정되어 있는지 파악하여 미래경쟁성을 점검
- 인근지역의 개발변화전망을 분석하여 인근지역의 성격에 적합한 사업과 미래 전망 있는 사업을 선정

③ 부지분석

㉮ 분석목적: 대상 부지의 개별적인 특성을 파악하여 이 특성에 맞는 개발을 하기 위함 (개발업자는 건축계획 시에 부지의 개별적인 특성을 최대한 반영해야 함)이다.

㉯ 분석대상

- 국토계획법에 의한 용도지역/지구/구역제 파악
- 지구단위계획 대상구역여부 파악, 최대건축규모 파악
- 다른 법률에 의한 지역지구제
- 편익시설: 전기, 가스, 상하수 등 편익시설 제공가능여부 파악
- 접근성: 해당 부지로 출입하는 진입로와 인근지역의 교통체계와 연계된 접근성 평가
- 부지의 크기와 모양
    - 규모와 모양이 개발을 제한하는 사업의 종류 파악
- 지형
    - 경사도, 지질(암반-지하실 설치 어려움, 연약지반-지지력 부족)

4. 시장조사·분석

1) 시장조사

부동산 시장조사는 시장분석을 위한 자료와 정보를 수집하는 것이다.

시장조사의 방법은 통계자료조사, 현장조사, 설문조사의 세 부문으로 구분한다.

(1) 주요 통계자료 조사

주요 통계자료는 수요와 관련된 것과 공급과 관련된 것으로 구분할 수 있다.

<표 4-8> 주요 통계자료

부문	자료 출처			
	자료명	발간처	주기	주요 내용
인구통계 부문	한국통계연감	통계청	(년간)	인구, GDP, 국제통계 등
	지역통계연감	통계청	(년간)	인구, 경제, 문화 등
	각시·군통계연보	시청·군청	(년간)	시단위의 인구 및 세대수
	한국통계월보	통계청	(월간)	인구, 물가, 국제수지 등
	경제활동인구연보	통계청	(년간)	경제활동인구
	인구동태동계연보	통계청	(년간)	최근10년간의 인구동태
소득·소비 부문	통계연보	통계청	(년간)	전력사용량, 소득세 등 일부
	가구소비실태 조사보고서	통계청	(5년)	소득종류별 연간소득 내구재보율 월평균 가계수지
	도시가계연보		(년간)	
	도시가계조사		(부정기)	
	인구동태통계연보	통계청	(년간)	가구당 부문별 지출액
	인구이동통계연보	통계청	(년간)	
지역경제제구조 지역유통구조	도내총생산보고서	통계청	(년간)	업체수 종업원수 매출규모
	도소매업통계 조사보고서		(년간)	
	광공업통계 조사보고서		(년간)	
	소매업경영 조사보고서	대한상의	(부정기)	소매업(DS, SM, CVS) 경영동태 및 경영실적
	전국도소매업총람	대한상의	(3년)	도매, 소매업체 현황
	유통업체연감	대한상의	(년간)	업태별 현황
도시개발계획	각시군연구보고서	시청·군청	(부정기)	도시개발계획 사항
인·허가	인·허가 및 착공건수	시청·군청	(부정기)	사업계획승인, 실시계획인가 건축허가, 착공
기타	도시계획현황	국토부	(년간)	전국도시계획 현황
	교통통계연보	국토부	(년간)	교통전반자료

- 수요와 관련된 것: 인구 및 가구통계 부문과 소득 및 소비부문
- 공급과 관련된 것: 지역경제부문, 기타 도시개발계획 등
- 통계자료 발간처는 <표 4-8>에서 보는 바와 같이 국가 및 지방자치단체 공공기관, 상공회의소와 같은 관련단체, 관련협회, 상권조사전문기관 등 국가 및 공공기관, 상공회의소와 같은 관련단체, 관련협회, 상권조사전문기관 등을 방문하여 <표 4-9>와 같은 자료조사를 실시해야 한다.

<표 4-9> 통계자료 조사

조사목적	조사내용
1. 사업시설의 수요조사	▪ 배후생활권의 인구, 가구수 파악, 주택구조, 주택수, 주택보급률 파악
2. 소득수준 및 소비지출 구조	▪ 자가용 승용차의 보급률 ▪ 평균가구원수, 주택평형, 연령구조 ▪ 도시근로자 가구당 월평균소득
3. 주변 사회 경제적 특성	▪ 주택구조의 구성비율 ▪ 교육기관, 업무시설, 공업시설 ▪ 유동인구, 구매력의 정도 ▪ 주 대상 연령층의 구조

(2) 현장조사

첫째, 해당지역내 상가의 업태·업종 분포에 대해 상품유형별로 상권특성을 파악하고 상권입지의 기능분석을 통하여 향후 발전 가능한 상업시설의 형태를 예측한다.

- 상품유형별 상권특성에는 고객창출형과 근린고객의존형, 통행고객의존형 등
- 상권입지의 기능에는 근린형(분산적 또는 집결적), 지구중심형, 지역중심형, 광역중심형 등
- 대상지가 속한 관내 지도위에 업종분포도와 상권 활성화 정도, 도로망, 교통량, 지점별 통행량, 주변배후지, 공공시설 분포현황 등을 표시하여 상권특성지도를 작성(GISLAW 플래폼 참조)
- 예상고객층분포를 알아보기 위하여 계획지 주변지역 사업구조별 인구 특성 파악과 연령별, 세대별 인구특성을 파악

둘째, 주변상가의 분양가, 임대가, 분양률, 흡수율, 공실률을 조사하고 권리금의 존재여

부도 파악해 본다. 또한 그 주변의 건물 층별 효용도와 전·월세 환산비율, 자본환원이율 등도 함께 조사하여야 한다.

셋째, 계획지주변 및 주요지점의 통행량과 교통량을 조사하여 향후상권변화 추이를 예측한다.

넷째, 주야간 유동인구의 특성을 파악하여 예상고객층의 분포를 파악한다.

마지막으로 만약, 개발업종이 정해져 있다면 경쟁사 고객의 특성을 조사하여 표적시장과 시장포지셔닝을 설정하고 주변 경쟁사의 정보를 수집하여 경쟁우위 확보전략을 세울 수 있도록 해야 한다.

현장조사에서 수집된 자료를 통해 <표 4-10>과 같이 활용방안을 모색해 본다.

<표 4-10> 수집자료 활용방안

구분	수집정보 및 활용방안
1. 상권특성조사 및 인구 특성 조사	▪ 해당지역 내 업태/업종 분포 및 경쟁이 예상되는 업태분포 → 상권특성 파악 및 향후 상권변화 추이 점검 ▪ 산업구조별 인구특성 파악 및 연령별·세대별 인구 특성 파악 → 예상 고객층 분포
2. 통행·교통량 조사	▪ 요일별·시간대별 통행·교통량 파악 → 교통 편리성 및 향후 통행·교통량 추이 분석 → 향후 상권 변화 추이 분석
3. 유동인구 대상 조사	▪ 주야간 유동인구 특성 파악(연령층·성별·직업별) → 예상 고객층 분포
4. 경쟁사 집객대상 조사	▪ 예상 고객층 파악 ▪ 예상 고객층 욕구(Need) 파악 ▪ 예상 고객층 라이프스타일 분석 → 표적시장 선정 및 시장포지셔닝전략 ▪ 인근 경쟁사 정보 수집 → 대응전략방안모색 → 경쟁우위 확보

(3) 설문조사

설문조사를 실시하는 이유는 통계자료와 현장조사를 통해서 수집할 수 없는 정보나 부족한 정보를 보충하기 위하여 실시하며 소비자의 Needs 파악에 초점을 맞추고 홍보 및 마케팅 활동에 활용하기 위해서 실시한다.

설문조사는 모집단으로부터 직접 정보를 입수하는 전수조사와 모집단의 특성을 대표할 수 있는 표본을 추출하여 정보를 입수하는 표본조사로 나누어진다. 일반적으로 표본조사를 많이 이용하는데 그 이유는 전수조사가 불가능한 경우나 신속성과 경제성을 들 수 있으며 조사기법의 발달로 정확도가 증가하고 있기 때문이다.

설문조사과정을 살펴보면 [그림 4-3]에서 보는 바와 같이 표본설계과정과 설문지를 작성하고 예비설문을 실시하여 설문지를 보완하는 순으로 진행된다.

표본설계과정은 먼저 모집단을 확정해야 하는데 모집단을 확정하기 위해서는 조사대상, 표본단위, 범위, 시간 등의 4가지 요소가 필요하다. 예를 들면 조사대상이 아파트이고, 표본단위는 가구이며, 조사범위는 서울지역이고, 시간은 20××. 1. 3 - 3. 3까지 등이라 가정하여 모집단이 확정되면 조사대상이나 표본단위에 대한 목록 등과 같은 표본프레임을 결정하고 표본추출방법을 결정한 다음, 표본의 크기를 결정해야 한다. 표본의 크기는 조사비용과 조사의 정확성, 신뢰성 등을 고려하여 결정해야 한다. 표본의 크기는 조사비용과 조사의 정확성, 신뢰성 등을 고려하여 결정하는데 모집단의 분산을 아는 경우에 표본오차에 의한 표본의 크기결정 방법은 다음과 같다.

$$n = \frac{Z^2}{E^2}\sigma^2$$

여기서 Z: 신뢰수준에 따른 Z값
σ: 모집단의 표본오차
E: 모집단의 평균과 표본의 평균차이
n: 표본의 크기(표본수)

표본추출방법은 비확률표본추출법과 확률표본추출법으로 나누어진다. 비확률표본추출법에는 할당표본추출법, 편의적표본추출법, 판단표본추출법 등이 있으며, 확률표본추출법에는 단순무작위추출법, 계층표본추출법, 군집표본추출법 등이 있다.

① 설문지 작성 방법

조사하고자 하는 문제에 영향을 미칠 수 있는 변수를 찾아야 한다. 즉 사업지 입지조건, 분양가격, 시설수준, 회사의 지명도, 교통편리성 등 전문가의 자문을 얻어 변수를 선정한 후 조사 가능한 변수를 가지고 소비자의 기호, 선호도 및 필요한 부분이 어떠한 것인지 알아낼 수 있도록 설문지를 작성하여야 한다.

한편, 설문지는 설문지 작성방법에 따라 작성한 후 전문가를 대상으로 예비설문을 실시하여 여기서 나타난 문제점과 전문가의 의견을 종합하고 이를 토대로 설문지를 재작성하여 대상지역 전체를 대상으로 설문을 실시한 다음 그 설문결과를 분석하고 보고서를 작성하여 마케팅전략 등을 수립하는 데 활용한다.

설문결과의 정도를 높이기 위하여 거짓이나 장난으로 설문에 답한 자를 가릴 수 있도록 교차점검(cross check)할 수 있는 문항을 삽입한다.

② 설문결과 분석 및 보고서 작성

일반적으로 설문결과를 분석할 때 가장 많이 활용하는 것은 질문사항에 대해 응답자의

[그림 4-3] 설문조사 흐름도

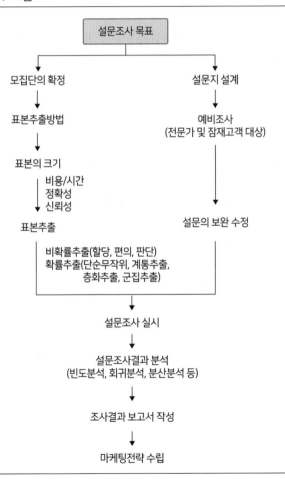

몇 퍼센트가 어떠한 반응을 보이는지를 분석하는 빈도분석과 변수상호 의존관계를 알아보는 상관분석이며, 독립변수를 변화시킬 때 종속변수의 변화를 관찰하고자 하는 회귀분석 등이 있다. 특히 개발사업의 적절한 분양가나 임대료를 결정하고자 하는 경우에 독립변수를 분양가나 임대가로 하고 독립변수는 분양가격이나 임대가에 영향을 주는 요인들로 구성하여 회귀분석을 실시한다.

일반적으로 마케팅전략 등은 조사보고서를 토대로 수립하게 된다. 이와 같이 조사보고서는 조사의 최종결과를 평가하는 기준으로 대단히 중요하므로 알고자 하는 사항을 논리적으로 분석·정리하여야 한다.

특히 의사결정에 중요한 역할을 할 수 있는 문항은 명확한 도표나 그래프를 이용하여 이해하기 쉽도록 정리하여야 한다. 보다 중요한 것은 설문조사는 조사방법의 문제점과 한계 그리고 오류의 범위 등에 관한 상세한 내용들을 표현하여 개발업자의 의사결정이 합리적으로 이루어지게 해야 한다.

2) 부동산 시장분석

(1) 시장분석의 개념

부동산 시장분석(market analysis)이란 시장성분석을 포함하는 개념으로 개발이나 투자와 관련된 의사결정을 하기 위하여 부동산의 특성상 용도별, 지역별로 각각의 시장의 수요와 공급에 미치는 요인들과 수요와 공급의 상호관계가 대상 부동산의 가치에 어떠한 영향을 미치는가를 조사·분석하는 것을 말한다.

다시 말하면, 시장분석은 지역에서 발생하는 수요규모를 파악하고(수요분석), 이러한 수요에 부합하는 공급량을 추정하는 것(공급분석)이다. 이러한 수요·공급분석과 경쟁분석(competitive analysis)을 통해 과다한 공급이나 충족되지 못한 수요가 있는지 여부를 판단하는 것이다.

(2) 시장의 특성

- 부동산시장은 고정성이라는 부동산 특성으로 인해 지역시장이다.
- 수요·공급조절이 어려워 단기적으로 가격왜곡현상이 나타날 수 있다.

- 공법과 사법과 같은 많은 법률적 제한은 시장을 불안정하게 한다.
- 부동산대책은 시장왜곡현상을 초래할 수 있다.
- 현물시장은 유동성이 부족한 시장이다.

(3) 시장분석의 분류

① 거시적 시장분석

거시적 시장분석은 거시경제지표들과 일반경기와 더불어 변동하고 있는 부동산의 경기변동을 분석하고 예측하는 것(코로나19 이후 대응전략 포함)이다.

그 지역시장 특성과 정부의 부동산 관련 정책(디지털뉴딜정책)도 반드시 고려해야 보다 적합한 시장분석을 할 수 있다.

② 미시적 시장분석

미시적 시장분석은 세부각시장의 현황분석을 위해 통계조사, 현장조사, 설문조사 등의 방법으로 조사한 정보를 이용하여 수요량의 파악과 적정한 공급규모의 선정 및 가격결정을 도출해 내는 일련의 작업을 말한다.

③ 시장차별화

시장분석을 용이하게 하기 위하여 부동산시장을 몇 개의 하위시장으로 나눌 수 있다. 전체시장을 보다 작고 동질적인 몇 개의 작은 하위시장으로 나누는 과정을 시장차별화(market disaggregation)라고 한다.

토지이용의 유형에 따라 ① 주거용(residential) 시장, ② 상업용(commercial) 시장, ③ 산업용(industrial) 시장으로 분류하고, 주거용 부동산은 ㉠ 단독주택, ㉡ 공동주택(다세대, 연립, APT 등) 지역에 따른 도심주택과 전원주택 등으로 나눌 수 있으며, 소유형태에 따라서 매매시장과 임대시장으로 구분할 수도 있다.

④ 시장세분화(표적시장: Target)

소비자들의 유사한 특징을 가진 보다 작은 그룹들로 소비자를 세분하는 과정을 시장세분화(market segmentation)라고 한다.

소비자 특성에 따라 고객들을 세분해 보면,

㉮ 소비자의 연령과 성별 등 인구 통계학적 특성

㉯ 소비자의 경제적 특성(수입)

㉰ 소비자의 생활양식 및 의식구조 등으로 구분할 수 있다.

시장분석을 위한 자료로서 1차자료(primary data)와 2차자료(secondary data)를 사용하는데 1차자료로서는 분석가가 직접 조사하는 자료로서 ㉠ 분양가, ㉡ 임대가, ㉢ 분양률, ㉣ 공실률, ㉤ 임대율, ㉥ 권리금 등이 있으며, 2차자료로서 ㉯는 다른 사람이나 기관에 의해 가공된 자료로서 ㉠ 인구 통계자료, ㉡ 토지가격, ㉢ 분양률, ㉣ 소득에 관한 통계자료, ㉤ 소비자의 의식수준 등이 있다. 2차자료를 분석가가 직접 조사하는 경우에는 1차자료가 된다.

(4) 시장분석의 목적

첫째, 최유효이용을 전제로 한 시장가치 추계이고 둘째, 예상프로젝트가 매매 또는 임대차원에서 수요자들로부터 인정받을 수 있는가를 판단하기 위해서 실시하며 셋째, 기존 용도 및 대체용도, 투자대안으로서 가능성을 판단하는데 사용하기 위함이다.

(5) 시장조사·분석의 결과

시장조사·분석의 결과는 경기변동, 수요와 공급량 결정, 가격(임대료)결정하고 품질, 가격과 마케팅전략이 시장의 수요에 맞도록 계획되고 수립되어야 한다.

당해 사업의 시장성과 수지분석 타당성에 대해 대출자들과 투자자를 설득하고 개발규모와 설계방향을 제시해 주어야 한다.

3) 부동산시장성분석

(1) 시장성분석의 개념

시장성분석(marketability analysis)이란 시장분석의 마지막 단계로서 특정부동산이 시장성이 있는지 여부를 결정하기 위하여 이용자들의 선호도를 분석하고 가격, 품질, 경쟁 관련 정보를 중심으로 경쟁 상태를 분석해서 해당 프로젝트가 흡수율을 최대화시킬 수 있는지 여부 및 프로젝트의 성공 가능성을 분석하는 것이다.

— 시장성분석에서는 현재와 미래의 대상 부동산의 대한 수요·공급분석을 통해 흡수율

분석(absorption rate analysis)을 실시하는 것이 중요한 절차이다.
- 시장에서 분양(또는 임대)될 수 있는 가격(또는 임대료), 적정개발 규모 등의 예측을 목표로 한다.
- 결국 시장성분석의 최종결과는 흡수율(분양 또는 임대율)분석을 말한다.

(2) 시장성분석의 구성요소

시장성분석의 구성요소로서는 ① 주변지역 및 부지분석, ② 경쟁성 조사, ③ 시장 흡수율, 총가능소득, 공실률 추정, 분양가격, 임대가격, ④ 잠재적 고객의 심리적 요인분석 등이 있다.

(3) 시장성분석의 절차와 흡수율분석

시장성분석의 절차를 보면 해당부동산의 속성파악 → 상권파악 및 설정 → 수요매개변수 파악 → 시장점유율 추정 → 시장흡수율분석(예측) 순으로 진행된다. 여기서 시장흡수율분석이란 시장성분석의 마지막 단계로 시장에서 수요규모와 경쟁적인 공급현황이 파악되면 대상 부동산이 얼마만큼 수요를 흡수할 수 있는가를 분석하는 것이다.

(4) 상권설정

시장성분석은 특정개발프로젝트를 대상으로 시장점유율과 시장흡수율을 파악하는 것을 목적으로 하기 때문에 대상 시설의 이용이 예상되는 소비자 분포지역과 경쟁대상 시설이 입지한 지역을 중심으로 한 구체적인 분석을 실시해야 한다.

그러므로 상업용 부동산의 시장성분석을 위해서는 먼저 상권을 설정하는 것이 선행되어야 한다.

대상 부동산의 상권설정은 이후 이루어지는 시장점유율이나 시장흡수율분석 결과에 중요한 영향을 미치기 때문에 신중한 판단이 요구된다.

(5) 시장점유율 추정

시장점유율이란 상권 내 대상부동산과 경쟁부동산의 입지규모, 특성을 고려하여 전체 상권수요에 대한 대상 부동산의 점유비율로서 나타낸다.

가령, 분석대상 쇼핑센터의 매장면적 10,000m²이고 상권 내 경쟁시설을 포함하는 총

매장면적 규모가 100,000m²라면 해당 시설에 의한 시장점유율은 10%라는 추측을 할 수 있다.

5. 부동산 상권분석

상권이란 "단독 혹은 집적상업시설이 고객을 흡인할 수 있는 지리적 범위"를 나타내는 것으로 정의된다.

상권분석은 경험적인 방법에 의하여 몇 개의 후보지에 대한 시장 잠재력을 분석하는 부지평가기법과 주어진 입지에 있어서 적합한 업종과 상권의 범위 그리고 매출액을 추정하는 상권획정기법으로 대별할 수 있다.

상권분석의 FLow Chart를 작성하면 [그림 4-4]와 같다.

[그림 4-4] 상권분석의 Flow Chart

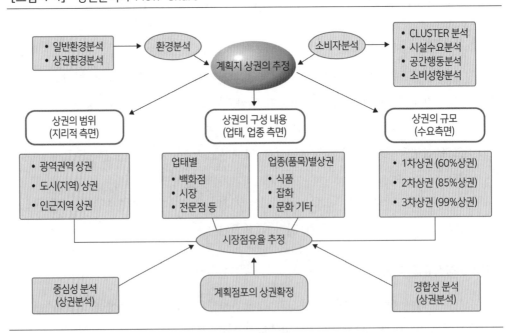

자료) 「대전 민자역사 컨설팅 보고서」, 1988을 토대로 저자 수정.

특히, 상권획정기법은 공간독점법, 시장침투법, 분산시장접근법과 거리체함수인 Reilly
의 소매중력법, Converse의 상권분기점법, Kain의 고객 흡인력 모형, Huff의 확률모형,
수정Huff모형 등이 있다.

1) 부지평가기법

부지평가기법은 <표 4-11>에서 보는 바와 같이 6가지로 구분할 수 있다.[1]

첫째, 경험법칙은 시간적 여유가 없는 경우, 입지에 민감하지 않는 경우, 시장점유률을
빠른 시간내에 높이고자 하는 경우와 목표시장이 불명확한 경우 등 각각 매상고에 영향
을 주는 주 요인을 추출하여 이를 근거로 판단하는 기법이다.

둘째, 기술목록법은 확장중인 점포로서 매상고에 대한 자료가 축적되지 않고 본격적인
분석에 들어가지 않은 상태에서 입지분석을 실시하는 경우이다. 즉 이 경우는 주요요인들
(Key Factors)에 대한 목록을 만들고 이에 대한 기본적인 통계를 분석하는 기법이다.

셋째, 순위법은 항목별로 평가를 한 후에 가중치를 적용하여 환산함으로써 종합점수를
가지고 평가하는 기법이다.

<표 4-11> 부지평가기법 비교

기법	비용	요구기술수준	대안비교	판매량 추정	점포종류
경험법칙	거의 안듬	경험	개별적	안함	소규모 확장
기술목록법	$100-500/개소	경험의존	개별적	안함	성장·지역 민감성 산업
순위법	$100-500/개소	가중치판단 요구	여러 개의 대안비교	간접방법	체인점포
비율법	현장조사하지 않는 한 저렴	약간	시장지역	직접방법	신규진출 시
회귀분석법	현장자료 필요 $10만 이상	입지분석 전문가 필요	비교개산	보다 직접적	대규모체인 실적평가, 감시
입지-배분모형	$10만 이상	입지분석가 컴퓨터 프로그래머 필요	다른 입지에의 영향측정		장기적으로 초대형 규모의 체인 합병 및 신규전략

---

1) 조주현, 전게서, pp.222-224.

넷째, 비율법은 매상고와 주요 변수 간의 관계를 정량화한 것으로서, 시장 포화도를 조사하는 방법이다.

다섯째, 회귀분석법은 상권별로 매상고에 영향을 미치는 요인을 정량적으로 분석하는 것이다. 여기서 종속변수는 당연히 매상고가 되며 독립변수로는 보행밀도, 보행자 고객의 비율, 자동차 접근성 및 도로조건, 도보권 이내의 단독주택 비율, 주차대수 등이 사용된다.

마지막으로 입지배분모형은 기업합병 및 인수시 어느 점포를 살리고 어느 점포를 합병하느냐 하는 문제를 동시에 결정하는 모형이다.

2) 상권획정기법

입지와 용도가 정해지면 그에 따른 상권을 획정하는 방법으로 <표 4-12>에서 보는 바와 같이 상권획정기법으로 공간독점법(spatial monopoly), 시장침투법(market penet ra-

<표 4-12> 상권획정기법

구분	공간독점법	시장침투법	분산시장접근법
상권형태	▪ 지역독점에 의한 확정 상권	▪ 가구수 비율에 의한 확률상권으로 중첩부분 인정	▪ 특정 지역만 공급하는 불연속 상권
공간획정	▪ 상권다각형 (Thiessen Polygon) ▪ 동일시간대 ▪ 1차 상권	▪ 총매출액의 60%를 기준으로 1, 2차 상권 구분 ▪ 거리체감 수요 함수	▪ 시장분화를 전제로 동일지역 내에서 그룹별로 차이를 둠 ▪ 소비자 행동 연구
응용	▪ 편의점 ▪ 체인점 ▪ 표준적인 쇼핑센터	▪ 선매품 ▪ 전문상가 ▪ 경쟁점포	▪ 매우 전문화된 상품, 특정소득, 특정그룹 대상
적용 사례	▪ 입지선정 ▪ 시장구성	▪ 상권평가 및 전략수정	▪ 신규입지 및 판촉전략
적용 상점유형	▪ 주류점, 식당, 우체국	▪ 백화점, 슈퍼마켓	▪ 고급가구점, 주방용품, 혼수품
관련 분석 절차	▪ 시장(profile) 조사 ▪ 공백법(Vacuum): 미래예측 소요치와 공급 간의 격차에 의한 상권 예측	▪ 시장점유모형 ▪ 회귀분석 ▪ Huff모형 ▪ 유추(Analog)모형	▪ 중심성 연구

자료) 장동훈·정승영, 부동산입지론, 서울: 부연사, 2008, p.52 재구성.

tion), 분산시장법(dispersed market)의 3가지로 구분할 수 있다. 대부분의 상권분석에서는 시장침투법을 사용하지만 거리제한을 두는 업종이나 면허가 필요한 업종들은 지역독점력이 형성되므로 공간독점법을 사용하고, 전문화된 상품으로서 특정 수요계층을 대상으로 하는 경우에는 중심성 분석을 이용하는 분산시장접근법이 적합하다.[2]

(1) 상권 범위의 확정

상권 분석의 첫 번째 단계는 상권범위를 확정하는 작업이며 이에 대해서는 많은 이론적, 실증적 연구가 존재한다.
- 소비자와 판매자의 관점에서 본 W. Christaller의 중심지이론
- 소비자의 흡수범위를 중심으로 한 W. Applebaum의 1, 2, 3차 상권
- Stern과 El-Ansery의 소비자, 판매자, 판매량의 관점에서 정의되는 상권
- Huff의 확률적 상권이론
- 인구통계학적 세분(Demographic Segmentation)
  • 상권 내 소비자를 인구통계학적으로 세분(나이, 성별, 월소득, 교육 수준 등)을 정량적 수치로 조사
- 심리학적 세분(Psychological Segmentation)
  • 소비자 행동의 심리학적 기준에 따라 세분(소비자의 라이프스타일, 가치와 니즈, 개인의 개성 등) 정성적 요인에 초점을 맞춰 조사

(2) 상권추정기법

상권추정기법에는 ① 실제조사방법, ② 2차 자료 이용방법, ③ 통계적 분석방법(다중회귀분석), ④ 상권설정모델방식을 이용하는 방법 등이 있다.

① 실제(현지)조사방법
㉮ 점두조사: 방문하는 소비자의 주소파악으로 자기점포상권을 조사하는 방법으로 상권뿐만 아니라 방문이유, 소요시간, 이용교통수단 등 조사
㉯ 직접면접조사: 사원이 각 가정을 개별 방문함으로써 상권을 분석하는 방법으로 1만

2) 조주현, 상게서, p.224.

세대인 경우 2~3%인 200~300세대 정도 추출로서 신뢰도가 확보된다.

직접 면접조사 중 고객점표기법(CST: Customer Spotting Technique)은 상업용 매장을 방문하는 고객을 대상으로 인터뷰를 통해 그들의 주소지분포를 도면에 나타냄으로써 상권을 파악하는 기법이다(자세한 내용은 제3장 CST 참조).

㉰ 드라이브테스트: 조사원이 도보, 자전거, 자동차 등을 이용해서 지리적 조건과 교통상태를 파악하여 상권을 조사하는 방법이다.

여기에서 현지조사법은 구체적인 소비자의 행동과 상가의 흡인력 파악은 가능하나 비용이 많이 드는 것이 단점이다.

② 2차 자료 이용법

도시의 상공회의소나 다른 업소가 조사한 자료를 이용하는 것으로 시간적 격차를 고려해야 함으로 개략적인 상권파악은 가능하다.

③ 통계적 분석방법(다중회귀분석)

통계분석법은 소비자의 행동과 상권성립의 관계를 통계자료로부터 유추하며, 판매액(고객 수)은 소득 거리, 교통수단연계, 매장면적, 상품구성, 가격, 품질 등과의 함수관계가 있다.

④ 상권설정모델방식(수학적 분석법)을 이용하는 방법

이 방법은 경험적 연구의 결론을 수식화하여 일반이론으로 발전시킨 것이다.

㉮ 레일리(W. Reilly)의 중력법칙

레일리의 중력법칙에 의한 상권추정방법도 여러 가지 모형이 있으나 미국인 P.D. Converse는 레일리의 법칙을 발전시켜 두 지역간 상권의 분기점을 산출하는 "상권분기점공식"을 고안했는데, 일반적으로 부동산에 많이 사용되는 모형을 소개하면 다음과 같다.

$$TAB = D/[1 + (S_2/S_1)^{1/2}]$$

TAB: 대상업종 위치에서 경쟁업종 위치 쪽으로 상권이 미치는 거리

D: 대상위치에서 경쟁위치까지의 거리

S_2: 경쟁업종이 차지하는 면적(2지역의 인구)

S_1: 대상업종이 차지하는 면적(1지역의 인구)

이 모형에 대해 실례를 들어 계산해 보면 S_1의 면적$=10,000m^2$이고 S_2의 면적$=$ 15,000m²이며, 두 점포 사이의 거리$=3km$라 한다면,

$$TAB = 3/[1 + (15/10)^{1/2}] = 1.348km$$

즉 대상 업종의 점포가 위치한 곳에서 경쟁업종위치 쪽으로 1.348km까지 상권이 미친다는 의미가 된다.

이러한 모형은 지세나 교통편의를 무시하고 직선거리를 변수로 사용하고 있다는 것이 결점이라 할 수 있다.

㉴ 케인의 흡인력 모델

켄버스의 모형의 단점을 보완하고 실무적으로 이해하기 쉽게 정리한 것으로 인구, 고려지역까지의 소요시간, 매장면적의 3개 요소에 의해 고려지역의 구매력이 A도시와 B도시로 흡인되는 비율을 산출하기 위한 것으로 좀 더 발전시키면 예상매출액까지 산출 가능하다.

실례를 들어보면
- A도시의 인구$=10,000$명이고, 같은 업종의 매장면적의 합계$=2,000m^2$이며, C지역까지의 거리$=$자동차로 10분 걸리는 거리
- B도시의 인구$=50,000$명이고, 같은 업종의 매장면적$=10,000m^2$이며, C지역까지의 거리$=$자동차로 5분 걸리는 거리

C지역의 구매력의 비율이 A도시와 B도시에 얼마나 흡인될 수 있는지를 구해 보면 인구에 의한 흡인비율은 A:B$=1:5$, 면적에 의한 흡인비율 A:B$=1:5$, 거리에 의한 흡인비율은 반비례하므로 A:B$=5:10=1:2$ 이다.

이 비율을 모두 합하면 A:B$=3:12$가 된다. 이 비율의 의미는 C지역의 구매력이 A도시에 1/5(3/15), B도시에 4/5(12/15)가 흡인되는 것으로 해석된다.

케인의 모델은 "매장면적비율과 매출액비율은 거의 같다"는 발상에 근거하고 있기 때문에 매장면적 비에 의한 개발고려대상 상가의 구매력을 산출할 수도 있다.

㉰ 허프(D. L. Huff)의 소매지역이론

고밀도 시가지에 거주하는 소비자는 특정지역에서만 상품을 구입하지 않으므로 상가는 소비자의 기호나 소득 그리고 교통편의를 참작하여 판매하여야 한다는 것이 허프의 소매지역이론의 요지이다.

다시 말하면 소비자가 어떤 쇼핑센터에 쇼핑하러 갈 확률은 매장면적에 비례하고 거리 제곱에 반비례한다는 기본가정 하에서 출발하며 Huff모형을 도시하면 다음과 같다.[3]

㉠ Huff모형

$$P_i = [\frac{S_q}{T_q^b}] \div [\sum_{j=1}^{n} \frac{S_j}{T_j^b}]$$

P_i: 지역에 살고 있는 소비자가 고려 중에 있는 당해 쇼핑센터(q지역)에 쇼핑하
    러 갈 확률

S_i: 경쟁 쇼핑지역의 크기(면적)

    (고려 중에 있는 당해 쇼핑센터도 포함)

Sq: 고려 중에 있는 당해 쇼핑센터 크기(면적)

    Tj: 지역과 각 경쟁쇼핑센터 사이의 거리

    (일반적으로 운전시간으로 측정함)

    Tq: 지역과 고려대상 쇼핑센터 사이의 거리

    b: 지수(일반적으로 b=2를 사용)

(엄밀히 말하면 각각의 상황에 따라 개별적으로 측정되어야 하나 일반적으로 개략 치로서 2를 사용)

예) $S_q = 10,000m^2$, $T_q = 2$단위(20분 거리), (10분=1단위로 가정)

    $S_1 = 15,000m^2$, $T_1 = 3$단위(30분 거리)

    $S_2 = 20,000m^2$, $T_2 = 4$단위(40분 거리)

$$P = \frac{\dfrac{10,000}{2^2}}{\dfrac{10,000}{2^2} + \dfrac{15,000}{3^2} + \dfrac{20,000}{4^2}} = 0.46$$

3) G · Vincent Barrett, John P · Blair, How to conduct & Analysis Real Estate Market & Feasibility Studies, New York: VanNostrand Reinhold Company, 1988, Section3, pp.177－180.

ⓛ 매출액 추정

상기 Huff모형에서 구한 P＝0.46이란 지역에 있는 한 명의 소비자가 고려 중에 있는 대상쇼핑센터로 쇼핑하러 갈 확률을 의미한다. 또는 지역의 인구 중 46%가 고려 중에 있는 대상쇼핑센터로 쇼핑하러 간다고 설명할 수 있다.

그러므로 매출액을 추정하기 위해서 먼저 알아야 할 사항은 (1) 지역의 인구수, (2) 1인당 소비 지출액(백화점, 쇼핑센터 상품) 등이다. 지역으로부터 기대되는 매출액은 P와 지역의 인구수, 지역주민의 소비 지출액으로부터 구할 수 있다.

예) 지역인구수: 8,000명

지역주민 1인당 소비 지출액(연평균): 500,000원

지역으로부터 기대되는 매출액 AP＝0.46×8,000명×500,000＝1,840,000,000원

ⓒ 고려 중에 있는 대상쇼핑센터의 추정 총매출＝$\sum_{i=1}^{n} AP_i$

우리나라 유통관련 컨설팅회사에서는 수정Huff모형과 집단, 요인, 판별, 회귀분석 등 통계적인 기법을 혼합·응용하여 상권분석을 실시하고 있다.

6. S·W·O·T 분석

개발여건분석의 구성요소인 1. 공부서류검토 및 현장조사, 2. 관련계획 및 법규검토, 3. 입지분석, 4. 시장조사·분석(상권조사 및 분석포함)을 완료한다.

이들에서 나타난 문제점과 잠재력을 분석하고 이와 함께 S·W·O·T 분석을 실시해야 한다.

S·W·O·T이란 Strength, Weakness, Opportunity, Threat의 약자이다.

S·W·O·T 분석을 하는 이유는 부동산개발여건(환경)분석을 통해서 Strength(강점), Weakness(약점), Opportunity(기회요인), Threat(위협요인)을 추출하여 강점은 더욱 부각시키고 약점은 보완하며 기회요인은 유리한 방향으로 활용하고 위협요인은 대응방안을 마련하여 성공적인 개발사업을 추진하기 위함이다.

<표 4-13> S·W·O·T 분석사례

Strength(강점)	Weakness(약점)
▪ A 부지가 역세권 입지 ▪ 임대료가 가장 높은 BLOCK에 입지	▪ 배후지역 인구부족 ▪ 진입로 협소로 인한 접근성 불량
Opportunity(기회요인)	Threat(위협요인)
▪ 이자율 하락 ▪ 주변에 신도시건설 예정	▪ 부동산시장 규제강화 ▪ 주변 경쟁업종 개발로 인한 경쟁심화

7. 개발컨셉설정 및 개발전략수립

1) 개발가능업종 도출

개발업자는 먼저 관련계획 및 법규검토를 통해서 법률적으로 타당한 시설(업종)들을 도출한 다음 이 시설(업종)들을 중심으로 입지분석과 시장조사·분석을 실시하여 입지적으로나 시장에서의 채택 가능한 시설들을 선별하여 1차적으로 대상 부지에 유치 가능한 유

<표 4-14> 개발가능업종의 비교평가

업종구분	평가항목							비고
	입지성	시장성 (수요)	수익성	경쟁성	건축조건	향후전망	종합평가	
백화점	○	◎	○	△	○	△	5점	
극장	○	△	△	△	×	△	0점	
디지털 클리닉센터	◎	○	◎	◎	○	○	8점	
휘트니스센터	◎	○	○	○	△	×	4점	
문화센터	○	△	×	△	○	○	2점	
의원	◎	○	○	△	×	○	4점	
온라인·오프라인 판매시설	◎	◎	○	○	○	◎	8점	
슈퍼마켓	◎	○	○	△	×	◎	5점	
공유 오피스	◎	○	○	○	○	○	7점	
타당성종합								

* 범례: ◎아주양호: 2점, ○양호: 1점, △보통: 0점, ×불량: −1점.

력시설 및 개발가능업종으로 선정한다. 이렇게 하여 <표 4-14>에 표시한 업종들이 1차가능시설로서 선정되었다면 개발업자는 이 개발가능업종들을 비교 평가하여 최적업종을 선정한다.

2) 개발가능업종의 비교평가 및 선정

개발가능업종을 평가하기 위해서는 먼저 평가항목을 선정해야 하는데 일반적으로 입지성, 시장성, 경쟁성, 수익성, 건축가능성, 장래성 등의 항목들을 택한다.
  - 입지성은 지역 및 부지분석에서 입지측면을 고려하여 평가하면 되고,
  - 시장성과 경쟁성은 시장분석과 현장조사에 의해서 평가가 가능하고,
  - 수익성은 가설계에 의한 개략적인 수지분석을 통해서 가능하다.
  - 건축가능성은 건축 관련법규와 현장조사에 의해서 가능하며,
  - 장래성은 업종의 과거로부터 현재까지의 추세를 분석해 봄으로써 가능하다.
<표 4-14>의 개발가능업종의 비교평가표에서 보는 바와 같이 평가항목에 따라 개발가능업종을 아주양호, 양호, 보통, 불량으로 나누어 점수를 부여함으로써 항목별 점수를 합하여 최종 합계점수 중 높은 점수를 받은 업종을 선택한다.

여기서 보다 정확하게 평가하기 위해서는 항목별로 가중치를 두어 계산해야 한다. 이렇게 하기 위해서는 오랜 경험과 축적된 자료가 필요하다.

3) 개발컨셉설정 및 개발전략수립

개발시설과 최적업종이 선정되면 인근지역에서 유사한 규모의 유사한 업종을 대상으로 사례분석을 실시하여 최적업종의 사업성을 다시 한번 더 확인한 후 입지분석과 시장분석 결과를 토대로 기능, 외관, 전략적 측면을 고려한 시설물의 기본구조와 사회트렌드, 입지조건, 장래전망을 고려한 개발테마(스마트빌딩 등)를 조합하여 양자를 충족하는 시설물 구성, 외관 및 개발이미지를 건물외부에 시설별로 증강현실을 설정함으로써 차별화된 개발컨셉이 완성된다.

완성된 개발컨셉에 적합한 개발규모 및 목표고객층을 설정하고 그들을 대상으로 한 포

지셔닝전략을 수립하여야 한다.

(1) 개발규모설정

개발규모 설정시 이론적으로는 수요측면에 기초한 적정규모를 계획하는 경우가 자주 있으나 실제적으로는 주변경쟁시설의 규모를 반드시 고려해야 한다. 또한 수익성 측면의 개발규모도 반드시 고려해야 한다. 왜냐하면 극대의 개발규모가 극대의 수익률을 창출하지 못하기 때문이다. 그러므로 수요측면과 수익성측면으로 규모를 결정하는 것이 일반적이지만 경우에 따라서는 경쟁측면을 모두 고려한 "전략적 규모"를 설정할 필요도 있다.

(2) 목표고객층 설정과 포지셔닝전략

업종/시설별로 개발규모가 결정되면 효율적인 마케팅전략을 수립하기 위하여 시설별로 목표고객을 설정하고 그들을 대상으로 한 포지셔닝전략을 수립해야 한다.

한편, 개발시설이 단일기능 또는 단일 업종인 경우에는 개발이미지를 부각시킬 수 있는 건물외관이 되어야 한다. 다기능 복합시설을 개발할 때는 각 시설들의 개별적 포지셔닝 결정, 시설간의 연계·보완성 등이 모두 고려된 개발계획 수립이 필요하다. 이 단계에서 포지셔닝을 결정하는 이유는 건축수준과 분양가수준을 결정하여 효율적인 마케팅전략을 수립하기 위함이다.

제3절
개발계획 및 건축계획에 관한 이해

부동산개발사업에 필요한 부동산기술(real estate engineering)분야는 크게 토목, 건축, 전기, 기계 등의 공학적인 분야와 지형, 지질, 지적, 지리 등의 자연(물리)적인 분야를 나누어 볼 수 있다. 최근에는 제4차 산업혁명과 코로나19로 인해 개발환경변화가 현저하고 이로 인해 모든 부동산개발 분야에 AI, 클라우드, 빅데이터, IoT, 드론, 3D 설계 등과 같은 프롭테크 기술을 접목한다면 편리하고 효율적이며 경제적인 방향에서 프로젝트가 진행될 것이다.

특히, 건물자체의 가치를 평가하기 위해서는 건물의 설계도면과 시방서, 시공과정을 이해하여야 함은 물론이고 설계도면을 통해서 적산과 견적을 할 수 있는 능력을 갖추어야 한다.

그렇다고 부동산사업에 필요한 기술적 지식이 순수공학이나 자연과학을 연구하는 것이 아니라 개발사업의 부가가치를 창출하기 위해 하드웨어 측면의 공학적인 분야를 소프트웨어 측면의 부동산개발사업에 접목시켜 보다 효율적인 결과를 창출할 수 있도록 연구해 나가는 것이라 할 수 있다.

부동산개발은 근본적으로 토지의 효율성을 높이기 위해 택지나 공장부지를 조성하고 도로나 상·하수도와 같은 사회기반시설을 설치하는 건설 행위뿐만 아니라 그 위에 실제 운영할 수 있는 건축물을 짓는 실질적인 과정이기 때문에 건축하기 전에 건물은 계획과 설계가 잘 되어야 미래의 용도를 효율적으로 수용하고 토지에 적합하며 사용자의 요구사항과 지역사회의 안전과 복리를 위한 모든 법적 요구사항에 부응할 수 있을 것이다. 뿐만 아니라 측량 → 건축(토목)계획 및 설계 → 인·허가 → 적산 및 견적 → 시공 등으로 이어지는 일련의 건설과정과 내용을 철저히 파악하고 활용할 수 있는 능력을 배양함으로 성공적인 프로젝트를 수행할 수 있다.

일반적으로 도시개발과 같은 대규모 개발사업은 먼저 도시개발구역으로 지정을 받고 기본 및 실시설계, 지구단위계획 작성하여 실시계획인가를 득하기 위해 개발계획을 수립하기 때문에 여기서 개발계획이 종합적으로 완성된다. 이때 도시기본계획과 관리계획에 적합하게 해야 함은 물론이고 입지환경과 시장분석 그리고 트렌드 등에 따라 다양한 콘텐츠로 지속가능한 스마트시티와 단지가 될 수 있도록 계획을 하여야 한다.

제4차 산업혁명시대인 최근에는 새로운 인공지능의 툴이 개별 건물 요구 사항을 넘어 도시 규모의 사이트에 제너레이티브(generative) 및 이터레이티브(iterative) 기능을 적용할 수 있다. 이 개념은 오토데스크가 인수한 노르웨이 기술 플랫폼 업체인 스페이스메이커(Spacemaker)가 실례로 만들었다. 이 회사는 클라우드 기반 AI와 제너레이티브 디자인(generative design) 소프트웨어를 제공해 계획 및 설계 팀이 더욱 정보에 기반해 결정을 신속하게 내리고, 시작부터 발전된 지속가능 기회를 얻을 수 있도록 돕는다.

스페이스메이커는 부동산개발 초기 단계에 적용되어, 도시 블록 전체에 걸쳐 100개에 이르는 기준(예: 지역 설정(zoning), 조망, 일광, 소음, 바람, 도로, 교통, 열섬, 주차 등)을 분석할 수 있다. 스페이스메이커의 윈드 모델링(wind-modeling) 기능은 사람들의 편의를 위한 설계를 개선하기 위해 컴퓨터 유체 역학을 사용해, 건물들이 바람의 방향을 어떻게 돌리는지 분석한다. 소음 기능은 교통이나 기타 원인으로 인한 소음 수준을 예측할 수 있다. 예를 들어, 이 플랫폼을 통해 대안이 되는 구성을 제안하고, 종종 간과하기 쉬운 환경위생 요소인 소음 공해를 완화시킬 수 있을 정도로 발전한 상태이다.

한편, 일본 롯폰기 힐스와 같은 복합건물인 경우에는 먼저 개발대상부지 내에서 기능별로 건축물의 구성 및 배치가 이루어질 수 있도록 토지이용계획을 수립하여 적절한 위치에 적합한 건물을 배치하여야 한다. 또한 건축물 내에서의 업종구성 및 배치, 시설별 적정규모 산정, 동선계획도 함께 수립되어야 한다.

건축계획시 유의할 점은 건축물은 층별, 위치별 실현가능 부가가치가 다르므로 주어진 공간 내에서 최대의 부가가치를 창출할 수 있도록 구성, 배치, 레이아웃 등이 이루어져야 하며, 공간별 단위수익성, 고객접근성 및 동선 등이 고려되어야 한다.

대상 토지에 지구단위계획이 수립되어 있는 경우나 지구단위계획을 수립하여 개발사업을 하는 경우에는 지구단위계획에 적합하게 시설계획을 하면 되고 개별 건축물은 '국토계획법'에 의한 법정 건폐율과 용적률을 구하고 그 조례한도 내에서 건축법을 검토하여 배치계획, 평면계획, 입면계획, 주차장계획, 동선계획 등을 수립해야 한다.

반면에 주변 인프라와 토목, 건축, 기계·전기 설비 등에 관한 지식도 필요하다.

앞으로 토목, 건축, 전기기계, 조경 및 지형, 지세, 지적, 지질 등의 순서로 설명하고자 한다.

1. 토목에 관한 이해

토목(civil engineering)은 일반적으로 택지나 공장 부지를 조성하고 도로, 하천, 교량, 항만, 터널 및 상하수도와 같은 사회기반시설을 설치하는 건축 전 단계의 건설과정을 말한다. 토목공사는 사적인 성격보다 공적인 성격이 강하다.

고속도로, 국도, 교량, 터널, 상하수도 등은 일반적으로 국가나 지방자치단체, 도로공사, 수자원공사 등에서 개설하거나 정비한다. 그러나 대규모 공동주택 단지 등을 민간이 건설하는 경우에 시행자부담으로 건설하는 조건으로 인·허가가 처리되고 있다.

민간부문의 부동산개발사업에서 필요한 토목공사는 성토와 절토를 포함한 주택, 레저, 유통, 관광단지조성, 건축물을 축조하기 위한 기초터파기, 진출입로 설치공사, 그리고 공사 전 부지경계명시측량과 공사를 위한 설계, 견적, 시공과 현장측량 등이 있다.

특히, 상위계획 및 주변개발계획과 조화를 이루는 단지계획은 프로젝트를 성공적으로 이끌 수 있으며, 성토와 절토량을 균등하게 함으로써 공사비용을 줄일 수 있다.

기초터파기시는 주변건물의 균열 등 안전을 위하여 물막이공법을 사용함으로써 민원비용을 줄일 수 있다.

또한 부지경계명시측량으로 부지경계와 면적을 분명히 하고 현장측량으로 건물의 배치와 높이를 맞춘다.

토목공사의 일반적 과정은 1) 측량, 2) 계획 및 설계, 3) 인·허가, 4) 적산 및 견적, 5) 시공 등의 순이며, 이 과정은 건축공사의 과정에서도 동일하게 적용된다.

2. 건축에 관한 이해

건축(architecture)이란 인간의 육체적·정신적 생활을 쾌적하고 능률적으로 영위할 수 있는 장소를 마련해 주는 것이며, 「건축법」 제2조에서 '건축'이라 함은 건축물을 신축·증축·개축·재축 또는 이전하는 것으로 정의한다.

여기서 건축물이라 함은 토지에 정착하는 공작물 중 지붕과 기둥 또는 벽이 있는 것과 담장, 대문 등의 시설물, 지하 또는 고가의 공작물에 설치하는 사무소·공연장·점포·차고·창고 기타 대통령령이 정하는 것을 말한다.

1) 건축의 3요소

건축의 3요소에는 건축물의 안정성에 관한 것으로 구조와 건축물의 용도·설비·동선 등의 이용상의 편리와 목적에 부합하도록 하는 기능이 있으며, 건축물의 아름다움으로 구조·기능의 만족 후에도 지속적으로 추구하는 분야로서 형태(미)가 있다. 이들 3요소는 가장 평범하면서도 우리가 건축할 때 무시하기 쉬운 부분이다. 개발사업에서 최종적인 결과물은 건축물이기 때문에 궁극적인 성공을 이루기 위해서는 건축의 3요소에 충실하여야 한다.

2) 건축물의 구조

건축물의 구조의 분류에는 재료에 의한 분류, 시공과정에 의한 분류, 구조체계에 의한 분류, 구조형식에 의한 분류로 나누어 볼 수 있는데, 여기서는 일반적으로 많이 사용되는 구조형식에 의한 분류만을 언급하기로 한다.

구조형식에 의한 분류[4]에는 ① 가구식 구조(framed structure), ② 일체식 구조(monolithic structure), ③ 조립식 구조(prefabricated plate structure), ④ 조적식 구조(masonry structure), ⑤ 곡면식 구조(dome and shell structure), ⑥ 절판식 구조(folded plate structure) 등이 있다. 가구식 구조는 목재, 강재로 가늘고 긴 부재를 이음, 맞춤 및 조립에 의하여 뼈대를 만드는 구조로서 구조체는 주로 삼각형으로 짜 맞추면 안전한 구조체를 이루고 각 부재의 짜임새, 접합부에 따라 강도가 좌우된다. 일체식 구조는 철근콘크리트조와 철골 철근콘크리트조와 같은 전체의 구조체를 일체로 만든 구조를 말하며 시공할 때 물을 사용하는 정도에 따라 건식과 습식으로 나눈다. 일체식 구조는 가장 강력한 강도를 낼 수 있는 합리적인 구조이며, 내구, 내화, 내진적이나 자체의 무게가 무겁다는 결점이 있다.

또한 세부적으로 아파트와 같은 벽식 구조와 사무실, 상가와 같은 라멘구조 그리고 철근콘크리트바닥이 보를 겸하는 평스라브구조, 10cm 정도의 철근콘크리트 곡면판으로 지붕을 구성하는 쉘 구조 등으로 분류할 수 있다.

조립식구조는 주요 건축뼈대를 공장에서 제작, 현장에 운반하여 조립한 구조로서 알루미늄 커튼월조, 조립식 철근콘크리트조, 프리페브조 등이 있다. 계절에 관계없이 시공할 수 있다는 것과 공기를 단축할 수 있는 장점이 있다.

조적식구조는 벽체를 벽돌, 블록 또는 돌을 사용하여 몰타르로 접착하여 낱낱이 재료를 쌓아서 만드는 구조이다. 그러나 바닥, 지붕 등은 목조, 철골조 또는 철근콘크리트조

---

4) 연제진·신동혜, 건축설계도 보는법, 서울: 성안당, 1999, pp.2 – 10.

로 한다. 이 구조는 벽돌, 블록, 돌 등의 단위체의 강도와 단위체 사이의 교착도가 전체구조의 강도를 지배하며 부동침하에 대한 저항성이 약하다.

곡면식구조는 철근콘크리트 등의 얇은 판으로 곡면을 만들어 힘을 받게 하는 구조로서 하중은 축선에 따라 압축력으로 하부에 전달되므로, 휨 모우멘트가 작고 작은 단면으로 큰 공간 사이를 구성할 수 있는 구조(극장, 체육관 등에 사용)이다.

절판식구조는 철근콘크리트 구조체에 있어서 얇은 판을 꺾어서 만든 형태의 역학적 이론으로 한 구조이며, 곡면이나 절면(병풍식)구조 등을 자유롭게 만들 수 있다.

3) 건축과정

건축계획 및 설계 → 인·허가 → 견적 → 시공 등의 순으로 진행되며, 이를 간단히 설명하면 다음과 같다.

(1) 건축계획 및 설계

① 건축계획 및 설계의 정의

건축을 하기 전에 건축물의 미래용도를 효과적으로 수용하고 토지에 적합하고 사용자의 요구사항과 지역사회의 안전과 복리를 위한 법적 요구사항을 만족시키기 위해 자료의 분석을 통해서 기획하고 설계자의 머리 속에 이루어진 공간의 구성을 도면 위에 형상화하는 단계를 건축계획이라 한다면, 건축설계는 이를 구체적으로 도면 위에 건축물로 만들어 가는 단계로서 다음과 같은 순서로 진행된다.

기획 → 예비설계(계획 설계) → 기본설계 → 실시설계 → 시공

그러므로 건축계획과 설계는 동시에 진행되어야 한다.

② 건축계획의 내용

건축계획은 건물의 용도에 따라 달라 질 수 있으나 일반적으로 기본계획과 세부시설계획으로 분류하며, 기본계획에는 배치계획, 평면계획, 입면계획, 단면계획, 동선계획과 설비계획 등이 있다.

③ 건축계획의 위치 및 계획의 틀

건축계획은 독자적으로 행해질 수 없기 때문에 성공적인 건축계획(설계)을 위해서는 우리나라의 토지이용계획 및 규제법 체계와 건축계획의 틀을 먼저 알아두어야 한다.

국토의 공간계획 체계를 참고로 하면 국토기본법에 의한 국토계획, 국토의계획및이용에관한법률에 의한 도시·군기본계획 및 도시·군관리계획 등이 관련이 있으며 수도권지역에서는 수도권정비계획이 관련이 있다. 또한 도시·군관리계획 중 지구단위계획은 토지의 효율성을 높이고 난개발을 방지하며 계획적인 개발을 위해 도시지역과 도시외 지역의 일부를 개발할 때에 적용하여야 하기 때문에 개발업자는 건축계획시 지구단위계획을 반드시 숙지하여 활용하여야 한다.

일반적인 건축계획의 틀은 다음과 같다.

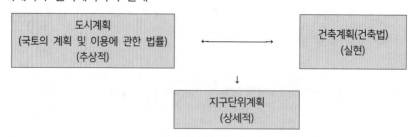

④ 도시계획과 건축계획과의 관계

⑤ 건축계획 및 설계의 중요성

부동산개발사업에 있어서는 시장분석과 성공적인 자금조달도 중요하지만 부동산개발은 근본적으로 토지의 효율성을 높이고 건물을 짓는 실질적인 과정이기 때문에 건축을 하기 전에 건물은 계획과 설계가 잘되어야 미래의 용도를 효과적으로 수용하고 토지에 적합하

며 사용자 요구사항과 지역사회의 안전과 복리를 위한 모든 법적 요구사항에 부응할 수
있을 것이다.

이 같은 계획과 설계를 위해서는 창조적이고 훈련이 잘된 전문가가 필요하다. 이러한
전문가는 한 팀으로 일하면서 다양한 대안들을 평가하여 궁극적으로는 기능적이고 경제
적이며 미적으로도 적절한 설계를 만들어낼 것이다.

건폐율, 용적률의 개념 및 이들을 산출하기 위하여 대지면적, 건축면적, 바닥면적을 구
할 방식을 알아야 하고, 일조권과 가로구역별높이제한 등도 알아야 한다.

그러므로 개발사업을 성공하기 위해서는 개발업자는 계획과 설계과정을 철저히 이해하
고 그 일을 맡을 수 있는 적절한 전문회사들을 평가하여 선정하고 이들이 만족할 만한 최
종계획을 만들어낼 수 있도록 이 회사들을 잘 조율해야 한다.[5]

특히 건축가는 개발사업의 목적을 충분히 이해해야만 하고 개발초기부터 참여하여야
한다.

또한, 개발업자는 건축법규를 완전히 이해해야 함은 물론이고 건축설계도면을 볼 줄
알아야 한다.

(2) 인·허가

인·허가 절차와 기간은 개발사업의 종류와 규모에 따라서 모두 다르기 때문에 시설별,
규모에 따른 관련법규를 철저히 이해하고 지방자치단체와 긴밀히 상의하여 기간을 단축
할 수 있도록 해야 한다. 일반적으로 인·허가는 건축사가 대행해 주는 것으로 알고 개발
업자는 신경을 쓰지 않는 경우가 있으나, 인·허가는 사업의 승패를 좌우할 정도로 중요
하므로 개발업자도 함께 노력하여야 한다.

(3) 견적

일반적으로 개발사업을 추진할시 건설회사와 도급공사를 체결할 당시에는 상세설계를
하지 않는 경우가 많다. 때문에 개산견적을 활용하나 실시설계를 완료한 후에는 실시설계
도면에 의한 견적을 하여 정산을 하는 방법을 취한다. 이러한 경우에 물론 건설사업관리
자의 도움을 받아 견적의 내용을 검토할 수 있다.

---

5) John McMahan, op. cit., pp.341－342.

(4) 시공

시공과정에서는 공사의 품질은 높이되 공기와 경비를 줄이기 위해 건설사업관리 제도

<표 4-15> 계약형태에 따른 건설사업관리자 서비스 업무

단계	항목	건설사업관리자(CM) 계약형태	
		CM-for-Fee (CM업자가 발주자의 대행인인 경우)	CM-at-Risk (CM업자가 시공에 책임질 경우)
공사기획 단계 (Pre Design Phase)	설계자 선정에 관한 지원 업무	지원해야 한다의 의무조항으로 규정	지원할 수 있다로 표현하여 발주자가 요청할 수 있는 업무로 규정
	공사비 예산 검토	CM업자가 작성한 공사비 예산을 발주자, 설계자, CM업자가 함께 검토하도록 규정	CM업자가 시공에 책임질 경우에는 검토조항이 명시되지 않음
	설계 및 시공대안에 대한 비용분석	CM업자가 실시한 설계 및 시공대안에 대한 비용분석을 발주자와 설계자에게 보고	발주자에게만 보고
설계단계 (Design Phase)	설계도면의 검토	공사비용, 공사절차, 시공방법 등에 대한 구체적 설명 없음	설계도서의 검토와 그에 따른 권고 범위를 시공성, 공사비용, 공사절차, 기간, 시공방법, 계약방법 등으로 구체화
	민원관련 업무 지원	-	CM업자가 민원관련 업무에 있어 발주자를 지원하도록 규정
	공사비 예산견적에 대한 책임	CM업자가 작성한 공사비 예산과 실제 공사비용이 차이가 나더라도 CM업자에게는 책임이 없음	-
입찰 및 계약단계 (Procurement Phase)	입찰, 계약업무 주체	입찰·계약업무의 주체가 발주자이므로 CM업자는 발주자가 입찰참가자 List작성, 입찰공고, 입찰심사 등의 업무를 수행할 때 지원	입찰·계약업무를 CM업자가 직접 수행하고 발주자에게는 입찰절차에 대한 보고서를 제출하도록 규정
시공단계 (Construction Phase)	현장관리 팀 운영자격	발주자의 대행인으로서 CM업자의 자격 명시	현장관리 팀의 운영에 관한 사항만 명시
	다른 컨설턴트가 수행한 Inspection과 Testing 등의 보고	제3의 컨설턴트가 수행한 Inspection과 Testing 등의 결과를 설계자에게 의무적으로 전달	-
	설계변경 처리절차	시공자의 설계변경 제안서 평가시에 반드시 설계자의 의견을 고려	설계자 의견반영에 대한 조항 없음
	기성금 및 준공금의 지급	발주자가 CM업자의 권고에 따라 시공자에 대한 기성 및 준공금 지급	CM업자가 발주자에게 대금을 지급받은 후 시공자에게 지불하도록 규정

자료) 김예상, "CM 표준계약서 분석을 통한 CM계약체계와 CM역할의 비교 분석 연구", 대한건축학회지 논문 12권 11호 통권 97호, 1996.

를 잘 활용하는 것도 한 가지 방법이다. 건설사업관리(CM: Construction Management)의 업무는 계약형태에 따라서 다르며 <표 4-15>와 같다.

시공과정에서 하청업체들의 동향과 원도급자가 하청업자에게 기성이 올바르게 지급되고 있지도 체크하여야 한다.

그리고 원도급업자의 PERT/CPM 등의 공정계획이 올바르게 작성되었는지, 공정대로 공사를 진행하고 있는지를 체크할 수 있어야 한다.

최근에는 AI플랫폼을 이용하여 공정계획을 수립한다.

3. 전기·기계설비에 관한 이해

건축설비(전기, 기계설비)라 함은 건축물에 설치하는 전기, 전화, 가스, 급수, 배수(排水), 환기, 난방, 소화, 배연 및 오물처리의 설비와 굴뚝, 승강기, 피뢰침, 국기게양대, 공동시청 안테나, 유선 방송수신시설, 우편물 수취함, 기타 국토교통부령이 정하는 설비를 말한다.

인텔리젠트(IBS)빌딩과 같이 최첨단 오토메이션시스템을 도입함으로서 기능적으로 편리함은 물론이고, 이로 인해 소비자들의 욕구에 부응함으로 인해 마케팅전략에도 많은 도움이 될 것이다. 건물이 완성된 후의 에너지 절약측면도 신중히 고려하여야 한다.

4. 조경(건축법상)에 관한 이해

1) 건축법상 면적 200m² 이상인 대지에 건축을 하는 건축주는 용도지역 및 건축물의 규모에 따라 당해 지방자치 단체의 조례가 정하는 기준에 따라 대지 안에 조경 기타 필요한 조치를 하여야 한다. 다만, 조경이 필요하지 아니한 건축물로서 대통령령이 정하는 건축물에 대하여는 조경 등의 조치를 하지 아니할 수 있으며, 옥상조경 등 대통령령으로 따로 기준을 정하는 경우에는 그 기준에 의한다.
2) 국토교통부장관은 식재기준, 조경시설물의 종류 및 설치방법, 옥상조경의 방법 등

조경에 필요한 사항을 정하여 고시할 수 있다.

대규모 관광단지나 리조트단지, 그리고 골프장 등과 같은 시설은 조경분야가 매우 중요하기 때문에 전문가에 의해 설계와 시공이 이루어져야 한다. 설계가 잘된 조경은 해당 시설의 이미지에 결정적인 역할을 할 뿐만 아니라 투자한 가치이상의 부가가치를 창출하기 때문에 조경투자비 사용에 인색해서는 안 된다.

5. 지형, 지세, 지적, 지질 등의 물리적인 요소에 관한 이해

부동산개발사업은 자연환경 속에서 이루어지는 구체적인 토지 개량행위이므로 지형, 지세, 지적, 지질 등의 물리적 요소에 대한 정보를 획득하고 이것들을 잘 활용하여만 성공적 프로젝트를 수행할 수 있는데, 이를 위해서는 이들에 대한 기본지식과 활용방안을 습득해야 한다.

특히 부동산업 분야에서는 지형도와 지적도를 많이 활용한다.

그러면 지형도는 무엇이고 어떻게 만들어지며 어떠한 분야에 활용되고 있는지 살펴보기로 하자. 지형도는 국토전역에 걸쳐 지형, 수계, 촌락, 토지이용 등을 일정한 정확도와 축적으로 표시하여 엄밀하게 제작되고 일정한 기준에 의하여 유지관리 되는 국토기본도이다. 보통 축척은 1/5,000, 1/25,000, 1/50,000이 있다.

지형도의 사용범위는 국토계획, 도시계획, 단지계획, 도로계획등과 성토와 절토량을 구할 수 있어 건설공사의 기본 자료로도 활용된다. 뿐만 아니라 앞으로 설명하게 될 지적도와 함께 개별필지의 위치를 찾는데도 활용된다.

지적도(임야도 포함)는 어떤 특정한 주제를 선정하여 그 주제를 알 수 있도록 제작한 주제도의 하나이다. 공간정보의구축및관리에관한법률에 의한 것으로 소유토지의 경계를 표시해 주며 축적은 1/500, 1/600, 1/1,200, 1/2,400, 1/3,000, 1/6,000 등이 있다.

지형도가 거시적인 면에 접근하여 지형, 지물을 중시하는 데 반하여 지적도(임야도)에서는 필지중심으로 각 필지의 경계와 면적에 중점을 둔다.

국가적인 개발사업 계획시, 즉 신도시계획이나 특정지역개발계획, 도시기본계획과 관련계획시도 제일 먼저 지형도를 이용한다. 최근에는 드론도 함께 이용한다.

1) 지형, 지세: 지형은 토지가 생긴 입체모양을, 지세는 토지경사도를 말한다.
2) 지질: 토지의 성질로서 점토, 실트질, 사토, 풍화암, 연암, 경암 등으로 구분할 수 있으며 이 지질의 분포상태에 따라 기초공사방법과 공사비가 결정된다.
3) 지적: 토지의 면적, 모양(정방향, 장방향 등)을 말한다.
4) 지리정보체계(GIS: Geographical Information System)

지리정보체계는 지리, 공간적 자료, 즉 공간적으로 분포하고 있는 물체의 형태나 활동, 사건 등에 대한 자료를 받아 들여 저장, 검색, 변형, 분석하고 사용자에게 유용한 새로운 형태의 정보로 표현하는 등 다양한 기능을 수행할 수 있는 기술이나 작동과정 혹은 도구를 총칭하는 것이다.[6]

또한 이것은 도시의 환경에 존재하는 다양한 변수들을 측정하고, 지표나 공간의 형상을 도면화(mapping)하며, 시·공간적으로 변화하고 있는 현상을 관찰(monitoring)하고, 도시에 실행할 대안과 그에 따르는 진행과정을 모형화(modeling)하는 등과 같은 활동을 하는데 도와주는 역할을 한다. 특히, GIS는 부동산개발산업분야에서 입지분석이나 시장분석을 실시하는 데 응용할 수 있다.

6. 건축예비설계에 관한 이해

건축예비설계란 일반적으로 통용되는 학술적 용어라기보다는 부동산개발사업에서 예비적 타당성 분석의 개략적인 수지분석을 할 수 있을 정도의 설계로서 전체 건축물연면적과 지하주차장면적, 층별 바닥면적 정도를 산정하는 데 필요하다. 뿐만 아니라 최근에는 제4차 산업혁명으로 인해 부동산개발과정에서 건축주나 개발업자가 디지털시대의 트렌드를 고려한 업종을 선정하여 전문설계자에게 설계를 의뢰할 때 이들이 구상하거나 기획해 온 건축물을 만들 수 있도록 협의하고 조정한 설계안을 기본설계도로 부르는데, 이 기본설계는 건축주 등이 건축을 계획하고자 하는 사항들을 도면에 표시하였다 하여 일명 건

6) 임석회·이재우, "부동산 분야의 GIS 활용 연구", 감정평가연구원, 2001, pp.7-8.

축계획설계라고도 한다. 건축예비설계는 이 기본설계도를 작성하기 위해서도 필요하다.

한편, 부동산의 일반적인 개발과정은 어떤 PROJECT를 기획하고 관련정보를 수집하여 시장분석과 경제성분석을 통해 사업가능여부를 판단한 뒤 이를 토대로 사업계획서를 작성하게 된다. 이같은 개발과정에서 건축계획설계는 개발사업의 승패를 좌우할 정도로 중요하다.

예를 들면, 어떤 지역에 1,000평의 나대지를 소유한 자가 있다고 가정해 보자. 이런 경우 이 대지의 소유자는 이 대지를 그냥 보유하였다가 팔 것인가, 아니면 이 대지를 개발하여 임대나 분양을 하였을 때 수지가 맞을 것인가, 맞는다면 어떤 용도로, 얼마의 규모로 개발하여야 수익률이 극대가 될 것인지 잘 판단이 서지 않을 것이다. 이와 같은 의사결정을 위해 컨설턴트는 디지털시대의 개발사업에 대한 시장분석과 경제성분석을 통해 최유효이용방안과 같은 사업성을 검토하게 되는데 검토하는 과정에서 건축계획설계가 문제가 된다. 왜냐하면 건축법 등에서 허용하는 최고의 높이와 연면적으로 건축한다고 하여 반드시 수익률이 극대가 되지 않기 때문이다. 그러므로 건축법등이 허용하는 범위 내에서 최적의 개발규모를 산정하여야 하는데, 여기서 건축예비설계의 지식을 유감없이 활용하여야 한다.

1) 건축물 규모 산정

(1) 대상부지의 건축가능규모 예측

① 지하층 규모예측에 영향을 주는 요소
  ㉮ 지질조건
  ㉯ 깊이별 소요공사비
  ㉰ 토지형상(정·장방형: 90%, 불규칙요철형: 70~80%)

② 지상건물부분 규모예측에 영향을 주는 요소
  ㉮ 건폐율, 용적률
  ㉯ 높이제한, 가로구역별높이제한, 일조권 등을 위한 높이제한
  ㉰ 조경면적비율, 공개공지확보비율, 지상주차장비율

③ 주차장 규모산정에 영향을 주는 요소

   ㉮ 옥외 주차비율

   ㉯ 교통영향평가 대상 건물의 경우 상향조정 적용 비율

   ㉰ 자주식, 기계식 구분 허용 여부

(2) 대상부지의 건축물 규모산정

① 건축면적

   ㉮ 건축면적 = 대지면적 − (공지 + 조경면적 + 옥외주차장면적 + 통로)

   ㉯ 법정(조례포함)허용 건폐율기준 이내

② 지하층면적

   ㉮ 대지면적의 70~90%

   ㉯ 지하층수는 최대 6층 이내로 함이 바람직함

   ㉰ 주차대수는 1대당, 자주식의 경우 50~55m² 정도 소요됨

   ㉱ 기계식의 경우 기종에 따라 자주식의 30~50%, 50대 이상은 무리

③ 층수

   ㉮ 지하층의 주차대수 확보능력에 따라 좌우됨

   ㉯ 층고의 결정: 1~2층 4.5~6.5m

   　　　　　　　기준층 3.3~4.5m(I.B.S)

   ㉰ 가로구역별높이제한: 전면도로 넓을수록 유리

   　　(도로 + 하천, 공원 등 건축이 불가능한 곳이 인접하면 유리)

   ㉱ 높이제한(일조권 등을 위한 건축물의 높이제한)

   ㉲ 용적률: 법정허용 용적률 기준 이내

④ 연면적

   연면적 = (지하층 바닥면적의 합계) + (지상층바닥면적의 합계)

2) 사례부지를 통한 건축예비설계

(1) 사례부지의 입지조건

위치: 수원시 장안구 송죽동 ×××번지

면적: 910평(3,008m2)

지역/지구제: 근린상업지역, 방화지구

건폐율: 60% 이하

용적률: 500% 이하

도로와의 관계: 20m 도로와 6m 도로의 코너에 위치

(2) 개발규모에 대한 검토

① 건축관련법규 제한에 의한 건물의 개발가능규모

본 사례부지에서의 건물의 개발규모는 ㉠ 건폐율, ㉡ 용적률, ㉢ 가로구역별높이제한, ㉣ 일조권 등을 위한 건물높이제한, ㉤ 건물부설 주차장면적, ㉥ 조경면적, ㉦ 공개공지를 고려하여 산정한다.

② 개발적정규모의 산정

개발규모의 적정선은 ㉠ 계획부지의 입지 및 부지의 특성, ㉡ 디지털시대에 맞는 업종구성, ㉢ 건물의 수준 등이 고려된 임대시장에서의 경쟁 임대료 수준으로부터 건물에 투하된 자금의 이익이 극대화되는 선에서 결정된다. 이런 문제들을 해결하기 위해서는 첫째, 건물수준별 평당 공사비와 둘째, 사업주가 요구하는 기대임대료 수준이 결정되어야 한다.

3) 단일 건축물의 예비설계 순서

첫째, 토지이용계획확인서, 지적도(임야도) 등의 축척을 확인하고 대지모양에 따라 일정한 축척(보통 1/200, 1/300)으로 확대한 후 대지면적의 가로와 세로의 길이를 도면에 표시한다. 확대하는 방법에는 복사기를 이용하는 방법과 종이에 대지 확대하는 방법, 스캐너와 컴퓨터를 이용하는 방법 등이 있다. 최근에는 대부분 스캐너와 컴퓨터를 이용하여 확

대한다. 이때 방위도 함께 표시한다.

둘째, 지하층의 면적을 계산하기 위하여 대지의 모양을 살펴본다,

만약 어느 정도규모 이상의 토지가 부정형이 아닌 정방형 또는 장방형이라면 대지면적의 80~90%까지 가능하다.

셋째, 법정(조례)허용 최대한도 건폐율과 용적률을 적용하여 건축면적과 연면적을 구상해 본다. 가로구역별높이제한, 일조권(해당지역에 한함), 층수 등을 고려하여 적정건축면적과 연면적을 생각해 본다. 만약 시가지경관지구 등으로 지정되어 건축선이 지정되어 있다면 그 건축선을 고려하여 배치하여 본다. 가로구역별높이제한이 정해지지 않은 경우 가장 넓은 전면도로 폭(하천 등 건축할 수 없는 공지 포함, 만약 건축선이 지정된 경우, 전면도로폭＋건축후퇴선)에다 1.5배를 곱하여 건축가능 높이를 확인한 후 건축물의 층수를 산정할 수 있다.

넷째, 법정최대한도의 건폐율을 적용하여 조경면적, 공개공지 그리고 지상주차장면적, 통로 등에 대하여 검토한다. 이 문제는 건축면적을 조정하거나 1층을 피로티구조(공개공지의 경우 2개층 높이 확보)로 하여 조정할 수 있다.

다섯째, 기둥간격을 고려하여 그리드를 작성해 보아 구체적으로 지하층면적과 건축면적을 평면도에 그려본다. 그리고 지하 주차장출입구를 도면에 그려본다,

여섯째, 각층의 평면도를 그려 바닥면적을 계산해 본다.

일곱째, 각 층 평면이 어느 정도 완성되면 각 층별 면적표를 작성하고 층별로 적정한 용도를 지정하여 비고 난에 용도를 적는다.

여덟 번째, 층별 바닥면적을 합하여 이 정도의 바닥면적에 필요한 기계·전기실 면적을 구한다. 물론 자세히 구하기 위해서는 견적을 하고 기계·전기실 구조나 방식에 따라 차이가 나지만 개략적으로 필요한 시설의 총 바닥면적의 약 5% 정도로 잡는다.

아홉 번째, 주차대수는 건축물의 용도시설에 따라 다르므로 각 용도시설면적(지하주차장면적을 제외하고 기타시설 포함)을 각 용도에 해당하는 법정(조례) 규정된 주차 산정 면적으로 나누면 그 용도의 주차대수가 나온다.

예) 근린생활시설은 135m²당 1대

각 용도별로 구한 주차대수를 모두 합치면 법정주차대수가 되고 일반적으로 계획주차대수는 법정대수보다 많게 잡는다. 여기서 지상과 지하로 구별하여 지하에 들어갈 주차대

수를 가지고 지하주차장 면적을 산정함으로써 필요한 지하층수를 구할 수 있다.

열 번째, 지하층의 영업시설을 제외한 지하층의 기계·전기실 면적은 층별 면적 비율로 배분하고 기계·전기실을 제외한 순수지하주차장 면적은 이들을 다시 층별(용도별) 주차대수 비율로 배분하여서 각층별 전체공유면적을 산정한 후 전체 임대면적이나 분양면적을 구한다.

다음의 "사례부지의 예비설계 실례"는 이 순서에 의하여 예비설계를 시도해 본 것이다.

4) 사례부지 건축예비설계 실례

(1) 사례부지의 입지조건

위　치: 수원시 장안구 송죽동 ×××번지

면　적: 910평(3,008m²)

지역/지구제: 근린상업지역/방화지구, 미관지구

건폐율: 60% 이하

용적률: 500% 이하

도로와의 관계: 20m 도로와 6m 도로의 코너에 위치

(2) 건축법규 검토 및 조건 분석

① 근린상업지역내 가능용도를 체크한다.

② 방화지구는 건축법 및 시행령에 의해 구조, 재료, 및 설비를 규제하고 경관지구는 용도, 밀도, 높이, 색채를 규제한다.

③ 건폐율, 용적률, 가로구역별높이제한, 일조권 등은 국토계획법, 건축법 및 도시계획조례, 건축조례 등을 체크해야 한다.

④ 건축선지정(지구단위계획), 건축선후퇴(경관지구에 대한 지자체조례) 등을 체크해야 한다.

⑤ 대지안의 조경면적, 공개공지는 지자체조례를 체크해야 한다.

⑥ 업종별주차대수는 주차장에 대한 조례, 주차장출입구등은 지구단위계획 참조한다.

　　☞ 도시계획조례, 건축조례, 지구단위계획, 시가지경관지구 등의 규제사항은 공통적인 사항을 추출하여 적용한다.

(3) 건축개요

- 대지면적: 3,008m²(910평)
- 건축면적: 1,771.00m²(535.73평)
- 건 폐 율: 58.88%
- 용 적 률: 287.46%
- 연 면 적: 16,187.00m²(4,896.57평)
- 조경면적: 법정 15%, 계획 460m²
- 주차대수: 법정 89대(계획 114대)

(4) 층별 면적계획

층별	면적		용도
	m²	평	
지상5층	1,729.38	523.14	디지털 클리닉센터
지상4층	1,729.38	523.14	디지털 클리닉센터
지상3층	1,729.38	523.14	디지털 클리닉센터
지상2층	1,729.38	523.14	디지털 클리닉센터
지상1층	1,729.38	523.14	온·오프라인 판매시설
지상층 계	8,646.90	2,615.69	
지하1층	2,439.60	737.98	근린생활시설
지하2층	2,628.60	797.15	주차장
지하3층	2,471.90	747.75	기계·전기실, 주차장
지하층 계	7,540.10	2,280.88	
합계	16,187.00	4,896.57	

(5) 층별분양면적

(단위: m²)

층별	업종	바닥면적	주차대수	기계 및 전기실	주차장	계
지상 5층	디지털 클리닉센터	1,729.38	13.25	45.93	711.99	2,487.30
4층	디지털 클리닉센터	1,729.38	13.25	45.93	711.99	2,487.30
3층	디지털 클리닉센터	1,729.38	13.25	45.93	711.99	2,487.30
2층	디지털 클리닉센터	1,729.38	13.25	45.93	711.99	2,487.30
1층	온·오프라인 판매시설	1,729.38	17.75	45.93	953.79	2,729.10
지하 1층	근생시설	2,439.60	18.69	64.79	1,004.31	3,508.70
계		11,086.50	89.44	294.44	4806.06	16,187.00

※ 참고사항

• 조경면적: 대지면적×0.15(15%) = 451.20m²

• 기계·전기실: 바닥면적 합계×0.027(2.7%) = 294.44m²

• 기계·전기실 층별 면적배분방법

→ 지하 1층 294.44m²×2,439.60÷11,086.50 = 64.79m²

(6) 주차대수 산정방법

– 근린생활시설 = 9,605.63m²(9,357.12+248.51)÷135m² = 71.68대

– 판매시설 = 1,775.31m²(1,729.38+45.93)÷100m² = 17.75대

주차장법(조례)에 의한 총 주차대수 = 89.44대

(7) 주차대수에 따른 층별 면적배분

– 지하 1층 4,801.36m²×18.69대÷89.44대 = 1,004.31m²

– 지상 1층 4,801.36m²×17.75대÷89.44대 = 953.19m²

–   2층 4,801.36m²×13.25대÷89.44대 = 711.99m²

–   3층 4,801.36m²×13.25대÷89.44대 = 711.99m²

–   4층 4,801.36m²×13.25대÷89.44대 = 711.99m²

–   5층 4,801.36m²×13.25대÷89.44대 = 711.99m²

계 4,806.06m²

[그림 4-5] 배치도 및 평면도

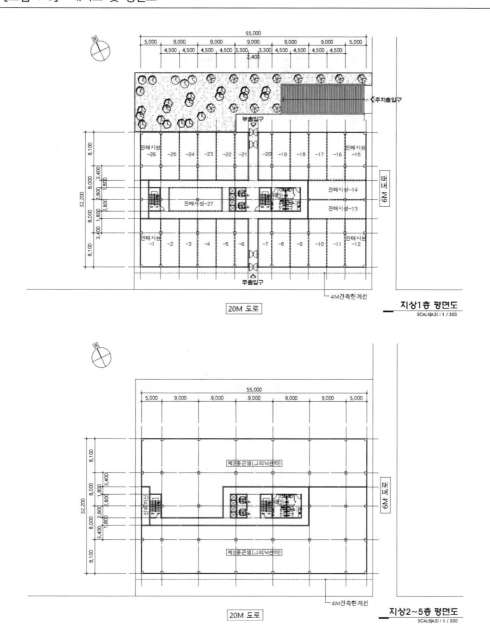

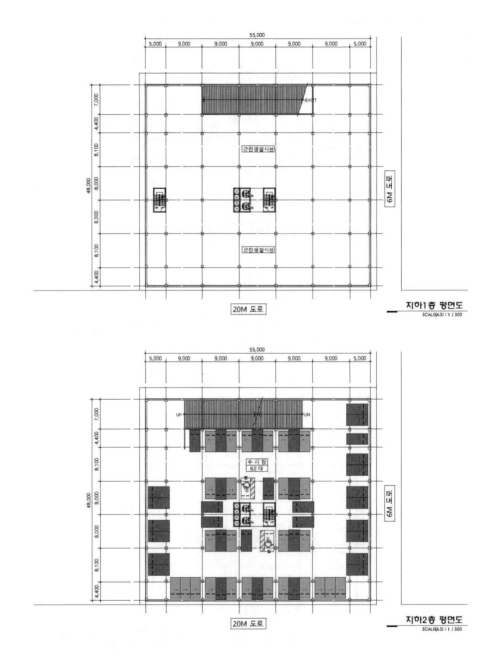

지하1층 평면도
SCALE(A3) : 1 / 300

지하2층 평면도
SCALE(A3) : 1 / 300

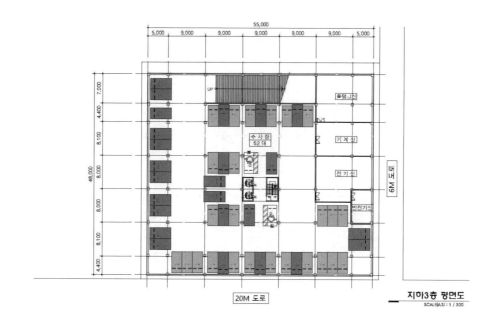

지하3층 평면도
SCALE(A3) : 1 / 300

[그림 4-6] 주단면도

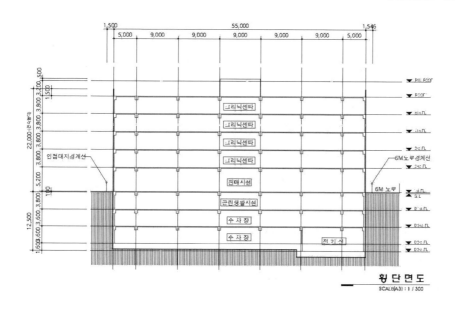

횡 단 면 도
SCALE(A3) : 1 / 300

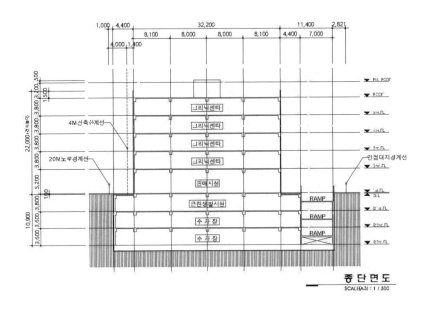

경제성(재무적 타당성) 분석

경제성분석은 시장분석에서 수집된 자료를 활용하여 대상 개발사업에 대한 사업수지분석을 실시하는 것으로 사업수지분석방법에는 크게 단기사업수지분석 방법과 장기사업수지 방법이 있다. 단기 사업수지분석방법은 추정손익계산서에 의한 방법과 단순히 수입과 지출에 의한 방법으로 구분한다.

– 단기 사업수지분석은 분양을 전제로 2~3년간의 개발사업에 적용

– 5년 이상인 장기프로젝트 수지분석 방법인 현금흐름분석은 장기간에 걸친 임대사업이나 부동산개발을 완료한 후 일정기간 동안 임대를 통해 활성화한 후에 전체 건물을 매도하는 경우에 적용

이러한 분석을 위해서 먼저 전제조건을 찾아보고 다음은 비용과 수입에 해당하는 분석의 구성요소를 파악해야 한다.

1. 사업수지분석의 전제조건과 수입·비용 구성요소

1) 전제조건과 수입(또는 비용) 추정요소

① 요구수익률, ② 수입이자 및 지급이자, ③ 공실률, ④ 사업방법,
⑤ 유지수선비, 보험료, 감가상각비, 제세공과 및 그 증가율,
⑥ 건축비 및 토지비, 기타 투입비, ⑦ 분양 및 임대수입금,
⑧ 기타(감가상각방법)과 일반관리비

2) 사업수지분석의 구성요소 및 주요 요소의 산정방법

분석의 구성요소에는 <표 4-16>에서 보는 바와 같이 개발사업을 시작하는 시점에서는 초기수입과 초기지출 항목이 포함되고 건물이 완공되어 분양 및 임대나 운영할 경우에는 경상수입과 경상지출 그리고 감가상각항목 등이 포함된다. 초기수입의 자기자본과 타인자본은 개발업자의 자금보유와 자금조달능력에 따라 달라질 수 있다.

- 초기지출의 토지비는 실제로 구입 가능한 비용으로 산정하되 기존 소유한 토지는 현재 시점으로 토지금액을 평가하여야 한다.
- 초기지출의 건축 공사비는 건축물의 질(등급), 지역의 수준, 목표고객의 수준에 따른 포지셔닝의 수준, 예상임대료, 분양가 등과 공사에 투입되는 원가를 고려하여 결정해야 한다.
- 경상지출 중 유지수선비는 건물수선유지에 드는 비용 이외에 일정 기간마다 계획적인 수선공사비를 포함한다. 유지수선비는 동종업종들의 평균값을 조사하여 당해 제안된 건물과의 특성을 비교하여 결정한다.
- 보험료는 건물의 화재보험료가 주가 되며, 건축비에 소정의 요율을 곱하게 되는데

<표 4-16> 사업수지분석 구성요소

구분	항목	세부항목
초기수입	자기자본	■ 자본금
	타인자본	■ 차입금
초기지출	토지관련 비용	■ 토지비(수수료 포함)
	건축관련 비용	■ 토목공사비(부지조성비) ■ 건축공사비 ■ 전기, 기계설비 ■ 설계, 감리비, 측량비 ■ 기타(감정평가수수료)
	사업추진비용	■ 공사중 차입금이자 ■ 컨설팅 비용 ■ 민원처리비용 ■ 기타(인입비 포함)
	제세공과금	■ 토지 취득세 ■ 건물 취득세 ■ 근저당비용 ■ 각종부담금 ■ 기타
경상수입	분양(또는 임대)수입	
	보증금	
	영업수입	■ 임대료 ■ 영업장수입 ■ 주차수입
	영업외수입	■ 이자 ■ 광고료 ■ 기타
경상지출	분양(또는 임대)비용	■ 광고 ■ 인건비
	일반관리비	
	유지수선비	
	보험료	
	재산세 등	■ 재산세, 종합부동산세
	제경비	
감가상가비	건물 설비	■ 정액법 ■ 정률법

건물의 용도, 구조, 지역구분 등에 따라 다르게 산정된다.

- 감가상각은 사업의 업무에 제공되는 건물과 그 부속건물 등의 고정자산에 대해 내용연수에 따라 정액법을 사용한다.
- 감가상각은 통상 건물부분과 설비부분으로 나누어 계산하는데, 건물에 부속되어 있는 설비는 건물전체에 대하여 정액법으로 감가상각도 가능하다.
- 기타 일반관리비는 보통 2~5% 정도로 개략적으로 산정한다.

2. 사업수지분석 방법

사업수지분석을 하고자 하는 경우 먼저, 부동산개발사업을 단기프로젝트와 장기프로젝트로 구별하여야 한다. 단기프로젝트는 시간가치를 고려하지 않고 추정손익계산세로부터 수지분석을 하거나 단순히 총수입에서 총지출을 빼는 방법으로 수지분석을 하고 장기프로젝트는 일반적으로 시간가치를 고려하여 현금흐름분석 방법을 이용한다.

1) 추정손익계산서에 의한 방법

총매출액(아파트, 상가분양가액)
(-)매출원가(건설비용)
_____
= 매출총이익
(-)판매 및 일반관리비
• 판매비(M/H건립비, 광고비, 분양경비)
• 본사관리비(일반관리비, 시행금리)
_____
= 영업이익
   (+)영업외수익
   (-)영업외비용
_____
= 세전순이익
   (-)세   금
_____
= 세후순이익

2) 수입, 지출에 의한 분석 방법

총수입액에서 총지출액을 제하면 세전수익이 나오고 세전수익에서 세금을 제하면 세후 수익이 발생한다.

- 수입으로서 분양가나 임대가격을 결정할 때는 시장분석에서 결정한 가격으로 경쟁 가능 가격을 채택해야 한다.
- 지출로서 토지구입관련 비용은 지출한 비용 그대로 적용하면 되고 원가법에 의한 건축비용은 설계도서를 참작하여 결정하는 것이 일반적이나 과거 유사한 건물의 공 사비의 구성 비율을 이용한 개산견적방식을 적용할 수도 있다.

3) 현금흐름분석

현금흐름분석방법에는 크게 이자비용(타인자본비용)을 고려한 방법과 이자비용을 고려 하지 않는 2가지 방법이 있는데, 여기서는 이자비용을 고려한 방법으로 설명하고자 한다.

① 영업수지의 계산절차

영업수지를 계산한다는 것은 부동산투자로부터 발생하는 현금수입과 현금지출을 측정 하는 것으로써 그 계산절차는 가능총소득에서 공실액을 제하고 기타소득을 합하면 유효 총소득이 되고 유효총소득에서 운영경비를 제하면 순영업소득이 산출되는데 여기서 운영

<표 4-17> 영업수지 계산절차

가능총소득(PGI: potential gross income) - 공실액 + 주차장 소득등 기타소득
유효총소득(EGI: effective gross income) - 운영경비(OE: operating expense)
순영업소득(NOI: net operating income) - 원리금: 부채서비스액(DS: debt service)
세전현금흐름(BTCF: before-taxcash flow) - 영업소득세(TO: taxes from operation)
세후현금흐름(ATCF: after-tax cash flow)

경비는 유지수선비, 재산세, 보험료, 광고료, 전기세, 전화료 등이 포함된다. 순영업소득에서 부채서비스액(원리금)을 공제하면 세전현금흐름이 산출되거 세전현금흐름에서 영업소득세를 공제하면 최종적으로 세후현금흐름이 도출된다. 이들을 정리하면 <표 4-17>과 같다.

한편, 영업소득세를 계산하는 방법은 순영업소득에서 이자지급분과 감가상각액을 공제하여 과세소득을 산출한 다음 여기에 해당 세율을 곱하면 영업소득세가 산출된다.

② 매도시 양도손익 계산절차

부동산을 일정기간 운영을 하다가 처분하는 경우에는 처분으로 인한 양도소득은 지분투자자의 몫으로 되돌아오게 되는데, 외국에서는 지분투자자의 몫을 양도 지분복귀액으로 부르기도 한다. 양도지분액의 계산방법은 매도가격에서 부동산수수료 등의 매도경비를 공제하면 순매도액이 산출되는데, 순매도액에서 미상환저당잔금을 공제하면 세전양도지분액이 되고 여기서 양도소득세를 공제하면 세후양도지분액이 도출된다. 양도지분액의 계산절차를 표로 정리하면 <표 4-18>과 같다.

<표 4-18> 양도지분액의 계산절차

매도가격(selling price) - 매도경비(selling expense)
순매도액(net sales proceed) - 미상환저당잔금(unpaid mortgage balance)
세전양도지분액(before-tax equity reversion) - 양도소득세(capital gain tax)
세후양도지분액(after-tax equity reversion)

양도소득세를 계산하는 방법은 순매도액에서 순장부가치를 공제하면 양도소득이 되는데 순장부가치는 매수가격에서 운영기간 동안의 감가상각총액을 공제하여야 하기 때문에 결국 순매도액에서 매수가격을 공제하고 감가상각총액을 합하면 과세대상 양도소득이 된다. 여기에 해당 양도소득세율을 곱하면 양도소득세가 산출된다.

3. 투자분석기법

투자분석기법에는 [그림 4-7]과 같이 위험을 고려하지 않는 분석기법과 위험을 고려한 분석기법으로 나누어 볼 수 있다. 일반적으로 부동산 투자분석에서는 위험을 고려하지 않는 분석기법정도로도 충분하기 때문에 여기서는 위험을 고려하지 않는 분석기법만 살펴보기로 한다.

위험을 고려하지 않는 투자분석기법에도 단순어림셈법에서부터 복잡한 현금할인수지법(Discounted Cash Flow Method)에 이르기까지 여러 가지가 있다. 이러한 투자분석기법을 활용하여 투자분석을 실시한 결과를 보고 개발업자가 대상 개발사업에 투자할 것인가 말것인가 최종적으로 판단한다. 이런 투자분석기법 중에서 장기프로젝트에 대한 판단의 근거로서 대표적인 것이 기대수익률과 요구수익률을 비교하는 내부수익률법과 시장가치와투자가치를 비교하는 순현가법 등이 있다.

[그림 4-7] 투자분석기법

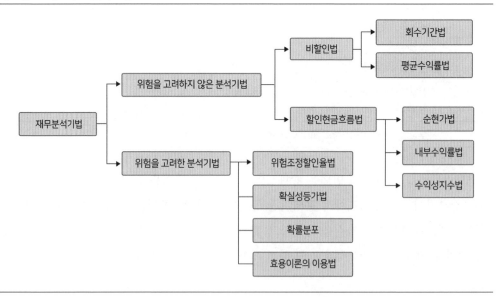

* 실무에서는 위험을 고려한 분석기법은 거의 사용하지 않음.

1) 비할인법

① 회수기간법

회수기간이란 투자에 소요된 모든 비용을 회수하는데 걸리는 기간으로서 보통 년으로 표시한다.

- 회수기간법이란 각 투자안들의 회수기간을 계산하여 계산된 회수기간과 투자자가 고려하고 있는 기간을 비교하여 투자를 결정하는 방법으로서 회수기간 이후의 수익은 무시해 버린다.
- 회수기간법은 시간성으로 평가하므로 경제성 판단의 기준은 되지 못하나 매우 중요한 기법이라 볼 수 있다. 특히, 화폐의 유동성문제를 안고 있는 기업에게는 유용한 투자평가방법이 될 것이다.

② 평균수익률법

회계적 자료를 이용하여 투자안의 회계적 이익률을 산출하여 이것을 기초로 투자안을 평가하는 방법이다.

- 이 기법은 간단하고 이해하기 쉬우나 시간적 가치를 무시했으며, 감가상각방법에 따라서 평균수익률이 변할 수 있기 때문에 경제성평가에 적합한 방법이라 할 수 없다.

$$투자수익률 = \frac{연평균순이익}{연평균투자액}$$

③ 비할인 현금분석법(NDCF: Non－Discounting Method)의 장·단점은 <표 4－19>와 같다.

<표 4-19> 비할인 현금분석법(NDCF)의 장단점

분석방법	장점	단점	의사결정
회수 기간법	■ 방법이 용이함 ■ 투자위험에 대한 정보제공 ■ 기업 유동성 정보 제공 ■ 시설 및 생산품의 진부화 위험 정보제공 ■ 일정조건에서는 DCF법과 큰 차이가 없음	■ 회수기간 이후의 현금흐름 미고려 ■ 회수기간 내 현금흐름에서 화폐의 시간적 가치무시 ■ 가치의 가산원칙 적용불가 ■ 독립적 투자안에서 회수기간 선정이 주관적	상호배타적인 투자 대안 중 회수기간이 가장 짧은 것을 선택함
회계 이익률법	■ 간단하고 이해하기 쉬움 ■ 회계장부상의 자료를 쉽게 구하여 그대로 사용할 수 있음	■ 화폐의 시간적 가치 미고려 ■ 현금흐름을 직접 고려하지 않고 장부상의 이익을 분석대상으로 함	가장 큰 평균 이익률을 투자 대안

2) 할인현금수지법

할인현금수지법(DCFM: Discounted Cash Flow Method)은 문자 그대로 장래 예상되는 현금수입과 지출을 현재가치로 할인하고 이것을 서로 비교하여 투자판단을 하는 방법이다. 이 방법은 주로 장기간 소요되는 부동산개발사업이나 수익용 부동산투자에 대하여 Excel Programming을 통해서 수지분석을 하는 데 이용된다.

① 내부수익률법

내부수익률법(IRR: Internal Rate of Return Method)은 투자로 인한 미래 기대현금유입의 현가의 합과 기대현금유출의 현가의 합을 동일하게 하는 할인율인 내부수익률(IRR)을 구하여 이것을 투자자의 요구수익률과 비교하여 투자의사결정을 내리는 방법이다.

$$\sum_{t=0}^{n}\frac{CO_t}{(1+r)^t} = \sum_{t=0}^{n}\frac{CI_t}{(1+r)^t}$$

CO_t: t시점에서 현금유출
CI_t: t시점에서 현금유입
  r: 내부수익률

일반적으로 컴퓨터를 이용하여 r값을 구하지만 손으로 풀 경우는 현가표와 시행착오방

법(trial & error method)을 이용하여 내부수익률 r을 구할 수 있다.

만약, 200억 원을 투입하여 매년 60억 원씩 5년 동안 회수될 경우 내부수익률을 구해보면

$$200억 \; 원 = \frac{60}{(1+r)} + \frac{60}{(1+r)^2} + \frac{60}{(1+r)^3} + \frac{60}{(1+r)^4} + \frac{60}{(1+r)^5}$$

$$r = 15\% > 요구수익률(12\%인 \; 경우)$$

이 내부수익률이 요구수익률보다 크면 이 투자안은 채택 가능하다.

② 순현가법

순현가법(NPV: Net Present Value)은 투자의 결과로 발생되는 현금유입을 요구수익률(최저필수 수익율)로 할인하여 얻은 현금유입의 현가의 합과 투자비용을 요구수익률로 할인하여 얻은 현금유출의 현가의 합을 비교, 현금유입현가의 합에서 현금유출현가의 합을 뺀 순현가로 투자대상의 경제성을 분석하는 방법이다.

$$NPV = \sum_{t=0}^{n} \frac{CI_t}{(1+k)^t} - \sum_{t=0}^{n} \frac{CO_t}{(1+k)^t}$$

CI_t: t시점에서 기대현금유입
CO_t: t시점에서 기대현금유출
r: 요구수익율(최저필수수익률)

A라는 투자대안의 현금흐름이 <표 4-20>과 같다.

<표 4-20> 투자대안의 현금흐름표 (단위: 억 원)

년	0	1	2	3	4
현금유입		600	500	300	100
현금유출	-1,000	-200			

i) 요구수익율이 10%라고 하면

$$NPV = \frac{600}{(1+0.1)} + \frac{500}{(1+0.1)^2} + \frac{300}{(1+0.1)^3} + \frac{100}{(1+0.1)^4} - \left(\frac{1000}{(1+0.1)^0} + \frac{200}{(1+0.1)^1}\right)$$

$$= 70.57억 \; 원(투자가능)$$

ii) 요구수익률이 14%라고 하면, NPV = −2.68억 원(투자 불가능)

NPV ≥ 0이면 투자 가능하고 NPV < 0이면 투자 불가능

이상에서 보는 바와 같이 요구수익률이 높으면 높을수록 NPV는

작아지며 순현가법은 투자가치가 시장가치보다 크면 투자한다.

③ 순현가법과 내부수익률법의 장단점을 표로 정리하면 < 표 4−21 >과 같다.

<표 4-21> 할인현금분석법(DCF)의 장·단점

분석방법	장점	단점	의사결정
순현가법 (NPV)	▪ 측정된 모든 현금흐름을 고려하고 화폐의 시간적 가치를 고려함 ▪ 가치의 가산 원칙을 준수하고 기업의 가치를 극대화할 수 있는 투자안을 선택할 수 있음	▪ 상이한 자본지출 요구액을 통제할 수 없음 ▪ 1백만 원의 자본지출에 대한 10만 원의 NPV와 50만 원의 자본진출에 대한 동일한 NPV사이 차별화를 할 수 없음 ▪ 다른 투자성과 측정 지표와 결합하여 사용하면 최적의 유용성을 지님	▪ 상호배타적인 투자안의 경우는 NPV가 가장 큰 대안 ▪ 독립안인 경우는 보다 큰 대안
내부 수익률법 (IRR)	▪ 측정된 모든 현금흐름을 고려하고 화폐의 시간적 가치를 고려하기 때문에 이론적으로 우수한 방법임	▪ 내부수익률로 재투자 수익률을 가정하는 것은 비현실적임 ▪ 내부수익률을 구할 수 없는 경우와 복수의 해가 존재하는 경우가 있음 ▪ 가치의 가산원칙을 따르지 않음 ▪ 할인율이 변동하는 경우 투자비교 기준 선정에 어려움이 있음	▪ 상호배타적인 경우 IRR이 가장 큰 안 ▪ 독립적인 안의 경우 무위험 이자율보다 큰 안

④ 수익성지수법(PI)

투자의 결과로 발생되는 현금유입을 요구수익률로 할인하여 얻은 현금유입의 현가의 합을 투자비용을 요구수익률로 할인하여 얻은 현금유출의 현가의 합으로 나누어 1보다 크거나 같은 경우 채택하는 투자결정기법이다.

4. 부동산 재무적 타당성 분석 사례

부동산투자에 대한 재무적 타당성 분석은 개발사업을 완료한 후에 곧바로 매각하는 경우와 일정기간 동안 임대를 한 후 매각을 하는 경우로 구분할 수 있다.

일반적으로 2~3년 이내에 모든 개발사업이 끝나는 사업을 단기사업이라 하고 5년 이상 걸리는 사업을 장기사업으로 칭한다.

단기사업인 경우의 재무적 타당성 분석은 시간가치를 고려한 현금흐름분석은 하지 않고 단지 타인자본에 대한 이자만을 고려하여 수입항목들에서 지출항목들을 빼 세전의 수지차를 투자비로 나누어 평균수익률을 계산하여 평균수익률로 투자여부를 판단한다. 그러나 개발을 완료한 후 5년 이상 임대를 한 후에 매각하게 되는 경우에는 장래에 기대되는 편익을 현재가치로 환원한 값을 구하고 이를 대상으로 투자분석을 한다. 여기서 장래에 기대되는 편익에는 보유기간 중 영업소득뿐만 아니라 보유기간 말의 양도소득도 포함되어야 한다.

1) 단기사업의 재무적 타당성 분석기법 및 사례

소규모 소매시설이나 아파트 등과 같은 단기 개발사업의 재무적 타당성 분석 사례

① 사업개요
- 위치: 대전광역시 A 택지개발지구 내 00BL
- 대지면적: 30,082.64m²(9,100평)
- 연면적: 85,616.17m²(25,899평)
- 총세대수(535세대): 34.08평(445세대), 50.06평(90세대)
- 단지 내 상가면적: 97.56평

② 수입과 비용추정
– 추정수입
  - 아파트 34.08평: 분양가 5,000천 원/평
    50.06평: 분양가 5,000천 원/평(부가세별도)

- 상가 8,500천 원/평(부가세 별도)
- 추정비용
  - 토지가 1식: 12,272,850천 원
  - 도급공사비: 2,150천 원/평(공사기간 30개월)
  - 기타비용은 수지분석표에 표기되어 있다.

③ 수지분석

실시설계에 의한 건축규모와 추정수입 및 추정비용을 적용하여 수지분석을 실시해 보면 <표 4-22>의 수지분석표와 같다.

<표 4-22> 수지분석표

(단위: 천 원)

구분	항목		금액	산출내역
수입	단지내 상가		829,267	97.5608 * 8,500
	아파트		98,373,368	34.0887 * 5,000 * 445 + 50.0578 * 5,000 * 90
	계		99,202,634	
지출	토지대	토지대금	12,272,850	1식
		토지제세	664,551	토지대 * 4.6% + 재산 및 종부세(100,000)
		금융비용	1,840,928	토지대 * 10% * 1.5
		소계	13,096,948	
	건축비	도급공사비	55,682,850	25,899 * 2150
		설계감리비	2,071,920	25,899 * 80
		인입비용	1,294,950	25,899 * 50
		소계	59,049,720	
	부대비용	보존등기비	1,781,851	건축비 * 3.16%
		M/H건립비	1,488,040	매출액 * 1.5%
		광고홍보비	297,608	매출액 * 0.3%
		분양수수료	853,328	상가 8% + 아파트 0.8%
		미술장식품	55,683	도급공사비 * 0.1%
		본사관리비	1,984,053	매출액 * 2%
		분양보증수수료	966,459	아파트분양액 * 0.392976% * 2.5
		소계	7,511,142	
	총계		81,339,190	
이윤(수입-지출)			17,863,444	21.96%

④ 민감도분석

비용항목은 건축비, 토지비용을, 수입 항목은 분양가를 기준으로 하여 −5%에서 +5% 까지의 변화에 따른 수익률 변화를 분석해 보면 <표 4−23>과 같다.

<표 4-23> 민감도분석에 의한 수익률 변화

구분	5% 하락	기준	5% 상승
분양가	16.31%	21.96%	27.58%
토지비	23.07%	21.96%	20.87%
건축비	26.43%	21.96%	17.79%

경기시나리오별, 분양률이나 임대공실률, 자금조달비용(이자율) 등을 이용하여 민감도 분석을 실시할 수도 있다.

⑤ 분석결과
− 초기분양률 100%인 경우에 총투자에 대한 수익률은 21.96%이고, 자본수익률은 25.86%(연평균 10.34%)로 택지개발지구내의 아파트사업으로서는 사업성이 양호한 편이다.
− 민감도분석결과 <표 4−23>에서 보는 바와 같이 분양가, 건축비, 토지비 수익률 에 가장 민감한 요소는 분양가이며 분양가 5% 상승시 수익률 21.96%에서 27.58% 로 민감한 반응을 보이기 때문에 분양가를 결정할 때 분양률을 고려하여 신중을 기 해야 할 것으로 판단된다.

2) 장기 사업의 재무적 타당성 분석 사례분석

"갑"이라고 하는 부동산투자업자는 다음과 같은 조건으로 부동산에 투자하려고 한다. 이러한 조건으로 투자하는 경우에 투자타당성 여부를 검토해 보자.
− A라는 빌딩을 450억 원에 N년도 초에 구입하고자 한다. 이 중에서 은행융자는 60% 받고 이자율은 고정금리로 연 3.5%이고 20년 원리금균등분할상환 방식이다. 이 빌 딩의 감가할 수 있는 부분은 240억 원으로 감가기간은 40년이고 정액법에 의한다. 소곱득세율은 25%로 가정한다.

- A빌딩의 임대가능면적은 18,000m²이고 임대료는 매월 m²당 25,000원 이다. 공실률은 5% 정도로 추정하며 빌딩의 운영경비는 재산세를 포함하여 매월 제곱 미터당 8,000원 정도로 지출된다. 임대료는 매년 3%씩 인상키로 하며 운영경비도 물가상승률을 감안하여 매년 3% 정도 증가할 것으로 추정된다.
- 시장조사결과 이 빌딩은 매년 2% 정도는 가격이 상승할 것으로 추정된다. 이 부동산투자업자는 이 빌딩을 구입하여 **5년간 임대 후 (N+4년)말에** 처분하려고 한다. 매도 시 중개컨설팅수수료는 매도가격의 3% 정도이며, 장기보유 특별공제액(5년 이상)은 양도차익의 15%이다
- 이 부동산투자업자는 당해 빌딩에 투자하는 경우 최소한 12% 이상의 수익률을 요구한다. 양도소득세율을 35%로 가정하는 경우에 NPV로 투자타당성을 검토하고 내부수익률(IRR)도 구해 보자.

건물투자에 대한 현금흐름분석

구입총비용	45,000,000,000.00	원	임대면적	18,000.00	m²
단위임대료	25,000.00	제곱미터당/월	임대료인상률	0.03	매년
공실률	0.05		운영비인상률	0.03	매년
단위운영비	8,000.00	제곱미터당/월	융자이율	0.035	
융자총액	27,000,000,000.00	총비용의 60%	건물가격 상승률	0.02	매년
융자기간	20.00	원리금균등분할상환	감가상각기간	40.00	년(정액법)
감가상각액	24,000,000,000.00	원	매도중개수수료율	0.03	양도가격의 3%
소득세	0.25		양도가격	49,683,636,144.00	원
요구수익률	0.12	세후	양도소득세율	0.35	

영업수지계산 절차

	N년도 말	(N+1)년 말	(N+2)년 말	(N+3)년 말	(N+4)년 말
가능총소득	5,400,000,000.00	5,562,000,000.00	5,728,860,000.00	5,900,725,800.00	6,077,747,574.00
공실률	0.05	0.05	0.05	0.05	0.05
유효총소득	5,130,000,000.00	5,283,900,000.00	5,442,417,000.00	5,605,689,510.00	5,773,860,195.30
운영경비	1,728,000,000.00	1,779,840,000.00	1,833,235,200.00	1,888,232,256.00	1,944,879,223.68
순영업소득	3,402,000,000.00	3,504,060,000.00	3,609,181,800.00	3,717,457,254.00	3,828,980,971.62
부채서비스액	(1,899,749,073.14)	(1,899,749,073.14)	(1,899,749,073.14)	(1,899,749,073.14)	(1,899,749,073.14)

세전현금수지	1,502,250,926.86	1,604,310,926.86	1,709,432,726.86	1,817,708,180.86	1,929,231,898.48
영업소득세	464,250,000.00	498,119,054.39	533,045,950.68	569,063,886.10	606,207,104.93
세후현금수지	1,038,000,926.86	1,106,191,872.47	1,176,386,776.17	1,248,644,294.76	1,323,024,793.54
원금상환분	(954,749,073.14)	(988,165,290.70)	(1,022,751,075.88)	(1,058,547,363.53)	(1,095,596,521.26)
융자잔금	26,045,250,926.86	25,057,085,636.16	24,034,334,560.28	22,975,787,196.75	21,880,190,675.49

영업소득세

	N년도 말	(N+1)년 말	(N+2)년 말	(N+3)년 말	(N+4)년 말
순영업소득	3,402,000,000.00	3,504,060,000.00	3,609,181,800.00	3,717,457,254.00	3,828,980,971.62
이자지급분	945,000,000.00	911,583,782.44	876,997,997.27	841,201,709.61	804,152,551.89
감가상각액	600,000,000.00	600,000,000.00	600,000,000.00	600,000,000.00	600,000,000.00
과세대상소득	1,857,000,000.00	1,992,476,217.56	2,132,183,802.73	2,276,255,544.39	2,424,828,419.73
세율	0.25	0.25	0.25	0.25	0.25
영업소득세	464,250,000.00	498,119,054.39	533,045,950.68	569,063,886.10	606,207,104.93

양도지분 복귀액

양도가격	49,683,636,144.00
양도경비	1,490,509,084.32
순매도액	48,193,127,059.68
미상환저당잔금	21,880,190,675.49
세전지분복귀액	26,312,936,384.19
자본이득(양도)세	1,842,455,300.25
세후지분복귀액	24,470,481,083.93

양도세계산

양도금액	49,683,636,144.00	
취득원가	45,000,000,000.00	
감가상각총액	3,000,000,000.00	
중개수수료	1,490,509,084.32	
과표	5,264,158,000.73	장기보유공제 15% 적용 값
세율	0.35	
세금액	1,842,455,300.25	

NPV

	N년도 말	(N+1)년 말	(N+2)년 말	(N+3)년 말	(N+4)년 말
현금유입	1,038,000,926.86	1,106,191,872.47	1,176,386,776.17	1,248,644,294.76	25,793,505,877.48
현가계수	1/(1+0.12)=0.89	1/(1+0.12)2=0.80	1/(1+0.12)3=0.71	1/(1+0.12)4=0.64	1/(1+0.12)5=0.57
현재가치	926,786,541.84	881,849,388.13	837,328,871.07	793,536,022.82	14,635,927,938.02
초기투자비	(18,000,000,000.00)	(초기투자비는 자체로 현가임)			
PV 합계	18,075,428,761.87				
NPV	75,428,761.87	(요구수익률 12%)	투자적정		

현금흐름

0년	1년	2년	3년	4년	5년
(18,000,000,000.00)	1,038,000,926.86	1,106,191,872.47	1,176,386,776.17	1,248,644,294.76	25,793,505,877.48

IRR   0.1210 ≥ 12%   **투자타당**

NPV   75,428,761.87   (요구수익률 12%)

제5절 결론 및 건의사항

1. 사업타당성 분석의 요약정리

본 고려 개발프로젝트는 사업아이디어는 없고 다양한 업종이 가능한 일정 규모의 상업지역을 상정하여 최유효이용방안을 모색하고자 하였다.

이를 위해 본 토지에 대한 공부서류 및 현장조사를 실시한 후 다른 규제가 없는 상업지역에 대한 인·허가 가능업종을 검토하고 이들을 대상으로 입지분석과 시장분석을 실시한 후 마지막으로 S·W·O·T 분석을 실시한다.

그 다음 관련법규, 입지부석, 시장조사·분석 그리고 S·W·O·T 분석에서 전부 개발이 가능하다고 판단한 9개 업종들을 추출한다. 이 9개 업종을 입지성, 시장성, 수익성(예비설계를 통해 시장분석과 수지분석을 함), 경쟁성, 건축가능성, 제4차 산업혁명과 코로나19로 인한 향후 전망을 고려하여 각 업종을 개별적으로 평가한 결과 최종적으로 저층에는 하이브랜드 판매시설, 그 상층에는 디지털 클리닉센터, 나머지 층을 공유 오피스빌딩을 최적업종으로 선정된다. 구체적으로 1~3층에는 약국을 포함한 하이브리드 업종을 4층에서 7층까지 디지털 클리닉센터로 8층부터는 공유오피스로 구성하는 새로운 트렌드에 적합한 20층의 스마트빌딩을 개발하는 것으로 결정한다.

이 20층의 스마트빌딩이 사업성이 있는지를 최종적으로 검토하기 위해 15층에서 25층 사이의 주변 유사한 스마트빌딩들을 선정하여 임대료, 공실률, 유지관리비, 임대수익률 등에 대한 사례분석을 통해 현재 개발 고려 중인 20층 스마트빌딩의 사업성을 다시 검토해 본 결과 사업성이 있다고 판단된다면, 최적의 개발규모와 개발테마, 개발이미지 등을 고려한 건물외관을 결정함으로 개발전략수립이 완성된다.

이렇게 개발된 20층 빌딩의 평가금액이 450억 원으로 산출되었다. 이렇게 산출된 450억 원의 평가금액을 취득금액으로 가정하고 5년 동안 임대하였다가 매각할 경우를 상정한다. 최종적으로 현금흐름분석과 양도지분 복귀액을 구하여 요구수익률 12%로 상정, NPV, IRR, PI 기법으로 투자분석을 실시한 결과 투자 타당한 것으로 나타났다.

2. 시사점 및 건의사항

1) 시사점

부동산개발사업은 고위험 고수익사업으로 매우 매력적이지만 한 번의 실수가 개발사업 전체를 실패로 만드는 요인이 된다는 사실을 깊이 인식해야 한다.

특히 제4차 산업혁명과 코로나19로 인한 부동산시장 환경변화로 인한 Trend 변화를 깊이 인식하여 독창적인 콘텐츠 구성이 필요하다.

본 사업타당석분석에서 보는 바와 같이 법률적, 경제적, 기술적인 모든 측면에서 사업 타당성이 있어야 완전하므로 부동산 디벨로퍼들에게는 다양한 지식이 필요하고 아울러 철저한 분석이 필수적이라는 것을 인식하는 것이 본 사례분석의 시사점이라 할 수 있다.

2) 건의사항

부동산개발사업의 타당성분석 중 미시적인 부동산시장측면의 분석은 다양한 지식을 함양하고 철저한 분석을 통해 어느 정도 위험을 커버할 수 있지만, 제4차 산업혁명과 5G시대 도래로 인한 급속한 개발환경변화와 글로벌 경제 환경으로 인해 디벨로퍼가 통제 불가능한 거시적 부동산시장 측면은 다양한 변수가 존재하기 때문에 불확실하고 예측하기가 매우 어렵기 때문에 대응의 영역으로써 적절한 대응조치가 필요로 한다.

그러므로 고려대상 개발 프로젝트가 사업타당성이 양호하더라도 개발사업 착수 시점은 글로벌 환경(미국경기와 중국경기 등)과 부동산대책을 고려하고 부동산의 거시적 시장분석을 호경기, 보통, 불경기 등의 시나리오를 만들어 시나리오별로 각각 면밀히 검토하여 결정함으로써 조금이라도 리스크를 줄일 수 있다.

3. 부동산개발 종합 사업타당성 분석 및 사업계획서 수립

만약, 상기에서 부동산개발사업의 타당성분석 결과물을 통해서 사업을 추진하거나 개발사업타당성 분석과 사업계획서를 동시에 실시하는 경우에는 [그림 4-8]에 나타난 Flow (흐름)을 따라 진행하면 된다.

[그림 4-8] 부동산개발 종합 사업타당성 분석 흐름도에 자금조달계획, 사업추진 일정계획, 상세 설계계획(실시계획), 사업방식 및 공사 도급방식 등을 결정한다면 부동산개발 사업계획서를 수립할 수 있다.

[그림 4-8] 부동산개발 종합 사업타당성 분석 흐름도

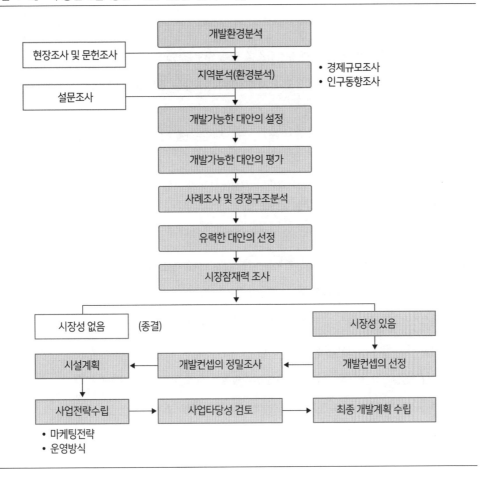

복습문제

01. 부동산개발사업 타당성 분석의 구성요소를 크게 구분해 보라.

02. 개발업자가 토지는 확보하고 있으나 사업아이디어가 없는 경우에 사업타당성 분석절차를 기술해 보라.

03. 대규모 개발사업 시 입지분석에서 도시 또는 지역분석을 먼저 해야 하는 이유와 분석대상과 분석의 주안점에 대하여 기술해 보라.

04. 부동산 시장분석 가운데 거시적 측면의 시장분석과 미시적 측면의 시장분석에 대하여 설명하고 거시적 시장분석을 하는 이유를 설명해 보라.

05. 장기프로젝트의 시장분석이 어려운 이유를 설명해 보라.

06. 최근 제4차 산업혁명과 트렌드 변화에 따른 상권분석에 대한 방법을 논의해 보라.

07. S·W·O·T 분석에 대하여 아는 바를 기술해 보라.

08. 최적개발대안을 구하기 위하여 평가하는 기법을 설명해 보라.

09. 개발전략수립이 공간시설계획을 하는 데 어떠한 영향을 미치는지 설명해 보라.

10. 개발컨셉설정을 완료하기 위한 개발전략 수립에 대하여 아는 바를 기술해 보라.

11. 부동산개발사업에서 건축설계의 중요성에 대하여 설명해 보라.

12. 단일 건물의 건축규모를 결정하는 방법을 논의해 보라.

13. 개발시설별 건축규모에 대한 주차장면적을 구하는 방법을 설명해 보라.

14. 경제적 타당성 분석에서 장기프로젝트의 현금흐름분석을 위해 운영소득과 양도소득을 구하는 절차를 기술하고 영업소득세와 양도소득세를 구하는 방법을 기술해 보라.

15. 장기개발프로젝트의 투자분석 시 현금할인수지법을 사용하는 이유와 그 투자기법들의 종류를 나열하고 각각을 간단히 설명해 보라.

16. 부동산개발사업에서 리스크를 줄이기 위하여 활용되는 민감도분석에 대한 몇 가지 사례를 논의해 보라.

제5장

최근 부동산개발업의 현황과 당면과제

Real Estate Development

제5장 **최근 부동산개발업의 현황과 당면과제**

개요(Overview)

국내 부동산개발업의 현황은 한국표준산업분류방식에서조차도 독립된 업종으로 분 류되지 못하고 부동산개발 및 공급업으로 함께 묶여서 분류되어 있기 때문에 부동산개발업의 정의와도 맞지 않는다.

1993년 국토이용관리법이 개정되기 전까지는 건설업과 개발업이 구분되지 않고 개발업은 건설업에 통합되어 사용되었다.

그러나 국토이용관리법이 개정되어 준농림 지역에 아파트 사업이 가능해지자 시행사라 불리는 개발업자가 등장하였는데 그 당시 개발업자는 아파트 사업부지를 계약하고 중도금과 잔금은 대형건설업체와 공사도급계약을 체결하는 조건으로 시공사로부터 차입을 하여 지급하였다. 사업방식은 일반적으로 개발업자는 토지 매입과 설계 및 인·허가를 책임지고 시공사인 건설회사는 공사에 대한 책임과 분양에 대한 책임을 지는 방식으로 사업이 진행되었다. 그러나 외환위기를 거치면서 구조조정으로 인하여 시공사는 부채비용에 신경을 쓰게 되다 보니 시행사에게 대출해주기보다는 대신 은행이 대출을 해주고 시공사가 보증하는 이른바 조건부 프로젝트파이낸싱에 의한 사업이 진행되었다. 이렇게 되자 개발사업구조가 시행사, 시공사, 금융기관이 협약을 통하여 사업을 진행하는 3자구조로 자연스럽게 변하였다. 경우에 따라서는 신탁회사가 개업되는 4자구조로 개발사업이 추진되기도 한다.

경기회복과 더불어 부동산개발사업의 종류도 공동주택에서 주상복합건물, 오피스텔, 상가 등으로 확대되어 나갔다.

최근에는 공공부문이 보유하고 있는 특정 부지를 대상으로 개발사업을 수행할 민간사업자를 공모로 선정하고 공공부문과 민간부문이 공동으로 출자하여 프로젝트회사(SPC)를 설립한 뒤 그 회사의 책임으로 자금을 조달하여 사업을 시행하는 이른 바 공모형 PFV사업 이란 이름으로 민·관합동개발사업이 추진되고 있다.

2007년 5월에는 부동산개발업의관리및육성에관한법률이 제정되어 부동산개발업 등록제가 실시되었는데 법인인 경우 자본금 3억 이상과 전문인력 2명 이상을 확보해야만 개발업 등록이 가능하게 되었다. 이리하여 아무나 개발업을 추진할 수 없게 되었다. 그러나 개발전문인력이 되기 위해서는 개발전문인력 사전교육을 이수토록 하였는데 사전교육이 너무 짧아 방대한 개발에 관한 지식을 습득하기에 턱없이 부족하여 하여 단지, 부동산개발업을 등록하기 위한 하나의 형식적 조건으로 진행되고 있다.

본 장에서는 제1절에서 부동산개발업의 현황과 문제점을 살펴보고 제2절에서는 부동산개발사업의 동향과 실태분석에서 먼저 민간개발사업의 추진실태를 살펴보고 다음은 대규모 개발사업에서 시행되는 공모형 PFV 사업에 대하여 살펴보았다. 제3절에서는 외국개발업의 사례를 살펴본 다음 제4절에서는 국내 부동산개발업의 문제점과 외국개발업의 사례를 통한 시사점을 통하여 국내 부동산개발업의 당면과제를 추출하고 이에 따른 국내 부동산개발업이 지향해야 할 방향을 제시하였다.

부동산개발업의 현황

1. 한국표준산업분류방식에서의 개발업 현황과 부동산개발업의 정의

한국표준산업분류방식에서는 부동산업을 부동산임대 및 공급업, 부동산관련 서비스업으로 대별하고 있다.

부동산임대업은 다시 주거용 건물임대업과 비주거용 건물임대업, 그리고 기타 부동산임대업으로 나누고, 부동산개발 및 공급업은 주거용 건물 개발 및 공급업과 비주거용 건물 개발 및 공급업 그리고 기타 부동산개발 및 공급업으로, 부동산관련 서비스업은 부동산 관리업과 부동산 중개·자문 및 감정평가업으로 분류하고 있다.

여기에서 건물 개발 및 공급업이 건설업과 다른 점은 건물의 생산을 직접 하지 않고 도급 건설하여 판매하는 데 있다.

자기계정에 의해 건물을 직접 건설하여 분양·판매하는 활동은 건물건설업으로 분류된다. 한편 건물을 직접 건설하더라도 그것을 임대하는 것은 임대업으로 분류되고 있다.

이런 내용을 참고로 하여 정리해 보면 부동산개발업은 한국표준산업분류표상에서 명확하게 독립되어 분류되지 않고 부동산개발 및 공급업으로 함께 묶여서 분류되어 있기 때문에 구입한 토지나 건물을 개량하지 않고 재판매하는 경우도 포함하고 있는데, 이 경우는 부동산개발 및 공급업으로 분류될 수는 있으나 부동산을 개발하여 임대하는 경우는 부동산임대업으로 임대를 마친 후 판매하는 경우도 개발 후 처음 임대부터 시작하기 때문에 부동산임대업으로 분류한다. 그러므로 부동산을 개발하여 임대하거나 판매하는 경우를 포함하여 포괄적인 의미에서 독립적인 부동산개발업이라고는 말할 수 없다.

<표 5-1> 한국표준산업분류표에 의한 부동산업

부동 산업	부동산 임대 및 공급업	부동산 임대업	주거용 건물 임대업	주거용 건물 및 건물 일부를 임대하는 산업활동을 말한다. 주로 1개월을 초과하는 기간으로 임대 기간을 약정하며, 가구 등 집기류를 포함하여 임대할 수 있다.
			비주거용 건물 임대업	사무, 상업 및 기타 비거주용 건물(점포, 사무실 포함)을 임대하는 산업활동을 말한다.
			기타부동산 임대업	농업용 토지, 광물 채굴을 위한 토지 및 기타 부동산을 임대하는 산업활동을 말한다. 부동산과 관련한 권리를 임대하는 산업활동을 포함한다.
		부동산 개발 및 공급업	주거용 건물 개발 및 공급업	직접 건설활동을 수행하지 않고 전체 건물 건설공사를 일괄 도급하여 주거용 건물을 건설하고, 이를 분양·판매하는 산업활동을 말한다. 구입한 주거용 건물을 재판매하는 경우도 포함한다.
			비주거용 건물 개발 및 공급업	직접 건설활동을 수행하지 않고 전체 건물 건설공사를 일괄 도급하여 비주거용 건물을 건설하고, 이를 분양·판매하는 산업활동을 말한다. 구입한 비주거용 건물을 재판매하는 경우도 포함한다.
			기타부동산 개발 및 공급업	택지, 농지 및 농장, 공업용지 등 각종 용도의 토지 및 기타 부동산을 위탁 또는 자영 개발하여 분양·판매하는 산업활동을 말한다. 구입한 토지를 재판매하는 경우도 포함한다.
	부동산 관련 서비스업	부동산 관리업	주거용 부동산 관리업	타인을 위하여 주거용 부동산을 관리하는 산업활동을 말한다. (아파트관리)
			비주거용 부동산 관리업	타인을 위하여 비주거용 부동산을 관리하는 산업 활동을 말한다.
		부동산 중개, 자문 및 감정 평가업	부동산 중개 및 대리업	수수료 또는 계약에 의해 건물, 토지 및 관련 구조물 등을 포함한 모든 형태의 부동산을 구매 또는 판매하는데 관련된 부동산 중개 또는 대리 서비스를 제공하는 산업활동을 말한다.
			부동산투자 자문업	수수료 또는 계약에 의해 건물, 토지 및 관련 구조물 등을 포함한 모든 종류의 부동산을 구매 또는 판매하는데 관련된 부동산투자자문서비스를 제공하는 산업활동을 말한다. 부동산 중개 및 대리와 관련된 자문 서비스는 제외한다.
			부동산 감정 평가업	수수료 또는 계약에 의해 부동산 임대, 부동산 판매 등에 따른 부동산 감정 평가 업무를 수행하는 산업활동을 말한다.

　　이로 인해 부동산개발업의관리및육성에관한법률에서도 부동산개발의 정의를 살펴보면 "부동산개발이란 타인에게 공급할 목적으로 토지를 건설공사 또는 형질변경의 방법의 조성하는 행위 또는 건축물을 건축, 대수선, 리모델링 또는 용도변경 하는 행위를 말한다"라는 정의에서 나타나 있듯이 공급을 목적으로 개발한다라고 세부적으로 규정하고 있어 선진국에서처럼 부동산개발 후 임대를 하던지, 공급을 하던지, 운영을 하던지, 상관없이 부동산개발로 정의하고 있다는 것이 우리나라 부동산개발의 정의와는 확연히 다르다는 것을 알 수 있다.

　　부동산업을 부동산임대 및 공급업, 부동산관련 서비스업으로 대별하고 있는 한국표준산업분류방식을 표로 작성하면 <표 5-1>과 같다.

2. 국내 부동산개발업의 구조의 개편 배경

　　외환위기 이후 국내 건설산업구조도 재편되고 있다. 단적인 예로 대형건설업체의 독식 시스템에서 시행, 시공, 금융 등이 분리되어가고 있다.

　　이에 대한 배경을 살펴보면 1993년 국토이용관리법의 개정으로 준농림지역에 공동주택사업을 가능케 하여 시행사라고 불리는 개발업자들이 등장하였다. 이들이 준농림지역에 일정한 면적의 토지를 계약한 후 준도시취락지구로 용도지역을 변경한 후 대형건설업체와 공사도급계약 체결조건으로 토지대금 가운데 중도금과 잔금을 차입하는 조건으로 약정을 체결하였다. 이 약정서에는 업무분장이 이루어지는데, 일반적으로 개발업자는 토지매입과 설계 및 인·허가에 대한 책임을 지는 반면에 시공사인 건설업자는 공사에 대한 책임과 분양에 대한 책임을 진다. 자금은 분양납입대금으로 충당하며 자금관리는 통장의 명의는 시공사 명의로 하고 인감날인 도장은 시행사와 시공사가 각각 보관하며 자금 필요 시 약정서에 합의된 자금인출순서에 따라 인출하여 자금을 집행한다. 여기서 일반적으로 개발업자의 자금능력과 개발능력이 부족하기 때문에 단순도급계약을 체결하지 않고 분양불 도급계약1)을 체결하여 분양납입금으로 공사대금을 충당하는 형식을 취한다. 반면

---

1) 건축주와 시공사와의 계약방식의 하나로 일반도급계약이 공정에 따라 기성(공사비)을 지급하는 것과 달리, 분양하여 수납된 분양금액으로 공사비를 지급하는 계약방식이다.

에, 자금능력과 개발능력을 어느 정도 갖춘 개발회사는 일반도급계약을 체결하고 분양도 시공사와 함께 업무를 분담하되 개발업자가 주도하게 된다. 이 기간에도 부동산신탁회사가 개입되기도 한다. 그러나 외환위기를 거치면서 구조조정으로 인하여 시공사는 부채비율에 신경을 쓰게 되었고 때를 같이하여 부동산경기 회복과 더불어 개발업자들의 사업종류도 공동주택에서 주상복합건물, 오피스텔, 상가 등으로 확대되어 갔으며, 금융기관의 대출관행도 변하여 저당대출에서 프로젝트의 현금흐름을 중시하는 프로젝트파이낸싱이 대두하게 되었다. 이 과정에서 부동산개발사업의 구조도 시공사와 개발업자의 2자구조에서 개발업자, 시공사, 금융기관의 3자구조로 자연스럽게 변하였다. 현재는 개발업자, 시공사, 금융기관과 경우에 따라서는 부동산신탁회사가 개입되기도 하는 이른바 4자구조로 개발사업이 추진되고 있다.

2001년 이후 공모형 PF사업으로 공공부문이 보유하고 있는 특정 부지를 대상으로 개발사업을 수행할 민간사업자를 공모로 선정하고 공공부문과 민간부문이 공동으로 출자하여 프로젝트회사(SPC)를 설립한 뒤 그 회사의 책임으로 자금을 조달하여 사업을 시행하는 민간합동 개발사업이 추진되고 있다.

그러나 2007년 '부동산개발업의 육성 및 관리에 관한 법률'이 제정되어 시행함으로써 건설업과 부동산개발업이 분류되어 현재까지 시행되어 왔다. 이때부터 일반적으로 시행사로 불리는 부동산개발업자를 부동산 디벨로퍼로 불리기 시작하는 계기가 되었다.

3. 국내 부동산개발업의 현황과 문제점

1) 부동산개발업의 현황

부동산개발업의관리및육성에관한법률이 제정되어 개발업이 등록되기 전까지는 한국표준산업분류표상에서 구별되어 있지 않았다. 그러므로 부동산개발업체 수에 대한 통계조사 자체가 이루어지지 않았다.

그러나 2007년 5월 17일 제8480호로 '부동산개발업의 관리 및 육성에 관한 법률'이 제정되어 부동산개발업 등록제가 실시되고 개발전문인력 사전교육을 이수토록 의무화함에 따라 국가공간정보포털에 의하면 부동산개발업자의 등록추이를 살펴보면 2017년 1월부터 2022년 10월까지를 살펴보면 2017년 1월에 2,061개 개발업자가 기 등록되어 있었는데 그 사이 2,296개 개업자가 신규 등록을 하고 1,324개 개업자가 폐업을 하였으며 278개 개발업가 등록취소를 하여 697개 개발업자가 증가되어 2022년 10월 기준으로 2,758개 개발업자가 등록되어 있는 상태다. 여기서 알 수 있는 것은 문재인 정부에 부동산가격의 급격한 상승으로 인해 많은 개발업자가 신규로 등록하였으나 절반이상이 폐업이나 취소를 하였다. 이것은 부동산개발사업이 그만큼 리스크가 큰 사업인데도 불구하고 전문성이 없는 자들이 부동산개발업 등록을 하고 복잡한 개발사업을 진행하다가 실패하였다는 것을 방증하는 셈이다.

2) 개발업자의 난립 및 부작용

지난 2001년 말 이후 부동산시장이 활황기를 맞으면서 부동산개발업을 전문으로 하는 시행사가 빠른 속도로 늘어났다. 현재는 1개 단지 이상의 아파트, 오피스텔 등을 개발한 시행사만도 수천 개에 이르는 것으로 추정된다. 이 가운데 자체 브랜드 상품으로 디벨로퍼 영역을 굳힌 회사는 수개 회사에 불과하며 부동산 전문성을 갖춘 회사도 수십 개 이내로 추산되고 있다. 그 외 나머지 회사들은 부동산개발의 전문성을 갖추지 못한 채 단지 토지매입 작업만 하고 나머지는 모두 시공회사에 맡기는 이른바 대형건설사의 하청 업체로 전락하고 있는 실정이다.

원래 진정한 디벨로퍼는 [그림 5-1]에서 보는 바와 같이 최상의 입장에서 시행, 시공, 금융과 이에 부수되는 업무를 조율하며 총괄하는 것인데, 우리나라의 디벨로퍼들은 건설업체의 종속회사로서 업무를 추진해나가고 있다.

그런데 부동산개발의 전문성을 갖추지 못한 시행사가 난립하고 있다는 것이다.

부동산등록기준은 법인은 자본금 3억 원(개인자산평가액 6억 원) 이상과 사무실 전용면적 33m²를 갖추고 부동산개발관련 전문인력 2명 이상을 확보해야 하므로 부동산등록 업자가 되는 것이 그렇게 쉽지는 않다. 그런데 더 큰 문제는 부동산개발 전문인력이 되기 위한 교육이 너무 짧아 방대한 교육을 소화하지 못할 정도의 교육 분량이다.

[그림 5-1]   디벨로퍼의 업무총괄도

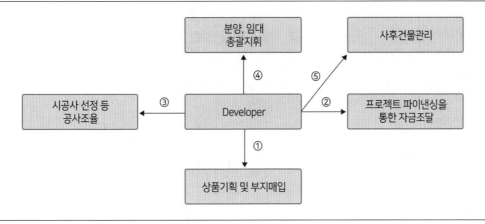

<표 5-2>   개발업자의 난립으로 인한 부작용

내용	부작용
전문성 부재 시행사 등장	▪ 개발 사업타당성 검토 능력 부족으로 리스크 상존 ▪ 자체 고유브랜드가 아닌 시공사 브랜드로 사업 ▪ 시공사가 사업총괄 → 개발업자는 토지매수 작업자 이상의 역할밖에 못함 ▪ 전문성 부재 시행사는 토지확보에만 치중하여 건전한 개발업자에게 피해를 줌 ▪ 금융기관에 자회사와 파트너스 명칭의 투자자문사 등 설치하여 개발업자 자처 또는 플랫폼 역할로 수수료만 수취하고 실제 개발사업은 신탁회사 등에 신탁하거나 양도
부지확보 경쟁	▪ 부지확보 경쟁으로 사업기간 지연과 지가급등 초래로 인한 사업비 증가 ▪ 분양가 인상요인으로 수요자의 피해
난개발초래 및 과잉공급	▪ 택지난을 겪고 있는 서울의 경우 자투리까지 무분별한 개발하고 주택가격 상승에 힘입어 수도권 변두리까지 무분별한 아파트개발로 토지가격 상승 주택가격 하락시 수분양자들의 피해로 인한 갈등초래 ▪ 영세업자들의 난개발로 인해 부작용이 초래되자 정부·지방자치단체의 규제 강화로 선의의 피해업체 발생 ▪ 최근 주택가격이 상승하자 규제를 회피할 수 있는 주거용 오피스텔, 도시형 생활주택, 생활형숙박시설 등을 세심한 사업타당성 검토 없이 무분별한 개발로 인해 과잉공급과 부동산시장의 불균형초래 ▪ 정부의 개발업자에 대한 나쁜 인식으로 인해 건전한 개발업체 육성 저해와 부지확보 경쟁심화로 토지가격 상승으로 인한 결국 분양가격 상승초래

뿐만 아니라 부동산개발 실무경험이 부족함에도 불구하고 교육생들이 교육에 임하는 태도는 진정한 개발업자가 되기 위한 것이 아니라 개발업 등록을 위한 이수과정 정도로 생각하여 전문인력 사전교육 수료증 취득에만 관심을 가지고 있다.

이로 인해 전문성이 없는 부동산개발업자가 양산되고, 이러한 부동산개발업자들의 난립으로 인한 부작용은 <표 5-2>에서 보는 바와 같다.

4. 부동산개발업의 법률제정과 전문 인력 사전교육현황

부동산개발업자의 난립으로 인한 부작용을 개선하고 부동산개발업을 독립된 전문업종으로 육성하며 또 한편으로 부동산개발업자의 관리와 소비자 보호를 위해서 부동산개발업법 제정의 필요성이 대두되었다.

정부에서는 부동산개발업의관리및육성에관한법률(2007.5.17. 제8480호)을 제정하여 2007년 11월 18일부터 시행하게 되었다. 이 법률에 의하면 건축물의 연면적 2천m² 또는 연간 5천m² 이상이거나 토지면적 3천m² 또는 연간 1만m² 이상으로서 대통령령 이상인 부동산개발사 업을 영위하려는 자는 국토교통부장관에게 등록하여야 한다.

등록하고자 하는 자의 자격요건은 주식회사 법인은 3억 원(개인인 경우 영업용 자산평가액 6억 원) 이상이어야 하며, 대통령령이 정하는 사무실 전용면적 33m² 이상과 부동산개발 관련전문 인력 2명 이상을 확보하여야 한다.

부동산개발전문인력 사전교육에 관한 규정(국토부고시 2014-171호, 2014.3.28.)에 의거 부동산개발전문인력 사전교육을 2021년 말 기준 한국부동산개발협회를 비롯하여 4개 교육기관에서 실시하고 있다. 부동산개발협회에서 배출한 부동산개발전문인력은 2022년 10월까지 수료자 기준으로 보면 17,406명이다.

2009년부터 2013년까지 부동산시장이 하락국면에서서 벗어나지 못하였기 때문에 부동산전문인력 사전교육 신청도 늘어나지 않다가 2013년 이후 2021년 말까지 부동산경기가 상승 추세에 있었기에 사전교육 전문인력이 늘어나기 시작하였다. 특히 문재인 정부가 출범한 2017년부터 부동산시장이 활황을 보이자 개발업 등록을 희망하는 자가 많아짐에 따라 자연적으로 부동산개발 전문인력 사전교육자도 늘어나게 되었다.

부동산개발사업의 추진동향과 실태

우리나라 부동산개발사업은 개발주체와 개발대상에 따라 공공개발사업과 민간개발사업 그리고 민·관합동개발사업 등 세 가지로 구분한다. 세 가지 개발방식이 모두 나름대로 특징이 있고 장·단점이 있다.

1. 공공개발사업

공공개발사업은 본래 주택공급, 산업혁신, 균형발전 등과 같은 공익성을 최우선으로 삼는 신도시, 산업단지, 복합단지와 같은 굵직한 프로젝트를 선도해 왔다. 특히 1,2,3기 신도시, 지역별 택지, 산업단지 또는 관광단지 등 대규모 택지를 개발하여 분양 하거나 공공아파트를 건설하여 분양하거나 임대하는 사업으로 개발주체는 정부 혹은 지자체에서 출자한 공기업이 사업주체가 된다. 즉 한국토지주택공사(LH), 서울도시공사(SH), 경기도시공사(GH) 등이 대표적이고 최근에는 기초자치단체에서도 출자하여 운영하는 경우도 많다.

공공개발사업의 특징은 공공성을 인정받아 공익사업을 위한 토지 등의 취득 및 보상에 관한 법률에 의한 협의를 거쳐 토지를 매수하는 것이 일반적이나 여의치 않는 경우에는 택지개발촉진법에 의한 재결신청을 거쳐 토지수용권이란 권리를 이용하여 토지를 상대적으로 손쉽게 확보한 후 기반시설을 설치하고 공공택지를 조성하여 대부분은 민간 사업자에게 분양하는 방식을 취한다. 공공개발사업은 국가나 지역의 정책적이고 전략적인 사업을 시의적절하게 담당해 왔다고 평가할 수 있으나 공기업 임직원들의 토지투기사건으로 빛이 바랬다.

2. 민·관합동개발사업

민·관합동개발산업은 공공과 민간이 합동법인을 구성한 후에 공동으로 사업을 진행하는 방식으로 공공개발과 민간개발을 장점을 모두 취하고 있으며 최근에는 판교 대장동사업으로 커다란 논란거리가 되고 있다.

민·관합동개발은 민간의 정보, 기술, 자금력을 활용하고 공공의 공신력과 안정성으로 사업을 추진하여 궁극적으로는 지역(경제)발전에 기여한다는 본래의 취지이다. 이론적으로 볼 때 민·관합동개발사업은 장점이 많다. 민간이 가지고 있는 풍부한 창의성, 기술력, 자금력 등과 공공이 가지고 있는 공공성, 안정성을 결합시켜 사업을 추진한다는 점에서 시너지를 낼 수 있기 때문이다. 공공성을 내세워 토지수용권을 발동할 수 있기 때문에 민간사업에 비해 빠르고 저렴하게 토지를 확보하기가 용이하다. 뿐만 아니라 사업권을 확보하는 인·허가과정에서도 공공이 참여하기 때문에 민간사업에 비해 훨씬 유리하다. 궁극적으로는 정부, 지자체 등이 재원확충과 지역경제활성화라는 두 마리 토끼를 잡을 수 있어서 그간 사회간접자본(SOC), 지역개발사업, 도시개발사업 등에 활용되어 온 것이다. 그러나 성남 대장동 사건으로 인해 민간의 천문학적인 이익금 배당으로 사회적 지탄의 대상이 되어 버렸다.

그런데 대장동 도시개발사업은 성남의 뜰인 PFV는 자본금 50억 원 이상으로 2년 이상 한시적으로 운영되는 명목상 회사로서 발기인 중 금융기관이 5% 이상 출자해야 하며, 자산운용은 자본금 5,000만 원 이상의 자산관리회사(AMC: 화천대유와 자회사 천화동인 1−7호)에 일괄 위탁하고 상기 조건을 충족할 경우에는 회계연도별로 배당 가능한 이익의 90% 이상을 배당한다면 법인세가 면제되는 구조이다.

이 개발사업에서 문제가 된 것은 민·관개발사업의 일부 참여자들이 탈법과 편법으로 주식을 의결권이 있는 보통주로만 배분하여 민간기업(화천대유와 천화동인)에게 유리한 사업 구조로 만들었다. 대장동 도시개발사업이 대규모 개발사업 임에도 불구하고 PFV인 성남의 뜰은 최소 자본금인 50억이란 자본금으로 구성하였고 부동산개발전문가가 없는 자산관리회사인 화천대유도 최소 자본금인 5천만 원의 자본금과 3억 원의 자회사인 천화동인 1−7호에게 천문학적인 사업이익을 몰아주는 구조를 만들었다. 결국 성남의 뜰의 자본금 중 3억 5천 만 원으로 구성되었다. 이렇게 많은 이익을 낼 수 있었던 이유는 다음과 같다. 도시개발법에서 민·관합동으로 설립한 법인이 조성한 택지는 민간택지로 분류해 분양가 상한제 적용받지 않으며 반면에 공공이 과반의 지분을 보유했다는 이유로 공공택지 개발시 토지강제 수용이 가능했고, 임대주택비율은 성남도시개발공사가 50% 이상 투자한 사업은 25% 이상이나 국토교통부 지침에 따라 ±10% 가능한 것으로 되어 있어 2015년 6월 당시에는 15.29%를 계획하였으나, 2019년 10월 개발계획이 바뀌면서 해당비율이 6.72%로 줄여 교묘히 법과 지침을 악용하였기 때문이다. 그리하여 2022년 12월 이들에 대한 재판이 진행 중이다. 이러한 일이 벌어지자 민·관합동 개발사업에서 도시개발법과 주택법을 다음과 같이 개정하는 결과를 가져왔다.

1) 조성토지 공급계획에 대한 지정권자의 승인제도의 도입(법 제26조 제1항 등: 개정법의 시행 후 최초로 작성하는 공급계획부터 적용하기로 한다. 즉 민·관합동방식을 포함한 수용방식 도시개발사업에 대하여 시행자가 작성한 조성토지등의 공급계획을 시장·군수 또는 구청장을 거쳐 지정권자에게 제출토록 하였다(법 시행령 개정안 제55조의3).

   종래와는 달리, 개정법에 의하면 지정권자는 공급계획 승인처분을 통해 공급방법, 조건, 대상자 자격, 가격결정방법 등 세부적인 내용에 대하여 개입할 수 있도록 하였다.

2) 임대주택 등 건설용지의 공급가격에 대한 특례 확대(법 제27조 제1항: 개정법 시행 후 최초로 도시개발구역 지정하는 경우부터 적용)하였다. 즉 시행자가 공공시행자(국가, 지방자치단체, 공공기관, 정부출연기관, 지방공사)에 대하여 임대주택 등 건설용지를 매각하는 경우 공급가격을 감정평가 가격 이하로 하도록 하였다. 이렇게 되는 경우 각 지방자치단체의 정책 방향에 따라, 조성토지 공급계획 승인제도를 통해 임대주택비율의 확대 및 토지공급가격의 인하 등을 임의로 요구할 수 있게 되어 시행자에게는 리스크로 작용한다.

3) 민간참여자의 이윤율 제한(법 제11조의2, 시행령 개정안 제18조의2 제1항: 개정법 시행 후 최초로 도시개발구역 지정하는 경우부터 적용), 즉 공공시행자가 민·관합작법인을 설립하여 사업을 시행하는 경우, 예상수익률, 역할분담 등이 포함된 사업계획을 마련하여야 하고, 민간참여자의 이윤율 등 내용이 포함된 법인 설립을 위한 협약을 체결하여

지정권자(지정권자가 법인의 출자자인 경우 국토교통부 장관)의 승인을 받아야 한다.
입법 예고된 도시개발법 시행령 개정안은 이윤율 상한을 총사업비의 10%로 정하고
있는데(안 제18조의2 제1항), 총사업비에는 용지비, 용지부담금, 조성비, 기반시설 설
치비, 직접인건비, 이주대책비, 일반관리비, 자본비용 및 그 밖의 비용을 합산한 금
액 등이 포함되며, 이윤율 상한 초과하는 개발이익 산정 시에는 법인세와 개발부담
금 등은 공제된다(입법 예고된 도시개발업무지침 1-7-10의 (4)항 및 [별표 3] 참조).

4) 민간참여자가 직접 건축물을 건축하여 사용하거나 공급하는 토지 비율 제한(제26조
   제3항: 개정법 시행 후 최초로 도시개발구역 지정하는 경우부터 적용), 즉 개정법은 민간
   참여자가 직접 사용 가능한 토지의 비율을 전체 조성토지 중 해당 민간참여자의 출
   자지분 범위 내로 제한함으로써 직접 토지를 개발하여 얻을 수 있는 이익에 대하여
   제한이 가해지게 되었다.

5) 개정 주택법의 주요내용(법 제2조 제24호 바목)을 살펴보면 공공시행자가 과반을 출
   자한 민·관합작법인이 수용·사용 방식 도시개발사업으로 조성하는 공동주택용지
   는 공공택지에 포함되어 분양가상한제 및 분양가격 공시의무가 적용된다(개정법 시
   행 후 최초로 사업계획승인 받는 경우부터 적용). 이미 시행되고 있던 사업에 의해 조성
   된 용지도, 주택법상 사업 계획승인 전이라면 개정법에 따라 분양가상한제 등의 적
   용을 받게 된다는 점을 명심해야 한다.

6) 개발이익환수에 관한 법률의 현재 국회 계류 중인 안들은 공통적으로 개발부담금의
   부담률(법 제13조 참조)을 40~50% 수준(현행 20~25%)으로 상향하는 것을 골자로 함
   (아래 표 참조). 이렇게 될 경우 대규모 개발사업 전반에 대한 부담률 상승에 따른 사
   업성의 악화 및 사업추진 시기 등을 두고 분쟁 및 갈등이 촉발될 우려가 있다.

이렇게 무분별한 법 개정은 부동산개발사업이 고위험·고수익 사업의 특성을 모르고
부정적인 측면에서 정밀한 타당성에 대한 연구도 없이 법 개정을 강행하였다. 민·관합동
방식 사업의 민간참여자로서는 수익성의 제한, 중앙부처의 개입 강화 등으로 인해 사업추
진동력이 약화될 것으로 예측된다. 왜냐하면 도시개발사업은 추진기간이 최소 5년 이상
소요됨으로 인해 개발사업초기의 거시경제 환경과 5년 후의 거시경제 환경은 엄청나게
차이가 나기 때문에 이런 식의 개정법으로는 민·관합동개발사업의 장점을 살리지 못하게

되며 개정법을 다시 보완 개정을 하지 않는 한 민·관합동 개발사업의 활성화는 기대하기 어려울 것이다.

3. 민간개발사업

민간 개발사업은 도시개발사업과 산업단지, 바이오단지, 데이터센터, 골프장, 스키장 등 대규모 개발사업도 시행하지만 일반적으로 공공택지나 개별입지의 토지나 건물을 매입하여 공공개발사업보다는 소규모로 택지를 개발하여 아파트나 역세권 주상복합, 오피스텔, 도시형 생활주택, 호텔, 생활형숙박시설, 오피스, 상가, 물류시설, 지식산업센터 등을 건설하여 임대, 분양하는 사업으로 개발주체는 부동산개발업자이다.

1) 개발사업 유형

국토연구원에서 주최한 '부동산개발업 관리 및 육성에 관한 공청회'(2006.7.25.) 자료에 따르면 38개 민간개발업체에 대한 설문조사에서 민간개발사업의 39.4%가 용지를 취득하여 계획을 수립한 후 택지를 조성하거나 아파트·상가 등을 시공하여 분양하고, 28.2%는 분양 후 관리까지 개발사업 범위로 하고 있으며, 22.6%는 택지조성이나 아파트·상가 등을 건설하지 않고 용지를 취득한 후 양도하거나 사업 인·허가만 받은 후 사업권을 양도하고 있는 것으로 나타났다. 그리고 8.5%는 용지를 취득하여 개발계획을 수립한 후 인·허가를 받고 택지를 조성하거나 주택법 미적용 아파트, 상가 등을 시공한 후 분양하지 않고 통째로 양도하는 것으로 나타났다.

한편, 개발사업의 종류도 공동주택, 주상복합, 오피스텔과 비교적 소규모 상가 등으로 단일시설의 개발이 대부분을 차지하고 있다.

그러나 일부 개발업자들은 개별입지에서 복합시설의 개발을 시도하고 있으나 충분한 시간을 갖고 기획과 마케팅을 실시하지 않은 상태에서 시행되고 있으며, 빠른 자금회수를 위하여 임대보다는 분양을 택하기 때문에 사후관리에 관한 운영프로그램의 연구가 부족한 것이 사실이다. 여기서 복합시설의 개발이라 함은 주거, 오피스, 호텔, 극장, 백화점,

레저스포츠 등, 즉 주거＋숙박＋쇼핑＋문화＋엔터테인먼트가 결합되어 한 단지 내에 건설되어 운영하는 것을 말한다.

2017년 문재인 정부 수립부터 2020년 2월까지 주택경기가 살아나고 수도권을 중심으로 주택가격이 상승하자 부동산개발업자들은 주택사업을 기반으로 오피스텔, 도시형 생활시설, 오피스 등을 활발하게 추진하였다. 이러는 중에 2020년 3월 코로나19 팬데믹의 영향으로 각국 간 인구이동이 통제되고 수출입이 제대로 이루어지지 않자 미국을 비롯한 모든 국가에서 경기침체를 예방하기 위해 엄청난 자금을 살포하고 금리를 제로 금리 수준으로 내렸다. 이렇게 되자 온라인 교육과 재택근무, 영상통화, 원격상담, 비대면 진료, 온라인 쇼핑 등 제4차 산업혁명이 더욱 발전하는 계기가 되었다. 2020년 3월부터 2021년 말까지 주식시장과 주택시장은 활황을 이루었다. 주택가격도 지속적으로 급등하여 세계적으로도 상승률과 실질가격은 가장 높은 수준에 이르렀다. Knight Frank Global House Price 자료에 따르면 2021년 3분기 기준 56개 국가 중 실질 주택가격지수는 1위를 차지할 정도로 급등하여 버블이 심한 상태이다.

금융자산 중 주식시장에서 비대면 종목은 급등을 이루는 반면에 오프라인 판매시설의 업종과 관광업종, 숙박시설업종은 하락을 면치 못하였다. 이렇게 부동산개발환경이 변화되자 부동산개발사업도 물류센터와 데이터센터, 반도체 클러스터, 바이오센터 등의 개발사업이 새롭게 등장하였다.

2) 개발용지 취득방식

2000년대 중반 국토연구원의 설문조사에 의하면 민간개발업자가 개발사업을 하기 위하여 용지를 취득하는 방식은 도시지역 내 용지를 매입하는 경우가 37.5%로 가장 비중이 높았고, 다음으로 공공택지를 분양받는 경우가 31.3%이고, 18.8%는 도시개발법에 의한 용지를 매입하고 있으며, 9.4%는 도시개발법에 의하여 환지를 받는 방식으로 용지를 취득하고 기타 타 법령에 의해 개발하고 있는 경우가 3.1%로 나타났다. 이렇게 볼 때 민간개발사업의 약 60% 이상은 개발주체가 나대지를 취득하여 개발하고 있으며, 40% 정도가 공공택지를 분양받아 개발하고 있는 것으로 나타났다. 그러나 2017년 이후 부동산시장이 활황이 되자 다양한 개발업자가 등장, 계획입지 또는 개별입지에 주택, 지식산업센터, 물류시설, 도시발사업 등을 자체사업, 신탁사에 신탁, 금융조달을 담당하는 자산운용사를 통하거나 Project Management Company에 맡겨 사업을 진행하고 있다.

3) 개발사업방식

민간개발사업방식은 주로 자체사업, 지주공동사업, 토지개발신탁 등으로 추진된다.

자체사업은 토지소유자 또는 개발업자가 토지를 매입하여 사업을 기획하고 직접 자금조달과 시공, 분양하는 방식으로 가장 보편화되어 있는 사업방식이다. 지주공동사업은 토지소유자가 토지를 제공하고 개발업자(건설사, 시행사, 금융기관 등)가 공동으로 사업을 시행하는 사업으로 이익을 공동배분하거나 완성된 건물을 지분에 따라 배분하거나 건물의 일부를 대물로 변제하는 방식 등을 말한다. 개발업자와 시공사가 일반도급계약이 아닌 지분제계약을 체결하고 시공사는 공사대금을 공정에 따라 받지 않고 분양에 따라 공사대금을 받고 개발업자의 자금조달 시 보증을 해주는 방식도 일종의 지주공동사업이라 부른다. 토지개발신탁은 토지소유자가 부동산신탁회사에 개발을 의뢰하고 부동산신탁회사는 개발의 전 과정을 담당하여 사업이 완료된 후 정산하는 방식이다.

4) 민간개발사업의 절차

우리나라 부동산개발사업의 추진절차는 개발업종, 개발규모 및 복잡성과 개발회사의 능력에 따라 많은 차이가 난다. 또한 개발회사와 건설회사의 입장에 따라 다르다. 일반적으로 주택개발사업은 개발회사와 건설회사가 지주공동사업 형태로 사업을 추진하며 그 절차는 다음과 같다.

(1) 개발회사

개발회사일 경우에는 부지에 대한 물건을 접수하게 되면 먼저 개략적인 사업성을 검토하게 되는데, 여기서는 관련법규 검토와 함께 예비설계에 의한 규모를 검토하고 인·허가 사항을 체크해 본 다음 소요자금 규모를 추정하고 시장조사 자료에 의한 사업수지분석을 실시하여 사업가능 여부를 판단하게 된다. 여기서 인·허가가 가능하고 사업성이 양호하다고 판단된다면 토지매매계약을 체결한다. 토지매매계약을 체결한 후 인·허가를 접수하고 건설사와의 시공협의와 금융기관과의 자금조달협의를 한다. 일반적으로 건축심의를 완료한 후 시공약정과 P/F 약정을 체결하게 되며 인·허가를 완료한 후 아파트사업인 경우는 분양보증조건으로 공사착공과 동시에 분양을 실시한다. 공사가 진행되면 개발업자는 시공회사를 관리하게 되고 준공 후 입주자를 입주시키고 부동산관리를 입주자에게 넘겨주면 사업이 종료된다. 그 절차의 흐름을 간단하게 표시하면 다음과 같다.

> 부지정보 입수 → 사업성 타당성검토(① 규모검토, ② 인·허가사항, ③ 자금규모, ④ 시장분석 및 사업수지분석) → 토지계약 → 건설사 시공 및 P/F 협의 → 인·허가 진행(건축심의) → 시공 및 P/F 약정 → 인·허가 완료(건축허가, 사업승인) → 공사착공 및 분양 → 공사관리 → 준공 → 입주 → 부동산관리

(2) 건설회사

건설회사는 시행사가 사업을 의뢰해 오면 부지계약 상태를 확인하고 현장을 확인한 다음 인·허가 추진상태를 확인한다. 그런 후 시행사의 자금조달능력과 사업계획서를 검증하고 마케팅분석을 실시한 다음, 이들을 기초로 하여 수주심의를 실시한다. 수주심의에 통과되면 공사도급 및 P/F 약정이 체결된다. P/F 실행과 동시에 공사도급계약을 체결하고 분양 사업인 경우 자체 또는 대행사를 통하여 분양을 실시한다. 책임준공 조건으로 공사를 수주하였기 때문에 공사를 착공하고 공사를 진행하면서 시행사 및 분양대금을 관리하고 준공을 필한 후 입주와 함께 정산을 하게 되면 사업이 완료되는데, 이러한 절차의 흐름을 간단하게 표시하면 다음과 같다.

> 시행사 의뢰 → 부지확인(계약상태 및 현장 확인) → 인·허가 진행정도 확인 → 자금조달 능력 확인 → 사업계획서 검증 → 마케팅 분석 → 수주심의 → P/F 약정(3사 또는 4사) → 인·허가 완료 또는 건축심의 완료 → P/F 실행 → 공사도급계약체결 → 분양(자체 또는 대행사) → 공사착공 → 사업관리(시행사 관리, 분양대금관리) → 준공 → 입주 및 정산

5) 부동산개발업자와 시공사, 금융기관과의 관계

전문성을 갖추지 못한 대부분의 개발회사들은 토지의 계약금 정도를 지불하고 인·허

가를 진행시키면서 건설회사와 금융기관과의 협의를 통해서 P/F 약정과 공사도급계약을 체결한 후 나머지 절차는 거의 모두 건설회사에 일임하고 있는 실정이다. 그러나 업무분담과 책임은 P/F 약정서에 따르며 그 내용은 일반적으로 <표 5-3>과 같다. 여기서 P/F 약정서를 자세히 살펴보면 자금관리를 위해 운영계정과 관리계정[2]을 개설하게 되는데 분양 수입금 중 운영계정은 시공사 명의로 관리계정은 개발업자 명의로 개설하는 것으로 되어 있기 때문에 개발업자의 자금에 대한 권한은 거의 없다. 또한 대출실행과 동시에 개발업자는 담보신탁한 부지위에 대출기관을 1순위로 한 우선수익권자로 허락하여 대출금의 130%에 해당하는 금액의 수익권증서를 대출기관에 교부하기로 한다. 대출금이 상환된 이후에도 시공사의 공사비 지급이 완료되는 시점까지 시공사를 1순위 우선수익권자로 하는 담보신탁을 유지하기로 한다. 특히, 시공사와 금융기관은 서로 견제하면서 사업추진이 불가할 경우를 상정하여 금융기관은 시공사에 대하여 채무인수, 책임준공 등을 요구하고 시공사는 디벨로퍼에게 책임을 전가하고자 사업포기각서, 채권포기각서 등을 시공사에게 제출하도록 강요한다. 또한 개발업자가 매입한 토지도 토지신탁등기 등을 하도록 하여 이중, 삼중으로 안전장치와 채권확보 방안을 강구함으로써 개발업자는 무방비

<표 5-3> 프로젝트금융 약정에 따른 업무분담

구분	업무분담내용
개발업자	■ 사업부지확보 및 소유권 확보 후 부동산 신탁등기절차이행 ■ 건축물의 설계·감리 및 인·허가 업무 ■ 시설(전기, 가스, 상하수도) 인입분담금 납부 ■ 보존 등기비 및 시행자로서 부담해야할 제세공과금 납부 ■ 건축물 인·허가와 관련한 근원적 민원(난시청, 일조, 조망권)의 해결 ■ 분양관련 업무협조
대출기관	■ 대출심사 및 의사결정 ■ 대출실행 및 대출 원리금의 수납 등 대출채권관리
시공사	■ 건축물의 시공·준공·하자보수 ■ M/H 부지 임차 및 건립공사(단지모형제작 포함) ■ 부지 지상물 철거 및 미술장식품 설치(대상건물에 한함) ■ 건축물 시공과 관련한 민원해결 ■ 견본주택 유지관리 및 브로셔 제작 등 홍보, 분양관련 제반 업무(경우에 따라서는 개발업자가 맡는다)

---

  2) 운영계정은 분양수입금 등 본 사업과 관련한 모든 수입금을 입금하고 관리하는 계정이고, 관리계정은 운영계정에서 1개월 이상 인출이 유보되는 여유자금을 일시적으로 이체하여 관리하는 계정을 말한다.

상태로 상당히 불리한 입장에서 사업을 수행하게 된다.

한편, 전문성을 갖춘 몇 개의 개발회사를 제외한 대부분의 개발회사들은 전문성이 없기 때문에 분양 및 자금관리는 모두 건설회사의 주도하에 이루어지고 있다.

6) 부동산개발업자의 자금조달 방법과 시기

일반적으로 토지의 매입자금 중 계약금은 자체자금으로 하되 중도금 및 잔금은 P/F를 통해서 조달한다. 자금조달 시기는 인·허가 진행 중 건축심의 정도는 통과된 후 시공 및 P/F약정을 체결하여 약정에 따라 자금을 집행한다. 이 때 역할분담중 시공사의 책임준공을 조건으로 금융기관과 시공사 및 시행사 3사가 약정을 체결한다. 금융기관에 따라서는 시공회사에 지급보증까지 요구하기도 하나 대기업의 건설사는 이에 응하지 않는데 그 이유는 지급보증이 바로 부채로 되기 때문이다. 그러나 중소건설사는 지급보증을 하더라도 공사를 수주하기 원한다.

경우에 따라서는 부동산 신탁회사를 참여시키기도 하는데 전문성을 갖춘 개발회사는 토지신탁등기외의 부동산 신탁회사 참여를 꺼리고 있다. 그 이유는 신탁회사를 참여시키는 경우 시공단가는 내려가지만 부동산신탁회사에서 분양가를 결정하고자 하며, 신탁수수료도 부담이 되기 때문이다. 그러나 신인도가 낮고 자금이 부족하며 전문성을 갖추지 못한 개발회사는 대출기관인 금융기관과 P/F를 협의하기 전 능력 있는 시공회사와 협의가 잘 이루어지지 못하는 경우에 먼저 부동산 신탁회사와 조인하여 사업을 추진하기도 한다.

4. 부동산개발 전문가 참여시기 및 설문조사 여부

1) 도시계획 관련 엔지니어링사 및 건축사 참여시기

부동산개발사업의 리스크를 줄이고 수익률을 극대화하기 위해서는 토지를 확보(매입)하기 전에 도시개발사업과 같은 대규모 개발사업은 기초조사는 사내 엔지니어링 전문가가 실시하고 인·허가 관련 조서 등부터는 도시계획 관련 엔지니어링사를 참여시켜야 한다. 그 후에 건축사를 참여시켜서 예비 건축설계를 실시한다.

소규모 개발사업은 건축사를 참여시켜 효율적인 설계를 위하여 토지모양 및 면적의 적정성을 검토하도록 하여야 하나 전문성을 갖추지 못한 대부분의 개발회사는 토지매입 전에는 예비설계를 맡기고 토지매입 후 정식 설계계약을 체결한 다음 건축사를 참여시키는 것이 일반적 관행이다. 그러므로 최유효이용 가능한 토지를 확보(매입)하지 못한다.

2) 분양을 위한 마케팅 담당자 참여시기

대부분의 개발회사들은 시공회사의 주도하에 인·허가를 득한 후 분양을 위하여 시공사들이 마케팅 담당자를 참여시키므로 프로젝트에 도움을 줄 수 있는 마케팅담당자들의 아이디어와 의견을 설계에 반영하지 못하게 된다. 그러므로 설계에 창의적인 아이디어를 담고 있는 마케팅전략을 반영하기 위해서는 건축설계에 마케팅 담당자를 참여시켜야 한다.

3) 부동산관리자 참여시기

대부분의 개발회사들이 부동산을 개발하여 분양을 하기 때문에 부동산 관리의 개념이 없다. 분양을 하지 않고 임대를 하더라도 대부분의 회사들은 준공 몇 개월 전에 관리자를 참여시키는 것이 일반적이다. 때문에 부동산 전문 관리자의 아이디어와 의견을 설계에 반영할 수 없다. 그러므로 개발업자는 부동산관리자를 실시설계 전에 참여시켜야 한다.

4) 대규모 복합 상업시설의 기획 및 마케팅 기간

일반적으로 대규모 복합시설들은 사업기간이 짧게는 5년에서 길게는 10년 이상 소요되고 리스크가 큰 사업이기 때문에 사업타당성 검토 기간이 최소한 2년 이상 소요되어야 하나 우리나라의 경우의 기획 및 마케팅기간이 수개월 정도 밖에 되지 않아 성공적인 프로젝트를 수행하기 어렵다.

외부에서 아디어나 설계를 공모하는 경우에도 2~3개월의 기간을 주기 때문에 차별화된 아이디어나 설계가 아닌 대부분이 개발 후 임대운영이 아닌 분양에 초점을 맞춘 기존의 것을 모방한 아이디어나 설계이기 때문에 장기적으로 인정받는 프로젝트가 될 수 없다.

5) 시장조사시 설문조사 여부

우리나라는 통계자료가 부족하기 때문에 규모가 크고 중요한 프로젝트에서는 시장조사시 반드시 설문조사를 실시해야 하나 전문성을 갖추지 못한 대부분의 개발회사는 간단한 현장조사와 시장조사를 한 후 이를 토대로 수지분석을 실시하여 사업성을 판단하기 때문에 설문조사는 거의 실시하지 않는다. 설문조사를 실시하는 이유는 통계조사나 현장조사에서 얻지 못한 정보를 얻을 수 있기 때문이다.

제3절
외국의 개발업자(Developer) 사례

1. 미국

미국은 각 지역마다 대규모 민간 개발업자들이 건설시장을 좌우할 정도로 매우 활발히 활동하고 있다. 미국의 하버드대학 파이저 리처드(Peiser Richard) 도시계획과 교수가 쓴 '누가 미국을 만들었는가? 도시계획가인가 Developer인가?'라는 논문3)은 미국사회에서 디벨로퍼의 역할이 얼마나 큰지를 보여주고 있다. 파이저교수는 이 논문에서 현재의 미국은 디벨로퍼에 의해서 탄생되었으며, 건설산업에서 이른바 도시계획가(planner)의 영향력

---

3) Richard B. Peiser, *who plans America: Planners or developer?*, Journal of the American Planning Association, 1990, pp.496-503.

이 축소되고 있다고 지적했다.

공공부문은 단지 큰 윤곽만 세워준 것에 불과하고 그 속에서 민간개발업자의 창의력이 결합, 비로소 현재의 도시 모습이 갖추게 되었다고 지적했다.

특히, 세계의 상업, 금융, 문화의 중심지인 81㎢의 뉴욕의 맨하탄도 100년 전에 디벨로퍼의 자금과 개발창의력에 의해 계획도시로 탄생했다는 것이다. 미국의 건설업체들은 벡텔과 푸루어와 같이 기획, 설계부문으로 경쟁 우위에 있는 특정분야의 역량을 지속적으로 키워 나가는 방향이 하나 있고, 다른 하나는 토탈 솔루션 개념의 복합서비스 제공능력을 갖춘 방향이 있다. 이와 같은 건설업체들은 부동산 투자회사들을 자회사로 두거나 잠재적인 발주업체에 자본을 투자하는 등 건설업체인지 금융업체인지 식별이 어려울 정도로 자본규모가 크다.

1) 미국 주요 디벨로퍼 현황

구분	The Related Companies L.P.	Hines Interests L.P.	Forest City Enterprises
사업특성	주거, 오피스, 상업시설 등에서 고급시장 공략	저명 건축가들과 협업	주택 개발사업에 주력
회사개요	▪ 설립일: 1972년 ▪ 종업원: 약 2천 명 ▪ 보유자산: 상업용 부동산 약 224동(자산규모 약11조 아파트먼트 5만 채(2014년 기준))	▪ 설립일: 1957년 ▪ 보유자산: 약 885채 건물개발, 미국내 234동 상업용 부동산(약 23조)	▪ 설립일: 1920년 ▪ 종업원: 2천 5백명 ▪ 보유자산: 아파트먼트 4.8만 채(2014년 기준) 약10조 원(2012년 기준)
주요 사업실적	The Time Warner Center	BAnk of America Center, Houston, EDF Tower, Paris, France: Del Bosque, Mexico City	University Park at MIT, The New York Times Building

건설자금 대출의 대주는 주로 상업은행이나 대부저축조합(S&L)으로, 개발자가 사업을 계획대로 수행할 수 있는가의 여부를 대출의 가장 주요 요건으로 판단한다.

건설공사비 대출(Construction Loan)이 활성화되어 있으며, 건설공사가 시작되면 공사 진척 단계에 따라 시공사에게 공사비가 직접 지불된다.

대출금리 및 수수료는 기준금리에 가산금리가 더해지는 방식으로 진행되며, 개발업자가 금리변동의 위험을 부담하게 된다.

장기자금 대출(Permanent Loan)은 대출금 상환이 장기간에 걸쳐 발생하는 관계로 프로젝트의 장기적인 시장위험을 떠맡는 것을 의미하므로, 개발사업으로부터 발생하는 순운영소득이 이자를 감당할 수 있는지의 여부가 주요한 요건으로 판단한다.

건설공사비 대출이나 장기자금 대출만으로 자금을 충당하기 어려울 경우 메자닌 파이낸싱(The Mezzanine Financing)이 유용한 수단이지만, 전통적인 대출형태보다 리스크가 크기 때문에 대출기관은 후순위 신탁증서를 요구하거나 디벨로퍼 개인의 자본을 담보로 지정한다.

최근에는 개발자가 자신의 지분투자를 일찍 회수하기를 바랄 때나 자본투입 이외의 금융조달이 필요할 때 사용하는 경향이 있다.

부동산 디벨로퍼는 개발사업을 진행함에 있어 토지를 확보해야 하는데, 이를 위한 자금조달은 자기자본조달(Equity Investment)과 채권금융방식(Debt Financing) 활용하기도 한다.

주로 합명회사, 합자회사, 일반주식회사, REITs 등의 기업을 설립하여 사업을 추진하게 되는데, 손실을 최소화하기 위해 토지를 구입하기보다는 개발옵션 등을 활용하는 경우가 많다.

분양형 개발사업의 경우 개발업자는 토지확보 후 사전분양(pre-sale)을 하게 되며 이는 공사비에 사용되지 않고 이를 기반으로 건설자금대출(Construction Loan)을 일으킨다. 대출자의 입장에서는 사전분양이 되면 일정수준의 사업성을 확보하는 수단이 되기 때문에 대출 금리를 조절하는 근거가 되기도 한다. 이후 수분양자의 계약금 등은 에스크로우 계좌에서 별도로 관리되며 공사와 관련된 비용은 모두 건설자금대출 등으로 충당한다는 점이 우리나라와 다르다.

미국의 부동산시장은 주로 디벨로퍼(Developer)에 의해 공급되며, 특히 주택의 경우에는 후 분양방식으로 자금회수가 2년 이상 걸리는 장기투자 사업이다.

분양대금은 은행대출을 먼저 상환하고 판매비용을 정산한 후 유한회사의 주주지분 비율에 따라 이익금으로 분배되는 방식이 일반적이다.

공사의 진행은 개발업자가 선정한 시공사에 의해 진행되나 준공 리스크에 대비하여 시공사에게 공사이행보증(P-bond)을 제출하도록 한다.

미국은 일반적으로 부동산개발사업이 분양보다 임대가 많아 사업구조가 국내와 상이하며, 후 분양제도를 채택하고 있어 대규모 자금조달이 필수적으로 자체조달이 어려운 경우 다양한 방법을 통해 조달한다. 그러므로 부동산 디벨로퍼는 사업 초기부터 전체 개발 사업비의 약 30%에 달하는 자금을 투입해야 한다.

미국의 자금조달은 임대형 개발사업의 경우 단기적인 건설자금대출(Construction Loan)을 일으킨 후 준공시점에 장기자금대출(Permanent Loan)을 받아 공사비 대출을 상환하여 대체하는 2단계 구조가 주로 활용된다.

2) 시사점

- 장기발전계획
- Public-Privite Partnership(공공은 민간의 참여를 필요로 하고, 민간은 공공의 도움을 필요로 한다)
- 도시에서 다양한 삶과 행동들: 그것을 통한 삶의 질 상승, 어메너티, 복합개발, 밀도, 장소성, 걷고 싶은 환경
- 주거에서 창고까지 다양한 사업 추진, 분양에서 임대까지 다양한 상품구성
- 지속적인 성과 관리와 신뢰축적
- 지역 또는 상품의 전문화된 영역확보
- 투자, 개발, 관리로 이어지는 가치사슬(Value Chain)의 확보

2. 일본

일본은 우리나라와는 달리 1800년도 말부터 건설업과 디벨로퍼 간의 업종분리 및 전문화가 이루어졌다. 1900년도 초에 민간에 의한 철도개발이 본격화되면서 디벨로퍼가 활동하기 시작하여 1918년에는 민간철도개발을 운영하는 회사가 420개사에 달할 정도였는데, 이 민간 철도업체의 활동은 2차대전 발발 이후 전면 중단됐고 1960년대 중반까지 토지분양업자가 주축을 이루는 디벨로퍼가 등장한다.

안상경 일본 동양대 교수에 의하면 일본은 60년 후반부터 중·소 디벨로퍼가 난립하면

서 마구잡이식 난개발로 주거환경이 커다란 문제점으로 드러나 정부에서는 개발규제에 나서게 되었고 결국 중·소 디벨로퍼의 난개발을 규제하는 동시에 대형 부동산 자본의 디벨로퍼 진출을 유도하여 도시의 체계적 개발에 큰 역할을 하도록 하였다. 80년대에 들어서면서부터 기업의 설비투자 감소, 수주물량 급감 등 건설 환경이 악화되자 제네콘(Genecon)이라 불리는 대형종합건설업체와 재벌들이 부동산개발, 임대 등을 전담할 자회사를 설립하여 디벨로퍼 분야로 진출하기 시작하였다. 즉 시미즈 건설, 다이세이 건설 등 이른바 대형건설업체들이 디벨로퍼로 변신, 건설시장을 주도해 나가고 있다.

이들은 수주물량을 나오기를 기다리는 것이 아니라 개발사업을 통해 수요를 창출했던 것이다. 정부가 민간디벨로퍼가 참여할 수 있도록 대규모개발사업을 발주했고 이에 일본의 디벨로퍼들은 관의 협조 하에 대규모 개발을 주도해 나갔다.

일본 디벨로퍼들도 [그림 5-2]에서 보는 바와 같이 공사 발주에서부터 임대, 분양, 유지보수에 이르기까지 모든 분도를 주도적으로 해나가고 있다.

[그림 5-2] 일본 디벨로퍼의 사업운영형태

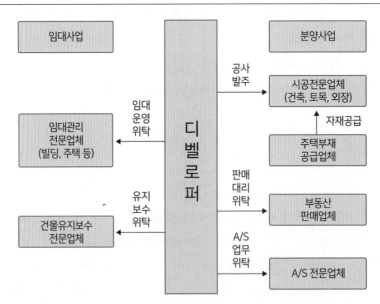

1) 일본 대표 디벨로퍼의 현황

구분	미츠이부동산	미즈비시지쇼	모리빌딩
사업 특성	상업, 오피스, 개발, 주택, 호텔, 리조트 등 다양한 개발사업 추진	오피스/빌딩개발, 주택, 도시개발 등 지역개발사업 추진	도심 재개발 중심의 선택과 집중 의 도전적 개발사업 추진
회사 개요	■ 설립일: 1914년 ■ 자본금: 1,743억엔 ■ 매출액: 14,189억엔 ■ 보유자산: 3조엔 ■ 관리면적: 126만평 ■ 관계회사: 181개	■ 설립일: 1937년 ■ 자본금: 856억엔 ■ 매출액: 8,696억엔 ■ 보유자산: 3조 4,5억엔 ■ 계열사: 약 240개	■ 설립일: 1959년 ■ 자본금: 670억엔 ■ 매출액: 2,0002억엔 ■ 보유자산: 3조엔 ■ 관리면적: 36만평 ■ 입주회사: 2,663개
주요 프로젝트	■ 미드타운(2007) ■ 아카사카 사카스(2008) ■ 가와사카라조나(2007)	■ 마루노우치 지구 ■ 시나가와그랜드커먼스 ■ 오다이바 아쿠아시티	■ 아크힐즈91986) ■ 롯폰기 힐스(2003) ■ 오모테산도힐즈(2006)

자료) 일본 노무라 연구소.

2) 일본 대표 디벨로퍼의 사업분야 및 사업추진 과정

부동산개발-영업-설계-매니지먼트 순으로 진행되며 성공적인 사업수행을 위해 운영을 통한 고수익을 유지한다.

여기서 영업은 운영을 위한 임대차 및 운영회사와 계약관리 등이며, 설계는 성공적인 개발을 위해서 자체 설계회사를 통하여 원하는 방향으로 설계하며 공사감독도 한다.

매니지먼트는 타운이나 빌딩관리·운영까지도 함께 수행한다.

3) 일본 대표 디벨로퍼의 사업전략

일본 종합 디벨로퍼들의 사업전략을 요약하면 다음과 같다.
- 복합개발에 의한 타운조성과 타운매니지먼트에 의한 지속적인 지역활성화 및 그로 인한 자연스러운 개발사치의 상승
- 부동산개발 전 단계에 걸친 업무수행 가능한 능력보유, 즉 프로젝트의 기획, 설계, 인·허가, 텐넌트유치, 관리운영에 걸친 부동산개발사업 전 과정을 개발그룹 내에서 수행

- 각 단계에서의 결과를 검증하여 정보를 상호 피드백 함으로써 부동산개발-운영까지 노하우 축적 및 상품성 강화
- 일관되고 종합적인 매니지먼트, 즉 일관된 상품기획과 임대·운영관리를 수행하되 고객만족도, 고 가동율의 지속적인 유지

일본의 관·금융기관 등에서는 디벨로퍼로 하여금 위험성을 최소화할 수 있도록 지원을 아끼지 않는다. 특히 녹지 공간 확보 시 인센티브 용적률을 폭넓게 제공하는 등 규제보다는 원활한 사업수행을 위한 편의를 제공하고 금융기관 역시 프로젝트파이낸싱을 통해 개발비용의 대부분을 제공하며 디벨로퍼와 협조체계를 갖추고 있다. 일본도 버블 붕괴 후 대부분의 디벨로퍼들이 고전을 면치 못하고 있으며 불황타개의 일환으로 부동산 투자신탁(J리츠), 부동산펀드 등 신상품개발로 활로를 모색하고 있다. 한편, 미쓰이는 분양사업, 미쓰비시는 건물임대사업, 동경건물은 신도시개발사업 등으로 업무영역을 특화해 나가고 있다.

4) 일본 종합 디벨로퍼의 시사점

- 초기 주력사업의 확립과 지속적인 경쟁력 확보
- 시대의 변화에 발맞춘 사업다각화
- 사업의 선택과 집중 및 복합 개발화에 의한 브랜드가치 1위 획득
- 개발(하드)과 운영(소프트)부문의 균형적 발전과 시너지효과
- 기획에서 관리운영 전부문에 걸친 인하우스 체제로 상호 피그백효과 및 상품성강화
- 타운매니지먼트를 통한 일체화된 관리 운영 및 브랜드화

3. 싱가포르

국내와는 달리 싱가포르는 철저하게 디벨로퍼 중심의 개발시스템을 갖추고 있다. 부동산개발프로젝트 수립, 분양, 사후관리까지 디벨로퍼가 맡는다. 물론, 분양대행사나 임대관리 대행사가 있지만 이 역시 디벨로퍼가 진두지휘하고 있다. 그러므로 국내의 수요자들이

시공사 브랜드를 고려하듯 싱가포르 수요자들은 시행사(디벨로퍼)의 브랜드를 따져본다. 그만큼 시행사(디벨로퍼)의 책임과 위험을 떠맡는 구조인 것이다. 그러므로 철저한 사업계획, 시장분석, 마케팅전략을 수립하지 못하면 개발업계에서 살아남지 못하고 도태되고 만다. 시공사는 절대로 개발과정에 개입하지 않고 순수하게 시공만 진행하기 때문에 개발회사는 시장에 의해 평가받고, 시공사는 정부에 의해서 평가받는 것이 특색이다. 또한 주택은 공공 디벨로퍼, 일반건물은 민간 디벨로퍼가 주도하고 있다. 싱가포르의 케펠랜드4)와 같은 민간 디벨로퍼의 자산 규모는 국내 대형건설사와 유사할 정도로 크다.

제4절
부동산개발업의 당면과제와 지향해야 할 방향

1. 부동산개발실태의 문제점 및 시사점

1) 국내 부동산개발업의 문제점

(1) 부동산개발업 현황파악에서 나타난 문제점

한국표준산업분류표상에서 부동산개발업에 대한 독자적인 분류가 없어 공식적인 통계조사에 의한 자료를 구할 수 없기 때문에 목적을 가지고 별도로 조사를 하지 않고는 부동산개발업에 대한 자세한 현황은 파악하기가 거의 불가능하다. 단지 국가공간정보포털 사이트에서 부동산개발업체의 등록 및 취소 등에 관한 숫자만 확인할 수 있을 뿐이다.

---

4) http://www.keppelland.com.sq/ 참조.

2) 부동산개발사업 실태분석에서 나타난 문제점

국내 일부 개발업자들은 토지매입 작업을 하고 계약과 동시에 계약금을 지불하고 토지를 확보한 후 인·허가를 진행하면서 시공회사와 금융회사와의 P/F협의를 거쳐 토지 중도금과 잔금을 마련하고 나머지 시장분석, 마케팅, 설계, 아이템개발, 사업성분석, 분양, 사업관리 등은 시공사가 일정부분 담당하기 때문에 개발업자는 철저한 입지분석이나 시장분석 및 경제성분석 없이 토지를 매입하게 된다. 특히 건축사도 토지매입 전에 투입하지 못하여 최유효이용이 가능한 토지를 매입하지 못하고, 분양을 위한 마케팅 담당자도 후반에 투입되어 설계에 마케팅 담당자들의 의견을 반영하지 못하게 되어 성공적인 개발사업을 수행할 수 없게 된다. 이러한 처지에 있는 개발업자는 최상의 입장에서 시행, 시공, 금융 등 3가지 분야를 조율하며 사업을 진행하지 못하고 건설업체에 종속되어 업무를 해나가고 있는 형편이다.

이로 말미암아 P/F 협정시 금융기관이나 건설회사 등에서는 2중, 3중 신용보강의 일환으로 ① 토지신탁등기에 의한 수익권 증서에 질권 설정, ② 앞으로 납부해야할 분양대금인 채권에 대한 양도증서제출, ③ 사업권 포기(건물+토지)각서 등을 요구하므로 인하여 불공정 계약이 성행되고 있다. 그러므로 개발회사는 권리는 없고 책임과 의무만 질 수 밖에 없는 아주 불리한 입장에서 사업을 수행하게 된다. 또한, 공사도급 계약체결에서도 단순도급이 아니라 분양불이나 이익보장제 계약5) 등으로 인하여 분양성이 있는 프로젝트는 개발업자가 상당히 불리한 입장에 처한다. 대부분의 개발회사가 능력과 전문성이 없어 브랜드 가치가 있는 시공사와의 공사협의가 잘 안되는 경우가 있다. 이 경우 금융기관에서 프로젝트금융으로 자금을 조달하려면 부동산 신탁회사를 참여시켜야 하는데, 시공단가는 약간 내려가지만 신탁수수료와 부동산 신탁회사의 낮은 분양가 결정요구가 개발업자에게는 부담이 된다.

한편 부동산개발사업도 단기간에 자금을 회수할 수 있고 아이디어나 노하우가 거의 필요 없는 아파트, 주상복합, 오피스텔 등의 단일시설 개발사업이 대부분이므로 세계적으로 유명한 복합 상업시설과 같은 개발은 이루지기가 거의 불가능하다. 수도권의 일산, 용인,

---

5) 이 계약은 개발사업에서 발생할 이익에 대하여 시공사가 책임지고 일정부분은 건축주에게 돌려주고, 나머지 부분은 공사비 대가로 시공사가 가져가는 형식의 계약이다.

광주등과 부천, 청주, 부산 등지에서 극소수의 회사들이 대규모 도시개발사업이나 복합상업시설을 개발하고 있으나 짧은 개발기간과 정부나 지자체의 잘못된 시각으로 인하여 세계적인 명소로 개발하는 데 한계가 있다.

그 뿐만 아니라 국내개발업자들이 선진개발기법에 대한 노하우와 자금력이 없이 미국, 중국, 베트남 등 외국으로 진출하기 때문에 외국 프로젝트에 대한 충분한 사업타당성 검토가 불가능하다. 이로 인하여 실패하는 사례가 많다.

(1) 외국 디벨로퍼 사례의 시사점

최상의 입장에서 시행, 시공, 금융 등 세 가지 분야를 조율하며 주도적으로 사업을 진행해 나가는 외국 디벨로퍼의 사례분석을 통하여 시사점을 도출해 보면 다음과 같다.

첫째, 건설업 속에 개발업이 속하는 것이 아니라 개발업 분야 중 하나로 건설업이 위치해 있을 만큼 디벨로퍼의 역할이 지대하다. 부동산 디벨로퍼와 투자자가 함께 지분투자를 하여 사업을 시행하며 디벨로퍼의 초기 투자비용이 전체개발사업의 30% 이상이 되므로 시공사와 금융기관에 예속되지 않고 동등한 위치에서 별도로 계약을 통하여 사업을 진행한다.

둘째, 개발업자의 육성은 건설산업뿐만 아니라 금융산업에도 큰 영향을 미친다. 왜냐하면 이들은 신상품개발을 통해 수요를 창출하고 상품개발을 위해 프로젝트파이낸싱과 같은 방법으로 자금을 조달해야 하기 때문이다.

셋째, 개발업자는 시공사의 브랜드를 사용하지 않고 자체브랜드로 사업을 추진할 수 있을 정도의 자금과 개발사업 능력을 갖추고 있다.

넷째, 개발의 모든 주도권은 디벨로퍼가 갖고 있으며 부동산개발기획에서부터 사업성 검토, 분양, 사후관리까지 디벨로퍼가 맡으며 P/F나 시공도 디벨로퍼가 주도적으로 조율하고 관리, 감독해 나갈 정도로 전문성과 능력을 갖추고 있다.

다섯째, 분양대행사나 임대관리 대행사가 있지만 이것 역시 디벨로퍼가 주도한다.

여섯째, 중소 디벨로퍼의 난개발을 규제하는 동시에 대형부동산 자본이 디벨로퍼 시장으로 진입할 수 있도록 유도하여 디벨로퍼의 대형화를 유도하는 동시에 건전한 도시개발에 큰 역할을 할 수 있도록 하였다.

일곱째, 해외 디벨로퍼는 기존 사업과 연관성이 높으면서도 고부가가치 창출과 장기적

임대수익을 통해 지속가능성을 높일 수 있어 향후 발전 가능성이 높다. 특히 코로나19 영향으로 어려워진 기업들이 유동성 확보를 위해 토지 등 부동산을 매각할 것으로 예상된다. 이에 디벨로퍼들은 저렴한 토지를 확보하며 부동산개발사업을 확대할 기회가 많아질 것으로 보인다.

2. 국내 부동산개발업의 당면과제

우리나라 부동산개발사업 추진 실태분석에서 나타난 문제점을 보완하고 외국 디벨로퍼 사례를 통한 시사점을 참고로 우리나라 개발업의 당면과제를 제시하면 다음과 같다.

첫째, 부동산개발업에 대한 한국표준산업분류표 상에서 부동산개발업의 독립적인 구분이 필요하다. 즉 부동산을 개발하여 분양 또는 임대하거나 운영하는 경우 모두를 개발업에 포함하여 독립적으로 구분하여야 한다. 또한 부동산개발업의 현황 및 실태파악과 개발업자들에 대한 관리·감독을 가능케 하는 제도 마련이 필요하다.

둘째, 이렇게 하기 위해서는 '부동산개발업의 관리 및 육성에 관한 법률'에서 부동산개발이라는 정의부터 수정하여야 한다.

셋째, 부동산개발업은 건설산업뿐만 아니라 금융산업에도 큰 영향을 미치기 때문에 건전한 개발업자의 육성은 필수인데 이에 대한 관련 법률과 건전한 개발을 위한 의식교육과 전문성교육을 담당할 교육기관이 필요하다.

넷째, 우리나라의 개발업자는 정부와 소비자로부터 신뢰를 받을 수 있는 능력과 공신력을 갖추어야 한다.

다섯째, 부동산개발업자가 개발업의 주도권을 갖고 시공사와 금융기관을 조율할 수 있는 체제를 갖추어야 한다.

여섯째, 건전한 개발에 필수요건인 자금력과 조직 그리고 전문성을 갖춘 개발업자 육성이 시급하다. 또한 지속가능하고 풍요로운 삶과 문화를 즐길 수 있는 다양한 콘텐츠를 지닌 도시개발과 복합 상업시설들의 개발단지가 세계적인 명소로 자리매김을 할 수 있도록 개발업자는 창의력과 운영프로그램에 대한 노하우가 있어야 한다.

정부나 지자체는 금융과 인·허가 측면에서 적극적인 지원이 시급하다. 한 걸음 더 나아가 세계적인 디벨로퍼 육성도 시급하다.

3. 국내 부동산개발업의 지향해야 할 방향

우리나라 부동산개발업의 현황과 실태분석에서 나타난 문제점을 보완하고 선진국 사례를 참고로 국내개발업자의 지향해야 할 방향을 제시하면 다음과 같다.

첫째, 한국표준산업분류표상에서 산업분류의 원칙이 그 산업의 부가가치측면을 우선시하기 때문에 부동산개발업을 표준산업분류표상에서 분류하기가 어렵다면 그 대안으로서 부동산개발업에 대한 법률제정을 통하여 디벨로퍼협회 등에 등록함으로써 부동산개발업의 현황 및 실태파악과 개발업자들에 대한 관리·감독을 가능케 해야 한다.

둘째, 제1절의 [그림 5 - 1]에서 보는 바와 같이 부동산개발업자는 개발의 모든 주도권을 갖고 개발기획에서부터 사업성검토, 분양, 사후관리까지 처리해야 하고 시공도 개발업자가 주도적으로 조율하고 관리, 감독해 나갈 정도로 전문성과 능력을 갖추어야 한다. 또한 사업추진절차 단계별로 필요한 전문가들의 전문성 배양도 요구된다. 이를 뒷받침하기 위해서는 무엇보다도 선진기법의 개발사업구조와 부동산개발절차를 우리 실정에 맞도록 체계화하여 이를 활용할 수 있는 폭넓은 교육을 실시해야 한다. 이를 위해서는 정부는 부동산개발업의관리및육성에관한법률을 빠른 시일 안에 개정하여 난립하고 있는 개발업자(디벨로퍼)를 정비하고 학교나 디벨로퍼협회 등에 의한 철저한 의식교육과 전문성 교육을 통해서 건전한 디벨로퍼를 육성하되 건전한 개발업자들에 대하여는 인센티브를 주어 성장을 지원해야 한다.

셋째, 금융기관의 대출관행이 시공사의 지급보증 등과 같은 조건부기업금융이 아닌 프로젝트의 사업성에 기초한 진정한 프로젝트파이낸싱이 정착되도록 프로젝트투자금융회사(PFV)6)제도를 활성화하여야 한다.

넷째, 개발업자는 전문성과 능력 있는 개발회사가 될 수 있도록 스스로 노력하여 정부나 소비자들로부터 신뢰와 공신력을 구축함으로써 소비자가 시공사의 브랜드가 아닌 개

---

6) PFV는 자본금 50억 이상, 존속기간 2년 이상, 발기인 중 1인 이상이 금융기관이고 5% 이상 출자하여 만든 명목회사로서 개발업자와 공동으로 사업을 추진함으로써 법인세 이중과세와 시공사 보증문제를 해결할 수 있다.

발업자의 브랜드로 평가하도록 분위기를 조성해야 한다. 뿐만 아니라 정부와 지자체는 지역발전을 위해서 일자리 창출과 인구유입이 가능한 도시개발사업을 추진할 수 있도록 인센티브를 주어 건전하고 능력있는 부동산개발업자가 사업을 추진할 수 있도록 도와주어야 한다. 대규모 복합 상업시설 등을 개발하는 개발업자를 적극적으로 지원하여 장기적이고 세계적인 프로젝트를 성공적으로 개발함으로써 세계적인 명소가 되어 관광산업에도 이바지할 수 있도록 해야 한다. 나아가 국내뿐만 아니라 외국에 진출하여 개발프로젝트를 성공적으로 수행할 수 있는 세계적인 디벨로퍼가 배출될 수 있도록 해야 한다.

다섯째, 제4차 산업혁명과 코로나19로 인한 개발환경의 변화에 따라 우리나라 부동산개발업자들도 입지의 중요성이 감소하고 디지털자산에 관심이 많은 MZ세대의 트렌드를 추종하여 메타버스와 NFT 그리고 블록체인 등의 플랫폼을 충분히 이해하고 개발사업에 다양하게 활용하여야 한다. 뿐만 아니라 장래 유망한 데이터센터, 반도체크러스트 단지, 바이오단지 등의 개발에도 관심을 가져야 한다. 마지막으로 코로나19로 인한 양적완화와 저금리 기조로 버블상태에 있는 주택시장의 붕괴에 대비하여야 한다. 이를 위해서는 미국을 비롯한 글로벌 경제성장률 추이, 물가추이, 금리추이, 양적긴축 추이, 실업률추이 등을 매일 점검하여 주택경기의 경착륙에 대비하여야 한다.

여섯째, 부동산개발업자들도 윤석열 정부의 부동산대책을 철저히 분석하여 부동산개발사업에 활용해야 하며, 고령화율은 세계에서 가장 빠르며 출산율이 세계에서 가장 낮아짐에 따른 개발환경의 변화에도 대비하여야 한다.

일곱째. 제4차 산업혁명과 코로나19로 인한 개발환경변화에 따른 국내 디벨로퍼들은 빠르게 시장을 선점하기 위해서는 다양한 부동산 분야에서의 개발 능력을 겸비하고 상품군을 늘려 사업 포트폴리오를 다각화해야 한다. 또한 전략적 M&A 및 제휴를 통해 사업지역을 확대하고 산업내 우위를 선점해야 한다. 급변하는 환경 속에서 지금까지의 단기수익에 집중한 분양 위주의 사업 모델로는 성장에 어려움이 있다. 선순환적 비즈니스 모델을 통한 지속 가능한 사업 모델 구축, 즉 디벨로퍼로의 전환이 지속 성장과 수익 창출을 위한 중요한 선택이 될 것이다.

복습문제

01. 한국표준분류방식에서 부동산개발업의 현황은?

02. 국내 부동산개발업의 현황과 문제점을 개발사업 구조상에서 지적해 보라.

03. '부동산개발업의 관리 및 육성에 관한 법률'이 제정되어 시행되고 있는데 제도적 측면에서 문제점과 개선해야 할 사항을 논의해 보라.

04. 국내 부동산개발사업의 추진실태를 1) 개발유형, 2) 개발용지취득방식, 3) 개발사업방식에 따라 기술하고 문제점이 있다면 지적하고 이에 대한 개선방안을 제시해 보라.

05. 민간개발사업의 절차를 개발사업자와 시공사입장에서 기술하고 개선해야 할 사항이 있다면 이것을 지적하고 개선방안을 논의해 보라.

06. 프로젝트금융의 약정에 따른 시공사, 시행사, 금융기관의 업무분담을 기술해 보라.

07. 부동산개발사업에서 자금조달방법을 기술하고 장·단점을 논의해 보라.

08. 부동산개발사업의 전문가인 건축사, 마케팅 전문가, 관리자의 개발사업추진 과정에서 각자가 참여해야 할 시기는?

09. 대규모 개발사업의 기획 및 마케팅기간은 최소한 얼마나 주어져야 하나?

10. 수정된 민·관합동개발사업의 문제점과 개선방안을 논의해 보라.

11. 부동산개발사업의 실태분석에서 나타난 문제점을 지적해 보라.

12. 외국 디벨로퍼 사례의 시사점은?

13. 국내 부동산개발사업의 당면과제는?

14. 제4차 산업혁명과 코로나19로 인한 개발환경의 변화를 기술하고 개발업자들의 대응방안에 대하여 논의해 보라.

15. 국내 부동산개발사업이 지향해야 할 방향을 논의해 보라.

제6장

부동산개발정책과
역사적 조망

Real Estate Development

제6장 부동산개발정책과 역사적 조망

개요(Overview)

부동산개발행위는 국토의 공간에서 이루어지기 때문에 국토의 공간에 대한 법률적 계획체계를 알아야 한다. 우리나라의 주요 공간계획으로는 전 국토를 대상으로 하는 국토기본법에 의한 국토종합계획과 국토의계획및이용에관한법률에 의한 도시·군기본계획과 도시·군관리계획으로 구성되어 있는 도시계획이 있다.

국토의 일부 특정지역을 대상으로 하는 수도권정비계획법에 의한 수도권정비계획이 있고, 국토의 소단위 일부지역을 대상으로 하는 도시·군관리계획인 지구단위계획이 있으며, 일부지역 또는 개별건축물을 대상으로 하는 건축법에 의한 건축계획이 있다.

국토종합계획은 이들 계획의 최상위에 위치하면서 각종 계획에 대한 지침을 제시하며, 수도권지역인 경우 수도권정비계획은 국토종합계획의 지침을 수용하고 하위계획인 도시계획에 대하여 방향을 제시한다. 도시계획도 이들 계획의 지침을 수용하고 그 하위계획인 지구단위계획과 건축계획에 대하여 그 방향을 제시한다는 것은 이미 부동산개발 관련법규 편에서 언급한 바 있다. 이 같은 공간계획체계는 효율적인 국토이용과 계획적인 개발을 위하여 반드시 필요하지만 부동산개발에 있어서는 직·간접적인 규제로 작용한다. 이러한 부동산개발의 역사적 조망이 필요한 이유를 기술하면 다음과 같다.

우리나라 부동산개발의 발전방향이나 변천과정을 역사적으로 살펴보면, 부동산개발이 사회·경제적 환경뿐만 아니라 부동산개발정책, 개발계획, 개발규제 등의 정부정책과 법제적 환경에 의해서도 많은 영향을 받아왔다는 것을 알 수 있다. 특히 정부의 정책방향과 시장개입 정도에 따라서 부동산 경기의 기복이 좌우된 것이 역사적 사실이다. 이와 함께 부동산개발 규모와 형태 그리고 부동산개발업자들의 시장참여에 큰 변화를 가져왔다. 그러므로 개발에 대한 규제자로서의 역할과 공공기반시설의 제공자로서의 역할을 동시에 수행한다. 공공부문의 역할이 얼마나 중요한 것인가를 부동산개발의 시대적 흐름을 통해서 알 수 있다. 이와 같이 부동산개발사업은 다른 어떠한 사업보다도 훨씬 복잡하고 외부환경에 의하여 크게 영향을 받기 때문에 리스크가 큰 사업이다. 따라서 각 시대의 정권별 부동산대책이 나오게 된 배경과 공공과 민간 개발업자 사이의 관계에 대한 명확한 역사적 조망과 이해를 통해 과거와 현재의 실책들을 거울삼아야 한다. 미래의 개발사업에서 이러한 것들을 충분히 고려한다면 보다 나은 결과를 가져올 것이다. 이렇게 하는 경우 사적인 이익은 물론이고 공적으로도 모든 사람들에게 혜택을 주는 개발프로젝트가 될 것이다.

특히, 이 장에서는 민간개발업자가 이 같은 역사적 조망을 통해서 정부정책과 법제적 환경에 능동적으로 대처함으로써 건전하고 성공적인 개발사업을 추진할 수 있도록 하고자 한다.

제1절에서는 부동산개발정책으로서 먼저 정부가 부동산시장에 개입하는 이유, 국토개발계획의 변천, 도시개발정책 변천, 택지개발제도의 변천과정을 살펴보고, 제2절에서는 부동산개발의 역사적 변천과정에 대하여 개괄적으로 살펴보고자 한다.

제3절에서는 부동산시설별 시장동향과 개발의 역사적 조망을 살펴보고자 한다.

부동산개발정책

1. 정부의 부동산시장 개입과 국토계획 체계

1) 부동산시장 개입

정부가 부동산시장에 개입하는 이유는 사회적 목표를 달성하거나 시장의 실패를 수정하기 위함이다.

주택정책의 궁극적 목표가 공급의 효율성과 분배의 형평성이라는 사회적 목표를 달성하기 위한 것인데 반하여 토지이용규제와 같은 토지정책은 시장의 실패를 수정하기 위하여 실시되는데 국토의계획및이용에관한법률에 의한 용도지역/지구제가 그 좋은 예라할 수 있다. 이 용도지역 및 용도지구는 토지의 합리적 이용이라는 사회적 목표를 달성할 수 있는 동시에 부의 외부효과를 제거하여 시장실패를 수정하는 수단으로서도 활용된다.

2) 국토계획 법령 및 해당계획

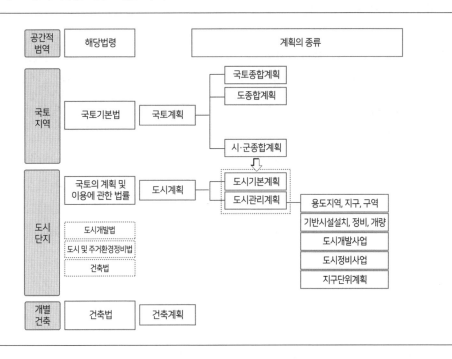

3) 국토 및 도시계획 체계

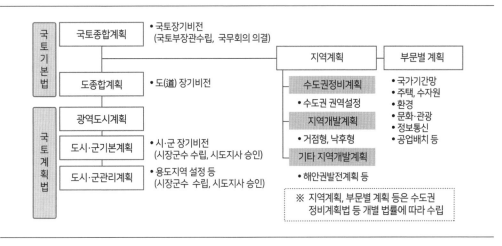

2. 국토종합개발의 변천

삼국시대부터 1945년 해방되기까지는 국토개발의 대규모 사업이 시행되었으나 효율적이며 합리적인 개발이 결여되었고, 김제의 벽골제를 비롯하여 제천 의림지, 밀양의 수산제 등 농업을 위한 수리사업을 중심으로 이루어졌으며, 조선후기에 이르러서는 읍성과 도읍 축성에 중점을 두었다.

1950년에 한국동란이란 3년간의 전쟁을 치르는 동안 그 피해는 GNP규모인 18억 달러 정도 추산되었다. 전쟁복구는 1953~1956년 사이 미국의 무상원조 약 16억 달러가 제공되어 일부의 주택과 공공시설을 제외하고는 전쟁 전 수준으로 복구되었다.

1960년대에 접어들어 새로운 국토개발 수요에 직면하게 되었으며 1960년대부터 그 후 국토개발의 역사적 배경을 10년 단위로 살펴보고자 한다.

1) 1960년대 국토종합개발

1960년대는 첫째, 국토개발을 위한 준비단계로서 이 시기의 국토개발제도는 미비하였다. 우선 개발이 필요한 지역을 선정하여 자원개발을 추진하는 방식의 특정지역을 지정·개발하였다. 둘째, 지역개발보다 경제개발이 중시되어 국토개발은 구조조정을 위한 목적에서 공업단지의 선정 및 사회간접자본의 확충에 우선하였다. 셋째, 개발방식은 하향식 개발이다. 넷째, 1963년에 국토건설종합계획법이 제정됨으로써 국토의 계획은 전국계획·특정지역계획, 도계획, 군계획으로 체계화되었다. 다섯째, 인구이동은 남에서 북으로 수도지향의 인구집중현상이 현저하여 대도시의 인구집중문제가 국토개발정책의 중요한 과제 중 하나였다.

2) 1970년대의 국토종합개발

1970년대의 국토개발은 1972년에 제1차 국토종합개발계획(1972~1981)이 수립되어 공포·시행됨으로써 전국적인 차원에서 보다 체계적으로 이루어졌다.

제1차 국토종합개발계획은 도시지역과 농촌지역이 유기적인 관계를 맺으면서 균형 있게 발전하고, 농업과 공업이 병행·발전할 수 있도록 모든 산업을 조화있게 배치하여 국민이 보다 안전하고 풍요로운 생활을 영위할 수 있도록 국토구조와 환경을 개선하는데 목적을 두었다. 이를 위하여 <표 6-1>에서 보는 바와 같이 4가지 기본목표와 개발전략을 제시하였다.

3) 1980년대 국토종합개발

1980년대는 초반부터 대외적으로 여건변화와 더불어 국토개발의 여건도 첫째, 교통과 통신의 발달로 국토공간의 새로운 질서를 요구하였다. 둘째, 지방화시대에 부응하는 국토이용구조로의 개선이 필요하게 되었다. 셋째, 국토 가용자원의 활용에 대한 압박의 가중과 이에 따른 택지소유상환에 관한 법률, 개발이익환수법 등 토지공개념이 확립되었다. 넷째, 첨단산업과 산업과학화 등은 산업입지를 비롯한 국토개발의 기법을 변화시키게 되었다. 다섯째, 교통과 환경문제의 악화이다. 여섯째, 소득과 여가시간의 증대, 쾌적한 생활환경에 대한 욕구의 확대, 개성의 변화 등과 통일에 대한 기대가 높아졌다.

지난 20여 년간 축적된 경제력을 바탕으로 산업구조 및 사회구조의 고도화, 전문화는 새로운 공간수요를 창출하면서 국토이용의 고도화, 체계화, 기능화를 요구했다. 이러한 시대적 수요와 개발이념의 변화에 부응하여 제2차 국토종합개발계획(1982~1991)이 수립되었으며, 이에 대한 기본목표와 개발전략은 <표 6-1>에 나타나 있다.

4) 1990년대의 국토종합개발

제3차 국토종합개발계획은 1992년 1월에 공포되었다.

국토개발 계획기조는 지역균형개발, 국토이용체제의 확립, 국민복지 향상과 국토환경 보전 및 통일기반조성에 두고 있다.

수도권 집중형의 국토 골격구조를 지방 분산형으로 분산시켜서 억제정책에 치우친 소극적인 개발을 지양하고 도시와 농촌을 위기적으로 개발하도록 하고 있다.

제3차 국토종합개발계획의 기본목표와 개발전략은 <표 6-1>의 국토계획의 목표와 전략비교에 잘 나타나 있다.

<표 6-1> 국토계획의 변천

구분	제1차 국토종합개발계획 (1972~1981)	제2차 국토종합개발계획 (1982~1991)	제3차 국토종합개발계획 (1992~1999)	제4차 국토종합개발계획 (2000~2020)
수립시점 1인당 GNP	319달러(1972)	1824달러(1982)	7007달러(1992)	1만 841달러 (2000GNI)
배경	■ 국력의 신장 ■ 공업화 추진	■ 국민생활환경 개선 ■ 수도권의 과밀완화	■ 사회간접자본시설 미흡, 경쟁력 약화 ■ 자율적 지역개발	■ 21C 여건변화 주도적 대응 ■ 국가의 융성과 국민 삶 의 질 확보 위한 새로 운 국토 비전과 전략
방식	성장거점개발	광역개발	균형개발	균형발전
권역	4대강 유역권, 8개 권역	4대 경제권, 4대 특정지역	7개 광역권	10대 광역권
목표	■ 국토이용관리 효율화 ■ 국토개발기반 확충 ■ 국토자원개발과 자연 보전 ■ 국민생활환경의 개선	■ 인구의 지방정착 유도 ■ 개발가능성의 전국적 확대 ■ 국민복지수준 제고 ■ 국토자연환경 보전	■ 지방분산형 국토골격 형 성 ■ 생산·자원절약적 국토 이용체계 구축 ■ 국민복지향상과 국토환 경보전 ■ 남북통일대비 기반 조성	■ 계획의 기조 ■ 21세기 종합국토의 실현 ■ 계획의 목표 ■ 균형국토, 녹색국토, 개방국토, 통일국토
개발 전략 및 정책	■ 대규모 공업기반 구축 ■ 교통통신, 수자원 및 에너지 공급망 정비 ■ 부진지역 개발을 위한 지역기능 강화	■ 국토의 다핵구조 형성 과 지역생활권 조성 ■ 서울, 부산 양대 도시 성장억제 및 관리 ■ 지역기능 강화를 위한 사회간접자본 확충 ■ 후진지역 개발촉진	■ 지방 육성과 수도권 집중 억제 ■ 신산업지대 조성과 산업 구조의 고도화 ■ 종합적 고속 교류망 구축 ■ 국민생활 및 환경부문 투 자증대 ■ 남북교류지역 관리	■ 개방형 통합 국토축 형성 ■ 지역별 경쟁력 고도화 ■ 건강하고 쾌적한 국토 환경 조성 ■ 고속교통, 정보망 구축 ■ 남북한 교류협력 기반 조성
특징 및 문제점	■ 수도권과 남동임해 공 업벨트 중심 ■ 거점개발방식 채택 ■ 경부축(서울~부산) 중 심으로 인구와 산업집 중 → 지역격차 심화	■ 양대도시 성장억제 및 성장거점도시의 육성에 의한 국토균형발전 추 구 ■ 구체적 집행수단의 결 여로 국토의 불균형 지 속 및 환경문제	■ 서해안 신산업 지대와 지 방도시 육성 ■ 개발지향적 사고, 난개발 방치 ■ 세계화, 개방화, 지방화 등 여건반영 미흡	■ 개방형 통합국토축 형 성, 연안국토축+동서 내륙축 ■ 지역균형발전 개발 촉 진 ■ 국토환경의 적극적인 보전을 위해 개발과 환경의 조화전략 제시

자료) 제4차 국토종합계획, p.33. 토대로 재구성.

정부의 재원으로만 사회 간접자본 시설 수요를 감당하는 데는 한계가 있어 이를 보완하고 국토개발투자를 적기에 충족하기 위한 수단으로서 정부는 1994년에 사회간접자본시설에 대한 민간자본유치촉진법을 제정하여 민자유치에 대한 제도적 기반을 확립하였다.

5) 2000년대의 국토종합계획

21세기에 전개될 세계경제의 전면자유화, 각종 권한의 지방분산, 지식기반산업의 성장 및 정보화에 진전 등 새로운 여건변화에 주도적으로 대응하여 국토발전방향을 제시하기 위해 제4차 국토종합계획을 수립하였다. 제4차 국토종합계획의 기본목표와 개발전략은 <표 6-1>에 잘 나타나 있다.

우리나라 국토종합계획 변천사 요약

제 1차 국토종합개발계획 1970년부터 2년간 작업 수행
국토 이용의 효율화 / 사회간접자본의 확충 / 자원개발과 자연보전 / 생활환경 개선
프랑스의 오탐 메트라가 작업

제 2차 국토종합개발계획 1982년~1991년
국토의 균형적인 발전/국민 복지 향상

제 3차 국토종합개발계획 1992년~2001년
1차, 2차 문제점 보완한 지역균형개발 / 국토이용체제의 확립 / 국민복지 향상
국토환경보전 및 통일기반 조성

제 4차 국토종합개발계획 2002년~2020년
더불어 잘 사는 균형국토 / 자연과 어우러진 녹색국토
지구촌으로 열린 개방국토 / 민족이 화합하는 통일국토

6) 2020~2040년 제5차 국토종합계획

제5차 국토종합계획의 비전과 목표

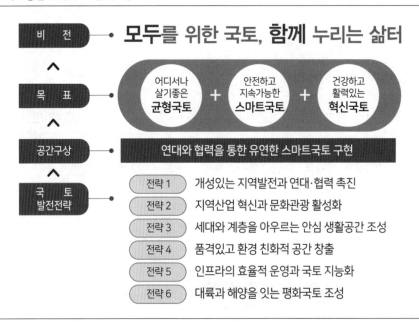

3. 도시개발정책의 변천

1) 1960~1970년대

산업화·도시화에 대비 도시개발 관리제도를 확충하여 도시개발수요에 나름대로 잘 대처한 시기였다. 이 시기의 도시개발제도는 도시계획법(1962), 토지구획정리사업법(1966), 산업기지법(1973) 등의 관련법률이 제정되었고 이런 법률에 의하여 강남개발을 비롯하여 울산, 포항, 창원, 반월 등 산업도시가 개발된 반면에 개발제한구역, 국립공원지정 등을 지정하여 도시환경보전도 동시에 추구하였다.

2) 1980~1990년대 초반

도시개발진행이 신속히 이루어짐에 따라 1980년대 택지개발촉진법, 1990년대 초 토지
공개념 도입 및 대규모 신도시개발에도 불구하고 개발수요를 적기에 대응하지 못해 부동
산시장 불안정세가 지속되었다. 이 시기의 도시개발제도는 택지개발촉진법(1980), 국토이
용관리법(1984) 등의 관련법률이 제정되었고 택지개발촉진법에 의하여 5개 신도시를 비
롯하여 개포, 목동, 상계, 안산, 과천이 개발되고 개발이익환수제도로 토지공개념제도(3개
법률)가 도입되었다.

3) 1993~1999년

정부의 토지이용규제 완화로 인해 민간개발을 촉진하게 되었고 이로 인해 개발수요에
적기 대처하여 집값 안정에 기여하였으나 도시기반시설 부족 및 난개발의 문제점이 발생
되었다. 도시개발제도로 준농림지가 도입되고, 도시정책의 지방화(지방자치제, 1993)시대를
맞이하였다. 준농림지의 도입으로 민간개발의 활성화와 중·소규모 공공택지 개발이 시행
되었다. 외환위기를 맞자 부동산경기의 침체가 가속화되었는데, 이 외환위기를 극복하고
경기를 활성화하기 위하여 분양가 전매제한 철폐 및 분양가 자율화와 1990년대 초 도입
되었던 토지공개념제도를 단계적으로 폐지하기에 이르렀다.

4) 2000년대

기반시설부족과 난개발에 대한 비판이 일자 전국토를 선계획－후개발원칙을 고수하였
고 국토의 균형개발 및 효율적 이용을 위한 도시개발로 주택가격및 토지가격이 급등하는
부작용 발생하였다. 이 시기의 부동산개발제도로 국토의계획및이용에관한법률(2003), 행
정복합도시특별법(2005), 기업도시특별법, 국가균형발전법 등의 관련법규가 제정되어 토
지의 합리적 이용과 관리를 하게 되었으며 행정복합도시, 기업도시(시범지역), 혁신도시건
설을 발표하게 되었다. 부동산가격이 급등하자 정부에서는 부동산가격을 안정시키고자
개발이익환수 등 부동산규제를 강화하였다.

5) 2020년~2022년까지

도시개발의 기본이 되는 국토기본법의 국토종합계획, 도종합계획과 시·군종합계획 등과 국토의계획및이용에관한법률에 의한 도시기본계획과 관리계획에 따른 도시개발사업이 공공과 민간을 중심으로 활성화되었다. 2017년 문재인 정부 수립후 주택정책의 목표가 공급의 효율성과 분배의 형평성이라 사실을 무시한 채 주택이 필요한 수요자들을 투기꾼으로 몰아 주택가격이 오르면 공급보다는 수요억제책을 주로 하는 정책을 28번이나 시행했으나, 넘베오에 의하면 서울도심의 주택가격은 2021년 말 기준으로 세계 주요도시 59개 도심 가운데 홍콩 다음으로 가장 높은 주택가격을 기록하였다. 물론 코로나19의 팬데믹으로 인하여 무제한 양적완화와 저금리로 글로벌 주요 도시들도 대부분 많이 상승하여 거품이 많이 끼어 있다.

제4차 산업혁명과 코로나19로 인한 경기침체에 대비하여 미국을 비롯한 중국, 유럽 등 주요 국가들의 경쟁이라도 하다시피 돈을 풀고 2021년 9월까지 제로금리를 유지하여 왔다.

이러는 동안 비대면시대로 인한 온라인 교육, 온라인 쇼핑, 재택근무, 화상회의, 영상통화로 입지의 중요성이 감소되고 오피스의 공실과 숙박시설 감소, 데이터센터와 물류센터의 증가되는 새로운 부동산시장환경이 조성되었다.

2022년에 들어와 코로나19가 어느 정도 잠잠해지면서 외부활동이 증가되는 가운데 러시아의 우크라이나 침공은 지정학적 리스크로 원유를 비롯한 원자재가격이 급등하여 미국 소비자물가지수가 40년 만에 최고치인 전년비 8.5%로 치솟았다. 이에 미 연준은 금리를 급하게 3월부터 올리고 양적긴축도 6월부터 시작하기로 함에 따라 주식시장은 베어마켓으로 변하고 글로벌기업의 CEO와 석학들이 경기 침체에 관한 경고음이 나오기 시작하였다. 이러한 현상은 우리나라도 예외는 아니었다. 고물가와 무역적자 및 재정적자의 쌍둥이 적자로 경기경착률을 막기 위해 기획재정부를 중심으로 여러 분야에서 기업지원에 전력을 다하고 있다.

윤석열 정부가 들어서고 지방선거도 끝남에 따라 급등한 집값을 하향 안정화 대책을 위해 270만호 공급과 가능한 대부분의 부동산규제를 풀어 정부가 시장에 개입하기보다는 시장자율에 맡기는 정책이 예상되며 그런 절차가 진행 중에 있다.

4. 택지개발제도의 변천

1) 토지구획정리사업의 도입과 전개

우리나라 최초의 토지구획정리사업은 1934년에 제정된 「조선시가지계획령」에 의하여 실시된 북한의 나진토지구획정리사업이다.

그 후 나진의 경험을 토대로 1937년 서울의 영등포 및 돈암지구를 시작으로 부산, 평양, 대구 등 주요도시에 급속하게 파급되었다.

1960년대 이후에는 급격한 도시인구증가에 대응하고자 토지구획정리사업에 의한 신시가지 조성이 주를 이루었다.

1962년 도시계획법이 제정되었는데, 토지구획정리사업의 규정을 포함시켰다.

그러나 실제 당시 토지구획정리사업을 위해서는 도시계획법상 관련 규정과 농지개량에 관한 법률의 규정을 준용하도록 되어 있어 두 법의 혼용으로 인해 혼란이 나타났다. 이 문제를 제거하고 토지구획정리사업을 보다 원활히 하기 위해서 1966년에 도시계획법에 분리하여 토지구획정리사업법을 제정하여, 1960년대와 1970년대에 걸쳐 토지구획정리사업은 이 법에 의해서 수행되었다. 그런데 토지구획정리사업은 대규모의 토지를 대상으로 하고 장기간에 걸쳐 시행됨으로 토지소유권 관계가 불안정하였고, 과도한 체비지 지정으로 인한 지가 상승유발과 투기조장 등 여러 가지 폐단점이 지적되어 1980년대 초를 기하여 공영개발을 도입하게 되었다.

2) 공영개발의 도입

1980년 초까지의 토지구획정리사업은 토지형상을 정비하고, 도로나 상하수도 같은 최소한의 도시기반시설을 갖추기 때문에 대규모 개발이나 자족적인 신도시개발에는 적합하지 않았다. 민간부문 또는 토지소유자에게 지나친 개발이익이 돌아가고 개발이익의 불공정한 배분으로 인해 부동산 투기를 조장하는 것으로 평가되었다. 1970년대 후반 부동산 투기가 사회문제로 대두되자 이를 해결하기 위해 1978년 소위 「8.8조치」라는 투기억제

대책을 발표하였다. 토지구획정리사업의 한계성과 국민의 주거환경개선요구와 산업시설 용지에 대한 수요에 대처하고 토지의 원활한 수급을 위해 정부투자기관인 토지개발공사를 발족하였으며, 이 공사를 통해 공공부문의 개발을 도맡게 하였다. 공공부문개발의 극대화를 도모하기 위하여 1980년 택지개발촉진법이 제정되었으며, 1983년의 「4.26조치」는 서울 등 6대 도시에서 토지구획정리사업에 의한 신규개발사업을 금지하였다.

이렇게 되자 공영개발방식이 토지개발의 주류를 이루게 되었다.

공영개발사업은 개발이익이 공공부문으로 흡수되고 조성된 용지를 저렴한 가격으로 대량 공급하는 장점이 있는 반면에 공영개발은 중앙집권적 특성을 지나치게 강조한 나머지 재정이 부족한 지방정부와 민간의 토지개발 참여를 곤란하게 하는 것이 단점이다.

이 단점을 보완하기 위해 공영개발은 1999년 1월 25일 「택지개발촉진법」의 개정을 통해 민·관합동개발방식 복합적으로 수용하였다.

기타 도시계획법에 의한 택지개발로는 토지구획정리사업, 일단의 주택지 조성사업, 일단의 공업용지 조성사업 또는 재개발사업 등이 있다.

또한 주택건설촉진법에 의한 택지개발은 아파트지구개발사업과 대지조성사업이 있다. 아파트지구 개발사업은 주택법의 제정에 의해 폐지되었다.

3) 도시개발사업의 도입

종래의 도시개발은 주택단지개발, 산업단지개발 등과 같은 단일 목적의 개발방식으로, 신도시와 같은 복합적인 기능이 요구되는 도시를 종합적이고 체계적인 개발이 불가능하게 되었으며 이에 따라 종합적이고 체계적인 도시개발을 위한 법적 기반을 마련하는 한편 도시개발에 대한 민간부문의 참여를 활성화함으로써 다양한 형태의 도시개발이 가능하도록 하기 위해 2000년 1월 28일 도시개발 기본법으로 도시개발법을 제정·공포하였다. 이 법은 도시계획법상의 도시계획사업과 토지구획정리사업법을 통합·보완한 것이다.

이 법에 의한 도시개발사업은 도시개발구역을 지정하여 시행하게 되는데 도시개발구역은 도시지역이나 비도시지역 어디에나 지정이 가능하다.

도시개발사업은 ① 시행자를 다양하게 함으로써 공공이나 토지소유자 또는 조합이 민간기업과 합동으로 사업시행자가 될 수 있어 민간부문의 진출이 부각되기도 한다.

② 사업시행방식의 다양화로서 도시개발사업을 위한 개발방식은 수용 또는 사용방식, 환지방식(종래 토지구획정리사업), 양자의 혼합방식으로 용지매수과정에서 나타난 민원을 최소화하여 도시개발사업을 탄력적으로 수행할 수 있도록 하였다.

도시개발법은 종래의 공영개발을 수용·사용방식으로 전환하지 않고, 제각기의 제도를 존치시킴으로써 중복되는 모순을 지니고 있다. 그러므로 택지개발촉진법을 폐지하고 법제를 도시개발법상, 사용·수용 방식에 포함시켜 사업을 수행하고자 하였으나 택지개발촉진법의 장점이 있기 때문에 LH 공사 등이 반대를 하여 지금도 택지개발촉진법이 존치되어 있다.

4) 기업도시개발사업의 도입

정부는 2004년 12월 기업도시개발사업을 주 내용으로 기업도시개발특별법이 제정되어 민간기업이 자발적인 투자계획을 가지고 산업, 연구, 관광, 레저 분야 등 기업 활동에 필요한 지역에 직접도시를 개발·운영할 수 있는 길이 열리게 되었다. 기업도시특별법에 의하면 지역의 특성에 따라 산업교역형 기업도시, 지식기반형 기업도시, 관광레저형 기업도시, 혁신거점형 기업도시 등의 하나의 형태로 개발할 수 있다.

5) 기타 택지개발 방식의 변천과정

1971년 도시계획법의 전문개정으로 토지구획정리사업외에 일단의 주택지조성사업, 그리고 재개발사업에 관한 계획도 도시계획사업의 하나로 정의하였다. 1991년 도시계획법의 개정으로 도시계획사업으로 시가지조성사업을 추가하였다. 일단의 공업용지조성사업은 2000년도에 폐지되었고 나머지 사업은 국토의계획및이용에관한법률이 제정되면서 ① 도시개발법에 의한 도시개발사업, ② 도시및주거환경정비법에 의한 도시정비사업, ③ 도시계획시설사업으로 정비되었다. 한편, ④ 주택건설촉진법(현재는 주택법)에 의한 택지개발은 1977년 주택건설촉진법의 전문개정으로 아파트지구개발사업과 대지조성사업을 제도화하였다. 아파트지구개발사업은 주택건설촉진법이 주택법(2003)으로 전환되면서 폐지되고 현재는 대지조성사업만 남아 있다. 주택건설을 위한 1만m² 이상의 대지조성사업을 시행하고자 하는 자는 미리 사업계획을 작성하여 승인을 얻도록 되어 있다. 2022년에 택지난과 1992년 5대 신도시건설의 주택들의 재건축과 재개발 등을 위해서 도시재정비사업을 실시하였다.

부동산개발의 역사적 변천과정

1. 1960년대 이전(1945~1961)

해방 후 1950년대까지는 산업화와 그에 따른 도시화의 압력이 크지 않았던 시기이다. 따라서 국가는 토지개발에 직접적으로 관여하기보다는 토지소유자와 같은 민간이 토지개발을 주도하는 시기였다.

공장설립도 기업의 자유로운 입지선정에 따라 공장을 설립하는 개별입지 위주로 공장용지를 개발하였다. 그러나 이 시기에 주된 사회적 관심은 경자유전의 원칙에 입각하여 자작농을 육성하고 분배의 공평성을 추구하여 농지소유의 집중을 방지하였다. 이 시기에는 농지를 보존하여 농지가격을 안정시키는데 초점이 있었다.

2. 1960년대(1962~1970)

1960년대는 모든 개발계획이 경제개발계획에 초점이 맞추어 있었다.

정부는 경제개발계획을 효과적으로 추진하기 위해서 국가주도의 공업단지와 사회간접자본시설들을 집중적으로 개발하였다. 제1차 경제개발계획의 공업화정책에 따라 공업단지를 건설하고 수출산업공업단지조성법(1964)을 제정하여 공업입지의 제도적 근거를 마련하였다. 이 시기에 건설된 공업단지는 서울의 구로(1964), 울산 및 포항(1962~1964), 여천(1967~1977) 등이 있는데, 이는 시장규모가 비교적 크거나 수출·입이 용이한 항만도시에 거점방식으로 개발되었다.

도시화가 심화되고 도시용 토지수요가 급증하자 정부는 토지의 형평성과 효율적 이용을 위해 토지정책과 주택정책의 일환으로 1962년도에 도시계획법, 토지수용법, 국토건설종합계획법과 공공주택제도를 다루기 위하여 주택관련 최초의 법률인 공영주택법(1963)을 제정하였다. 그러나 본격적인 경제개발과 더불어 택지, 공장용지, 공공용지등 도시형 토지수요가 급격히 늘어나면서 1960년대 후반부터 투기적인 수요가 가세하여 간헐적으로 토지가격이 폭등하였다. 이에 따라 정부에서는 1967년 11월 29일 부동산투기억제에 관한 특별조치법을 시행하여 토지양도차익에 대한 50%의 세율을 적용하는 부동산투기억제세를 최초로 도입하는 계기가 되었다. 이러한 과세는 지주들의 토지공급을 동결시켜 결국 1969년 한해에만 무려 80%에 이르는 지가가 폭등하는 결과를 초래하였다. 뿐만 아니라 이 시기에는 서울, 부산 등 대도시지역과 울산, 포항 등 새로운 산업도시를 중심으로 주택수요도 급증하였으나 주택공급은 아주 미흡했다. 정부에서는 이에 대응하기 위하여 제1기(1962~1971)의 주택정책 목표를 ① 저소득층을 위한 공영주택건설, ② 택지공급의 원활화, ③ 도시주택부족해소에 중점을 두어 수립하였다. 이를 시행하기 위한 뒷받침으로 ① 공영주택법제정(1963), ② 대한주택공사설립(1962), ③ 주택자금전담기구(주택은행) 등을 설립하였다.

다른 한편으로 정부는 도시개발에 필요한 제도도 적극적으로 마련하기 시작하여 1962년에 도시계획법, 건축법, 토지수용법, 1966년에는 토지구획정리사업을 도시계획법에서 분리하여 시행하기 위해 토지구획정리사업법을 제정하였다.

주요내용으로는 (1) 다양한 토지개발방식의 도입 시도로서 택지의 경우 국가나 지자체의 재원부담이 거의 없는 토지구획정리사업에 의존하였고, 공업용지는 토지수용법에 의한 토지수용으로 확보하였으며, 토지수용에 따른 보상가는 현재 이용가치로 하기 위해 기준지가를 공장용지 예정부지부터 평가·고시하여 최저가로 대량의 토지를 확보하였다. (2) 토지이용제도의 부분적 도입으로서 1960년대의 토지이용정책은 개정이 빈번하게 일어났다. 개발은 도시지역에 한정되었으나 비도시지역에 대한 계획적 토지이용을 위한 제도적 장치는 1972년 국토이용관리법의 제정으로 비로소 도입되었다. 도시지역에 한정된 도시계획법은 용도지역제를 만들어 도시 내 토지를 주거, 상업, 공업지역과 녹지지역으로 나누었으며, 주거지역에는 주택, 상업지역에는 상업용 건물을 공업지역은 공장 이외에는 지을 수 없고, 녹지지역으로 지정된 토지는 일체 개발이 금지되었다. 소위 도시계획시설인 도로용지, 공원용지, 운동장부지, 학교부지 등도 개발에 통제를 가하였다. 이밖에 일단의 주택지 조성사업, 시가지 조성사업, 일단의 불량지구개발에 관한 사업도 이법에 의하여 규제를 받았다. 1960년대 중반까지는 건설업조차도 산업으로 인정되지 않는 이 당시의 부동산개발은 경제정책의 일환으로 공업단지와 주택건설 등으로서 많은 부문에서 민간이 아닌 국가 주도로 이루어졌다.

강남개발의 신화는 한남대교의 착공과 경부고속도로 건설로부터 시작되었으며, 영동 토지구획정리사업이 시작되면서 강남의 땅값이 몇 배로 뛰면서 오늘날 강남불패의 신화를 만들었다. 특이한 경우로서 1960년대 말에 박흥식이라는 민간개발업자가 서울시가 이미 직접개발계획을 갖고 있는 남서울을 일본상업차관에 의한 민간자본으로 개발하겠다고 신청서를 낸바 있으나 뜻을 이루지 못하였다.

이 시기에 개발된 시설들을 용도별로 살펴보면 주거시설인 아파트는 우리나라 최초의 단지형 아파트로서 1962년 서울 마포구 도화동 마포아파트가 건설되었으며, 그 후 1967년 서울 은평구 문화촌 아파트 등이 건설되었다. 판매시설의 대표격인 백화점은 1931년 동화백화점이 한국인에 의해 개점하였으며 미스코시백화점이 1963년 신세계백화점으로 상호를 바꾸어 개점을 하기에 이르렀다. 한편, 숙박시설 중 호텔은 1963년 한국 최초로 극장식 식당을 소유한 워커힐 관광호텔이 건설되었다.

이 시기의 건축법에서는 건폐율, 용적률 및 사선제한, 일조권 등으로 개발규모를 제한하였다.

3. 1970년대(1971~1980)

1970년대의 토지정책은 경제개발을 지속적으로 추진하기 위하여 필요한 각종 용지를 효과적으로 공급하는 한편, 대규모 개발사업이 빚은 토지시장의 과열을 조정·관리하는 부동산투기억제정책이 본격적으로 도입되었다. 이에 따라서 정부는 1970년 11월 24일 발표한 토지대책에 의해서 최초로 법인소유 비업무용 토지에 대하여 과세를 하기 시작하였다.

　정부는 우선적으로 경제의 지속적인 성장을 뒷받침하기 위하여 각종 토지관련 법제를 제정하였는데, 국토를 종합적이고 장기적인 차원에서 계획적으로 개발·관리하기 위하여 국토이용관리법(1972), 특정지역 개발촉진에 관한 임시조치법(1972)을 제정하고 국토건설종합계획법에 의한 제1차 국토종합개발계획(1972~1981)을 수립·시행하였다.

　지속적인 도시화로 더욱 심각해지는 주택문제를 해결하고자 정부는 주택정책 제2기(1972~1981)의 목표를 주택공급의 확대와 주거의 질 및 편익시설개선으로 하였다. 주택공급의 확대는 주택건설10개년계획(1972~1981)에 잘 나타나 있다. 동기간 동안 정부는 주택250만호 건설을 목표하고 이를 뒷받침하기 위하여 주택건설촉진법(1972)과 주택공급에 관한 규칙(1978), 국민주택기금(1981) 등을 신설하였다. 우리나라 주택사상 하나의 전기로 기록되는 1970년대 초 구반포아파트건설이었는데, 이때부터 온수난방이 시작되었고 아파트의 수요가 증가하자 채권입찰제를 실시하였다. 최초의 대단위 아파트 단지는 6층 규모의 마포아파트로, 우리나라의 주택 역사를 획기적으로 전환했다는 평가를 받는다. 1972년 지어진 여의도 시범아파트는 최초의 한국형 고층(12층) 아파트다

　또한 택지를 대규모로 원활히 공급하기 위하여 택지개발촉진법(1980)을 제정하였고, 농업생산증대를 위하여 농촌근대화촉진법(1970), 농지의 무분별한 전용을 억제하기 위하여 농지의보전및이용에관한법률(1972)과 농지확대개발촉진법(1975)을 제정·시행하였다.

　이 시기를 크게 전·후반으로 나누어 보면 70년대 초기까지는 부동산에 기인한 분배구조의 악화와 같은 문제보다는 경제의 양적성장에 정책의 초점이 있었다. 70년대 중반기부터 중동지역에 대한 해외건설수출이 본격적으로 추진되면서 해외로부터 유입되는 엄청난 유휴자금이 아파트를 비롯한 부동산시장으로 몰려들었다. 그 결과로 부동산 투기가 극심해지자 부동산가격급등에 대한 긴급대책들이 본격적으로 도입되던 시기였다.

　1970년대의 부동산제도의 주요내용으로는 (1) 국토이용계획제도를 도입(1972)하여 국토이용계획에서 도시지역으로 지정된 지역은 도시계획법과 건축법에서 정하는 대로 토지를 이용하고, 비도시지역은 국토이용관리법과 기타의 개별법 하에 토지를 이용하는 토지이용체계를 정비하였다. 국토이용관리법은 전 국토를 도시지역, 농업지역, 공업지역, 자연 및 문화재보전지역, 유보지역 등 6개 용도지역으로 나누고, 도시지역에는 도시계획법을,

공업지역과 유보지역은 국토이용관리법의 적용을 받고, 농업지역은 농지의보전및이용에 관한법률, 산림지역은 산림법, 자연 및 문화재 보전지역은 문화재보호법 등 개별법의 적용을 받는다. 특히 지목이 농지인 경우에는 농지전용허가를 받아야 건축을 할 수 있고, 산림인 경우에는 산림전용허가 또는 산림형질변경허가를 받아야 개발이 가능하였다. (2) 제1차 국토종합개발계획의 수립·시행(1972), (3) 도시 토지이용제도의 개편과 개발제한구역제도를 도입(1972)하여 도시의 확산을 방지하고 도시주변자연환경을 보전한다는 명목아래 도시주변지역을 개발제한구역으로 지정하여 엄격히 개발을 제한하였다. (4) 기준지가 제도도입(1973)에 의한 기준지가는 1973년에 처음 지정된 후 1978년에 전국적으로 확대 실시되어 부동산 투기억제대책의 일환으로 활용되었고 이후 공시지가로 대체되었다. (5) 토지금고의 설치(1974. 12. 21.)는 기업의 비업무용 부동산을 매입하여 유휴토지자본을 산업자금화하도록 지원하고 매입한 토지를 서민주택용지, 공공시설용지 또는 공업용지 등으로 매각하여 토지공급을 원활하게 하기 위한 목적이다. 토지금고법은 1978년 11월 21일 한국토지개발공사법으로 대체되어 1979년 3월 27일 한국토지개발공사가 설립되었고 지금의 토지공사에 이른다. (6) 공공용지취득및손실보상에관한특별법(1975)을 제정하여 경제성장에 필요한 토지의 확보를 용이하게 해주기 위해 공공사업 대상토지의 평가기준, 방법, 협의매수절차 등을 통일하였다. (7) 선진국의 경기회복에 따른 수출증가, 중동건설 붐 등으로 고도성장(1976~1978)에 따른 물가 및 부동산가격이 급등하자 이에 따른 안정책으로 정부는 1978년 8월 8일(8.8조치)에 ① 토지거래허가 및 신고제 도입, ② 양도소득세강화, ③ 기준지가고시대상확대, ④ 공한지세도입 등을 주요내용으로 하는 부동산투기억제 및 지가안정을 위한 종합대책을 발표하였다. 이 조치는 부동산문제에 초점을 맞춘 본격적인 부동산대책의 효시로 기록되었다. (8) 주차장법은 1979년에 제정되어 시행되었기 때문에 이전에는 주차장이 별도로 설치된 것이 아니라 대지면적에서 건축면적을 제외한 공간일부를 주차장으로 사용하였다. 서울 종로 3가 삼일빌딩이 그 좋은 예로서 건물부설 주차공간이 20여 대에 불과 하기 때문에 주차장법에 의하여 최소 400대 이상 주차공간이 필요한 현시점에서는 주차장 공간이 턱없이 부족한 실정이다.

한편, 산업단지개발에 대하여 살펴보면 제3차 경제개발계획과 중화학육성시책과 제1차 국토건설종합개발계획의 대규모 공업기지 구축방향에 따라 중화학산업단지를 개발할 수 있는 유리한 입지를 구축하였다. 산업기지개발촉진법을 제정하여 동남해안 중화학 공업벨트를 형성하였는데, 울산, 창원, 여천 중화학 산업단지 등이 그 예이다.

수도권 집중억제와 지역균형발전을 위한 제도적 기틀을 마련하였다. 그 일환으로서 공업배치법(1977)을 제정하여 공업집중과밀지역의 공장입지를 제한하고 공업입지가 가능한 지역을 유치지역으로 지정하고 지방공업배치법제정에 따라 광주, 대전, 전주, 청주 등에 지방공업단지를 개발하였다.

특히 이 시기(일제시대~1978년 이전)는 도시공간구조가 강북도심을 중심으로 하는 단핵구조였기에 대형 판매시설인 백화점은 도시전체를 상권으로 하는 도심지(CBD)에 입지하여 개발되었다.

4. 1980년대(1982~1991)

1980년대는 주로 1970년대까지 시행되어온 토지구획정리사업에 의하여 발생한 문제점을 개선하고 급증하는 토지수요에 대응하기 위하여 택지를 대량으로 그리고 신속하게 공급할 수 있는 관 주도형 공영개발사업방식을 도입하여 시행하였다.

이 기간 상계동 주공아파트(1987)는 최초의 초고층 아파트로 주민 휴식 공간 조성과 세대분리형 내부구조 등이 처음 시도됐다.

1988년 올림픽을 치룬 이후 부동산가격이 폭등하자 부동산가격을 안정시키기 위해 토지공개념 도입과 200만호 주택건설을 위하여 5개 신도시건설 계획을 수립하여 추진하였다.

특히 정부는 폭등하는 주택가격을 안정시키고 무주택서민의 고통을 덜어 주기 위하여 또다시 주택정책을 수립하였는데 이 시기의 주택정책은 제3기로서 1) 주택가격안정 및 주택의 대량건설, 2) 내집마련기회 확대, 3) 영구임대주택공급, 4) 저렴한 택지공급확대 등의 정책목표를 수립하고 이를 뒷받침하기 위하여 ① 임대주택건설촉진법(1984) 제정, ② 분양가상한제(1982)를 분양가원가연동제(1989)로 변형, ③ 200만호 건설계획 및 수도권 5개 신도시건설 계획(1989)을 발표하였다.

이 시기에는 부동산 투기가 심각한 사회문제로 대두되어 투기억제대책이 제도적으로 정비되었다. 1980년대 초반에는 정치적 불안과 제2차 석유파동의 여파로 경기가 극도로 침체되고 물가가 상승하자 일시적으로 양도소득세율인하, 특정지역해제 등 경기활성화

정책을 시행하였으나, 이후 3저 현상으로 수출이 증가하고 경기가 활성화되면서 부동산 시장이 과열되자 다시 가격안정 및 투기억제 쪽으로 정책방향이 전환되었다.

특히 올림픽을 치룬 1980년대 말에 재현된 토지 및 주택가격 폭등은 전국을 투기열풍으로 몰아넣어 무주택가구의 생계를 위협하고 부동산투기로 불로소득을 향유하는 계층의 과시적 소비형태가 나타났다. 이로 인해 계층간 분배구조를 둘러싼 개혁방안으로 토지공개념 3법이 제정되었고, 200만호 주택건설과 분당·일산·평촌·중동·산본 등 5개 신도시 건설계획이 발표되었다.

부동산개발 제도의 주요내용으로 (1) 택지개발촉진법에 의한 공영개발착수(1980. 12), (2) 도시기본계획제도 도입 등 도시계획체제 정비(1981), (3) 국토이용계획제도의 개편(1982. 12. 31.)은 국토이용계획과 토지이용시행계획으로 이원화되어 있던 토지이용계획을 국토이용계획으로 일원화하여 전 국토를 6개 용도지역으로 나누고, 이를 다시 11개 용도지구로 세분하던 것을 도시지역, 경지지역, 취락지역 등 10개 용도지역으로 일원화하고, 예외적으로 용도지구를 세분할 수 있도록 하였다. 용도지역 내에서의 행위제한은 개별법을 적용하고, 용도지구 내에서는 도지사 허가로 하던 것을 원칙적으로 국토이용관리법에서 직접 규제하도록 하였다. (4) 수도권정비계획제도의 도입(1982)은 수도권에 편중되어 있다고 판단되는 인구 및 각종 시설의 지역간 적정배치를 유도하여 수도권의 질서 있는 정비와 국토의 균형발전 도모하고자 하였다. 이 법은 1994년에 전문이 개정되어 오늘에 이르고 있다. (5) 분양가상한제(1982) 도입, (6) 부동산 투기억제대책발표(1983. 2. 16.), (7) 토지 및 주택문제 종합대책발표(1983. 4. 18.), (8) 주택에 대한 가수요를 억제하고 저리의 주택기금 마련을 위해 민영주택에 대한 채권입찰제 도입(1984), (9) 토지거래신고 및 허가제 실시(1984~1985)하여 허가제는 1985. 7. 30. 대덕연구단지 개발지역 일원에 대해 처음 실시, (10) 부동산종합대책(1988. 8. 10.)으로 1가구 2주택 면세요건 강화, 1가구 1주택 비과세요건 강화, 농지매매증면서 발급심사 강화, 부동산대책위원회 신설, (11) 긴급부동산 투기억제 대책발표(1989. 2. 4.), (12) 공시지가제도 도입(1989. 4.), (13) 분양가원가연동제실시(1989), (14) 분당, 일산 등 5개 신도시 건설계획 발표(1989. 4. 27.), (15) 토지공개념제도(① 토지초과이득세 제도, ② 택지초과소유 부담금, ③ 개발부담금제 제도)의 도입 등이 있다. 나중에 토지초과이득세법과 택지소유상환에관한법률은 헌법에 위배되어 폐지되었다. (16) 종합토지세제의 도입(1990)은 종전의 토지분재산세와 토지과다 보유세를 합쳐서 종합토지세로 개편한 것이다.

한편, 이 시기의 개발된 시설들을 용도별로 살펴보면 주거시설은 1980년대 초부터 1983년 서울 잠실 아시아 선수촌 아파트를 비롯하여 송파 패미리 아파트와 1985년에는 목동아파트 등을 계속하여 공급하였으나 초과수요 현상으로 88올림픽을 기점으로 하여 가격이 상승하자 1988년에 주택200만호 건설계획과 1989년 5개 신도시 건설계획이 발표되어 본격적으로 추진되면서 1990년을 정점으로 안정되기 시작하여 1995년까지 하락내지 보합세가 유지되었다. 업무시설과 판매시설을 살펴보고자 한다. 업무시설은 일반 오피스를 말하나 이것은 60년대부터 개인이 오피스를 건설하여 사무실용으로 분양이 아닌 임대로 운영되어 왔다. 이 당시의 임대수익률이 워낙 낮기 때문에 이 경우에는 운영수입을 바라지 않고 건물의 가격 상승을 기대하여 개발하였기에 이 기간 중 특이한 사항은 없었다. 업무시설 중 주거를 겸한 오피스텔은 1985년 말에 처음 개발되어 공급되었는데 이때는 지금의 주거용 오피스텔과는 달리 오피스 중심이었기 때문에 난방방식도 바닥패널히팅방식이 아닌 라지에이터 또는 팬코일을 사용하는 방식으로 소형 중심이었다.

1989년에는 부동산경기의 호황과 더불어 전문직종 종사자들의 사무실 수요 급증으로 인해 강남 테헤란로를 중심으로 오피스텔 개발이 붐을 이루어 1989년까지 1만실이나 공급되었으며 1989년 한 해 동안 입주한 오피스텔만 해도 3500실이나 되었다.

판매시설은 1978년 청량리에 미도파 백화점이 건설되어 개점되는 것을 시작으로 도심집중 양상을 보였던 백화점은 도시성장과 공간구조의 변화에 따라 새로운 입지패턴에 따른 부심권에서 개발되고 성장하기 시작하였다. 강남 압구정동 한양쇼핑과 영등포에 신세계백화점(1984) 등이 그 예이다.

이와 같이 백화점개발은 도시성장과 공간구조에 변화에 따라 입지가 결정되었다는 것을 보여주고 있다. 그 후 1988~1991년까지 부심권이 강화되고 지역중심에 백화점이 개발되기 시작하였다. 1980년대 중반 목동택지개발 등으로 서울 서부지역의 인구가 증가하고 부천, 광명 등의 인근 위성도시의 인구증가는 영등포지역에 신세계백화점 외에 롯데백화점이 추가로 개발되었다. 서울 주변 택지개발과 지하철개통으로 지역상권의 형성을 촉진하였다.

숙박시설의 대표격인 호텔은 1983년에 Hilton 호텔이 개관되어 이곳에서 제53차 ASTA을 개최하였다. 86아시안게임과 88올림픽 개최에 따라 외국체인호텔들이 개발되고 연이어 개관하였는데, 스위스, 그랜드호텔, 인터컨티넨탈, 라마다 호텔, 롯데월드 호텔 등이 그 예다.

산업단지개발은 제5차 경제개발계획과 제2차 국토건설종합계획의 안정·성장·균형의 경제기조 하에 국토균형개발과 인구의 지방정착에 역점을 두었다. 특히 1980년대 초에는 중화학공업 투자조정으로 인한 대규모 단지의 유휴면적 증가로 중소규모 공단을 지방에 분산 배치하는 지방중심의 입지정책을 추진하고 1980년대 후반에는 낙후지역인 서남권 개발을 위해 대불, 군장 등에 대규모산업단지를 개발하고 지방 산업단지와 농공단지개발 도 병행하였다.

5. 1990년대(1992~1997)

토지공개념도입과 200만호 주택건설을 위한 5개 신도시건설로 인하여 1991년 하반기 부터 1998년 IMF 외환위기까지 우리나라 부동산가격은 이 기간 중 평균 0.63%라는 안정 세를 보였다. 이러한 지가 안정세를 바탕으로 정부 주도의 대규모 개발사업에 의한 공급 확대보다 주로 제도적인 완화를 통하여 간접적으로 토지공급을 촉진하는 정책방향으로 선회하였다.

1993년에 국토이용관리법이 개정되어 10개의 용도지역으로 세분되어 있던 토지이용체 계가 5개 용도지역으로 통합되었다.

이 기간의 주택정책은 제4기로서 1) 민간부문의 자율성제고, 2) 주택금융의 확충, 3) 규제완화 등의 정책목표를 수립하고 이를 뒷받침하기 위하여 ① 임대주택법(1994), ② 분 양가자율화 및 분양주택의 전매를 허용하는 주택경기부양책(1998), ③ 자산유동화 및 주 택저당채권유동화제도 등이 실시되었다.

우리나라 경제성장률이 둔화되고 정부의 간접적인 시장관리정책으로 이 기간 동안은 지가가 안정되는 등 부동산 문제가 사회적으로 크게 문제시되지 않고 있었다. 그러나 1997년 IMF위기를 계기로 지가가 폭락하여 또 종래와는 다른 문제가 야기되기 시작하 였다.

부동산개발제도의 주요내용으로 (1) 국토이용계획의 제2차 전면개편(1993. 8. 5.)으로서

10개 지역으로 분류된 국토이용계획상의 용도지역을 도시·준도시·농림·준농림·자연환경보전지역의 5개로 단순화하고, 개발이 가능한 용도지역을 확대함으로써 택지·공장용지 등의 개발용지의 공급이 확대될 수 있도록 조치하였다.

여기서 용도지역별 개발규제 내용[1]을 보면 도시지역은 도시계획구역, 국가 및 지방공단, 택지개발예정지구, 전원개발(또는 예정구역)사업구역으로 구성된다. 이 중 도시계획구역에서는 도시계획법이, 국가공단 및 지방공단에는 산업입지및개발에관한법률과 공업배치및공장설립에관한법률, 택지개발예정지구는 택지개발촉진법이, 전원개발사업구역 또는 예정구역에는 전원개발에 관한 특례법이 각각 적용된다.

도시내 토지이용에 대해서는 국토이용관리법은 어떤 규제도 하지 않고 있는 셈이다. 다만 도시지역이 아닌 토지는 도시지역으로 용도변경(국토이용계획변경이라 한다)하는 경우 이 법에서 정하는 절차를 따라야 한다.

준도시지역은 도시지역보다 국토이용관리법이 많이 적용된다. 우선 취락지구부터 살펴보면 취락지구 내에서 개발을 하려면 원칙적으로 취락지구계획에 따라야 한다. 취락지구 개발계획이란, 도시계획구역 내의 도시계획과 거의 같은 것으로서 건축계획, 도로망과 상수도 시설계획, 용도지역지정 등으로 구성된다. 아파트 건축계획은 주변경관과의 조화를 고려하여 원칙적으로 용적률 150%, 건물층수 15층을 넘지 못하게 한다. 예외적으로 용적률 250%, 20층까지 아파트 건축이 허용되기도 한다.

개발계획이 수립되어 있지 않더라도 환경오염이 심한 공장의 설치는 금지된다. 농공단지 목적의 시설용지지구는 산업입지및개발에관한법률의 적용을 받는다. 그러나 시설용지지구라 하더라도 공장의 입지를 위해서 지정된 경우는 개별입지계획에 따라야 한다.

기타 집단묘지지구나 운동휴양지구 등은 개발 계획이 있으면 개발계획을 따르되 개발계획이 없는 경우 해당지구의 지정 목적에 지장이 되는 행위에 한해서 제한할 수 있다.

준농림지역은 농업진흥지역이 아닌 농지, 준보전임지 등으로 구성된다.

따라서 이들 지역에서의 개발은 기본적으로 농지의보전및이용에관한법률과 농지확대개발촉진법, 산림법 등이 정하는 바에 따른다.

이 법 외에 국토이용관리도 몇 가지 추가적 규제를 가하고 있다.

준농림지역 안에서는 원칙적으로 3만m² 이상의 토지형질변경은 불가능하기 때문에 3

1) 김정호, 한국의 토지이용규제, 한국경제연구원, 1995, pp.33－39.

만m² 이상의 농지나 임야의 전용은 할 수 없다.

그러나 3만m² 이상의 농지나 임야를 국토이용계획변경절차를 거쳐 준농림지역을 준도시지역의 취락지구나 시설용지지구 등으로 바꾸면 준농림지역에서 적용되는 제한은 사라지게 되어 아파트, 대규모 공장이나 농공단지 같은 시설은 이 방법을 통해서 개발된다. 뿐만 아니라 3만m² 이하의 개발이라 할지라도 환경오염시설에 대해서는 농지관련법이나 산림법 이외에 국토이용관리법의 규제가 추가로 적용된다.

50호 이상의 아파트를 건축하려면 비록 소요부지가 3만m² 미만이라도 토지형질변경만으로 준농림지역 내에서 건축할 수 없다. 이것도 마찬가지로 준도시취락지구로 국토이용계획변경을 하여야 한다.

이와 같이 국토이용관리법을 개편함으로써 준도시·준농림지역을 개발이 가능한 지역으로 만들어 택지나 공장용지 등의 공급을 확대할 수 있었다. 부지면적이 3만m² 미만의 소규모 개발사업은 준농림지 안에서 가능하고 3만m² 이상의 대규모 개발사업은 준농림지역을 준도시 취락지구나 시설용지지구로 국토이용계획을 변경하여 아파트나 공장용지를 개발할 수 있었다. 이 시기에 시행사라고 하는 민간아파트 개발업자들이 많이 등장하였는데 바로 이 시기를 디벨로퍼의 태동기로 볼 수 있다. 이 시기의 시행사들은 연간 6~7만호의 주택을 공급하여 주택난 해소에 크게 기여 하였으나 난개발이란 부작용을 초래하였다. 이로 인해 준농림지역이 폐지되고 국토의 효율적인 이용과 '선계획 – 후개발'의 국토이용계획체계를 구축하기 위하여 2001년 12월 17일 국토의계획및이용에관한법률이 제정되는 계기가 되었다.

농림지역은 국토이용관리법이 별도로 규제하지 않고 농업진흥지역에 대해서는 농어촌발전특별조치법(1996년 1월부터 농지법), 보전임지에 대해서는 산림법, 낙농지대는 낙농진흥법, 초지조성지구는 초지법 상의 규제들이 각각 적용된다.

자연환경보전지역은 국토이용관리법이 엄격히 규제하고 있다. 자연환경보전지역은 공원 및 공원보호구역은 자연공원법, 문화재보호구역은 문화재보호법, 상수원보호구역은 수도법 등의 각각 개별법의 적용을 받는다. 설령, 각각 개별법에 의해 허용되는 행위라 할지라도 국토이용관리법에 의해 대부분의 행위가 제한된다.

국토이용관리법에서 제한되는 행위는 건축물·공작물 기타시설의 신·증축, 영림계획에 의하지 않고 나무의 벌채, 개간·매립·간척·준설, 토지의 형질변경, 가축의 방목, 야생

동·식물의 포획, 흙·모래, 자갈 등의 채취 등의 행위이다. 다만 수산자원 보존지구 내에서 일부시설, 중소기업공장의 50% 증설, 농어가 주택의 설치 등이 예외적으로 허용된다.

(2) 건축법의 개정(1995.2. 시행)으로 건축허가 신청 전에 당해 건축물이 법령에 적합한지 여부에 대하여 사전결정을 신청할 수 있도록 하고, 허가를 할 때는 이 사전결정에 따르도록 하고 있다. 그러나 1995년부터는 건축허가를 할 때 기본적인 사항만 확인하도록 하고 기술적인 사항은 설계자에게 일임하도록 함에 따라 사전결정제도를 폐지하고 그 대신 허가시 시장·군수·구청장은 당해 건축물이 다음의 법령에 적합한지 여부를 확인하도록 하였다.

① 건축법에 의한 대지와 도로와의 관계, 건축선에 의한 건축제한, 지하층의 설치, 지역·지구 안에서의 건축제한, 건폐율, 용적률, 대지안의 공지, 공개공지, 건축물의 높이제한, 일조권 등에 의한 높이 제한, 도시설계지구 등과 ② 국토이용관리법 제15조(용도지역 안에서의 행위제한), ③ 도시계획법 제4조(도시계획구역 안에서의 행위제한), ④ 농지법 제36조(농지전용허가), ⑤ 농어촌발전특별조치법 제44조(농업진흥지역 내에서의 행위제한) 등이다.

(3) '도시계획법'에 의한 도시계획과 '건축법'에 의한 건축계획을 연결하는 수단이며 도시의 일부 또는 건물의 집단을 종합적으로 규제하는 수단으로 상세계획과 도시설계가 있다. 이들을 비교해 보면 <표 6-2>에서 보는 바와 같고, 2001년 이후 '국토의 계획 및 이용에 관한 법률'에 의한 지구단위계획으로 발전하였다.

(4) 기타 수도법, 환경정책기본법, 군사시설보호법에 의한 개발 규제를 살펴보기로 하자. 먼저 상수원보호를 위한 규제를 보면 두 가지 경우가 있는데, 하나는 '수도법'에 의한 상수보호구역과 환경 관련법에 의한 특별 대책지역이 있다.

상수보호구역은 취수지점으로 4㎞＋가감거리 내의 토지에 대하여 지정되며, 상수도보호구역내에서는 특정 수질유해물질, 폐기물, 오·폐수 버리는 행위, 방목, 수영, 세탁, 자동차 세차행위 등을 할 수 없다.

또한 건축물 기타 공작물의 신축, 증축, 개축, 재축, 이전변경 또는 제거, 죽목의 재배 및 벌채, 토지의 성토·절토 등 토지의 형질변경 등에 대해서는 시장·군수의 허가를 받아야 하나 허용되는 행위는 극히 제한적이다.

수질 보전대책지역은 환경정책기본법에 의해서 지정된다.

<표 6-2> 상세계획과 도시설계의 비교

구분	상세계획	도시설계
근거법- 구역지정	▪ 도시계획법 → 상세계획구역	▪ 건축법 → 도시설계지구
목표	▪ 토지이용의 합리화 ▪ 도시기능, 미관 및 환경의 효율적 유지 및 관리	▪ 도시의 기능 및 미관의 증진
결정	▪ 도시계획결정(건설교통부장관)	▪ 도시설계승인(건설교통부장관 또는 시장)
입안기준일	▪ 구역지정 후 2년 이내	▪ 지구지정 후 1년 이내
법적성격	▪ 도시계획결정 　(건축물의 용도나 밀도 등에 관한 계획은 용도 　지역의 규제를 대체)	▪ 도시계획시설은 도시계획 결정 ▪ 건축물에 관한 규제는 건축조례성격
대상구역	▪ 택지개발예정지구(신개발지) ▪ 공업단지(신개발지) ▪ 재개발구역(기성시가지) ▪ 토지구획정리사업지구(신개발지) ▪ 시가지조성사업구역(신개발지) ▪ 역세권 지역(철도역중심 500m 이내)	▪ 도시계획구역 내 필요한 곳
계획내용	▪ 지역지구의 지정, 변경 ▪ 도시계획시설의 배치 ▪ 가구 및 획지의 규모 및 조성계획 ▪ 건축물의 용도, 건폐율, 용적률, 높이의 최고, 　최저한도 ▪ 기타 건설부령이 정한 사항	▪ 대상구역의 토지이용계획 ▪ 대상구역 및 주변지역의 교통처리계획 ▪ 건축물의 위치, 규모, 용도, 형태, 및 색채 등에 　관한 규제계획 ▪ 도로, 상하수도 설치계획 및 에너지 공급에 관한 　계획 ▪ 대상구역의 조경
작성 및 입안권자	▪ 지자체장(시장, 군수)	▪ 국가 및 지자체 ▪ 주공 및 토개공 ▪ 건설교통부장관이 인정하는 자
승인권자 (심의체)	▪ 건설교통부장관(중앙도시계획위원회)	▪ 건설교통부장관(중앙건축위원회)

자료) 국토연구원, 상세계획시행방안 연구, 1993, p.22.

　환경오염 또는 자연생태계의 변화가 현저하거나 그렇게 될 우려가 있는 경우 환경부장
관은 지역 내의 토지이용행위를 규제할 수 있다.

　상수원 수질보전특별대책지역으로 지정된 지역은 1990년 7월에 지정된 팔당호와 대청
호 2개소이다. 각 특별대책지역은 I권역과 II권역의 2개 권역으로 구분된다. I권역이
II권역보다 규제가 더 심하다.

환경부 고시에 의하면 팔당호 상수원 수질보전특별대책지역 Ⅰ권역에 속하는 경우 <표 6-3>에서 보는 바와 같이 하수종말 처리시설이 갖춘 구역은 면적에 제한 없이 입지가 가능하나, 하수처리구역이 아닌 경우 호당 건축면적이 800m² 이상의 건물 및 시설물의 설치를 금지하고 있다.

또한 수질보전특별대책지역 Ⅱ권역의 경우에는 규모에 관계없이 방류 수질 BOD 20 ppm 이하로 방류하거나 하수처리장 유입·처리 시 건축할 수 있다.

<표 6-3> 수질보전 특별대책지역 행위규제

구분	특별대책 Ⅰ권역	특별대책 Ⅱ권역
대상지역	남양주군, 양평군, 광주군, 용인군, 여주군, 가평군	남양주군, 양평군, 광주군, 용인군, 여주군, 가평군
일반 건축물	■ 연면적 800m² 이상 및 건축 연면적 400m² 이상의 숙박업 및 식품접객업 - 하수처리구역은 제한 없이 입지가능 ■ 공공복리 시설은 제한 없이 입지가능	■ 규모에 관계없이 입지하여 BOD 20ppm 이하 처리 또는 하수 처리장 유입·처리시 입지 허용

자료) 상수원 수질보전 특별종합대책(환경부고시 제1999-37호).

다음으로 군사시설보호구역에 대하여 살펴보자. 군사시설보호법은 군사시설을 보호하고 군작전의 원활한 수행을 위하여 필요하다고 인정되는 경우 군사시설 보호구역으로 지정하도록 되어 있다. 군사보호구역은 통제보호구역과 제한 보호구역으로 구성된다.

통제보호구역은 민간인 통제선(휴전선 남방 5~20㎞의 범위 내에서 국방부장관이 고시한 선)북방지역과 기타 중요 군사시설의 기능 보전이 요구되는 구역이며, 제한보호구역은 통제보호구역 외곽에 설정되는 구역이다.

군사보호구역내에서는 도로의 신·증설, 가옥이나 기타 건물의 신·증축, 토사의 채취, 조림 또는 벌목, 토지개간 등의 사유권 행사시에 행정관청의 인·허가와 더불어 관할 부대장의 승인을 얻어야 한다.

서울의 경우 군사시설보호구역과는 별도로 대공협조구역이 지정되어 있는데 동 구역 내의 건축물은 층수가 제한된다.

한편, 이 시기 개발된 시설들을 용도별로 살펴보면 주거시설인 아파트는 200만호 건설이 성공적으로 추진되고 준농림지역의 개발가능지로 매년 6~7만호의 아파트건설이 가능해 짐에 따라 1995년 초까지는 아파트 가격이 하향안정세를 유지하였다. 주택 200만호

계획과 수도권 5개신도시 건설계획의 성공적인 추진은 우리나라 주택정책사에 커다란 이정표가 되었다고 볼 수 있다. 그러나 수도권 신도시 아파트의 공급물량의 고갈로 인한 아파트가격이 급속히 상승하자 정부에서는 1995년 6월 16일 행정쇄신위원회의 오피스텔 주거시설 규제완화 및 동년 7월 19일의 오피스텔 건축기준을 완화하여 주택수요를 보완하고자 하였다. 이로 인해 1996년, 1997년도에 신도시와 목동 등지에서 대형아파트와 같은 오피스텔이 대거 선을 보이면서 분양에 성공을 거두었으나, 1997년 10월에 건설교통부에서 주거부문이 30% 이상인 주거용 오피스텔에 대해 시정명령을 내리면서 계약된 오피스텔의 해약사태와 민원이 발생하게 되었고 외환위기를 거치면서 오피스텔 수요는 자취를 감추었다.

이 시기의 백화점의 입지패턴은 도심권의 세력이 약화되고 부심권의 상권분할이 명확해지는 가운데 외곽지역의 지역밀착형 백화점 개발이 활발히 전개되었다. 1993년에 할인점이 등장하고 IMF 환란 등 역사적 사건들이 잇달아 터지면서 경쟁력 없는 업체들이 백화점시장에서 퇴출되기 시작하였다. 이로 인해 백화점 업계는 롯데, 신세계, 현대 등 3업체가 서울과 지방을 완전 장악하는 과점체제로 옮겨가게 되었다.

산업입지 측면에서 보면 1990년대의 시기는 산업기지개발촉진법, 지방공업개발법 등에 각각 분산된 공업단지 지정·개발절차를 통합하여 산업입지및개발에관한법률(1990)을 제정하였다. 특히 과학기술산업의 발전을 촉진하기 위하여 광주 첨단단지와 6개 지방 과학산업단지(부산, 대전, 대구, 전주, 강릉, 오창) 개발을 착수하였으며, 경제 환경변화에 탄력적으로 대처하고 기술집약형 첨단산업을 육성하기 위해 제조업중심의 '공업단지'를 생산, 연구, 물류, 복지 등 다양한 업종과 지원시설을 연계배치 지원하는 '복합산업단지'로 개발할 수 있도록 '산업단지'로 개편하는 등 재도약기라 할 수 있다.

6. 1990년대 후반(1998~1999)

1996년 이후에는 수년간 누그러졌던 부동산 선호심리가 되살아나고 대규모 개발사업이 시행됨에 따라 부동산가격이 국지적으로 상승하는 현상이 나타났다. 그러나 외환위기가 발생한 1997년 말 이후 극심한 경제침체와 금융시장 경색으로 부동산에 대한 수요는 급감한 반면, 기업의 심각한 자금난과 실업증가로 매물이 쏟아져 나와 부동산시장은 유례 없는 침체기를 맞게 되었다. 1998년 1월부터 12월까지 지가는 13.6%나 하락하고 주택가 격과 전세가격도 각각 11.6% 및 17.3% 하락하였으며 거래량도 대폭 감소하였다.

기업은 보유 부동산을 제때에 매각하지 못해 연쇄적인 흑자도산을 야기하게 되었다. 이러한 상황 하에서 정부는 우리 경제의 구조조정과 IMF체제의 조기극복이라는 대명제 를 시급히 달성하기 위해 그동안 강력하게 추진해 온 투기억제정책을 탈피하여 부동산 거래를 촉진하는 방향으로 기조를 전환함으로써 우리 경제가 조기에 회복할 수 있는 기 반을 마련하는데 역점을 두었다.

구조조정 지원을 위한 부동산대책으로는 (1) 규제완화 정책으로 아파트분양가 자율화, (2) 대외개방정책, (3) 신축 주택구입에 대한 양도소득세 감면 등의 세제지원책, (4) 주택 대출비율 확대 등의 금융지원책, (5) 공공기관 직접 매입대책 등이 있다. 정부에서는 경 기활성화 대책으로 부동산 쪽에서 그 동안 취하였던 규제를 완전히 풀거나 완화하였다. 특히 주거시설이 아파트분양가 자율화, 전매가능, 신축주택구입에 따른 양도세감면, 대출 비율확대 등 가장 많은 혜택을 보았다.

한편으로 1998년 6월 건교부는 지침을 개정하여 주거부분을 50% 미만으로 늘리고 간 막이벽 설치를 허용함으로써 주거용 오피스텔을 양성화하고자 하였으나 쉽사리 경기가 회복되지 않았다. 이런 부동산 경기는 2000년도에 가서 서서히 회복되기 시작하였다.

7. 2000년대(2000~2006)

2000년대 초기의 부동산개발환경은 1998년 외환위기와 부동산시장개방으로 인해 엄청 난 변화를 가져왔다. 수익용 부동산평가에서 사례비교법이 수익법으로 전환되고 부채비 율의 부담이 개발사업구조를 시공사와 시행사의 2자구조에서 시공사, 시행사, 금융기관 등의 3자구조로 변화를 가져왔다. 부동산개발자금조달에서 저당대출이 아닌 프로젝트의 사업성을 보고 대출해 주는 프로젝트파이낸싱이 등장하고 정부는 한정되어 있는 우리나 라 국토현실을 감안하여 국토의 효율적인 이용과 난개발을 방지하고 계획적인 개발을 하 기 위해 '선계획－후개발'의 국토이용체계구축, 토지이용규제 합리화추진, 토지이용 및 국토정보화 등을 추진하고 있다. 토지이용규제와 관련한 법률인 국토의계획및이용에관한법률과 도시개발법의 제정으로 그간의 경제성장과정에서 발생한 토지수요의 급격한 증가, 도시의 과밀화와 그에 따른 난개발 등 토지이용상 발생하는 여러 문제를 종합적으로 조정하면서 국토를 계획적으로 관리하게 되었다. 그와 아울러 민간기업도 대규모 개발사업을 할 수 있는 환경이 되었다. 이로 인해 시행사들이 선전국의 디벨로퍼의 역할을 자처하고 디벨로퍼로 변신하기 시작한 시기였기 때문에 바로 이 시기가 선진국형 디벨로퍼 등장시기로 볼 수 있다. 이 시기의 부동산대책은 아파트 분양가 전면자율화, 분양권 전매제한 폐지, 세제혜택등 대대적인 규제완화로 부동산개발업자를 양산했을 뿐만 아니라 주택가격을 폭등시키기도 하였다. 이것은 결국 2003년부터 시작되는 참여정부로 하여금 부동산규제를 가져오게 하는 원인을 제공하였다.

한편, 제4차 국토종합계획(2000~2020)은 21세기의 시대조류에 능동적으로 대처하고 새로운 패러다임에 입각한 국토계획의 전면적인 개편의 필요성에서 제3차 국토종합계획의 종료시점을 앞당기고 수립되었다. 특히 제4차 국토계획은 그 명칭을 과거의 국토종합개발계획에서 국토종합계획으로 변경한 데서 볼 수 있듯이 개발위주에서 나아가 개발과 환경의 통합을 통해 국토환경의 적극적 보전의지를 강조하고 있다.

부동산개발제도의 주요내용으로 첫째, 국토계획체계정비로 기존의 국토계획체계는 국토건설종합계획법, 국토이용관리법, 도시계획법을 기본으로 하여 약 90여 개의 개별 법령에 의해 토지이용규제 및 개발행위 허가가 이루어짐에 따라 일관성이 없고 효율적인 국토계획 및 관리가 어려워 국토의 난개발을 초래하였다. 이와 관련하여 국토건설종합계획법을 국토기본법으로 개편하여 국토의 나아갈 바를 설정하였다. 둘째, 2003년 1월 1일부터 시행하게 된 국토의계획및이용에관한법률(2001.12.17. 제정)은 국토의 효율적인 이용과 친환경적이고 경쟁력 있는 도시공간을 조성하여 지속가능한 도시를 창조해 나가고, '선계획 – 후개발'의 국토이용체계를 구축하기 위하여 도시계획법과 국토이용관리법을 통합하여 하나의 법률로 제정한 것이다.

셋째, 부동산시장 안정화 시책으로 IMF 외환위기 이전에는 각종 토지수요관리제도를 강력히 도입·시행함으로써 그동안 급등하던 지가상승세가 안정 국면으로 전환하게 되었다.

그러나 1997년 말 외환위기 이후에는 부동산시장이 급속히 침체되어 1998년 한 해 동안 지가는 13.60% 하락하고 토지거래량은 13.1% 감소하였다. 이후 개발규제 완화정책으로 인한 경기회복 등에 따라 1999년에는 지가가 2.94% 상승한데 이어 2000년도에는 0.67%, 2001년도에는 1.32%가 상승하는 등 부동산시장이 안정적 회복세를 보였으나, 2002년에는 저금리추세·주택가격 상승 등에 따라 8.98%가 상승하는 등 11년 만에 최고 지가상승률을 기록하였다. 넷째, 도시재개발법에 의한 재개발사업, 도시저소득주민의 주거환경개선사업을 위한 임시조치법에 의한 주거환경개선사업과 주택건설촉진법(현행 주택법)에 의한 재건축사업을 하나의 법으로 통합하여 도시및주거환경정비법(2003.7. 시행)에 의한 정비사업으로 일원화함에 따라 이 법에 의하여 개발규제를 받게 되었다. 이 법은 도시기능의 회복이 필요하거나 주거환경이 불량한 지역을 계획적으로 정비하고 노후 불량 건축물을 효율적으로 개량하기 위하여 필요한 사항을 규정함으로써 도시환경을 개선하고 주거생활의 질을 높이고자 제정되었다.

　부동산경기를 보면 정부가 1998년 외환위기를 거치면서 침체된 경기를 활성화하기 위하여 지속적인 노력을 한 결과 2001년도에는 저금리기조와 함께 경기가 완전히 회복국면에 접어들었으며 2002년도에 가서는 부동산 경기과열현상까지 나타나기 시작하였다. 이 시기를 틈타 2001년부터 2005년까지 디벨로퍼들은 아파트뿐만 아니라 오피스, 상가, 복합쇼핑몰, 고급빌라, 주상복합건물, 오피스텔 개발사업까지 손을 대 분양하는 곳마다 성공을 거두었다.

　이 시기의 개발환경은 법률적 측면에서 보면 도시개발법에 의한 도시개발사업, 국토의 계획및이용에관한법률의 지구단위계획에 의한 사업, 도시 및 주거환경정비법에 의한 재개발 및 재건축사업, 기업도시특별법에 의한 기업도시개발, 지역균형개발및지방중소기업 육성에관한법률에 의거 개발촉진지구개발, 특정지역개발, 기타 복합단지개발 등 민간이 대규모 개발사업을 추진할 수 있는 길이 열렸다. 그 뿐만 아니라 부동산개발 자금조달측면에서도 사업성을 근거로 대출해 주는 프로젝트파이낸싱, 간접투자자산운용업법에 의한 부동산펀드, 부동산투자회사법에 의한 REITs, 부동산신탁 등 다양한 금융상품들이 개발되어 당해 프로젝트가 사업성만 갖추어 진다면 얼마든지 자금을 조달할 수 있는 여건이 조성되어 있었다. 그러나 부동산시장측면에서 본다면 상당히 어려운 여건을 맞고 있다. 왜냐하면 부동산가격 급등에 따른 다양하고 강력한 시장규제로 인해 수요가 창출되기 어렵기 때문이다. 이러한 부동산시장규제는 참여정부 집권초기부터 시작되었다. 부동산투기와 강남 집값 상승을 억제하기 위하여 분양권전매금지, 재건축요건 강화, 다주택자 보유

세 및 양도세 강화, 보유세(재산세 등) 강화, 종합부동산세 신설, 부동산 담보대출의 융자
비율 축소, 개발이익환수 등의 강력한 규제조치를 취하였다. 그러나 저금리기조의 지속과
수급불균형으로 오히려 강남을 중심으로 집값이 폭등하고 무분별한 재건축규제로 아파트
공급이 사라져 오히려 가격 상승과 부동산버블화를 가속화시켰다. 이에 참여정부는 주택
에 대한 보다 강도 높은 규제책을 내놓자 주택경기는 안정기에 접어들었다. 이에 부동산
투자자들은 상대적으로 규제가 덜한 주상복합과 오피스텔 등에 눈을 돌렸다. 그러나 이것
마저 규제를 강화하자 이 상품들은 주택에 비하여 훨씬 더 심각한 타격을 입었다. 앞에서
언급한 시장규제의 주요한 내용을 참여정부 집권초기(2003)부터 2006년 8월 말까지 연도
별로 살펴보면 다음과 같다.

주택가격 안정대책(2003.5.23.)으로 투기과열지구를 수도권 과밀억제권역과 성장관리권
역 및 충청권 일부지역으로 확대하여 수도권 중 강남과 신도시 5개 그리고 천안을 비롯
하여 행정복합도시 주변지역의 아파트 가격과 투기열풍을 잠재우고자 시도하였다. 투기
과열지구내의 주상복합아파트(주상복합 건물 전체 연면적에 대한 주택 연면적이 90% 이상이거
나 세대수가 300세대 이상)인 경우 분양권전매 제한과 청약통장가입자에게 공급함으로써
주상복합아파트의 청약과열을 진정시키고자 하였다. 특히 강남의 재건축아파트가 아파트
가격 상승을 선도하고 있다고 인식하고 재건축아파트 경우 사업승인을 받고 80% 이상
공정이 진행한 후에 분양을 할 수 있도록 하였으며 안전진단 기준도 대폭 강화하여 재건
축을 억제하였다. 이렇게 하여도 재건축아파트 가격이 계속 상승하자 정부는 다시 2003
년 9월 5일 재건축시장 안전대책을 내놓았다. 그 내용은 수도권 과밀억제권역 안에서 주
택재건축사업을 하는 경우 전체 건설예정세대수의 60% 이상을 국민주택(전용 85m² 이하)
으로 건설하도록 하고 투기과열지구 내 재건축 조합원에 대해서는 지역·직장조합 아파트
와 동일하게 조합 인가 후 조합원지위 양도를 금지하였다.

주택가격이 이러한 규제에도 불구하고 계속해서 상승하자 정부에서는 주택시장안정 종
합대책(2003.10.29.)을 발표하였는데, 시장규제뿐만 아니라 주택공급확대 정책도 병행한
대책이라 볼 수 있다. 그 예로 ① 강북뉴타운 개발사업을 자족형 타운으로 개발하기 위해
중앙정부 차원에서 적극 지원하는 것으로 대지조성사업과 기반시설비용을 국민주택기금
에서 융자·지원하며, ② 재개발방식보다 주민동의 요건(4/5 → 2/3 이상)을 완화하여 사업
기간 단축이 가능한 도시개발 방식을 적극 활용토록 하였다. ③ 판교, 화성, 김포, 파주

등 수도권 4개 신도시에서 2004~2009년간 19만여 호의 주택을 공급하고, ④ 광명, 아산 등 고속철도 역세권주변지역을 주거단지로 본격 개발한다. ⑤ 수도권에 한해서는 개발부담금을 계속 부과하고 300세대 미만 주상복합아파트에 대해서도 주택법을 적용해 청약자격을 제한하고 투기과열지구내 분양권전매도 전면 금지한다는 내용이다. 이러한 대책에도 불구하고 분양시장의 과열이 확산될 경우 주택법을 개정하여 분양권 전매금지를 전국적으로 확대하며 재건축아파트에 대한 개발이익환수방안도 검토하고 제한적인 주택거래허가제 도입도 고려하며 토지거래허가면적 기준도 대폭 강화하는 등 후속 대책까지 마련하였다. 2003년 10.29 대책 이후 매도세가 증가하고 매수세가 감소하던 시장상황이 2004년 말 부동산 보유관련 세제와 양도관련 세제가 강화되었지만 분양권 전매요건을 투기과열지구로 지정된 지방도시는 분양계약 후 1년이 지나면 분양권을 전매할 수 있도록 완화하고 투기과열지구 내 재건축 후 분양 적용대상도 수도권 과밀억제권역 외 지역에서는 착공과 동시에 분양할 수 있도록 완화하는 등 부동산규제완화 방안(2004.11.9.) 발표와 저금리지속, 풍부한 유동성외에 만성적인 공급부족현상 등 복합적인 요인으로 2005년 2월부터 강남 등 특정지역을 중심으로 주택가격이 재상승하기 시작하였다. 이렇게 되자 정부에서는 2005년 5월 4일 다시 보유세 강화, 토지거래허가 강화, 투기방지책의 운영강화 그리고 보유·양도세를 강화하는 것을 주요내용으로 하는 '5·4 부동산종합대책'을 발표하였다. 그러나 서울을 비롯한 수도권지역이 지방보다 아파트 가격이 큰 폭으로 상승하고 토지시장도 그동안 2002년 서울 및 수도권지역의 지가급등을 제외하고는 장기적으로 안정세를 유지하였으나 2004~2005년 상반기 중 서울, 인천, 경기지역과 대전, 충남 등의 지가가 상대적으로 크게 상승하였는데 특히 행정중심복합도시 등 개발예정지역을 중심으로 지가가 가파르게 상승하는 지역이 늘어나자 정부에서는 부동산시장을 종합적으로 검토한 결과 주택가격 상승은 수요·공급 측면과 심리적 요인이 복합적으로 작용한 것이고 토지의 가격 상승은 행정복합도시, 기업도시, 혁신도시 등 대규모 개발계획이 발표·시행됨에 따라 개발이익을 기대한 사전적 투기적 수요가 급속히 확산되고 각종 개발사업지구에서 받은 토지보상금이 다시 주변토지시장으로 유입되어 수요를 증가시켰으며 이용가능한 도시적 용지의 부족도 수요초과 현상을 낳았다. 이에 외부적 요인도 가세하였는데 정부의 부동산대책이 주택시장에 치중된 결과 토지투기에 대한 규제 장치가 상대적으로 미흡하여 그동안 주택을 중심으로 일어나던 부동산투기가 시차를 두고 토지로 이동하는 조짐이 나타났다. 결국 토지시장도 가격 상승 기대심리와 저금리추세가 복합적으로 작용하여 시중의 유동성이 토지시장으로 유입됨에 따라 토지가격 상승을 초래했다는 판단이다. 이에 정부에서는 종합적으로 부동산시장의 안정정책의 필요성을 느껴 2005년 8.31 부동산대책을 발표하였다. 8.31 부동산대책의 주요내용은 크게 세제강화를 위한 세법개정과 주택·토지관련 법을 개정 또는 제정하여 서민주거안정과 부동산투기억제를 위한 부동산제도 개혁방안이라 할 수 있다.

1) 2005년 8.31 부동산대책의 주요 내용

(1) 세제 개편

① 종합부동산세법 개정하여 고가주택, 다주택, 비사업용 토지에 대한 종합부동산세를 다음과 같이 강화하여 과세형평을 높이고 부동산가격 안정을 도모하고자 하였다. 과세기준 금액을 하향조정하여 과세대상 확대하였는데 주택은 공시가격 9억 원에서 6억 원, 비사업용 토지는 6억 원에서 3억 원으로 하향조정하였다. 과세방법은 인별 합산에서 세대별 합산으로 변경하였고 세부담 상한을 확대하여 전년대비 1.5배에서 3배로 조정하였으며 과세표준 적용률도 50%에서 단계적으로 상향조정하여 2009년까지는 100%가 되도록 하였다.

② 법인세법을 개정하여 법인 소유 토지에 대해 투기이익을 환수하여 투기 억제하고자 비사업용 토지의 양도소득에 대해 30% 특별부가세를 부과하기로 하였다.

③ 소득세법을 개정하여 비사업용 토지, 1세대 2주택(수도권·광역시: 1억 원 초과, 지방: 3억 원 초과)에 대해 양도소득세 50% 중과하도록 하고 양도세 산정기준도 실거래가 기준으로 전환하였다.

④ 조세특례제한법을 개정하여 농지에 대한 투기수요 억제를 통해 토지가격 안정 도모하고자 3년 이상 자경농지 대토(代土)시 전액 비과세하는 조세감면 혜택을 축소하였다.

⑤ 지방세법을 개정하여 서민 주거안정을 도모하고자 실거래가 신고에 따른 거래세 부담을 완화하기 위해 2006년부터 개인간 주택거래시 취득세와 등록세 1%p 인하하였다.

(2) 주택·토지 관련법 개정

① 주택법을 개정하여 분양가상한제 및 원가공개 대상을 공공택지에 공급되는 주택의 모든 평형으로 확대하여 분양가를 안정화시키고자 하였다. 분양가상한제 적용주택의 전매제한기간을 최대 5년 → 10년(25.7평 이하: 수도권 10년, 지방 5년/25.7평 초과: 수도권 5년, 지방 3년)으로 확대하였다. 투기과열지구 공공택지내 공영개발지구 지정으로 주택투기 방지 및 주택공급의 공공성을 확대하였다.

② 국민임대특별조치법을 개정하여 국민임대주택단지 규모를 30만 평(100만m²) → 60만 평(200만m²)으로 확대하고 슬럼화 예방 및 사회통합 단지 건설을 위해 국민임대주택 비율을 30만 평 초과분에 대해서 50% → 40%로 축소하였다.

③ 도시재정비특별법을 제정하여 낙후된 구시가지 재개발 등 각종 정비사업의 광역개발로 주거환경 정비를 촉진함으로써 도시기반시설 개선을 통한 주택공급 확대 및 도시균형발전을 도모하고자 하였다.

④ 국토계획법을 개정하여 토지거래허가제를 강화하였는데 그 주요내용은 취득자금조달계획 제출 의무화로 출처가 불투명한 부동자금이 토지시장에 유입되어 땅 투기를 조장하는 악순환을 방지하고 농지·임야 취득 사전거주요건 6개월 → 1년으로 강화하는 한편, 허가받은 토지의 의무이용기간을 농지는 6개월 → 2년, 임야 1년 → 2년, 개발사업용 토지 6개월 → 4년, 기타 6개월 → 5년으로 강화하였다. 이를 위반할 시 이행강제금 부과, 신고포상금제 도입하였으며 토지분할 허가요건도 강화하였다.

⑤ 기반시설부담금법을 제정하여 모든 개발행위에 부담금을 부과하여 도로, 공원 등 기반시설 설치에 투자하고자 하였으며 징수한 부담금의 70%는 지자체에, 30%는 국가에 배분하여 도시 및 주거환경 수준을 제고하도록 하였다.

⑥ 토지보상법을 개정, 토지투기 우려 지역에서 부재지주에 대한 채권보상 의무화 및 채권보상 활성화를 통해 토지보상자금의 인근지역으로 유입을 방지함으로써 부동산시장의 안정을 도모하고자 하였다.

⑦ 개발이익환수법을 개정하여 2006년부터 개발부담금을 재도입함으로써 개발단계에서 개발이익을 적절히 환수하여 투기를 억제하고자 하였다.

⑧ 부동산등기법을 개정하여 부동산 거래의 투명성 제고와 실거래가 과세 원칙을 정착하기 위해 등기신청서 기재 사항에 '거래가액'과 '실거래가'를 추가 기재하도록 하였다. 이들을 표로 정리하면 <표 6-4>와 같다.

<표 6-4> 8.31 부동산대책의 주요내용

구분	개정법령	중요내용
세제 강화	종합부동산세법	■ 과세기준금액하향조정: 주택공시가격 9억 → 6억 원 　　　　　　　　　　　　　비사업용토지 6억 → 3억 원 ■ 과세대상확대: 인별 합산에서 세대별 합산 ■ 세부담제확대: 전년대비 1.5배에서 3배 ■ 과세표준적용률: 50%에서 2009년 100%로 조정
	법인세법	■ 비사업용토지의 양도소득세 ■ 30%의 특별부가세부과
	소득세법	■ 1세대 2주택 양도세 50% 중과
	조세특례제한법	■ 3년 이상 자경농지 대토시: 조세감면혜택축소
	지방세법	개인간 거래시: 취득세와 등록세 1%p 인하
주택 및 토지시장 안정화	주택법	■ 주택공영개발(공영개발지구 지정) ■ 원가연동제확대: 25.7평 이하 → 모든 평형 ■ 전매제한기간확대: 최대제한기간 5년 → 10년
	국민임대주택건설특별조치법	■ 국민임대주택단지의 규모확대: 30만 평 → 60만 평 ■ 국민임대주택비율축소(30만 평 초과분 50% → 40%)
	도시재정비 촉진을 위한 특별조치법	■ 낙후된 구시지의 각종정비사업 광역개발로 주거환경정비를 촉진하여 주택공급확대 및 도시균형 발전
	국토계획법	■ 토지분할허가: 도시지역 비도시지역까지 확대 ■ 토지거래허가제강화: 위반시 이행강제금도입 ■ 선매가격을 감정가격으로 전환
	기반시설부담금에 관한법률	■ 모든 개발행위에 기반시설금 부과
	공익사업을 위한 토지 등의 취득 및 보상에 관한 법률	■ 토지투기우려지역에서 부재지주에 대한채권보상
	개발이익환수법	■ 개발부담금 재도입(2006.1.1.)
	부동산등기법	■ 등기신청서에 실거래가로 거래가액 기재

여기서 8.31 부동산대책 대책 발표에 따른 주택시장과 토지시장에 미치는 영향을 살펴보면 8.31 부동산대책 이후 1년 동안 지역별, 규모별로 양극화 현상이 뚜렷하다. 지역별로 보면 서울 강남지역을 비롯하여 신도시지역은 상승한 반면 지방은 미분양주택이 계속

해서 증가하여 침체상태에 있고 평형별로도 신도시 20평형 미만 소형아파트는 최근 1년 간 2.4% 오른 반면 40평대 이상 중대형은 20% 가까이 올라 평형별로도 양극화 현상이 뚜렷하다. 양극화 현상이 나타나는 것은 수도권과 지방에 대한 일률적인 규제와 다주택자 에 대한 양도세 중과가 지방에 소재한 주택과 소형주택을 우선 매각하게 만들었기 때문 이다. 이러한 양극화 현상을 해소하고자 다시 3.30 부동산대책을 발표하기에 이르렀다. 그 주요내용은 다음과 같다.

2) 2006년 3.30 부동산대책(8.31 후속대책)

① 재건축 개발이익 환수

부과지역은 전국, 부과대상은 조합이며, 조합이 해산된 경우 관리처분계획에 따라 해산 당시의 조합원에게 부과, 부과대상 단지는 관리처분계획 인가신청 이전단계의 사업장으로 사업이 진행 중인 단지는 착수에서 종료시점까지 전 사업기간에 대해 부담금을 뽑은 뒤 이 를 제도시행일을 기준으로 단계별로 안분, 시행일 이후 기간에 해당하는 금액만 부과한다.

부담금은 종료시점의 주택가격에서 착수시점의 주택가격과 기반시설부담금, 임대주택 건설에 따른 지분 감소액, 건축비 등 각종 개발비용, 집값 상승분을 뺀 뒤 0~50%의 부담 률(조합원 평균 개발이익 기준)을 곱해 산정한다.

② 재건축제도 합리화

재건축 추진위원회의 권한 남용을 막기 위해 시공사 선정과정에서의 비리, 재건축조합 임원의 전횡 등을 원천적으로 방지할 수 있도록 제도적 통제장치를 마련해 시행하기로 한다.

재건축 추진위가 철거업자와 설계자를 선정하지 못하게 하는 등 추진위원회에 대한 감 독강화 및 입찰 최소 참여업체를 3~5개로 규정하는 등 시공사 선정과정도 투명성을 유 지하고, 설계변경 시 반드시 조합원 동의를 받도록 하며 재건축 정비기본계획을 수립할 때는 지자체와 건교부 등 중앙행정기관의 협의를 거치도록 한다.

안전진단 절차도 대폭 강화, 시설안전기술공단 등 공적기관에 안전진단 예비평가를 맡 기고 현재 구청에 주어진 안전진단 결과 재검토 의뢰권한을 시·도지사와 건교부로 상향 조정키로 한다.

③ 주택담보대출규제

주택을 담보로 대출을 할 경우에는 기존에는 주택의 가격대비 담보인정비율(LTV: Loan to Value) 등의 축소로 규제를 하였으나, 여기에 소득에 대한 총부채상환비율(DTI: Debt to Income)을 함께 적용함으로 주택담보대출이 한층 더 어렵게 되었다.

④ 서민주거지원

건교부는 분양가를 낮추기 위해 공공택지개발시 감정평가 기준을 강화하고, 행위제한 시점을 지구지정일에서 공람공고일로 앞당겨 용지보상하기로 한다.

광역기반시설 비용을 합리적으로 부과하고, 전용 25.7평 이하 서민용 분양주택 용지의 공급가격을 현행 감정가 대신 조성원가에 일정률(수도권 10%, 광역시 0%, 지방 −10%)을 가감해 책정하는 방식으로 변경해 택지 공급가격을 낮추기로 하였다. 더불어 서민주거지원을 위해서 전세금 지원을 받는 영세민을 3만 가구로 확대하고 도심내 미분양아파트를 매입하여 임대아파트로 전환하였다.

⑤ 대체취득 부동산의 비과세범위 축소

수용된 부동산이 소재한 시·도나 인접시·도에서 구입시만 취·등록세를 면제한다.

⑥ 기존도심 광역적 재정비

2006년 7월 시행된 도시재정비촉진을 위한 특별법을 통해 비강남권 지역의 교육·문화·교통 등도 획기적으로 개선하는 방안이 추진되었으며, 재정비촉진구역 지정요건을 20% 범위에서 완화해주고 용도지역, 용적률, 층수 제한도 대폭 풀어주기로 결정, 건교부는 서울 강북에 2, 3개를 포함해 총 3, 4개의 시범지구를 지정하였다.

⑦ 주택거래신고제 강화

주택가격이 단기간에 많이 오르는 지역에 대해 적용되는 주택거래신고제가 강화, 그동안 실거래신고만 해오던 것을 주택법 시행령을 개정해 자금조달계획과 해당지역 내 주택입주 여부 등을 추가 신고하도록 하였다. 이들 주요내용을 정리하면 <표 6-5>와 같다.

2006년 3월 30일 발표 이후 주택가격을 살펴보면 일시적으로 약보합세로 돌아섰다. 그러나 몇 개월도 가지 못하여 2006년 6월 말부터 다시 강북뉴타운지역과 수도권지역 중 그동안 가격 상승에 소외되었던 지역을 중심으로 주택가격이 재상승하기 시작하였다. 그리하여 이 시기에 민간에 의한 개발사업은 중소규모는 거의 시행되지 않고 단지 수도권을 중심으로 대규모 복합 상업시설과 도시개발사업에 의한 주택사업 그리고 관광지를 중심으로 리조트개발사업이 주류를 이루게 되었다.

<표 6-5> 3.30 부동산대책의 주요내용

구분	대책	내용
재건축	개발이익 환수	■ 재건축 착수(조합설립추진위 승인일)부터 시점까지 아파트값 인상분에서 개발비용 등을 뺀 금액에 구간별 부담률(0~50%)을 곱해 합산
	재건축제도 합리화	■ 재건축추진위가 설계자 선정을 못하도록 함 ■ 시공사 선정 시 최소 5개 업체 이상이 참여토록 함 ■ 설계변경으로 공사비 증가 시 조합원 동의 의무화 ■ 용적률, 층수 등을 정하는 재건축 기본계획 수립과정에서 해당 지자체가 건설교통부와 협의토록 함 ■ 안전진단 결과가 불합리하다고 판단 시 건교부가 해당 지자체가 건설교통부에 재검토 요청
대출규제	주택담보대출 강화	■ 연간 원리금 상환액이 연소득의 40%를 넘지 않도록 함(LTV방식에서 DTI방식으로 전환)
서민주거 지원	분양가 인하	■ 공공택지 내 전용면적 25.7평 이하 아파트의 택지비를 현행 감정 가격에서 조성원가 기준으로 바꿈
	저소득층 주거안정	■ 전세금 지원 받는 영세민 가구를 3만 가구로 확대 ■ 도심 내 미분양 아파트를 정부가 사들여 임대 아파트로 전환
기타	대체 취득 부동산 비과세 범위축소	■ 수용된 부동산이 있는 시·도나 인접 시·도의 부동산 구입 시에만 취득 등록세 면제
	강북 등 구도심 개발지원	■ 재정비 촉진구역으로 지정해 건물 용적률 및 층수 제한 완화 ■ 병원 학교 기업체 본사 건축 시 취득등록세 면제
	주택거래신고제 강화	■ 주택거래신고지역 내에서 집 살 때 자금조달 계획과 입주 여부 신고 의무화

3) 11.15 부동산대책의 주요 내용

(1) 주택공급 확대

① 8.31 부동산대책에 의한 추가 소요택지(1500만 평)의 확보와 장기주택소요에 대비하기 위해 추가 신도시개발을 추진한다.

– 송파(205만평), 김포(203만평), 양주(134만평), 파주(212만평), 검단(340만평) 개발을 통해 1094만 평 확보와 함께 나머지 택지(약 400만평)의 확보

- 민간택지 위축 가능성 및 2011년 이후의 소요에 미리 대비하기 위해 2007년 상반기 부터 분당급 신도시 등을 순차적으로 계속 확보
② 택지개발 기간단축(1~2.5년)을 통한 주택을 조기에 공급한다.
- 신도시 추진 시 도시기본계획 수립 의제처리
- 건교부장관이 광역교통개선대책 수립
- 택지개발절차를 단축
- 사전환경성검토와 환경영향평가 중복부문 면제
③ 신도시개발밀도를 완화하여 4만3천호를 추가 공급한다.
- 개발밀도: 118인/ha → 136인/ha(↑18인/ha)
- 용적률: 175% → 191%(↑16%p)
- 녹지율: 31.6% → 27.2%(↓4.4%p)

  (김포·파주·광교·양주·송파·검단 신도시 평균)
④ 국민임대단지의 용적률을 높여 4만6천호를 추가 공급한다.
- 용적률을 현행 150% → 180%(서울은 190% → 200%)로 상향하고 획일적 층고 제한 을 폐지하여 인근 자연경관과 조화로운 건축을 도모
⑤ 기존도심의 광역재정비활성화 및 원주민재정착을 유도한다.
- 2007년까지 경기·인천에 재정비촉진지구 15곳 지정
- 재정비촉진지구 내 임대주택건설 확대(전체물량의 15%인 5만4천호 건설)
⑥ 계획관리지역 내 주택건설규제를 합리화하여 민간건설을 촉진한다.
- 계획관리지역 내의 2종지구단위계획구역에서 용적률 150% → 180% 상향
⑦ 다세대·다가구주택의 건축규제를 완화하여 공급물량을 늘린다.
- 인접대지경계선으로부터 건물높이의 1/4 이상 띄우도록 하던 것을 일정거리(예: 1m) 이상의 범위에서 지자체조례로 정함
- 필로티 구조로서 1층 일부를 주차장 사용 시 층수제외
⑧ 주상복합건물의 주택연면적 비율을 지자체와 협의하여 상향조정을 검토한다.
⑨ 오피스텔은 소규모(전용 15평 이하)에 한해 바닥난방을 허용한다.

(2) 분양가 인하

① 분양원가공개 확대와 분양가 제도개선방안을 강구한다.
- 도시개발 및 경제자유구역 개발사업에도 분양가상한제 적용을 위한 제도적 기반 마련
② 택지조성비용 절감, 택지공급가격 인하 등을 통하여 실질적인 분양가 인하효과를 제고한다.
- 교통시설부담금의 일부를 국가·지자체 재정으로 부담하여 조성비용 절감
- 택지공급가 인하, 사업기간단축 및 조성비절감, 용적률 및 녹지 확보비율 조정, 광역 교통시설 설치비 분담 등으로 25% 내외 인하효과

(3) 수요관리

① 투기지역 아파트담보대출의 LTV의 규제를 강화한다.
- 은행·보험: 투기지역 예외적용대상 폐지 60% → 50%
- 비은행금융기관: LTV 규제 강화 60~70% → 50%
② 투기지역의 6억 원 초과 아파트 신규구입 대출 시 적용되는 DTI 규제를 수도권 투기과열지구까지 확대 적용한다.

(4) 서민주거안정

① 장기임대주택 비축·공급을 확대한다.
- 2006~2012년까지 116만8천호의 장기임대주택을 건설·매입 등의 방법으로 신규 비축하여 전체 12% 수준으로 확충
② 서민주택금융지원을 강화한다.
- 국민주택기금 전세자금 지원규모 확대(2006년 2조 원 → 2.3조 원, 2007년 2.7조 원)와 함께 신용평가등급 평가기준을 조정하여 보증승인율을 80% 수준으로 올리고 주택금융공사의 장기모기지론의 금리를 현행금리보다 1.5%p 인하

이들 주요 내용을 표로 정리하면 <표 6-6>과 같다.

<표 6-6> 11.15 부동산대책의 주요내용

구분	대책	내용
공급 확대	공공택지 내 주택의 조기공급 및 물량확대	■ 기존 1500만 평 외 신도시확보 ■ 택지개발 기간단축(7.5년 → 5~6.5년) ■ 신도시개발 밀도완화(118인/ha → 136인/ha) - 용적률 완화: 175% → 191% - 녹지율 완화: 31.6% → 27.2% * 김포·파주·광교·양주·송파·검단 신도시 평균 ■ 국민임대단지 용적률 150% → 180%
공급 확대	민간택지 내 주택공급 물량확대	■ 2007년까지 경기·인천에 재정비촉진지구 15곳 지정 ■ 재정비촉진지구 내 임대주택건설 확대 ■ 계획관리지역내의 지구단위계획구역 - 용적률 현재 150% → 180% ■ 다세대·다가구주택 건축규제완화 - 일조권: 건물높이의 1/4 → 1m(지자체조례) - 주차장(일부): 1층 필로티인 경우 층수제외 ■ 주상복합건물의 주택연면적 비율 상향조정(지자체조례 개정) ■ 오피스텔: 전용 15평 이하 바닥난방 허용
분양가 인하	택지조성비절감	교통시설부담금의 일부 국가·지자체 재정으로 부담
	중소형주택용지공급 가격인하	택지공급가 인하, 사업기간단축 및 조성비절감, 용적률 및 녹지 확보비율조정, 광역교통시설 설치비 분담 등으로 25% 내외 인하효과
수요관리	주택담보대출	■ 투기지역 아파트담보대출 LTV 규제 강화 - 은행·보험: 60%(예외적용대상) → 50% - 비은행금융기관: 60~70% → 50%
		투기지역의 6억 원 초과 아파트 신규구입 대출 시 적용되는 DTI 규제를 수도권 투기과열지구까지 확대적용
서민주거 안정	장기임대주택 비축·공급확대	2006~2012년까지 116만8천호의 장기임대주택을 건설·매입 등의 방법으로 신규 비축하여 전체 12% 수준으로 확충
	서민주택금융 지원강화	국민주택기금 전세자금 지원규모 확대(2006년 2조 원 → 2.3조 원, 2007년 2.7조 원)

토지시장은 8.31 부동산대책 발표 이후에도 수도권 과밀화의 억제와 국가균형발전이라는 명목으로 행정복합도시, 기업도시, 공공기관의 지방이전으로 생기는 혁신도시 등의 기대감으로 전국의 토지가격 상승은 멈추지 않았다. 그러자 참여정부는 토지가격 상승을 투기세력에 의한 것으로 보고 앞의 <표 6-4>에서 나타난 부동산규제 외에도 국토의계획및이용에관한법률, 주택법, 농지법, 산지관리법등의부동산관련법규를 개정하여 토지거

래 허가지역에서의 농지와 임야의 취득자격 강화와 전매제한, 나대지에 대한 양도세 강화 등 강력하게 시장을 규제하자 토지가격이 오를 대로 오른 상태에서 거래가 현저히 줄어 들면서 토지거래 시장은 일부 개발지역을 제외하고는 동면상태에 접어들었다. 그러나 2006년 12월 토지거래량이 전년 동월 대비 필지 수는 16.8%, 면적으로는 11.5% 증가하였는데 그 이유는 2007년부터 양도세 실거래가 과세를 앞두고 대지와 농지, 임야거래가 일시적으로 크게 증가하였기 때문이다.

반면에 주택시장은 정부의 11.15 부동산대책 이후 소강상태를 보였으나, 공급확대가 단기간에 실현되기 어려워 시장의 신뢰가 회복되기 어려운 상황에서 시중 유동성의 부동산시장 쏠림현상이 상존하여 상승세를 멈추게 하지는 못하였다. 그 예로 국민은행 통계에 따르면 2006년 10월부터 2007년 1월까지 서울 아파트 가격이 큰 폭으로 상승하였다. 이렇게 되자 정부에서는 다시 9번째 대책인 1.11 부동산대책을 발표하였다.

4) 1.11 부동산대책(2007.1.11.)의 주요 내용

(1) 주택공급제도 개편

① 분양가상한제 및 분양가 원가공개
- 공공택지에 한정하던 분양가상한제(택지비＋기본형건축비＋가산비)를 민간택지로 확대하되 민간택지비의 경우에는 '감정평가금액'을 적용하며 2007. 9. 1.부터 시행(주택사업계획승인 신청기준)
- 공공택지의 분양원가의 경우 세부항목을 전면공개(7개 → 61개 항목으로 확대)하고 공공 택지의 조성원가도 보다 상세히 공개
- 민간택지는 수도권 및 투기과열지구에 한해 분양원가를 공개하되 분양가심사위원회의 검증을 거친 7개 항목, 즉 택지비, 기본형건축비(직접공사비, 간접공사비, 설계비, 감리비, 부대비용의 5개 항목), 가산비의 원가내역을 지방자치단체장(분양승인권자)이 공개한다. 분양가 원가공개도 분양가상한제와 마찬가지로 2007. 9. 1.부터 시행한다.

한편, 경과조치로서 2007. 9. 1. 이전에 사업승인을 신청하였더라도 제도시행 이후 3개월 이내에(2007.12.1.까지) 분양승인을 신청하지 않는 경우에는 분양가상한제 및 원가공개

를 적용한다.

② 분양가 심의기구 설치

- 분양가(택지비, 기본형건축비, 가산비)의 구성내역 및 산정기준을 엄밀히 재정립하고 공공 및 민간택지 내 공동주택의 분양승인 시 분양가의 적정성을 검증하기 위해 별도의 심의 기구(분양가심사위원회)를 전국 시·군·구에 의무적으로 설치

③ 마이너스 옵션제 도입

- 내부마감재 등을 입주자의 기호에 따라 개별적으로 설치할 수 있도록 하고 비용은 분양가에서 공제함으로써 약 5~10% 정도의 분양가 인하효과를 예상
- 일괄적 의무시행보다는 마이너스 옵션에 대한 제도적 근거를 마련하여 사업자·소비자의 선택폭을 확대하는 방향으로 개편

④ 토지임대부 및 환매조건부 분양 시범실시

- 2007년 중 토지임대부 및 환매조건부 분양제도를 시범실시 하여 운영성과를 보아가며 확대 여부를 결정

⑤ 채권입찰제 상한액 하향조정

- 공공택지 내 전용면적 85m²(25.7평) 초과 중대형 주택의 채권매입액 상한액을 주변 시세의 90% 수준에서 80% 수준으로 하향조정하여 분양가 인하효과를 기대함
- 현재 공공택지에만 시행하는 채권입찰제를 재개발·재건축, 주상복합 등 민간택지 전반으로 확대 시행하며 채권매입 상한액도 공공택지와 동일하게 적용키로 함

⑥ 분양주택에 대한 전매제한기한 확대

- 채권입찰제 상한액 하향조정과 민간택지 내 분양가상한제 도입에 따른 청약과열 우려를 해소하기 위해 수도권 공공택지 내 중대형주택과 민간주택에 대한 전매제한기간을 확대키로 하며 택지유형 및 주택평형별로 차별화하여 적용
  • 수도권 공공택지: 85m² 이하 10년, 85m² 초과 7년
  • 수도권 민간택지: 85m² 이하 7년, 85m² 초과 5년

⑦ 실수요자를 위한 청약제도 개편

- 2주택 이상 보유자의 1순위 자격배제 및 감점제 도입
- 청약제도 개편 시 2주택 이상 보유자에 대한 감점제 도입

- 무주택자 등에 대한 '청약가점제' 실시 시기를 당초 2008년 하반기 → 2007년 9월로 조기시행

⑧ 공공택지 공급방식 개편

- 현재 공공개발 주택용지는 조성원가 수준 또는 감정가를 기준으로 추첨을 통해 분양하고 주상복합 주택이 일부 포함되는 상업용지는 최고가 입찰을 통해 분양함으로써 고분양가의 원인으로 지적되어 주상복합이 허용되는 상업용지 가운데 주거용은 감정가로 낮게 공급하되 상업용도 부분은 현행과 같이 최고가 경쟁 입찰을 유지하기로 한다. 이에 따라 낮은 가격으로 분양되는 주상복합주택에 대해서는 분양가상한제와 채권 입찰제를 적용하여 시세차익을 환수키로 함

⑨ 후분양제도 시행연기

- 2007년부터 2011년까지 후분양제의 단계적 도입을 원칙으로 유지하되 2007년중 분양물량 확대를 통한 시장수급여건 개선을 위해 도입 시기를 1년간(2007년 → 2008년) 순연

⑩ 민간택지 내 공공·민간 공동사업제도 도입

- 민간이 사업대상토지의 50% 이상을 매수한 상태에서 매도, 알박기 등으로 잔여토지 매수가 어려운 경우 대상지 전체를 택지개발예정지구로 지정하여 공공부문과 공동사업을 시행하는 방안을 마련함으로써 공공부문이 잔여토지에 대한 토지 수용권을 실행하고 수용토지 지분에 대해서는 공공이 주택건설을 담당키로 한다. 이로 인해 민간택지 내 주택사업의 최대 애로요인인 알박기 문제와 토지이용규제 문제를 동시에 해소하여 신속한 사업추진과 분양가 인하를 도모

⑪ '11.15 부동산대책'상 민간주택 공급확대를 위한 제도개선

- 다세대·다가구 주택의 이격거리 및 층수제한 완화 및 기반시설부담금 최대 62.5% 경감토록 추진
- 소규모 오피스텔(전용면적 15평 이하) 바닥난방 허용
- 주상복합의 주택연면적 비율 확대 추진(70% → 90%)
- 계획관리지역 내 규제완화: 지구단위계획구역 용적률 200%까지 추가 완화
  (11.15 부동산대책 150% → 180%)

- 도시외 지구단위계획 도로율 하한을 현행 20~30% → 15% 이상으로서 교통영향평가 결과에 따른 비율로 완화

(2) 서민주거안정 대책

① 서민주택 공급확대 및 주거비부담 완화

- 2012년까지 100만 호 국민임대주택건설을 위해 2007년 중 11만 호(수도권 5.6만호)를 건설

- 2007~2012년까지 도심 내 맞춤형 임대주택을 연 1.3만 호 이상 공급하여 무주택서민의 직주근접을 지원

- 서민·중산층용 주택 공급확대: 전용면적 85m²(25.7평) 이하의 서민·중산층 주택도 차질 없이 공급

- 주공이 부도임대아파트를 매입, 국민임대주택으로 운용함으로써 임차인보호 방안 추진

- 임차인의 소득수준별 임대료 차등화 방안 마련

- 저소득층의 임차료를 보조하는 주택바우처제도 도입 계획안을 마련, 2008년 이후 시범 실시

② 서민주거단지의 주거환경 개선

- 달동네 등 불량주거지에 대한 2단계 주거환경 개선사업(2005~2010년까지 451개 지구)을 본격화함

- 2008년부터 영구임대·50년 임대 등 노후 공공임대주택 시설개선 착수

- 국민임대 품질개선

③ 이사철에 대비한 수도권 전·월세 안정대책

- 4월 이후 입주예정인 수도권 국민임대주택 가운데 1,500세대를 2~3월로 앞당겨 입주

- 다가구매입 임대주택도 2~4월에 집중 입주조치

- 재개발, 재건축으로 철거에 따른 이주수요가 집중되지 않도록 관리처분인가 시기를 지자체와 긴밀히 협의

- 15평 이하의 소형 오피스텔에 한해 바닥 난방을 허용함으로써 신혼부부, 독신가구 등의 전·월세 수요 흡수
- 국민주택기금에서 영세민, 무주택서민, 근로자에 대한 저리(2~4.5%)의 전세자금 지원 확대

④ 중·장기 전·월세 안정대책
- 다세대, 다가구, 오피스텔 건축규제를 완화하여 도심 내 서민거주공간 확대
- 우체국, 역사부지 등 장기 미집행 도시계획시설용지 등에 임대주택건설
- 도심 내 재건축, 재개발 사업시기 조정 및 순환정비사업 확대 추진

⑤ 임차인 지원센터 설치
- 2007년 1월 15일부터 주공에 지원센터 설치·운영
- 건설교통부에 '전·월세 T/F팀' 구성·운영

(3) 유동성 관리방안

① 토지보상제도 개편
- 택지개발절차 간소화를 위해 예정지구지정과 개발계획승인 단계를 통합함에 따라 토지보상금 산정기준 시점을 '개발계획승인시점' 단계에서 '예정지구지정' 단계로 앞당겨 보상
- 현금, 채권보상 외에 소유자가 원하는 경우 당해사업 시행으로 조성된 토지로 보상 근거 마련을 위해 토지보상법 개정
- 보상금수령자의 부동산 거래내역을 국세청에 통보하여 보상자금 관리·감독 강화
- 2007년 말로 시한이 만료되는 채권보상에 대한 양도소득세 15% 감면시한을 3년 연장
- 대체부동산 취득 시 비과세 범위를 연접 시·도 및 시·군·구로 한정함
- 협의보상을 받은 현지인이 보상금 가운데 5,000만 원 이상을 금융기관에 3년 이상 예치시 상업용지 우선입찰자격 부여
- 택지개발 시 수용 이외에 환지 및 입체환지 방식을 제한적으로 확대
- 부실·허위 감정평가 개선

이를 표로 정리하면 <표 6-7>과 같다.

<표 6-7> 1.11 부동산대책의 주요내용

구분	세부내용
주택공급제도 개편	1. 분양가상한제 및 분양원가 공개 확대 2. '마이너스 옵션제' 도입 3. 토지임대부 및 환매조건부 분양제도 시범실시 4. 채권입찰제 상한액 하향조정 5. 분양주택에 대한 전매제한기간 확대 6. 실수요자를 위한 청약제도 개편 7. 공공택지 공급방식 개편 8. 후분양제도 시행연기 9. 민간택지 내 공공·민간 공동사업제도 도입 10. '11.15 부동산대책'상 민간주택 공급확대를 위한 제도개선
서민주거안정 대책	1. 서민주택 공급확대 및 주거비부담 완화 2. 서민주거단지의 주거환경 개선 3. 이사철 수도권 전·월세 안정대책
유동성 관리방안	1. 토지보상제도 개편 2. 주택담보대출 규제개선

② 주택담보대출 규제개선
- 다주택 보유자에 대한 주택담보대출 규제강화(투기지역 1인 1건 담보대출로 제한)
- 가계대출에 대한 대손충당금 설정강화
- 주택담보대출 주택신보 출연요율 인상
- 부동산시장과 주택담보대출 동향을 면밀히 점검하여 이상징후 발견 시 LTV·DTI규
  제 추가강화

지금까지 기술한 1.11 부동산대책의 주요 내용을 요약하면 <표 6-7>과 같다.

5) 1.31 부동산대책

1.31 부동산대책은 1.11 부동산대책의 후속조치로 민간주택 공급위축에 대비한 공공부문의 역할을 강화하는 데 초점을 맞추고 있다. 2017년까지 임대주택 재고 20% 확충을 위

해 임대주택 펀드를 운용한 비축형 임대주택을 추가 건설한다는 것 외에 민간임대주택 건설 활성화와 국민임대주택 품질개선, 내부공간 활용 극대화 그리고 채무상환능력을 고려한 대출체계개선 및 장기고정금리 모기지론 활성화 등의 내용을 주요 골자로 하고 있다.

정부의 1.11 부동산대책 결과로 계속되던 주택가격 상승세를 진정시키게 되었다. 그 예로 건설 교통부 통계에 의하면 2007년 2월부터 2007년 6월까지 누적으로 0.4% 상승에 그쳤다. 뿐만 아니라 동탄 제2신도시를 발표하면서 동시에 동탄에 분양되는 아파트 가격은 3.3m²당 800만 원, 송파는 900만 원대로 공급한다고 발표함으로써 주택수요자들에게 심리적으로 안정감을 가져다 주었다. 아울러 2007년 9월부터 시행되는 분양가상한제와 원가공개 등에 기대를 하여 신규주택청약과 기존주택거래가 소강상태로 접어들었다.

매도자들 또한 높은 양도세 등 각종세금으로 인해 매도를 꺼리면서 12월 대선 후 정권이 교체되면 세금을 통한 규제가 완화될 것으로 기대하기 때문에 더욱 관망세를 견지하였다. 그러므로 주택시장도 서울시의 강북 등과 같이 일부 개발호재지역과 소형주택을 제외하고 거의 동면상태에 접어들었다. 기존주택에서 대형주택보다도 소형주택에 매수자가 몰리는 이유는 참여정부의 부동산 규제가 소형보다는 대형주택에 역점을 두었고, 특히 2007년 9월 예정된 청약가점제에서 젊은 세대 및 신혼부부들은 불리하기 때문으로 판단된다. 또한 수도권과 지방의 주택시장의 양극화가 심화되고 지방의 주택시장이 침체국면에 접어들면서 지방에 주택을 건설한 업체들이 부도가 나거나 부도위기에 몰리고 있다. 그 이유는 참여정부가 지역균형발전이라는 명목하에 혁신도시, 기업도시 등을 발표하고 국토균형발전 계획을 국가의 최우선과제로 삼고 추진해가고 있기 때문에 부동산경기 활황시기인 2005~2006년에 건설업체들은 그것을 믿고 당장 실수요자가 부족함에도 불구하고 지방에 주택을 대량으로 공급하였기 때문으로 판단된다. 부동산경기가 활황인 경우는 가수요가 이들 분양물량을 흡수할 수 있지만 부동산경기가 하강국면으로 접어들면 가수요는 사라지고 실수요자만 남기 때문에 공급초과 현상으로 연결되기 때문이다.

6) 참여정부의 부동산대책의 평가

참여정부 집권 이후부터 2007년 1월 말까지 내려진 열 번의 부동산대책에 대해 간단히 진단해 보면 부동산대책을 수립하기에 앞서 부동산가격이 상승한 근본원인을 철저히 규명하고 그 다음 원인에 따른 부동산대책을 수립하고 부동산특성을 고려하여 처방을 내려야 하는데 그러지 못하였다. 그 이유는 대부분의 정책들은 부동산가격 상승 원인을 일부 투기세력에 의한 것으로 간주하고 공급확대보다는 수요억제정책을 고수하였기 때문이다. 그러나 부동산가격은 일부투기세력에 의해서 결정되는 것이 아니라 당시의 경제상황, 부동산대책(부동산조세 및 금리정책 포함), 신도시개발계획, 급속한 도시화, 사회관습, 심리적 요인 등 여러 가지 요인이 복합적으로 작용하면서 결국 수요·공급의 원리에 의해서 결정된다. 물론 입지의 고정성과 단기공급의 한정성이라는 부동산의 특성으로 인해 완전한 수요·공급의 법칙이 적용되는 것은 아니지만 중·장기적으로는 수요·공급의 법칙에 따르기 마련이다. 뿐만 아니라 부동산시장은 국지적 시장이므로 수요초과(부족)와 공급부족(초과) 현상이 지역에 따라 다르게 나타난다. 그러므로 국가 전체에 일률적인 정책을 펴는 것보다는 지역별 정책을 펴는 것이 합리적이다. 그러나 수요와 공급에 미치는 요인들은 대부분 국가 전체의 거시환경에서 발생하므로 국가 전체를 대상으로 살펴보아야 한다. 먼저 수요측면을 살펴보면 1998년 외환위기 이후 경제활성화를 위해 분양가 자율화, 양도소득세 한시적 면제 등 탈규제화 정책이 시행되었고 참여정부로 들어와서는 국토균형발전 명목으로 행복도시, 기업도시, 혁신도시 건설계획 등을 발표함으로써 수요를 전국적으로 확산시켰을 뿐만 아니라 수요증가를 가속화시켰다. 다음으로 공급측면을 살펴보면 연 6~7만 호 주택공급을 하던 준농림지가 폐지되고 외환위기를 거치면서 주택공급량이 반으로 줄어들었을 뿐만 아니라 2003년 국토의계획및이용에관한법률이 시행되면서 도시지역의 용적률이 최소 100% 이상 강화되었다. 또한 주택사업계획시 지구단위계획수립이 의무화되고 도시 및 주거 환경 정비법이 제정됨으로 인해 재건축사업의 인·허가 절차가 재개발사업처럼 복잡해짐으로써 사업추진이 어렵고 기간도 길어 그만큼 공급을 축소하는 결과를 가져왔다. 특히 수요가 많은 강남지역의 재건축규제가 단행되는가 하면 주택부족시 주택대용으로 사용되는 주거용 오피스텔까지 규제함으로써 한꺼번에 엄청난 공급량이 축소되었다. 이와 같이 수요는 폭발적으로 증가한 반면에 공급은 공급대로 한꺼번에 축소되었으므로 주택가격 상승은 당연한 일이며 이와 때를 같이하여 저금리현상은 주택의 잠재수요를 실수요로 바꾸어 주택가격 상승을 가속화시켰다.

참여정부가 집권한 2003년부터 2007년 10월 말까지 주택가격 상승률을 구체적으로 살펴보면 집값은 평균 22.9%, 서울 아파트의 경우는 54.2%가 올랐다.

참여정부가 국토균형발전이라는 명목하에 수립한 행복도시, 기업도시, 혁신도시 건설 계획 등은 부동산가격 폭등을 전국적으로 확산시켰는데 이들 계획은 지난 1972년 일본 다나까 전 수상이 주장한 '일본열도개조론'과 너무나도 흡사하다. 그런데 일본은 이로 인해 1990년 초까지 20년간 부동산이 폭등했으며, 그 후 10년 이상 부동산이 침체되어 2007년 지금까지 엄청난 후유증에 시달리고 있다. 그럼에도 불구하고 정부에서는 주택가격 상승을 일부투기 세력에 의한 것으로 규정하고 계속적으로 투기억제정책을 펴는 것은 잘못된 정책임에 틀림이 없다.

정부가 여덟 번째 정책에서 주택공급확대 쪽으로 방향을 선회한 것은 총론 측면에서 보면 옳은 측면도 있으나 각론 측면에서는 옳지 않은 측면도 있다. 신도시건설이 대표적인 예이다. 왜냐하면 부동산은 고정성이라는 부동산의 특성으로 인해 강남에 주택이 필요한 수요자가 다른 신도시를 건설한다고 이사를 가지 않기 때문이다. 그러므로 수요가 있는 곳에 주택을 공급해야 하므로 수요가 넘치는 도심지역에 용적률을 완화하여 공급을 확대하거나 강남 지역의 재건축규제를 완전히 풀어 공급을 확대해야 한다. 뿐만 아니라 신도시건설이 완성되어 주택에 입주하는 기간은 최소한 5~6년이 걸리기 때문에 지금 수요가 존재하는 곳에 신도시를 건설하는 경우에도 일시적으로 가격 상승이 있을 수 있고 수요가 없는 곳에는 신도시건설이 완성될 시기에 오히려 공급초과 현상으로 엄청난 고통을 받을 수도 있다. 그러므로 정부에서는 아무 데나 신도시를 건설하지 말고 수요가 존재하는 곳에 신도시를 건설해야 한다. 또한 이제부터는 주택가격이 오를 대로 올라 있기 때문에 주택가격 상승에 신경을 쓰기보다는 주택가격이 한꺼번에 폭락하는 경우를 대비하여 단계적으로 하락할 수 있도록 철저한 대비책을 세워야 한다. 그 일례로 지금부터 양도소득세를 한시적으로 인하하여 부동산매물이 단계적으로 출회될 수 있도록 하는 것이다.

7) 참여정부 부동산대책의 시사점

참여정부의 부동산대책이 시사하는 바를 살펴보면 다음과 같다.

첫째, 아무리 좋은 음식이라도 한꺼번에 너무 많이 먹으면 배탈이 나듯이 부동산대책도 마찬가지로 한꺼번에 여러 가지를 실시하면 문제가 생기기 마련이다. 그러므로 점진적으로 실시해야 한다.

둘째, 가격 상승 원인을 철저히 규명하여 그 원인에 합당한 대책을 세움으로써 국민들의 신뢰를 얻어야 한다.

셋째, 부동산시장은 국지적 시장이므로 강남과 같은 일부지역에 해당하는 정책을 국가 전체에 일률적으로 적용하는 것은 부작용이 훨씬 크므로 해당지자체의 판단에 맡겨야 한다. 그렇지 못할 경우에는 현재와 같은 수도권과 지방의 양극화 현상은 쉽게 사라지지 않을 것이다.

넷째, 부동산에 대한 법률적·경제적·기술적 지식을 종합적으로 갖춘 전문가가 정책수립에 참여해야 한다.

다섯째, 정부는 수요가 있는 지역에 공급규제를 풀어 공급을 확대해야 하고 신도시를 건설해야 한다.

여섯째, 서민층을 제외한 주택소유자 시장은 최소한의 시장개입에 그치고 시장자율에 맡겨야 한다.

일곱째, 정부의 과도한 부동산규제는 부동산시장을 불안정하게 할 뿐만 아니라 국가 산업 발전에도 도움을 주지 못한다. 그러므로 부동산시장을 정상화하기 위해서는 분양가 상한제나 원가공개와 같은 시장을 왜곡하는 규제는 줄여나가야 한다. 또한 왜곡된 부동산세제도 바로 잡아야 한다. 종합부동산세는 장기적으로 재산세로 일원화해야 하며, 불완전하게 산정된 주택공시가격에 의해 부과되는 재산세율도 줄여야 한다. 한 걸음 더 나아가 거래세에 해당하는 양도소득세 세율인하와 규제완화도 적극적으로 검토해야 한다.

1가구 1주택의 장기보유자에 대한 면세혜택은 물론이고 사업용 여부, 나대지 여부에 관계없이 부동산 장기보유자에 대한 양도세 감면혜택은 원래대로 되돌려놓아야 한다.

한편, 민간개발업자들도 이러한 역사적 부동산대책에 대해 철저히 규명해 보고 이에 대비하여야 하며 앞으로 전개될 부동산경기 전망과 함께 입지분석과 시장조사를 철저히 하여 수요가 있는 곳에서 개발사업을 추진하여야 할 것이다. 현재 공공택지 개발지구 내를 제외하고는 민간의 부동산개발환경은 무척 어려움에 처하게 되었다. 그리하여 이 시기에 민간에 의한 개발사업은 중·소규모는 거의 시행되지 않고 단지, 수도권을 중심으로 대규모 복합용도개발(Mixed Use Development)과 도시개발사업에 의한 주택사업 그리고 관광지를 중심으로 리조트개발사업 등이 비교적 자금동원능력과 노하우가 있는 몇몇 개발회사에 의하여 시행되고 있다.

8. 이명박 정부의 부동산대책

1) 부동산대책

이명박 정부 출범 이후 크게 17번의 부동산대책이 발표됐다. 2008년 6·11 지방 미분양 주택 대책을 시작으로 2012년 5·10 주택거래 활성화 대책까지 다양한 부동산대책과 조치들이 나왔다. 정권 초기 부동산 거래 활성화와 주택공급 확대, 건설산업 육성을 정책 기조로 참여정부 시절 집값 폭등을 잡기 위해 마련된 각종 규제들을 시장 상황에 맞추어 하나 둘씩 풀어나갔다. 2012년 8월 중 정부 계획대로 5.10 부동산대책의 후속 조치인 분양가 상한제 폐지와 재건축 부담금 한시 유예 조치 등이 국회를 통과해 시행에 들어가면 남은 것은 DTI 규제 정도이다. 이명박 정부의 5년간 부동산대책을 부동산114 (www.r114.com)가 짚어봤다.

<표 6−8>에서 보는 바와 같이 부동산 정상화를 위해, 이명박 정부는 규제를 다 풀었다. 이명박 정부는 참여정부 시절 시행된 대부분의 규제를 시장 상황에 따라 해제하고 지속적인 주택 공급을 통해 서민 주거안정을 꾀하는데 힘을 쏟았다. 참여정부 5년간은 국민의 정부 말기부터 시작된 수도권 집값의 가파른 상승세를 잡기 위해 강력한 규제와 안정화 대책이 쏟아졌는데 보유세 강화와 함께 양도세 중과, LTV·DTI 규제 강화, 분양가 상한제, 개발 부담금 부과, 투기과열지구 확대, 재건축 규제강화 등이 대표적이다. 이명박 정부에서 지속적으로 발표한 부동산 규제 완화 대책으로는 부동산 거래활성화와 가격안정화를 위한 투기과열지구와 투기지역의 해제, 재건축 규제 완화, 종부세 부과 기준 하향조정 등이 대표적이다. 최근에는 마지막 남아있는 강남3구의 투기지역 해제를 골자로 한 5.10 부동산대책을 통해 남은 규제들을 대폭 완화하거나 폐지함으로써 참여정부 시설 도입된 규제 대부분이 완화 또는 해제됐다. 시장 상황의 변화에 따라 과도한 규제를 조정하는 한편 주택 공급을 통한 건설경기 활성화 정책도 꾸준히 진행됐다. 이명박 정부의 대표적인 상품이라고 할 수 있는 보금자리주택의 공급을 비롯해 다양한 공공주택, 임대주택의 공급 정책을 발표하고 참여정부에서 이어진 지방 신도시개발과 4대강 사업 등도 이어나갔다. 건설 경기 회복을 위한 제도적, 금융적 지원책도 발표됐다.

<표 6-8> 참여정부와 이명박 정부의 부동산대책 비교

참여정부(규제)	이명박 정부(완화)
투기과열지구 확대	투기과열지구, 투기지역 해제
재건축 규제 강화	재건축 규제 완화
실거래가 과세	종부세 기준 하향조정
보유세 강화	양도세, 취득세 한시 감면
이익환수 투기방지	양도세 비과세 요건 완화
민간분양가상한제	분양권 전매제한 완화
종부세 도입 및 강화	주택거래신고지역해제
DTI 규제 도입	다주택자 양도세 중과 폐지(추진)
청약가점제 시행	재건축초과이익 한시 유예(추진)

　　하지만 부동산시장의 구조적인 변화와 2008년 하반기 리먼사태에서 촉발된 글로벌 금융위기 등이 맞물리며 부동산 주택 경기는 위축됐다. 주택시장 안정과 거래 정상화를 위해 크고 작은 대책과 조치들이 연이어 발표됐지만 수도권 집값은 하락하고 거래량은 줄었다. 전·월세시장도 2012년 들어 안정세로 돌아서기 전까지 2009년 하반기부터 불안한

<표 6-9> 이명박 정부의 2008년 부동산대책

대책	주요 내용
2008년 6월 11일 지방 미분양 주택 대책	지방 미분양 주택담보대출 담보인정비율 60% → 70%로 완화 지방 미분양 취득시 1년간 취·등록세 50% 감면, 양도세 면제 2년 연장
2008년 8월 21일 주택공급 기반강화 및 건설경기 보완 방안	지방 미분양, 주공·주택보증이 분양가의 70~75%에 매입 재건축 후분양 의무규정 폐지, 조합원 지위양도 허용 인천검단신도시 2만 6000가구, 오산세교신도시 2만 3000가구 조성 수도권 분양권 전매제한 공공택지 3~7년, 민간택지 1~5년으로 완화 지방광역시까지 1가구 2주택 양도세 중과면제 주택건설사업자 토지 종부세 비과세 및 미분양 비과세 3년 → 5년 연장
2008년 9월 19일 보금자리주택 건설방안	2018년까지 수도권 300만 가구, 지방 200만 가구 공급 보금자리주택 150만 가구 공급, 사전예약제 도입
2008년 10월 21일 가계주거 부담완화 및 건설부문 유동성 지원·구조조정 방안	건설사 유동화 채권발행 위해 공적보증기관이 신용보강 투기지역내 준공후 미분양 담보대출 허용 건설사 보유토지 3조 원까지 정부 매입 지방미분양 2조 원까지 환매조건부 매입
2008년 11월 3일 경제위기 종합대책	강남3구 외 주택투기지역 및 투기과열지구 전부 해제 재건축 소형평형의무비율 '85m² 이하 60% 이상'으로 완화 재건축 용적률 법적 상한(300%)까지 허용 1가구 2주택자, 지방 미분양 매각시 일반세율 2년간 적용 1가구 2주택자, 지방 주택 취득시 1주택자로 계속 인정

모습을 보였다. 연도별로 부동산대책 핵심 키워드 달라졌다 "미분양 → 보금자리·도시형
생활주택 → 전·월세안정 → 거래정상화 → 세금·강남" 부동산시장의 변화에 따라 매년
추진된 부동산대책의 핵심 내용은 조금씩 달랐다. 침체 지역에 맞춰 지방에서 수도권으로
정책 관심 지역이 움직였고 위기 상황의 본질에 따라 대책과 조치들의 완급 조절도 달라
졌다. 지원 대상과 핵심 문제에 따라 보금자리주택, 도시형생활주택 등 다른 콘셉의 주택
상품들이 선보이기도 했다. 근본적으로 주택시장과 전·월세 가격의 안정을 정책의 근간
으로 추진했지만 매매, 전세시장의 불안 정도에 따라 거래 활성화, 전·월세 대책의 중요
도 또한 조금씩 달라졌다. 2008년 "지방미분양대책·150만가구 보금자리주택·경제위기종
합대책" 지방 악성 미분양 해소책 발표 … 금융위기 이후, 부동산 경착륙 막기 위한 종합
대책 쏟아져 이명박 정부 출범 첫 해인 2008년에는 우선 고질적으로 쌓여 있던 지방 미
분양 아파트에 대한 주택 담보비율을 완화하고 취·등록세 감면, 양도세 면제 조치를 내
놓았다. 8월 리먼사태 이후 글로벌 금융위기에 대한 우려로 국내 실물경제 불안 심리까지
가중되면서 수도권 부동산가격은 크게 하락했고 거래마저 위축돼 주택 공급은 물론 부동
산 경기 회복을 위한 종합대책이 발표됐다. 9·19 국민주거 안정대책을 통해 2018년까지
보금자리주택 150만 가구를 공급하기로 하고 11·3 경제위기 종합대책을 통해 강남3구
외 주택투기지역과 투기과열지구를 해제해 분양권 전매제한을 해제했다. LTV·DTI규제
도 완화했고 재건축 용적률은 법적 최대 상한선까지 허용됐다.

 2009년 "도시형생활주택·주택청약종합저축·전세자금대출" 서민, 무주택자 위한 소형
주택 공급 확대 … 단기 반등에 안정대책 병행 금융위기 이후 급락했던 수도권 주택시장
은 2009년 초부터 서울 재건축 시장을 중심으로 빠르게 회복됐다. 이명박 정부 출범 이
후의 부동산 규제 완화 정책이 본격적으로 시행되고 금융위기 극복을 위한 경기부양책과
급증한 유동성에 힘입어 저점 거래가 형성되고 가격은 회복됐다. 글로벌 금융위기의 소용
돌이 속에서 한발 벗어난 이명박 정부는 8.27 부동산대책 등을 통해 수도권 LTV·DTI 비
율을 강화해 아파트값 상승세를 다시 제어했다. 불안해진 전세시장에 대한 대책도 나왔
다. 2008년 금융위기 전까지 주택 가격에 비해 상대적으로 덜 상승했던 수도권 전셋값은
LTV·DTI 규제와 분양대기 수요 증가로 인해 전세수요가 증가하면서 큰 폭으로 상승했
다. 이에 서민 주거안정을 위한 보금자리주택 공급 확대방안을 내놓았고 전월세 부담 완
화를 위해 전세자금 대출을 확대하고 도시형생활주택 공급 유인책을 내놓으며 도심권

<표 6-10> 이명박 정부의 2009년 부동산대책

대책	주요 내용
2009년 2월 12일 기획재정부 세제개편안 및 주택법·공급규칙 개정	미분양 주택 양도세 한시 감면 주택청약종합저축 신설 분양가상한제 적용주택 재당첨 제한기간 1~5년으로 단축
2009년 8월 24일 전세대책 전월세 부담완화 도시형생활주택 등 규제완화	주택기금 전세자금 지원확대 및 민간 전세대출 보증한도 2억 확대 입주예정물량 공표, 전월세 지원센터 운영 도시형생활주택 자금지원 및 주차장 등 규제 완화 오피스텔 바닥난방 허용 기준 완화(전용 85m²까지)
2009년 8월 27일 서민 주거안정을 위한 보금자리주택 공급확대 및 공급체계 개편방안	2012년까지 수도권 그린벨트내 보금자리주택 32만 가구 공급 위례신도시에 보금자리주택 2만 2000가구 공급 생애최초 주택청약제도 신설 및 특별공급 비율 조정 수도권 주택담보대출 담보인정비율 60% → 50%로 강화 지방의 미분양주택 양도세 감면 및 미분양 취·등록세 감면 1년 연장 지방 민간택지 주상복합아파트의 분양가상한제 폐지

1~2인 가구와 서민 주거공간 확충을 위한 정책을 잇따라 발표했다. 주택청약종합저축 통장의 신설과 생애최초 주택청약제도 등 공급과 청약 관련 시스템 부분을 개편하는 방안도 나왔다. 임대시장의 안정과 무주택자, 서민 중심의 주거 안정을 위한 조치였다.

2010년 "미분양해소방안·생애최초주택구입자금·거래세완화연장" 환매조건부 매입, 리츠 등 미분양 대책… 전세금 지원 확대와 실수요 주택거래 유도 2010년 이후 본격적인 주택시장의 약세가 지속, 심화된 가운데 내집 마련과 주택 거래가 지연되면서 임대 수요가 늘어났고 전셋값이 하반기부터 크게 오르기 시작했다. 부동산 경기 침체에 따른 집값 하락 우려, 저렴한 공공분양 및 보금자리주택 등의 공급 부담으로 매매보다는 전세와 월세 시장에 관심이 집중되면서 전세 물량 부족은 더욱 심화됐고 단기간 전셋값 고공행진은 계속 됐다. 8.29 부동산대책을 통해 주택기금 지원으로 전세자금 대출한도를 확대해 전셋값 마련 부담을 줄였고 보금자리 주택 사전예약 물량을 축소함으로써 공급 물량을 조절했다. 동시에 전세시장에 머물러 있는 잠재적 매매수요를 이끌어 내기 위해 무주택자와 1가구 1주택자 대출에 한해 DTI 적용 비율을 한시적으로 금융기관별로 자율화했고 생애최초 주택구입자금을 신설했다. 세제 측면에서는 매매거래 활성화를 위해 다주택자 양도세 중과 완화를 2년 연장하고 취등록세 감면을 1년 연장했다. 하지만 가을 이사철 전

<표 6-11> 이명박 정부의 2010년 부동산대책

대책	주요 내용
2010년 4월 23일 주택 미분양 해소 및 거래 활성화 방안	주택보증 환매조건부 매입 5000억 원 → 3조 원 확대 미분양 리츠·펀드로 준공후 미분양 5000가구 감축 한국토지주택공사(LH) 준공후 미분양을 1000가구 매입
2010년 8월 29일 실수요 주택거래 정상화와 서민·중산층 주거안정 지원방안	무주택 및 1가구 1주택자 대출에 한해 DTI 한시적 자율화 생애최초 주택구입자금 신설, 2억 원까지 주택기금 지원 다주택자 양도세 중과 완화 2년 연장, 취·등록세 감면 1년 연장 주택기금 전세자금 대출한도 4900만 원 → 5600만 원 보금자리주택 사전예약 물량 80% → 50% 축소, 예약시기 조절 민영 보금자리주택 공급비율(25%) 상향조정

후로 이어진 전세난과 가격 상승에 추가 대책이 부족했다. 건설업체의 발목을 잡고 연쇄 부도와 공급 감소까지 악순환을 우려케 하는 미분양 주택에 대해 환매조건부 매입량을 늘리고 리츠와 펀드 상품을 확대하는 등 미분양 해소 방안도 상반기에 발표됐다.

2011년 "취득세감면·양도세비과세요건완화·임대사업지원" 거래 활성화, 전월세 안정 위한 대책이 각각 3번씩 발표… 세제 지원 강화, 민간임대 확대 2011년 하반기 미국발 금융위기와 유럽 재정위기 확산으로 수도권 주택 시장은 재건축 아파트와 중대형 주택 가격이 하락하면서 약세가 이어졌다. 기존 주택 거래와 신규 분양 등 공급은 감소했고 반대로 임대수요가 증가하면서 전세값이 급등했고 월세 시장도 커지면서 서민 주거 불안이 심화됐다. 주택 임대료 상승세는 서울 도심에서 수도권 외곽까지 확산됐고 지방 대도시에서는 중소형 중심으로 주택 가격, 임대료가 모두 크게 올랐다. 수도권을 중심으로 주택 거래시장이 크게 위축되고 전월세 임대시장은 불안해져 2011년에는 1.13 부동산대책을 시작으로 주택 거래 정상화 대책이 3번, 전월세 중심의 서민주거안정 대책이 3번 발표됐다. 서민 주거 안정을 위해 도시형생활주택, 오피스텔 등의 건설자금을 저리로 지원하고 수도권 재개발 단지의 임대주택 건설 비율을 높이는가 하면 매입 임대사업자에 대한 세제 혜택을 부여해 전월세 시장 안정화 대책을 꾸준히 내놓았다. 동시에 전세시장에 머물며 관망세를 보이고 있는 대기 주택 구매수요를 이끌어 내기 위해 생애최초주택구입 자금 대출 시한을 연장하고 취득세 감면을 연말까지 연장함으로써 전세 수요자들을 거래시장으로 이끌기 위한 당근을 제시했다. 상반기 거의 매달 대책이 발표될 정도였지만 대내외 여건 탓에 주택 부동산 경기 회복은 쉽지 않았다. 주택 거래시장의 침체가 장기화될

<표 6-12> 이명박 정부의 2011년 부동산대책

대책	주요 내용
2011년 1월 13일 물가안정대책	판교 순환용 주택 1300가구 공공 보유 준공후 미분양물량 2554가구 공급 도시형생활주택, 다세대·다가구, 주거용 오피스텔 건설자금 지원 민간에 5년 임대주택용지 공급 재개
2011년 2월 11일 전월세시장 안정 보완대책	저소득가구 전세자금 지원 전세보증금 8000만 원 → 1억 원 이하 확대 매입 임대사업자에 대한 양도세 중과완화, 종부세 비과세 요건 완화 수도권 재개발 단지 임대주택 건설비율 17% → 최대 20% 상향
2011년 3월 22일 주택거래 활성화 방안	DTI 자율적용 3월말 종료, 단 1억 원까지 소액대출은 DTI 심사면제 고정금리·비거치식·분할상환대출 DTI비율은 상향 생애최초 주택구입자금 대출 시한 2022년 말까지 연장 주택거래시 취득세 연말까지 50% 감면
2011년 5월 1일 건설경기 연착륙 및 주택공급 활성화 방안	부실 PF 사업장 조정에 민간 배드뱅크 활용 대한주택보증 PF 대출 보증 5000억 원 → 1조 5000억 원 확대 법인의 신규 주택 임대사업 허용(5년 이상 임대 조건) 양도세 비과세 요건 중 '2년 거주요건' 폐지 택지개발지구 단독주택 층수제한 완화 및 가구수 제한 폐지
2011년 8월 18일 전월세시장 안정대책	수도권 임대주택사업자 세제지원 요건 3가구 이상 → 1가구 이상 매입임대사업자의 거주주택에 대해 양도세 비과세 주거용 오피스텔에 임대주택 수준의 세제혜택 부여 소형주택 전세보증금 소득세 한시 배제 LH 다세대매입임대 2만 가구 공급 생애최초 주택구입자금 금리 연 5.2% → 4.7% 인하 전월세 소득공제 대상 연소득 3000만 원 이하 → 5000만 원 이하 확대
2011년 12월 7일 주택시장 정상화 및 서민주거안정 대책	투기광려지구 해제 다주택자 양도세 중과제도 폐지 추진 재건축 초과이익 부담금 2년간 부과 중지 지방 청약가능 지역 시·군 → 도 단위로 확대 토지거래허가구역 추가 해제 생애최초주택구입자금대출 2012년까지 연장, 금리 4.7% → 4.2% 인하 근로자·서민주택구입자금 지원대상 부부합산 연소득 300만 원 확대

우려가 심화되면서 2011년 12.7 부동산대책을 통해 강남3구 투기과열지구의 해제, 다주택자 양도세 중과 폐지, 재건축 초과이익 부담금 2년 유예 등 파격적인 정책들을 내놓았지만 경기 흐름을 바꾸지는 못했다.

2012년 "5.10 부동산대책·강남3구 투기지역 해제·분양가상한제 폐지" 최후 보루인 강

<표 6-13> 이명박 정부의 2012년 부동산대책

대책	주요 내용
2012년 5월 10일 주택거래정상화 및 서민·중산층 주거안정 지원방안	강남3구 투기지역 해제, 주택거래신고지역 해제 분양권 전매제한기간 완화 민영주택 재당첨 제한 폐지 보금자리론 지원대상 및 한도 확대 1세대 1주택자 양도세 비과세 보유 요건 완화 일시적 2주택자 종전주택 처분기한 연장 단기 보유 양도세 중과 완화 2~3인용 도시형생활주택 건설자금 지원 확대 세대구분형 아파트건설규제 완화 1:1재건축 주택규모 개선
2012년 6월 18일 5.10 부동산대책 후속조치	분양가 상한제 원칙적 폐지 전매제한 제도 개선 재건축 부담금 부과 2년 중지, 용적률 인센티브 확대

남3구마저 규제 완화 … 후속 조치 시행되면, DTI규제 완화만 남아 그리스, 스페인 등 유럽발 재정위기 악재로 세계 경제 불안감이 증폭되면서 국내 부동산시장도 장기 침체 국면으로 접어들었다. 거래시장 위축과 구매력 감소가 이어졌고 가계 부채 부담까지 겹치면서 5.10 부동산대책을 통해 주택시장 과열기에 도입된 잔여 규제들을 대부분 폐지하거나 완화해 거래 시장에 활력을 불어 넣고자 했다. 강남3구에 남아있던 주택투기지역을 해제하고 분양권 전매제한 완화, 주택구입자금 지원 강화 등을 골자로 하는 주택거래 정상화 및 서민·중상층 주거안정 지원 방안이 발표했다. 하지만 DTI 규제 완화와 취득세 감면 등이 빠지면서 대책의 반응은 즉각적이지 않았고 서울시의 재건축 규제 등이 엇갈리면서 부동산시장에서는 혼선을 빚기도 했다. 5.10 부동산대책의 후속조치로 분양가 상한제 원칙적 폐지와 재건축 부담금 부과 중지, 용적률 인센티브 제도 확대 등을 추진하는 계획이 6월 중순 추가로 발표됐고 시장 안팎에서는 다주택자의 세금 완화, 실수요자 대상의 DTI 조건부 완화 등도 언급되고 있는 상황이다.

조명할 만한 이명박 정부의 주요 부동산대책은 정부 들어 발표된 굵직한 17번의 부동산대책을 포함해 추가 대책과 세부 조치들을 합하면 발표된 부동산대책과 제도는 크게 늘어난다. 그럼에도 불구하고 글로벌 경제 위기, 국내 실물 경기 위축과 가계 부채 증가 등의 영향으로 그 효과는 제한적이거나 기대한 효과를 단기간 내지 못한 경우도 적지 않

[그림 6-1] 수도권 주택거래량 및 매매변동률

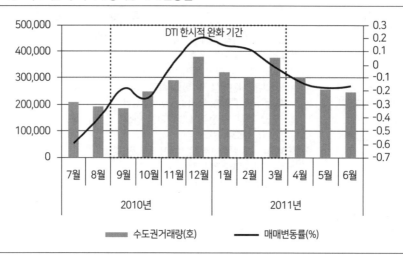

앉다. 그러나 서민주거안정을 위한 보금자리주택 공급과 DTI 등 금융규제를 통한 근본적인 시장 관리와 전·월세시장 안정을 위한 지속적인 대책 마련 등은 이명박 정부의 부동산대책 중에서도 조명할 만하다. 이명박 정부는 2008년 9.19 부동산대책을 통해 저소득층의 주거불안 해소 및 무주택 서민의 내 집 마련을 촉진하기 위해 2018년까지 총 150만호 건설 계획을 발표했다. 경제위기로 서민의 주거비 부담이 상승하고 주택경기도 침체된 상황에서 정부 주도의 보금자리주택 건설을 통해 민간의 주택건설 감소를 보완하고 서민들의 부담 완화를 목표로 했다. 그러나 보금자리주택은 부동산시장침체로 집값이 하향안정세로 접어든 당시 인근 시세의 70~80%에 공급된다 하더라도 강남을 제외하고는 큰 가격 메리트가 없어 강남과 비강남권 보금자리 주택에 대한 형평성 문제가 불거졌다. 또 보금자리주택 공급에 따른 민간 주택공급 감소 및 보금자리 대기수요로 수도권 전셋값 상승은 보금자리주택 공급의 부작용으로 지적되기도 했다. 시장의 변화를 반영하지 못한 전매제한과 의무거주 기간 등의 규제는 보금자리주택의 매력을 반감시키고 전반적인 공급 지연과 축소로 이어지고 있다. 이에 5.10 부동산대책을 통해 수도권 공공택지와 개발제한구역 해제 지구 내 민영주택과 보금자리주택의 전매제한 기간을 보금자리주택의 전매의무거주 요건을 크게 줄여 환금성을 높였다. 강남권 입지의 보금자리주택은 여전히 관심을 모으고 있어 향후 공급 물량과 지역의 점검을 통해 수요가 원하는 적정량의 보금자리주택을 필요 지역에 공급하는 것이 중요하다. DTI 등 금융규제를 통한 재정 건정성 확보 지난 2010년 8.29 부동산대책을 통해 위축된 부동산 거래 심리를 살리기 위해 한시적이지만 DTI를 완화했다. 무주택자나 1가구 1주택자가 주택을 매입 할 때 2011년 3월말까지 한시적으로 금융회사가 강남3구를 제외한 9억 원 이하의 주택에 대하여 자율적으로 적용하기로 했다. DTI 자율적 적용이 적용된 2010년 9월부터 2011년 3월까지 실수요자 위주의 주택 구입수요가 일부 나타나 거래량이 늘었고 매매가격 하락폭도 크게 줄어 반짝 효과를 보기도 했다. 전체적으로는 DTI 규제를 유지해 개별 가구와 은행권을 포함한 국가 재정 건정성을 확보하는데 일조했고 부동산가치 하락에 따른 연쇄 불안과 재정 불안을 어느 정도 차단했다는 데 의의가 있다. 다만 일부 시기에 적용됐던 것처럼 실수요자나 소액 거래 등에 있어서 조건부 규제 완화 등을 검토해 볼 필요는 있다는 의견이 나오고 있어 눈길을 끈다.

2010년부터 심화된 전세난과 가격 상승세는 수도권 전역으로 퍼져 세입자들의 주거 불안을 야기시켰다. 부동산 경기의 불확실성, 국제 금융위기 여파로 좀처럼 매수심리가 살아나지 않는 가운데 잠재적 아파트 매수자들은 여전히 전세시장에 머무르며 관망세를 보이는 한편 재건축 이주 수요, 학군 수요까지 더해지면서 전세 대란을 방불케 하는 지역도 속출했다. 이에 지속적인 임대시장 관리와 공공, 임대주택 공급 확대 방안 제시, 전세자금 지원 확대 등 2010년부터 2011년까지 크고 작은 전월세 안정화 대책이 꾸준히 발표됐

[그림 6-2] 수도권 주택전세가 변동 추이

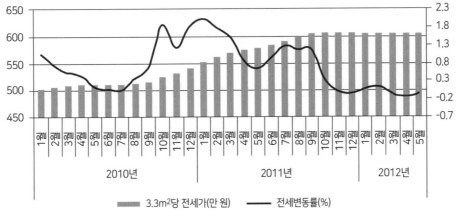

다. 매입 임대사업자에 대한 양도세 중과 완화 및 종부세 비과세 요건 완화 등 민간 임대시장의 확대 정책을 비롯해 주거용 오피스텔 임대사업을 허용하는 등 전·월세 안정화에 힘을 쏟았다. 2012년 들어서는 비교적 전세시장의 가격 불안도 잦아든 모습을 보이고 있다. 지역에 따라서는 2012년 상반기 전세가격이 내린 곳도 나왔다. 지속적인 전세시장 안정 대책과 조치가 어느 정도 효과를 봤다고 할 수 있다. 하지만 공공주택의 공급 등 서민 주거 안정을 위한 조치가 여전히 부족하다는 지적도 나온다. 서울시가 발표한 장기임대주택 등 다양한 형태의 저렴한 임대주택 공급이 확대되길 희망하는 수요자들의 기대는 여전하다.

　이명박 정부는 추가 부동산대책으로 취임 전부터 부동산 규제완화에 대한 의지를 내보이며 시장 활성화에 대한 기대를 높였다. 그러나 취임 후 미국과 유럽발 금융위기가 불확실성을 높이고 국내 경기 침체 등 시장 외부환경의 변화에 따른 부동산시장의 패러다임 변화로 5년간 부동산대책 운영에 대한 시장의 평가와 반응은 차가웠다. 2012년 상반기 발표된 5.10 부동산대책과 후속 조치에도 시장 반응은 무덤덤한 모습이다. 유럽발 재정위기가 재부각되고 부동산 경기 회복에 대한 불안감이 거래 관망과 가격하락으로 이어지고 있다. 거래 현장과 수요 시장에서는 주택 구매심리를 이끌어 낼 보다 적극적인 규제완화 정책을 주문하고 있다. 대표적인 것이 DTI 규제 완화와 취득세 등 거래세 감면 조치 등이다. 하지만 얼마 전 이명박 대통령은 현재 변화된 부동산시장의 패러다임 하에서 DTI 규제 완화가 부동산 경기회복으로 이어질 수 있는 지에 대한 불확실성, 이미 위험 수준에 다다른 가계부채 증가를 이유로 DTI 규제 완화에 난색을 표했다. 거래세 감면 등도 지방 정부 재정 악화로 추진이 쉽지 않아 보인다. 5.10 부동산대책 이후 계속된 규제 완화와 부동산 경기 활성화를 의한 정부의 의지를 지속적으로 보여줌으로써 주택시장의 추가 냉각과 급락 위험을 최소화하는 데는 기여하고 있다. 대내외 변수와 여건이 달라지는 변곡점에서는 거래시장 정상화를 위한 단초가 될 수도 있다. 대내외 악재가 해소되는 상황에서는 저가 매물의 실수요 거래에 힘을 실어줄 수 있다. 다만 외부 변수에 기대야 하는 정책적 한계를 뛰어넘기 위해서는 과거 주택 공급 관리가 가장 중요했던 시절의 정책을 답습, 반복하기보다는 달라진 부동산시장 트렌드와 수요 변화에 맞는 새로운 부동산시장의 운영 시스템을 새롭게 검토해야 할 때가 왔다[서성권 연구원/부동산114 리서치센터(www.R114.com)].

2) 이명박 정부의 부동산대책의 문제점과 대안(2012년 4월 12일)

① 문제점

이명박 정부의 주택부동산대책은 다음과 같은 문제점을 드러내고 있다. 먼저, '거래 활성화와 가격 떠받치기'로 인해 가격 하향 안정화 기반이 구축되지 못하게 되었다. 그로 인해 주거복지 패러다임의 전환이 사실상 봉쇄되었다. 이는 주거복지 실현의 기회를 상실하게 되었다는 뜻이기도 하다. 둘째, 건설업자와 다주택자 편향적인 정책의 지속이다. 투기적 토건경제의 구조조정 및 소유자 중심 주택정책 전환의 기회 상실을 하게 된다. 셋째, 기만적이고 시혜적 주거복지(예: 분양중심 보금자리주택, 민간임대를 통한 전세란 극복)와 반세입자 정책(예: 임대인중심 전월세대책, 전월세상한제 등의 반대)이다. 넷째, 국토부가 토건 카르텔에 포섭됨으로서 스스로 공공역할을 사실상 방기하고 있다. 국토부는 국가기관인가 민간건설업자의 대리기구인가?

② 대안

첫째, 세제의 정상화다. 종부세의 복원, 다주택자에 대한 중과세 복원, 취등록세 감면의 최소화 등이 실시돼야 한다.

둘째, 수요자 중심 공급제도 구축이다. 구조조정에 의한 건설업의 슬림화, 부실건설업체의 퇴출, PF규제의 강화, 분양가 상한제 및 원가공개의 강화, 후분양제 도입 등이 강구돼야 한다.

셋째, 가격 하향 안정화를 위한 다면적 정책 추진이다. 소득대비 주택가격 지수를 기준으로 하여 주택의 적정가격 공시, 투기거래 및 가격 상승 우려지역에 대한 '(가칭)가격관리지역지정', 저가거래에 대한 인센티브 제공 등이 정책화되어야 한다.

넷째, 부동산관련 가계부채 정리다. 주택담보대출은 금융정책으로 접근, LTV·DTI 강화, 총가계부채 감축(예: 향후 5년간 현재수준의 30% 축소), 저소득 가계부채(하위 20%의 소득대비 부채가 9배, 상위 20%는 1.95배)의 해소책이 강구돼야 한다.

다섯째, 임대주택의 획기적 공급이다. 민간임대주택지정제도 도입, 민간임대주택의 등록의무화, 임대소득의 정상과세, 보금자리주택정책의 재설계, 공공임대주택의 다양화(환매조건부, 토지임대부, 지분형, 전세임대 등), 주거복지재정의 획기적인 확충 등이 추진돼야 한다.

여섯째, 임대차관계의 안정화다. 임차인의 권리(대응력, 협상력)의 강화(관계법의 재개정),

임대차등록제, 공정임대료제·임대료 상한제·계약갱신청구제·임대료분쟁조정제의 제도화(법제화) 등이 강구되야 한다.

일곱째, 복지형 도시정비의 실시다. 재건축 방식의 개선(소형중심, 자부담 최소와 재입주 우선, 공동체 유지, 참여형 방식 제도화 등), 싹쓸이 철거식 대규모 정비에서 보존형 소단위 정비로 전환, 주택정비에서 커뮤니티재생방식으로 전환 등이 이뤄져야 한다.

아홉째, 국토부의 구조조정이다. 주택건설업무와 주거복지의 분리, 공급주의 정책기조의 탈리, 주거복지행정 중심으로 전환, 건설업계와의 유착 단절, 장기적으로 국토부와 환경부를 통합해 지속가능부로 신설돼야 한다.

9. 박근혜 정부의 부동산대책

1) 부동산대책

박근혜 정부는 부동산시장을 정상화시키는 데 초점을 두고 전정부에 비해 더욱 적극적인 정책을 구사하였다. 부동산시장의 활성화를 통해 장기침체에 빠진 경제의 활로를 열겠다는 정책 의지를 피력하였다. 소위 '주택매매 활성화를 통한 부동산 경기 부양'이라고 할 정도로 부동산 경기의 활성화를 추구하였다.

정부 취임 직후인 2013년 4월 1일 "서민 주거안정을 위한 주택시장 정상화 종합대책"을 다른 어느 정책보다 앞서 발표하였다. 주택시장 정상화에 대한 의지를 피력함과 동시에 부동산시장 진작을 통해 당시 수출 감소로 경기가 위축되고 있는 시점에서 경기 활성화를 도모하는 일석이조의 수단으로 여긴 것으로 보인다. 구체적으로는 대책 발표 이후 1년 안에 구입하는 주택에 대하여 양도세 5년간 면제, 생애 첫 구입 주택에 대하여 취득세 면제 등을 포함하였다. 그 이후 후속조치들을 통해 민간부문 주택 공급 물량을 조절하는 대책(공공부문 공급 물량을 당초 연 7만 호에서 2만 호로 감축)을 추진하는 한편 공유형 모기지제를 도입하고 이에 대해 취득세 인하(8.28 부동산대책) 등을 통해 주택 매입을 촉진하였다.

2014년 7월 24일의 "새 경제팀의 부동산대책"에서는 더욱 획기적인 정책을 발표하였다. 소위 '초이노믹스'가 실시된 것이다. 여기에는 LTV·DTI 규제 완화, 부동산투자 이민

제 확대 적용, 청약제도 개선, 재건축, 재개발규제 개선 등을 담고 있었다. 특히 대출규제 완화는 "빚내서 집 사라"는 정책으로 인식될 정도로 파격적이었다. 이 정책이 파격적인 덕으로 평가되었던 이유는 당시의 거시경제적 상황상 가계부채 문제가 경제 안정을 위협하는 엄청난 요인으로 주목받고 있는 상황이었기 때문이다.

이후에도 주택 매입을 촉진하기 위한 대책들을 계속 시행하였다. 2014년 9월 1일 대책에서는 재건축 연한을 단축하고 분양권 등을 전매할 수 있도록 조치하였다. 재건축연한규제 완화(재건축 가능연한을 40년에서 30년으로 축소)와 수도권 청약 1~2순위 통합 및 기간 단축(2년에서 1년으로 단축) 등이었다. 이를 계기로 강남의 재건축시장과 신규주택의 청약 시장에 대한 관심이 서서히 고조되기 시작하였다.

2014년 12월 29일에는 소위 부동산 3법을 개정하였다. '주택법 개정안', '재건축 초과이익 환수에 관한 법률 개정안', '도시 및 주거환경 정비법 개정안' 등이 그것이다. 주택법에서는 민간택지의 경우 가격 급등 우려 지역에 대해서만 상한제를 제한적으로 적용하고 나머지 지역에 대해서는 원칙적으로 분양가 상한제를 폐지하였다. 재건축초과이익 환수에 관한 법률 개정안은 재건축부담금 부과 유예기간을 3년 연장하고자 하였다. 도시 및 주거환경정비법 개정안은 수도권 과밀억제권역에서 재건축 조합원 분양주택수를 1주택으로 제한하던 것을 3주택까지 분양을 허용하였다.

2015년 이후 분양 시장을 필두로 주택 매입 수요가 확대되는 징조가 나타나기 시작하였다. 특히 2016년 들어 서울과 수도권, 전국 주요 대도시들의 분양가가 큰 폭으로 상승하였는데 여기에는 투기 세력들도 가담한 것으로 분석되고 있다. 2016년 상반기 주택거래량의 약 30%는 분양 거래가 차지하였고 이 중 40%는 분양권 전매 목적이었다고 한다. 즉 상당수의 분양 계약자들은 실거주 목적이 아닌 단기 매매차익을 노린 투기세력이었다는 것이다.

한편 무주택자 중에서 대략 30% 정도만이 주택을 구입함으로써 박근혜 정부의 부동산 경기 활성화 정책의 혜택을 누린 것으로 집계되었다고 한다. 그 나머지는 주택 가격 상승으로 주택구입 기회가 줄어들어 오히려 불이익을 보게 된 것으로 보인다.[2]

---

2) 주택시장 경기의 상승으로 혜택을 보는 사람은 일부에 지나지 않는다는 것이 주택시장의 특징이라고 생각된다. 잠재적 주택 수요자 중 일부가 주택을 구입하고 나면 실제 주택구입 여력이 현저하게 낮은 나머지 주택구입 희망자들이 대기수요 형태로 남게 되는데, 이들이 주택 구입을 포기하면서 주택시장 경기의 대세적 흐름이 초래될 여지가 있는 것으로 생각된다.

결과적으로 박근혜 정부는 부동산경기 회복에만 초점을 맞춘 반면 무주택 저소득층이 온전한 집을 구입하는 과정에 대한 배려가 부족하였다고 평가할 수 있다.

2008년 이명박 정부 집권이후 주택시장은 침체국면이 지속되고 있고, 이로 인해 주택거래가 위축되고, 주택구입수요가 전세수요로 전환되면서 전세시장 불안도 지속되는 상황이다. 이로 인해 실수요자의 거래불편이 가중되고, 무주택 서민들도 높은 전세가격 부담으로 고통을 겪고 있다. 또한 중개·이사·인테리어 등 관련 서민업종의 어려움도 심화되고 있다.

이 같은 주택시장 침체는 민간소비 회복을 지연시키고 향후 시장침체가 심화되고 장기화될 때에는 금융시장의 안정성에도 악영향을 미치는 등 거시경제 전반에 위험요인으로 작용할 우려도 있는 상황이다.

이에 박근혜 정부는 경제 전반의 불안 요인을 제거하고 서민주거와 민생경제의 안정을 도모하기 위해 첫 번째 대책으로 주택시장 정상화 종합대책을 마련하게 되었다. 이 대책이 2013년 4월 1일 발표한 「서민 주거안정을 위한 주택시장 정상화 종합대책」이다.

박근혜 정부 4년 차, 서울 아파트 매매가격이 역대 최고수준을 기록했다. 직전 최고치는 2010년 3월 3.3m²당 1,848만 원이었으나 2016년 6월 3.3m²당 1,853만 원으로 이를 넘긴 것이다. '집값을 쏘아 올렸다'라고도 표현되는 박근혜 정부는 대선공약부터 부동산시장의 정상화를 내세웠다. 이후 부동산 경기를 띄우기 위해 세제부터 금융, 재건축 등 전 분야에 걸쳐 규제를 풀며 부양책을 실시한 박근혜 정부의 부동산대책 성적표는 어떨까.

부동산114에 따르면 박근혜 정권이 출발했던 2013년도부터 2019년 9월까지 아파트 매매가격은 초반 2013년도를 제외하고는 줄곧 상승세를 기록했다.

연간상승률의 경우 △2013년 −0.08%, △2014년 3.28%, △2015년 5.97%, △2016년 2.10%로 2013년도 직전인 2012년도 3.87%의 하락세를 보였던 것과는 대조적이다.

이러한 박근혜 정부는 출범 이후 초기 2년간 주택시장 살리기에 올인하며 부동산대책만 8번째를 내놓기도 했다. 이 중 부동산대책의 양대 산맥으로 꼽히는 것은 2013년 4.1 부동산대책과 2014년 2.26 부동산대책이다.

2013년 4월 1일 박근혜 정부는 첫 부동산대책인 '서민 주거안정을 위한 주택시장 정상화 종합대책'을 내놓았다. 다주택자 양도세 중과폐지와 주택구입자 양도세 한시 면제, 수직 증축 리모델링 허용 등 굵직한 대책을 대거 쏟아냈다. 이후에도 수도권 주택공급 조절

방안과 주거안정을 위한 전·월세 대책 등 다양한 방안을 내놓았다.

하지만 이때까지만 해도 주택시장은 정부의 부양대책에 탄력을 받지 못하고 서울 집값은 단 0.5% 상승에 그쳤다. 서울 아파트 가격은 3.3m²당 평균 1637만 원에서 1646만 원으로 불과 9만 원 상승에 그쳤다. 반면 전세난은 나날이 가중됐다. 전 정권인 이명박 정부 당시 초기 2년간 전셋값 상승률은 8.4%에 그쳤지만 박근혜 정부 들어서는 19.3%나 증가했다.

그나마 4.1 부동산대책의 일환인 양도세 면제와 취득세 인하 등 주택매매시장의 규제 요인이 해소되면서 주택거래량은 2013년도 60만4331건, 2014년도 64만4268건, 총 85만 2000건으로 전년 대비 15.8% 올랐다. 수도권의 경우 36만3000건을 기록하며 전년 동기 대비 33.5% 증가했다.

이후 2014년 주택임대차시장 선진화방안(2·16)에서 임대소득세 과세방안 마련, 서민 주거비 부담완화 조치 등이 제시됐다. 2014년 당시 주택시장 활력회복을 위해 주택담보 대출의 걸림돌로 지적되던 주택담보인정비율(LTV)과 총부채상환비율(DTI) 한도를 각각 70%, 60%로 상향조정했다. 그 결과 2014년 연간 총 주택 매매거래량은 100만5173건을 기록하며 2006년 이후 최대치를 기록했다.

당시 국토교통부 관계자는 "주택시장 정상화 대책(7·24)과 주택시장 활력회복 및 서민 주거 안정 강화방안 등에 따라 시장 활성화의 기대감과 매매가격 회복세에 따른 영향"이 라고 분석했다.

역대 최고 주택 거래량을 기록했던 2014년에도 박근혜 정부의 부동산대책은 쏟아져 나왔다. 2·26 임대차 선진화 방안부터 7.24 부동산대책 및 경제 활성화 대책, 수도권 그린 벨트 해제 공공택지 전매제한 완화와 민영주택 청약 가점제 사실상 폐지 내용을 담은 9.1 부동산대책이 나왔다. 특히 부동산 3법(분양권 상환제 완화, 초과이익제 폐지, 재개발 다주택자 분양 허용) 연내 처리 합의를 담은 12.23 부동산대책을 펼치면서 부동산시장의 '대못'이 뽑히며 재개발·재건축 수혜 기대감이 높아졌다.

이 같은 규제 완화는 부동산시장 활성화를 가져오면서 2015년 한 해에는 주택매매거래가 119만3691건에 이르는 역대 최대치를 기록했다. 수도권의 주택매매거래량은 전년 대비 32.4% 증가했으며 특히 서울지역의 증가율은 49.5%에 이르렀다. 이와 함께 분양시장에도 꽃이 피면서 같은 해 아파트 분양물량은 전년 대비 55.8% 증가한 51만6000가구로 5년간 승인 물량 평균치(27만4000가구)의 2배에 육박했다. 부동산 3법 통과로 2016년 부동산시장이 상승장을 이어나갔다.

청약제도의 개편으로 수도권의 경우 청약요건이 2년에서 1년으로 줄면서 투자 목적의 수요자들 진출입이 쉬워졌기 때문이다. 게다가 전세난이 가중되면서 전세 세입자들이 매매 실수요자로 전환되는 등 매매시장은 그 어느 때보다 활발했다. 이와 함께 임대주택의 새로운 패러다임을 열었다고 평가받는 기업형 임대주택(뉴스테이) 육성정책이 첫선을 보이기도 했다.

한편 임기가 시작됐던 2013년도부터 2015년까지만 해도 박근혜 정부의 부동산대책은 주택매매 활성화에 집중해 '빚 내서 집사라'는 기조를 이어갔다. 그 결과 박근혜 정부에서 가계부채는 가장 많이, 그것도 가장 빠르게 늘어나게 됐다. 박근혜 대통령이 취임한 이후로 2016년 8월까지 늘어난 가계부채는 308조 5000여 억원에 이른다. 이명박 정부 5년간 늘어난 가계부채가 298조 8000억 원인 것과 비교하면 출범 3년 5개월 만에 이를 넘어선 것이다.

결국 가계부채 해소 필요성이 대두되면서 박근혜 정부는 2015년 말부터 여신심사 가이드라인을 도입해 주택담보대출 구조를 기존 변동금리·일시상환 대출에서 고정금리·장기분할 상환 대출로 전환해 리스크를 줄이겠다는 대책을 내놓았다. 2016년 8월 25일에는 기획재정부·국토교통부·금융위원회·한국은행·금융감독원 합동으로 택지공급을 축소하고 집단 대출에 대한 심사를 강화하는 내용의 '가계부채 대책'을 발표했다. 집단대출과 상호금융에 초점이 맞춰졌지만 업계로부터는 가계부채 폭증을 막기에는 대책 강도가 턱없이 낮다는 지적을 받았다. 특히 공급택지 조절을 통해 집단대출을 막겠다는 계획은 그 효과가 시간을 두고 나타날 수밖에 없는 데다 공급 축소에 따라 부동산가격이 폭등할 위험도 있다는 의견이 주를 이루기도 했다.

다만 박근혜 정부 4년 동안 3~4개월에 한 번씩 부동산대책을 쏟아냈던 박근혜 정부에 대해 침체된 부동산시장의 거래 활성화를 이끈 점은 고무적이라는 평가다.

심교언 건국대학교 부동산학과 교수는 "박근혜 정부 출범 당시 경제가 워낙 좋지 않은 시기였기 때문에 다양한 거래활성화 정책이 금융위기를 탈피하는 데 도움이 됐다"며, "다만 정부가 시장에 민감하게 반응하다 보니 너무 짧은 시기에 정책들을 쏟아내면서 서둘렀다"고 말했다.

<표 6-14> 박근혜 정부의 부동산대책 정리

2013년도	4.1 부동산대책	주택시장 정상화 종합대책	미분양 및 신축주택 외에 기존주택 양도세 5년 면제, 분양가 상한제 신축운영, 리모델링 수직증축 운영
	7.24 부동산대책	수도권 주택공급 조절 방안	건설사 대상 모기지보증 및 전세보증금 반환보증 시행, 민간부분 주택공급조절 본격시행
	8.28 부동산대책	전월세 시장 안정화 방안	취득세율 영구인하, 연 1%대 초저리 수익 및 손익공유형 모기지 지원
	12.3 부동산대책	전월세 대책 후속조치	목돈 안드는 전세 보완, 행복주택 축소, 공유형 모기지 본사업 실시
2014년도	2.26 부동산대책	임대차시장 선진화방안	임대주택의 지속가능한 공급체계 구축, 민간 임대공급 활성화, 거주유형별 주거비 균형 도모, 주택 임대차시장 인프라 구축
	7.24 부동산대책	새 경제팀의 경제정책 방향	시장 과열기 도입규제 합리화, 주택대출 활성화 및 디딤돌 대출 지원 확대, 청약제도 개선 및 재정비 활성화
	9.1 부동산대책	주택시장 활력회복 및 서민주거 안정 강화 방안	재정비 규제 합리화, 청약제도 개편, 국민 및 기업의 과도한 부담 완화, 주택 공급방식 개편, 임대주택 단기공급 확대, 임대차시장 민간참여 활성화, 무주택 서민 주거비 부담 완화
	10.30 부동산대책	서민 주거비 부담 완화 방안	단기적인 전월세 수급 불안 대응, 시장변화에 따른 다양한 임대주택 공급, 저소득층의 주거비 부담 완화
	12.23 부동산대책	여야 합의 부동산 3법	민간택지 분양가 상한제 탄력 적용, 재건축 초과이익 환수제 3년간 유예기간 연장
2015년도	1.13 부동산대책	기업형 임대주택 육성을 위한 중산층 주거혁신 방안	규제개혁, 택지지원, 자금지원, 세제지원, 인프라 구축
	2.27 부동산대책	새로운 청약제도 시행	입주자선정 절차 간소화, 유주택자 감점제도 폐지, 청약자격 요건 완화
	4.1 부동산대책	민간 택지 내 분양가 상한제 탄력적용 시행	민간택지 내 분양가상한제 적용 지역 지정기준 등 마련, 수도권 민간택지 주택 전매 제한기간
	4.6 부동산대책	서민 주거비 부담 완화 방안	임차보증금 반환보증 지원 강화, 임차보증금 금융지원 강화
	9.2 부동산대책	서민, 중산층 주거안정화 방안	집주인 리모델링 제도 도입, 뉴스테이 활성화, 정비사업 규제 합리화
2016년도	4.28 부동산대책	맞춤형 주거지원을 통한 주거비 경감 방안	행복주택 및 뉴스테이 공급물량 2017년 30만 가구 확대, 저소득층 및 생애주기별 특화형 임대주택 공급 확대
	8.25 부동산대책	가계부채 관리 방안	LH택지공급 조절, PF대출심사 강화, 분양보증 예비심사 도입, 중도금대출보증 개선

자료) 국토교통부.

2) 평가와 과제

박근혜 정부는 부동산시장의 정상화 및 활성화를 위해 줄기차게 정책을 추진해왔다. 그 정책의 궁극적인 목적은 부동산시장을 활성화하여 그동안 침체의 늪에 빠진 우리 경제를 회복시키는데 두고 있다. 이를 위해 부동산관련 규제는 박근혜 정부에서 거의 다 풀었다고 해도 과언이 아니다. 그 주요 내용의 핵심은 부동산 거래의 활성화를 위한 규제완화 및 합리화, 서민·중산층 주거안정대책 수립, 공급물량조절, 임대시장의 선진화 및 안정화 등으로 요약할 수 있다.

박근혜 정부의 이러한 지속적인 부동산시장 활성화 정책은 그동안 거의 죽어있다시피 한 우리나라 부동산시장에 온기를 불어넣은 정책으로 매우 긍정적인 평가를 받을 수 있다. 과거의 부동산시장에 대한 과도한 규제가 부동산 투기 광풍을 몰아내고 투기를 잠재운 것은 매우 고무적인 것이지만 그것이 지나쳐서 시장을 얼어붙게 하여 마치 폐장된 시장처럼 보이게 한 것은 시장경제의 근본을 흔들어 놓은 이른바 반시장적인 정책이었다는 점에서 비판을 면하기 어렵다. 박근혜 정부의 정책의 초점이 시장을 정상화한다는데 둔 것은 옳은 정책으로 평가할 수 있다. 시장도 이러한 정책에 즉각 호응하여 거래가 늘어나고 가격이 어느 정도 오르는가 하면 미분양 주택이 크게 줄어드는 등 회복의 조짐을 보이고 있다. 특히 최근의 부동산에 대한 수요는 과거 투기과열 시대의 수요와 달리 실수요자 수요라는 점에서 시장의 기본이 살아나고 있다는 것을 반증하는 것으로 매우 고무적이라 할 수 있다. 그럼에도 불구하고 거래량은 아직 미흡한 것이 사실이다. 그것은 침체된 경기에 기인한 것이 크다고 할 수 있다. 즉 거시경제의 경기회복이 아직 미흡하여 전체적인 시장수요가 살아나지 못하고 있기 때문에 부동산시장의 수요도 크게 증가하지는 못하고 있는 것이다.

박근혜 정부의 부동산대책은 정책의 기조나 방향의 설정은 옳다고 할 수 있다. 그러나 그 부작용에 대한 보완대책의 수립이 긴요하다. 서민의 주거안정문제에 대한 보완책이 시급하다. 우선 전세가격이 크게 오르고 있는데 이는 저소득층의 주거비 부담을 크게 하여 주거안정을 위협하고 있다. 전세가격이 오른다 하더라도 고소득층은 그것을 감내할 수 있지만 저소득층은 그것이 어렵다. 예를 들면 근로자 서민의 전세자금의 대출 금리를 인하하여 전세금에 대한 부담을 줄여줄 필요가 있다. 그리고 전세의 월세전환에 따른 문제도

해결해야 한다. 저금리시대이고 또 주택투자에 대한 자본이득의 기대치가 아주 낮은 박근혜 정부 후기에 있어서는 전세금이 급등하고 또한 임대자들이 전세보다는 월세를 선호하므로 전세의 월세전환이 크게 증가하고 있다. 그러나 수요자(임차인) 입장에서는 매월 소득이 한정되어 있는데 월세를 꼬박꼬박 내기가 매우 부담스러운 게 현실이다. 고소득자는 몰라도 저소득 서민층은 이 문제가 심각하다. 예를 들면 월세의 세액공제를 소득계층별로 차등적용하고 그 한도를 확대하여 서민의 주거안정을 도울 필요가 있다. 전세는 세계적으로 찾아볼 수 없고 우리나라에만 고유한 제도인데 주택투자에 대한 자본이득의 기대치가 크지 않는 한 전세제도는 사라질 가능성이 많으며 대신 월세제도로 대체될 것으로 보인다. 그러므로 정부는 이러한 월세시대의 도래에 대응하여 임대차시장의 선진화를 촉진해야 한다. 그동안 이에 대한 정부의 정책발표가 있었지만 아직 해결해야 할 과제가 많다. 예를 들면 임대주택의 정보화추진, 임대소득세과세방식의 합리적 조정, 비제도권 민간임대시장의 제도권시장으로의 유도, 임대사업등록제도의 개편, 민간건설공공임대 활성화 등을 들 수 있다.3)

2016년 부동산시장에 대한 전망은 대부분 긍정적이었다. 이는 그동안의 정부 부동산대책의 효과가 나타나고 있다는 증거이다. 그러나 이러한 긍정적인 신호는 단기에 그칠 가능성을 배제할 수 없다. 그것은 거시경제의 회복에 달려 있기 때문이다. 거시경제의 회복이 없으면 이러한 부동산경기의 회복은 반짝 효과에 그칠 수밖에 없다. 그러므로 정부는 그동안 지속적으로 추진해 온 경기부양책을 일관성 있게 밀고 나가야 한다. 무엇보다 한국은행의 자세전환이 시급하다. 최근 논란이 되고 있는 한국은행의 금리정책은 서둘러 전환해야 한다. 미국, 일본, 유럽, 중국 등 세계 각국이 금리를 인하하고 통화를 풀었다. 한국은행만 유독 금리를 동결하고 통화를 풀지 않고 있다. 금리하락에 따른 자본이탈의 부작용을 우려한 것인데 그것보다 더 급한 것이 내수활성화이다. 만일 자본이탈의 부작용이 커지면 그때 가서 다시 금리를 조정할 수도 있을 것이다. 요컨대 박근혜 정부는 부동산대책에 관련된 거의 모든 규제를 다 풀었는데, 이것이 장기적인 효과를 내기 위해서는 성장 등 거시경제의 회복이 반드시 있어야 한다는 말이다. 이를 위해서는 정부와 중앙은행의 정책협조가 매우 절실하다.

3) 김태섭, "전월세시장 구조변화에 대응한 정부정책 개선방안", 주택산업연구원, 2014, pp.34~57.

10. 문재인 정부의 부동산대책

1) 문재인 정부의 연도별 부동산대책

■ 2017년 부동산대책

(1) 6.19 부동산대책(주택시장의 안정적 관리를 위한 선별적·맞춤형 대응방안)

지난 2017년 6월 19일 문재인 정부 출범 이후 최초로 부동산대책을 내놓았다.

정부는 조정대상지역을 추가 지정하고 민간택지 전매제한 기간을 기존 1년 6개월에서 소유권이전등기시까지로 강화했다. 여기에 규제지역 내 최대 3주택까지 받을 수 있었던 재건축 주택공급을 1주택(최대 2주택)으로 줄였다. 또한 40곳의 조정대상지역 LTV·DTI를 10%p씩 강화했다.

(2) 8.2 부동산대책(실수요 보호와 단기 투기수요 억제를 통한 주택시장 안정화 방안)

6.19 부동산대책 이후에도 서울을 중심으로 집값 상승세가 이어지자, 정부는 규제지역을 확대하고 기존 규제책을 강화했다.

서울 25개구와 과천시·세종시가 투기과열지구 및 투기지역 등의 규제지역으로 지정됐다. 또한 양도소득세 강화와 다주택자 금융규제 강화, LTV·DTI 규제 강화 등 금융규제도 강화됐다. 재개발·재건축사업 등 정비사업은 조합원의 지위양도와 분양권 전매를 제한했다. 나아가 재개발 임대주택 의무건설 비율 상향과 규제지역 정비사업 분양권 재당첨이 금지됐다.

(3) 9.5 부동산대책(8.2 부동산대책 후속조치)

부동산가격 상승세가 유지되던 성남시 분당구와 대구시 수성구가 투기과열지구로 추가 지정했다. 또한 민간택지 분양가상한제 적용기준을 △주택가격, △주택분양가격, △청약경쟁률, △주택거래량에 따라 일정수치를 상회할 경우 상한제 적용이 가능하도록 요건을 완화했다.

(4) 10.24 부동산대책(가계부채 종합대책)

가계부채를 줄이기 위한 금융대책을 발표했다. 주택시장에 대해서는 대출을 통한 수익형 부동산투자를 규제하는 방안이 나왔다. 정부는 규제지역(투기지역·투기과열지역·조정대상지역)에 대한 新DTI와 DSR을 도입해 대출상환능력 검증을 강화했다. 또 소득산정기간 확대와 산정방식 변경 등으로 주택대출의 활로를 축소했다.

(5) 11.29 부동산대책(주거복지로드맵)

문재인 정부 출범 이후 수요 억제 중심의 부동산대책만 이어져 오다가 약 6개월 만에 공급 확대에 초점을 둔 정책을 발표했다. 정부는 2023년까지 5년간 연평균 20만 호씩 공적지원 주택 100만 호를 공급하고 또한 청년·신혼부부·고령자·저소득층에 대한 주거지원을 확대하겠다고 밝혔다.

(6) 12.13 부동산대책(임대주택등록 활성화)

임대차시장 안정화를 위한 정책도 나왔다. 지방세·양도소득세·종합부동산세 등의 세제감면 혜택을 확대해 집주인의 임대주택등록을 활성화하고, 이를 통해 임대차시장 데이터를 확보·분석해, 전세금반환보증 활성화 등의 임차인 권리보호에 나서기로 했다.

■ **2018년 부동산대책**

(7) 6.28 부동산대책(2018년 주거종합계획)

2018년 첫 부동산대책으로 정부는 '2018년 주거종합계획'을 발표해 임대차 시장의 투명성과 안정성을 높이고 임차인 권리보호 방안을 내놓기로 했다. 이와 함께 재건축초과이익 환수제를 차질없이 시행하고, 소규모 정비사업 활성화를 위해 기금 융자 및 통합지원센터를 통한 행정지원을 실시하겠다고 밝혔다.

(8) 7.5 부동산대책(신혼부부·청년 주거지원 방안)

정부의 주거복지로드맵에 대한 신혼·청년주거지원 정책의 구체적인 밑그림을 발표했다. 5년간 88만 쌍의 신혼부부와 6세 이하 자녀를 둔 한부모가족 6만 가구에 공동주택과 금융자금을 지원하고 청년 75만 가구에는 임대주택과 맞춤형 금융을 지원하겠다고 밝혔다.

(9) 8.27 부동산대책(수도권 주택공급 확대추진 및 투기지역지정 등을 통한 시장안정 기조 강화)

일부 지역을 중심으로 과열현상이 나타나자, 규제지역 조정방안이 나왔다. 투기과열지구이던 서울 4개구를 투기지역으로, 조정대상지역인 광명·하남은 투기과열지구로 격상됐다. 또 구리와 안양 동안구 등은 조정대상지역으로 추가 지정됐다. 반면 안정세로 전환된 부산 기장군은 조정대상지역에서 해제했다.

(10) 9.13 부동산대책(주택시장 안정대책)

규제지역 확대에도 불구하고 갭투자가 늘자, 정부는 고가주택 세율을 인상하며 집값 잡기에 나섰다. 고가주택세율을 3억 원 초과분부터 0.2~0.7%p 인상하고, 3주택이상 보유자와 조정대상지역 2주택이상 보유자는 0.1~1.2%p 추가과세를 부과했다. 부담상한율도 150%에서 300%까지 상향됐다. 또 2주택자의 규제지역 주택구입이나 비거주 목적의 고가주택 매입의 경우 대출이 제한됐고, 조정대상지역의 일시적 2주택자 중복보유 허용기간이 단축됐다. 양도세 비과세 기준도 강화되는 등 금융규제가 골자를 이뤘다.

(11) 9.21 부동산대책(수도권 주택공급 확대방안)

정부가 향후 5년간 수도권 지역에 주택 30만 호를 공급하겠다는 계획을 밝혔다. 1차 공급은 3.5만 호 규모이며, 향후 서울과 1기 신도시 사이에 위치한 대규모 택지개발을 중심으로 26.5만 호를 추가 공급하겠다는 뜻을 밝혔다. 또한 가로주택 등 소규모 정비사업을 통해 도심지 주택공급을 확대할 계획이라고 했다.

(12) 12.19 부동산대책(2차 수도권 주택공급 계획 및 수도권 광역교통망 개선방안)

1차(3.5만호) 공급계획에 이어, 15.5만 호 규모의 2차 공급계획이 나왔다. 남양주·하남·인천계양·과천이 3기 신도시로 지정됐으며, 폭발적인 인구증가에 따른 교통계획으로 "서울까지 30분 내 출퇴근"이라는 광역교통망 계획도 발표됐다.

■ 2019년 부동산대책

(13) 1.9 부동산대책(등록 임대주택 관리 강화방안)

정부는 전월세 임대차시장 안정성 강화를 위해 임대주택관리시스템 구축과 세제감면 혜택에 따른 임대인의 의무조건을 제시했다. 의무조건은 임대료 증액제한과 등록임대주택 부기등기제 의무화 등이다.

(14) 4.23 부동산대책(2019년 주거종합계획)

공적임대(17.6만 호)와 주거급여(110만 가구), 전월세자금(26만 가구) 등의 지원으로 서민과 실수요자 중심의 주거안정성을 강화한다는 부동산 금융지원책이 나왔다. 반면, 정비사업은 임대주택 부과비율 상향과 추진위원회 정비업체 업무제한, 공사비검증 등의 규제책을 내놨다.

(15) 5.7 부동산대책(제3차 신규택지 추진계획)

1차(3.5만)·2차(15.5만) 주택공급계획에 이어 11만 호에 달하는 3차 공급계획이 발표됐다. 고양창릉, 부천대장이 신규 3기 신도시로 지정됐다. 계획대로라면 기존에 정부가 발표한 수도권 30만 호 주택공급 수량을 모두 충족하게 된다.

(16) 8.12 부동산대책(민간택지 분양가상한제 적용기준 개선 추진)

서울 아파트 가격이 또다시 상승세로 전환되자, 국토부가 민간택지 분양가상한제 적용기준을 확대키로 했다. 먼저, 상한제 적용요건을 투기과열지구로 확대하고, 상한제 지정효력 시점을 관리처분인가 신청에서 최초 입주자모집 승인신청일로 앞당겼다. 또 분양가상한제 주택의 전매제한 기한을 3~4년에서 5~10년으로 확대했다.

(17) 10.1 부동산대책(부동산시장 점검 결과 및 보완방안)

국지적인 집값 상승을 이유로 정부는 또다시 규제를 강화했다. 투기지역·투기과열지구의 개인사업자·법인의 LTV 규제가 강화·신설됐고, 1주택 보유자도 고가주택 보유자라면 공적보증이 제한됐다. 특히, 민간택지 분양가상한제 적용검토 기준을 일반분양 물량이 많거나 분양가 관리를 회피한 곳으로 확대해 핀셋 구역지정의 요건을 마련했다.

(18) 11.6 부동산대책(민간택지 분양가상한제 지정)

민간택지 분양가상한제 적용지역이 발표됐다. 대상지역은 강남4구 22개동과 마용성 4개동 그리고 영등포구 여의도동이 지정됐다. 더불어 국토부는 이번 상한제 구역지정이 1차 지정일 뿐이며, 집값 상승세가 지속된다면 즉각 추가지정에 나서겠다고 밝혔다.

(19) 12.16 부동산대책(주택시장 안정화 방안)

역대 부동산대책 중 최고의 규제정책으로 불리는 종합규제대책이 발표됐다. 이번 규제책은 총 30여 개에 달하며, △9억 원 초과분에 대한 LTV 규제비율 강화, △초고가(15억 원) 주택구입 주담대 금지, △DSR 한도 하향조정, △규제지역 주택처분 및 전입 기한 단축(2년 → 1년), △사업자 주담대 제한지역 확대, △사적보증 전세대출보증 규제강화 등 행정·금융·제도를 아우르는 종합적인 규제대책이다.

■ 2020년 부동산대책

(20) 2.20 부동산대책(투기 수요 차단을 통한 주택시장 안정적 관리 기조 강화)

경기지역 집값 상승세를 규제하고자, 조정대상지역 내 LTV 규제가 강화됐다. 주택가격 9억 원 이하는 LTV를 50%로, 초과분은 LTV를 30%로 변경(기존 60% 일괄적용)하여 대출규제를 강화했다. 더불어 사업자의 주담대 제한지역이 조정대상지역까지 확대됐다. 또한 1주택자 주담대 실수요 요건에 신규주택 전입의무 조건이 추가됐다.

(21) 5.6 부동산대책(수도권 주택공급 기반 강화 방안)

3차에 걸친 주택공급 계획과 더불어 2023년 이후의 수도권 주택공급을 위한 방안이 나왔다. 여기에는 현 정부 최초로 정비사업을 활성화하겠다는 내용이 담겼다. 공공이 주도적으로 재개발사업을 추진하겠다는 대책이다. 반면, 민간 정비사업에 대해서는 조합정관 투기방지조항 명시, 정비구역 지정에 따른 지가변동 모니터링 강화 등 규제안을 덧붙였다.

(22) 5.20 부동산대책(2020년 주거종합계획)

정부는 주택시장의 규제와 더불어 대규모 공급을 통해 시장을 안정화하겠다며 2020 주거종합계획을 발표했다. 오는 2023년부터 수도권에 연평균 25만 호 이상을 공급하고, 3기 신도시를 계획보다 앞당기겠다고 밝혔다. 또한 수도권 공급 확대를 위해 공공이 사업에 참여하는 방식인 공공 재개발을 도입하기로 했다.

(23) 6.17 부동산대책(주택시장 안정을 위한 관리방안)

비규제 지역들을 중심으로 부동산가격이 오르자 정부는 수도권·대전·청주 대부분의 지역을 조정대상지역·투기과열지구로 지정했다. 또한 이번 대책에는 조합원 실거주 의무화, 안전진단 강화, 재건축 부담금 현실화 등의 재건축사업에 대한 강력한 규제책이 대거 포함됐다.

(24) 7.10 부동산대책(주택시장 안정 보완대책)

주거복지로드맵, 수도권 30만 호 등에 반영된 수도권 공공택지에서 오는 25년까지 총 77만 호를 계획대로 공급하기 위해 관계부처 장관, 지자체가 참여하는 경제부총리 주재하의 '주택공급확대 TF'를 운영키로 했다. 또한 서민실수요자들의 내집마련 기회를 넓혀주기 위해 청약제도를 개선했다. 이밖에도 청년들의 임대료 부담을 덜어주기 위해 전월세 자금지원을 확대하고 이자는 인하하기로 했다.

(25) 8.4 부동산대책(서울권역 등 수도권 주택공급 확대방안)

정부가 서울 도심에 대규모 주택공급을 위한 정책마련에 나섰다. 다양한 공급대책과 함께 서울 공급의 핵심인 재건축사업에 공공성을 부여하는 '공공참여형 고밀재건축(공공재건축)'을 선보였다. 또 지난 5.6 부동산대책 이후 주택시장으로부터 외면 받아온 공공재개발을 수정·보완해, 구역해제 된 재개발 구역도 공공재개발에 참여할 수 있도록 사업 참여대상의 폭을 넓혔다.

■ **2021년 부동산대책**

(26) 2.4 부동산대책(공공주도 3080+, 대도시권 주택공급 획기적 확대방안)

공공기능을 정비사업에 적용한 '공공 직접시행 정비사업'을 통해 약 13만6천가구를 공급하겠다고 밝혔다. 공공 직접시행 정비사업은 주민이 희망하는 경우 재개발·재건축을 LH·SH 등 공기업이 직접 시행하고, 공기업이 사업·분양계획을 수립해 사업을 신속히 추진하는 제도다. 또 투기수요의 철저한 차단을 위해 우선공급권은 1세대 1주택 공급을 원칙으로 하고, 대책 발표일인 2월 4일 이후 개발지역에서 부동산을 매입하거나 지분 쪼개기를 통해 지분 수를 늘린 경우 공공 주도 정비사업의 아파트 우선공급권을 주지 않고 현금 청산키로 했다.

(27)과 (28) 가계부채 관리 강화방안

2021년 3분기의 주택가격 상승률을 해외 56개국과 비교해 보면 실질 주택가격 상승률이 1위를 차지할 정도로 폭등하자 2030세대들은 영끌(영혼을 끌어다 주택을 산다)로 인해 주택가격의 60% 정도 은행 대출을 하여 주택을 구입하다 보니 가계부채의 상승률도 기록을 세웠다.

그러다보니 정부는 가계대출에 DTI와 DSR을 적용하여 가계부채를 줄이고자 하였다. 지금까지의 28번의 주택정책을 표로 작성하면 <표 6-15>와 같다.

<표 6-15> 문재인 정부의 주택정책 총정리(28번 대책)

발표일		정책	조정지역 지정	대출규제 강화	세제 강화	가격 규제	공급 계획	기타
2017	6.19	주택시장의 안정적 관리를 위한 선별적·맞춤형 대응방안	○	○				
	8.2	실수요 보호와 단기 투기수요 억제를 통한 주택시장 안정화 방안	○	○	○	○		
	9.5	8.2대책 후속조치	○			○		
	10.24	가계부채 종합대책		○				
	11.29	주거복지로드맵					○	

년도	월일	내용						
	12.13	임대주택 등록 활성화 방안						임대사업자 활성화
2018	6.28	2018년 주거종합계획*, 제2차 장기 주거종합계획(2013~2022) 수정계획						주거종합계획
	7.5	신혼부부·청년 주거지원 방안						
	8.27	수도권 주택공급 확대 추진 및 투기지역 지정 등을 통한 시장안정 기조 강화	○				○	
	9.13	주택시장 안정대책			○			
	9.21	수도권 주택공급 확대방안					○	
	12.19	2차 수도권 주택공급 계획 및 수도권 광역교통망 개선방안					○	
2019	1.9	등록 임대주택 관리 강화방안						임대사업자관리
	4.23	2019년 주거종합계획*						주거종합계획
	5.7	제3차 신규택지 추진계획					○	
	8.12	민간택지 분양가상한제 적용기준개선 추진				○		
	10.1	부동산시장 점검 결과 및 보완방안		○		○		
	11.6	민간택지 분양가상한제 지정				○		
	12.16	주택시장 안정화 방안		○	○	○		
2020	2.20	투기 수요 차단을 통한 주택시장 안정적 관리 기조 강화	○	○				
	5.6	수도권 주택공급 기반 강화 방안					○	
	5.20	2020년 주거종합계획*						주거종합계획
	6.17	주택시장 안정을 위한 관리방안	○	○				
	7.10	주택시장 안정 보완대책			○			임대사업자관리
	7.30	「주택임대차보호법」 개정				○		
	8.4	서울권역 등 수도권 주택공급 확대방안					○	
2021	2.1	공공주도 2080+, 대도시권 주택공급 획기적 확대방안					○	
	10.26	가계부채 관리 강화방안		○				

2) 문재인 정부의 서울아파트 시세 변동

[그림 6-3]에 의하면 문재인 정부가 출범한 2017년보다 현재 서울 아파트값이 30평 기준 6억7000만 원(109%) 오른 것으로 나타났다. 노동자들이 38년간 한 푼도 쓰지 않아야 집을 마련할 수 있는 상황이 됐다는 것이 경제정의실천시민연합(경실련)의 분석이다.

경실련은 서울 25개 구별 3개 단지씩 총 75개 단지 11만5000세대 아파트의 시세 변동 현황을 분석했다. KB시세정보를 이용했으며, 2017년 5월부터 2021년 11월까지 조사했다.

조사 결과, 문재인 정부가 출범한 2017년 5월 서울 아파트값은 평당(3.3m²) 2061만 원이었지만 4년 6개월이 지난 2021년 11월을 기준으로 2248만 원(109%)이 올라 4309만 원이 됐다. 30평형 아파트로 환산하면 6억2000만 원에서 12억9000만 원이 된 셈이다.

문재인 대통령이 2020년 1월 신년기자회견 중 집값이 원상회복돼야 한다는 발언을 하기 전과 후의 월평균 상승액도 비교됐다. 문재인 정부 출범 이후 이 같은 발언이 나온 시

[그림 6-3] 서울 아파트 시세 변동

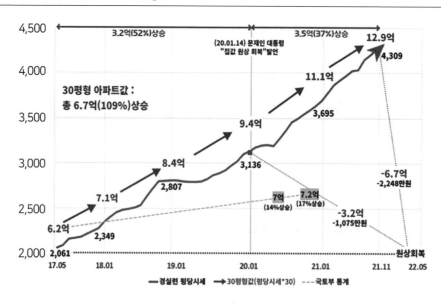

※ 서울 25개 구별 3개 단지씩, 총 75개 단지 시세 분석.

점까지 32개월간 30평형 아파트값은 3억2000만 원(52%) 올랐으며, 이후 22개월간 3억 5000만 원(37%)이 더 올랐다.

정부통계에서도 집값은 2021년 가장 많이 올랐다. 정부가 핵심통계로 활용하는 부동산 원의 서울 아파트 매매가격 지수는 국민은행 통계나 경실련 시세조사 결과와 큰 차이를 보여 거짓통계 논란으로 비판받아 왔다.

서울아파트 매매가격 지수의 누적증감률은 22.4%로 연평균 5.0% 상승에 그쳤다. 하지만 평균 매매가격은 취임초 5.7억 원에서 2021년 10월 11.4억 원으로 상승했고, 누적증감률은 72.6%(연평균 16.2%)로 매매가격 지수는 평균매매가격 상승률의 1/3도 못 미친다.

부동산원은 2021년 7월 바닥으로 떨어진 부동산 통계 신뢰도를 제고 한다며 주택가격 동향조사 표본을 2만8,360가구에서 4만6,170가구로 확대했다. 표본 확대로 전국주택가격 동향조사에 투여된 국토부 예산이 전년보다 60억 원 늘어나 127억 원이 됐다. 정부는 부동산 통계 신뢰도를 향상시켰다고 강조했지만 여전히 정부 통계를 믿을 수 없다.

그러나 지수와 매매가격의 월간 증감률은 거의 일치한다. 그러나 지수가 큰 변동 없이 완만한 상승세를 보인 반면, 매매가격은 2017년 12월, 2019년 1월, 2020년 1월, 2021년 7월 등 4차례 크게 상승했다. 해당 시점에는 모두 전국주택가격동향 조사 표본 재설계 및 보정이 있었던 것으로 확인된다. 표본조정 때마다 매매가격이 급상승하는 현상도 이해하기 어렵지만 지수는 아무 영향을 받지 않은 것 또한 이해하기 어렵다. 여전히 앞뒤가 맞지 않는 통계수치로 볼 때 표본 확대는 예산 낭비에 그쳤을 가능성이 커 보인다. 정부통계는 국민의 혈세를 투입하고도 현실을 반영하지도 못할뿐더러 대통령과 국민을 속이고 있다는 비판을 받고 있다.

3) 문재인 정부의 정책의 문제점 및 올바른 정책방향

정부가 시장에 개입하는 이유는 사회적 목표를 달성하거나 시장의 실패를 수정하기 위한 것인데 문재인 정부는 이에 대한 이해가 부족하였다.

주택정책의 목표가 '공급의 효율성과 분배의 형평성'이다. 그런데 문재인 정부는 공급의 효율성은 무시한 채 분배의 형평성만 강조한 나머지 강남지역을 중심으로 한 주택가격 상승이 투기꾼에 의해서 일어난다고 판단한 나머지 집권 내내 수요억제 정책을 펼쳤다. 그런데 집권초기에는 주택이 필요한 사람들은 강남이 대부분이었다. 그렇다면 공급의 효율성을 고려할 때 서울 강남지역을 중심으로 재건축의 규제를 해제하여야 했다.

그러나 집권 2년차부터 수요억제정책과 투기차단정책을 통한 시장안정화 정책을 시행하였다. 대출규제와 세제 강화, 가격 규제 등 수요를 억제하는 정책을 2019년 말까지 펼쳤으나 2020년 초부터 코로나19 팬데믹으로 경기침체를 막기 위해 미국을 중심으로 전 세계가 경쟁을 하듯이 시중에 엄청난 자금을 풀고 제로금리 수준으로 하향하였다. 그런데 코로나19로 인해 풍부한 유동성과 저금리의 자금이 공장과 사무실 그리고 학교까지 봉쇄를 하여 산업현장으로 들어가지 못하고 주식시장과 주택시장으로 쏠려 주택가격을 급등시키기에 이르렀다. 이렇게 되자 20여 차례 정책은 무의미하다보니 결국은 주택 공급확대 정책으로 서울이 아닌 수도권에 주택공급 확대 방안으로 새로운 신도시를 개발하기에 이르렀다. 그 이유는 서울 수요자들을 수도권으로 유도하기 위하여 대규모 인프라를 구축과 함께 서울로 통하는 GTX노선을 개설하였다.

부동산가격을 안정시키기 위해서는 부동산구조를 먼저 알아야 하는데 부동산은 토지와 건물로 구성되어 있다. 그런데 건축비는 원자재가격과 물가 상승에 따라 약간의 가격변동이 있으나 큰 차이가 나지 않으며 신공법으로 인해 건축비를 낮출 수도 있다. 그런데 문제는 토지가격이다. 재산세와 종부세와 직접적인 관련이 있는 공시지가와 공시가격이다.

매년 공시지가를 발표하는데 이 공시지가를 실거래가에 근접토록 현실화하기 위해 매년 토지 상승분보다 더 많이 올림으로써 재산세 등의 부담증가는 물론이고 조세 저항(공시지가 상승으로 인해 재산세 등 증가, 세율상승, 공정시장가액 비율 상승 등 3중 부담)까지 예상되며 이로 인해 오히려 실거래를 다시 끌어올리게 됨으로써 악순환이 되풀이된다. 또한 공시지가 밑으로 매도하지 않으므로 인해 부동산개발업자는 비싼 땅값을 치르고 사니 분양가격을 올리지 않을 수 없는 구조이기 때문에 정부의 주택시장에 대한 인식은 주택시장 현실과 너무나 괴리가 크다.

오히려 거시경제지표와 일반경기에 따라 토지 및 주택가격이 오르내릴 수 있게 공시지가를 실거래가의 약 50%선을 유지하여 토지의 공시지가와 주택의 공시가격을 유동적으로 움직일 수 있도록 유도함으로써 자연적으로 부동산시장은 안정될 것이다. 물론, 정부에서 걷어 들이는 세금은 일시적으로 줄어들 수 있으나 장기적으로는 거래활성화로 인해 세수에는 큰 영향이 없을 것으로 판단된다.

한편, 국토균형발전이라는 명목으로 국책사업으로 예비타당성면제 사업을 실시하게 되는 지자체의 지역은 참여정부시절, 혁신도시, 기업도시, 행복도시 등으로 인해 전국의 해당지역 주변의 모든 토지가격은 3.3제곱미터당 몇 만 원밖에 되지 않았던 토지가격이 수십~수백만 원으로 상승했던 학습효과로 인해 또다시 토지가격 상승으로 이어졌다. 뿐만 아니라 장기적인 관점에서 보면 서울지역의 공급부족을 해결하기 위해 입지분석 없이 수도권에 지정된 3기 신도시는 서울 지역에 살고자 하는 수요자들의 만족을 채울 수 없다. 그러므로 오히려 그 지역의 미분양으로 인한 지역성장을 저해하는 것은 물론이고 미래에 빈집이 늘어나는 일본의 다마 신도시의 전철을 밟을 수 도 있다고 생각된다.

한편, 시장을 안정화하고자 금융규제, 세제강화, 주택거래제한 등을 2중 3중으로 규제한 정부정책은 일시적으로 효력을 볼 수 있으나 중·장기적으로 볼 때 오히려 경제성장률 하락의 부메랑으로 돌아 올 수 있다. 너무 규제 일변도로 가다보면 일본과 같이 청년취업난, 고령사회진입, 생산가능인구감소, 인구절벽현상 등으로 인해 잃어버린 20년이라는 부동산시장 붕괴에 따른 경기침체도 초래될 수 있다는 것을 인식해야 한다.

그러므로 정부는 올바른 주택정책을 위해서는 다음과 같은 것들을 실천에 옮겨야 한다.

첫째, 부동산과 건설관련 산업들의 부가가치는 전 산업의 약 30%에 해당하기 때문에 고용창출과 경제성장률에 지대한 영향을 미친다는 것을 깊이 인식하고 최소한의 규제는 유지하되 선진국처럼 가능한 한 시장자율에 맡겨야 한다.

둘째, 주택공급이 부족한 것은 서울지역이지 경기도가 아니므로 앞으로 여러가지 문제가 발생할 소지가 있는 새로운 신도시보다는 오히려 서울이나 1기 신도시의 재건축초과이익 환수제를 해제하고 용적률 상향 조정하여 공급을 확대하는 것이 보다 합리적인 방법이다.

셋째, 우리나라 경제팀들도 선진국의 트렌드를 무시하지 말고 경제성장률이 하강하는 국면이므로 경기활성화를 위해 법인세와 함께 부동산분야의 거래세인 양도소득세 중과도 일부를 제외하고 과감히 없애고 양도소득세율도 인하하여야 한다. 뿐만 아니라 가계부채를 고려하되 서민들의 불편과 갈등을 해소하기 위해 금융규제도 최소한으로 줄이고 나머지는 해제하여야 한다. 우리나라도 글로벌 경제에 많은 영향을 받기 때문에 선진국의 법인세 등의 인하를 외면하고 나홀로 고집을 부린다면 갈라파고스의 함정에 빠지게 되는 우를 범할 것이다.

넷째, 새로운 정부의 부동산대책은 시장자율화를 원칙으로 하고 시장개입을 최소화하려는 것은 올바른 방향이다. 그러나 2022년 6월 글로벌 경제지표가 고물가 저성장의 스태그플레이션 현상이 나타났다. 주택시장의 추세도 2021년 3분기를 정점으로 하락국면으로 국면전환을 하였으며, 부동산시장의 특성상 하락기에 연착륙보다는 부동산시장의 경착륙의 확률이 높기 때문에 이에 대한 철저한 대비가 필요하다.

11. 윤석열 정부의 부동산대책

윤석열 정부는 2022년 5월 10일 여소야대의 정국상황에서 출범하였다.

지난 정부시절 과잉유동성 공급과 저금리상태에서 부동산규제로 인해 부동산폭등으로 서민들의 어려움 가중되자 당선인 시절부터 주요 부동산공약을 [그림 6-4]와 같이 발표하였다.

6월 21일 발표된 첫 번째 부동산대책 방안은 크게 두 가지다. 임대차 시장 안정화와 분양가 상한제다. 각각 전월세 개편이 시장 공급 확대와 매매 시장 공급 확대를 위한 것이다.

[그림 6-4] 윤석열 당선인 주요 부동산공약

기조	수요에 부응하는 주택 공급 및 국민 주거 수준향상
공급	▪ 250만 호(서울 등 수도권 130~150만 호)공급 ▪ 민간 공급 물량 300만 호 등 시장주도형
전월세대책	▪ 임대차 3법 전면 개편 ▪ 민간임대주택 공급량 30% 임대료를 시장가 3분의 2로 제한
세제	▪ 종합부동산세·재산세 통합 및 취득세율 단일화 ▪ 2002년 부동산 공시가격 2020년 수준으로 완화
금융	▪ 주택담보대출비율 상한 70%로 단일화(청년·신혼부부는 80%) ▪ 생애 첫 주택 구입자에게 3억 원 한도에서 3년간 저금리 자금 지원
재건축·재개발	▪ 재건축초과이익환수제 완화 ▪ 준공 30년 이상된 아파트 정밀안전진단 면제

윤석열 정부가 대선 때부터 일관되게 부동산시장의 '공급 확대'와 '규제 완화'를 내걸었던 만큼 이번 정책에 큰 관심이 쏠렸다. 여소야대 정국에서 임대차 관련 법률개정은 어려운 상황에서 시행령 개정으로 가능한 필요한 조치를 취한 것으로 평가된다.

2020년 8월 임대차 3법 중 계약갱신청구권제(2년＋2년)와 전월세 상한제(계약갱신청구권 사용 시 임대료 최대 5% 인상) 시행 직후 계약을 갱신한 전월세 물건이 2022년 8월부터 시장에 나오기 때문이다. 여기에 가을철 계절 수요가 중첩되면서 임차를 앞둔 임차인 부담이 가중될 우려가 있었다. 이에 따라 전셋값이 폭등할 가능성에 대비해 선제적으로 대응한다는 것이 정부의 방침이다.

정부는 우선 전월세 계약 갱신 때 [그림 6−5]에서 보는 바와 같이 세입자가 내는 전세나 월세 인상 폭을 5% 이내로 맞춘 이른바 '상생 임대인'의 요건과 혜택을 완화하기로 했다. 현재는 임대 당시 기준 시가 9억 원 이하 1주택자만 상생 임대인으로서 양도소득세 비과세 혜택을 받을 수 있다. 서울특별시와 세종특별자치시, 부산 해운대구 등 조정대상지역 1주택자가 양도소득세 비과세 혜택을 받으려면 이 집에 2년 이상 실제 거주해야 하는데 상생 임대인은 거주 요건이 1년으로 완화된다.

정부는 7월 안에 소득세법 시행령을 고쳐 1주택자뿐만 아니라 향후 1주택자로 전환할

[그림 6-5] 6.21 부동산대책 임대차 시장 안정 방안

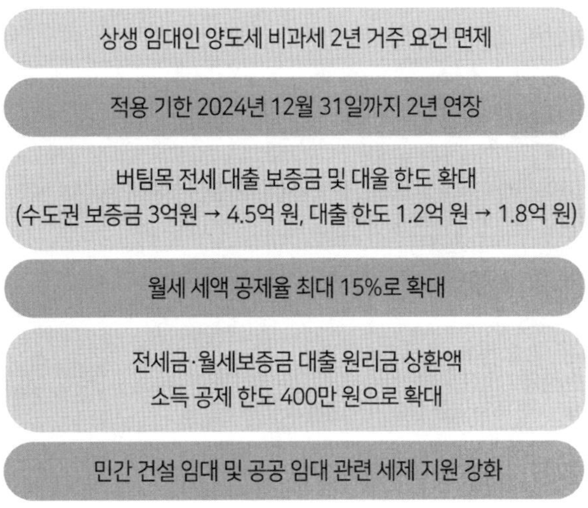

상생 임대인 양도세 비과세 2년 거주 요건 면제

적용 기한 2024년 12월 31일까지 2년 연장

버팀목 전세 대출 보증금 및 대울 한도 확대
(수도권 보증금 3억원 → 4.5억 원, 대출 한도 1.2억 원 → 1.8억 원)

월세 세액 공제율 최대 15%로 확대

전세금·월세보증금 대출 원리금 상환액
소득 공제 한도 400만 원으로 확대

민간 건설 임대 및 공공 임대 관련 세제 지원 강화

계획이 있는 다주택자에게도 상생 임대인 혜택을 주기로 했다. 또 양도소득세 비과세를 위한 2년 거주 요건을 전면 면제하기로 했다. 최대 40%의 장기 보유 특별 공제 혜택도 추가된다.

계약 갱신이 만료되는 임차인에 대한 지원도 강화한다. 지난 4년 동안 전셋값 상승 폭을 감안해 버팀목 전세 대출의 보증금과 대출 한도를 확대한다.

한편, 매매시장의 주택공급을 위해 분양가상한제를 폐지하는 대신 개선을 택했다.

즉, [그림 6-6]과 같이 분양가 상한제 합리화 방안을 마련하였다.

최근 급격한 원자재가격 인상과 공사 현장 인건비 상승에 대한 변화를 반영한다는 취지다. 재건축·재개발 조합과 건설사들의 수익성을 높여 공급을 늘리기 위한 방안이지만 급격한 변화는 없을 것으로 예상된다.

분양가 상한제 개편은 인상 효과가 최대 4%, 평균 2% 수준에 불과하기 때문이다. 다만 원자재가격 인상, 대출 금리의 가파른 인상 등 시장의 변화를 반영한 점은 긍정적이다. 하지만 조합 등이 강하게 요구해 온 택지비 산정 방식 변경이 제도 개선에 빠져 있어 실효성이 크지 않을 것이란 의견도 나온다.

윤석열 정부 출범 후 글로벌경기 침체와 금리인상으로 주택가격 하락국면이 지속되면서 3번의 규제지역을 해제하여 냉각되어가는 주택시장에 활력을 불어넣어 부동산경기 연착륙으로 시장 안정화를 꾀하고자 하였다.

[그림 6-6] 분양가 상한제 합리화 방안

1. 정비사업 등 필수 비용 분양가 적정 반영	
분양가 미반영 ↓ 반영	① 명도소송비(실제 지출 비용) ② 주거이전비·이사비 및 영업손실 보상비(현금 청산 소유자, 세입자) ③ 조합원 이주 위한 금융비 ④ 총회 등 필수 요소 경비

2. 자재 값 상승으로 인한 공급 애로		
분상제 기본형 건축	• 매년 3, 9월 건축비 조정 지수를 구성 • 모든 품목 가격 조사해 기본형 건축비 금액 산정 • 주요 자재 15% 이상 상승 시 비정기 조정	⇨ • 비정기 조정 항목 현실화 • 조정 요건 추가(자재비 급등 시)
HUG 고분양가 심사	• 인근 유사 사업장 등 시세 기반해 산정	⇨ • 자재비 가산 제도 도입

첫 번째 규제지역 해제는 주택가격 상승폭이 비교적 낮고 미분양증가세가 뚜렷한 지방권을 중심으로 일부 해제하였다.

지방의 미분양 증가 등을 고려하였을 때 지방권 투기과열지구 6개 시군구는 투기과열지구를 해제할 필요가 있다고 판단하여 해제하였다.

* (해제지역) 대구수성구, 대전 동구·중구·서구·유성구, 경남창원 의창구 6개 시군구

아울러, 장·단기 주택가격이 지속적으로 안정세를 보인 지방 11개 시군구에 대해서는 조정대상지역을 해제하였다.

* (해제지역) 대구 동구·서구·남구·북구·중구·달서구·달성군, 경북 경산시, 전남 여
  수시 순천시·광양시 11개 시·군

세종시의 경우, 최근 주택가격 하락세가 지속되고 있으나 청약경쟁률이 여전히 높게 유지되고 있는 점을 감안하였을 때 잠재적인 매수세가 유지 중인 것으로 보고, 현행 규제지역을 유지키로 하였다.

정부가 9월 21일에 6월에 이어 2번째로 규제지역을 해제하였다. 인천광역시를 비롯한 수도권 일부 지역과 세종시를 제외한 지방 전 지역에 대해 규제지역을 전격 해제하면서 주택시장에 끼칠 영향이 주목된다. 지난 6월30일 지방 일부 지역의 투기과열지구와 조정대상지역을 푼 지 석달도 지나지 않는 시점에서 지방 중심이기는 하지만 비교적 큰 폭의 규제지역 해제가 이뤄졌기 때문이다.

이번 조처는 전국적으로 집값 하락세가 이어지고 이른바 '거래절벽' 현상이 심화되고 있는 가운데, 규제가 풀린 지역에서는 주택 거래에 따른 대출·세금 부담이 줄어들면서 거래 활성화를 촉진하는 효과를 가져올 것으로 예상된다. 특히 조정대상지역이 전면 해제된 지방 대도시에선 주택시장 '경착륙'을 방어하는 심리적 안전판이 마련된 것으로 보인다.

수도권에서는 인천 연수·남동·서구 등 3곳의 투기과열지구가 2년 만에 해제됐고 경기 안성·평택·파주·양주·동두천 등 5곳이 조정대상지역에서 풀려 거래 활성화 기대감이 높아질 전망이다. 그러나 평택 등 조정대상지역이 풀린 5곳은 모두 수도권 외곽이고 최근

주택공급이 많은 곳이어서 시장 영향은 제한적일 것으로 보는 시각이 우세하다. 집값이 급등했다가 2022년에 들어서 급락하고 있는 시흥·의왕·화성 등 수도권 주요 도시들은 이번 규제지역 해제 대상에서 배제됐다. 또 인천·세종은 이번에 투기과열지구에서 벗어났지만 시가 15억 원 초과 주택이 많은 곳은 아니어서 대출 규제 완화에 따른 거래 활성화 효과는 제한적일 것이라는 게 부동산업계의 분석이다.

2022년 11월 10일 정부가 서울과 경기 과천, 성남(분당·수정), 하남, 광명을 제외한 전국 모든 지역을 부동산 규제지역에서 해제한다. 국토교통부는 10일 열린 제3차 부동산관계장관회의에서 이 같은 내용의 규제지역 추가 해제를 발표했다.

회의에 앞서 국토부는 지난 9일 제4차 주거정책심의위원회를 열어 '투기과열지구 및 조정대상지역 조정안'을 심의·의결했다. 이에 따라 정부는 경기도 9곳을 투기과열지구에서 해제했다. 수원, 안양, 안산단원, 구리, 군포, 의왕, 용인수지·기흥, 동탄2가 대상이다.

조정대상지역에서는 고양, 남양주, 김포, 의왕, 안산, 광교지구 등 경기도 22곳과 인천 전 지역(8곳), 세종 등 모두 31곳을 해제했다.

부동산 규제지역 해제

투기과열지구 해제	수원, 안양, 안산(단원), 구리, 군포, 의왕, 용인(수지)·기흥, 동탄2
조정대상지역 해제	수원, 안양, 안산, 구리, 군포, 의왕, 용인, 고양, 남양주, 화성, 부천, 시흥, 오산, 경기 광주, 의정부, 김포, 통탄2, 광교지구, 성남(중원), 인천, 세종

지난 6월과 9월 두 차례에 걸쳐 세종을 제외한 지방 전체가 규제지역에서 해제된 데 이어 이번에 수도권도 대거 해제했다.

결국, 서울 전역과 과천, 성남(분당·수정), 하남, 광명 4곳만 투기과열지구·조정대상지역 등 2중 규제지역으로 남게 되고 경기도 전역, 인천, 세종 등이 규제지역(투기과열지구·조정대상지역 등)에서 해제됐다. 2023년 1월 초 강남3구와 용산을 제외한 전지역이 해제되었다.

이에 따라 그동안 이들 지역에 적용됐던 세제·금융 등 각종 규제가 모두 완화된다.

먼저 조정대상지역 해제 이전에는 다주택자가 주택을 팔 때 최고 75%의 양도세 중과세율이 매겨졌다. 하지만 조정대상지역 해제 이후 주택을 매도하는 다주택자에게는 기본 세율(6~45%)이 적용된다. 여기에 3년 이상 주택을 보유했다면 양도차익의 최대 30%까지

공제해주는 장기보유특별공제를 적용받을 수 있다.

조정대상지역에서 주택을 구입한 1세대 1주택자가 양도세 비과세 혜택을 받으려면 해당 주택을 2년 이상 보유하고 같은 기간 동안 거주해야 한다.

이에 반해 조정대상지역이 아닌 일반지역에서는 거주 요건 없이 2년 이상 보유하기만 하면 양도세 비과세 혜택을 받을 수 있다. 이때 취득일이 중요한데, 규제지역 해제일인 11월 14일 이전 1세대 1주택자가 인천·세종 등 조정대상지역에서 집을 구매하고 잔금을 지급하였다면 2년 이상 보유 및 거주요건을 지켜야만 비과세 혜택이 적용된다.

그러나 11월 14일 이전 인천·세종 등에서 집을 구매했으나 14일 이후 잔금 납부를 완료한 자는 2년 이상 보유 요건만 지키면 된다.

이는 주택 취득일을 잔금 납부완료일 또는 등기접수일 중 빠른 날로 인정하기 때문이다.

우병탁 신한은행 WM컨설팅 팀장은 "조정대상지역 내 다주택자의 경우 앞서 정부가 내년 5월 9일까지 양도세 중과를 한시적으로 유예하겠다고 밝힌 만큼 양도세 중과에서 자유로웠다"며, "또 정부가 이달 초 대거 조정대상지역을 해제함에 따라 다주택자들은 유예기간과 관계없이 기본세율이 적용되게 됐다"고 설명했다.

조정대상지역이 해제됨에 따라 일시적 2주택자가 받을 수 있는 양도세·취득세 특례 적용 기간도 2년에서 3년으로 늘어난다. 조정대상지역에서 일시적 2주택자가 된 경우 2년 이내에 기존 주택을 처분해야 양도세 비과세를 받을 수 있지만, 비규제지역은 이보다 긴 3년 이내에 기존 주택을 처분하면 비과세가 가능하다.

아울러 조정대상지역 내 일시적 2주택자는 2년 내 기존 주택을 처분해야 취득세 표준세율(1~3%)을 적용받을 수 있었으나 비 규제지역은 처분 기간이 3년 내로 늘어난다.

취득세율도 달라진다. 무주택자가 1주택 구입시 조정대상지역·비조정대상지역에 상관없이 주택가격별로 최소 1%에서 최대 3%까지 취득세율이 적용된다.

4) 김대중 정부부터 문재인 정부까지 아파트 가격 추이

김대중 정권 취임초기와 임기 말 비교 결과, 상승금액이 가장 큰 정권은 노무현 정권이었다. 노무현 정권에서 강남은 3.3m²당 2257만(5억 6000만) 원, 연평균 451만(1억 1000만) 원이 상승했다. 분양가상한제가 시행됐던 이명박 정권 임기 5년 동안 강남은 3.3m²당

632만(1억 6000만) 원이 하락했다. 그러나 이후 박근혜 정권 4.2년 동안 3.3m²당 902만 (2억 2000만) 원 상승했다. 문재인 정권 2.4년 동안 강남은 3.3m²당 2034만(5억 1000만) 원, 강북도 3.3m²당 928만(2억 3000만) 원 올랐다.

이를 종합하면 1999년 2억2000만 원 수준이던 강남아파트 시세가 2022년 말 기준 16억 2000만 원으로 7.4배 폭등했다는 계산이다. 연간 상승액은 노무현 정부 당시 강남은 3.3m²당 451만(1억 1000만) 원, 문재인 정부는 3.3m²당 814만(2억) 원으로 2배 빠르게 상승 중이라고 분석했다.

비강남권 아파트도 20년간 4.5배나 상승했다. 1999년 3.3m²당 682만(1억 7000만) 원이던 평균가격이 2022년 8월 기준 3.3m²당 3064만(7억 7000만) 원으로 1999년 대비 3.3m²당 2382만(6억) 원 상승했다.

[그림 6-7] 정권별 아파트 가격 시세 추이

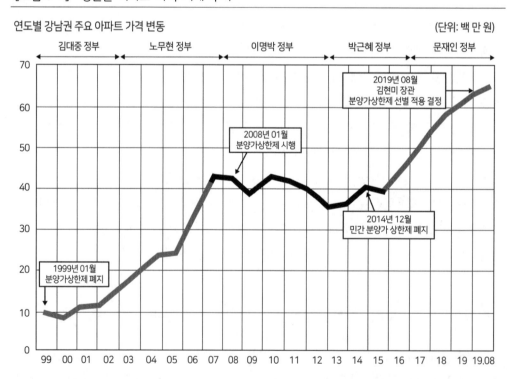

출처: 부동산뱅크.

경실련의 정권별 아파트 가격 추이를 분석함에 있어 분양가상한제를 폐지한 정권에서는 아파트 가격이 상승하고 분양가 상한제를 실시한 정권은 아파트 가격이 하락하는 것으로 분석하고 있다. 단순히 이렇게 분석하는 것은 상당한 오류를 범하게 된다. 그 이유는 첫 번째, 아파트 가격에 미치는 변수는 너무나 많기 때문이다. 주택가격에 미치는 변수를 살펴보면 거시경제 측면에서는 글로벌 및 국내 경제성장률, 물가상승률, 금리수준, 통화량,

〈표 6-16〉 아파트(60m², 85m² 등의 규모) 평균단위 매매가격 추이　　　(단위: 천 원/m²)

구분	전국	수도권	지방권	6대광역시	5대광역시	9개도	8개도	서울
2012년 01월	3,224	4.387	2,057	2,400	2,315	2,646	1,827	6,350
2012년 02월	3,220	4,376	2,060	2,399	2,315	2,646	1,831	6,329
2013년 01월	3,063	4,065	2,056	2,359	2,304	2,541	1,835	5,846
2013년 08월	**3,042**	**4,005**	**2,076**	**2,374**	**2,330**	**2,531**	**1,848**	**5,742**
2013년 12월	3,074	4,042	2,101	2,407	2,360	2,558	1,869	5,786
2014년 12월	3,179	4,173	2,183	2,514	2,459	2,648	1,936	5,939
2015년 12월	3,467	4,555	2,424	2,854	2,821	2,851	2,077	6,553
2016년 12월	3,506	4,634	2,435	2,902	2,864	2,866	2,054	6,717
2017년 12월	3,933	5,303	2,634	3,211	3,169	3,079	2,146	8,000
2018년 12월	4,058	5,621	2,576	3,207	3,164	3,101	2,039	8,691
2019년 12월	4,358	6,172	2,651	3,329	3,284	3,245	2,068	10,010
2020년 12월	4,943	7,023	2,986	3,840	3,756	3,753	2,229	11,113
2021년 12월	6,361	9,352	3,658	**4,877**	**4,688**	5,073	2,718	13,896
2022년 01월	**6,361**	**9,350**	**3,659**	**4,874**	**4,684**	**5,075**	**2,725**	**13,898**
2022년 02월	6,355	9,340	3,657	4,867	4,676	5,072	2,729	13,886
2022년 03월	6,346	9,325	3,653	4,856	4,665	5,065	2,732	13,875
2022년 04월	6,340	9,318	3,649	4,846	4,655	5,061	2,735	13,875
2022년 05월	6,331	9,303	3,644	4,831	4,642	5,056	2,737	13,861
2022년 06월	6,320	9,289	3,637	4,817	4,629	5,048	2,737	13,851
2022년 07월	6,302	9,261	3,627	4,799	4,612	5,033	2,734	13,822
2022년 08월	6,260	9,200	3,604	4,760	4,579	4,998	2,721	13,759
2022년 09월	6,201	9,108	3,573	4,705	4,530	4,949	2,707	13,654

자료) 한국부동산원.

고용수준 부동산대책 등이 있고 미시적으로는 수요·공급량, 인구 증감, 가구 수, 지역 소득 등과 같은 변수들이 부동산가격에 영향을 미친다. 이뿐만 아니라 부동산시장은 수요의 비탄력적이라는 특성이 있기 때문에 가격이 상승하면 수요량이 줄어들고 가격이 하락하면 수요량이 늘어나는 수요·공급분석이 잘 맞지 않는다. 그러므로 경실련의 아파트 가격 추이분석은 단순한 분양가상한제 실시여부보다는 당시 글로벌 거시경제여건이나 정책을 종합하여 분석하되 방향성을 추정하는 정도로 판단하는 것이 합리적이 될 것이다.

둘째는 강남의 아파트를 샘플로 하였는데 구체적으로 대상단지, 준공연도, 면적별, 층병, 향별 등을 자세히 표시하고 통계의 오차법위도 나타내야 한다.

그러므로 <표 6-16>를 참고하면 2008년 금융위기 주택가격이 하락을 하다가 2013년 8월에 저점을 찍고 2021년 말까지 상승하고 2022년 1월부터 9월까지 하락하는 것으로 나타났다.

1999년 김대중 정부는 1998년 우리나라 외환위기로 인해 주가와 주택가격이 폭락한 상태에서 경기를 살리기 위해 부동산규제 완화와 경기활성화대책과 금 모으기 그리고 기업 구조조정 등으로 회복하는데 짧은 기간이 걸렸다. 그 후 2002년부터 주택가격의 본격적인 상승기로 진입하여 금융위기 2008년 리먼 사태이전까지 상승하였으나 글로벌 금융위기이므로 회복하는데 7년 정도 걸렸다. 2013년 주택가격 저점을 2014년에 회복세로 돌아서 2021년까지 8년 동안 계속 상승하였다. 특히 2017년부터 문재인 정부시절 주택가격이 상승하자 무분별한 수요억제 대책으로 인해 지속적으로 가격이 상승하였다. 2020년 3월 코로나19 팬데믹으로 인해 우리나라를 포함한 글로벌 국가들이 상당한 자금을 풀고 제로금리 가까이 금리를 유지하였다. 이렇게 되자 코로나19로 인해 모든 경제활동이 중지되는 지경에 이르고 사람들 간에도 비대면으로 만남도 이루어지지 못하니 시중에 풀린 자금이 산업현장으로 들어가지 않고 주식시장과 주택시장으로 몰려 결국 주가와 주택가격을 폭등하게 하였다. 특히 서울 도심의 주택가격은 [그림 6-8]에서 보는 바와 같이 세계 주요 도심아파트와 비교할 때도 2016년에는 14위였는데 2021년에는 2위를 기록할 정도로 가격이 월등히 상승하였다.

이런 현상은 글로벌 국가 대부분의 나라가 부동산버블로 몸살을 앓고 있는 것이 현실이다. 그러나 <표 6-16>에서 보는 바와 같이 2022년 1월을 기준으로 가격이 하락기로 접어들었다. 왜냐하면 시중에 많이 풀린 자금이 물가를 자극하여 물가를 잡고자 금리

[그림 6-8] 세계 주요 도시의 도심 아파트 가격(서울 세계 2위)

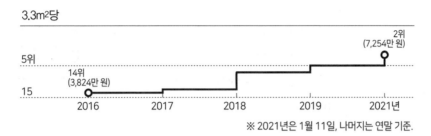

※ 2021년은 1월 11일, 나머지는 연말 기준.

세계 주요 도시 도심 아파트값 및 변동률

	2016년 말 ＞	2021년 1월 11일	변동률
서울	3,824만 6,677원	7,254만 7,162원	89.7%
홍콩	8,612만 3,317	1억 1,668만 7,235	35.5%
베이징	4,384만 7,091	5,886만 5,851	34.3%
뉴욕	4,637만 6,350	5,905만 4,220	27.3%
싱가포르	6,500만 2,187	7,169만 5,554	10.3%
도쿄	4,143만 7907	4,359만 609	5.2%

자료: 넘베오.

주) 2021년 말 기준 1인당 GDP 홍콩 49.850$, 영국 49,761$, 한국 34,994$, 싱가포르 79,576$, 미국 76,027$, 프랑스 44,747$, 일본 39.243$.

를 2021년 8월부터 선제적으로 올리고 자금을 회수하기 시작하기 때문이다. 코로나19가 팬데믹에서 엔데믹으로 옮겨가자 산업현장과 사람들의 이동은 가능하여 경기가 살아나는 도중에 2022년 2월에 러시아가 우크라이나를 침공하면서 원유를 포함한 원자재가격과 곡물가격 등이 급등하였다.

미국은 2022년 6월 소비자물가지수가 42년 만에 최고치인 9.1%로 상승하자 인플레이션을 잡기위해 미 연준에서 6월부터 11월까지 단기간에 연속적으로 4번씩이나 75bp를 올려 11월 20일을 기준으로 기준금리가 4.0%까지 올라온 상태이다. 12월에도 50bp 이상의 폭을 올리고 최종금리를 5.0~5.25%까지의 가드라인 제시하는 연준 의원 중 매파적인 의원들도 다수가 존재한다.

결국 파월 연준 의장도 경기를 희생시키더라도 물가를 잡는다는 기본입장의 변화가 없기 때문에 경기침체는 불가피한 상화이다. 글로벌 주요국과 한국의 물가, 금리 및 경기 상태도 예외는 아닐 것이다. 이러한 상황에서 국내 주택경기의 하락 국면도 앞으로 장기간 지속될 것으로 예상된다.

부동산 시설별 시장동향과 개발의 역사적 조망

1. 주거시설

1) 주거시설의 개념

주거시설이란 사람이 살아가는 데 필요한 부엌, 화장실, 목욕 시설 따위의 기본적인 시설을 말한다.

2) 주거시설의 종류

① 단독주택[단독주택의 형태를 갖춘 가정어린이집·공동생활가정·지역아동센터·공동육아나눔터(「아이돌봄 지원법」 제19조에 따른 공동육아나눔터를 말한다. 이하 같다)·작은도서관(「도서관법」 제2조 제4호 가목에 따른 작은도서관을 말하며, 해당 주택의 1층에 설치한 경우만 해당한다. 이하 같다) 및 노인복지시설(노인복지주택은 제외한다)을 포함한다]

가. 단독주택

나. 다중주택: 다음의 요건을 모두 갖춘 주택을 말한다.

1) 학생 또는 직장인 등 여러 사람이 장기간 거주할 수 있는 구조로 되어 있는 것

2) 독립된 주거의 형태를 갖추지 않은 것(각 실별로 욕실은 설치할 수 있으나, 취사시설은 설치하지 않은 것을 말한다)

3) 1개 동의 주택으로 쓰이는 바닥면적(부설 주차장 면적은 제외한다. 이하 같다)의 합계가 660m² 이하이고 주택으로 쓰는 층수(지하층은 제외한다)가 3개 층 이하일 것. 다만, 1층의 전부 또는 일부를 필로티 구조로 하여 주차장으로 사용하고 나머지 부분을 주택(주거 목적으로 한정한다) 외의 용도로 쓰는 경우에는 해당 층을 주택의 층수에서 제외한다.

4) 적정한 주거환경을 조성하기 위하여 건축조례로 정하는 실별 최소 면적, 창문의 설치 및 크기 등의 기준에 적합할 것

다. 다가구주택: 다음의 요건을 모두 갖춘 주택으로서 공동주택에 해당하지 아니하는 것을 말한다.

1) 주택으로 쓰는 층수(지하층은 제외한다)가 3개 층 이하일 것. 다만, 1층의 전부 또는 일부를 필로티 구조로 하여 주차장으로 사용하고 나머지 부분을 주택(주거 목적으로 한정한다) 외의 용도로 쓰는 경우에는 해당 층을 주택의 층수에서 제외한다.

2) 1개 동의 주택으로 쓰이는 바닥면적의 합계가 660m² 이하일 것

3) 19세대(대지 내 동별 세대수를 합한 세대를 말한다) 이하가 거주할 수 있을 것

라. 공관(公館)

② 공동주택[공동주택의 형태를 갖춘 가정어린이집·공동생활가정·지역아동센터·공동육아나눔터·작은도서관·노인복지시설(노인복지주택은 제외한다) 및 「주택법 시행령」 제10조 제1항 제1호에 따른 소형 주택을 포함한다]. 다만, 가목이나 나목에서 층수를 산정할 때 1층 전부를 필로티 구조로 하여 주차장으로 사용하는 경우에는 필로티 부분을 층수에서 제외하고, 다목에서 층수를 산정할 때 1층의 전부 또는 일부를 필로티 구조로 하여 주차장으로 사용하고 나머지 부분을 주택(주거 목적으로 한정한다) 외의 용도로 쓰는 경우에는 해당 층을 주택의 층수에서 제외하며, 가목부터 라목까지의 규정에서 층수를 산정할 때 지하층을 주택의 층수에서 제외한다.

가. 아파트: 주택으로 쓰는 층수가 5개 층 이상인 주택

나. 연립주택: 주택으로 쓰는 1개 동의 바닥면적(2개 이상의 동을 지하주차장으로 연결하는 경우에는 각각의 동으로 본다) 합계가 660m²를 초과하고, 층수가 4개 층 이하인 주택

다. 다세대주택: 주택으로 쓰는 1개 동의 바닥면적 합계가 660m² 이하이고, 층수가 4개 층 이하인 주택(2개 이상의 동을 지하주차장으로 연결하는 경우에는 각각의 동으로 본다)

라. 기숙사: 학교 또는 공장 등의 학생 또는 종업원 등을 위하여 쓰는 것으로서 1개 동의 공동취사시설 이용 세대 수가 전체의 50퍼센트 이상인 것(「교육기본법」 제27조 제2항에 따른 학생복지주택 및 「공공주택 특별법」 제2조 제1호의3에 따른 공공매입임대주택 중 독립된 주거의 형태를 갖추지 않은 것을 포함한다)

3) 주거시설 개발의 역사적 조망과 시장동향

(1) 주거시설 개발의 역사적 조망

1990년 이전에는 아파트도 간혹 있었지만 거의가 연립주택, 다세대(다가구포함), 단독주택 등으로 되어 있고 그런 종류의 주택들이 건축되었다. 이 기간에는 부동산개발업에 관한 분류도 없고 개발업자라는 용어도 없으며 단지 건축업자로 지칭되었다. 1970년 이후 농촌으로부터 도시로 인구유입이 지속적으로 일어나자 도시지역의 주택은 부족하게 되고 가격 상승도 지속되었다. 이러한 와중에 1988년 올림픽을 계기로 부동산 경기가 활황 상태가 되었고 농촌사람들이 수도권으로 집중되자 주택의 공급이 턱없이 부족함에 따라 가격폭등 현상이 일어났다. 이에 노태우 정부는 토지공개념과 1기 신도시를 포함, 200만 호 공급대책을 발표하고 시행하였다.

최초의 1기 디벨로퍼인 DSD삼호와 신영 그룹이다. DSD삼호는 1980년대 소규모 빌라 등 주택 사업을 하다가 1991년 수원 도심지역에 최초로 238세대의 아파트를 시작으로 개발사업을 시작하였고 신영은 1997년 경기성남시 분당 구미동 땅을 사들여 주거용 오피스텔을 분양한 것이 신영의 첫 작품이다. 신영은 이후 상업지역에 분당신도시 정자동 주상복합 로얄팰리스, 수내동 오피스텔, 로얄팰리스 하우스빌, 서울 공덕동 마포 신영지웰 등이 있으며 삼호는 2002년까지는 주로 주거지역과 준도시 취락지구에 약 300~1500세대 정도의 소규모에서부터 대규모의 아파트와 상업지역에 지주공동사업으로 주상복합건물 등을 개발하였다. 이 두 회사가 1998년 외환위기의 어려움을 성공적으로 넘긴 우리나라

디벨로퍼의 선두주자로서 역할을 하였다.

한편, 이 시기 5대 메이저 건설회사 들도 자체사업부를 신설하여 토지를 구입한 뒤 아파트건설을 자체적으로 추진하곤 하였다. 물론 2002년 주택가격이 급속히 회복되어 주택경기가 활성화되자 주택개발업자들이 우후죽순으로 생겨나 활동하였다.

2기신도시가 2001년부터 2009년까지 순차적으로 개발하게 되면서 신도시주변의 개별입지에 아파트사업을 추진하여왔다. 반면에 안전성을 도모하는 개발업자들은 신도시 내 주거 용지를 구입하여 아파트 등의 개발사업을 추진하였다. 또한, 상업용지 주상복합부지에는 대체로 주상복합건물을 개발하였다.

2003년 난개발을 방지하기 위해 '선계획—후개발'의 기치를 걸고 '국토의 계획 및 이용에 관한 법률'이 제정되기까지는 부산을 포함한 수도권 지역에 수백세대에서부터 수 만 세대의 아파트사업과 오피스 그리고 스포츠시설 사업을 하였고 '국토의 계획 및 이용에 관한 법률'이 제정된 이후에는 그 취지에 부응하고자 작은 아파트단지보다는 계획적이고 복합적인 도시계획이 가능한 대규모 도시개발사업으로 1개 단지에 수천세대를 용인, 일산, 광주 등 입지가 양호하고 개발압력이 높은 수도권 지역에 개발하였다. 상업지역에는 주로 주상복합을 개발하였는데 이들 개발업자 등은 주거시설 외 상업시설에 대부분 부분을 주거용 오피스텔로 구성하는 것이 일반적인 개발방법이었다.

2008년 금융위기를 겪으면서 많은 개발회사들이 도산하고 살아남은 주택개발 회사들마저도 2013년까지는 어려움을 벗어나지 못하였다. 특히, 서울지역에서는 사업부지가 부족하기 때문에 주상복합이 가능한 준공업 지역에서도 개발하는 경우가 많았다.

<표 6–16>에서 보는 바와 같이 2013년 이후 부동산경기가 회복되고 주택가격이 2021년까지 상승하자 부동산개발 경험이 일천하고 자금이 열악한 개발회사들이 또다시 등장하여 토지를 구입하거나 인·허가를 득하여 다른 회사에게 매도하는 경우도 있고 부동산신탁회사에 개발신탁을 통해 개발사업을 추진하는 경우도 있었다. 이 뿐만 아니라 많은 시공위주의 건설회사들도 '부동산개발업'으로 신규 등록하는 회사들이 있는가 하면 자진 폐업하는 개발회사들도 빈번하게 나타나곤 하였다.

문재인 정부시절 2017~2021년 사이 28번이나 수요를 규제하는 주택정책을 실시하였으나 가격이 급등하였기 때문에 또다시 개발업자들이 많이 생겨났으며 심지어 금융기관조차도 자회사를 설립하거나 부서를 신설하여 막대한 자금력을 활용하여 주택개발사업에

뛰어 들었다.

(2) 주거시설의 시장동향과 경기전망

주거시설의 중·장기 시장동향을 살펴보면 2022년 11월 2일에 한국건설산업연구원에서 발표한 '2023년 주택·부동산 경기전망'에서 우리나라를 대표하는 수도권지역의 아파트 매매 장기추이를 보여주는 [그림 6-9]에 잘 나타나 있다.

[그림 6-9]   수도권아파트 매매 장기추이

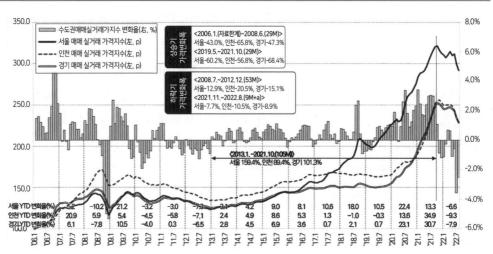

* 주: 각 지역의 가격 변화 관찰이 용이하도록 매매실거래지수의 시작점인 200.6.1.=100을 기준으로 환산
*자료: 한국부동산원(2022).

[그림 6-9]에 나타난 바와 같이 과거 추이를 볼 때 상승기에는 최대 60%대 상승을 비교적 단기간에 보이는 반면, 하락기에는 비교적 장기에 걸쳐 최대 20%대 하락을 보이는 것으로 나타났다. 다만, 최근 주택가격 상승기 지속기간이 길고 상승폭이 컸다는 점 (2013.1.~2021.10.(105M): 서울 159.4%, 인천 89.4%, 경기 101.3% 상승)을 고려하였다.

2022년 9월 23일 한국경제연구원의 보도 자료에 의하면 수도권 주택가격은 최소 35% 이상은 거품이라고 발표한 바 있다.

<표 6-16>에서 보는 바와 같이 수도권 지역의 국민주택형(전용 60m², 전용 85m²의 평균값) 아파트 가격이 2013년 8월에 4,005천 원/m²에서 2021년 12월에 9,352천 원/m²

으로 상승하여 상승률이 약 133%를 기록한 것으로 나타났다. 이 표에서 동 규모의 아파트 가격이 2021년 12월 9,352천 원/m²에서 2022년 9월 9,108천 원/m²으로 나타나 9개월의 단기간에 약 2.6% 하락률을 기록하였다.

한편, 한국부동산원과 한국은행에 자료인 [그림 6－10]에 의하면 장기적으로 주택가격 상승추세가 나타났다. 이는 물론, 다른 요인도 있겠지만 장기적으로 금리의 하락에 기인한 것으로 보인다.

2005년부터 2021년까지 중·장기적 관점에서 기준금리는 [그림 6－10]에서 보면 우하향하는 추세이고, 일반적으로 금리와 주택가격은 반비례 관계이다. 그럼에도 불구하고 2005~2008년, 2010~2011년, 2017~2018년 사이, 단기간에는 금리가 오르는 시기에 주택가격도 오르는 경우도 있었다. 그러나 2022년 이후는 금리는 오르는데 오히려 가격이 내리고 있다. 그 이유는 금리가 오르는 시점의 전반적인 경제상황과 주택가격이 어느 수준에 있느냐에 따라 다르기 때문이다.

2017년 이후 문재인 정부 출범 후 부동산 규제정책과 금리인상으로 2018년 후반 일시 주택가격 하락하였으나, 2019년 코로나19로 인해 미국을 비롯한 세계 각국들의 과도한

[그림 6-10] 역대 금리인상기 중 주택가격 변화

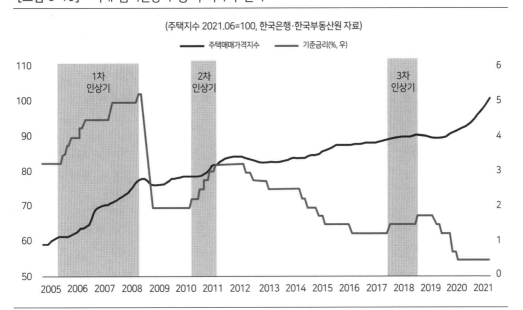

(주택지수 2021.06=100, 한국은행·한국부동산원 자료)

유동성 공급과 저금리가 코로나로 인해 산업현장으로 들어가지 않고 자금이 주택시장과 주식시장으로 몰려 사상 최대급 주택가격 상승으로 주택가격 버블을 글로벌 국가가 공통적으로 형성한 것이다. 이에 우리나라 부동산시장 특히 주택시장도 <표 6-17>과 같이 글로벌 시장에서 2021년 3분기 56개 국가 중 가장 높은 상승률을 기록했다.

<표 6-17> 2021년 3분기 주택가격 상승률

순위	국가	실질 상승률	명목 상승률
1	한국	23.9	26.4
2	스웨덴	17.8	20.3
3	뉴질랜드	17.0	21.9
4	터키	15.9	35.5
5	호주	15.9	18.9
6	네덜란드	15.7	18.4
7	저지섬	14.9	18.4
8	슬로바키아	13.9	18.4
9	미국	13.3	18.7
10	캐나다	12.9	17.3

자료) Knight Frank Global House Price (2021년 3분기 56개국 중 1위).

앞의 [그림 6-8]에서 보는 바와 같이 서울은 2021년 말 기준으로 세계 도심 아파트 중 가격 상승률은 1위지만 가격측면에서는 홍콩 다음으로 2위를 기록하는 등 주택가격의 버블이 심한 상태에서 국내 부동산개발업자들은 부동산시장을 예측하여 대응하기가 어렵다.

2008년 금융위기 이후 주택가격이 하락하게 되는데, <표 6-16>으로 설명하면 2013년 8월에 저점을 찍고 2021년 말까지 상승하여 2022년 1월부터 9월까지 하락하는 것으로 나타났다.

2020년 3월경 코로나19 팬데믹이 오자 미국과 EU, 영국 등 선진국은 물론이고 글로벌 각 국가들은 경기침체를 막고자 통화량을 과잉 공급하여 풍부한 유동성과 저리의 금리상태로 인해 각국 주택가격 상승은 2022년 10월 역사상 최고치를 기록하며 버블이라는 말이 자연스럽게 흘러나오고 있다. 2021년 8월, 미국은 7월 FOMC 회의록을 공개하자 다수의 연준 의원들이 금리는 동결하되 올해 안에 테이퍼링(국채 및 MBS 채권매입을 축소하는 것)을 시작해야 한다고 주장하고 있다. 그해 8월 잭슨홀 미팅에서도 금리인상시기와 테이퍼링 시점과 연계되어선 안 된다는 의견이다. 파월 연준 의장은 잭슨홀 미팅에서도 올해 안에 테이퍼링에 대한 가능성을 시사하였다. 그러나 파월 연준 의장을 중심으로 의원들은 고물가는 일시적이라고 하면서 양적축소에 대한 의견을 무시하였다. 그런데 백신의 개발과 함께 거리두기로 경기가 조금씩 살아나다가 선진국을 중심으로 백신이 어느 정도 접종되자 보복소비가 일어나는 와중에 2022년 2월 24일 러시아의 우크라이나 침공으로 전쟁이 발발하게 되었고, 공급망 봉쇄로 급격한 에너지가격 및 원자재가격 상승은 생산자 및 소비자 물가상승으로 이어져 인플레이션을 촉발한 계기가 되었다. 이러한 와중에 델타 변이 바이러스의 확진자가 미국을 중심으로 급속히 늘어나자 스태그플레이션 우려도 함께 나오고 있다.

한편 제1장 <표 1-5>에서 보는 바와 같이 미 연준은 2022년 1월 0.25%에서 3월 0.5% 베이비스텝 인상, 5월 1.0%로 빅스텝으로 올렸다. 그러나 2022년 6월에는 미국의 소비자물가지수(CPI)가 9.1%로 고점을 기록하는 상황에 처하자 파월 연준 의장이 2022년 4월까지 인플레가 일시적이라고 주장하다가 실기한 것이 현실화되었다. 2022년 6월에 물가가 급하게 오르자 실기를 놓친 연준은 단기간에 기준금리를 큰 폭(6월, 7월, 9월, 11월 연속 0.75%P)으로 인상하는 지경에 이르게 되었다. 이렇게 되어도 제1장 <표 1-6>에서 보는 바와 같이 고용지표인 실업률이 약 3.5% 정도의 완전 고용상태로 되자 파월 연준 의장을 비롯한 연준 의원들은 실물경제를 희생하더라도 물가가 잡힐 때까지 지속적으로 금리를 올릴 것이란 매파적인 발언을 쏟아내기 시작하였다. 그러자 달러는 강세로 되고, 이에 반해 타국들의 화폐의 가치는 큰 폭으로 하락하였다. 이쯤 되자 미국의 달러 인덱스는 고공 행진하여 킹 달러라는 말이 나올 정도였다.

이에 더하여 EU와 영국도 수십 년 만에 맞는 물가상승률이 금리를 급격히 인상하는 계기를 만들었다. 한국의 원화는 제1장 <표 1-7>에서 보는 바와 같이 유로화(패러티 붕괴)와 파운드화 그리고 엔화와 약 80% 정도 연동되어 움직이는 구조가 되어 있기 때문에 이들의 약세가 곧 원화의 약세로 갈 수밖에 없는 불가피한 상황인 것이다. 중국도 포치선인 7.0을 돌파하였으며, 일본의 시장개입에도 불구하고 150엔을 돌파하기에 이르렀다.

한국도 물가안정과 역자산 효과를 줄이고자 기준금리를 제1장 <표 1-5>에서 보는 바와 같이 금융통화위원회가 열릴 때마다 매번 인상시켜야만 했다. 이러한 거시환경 속에서 IMF, WB, OECD같은 기관들은 처음 발표 시점부터 수개월이 지나면서 지속적으로 세계경제성장률(GDP)을 하향시키고 있다. 이는 우크라이나 사태와 중국에서 코로나19 재확산으로 인한 공급망이 봉쇄되어 원유를 비롯한 원자재가격과 식료품가격 폭등으로 인해 금리를 급격하게 인상함으로써 제1장 <표 1-2>에서 보는 바와 같이 글로벌 주요 국들은 분기별 경제성장률이 둔화하는 현상이 현실로 나타났다. 이를 종합하면 거시환경은 우·러 전쟁, 대만의 지정학적 리스크, 미·중 패권전쟁, 중국봉쇄 및 시진핑 1인 사회주의체제로 전환, 코로나19의 변이종 출현 및 확장, 이상기후 등의 다중복합인플레로 글로벌 국가와 함께 유로존과 영국 등은 사상최고 내지 수십 년 만에 물가상승률을 기록하였다. 결국 높은 물가를 잡고자 미국을 비롯한 글로벌 국가들은 경쟁이라도 하듯이 단기간에 큰 폭으로 금리인상을 단행함으로써 경기와 고용을 감소시켜 경기 침체를 유발할 처지에 놓이게 되었다. 특히, 2022년 11월 2일(현지시각) 미국은 9월 FOMC 회의에서 기준금리를 4연속 '자이언트 스텝'인 75pb를 인상함으로써 기준금리는 3.75~4.0%에 도달하였다. 이와 함께 파월 연준 의장은 지속적인 금리인상을 통해 최종적인 금리를 높이는 매파적인 발언을 하였다. 미 연준의 9월 점도표에서 2022년 말 4.4.%, 2023년 초 4.6%를 예상하였었다. 미 연준의 지속적인 매파적인 발언을 통해 고금리 스텐스를 유지하자, 10년물 국채금리는 4.2%(금융위기 이후 14년 만)까지 치솟게 되고 달러가치는 급등하게 되자 다른 나라의 환율은 자연적으로 약세로 전환되었다. 이는 결국, 글로벌 주요국들의 금리인상을 재촉하는 꼴이 되었다.

글로벌 경기침체의 영향과 함께 66년 만에 최악의 7개월 연속 무역적자 행진과 경상수지적자가 국내 경기침체를 더욱 부추기고 있다.

2022년 10월에는 부동산 경기의 침체국면에서 레고랜드 사태가 터지자 채권시장은 마비되고 자금경색 현상이 초래되었다. 정부는 이에 대한 강력한 대응책을 마련하였으나 금융시장의 잡음은 끊이지 않고 금융위기설까지 나오고 있다. 그러나 세계 3대 평가사와 함께 대외에서는 우리 경제의 펀드멘탈이 강하다는 견해로 금융시스템위기로는 발전하지 않을 것으로 판단하는 것 같으나 여전히 금융위기의 불씨는 남아있다.

최근 주택시장동향을 살펴보면 2022년 초기에는 지방에서부터 가격하락 현상이 나타나다가 8월 이후로 서울과 수도권지역으로 하락세가 확산되고 하락폭도 점점 커져 10월 말 하락폭이 최고치를 경신하였다. 이에 정부는 부동산 경착륙을 막기 위해 5조 원의 미분양 PF 대출보증 제도를 신설하였다. 이뿐만 아니라 수도권 주택시장 상황을 고려해 선제적 11월 10일 제3차 부동산장관회의를 열어 전국에서 서울과 과천, 성남(분당, 수정), 하남, 광명의 4개 지역만 남기고 경기도 전역과 인천, 세종이 대거 규제지역에서 해제하였다.

11월 10일 회의에 앞서 지난 9일 제4차 주거정책심의위원회를 열어 '투기과열지구 및 조정대상지역 조정안'을 심의·의결했다.

고금리로 부동산시장이 냉각되자 두 달 만에 규제지역 추가 해제에 나선 것이다.

정부는 지난 9월 세종을 제외한 지방의 규제지역을 전부 해제했다. 이후 규제지역은 투기지역 15곳(서울), 투기과열지구 39곳(서울·경기), 조정대상지역 60곳이 남아있다.

정부는 이번에 경기도 9곳을 투기과열지구에서 해제했다. 수원, 안양, 안산단원, 구리, 군포, 의왕, 용인수지·기흥, 동탄2가 대상이다.

조정대상지역에선 고양, 남양주, 김포, 의왕, 안산, 광교지구 등 경기도 22곳과 인천 전 지역(8곳), 세종 등 모두 31곳을 해제했다.

이에 따라 서울 전역과 과천, 성남(분당·수정), 하남, 광명 4곳만 투기과열지구·조정대상지역 등 2중 규제지역으로 남게 됐다.

주거정책심의위는 서울의 경우 주변 지역 파급 효과와 개발 수요, 높은 주택 수요를 고려해 투기과열지구 및 조정대상지역으로 유지할 필요가 있다고 판단했다.

경기도는 서울과 붙어있어 집값과 개발 수요가 높기 때문에 서울과 비슷한 시기에 규제지역으로 지정된 과천, 성남(분당·수정), 하남, 광명을 투기과열지구 및 조정대상지역으로 유지하기로 했다. 규제지역 해제는 관보 게재가 완료되는 오는 14일 0시를 기해 효력이 발생한다. 규제지역에서 해제되면 대출과 세제·청약·거래(전매 제한) 등 집을 사고파는 전 과정과 관련한 규제가 크게 완화된다.

투기과열지구에서 해제되면 15억 원 이상 주택에도 주택담보대출이 허용되고, 주택담보대출비율은 10% 포인트 완화돼 9억 원 이하 주택일 경우 50%, 9억 원 초과에 대해서는 30%가 적용된다. 주택분양권 전매제한기간은 최대 5년에서 3년으로, 청약 재당첨 기한은 10년에서 7년으로 줄어든다.

조정대상지역에서 해제되면 50%인 LTV 규제가 70%로 완화되고, 다주택자도 주택담보대출이 허용된다.

윤석열 정부는 새 정부 들어 지난 6월과 9월 두 차례에 걸쳐 규제지역을 해제했다.

두 번째인 9월엔 세종을 뺀 지방 전 지역과 수도권에선 경기 외곽 지역 일부까지 규제지역을 해제하는 큰 폭의 규제 완화를 단행했는데, 이번엔 서울을 제외한 수도권·세종 규제지역도 대거 풀었다.

금리인상 여파로 거래절벽이 오면서 아파트값이 수개월째 떨어지자, 인천시 내 8개 기초자치단체와 용인·의왕·남양주·김포·의정부 등 남아 있는 규제지역은 규제지역 해제를 건의한 바 있다.

한편, 최근 주택시장에서 매매시장과 전세시장을 부동산현장과 한국부동산원 자료를 통해 검토해 본 결과 거래·전세 가격이 동반 약세를 보이고 전세가격보다 거래가격이 더 많이 하락하는 등 상대적으로 전세가율 상승세가 두드러지는 양상이다.

국내 기준금리의 지속적인 상승으로 금융권 대출금리가 큰 폭으로 상승하자 아파트 등 부동산의 거래절벽과 함께 하락세가 큰 폭으로 이어지면서, 이른바 '깡통 전세' 위험성의 경고음이 여러 곳에서 울려 퍼지고 있다.

2022년 10월 23일 한국부동산원이 부동산테크를 통해 공개한 '임대차시장 사이렌' 정보에 따르면 전국 아파트 9월 전세가율(매매가격 대비 전세가격)의 경우 75.2%로 8월 74.7%보다 0.5%p 높은 것으로 나타났다.

수도권 아파트 평균 전세가율은 8월 69.4%에서 9월 70.4%로, 70%를 넘었고 서울은 63.2%로 전달보다 1.2%p 올랐다. 제주도의 아파트 전세가율도 70%선을 이어가는 가운

[그림 6-11] 서울 '고덕롯데캐슬베네루체' 전용 59m² 실거래가 추이

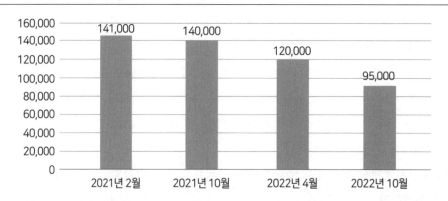

데, 특히 제주시권 상승폭이 두드러졌다. 아파트 전세가율이 오르는 추세로, 9월 평균 전세가율은 제주시가 72.9%로 전달(70.1%)보다 2.8%p 상승했다. 이 비율이 매매가대비 80%에 육박하거나 아예 추월하면 세입자가 집주인으로부터 보증금을 돌려받지 못할 위험성이 높아진다. 이른바 '깡통 전세' 위험 신호로 분류되곤 한다. 그런데 일부 지자체 전세가율은 90%를 넘기도 하였다. 예를 들면 경북 포항북(91.7%), 경북 구미(90.8%), 전북 익산과 경북 포항남구(각 90.6%), 광양시(90.2%) 등의 전세가율이 90%를 넘어 위험 수위를 넘어섰다.

한편, 아파트 가격하락도 2022년 상반기보다는 하반기에 들어와서는 두드러진다. 예를 들면, [그림 6-11]에서 보는 바와 같이 '고덕롯데캐슬베네루체' 전용면적 전용 59m²가 10월에 9억 5,000만 원으로 실거래됐었다. 이는 2021년 2월 대비 33% 하락한 수치이다. 지난해만 해도 14억 1,000만 원에 거래되던 단지가 이제는 9억 원대로 가격이 뚝 떨어진 상태이다.

'고덕롯데캐슬베네루체' 인근에 위치한 '고덕아르테온'도 상황이 비슷하다. '고덕아르테온' 전용면적 84m²는 지난 1월 19억5,000만 원에 거래됐었다. 최근(2022년 8월)에는 동일면적이 14억 8,000만 원에 실거래 매매가 되었다. 7개월 사이에 집값이 24% 낮아진 것이다.

[그림 6-12] 전국월간 연령별 아파트 매매가격지수 변동률

	2021년 12월	2022년 3월	2022년 6월	2022년 9월
5년 이하	0.02	-0.31	-0.42	-1.23
5년 초과~10년 이하	0.16	-0.11	-0.24	-0.87
10년 초과~15년 이하	0.41	-0.04	-0.17	-0.8
15년 초과~20년 이하	0.36	-0.02	-0.05	-0.79
20년 초과	0.45	0.03	0.04	-0.59

자료) 한국부동산원/단위: %/기준월: 2021.06＝100.

이와 같은 신축 아파트 가격하락은 고덕동에만 국한된 일은 아니다. 전국적으로 신축 아파트의 가격이 더 많이 하락하는 추세이다.

[그림 6-12]의 한국부동산원 월간 연령별 아파트 매매가격지수 자료에 따르면, 2022 년 9월을 기준으로, 전국 5년 이하 아파트 매매가격지수 변동률이 1.23% 감소했다.

5년 초과~10년 이하 0.87%, 10년 초과~15년 이하 0.8%, 15년 초과~20년 이하 0.79%, 20년 초과 0.59% 떨어진 것에 비해 5년 이하 아파트의 하락폭이 제일 두드러지는 것으로 나타났다.

2022년 10월까지 주택시장동향을 살펴보았다. 이와 함께 한국건설산업연구원의 '2023 년 건설·부동산경기전망세미나'를 통해서 앞으로 주택시장 전망을 해 보고자 한다.

2022년 11월 2일 [그림 6-13]에서 보는 바와 같이 '2023년 건설·부동산 경기전망 세미나'에서 주택시장 전망 보고서를 통해 내년에 금리 상승과 미분양 증가로 부동산시장 침체 장기화에 대한 우려가 커지는 가운데 수도권은 2%, 지방은 3% 내려 전국 평균 집 값이 2.5% 하락할 것이라고 예측했다. 한국건설산업연구원의 집값 하락률 추정치인 1.8% 보다 낙폭이 더 커지는 셈이다.

이미 실거래가가 최고가 대비 40% 가까이 떨어진 아파트가 속출했지만, 한국건설산업 연구원은 경기 둔화에 따른 매수 심리 호전을 기대할 수 없어 내년에 집값 하락 체감도가

[그림 6-13] 수도권과 지방의 연도별 집값 변동률

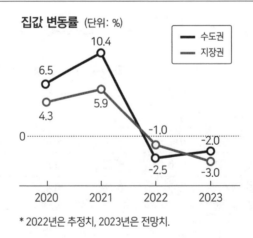

집값 변동률 (단위: %)

* 2022년은 추정치, 2023년은 전망치.

올해보다 더 떨어질 수 있다고 경고했다. 지난해 평균 10% 넘게 오르며 집값 상승을 주도했던 수도권은 올해 2.5% 하락에 이어 내년에도 2% 정도 추가 하락이 예상된다. 한국건설산업연구원은 "정부가 최근 내놓은 주택담보대출 규제 완화 등으로 어느 정도 집값 하락을 방어할 수 있을 것"이라며 "이달에 예정된 주거정책심의위원회에서 수도권 일부 지역에 대한 조정대상지역 해제를 추가로 발표한다면 하락폭이 줄어들 것"이라고 밝혔다.

주택담보대출 금리와 원자재가격은 급등하고 집값은 떨어지면서 내년에 대형 건설사들은 신규 주택사업을 올해보다 대폭 줄일 계획이다. 매일경제신문이 시공능력평가 10위권 건설사들을 취재한 결과 2023년에 분양 물량을 2022년보다 확대하겠다고 답한 곳은 한 군데도 없었다.

금리인상과 원자재가격 급등에 분양계획을 세우는 게 불가능해졌기 때문이다. 사정은 다른 건설사들도 마찬가지다. 지방에선 내년 분양계획을 아예 세우지 않고 있거나 이미 인·허가를 마친 단지에 대해서도 분양을 무기한 연기하는 회사도 있다.

최근 불거진 테고랜드 사태와 부동산 프로젝트파이낸싱(PF)발 신용경색으로 자금 압박을 받는 중소형 건설사들까지 포함하면 내년에는 주택 공급 규모가 더 줄어들 전망이다. 최근 주택산업연구원이 건설업체들을 대상으로 조사한 2022년 10월 전국 아파트 분양전망지수는 43.4로 8월(61.3), 9월(49.4)에 이어 침체 곡선을 이어갔다. 2017년 11월 통계를 집계한 이래 5년여 만에 최저치다. 정부는 미분양아파트로 인해 프로젝트파이낸싱(PF)발 신용경색으로 자금 압박을 받는 회사 중에서 할인분양 등 자구책을 강구하는 회사에 한

[그림 6-14] 민간아파트 분양승인   (단위: 가구)

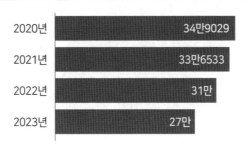

* 2022년은 11월 현재 추정치, 2023년은 전망치.
자료: 건산연.

해서 PF 보증을 하여 도산을 막고자 하였다.

　민간아파트분양승인 현황을 한국건설산업연구원에서 2020년과 2021년은 실제 현황을 파악하였고 2022년은 추정치로 2023년은 전망치로 나타낸 것이 [그림 6-14]이다.

　앞의 주거시설 개발의 역사적 조망과 시장동향 그리고 전망을 종합적으로 고려해 보면 제1장에서 언급한 바와 같이 이번 주택경기하락기는 6~7년 정도 걸리고 하락폭은 30~50% 정도는 조정이 있을 것으로 전망된다.

2. 업무시설

1) 업무시설의 의의

　업무시설은 제1종 근린 생활 시설에 해당하지 않는 국가나 지방 자치 단체의 청사 및 외국 공관의 건축물과 제2종 근린 생활 시설에 해당하지 않는 사무소, 신문사, 금융 업소, 오피스텔, 기타 이와 비슷한 건축물을 이르는 말을 뜻한다.

2) 업무시설의 종류

① 공공업무시설: 국가 또는 지방자치단체 청사와 외국공관의 건축물로서 제1종 근린 생활시설에 해당하지 아니하는 것을 말한다.
② 일반업무시설: 다음 요건을 갖춘 업무시설을 말한다.
　　- 금융업소, 사무소, 결혼상담소 등 소개업소, 출판사, 신문사, 그밖에 이와 비슷한 것으로서 제1종 근린생활시설 및 제2종 근린생활시설에 해당하지 않는 것
　　- 오피스텔(업무를 주로 하며, 분양하거나 임대하는 구획 중 일부 구획에서 숙식을 할 수 있도록 한 건축물로서 국토교통부장관이 고시하는 기준에 적합한 것을 말한다)

3) 업무시설 건축배경과 개발의 역사적 변천사

(1) 업무시설의 건축배경

우리나라 업무시설인 오피스를 건축하기 시작한 것은 1962년을 법과 제도적 관점에서 서울 현대건축의 실질적 원년으로 볼 수 있다. 일제가 만든 <조선시가지계획령>의 틀을 가져왔지만 우리나라 최초의 건축법과 도시계획법이 제정됨으로써 건축설계와 도시계획의 법적 토대가 만들어졌다. 1962년은 산업화와 도시화를 촉발시킨 1차 경제개발5개년계획(1962~1966)의 원년이기도 하다. 이때부터 도시와 건축이 급격한 속도로 변화되기 시작했다.

상업용으로 분류된 사무실은 규모에 따라 건축법에서 다르게 분류된다. 동네 상가에 들어가 있는 소규모 사무실은 근생으로 분류되고, 시내 중심가 고층 오피스에 있는 넓은 사무실은 업무 시설로 분류된다. 따라서 근생과 업무시설로 분류된 대규모 사무실을 면적상으로는 서울의 약 1/4 동수로는 약 1/5을 차지하는 것으로 나타나지만 사실상 통계로는 근린생활시설은 다른 건축물과 복합으로 지어져 알 수가 없다.

건축가들은 시간이 지나도 남는 자율적, 미학적 가치를 추구하지만, 업무용 건축은 건축가들의 의도와 달리 경제적 논리에 따라 지어지고 사용되고 소비된다.

1950년대 중반 이후 시작된 재건은 1960년대 들어서면서 가시화되었다. 1962년 제정한 건축법과 도시계획법에서 주거, 상업, 공업, 및 녹지지역에서 지을 수 있는 건축물을 규정했고, 건축선, 건폐율, 절대높이 등 규모와 형태에 직접적 영향을 주는 규정이 제도화되었다. 건폐율은 이전의 <조선시가지계획령>보다 강화된 반면 높이를 완화한 결과, 건축면적은 줄고 연면적은 늘어나 층수를 높이는 효과를 주었다.

국가주도의 건설 사업과 활동에 힘입어 한국전쟁으로 파괴되거나 비워두었던 땅에 건축물이 세워지기 시작했다. 도시개발사업이 외곽으로 뻗어나갔지만, 1960년대 주요한 건축물은 여전히 사대문 안 종로 이남에 집중되었다.

1950년대 중반부터 1960년대 말까지 기록에 남아있는 민간 건축물로는 학교, 교회, 사무소, 영화관이 많았다. 한국 경제의 토대를 마련하는 걸음마를 시작한 1953년 1인당 국민소득(GNI)은 67달러였고, 13년이 지난 1966년에도 125달러로 전 세계 최빈국의 하나였다는 사실을 상기한다면 건설을 직접 주도한 개인은 극소수에 불과했음을 짐작할 수 있다. 건설에 필요한 경제적 여력이 있는 집단과 주체는 정부기관, 대학교, 종교단체였다. 공공건축, 학교, 교회 이외에는 사무소건축, 은행, 호텔, 백화점, 극장, 병원이 지어졌지만 개인 민간 건축주(개발자)가 주도한 건축물은 많지 않았다.

1960년대 종로와 명동일대에 들어선 중층 업무건축으로는 그랜드빌딩(7층), 오양빌딩(8/1층), 유네스코 회관(13/1층), 대한교육연합회 회관(9/1층), 한국일보 사옥(13/1층), 경향신문사(17층), 삼성빌딩(11/2층)을 꼽을 수 있다. 은행으로는 한일은행 광교지점, 조흥은행 본점(15/2층),

서울의 저층 상업용인 업무시설 건축은 전면도로와 곧바로 연결된 개방된 돌음 계단 양측에 임대공간을 배치하는 평면이 일반적이지만, 고층의 분기점이라 할 수 있는 6층 이상으로 층수가 높아지면서 수직 동선이 계단에서 승강기로 바뀌었다.

이 시기의 업무시설의 건축은 주로 건축주에 발주에 의하여 시공사가 공사비를 받고 건축하였던 것이다.

3차 경제개발5개년 계획(1972~1976)이 마무리될 즈음 한국은 연평균 성장률 9.7%를 유지하면서 농업국가에서 신흥공업국가로 바뀌어 갔다. 건설투자가 국내총생산(GDP)에서 차지하는 비중이 10.5%를 기록한 1972년 이후 건설 팽창의 시대가 계속되었다. 김현옥 시장의 뒤를 이은 양택식 시장(재임 1970~1974), 구자춘 시장(재임 1974~1978)의 재임 시기는 3, 4차 경제개발5개년 계획(1972~1981)과 맞물린 시기로 도시계획과 동의어라고 여겨졌던 구획정리사업이 광범위하게 시행되었다. 그 결과 서쪽으로는 서교, 성산, 연희, 홍남(홍은, 남가좌), 역촌, 불광 지구, 동쪽으로는 도봉, 창동, 수유, 망우, 면목, 중곡, 장안평, 뚝도, 화양지구에 이르는 넓은 띠 모양의 주거지가 형성되었다. 사업의 절정은 영동, 잠실을 포함한 강남의 탄생이다. 영동지구는 단일 사업 지구로 가장 컸을 뿐만 아니라, 서울 안의 핵으로 변모했다는 점에서 토지구획정리사업은 서울의 도시건축사에서 중요한 의미가 있다.

서울의 공간적 확장이 진행되었던 1970년대 초반 도심부에서는 31빌딩(31/2층), 국제보험주식회사(25/3층), 천도교수운회관(13/1층) 등 10층 이상의 고층 건물이 하나 둘씩 모습을 드러냈다. 삼일빌딩은 1970년대 최고층 건물로 청계천 고가와 함께 고도성장기 서울의 상징으로 인식되었다.

한편 1976년에는 도시재개발법이 단일법으로 제정되어 도심재개발사업을 촉진시켰다.

도심재개발사업은 막대한 자금과 조직이 필요하기 때문에 당시 이를 추진할 수 있었던 주체는 재벌과 같은 자본가뿐이었다. 재개발사업은 1980년대에도 계속되었는데 현대, 삼성, 대우건설 등 대형건설사가 성장할 발판이 되었다. 대형건설사가 주도했던 건설산업과 건축설계 영역이 밀접한 관련을 맺기 시작한 시기이기도 했다.

1980년대는 고층 사무소 건축의 양적 팽창기라고 할 수 있다. 1970년대에 이어 도심부에서는 교보빌딩(22/3층, 1978~1983), 남대문로의 대한화재해상보험사옥(22/4층, 1977~1980), 태평로의 프레스센터(20/4층, 1982~1985), 코오롱 빌딩, 중앙일보 사옥(1983~1985), 을지로의 삼성화재빌딩, 종로의 제일은행(22/4층, 1984~1997), 공평동의 태화빌딩, 하나로빌딩, 도렴동의 정우빌딩, 변호사회관, 로얄빌딩, 세종빌딩이 도심재개발사업으로 건설되었다.

마포로와 여의도를 잇는 간선도로변과 함께 강남고속터미널(10/1층, 완종합건축, 1982)이 준공되고, 지하철 등의 도시 기반이 갖추어지면서 강남의 대로변을 따라 고층사무소가 하나 둘씩 세워지기 시작했다.

대한생명 63빌딩(60층, 1979~1985), 교보생명빌딩, 동방생명, 중앙일보 사옥, 국제센터빌딩(28/4층, CRS/동해건축, 1984), 럭키금성 트윈타워(35/4층, 1983~1987), 한국종합무역센터(54/2층, 1984~1988)에서 보듯이 대형사무소와 해외 건축사사무소와의 협업도 일본 중심에서 미국으로 넓혀졌다.

민간기업의 본사보다는 은행, 금융기관, 보험회사 사옥이 높은 비율을 차지하고 있다.

고층건물 중 63빌딩(높이 249m)은 강당과 은행을 포함한 두 개의 별동과 오피스타워로 구성되었다. 서울의 건설을 상징하는 건물이 1970년대는 31빌딩이었다면 1980년대는 63빌딩으로 바뀌었다.

한편, 1950년대부터 대한건축사협회와 한국건축가협회가 대립하게 된 핵심은 법적 자격과 책임을 갖는 '건축사'와 작품을 추구하는 작가로서의 '건축가'를 서로 인정하지 않는 데 있었다. 대형 건축사사무소와 거리를 둔 아틀리에 체제의 건축가들은 작은 규모의 건축물을 통해서 건축의 본질적 문제를 탐구 할 수밖에 없었다. 그 결과 대형 건설사와 사무소가 다루지 않았던 5층 이하의 저층 중규모 건물이 주된 작업의 대상이 되었다.

1980년대 후반부터 강남에 고층 건물이 들어서기 시작하여 1990년대는 중심이 강남으로 완전히 이동했다. 당시 강남역에서 삼성역까지 길이 약 3.4km의 테헤란로에 준공된

16층 이상의 건물은 33개에 이른다. 20층 이상이 21개, 용적률이 900%를 넘는 건물이 15개였다. 당시 건축법 시행령은 16층 이상의 다중이용건축물을 건축심의의 대상으로 지정했다. 따라서 15층은 고층과 중층을 가르는 법적 분기점으로 인식되었다. 테헤란로에는 건축지정선과 건축한계선 규정을 담은 도시설계가 1990년대 초반 도입되어 도시속의 고층건물 회랑이 되었다. 고층 건물은 소유와 임대 전략에 따라 저층부의 공간 구성이 결정된다.

이 시기 이 지역의 오피스 중 사옥형 건물은 1층을 로비와 전시공간을 배치하는 경우가 일반적이었다. 반면 임대형 건물은 높은 임대료를 부담할 수 있는 은행이 주로 입점하고 지하층에는 식당 및 소매공간이 자리잡았다. 제한적이었지만 옥외공간의 일부를 공개공지로 지정하여 공공성을 높이는 정책이 시작되었다.

개발업자와 건축주가 요구하는 최대의 경제적 효과를 거두기 위해 건축가는 임대에 적정한 기준층 바닥면적, 기둥 간격, 층고, 창, 승강기, 계단, 화장실, 피난에 필요한 면적, 외벽과의 거리 등 복합적 변수를 고려하여 설계를 해야 한다.

1950년 이후 2000년 이전까지의 오피스 건물은 대체로 금융기관의 사옥이나 기업의 사옥이며 이 건축물들은 시공회사에 도급을 주고 공사비를 지급하는 형태를 건설되었다. 그러므로 임대수익을 기대하고 빌딩을 건축하여 오피스로 사용하는 건축업자(개발업자)는 미미하여 기록으로 남아있지 않았다.

(2) 오피스 개발의 변천

서울 올림픽 등 국제행사 유치, 대단위 신도시개발의 동력에 힘입어 1997년 외환위기로 잠시 주춤했던 건설산업은 짧은 시간에 다시 성장세를 이어갔다. 이 과정에서 건설산업을 주도하는 자본과 주체, 도시건축의 정책과 제도에 큰 변화가 일어났다. 공공사업에 일괄계약방식(턴키방식), 건설관리(CM)제도가 도입되면서 건설사업의 단위가 커졌다. 이와 함께 지방자치단체도 대규모 사업을 주도하기 시작했다. 민간영역에서도 민간투자유치사업(BTL), 프로젝트파이낸싱 사업(PF)이 도입되고, 부동산개발업자(시행사)가 등장하여 사업 단위가 커졌다.

임대시장을 살펴보면 2000년 이후 오피스가 기관투자가들의 투자대상으로 편입된 후 2007년까지 본격적으로 개발되어 2009년부터 공급이 시작된 후 2022년 3분기까지의 서울 오피스시장 동향을 살펴보고자 한다. 오피스시장의 성장은 전반적인 경제성장이나 산업구조, 지역 간 상호작용 등에 영향을 받기 때문에 특정 지역의 부동산시장에서 벌어지는 현상을 관찰하는 것만으로는 충분히 고찰하기 어렵다. 이러한 점을 고려할 때 오피스에 대한 고찰은 거시경제에 대한 고려를 심도 있게 하지 않은 점과 공간적 범위를 서울에 한정했다는 점에서 한계를 가진다. 부동산의 시장의 특성이 지역시장이라는 점에서는 문제가 없으나 서울 중에서도 A급(연면적 10,000m² 이상) 오피스를 주 대상으로 했다는 점이 더욱 한계점이라 할 수 있다.

2000년대 이후 부동산펀드 시장의 성장과 함께 오피스가 기관투자가의 투자대상으로 편입된 것은 주지의 사실이다. 이들의 오피스에 대한 투자분석은 5년 이상의 투자를 대상으로 오피스빌딩을 구입한 후 5년 동안은 임대를 통해 영업소득(소득수익)을 취하고 5년 후에 처분하여 양도소득(자본수익)을 계산하여 투자분석을 한다. 임대를 하는 동안 영업소득은 현금흐름분석을 하고 양도시에 지분복귀액을 구하여 이들을 순현가법(NPV), 내부수

[그림 6-15] 서울 A급 오피스의 연도별 신규공급 및 순흡수 면적과 공실률

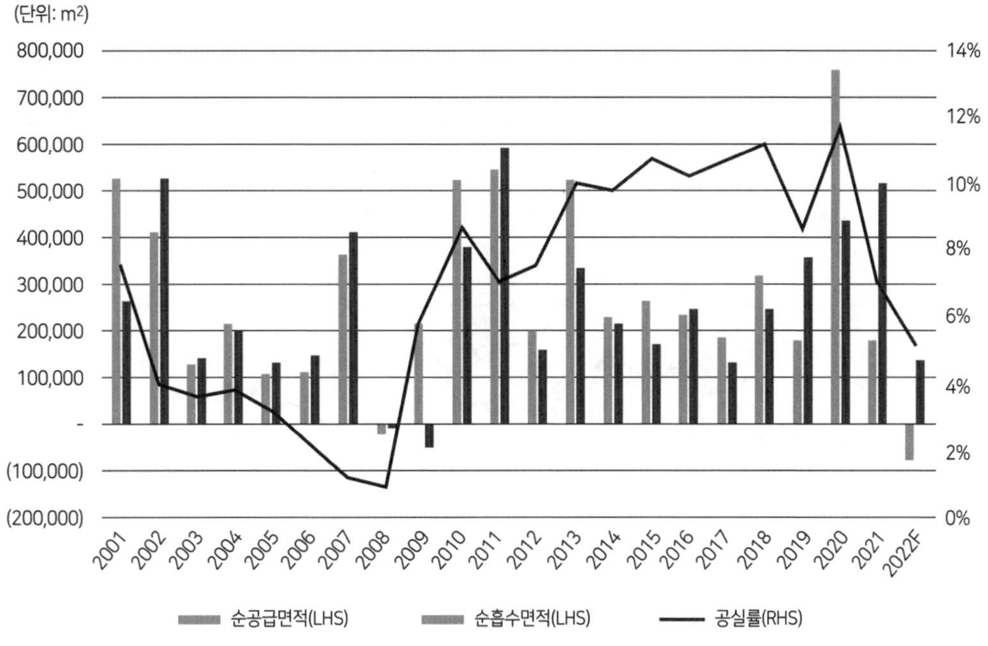

자료) CBRE Research.

익률법(IRR) 등으로 투자분석을 실시한다. 이러한 투자분석이 가능함에 따라 자가 사용 목적이 아닌 투자 목적의 오피스 개발은 2000년대 중반에 급성장하였는데, 이는 2008년 글로벌 금융위기가 찾아올 때까지 지속되었다. [그림 6 - 15]에서 보는 바와 같이 서울 A급 오피스4)는 2007년까지 지속적으로 개발하여 공급하였으나 순흡수 면적보다 적으므로 2008년 금융위기 이전까지 공실률이 매우 낮아지고 있다.

2011년과 2016년을 제외하고는 2018년까지 공급량이 흡수량을 초과하므로 공실률은 증가하는 것으로 나타났다. 2019년에는 흡수량이 공급량을 초과하므로 공실이 일시적으로 감소하자 2020년에는 공급량을 늘리고 코로나19 팬데믹으로 인해 공실률이 갑자기 상승하기 시작하였다. 다시 공급량이 줄고 흡수량이 늘자 2022년까지 공실률이 감소하는 것을 확인할 수 있다.

그 이유는 우리나라 개발업자들은 2007년까지 상업지역에 나대지가 매물로 나오면 주상복합빌딩을 건축하였지 오피스를 개발하지는 않았기 때문이다. 그러나 2008년 금융위기부터 2010년까지는 공실률이 급격히 증가하였다. 2011년에 잠시 공실률이 하락하다가 2012년부터 2013년에 10%대까지 상승하였으며 2018년까지는 공실률 10% 이상을 유지하였다.

[그림 6-16] 서울 A급 오피스 공실률 추이

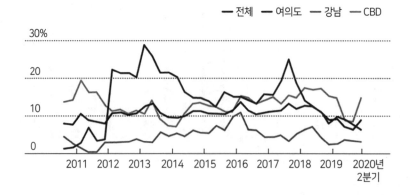

자료) JLL.

---

4) 서울 A급 오피스란 권역평균을 상회하는 상위 10~30%에 해당하는 우수한 오피스빌딩을 말한다. 일반적으로 오피스빌딩 등급을 Prime급, A급, B급, C급과 같이 4등급으로 분류한다.

JLL이 발간한 '2020년 2분기 서울 A급 오피스 시장' 보고서에 따르면 "경제 불확실성과 파크원 공급 예정으로 인한 불안정성에도 불구하고 예상을 뛰어넘는 호조세"라면서 "2020년 1분기에 이어 매우 견조한 수준의 공실률을 유지하고 있다"고 했다.

서울 여의도의 A급(연면적 1만평 이상) 오피스 공실률을 살펴보면 [그림 6−16]에서 보는 바와 같이 여의도 공실률은 6.7%로 2020년 1분기 대비 1.2% 포인트 감소했다. 2012년 2분기 이후 최저 수준이다.

이와는 별도로 [그림 6−17]에서 보는 바와 같이 공유오피스의 등장과 성장으로 새로운 오피스 시장 비즈니스 영역이 형성되었다. 공유오피스는 건물 전체를 임대하여 전대하는 형식이 일반적이다. 그러나 최근에는 건물을 공유오피스 용도로 개발하여 수요자들이 요구하는 필요로 하는 면적으로 분할하여 분양하는 경우도 있다.

공유오피스는 일정한 크기의 오피스 공간을 업무공간과 공용공간으로 구분하여, 업무공간은 1인실부터 다인실까지 다양하게 나누고 공용공간에는 OA실이나 리셉션&로비, 회의실 등의 공간을 두는 사무실을 말한다. 보통 건물을 임대하여 재임대하는 전대 형식으로 계약을 맺는다. 공유오피스는 벤처기업과 스타트업, 서비스드 오피스(Serviced Office)의 증가, 코워킹의 활성화 등을 토대로 하여 급격하게 성장하고 있으며, 임대료 등의 고

[그림 6-17] 서울 공유오피스 추이

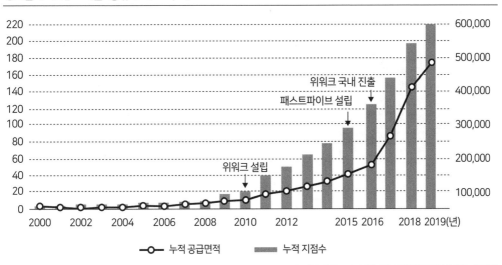

자료) 서울 연구원.

정비를 줄이기 위해 사무실의 규모를 축소할 필요성이 생기면서 새로운 형태의 오피스 형태가 시장이 나타나게 된 것이다. 또한 1인 기업과 소규모 기업이 가지는 소통과 집중력의 부재, 소외감 등의 문제를 해결하는 대안으로도 부각되고 있다.

국내 주요 공유오피스 기업들의 매출이 큰 폭으로 증가한 것은 기업들 사이에서 거점 오피스에 대한 수요가 늘어났기 때문이다. 공유오피스 기업인 패스트파이브는 지난 1월에만 거점오피스 서비스 매출액이 작년 월평균 매출액보다 2배 이상 증가했다고 밝혔다. 이러한 공유오피스는 대기업들의 거점오피스와 자금여력이 비교적 적은 스타트업 기업에 적합하기 때문에 비대면으로 인해 타격이 심한 다른 리테일의 투자 수익률보다 오피스의 투자수익률이 상회하는 것으로 볼 수 있다.

다음은 오피스의 임대료 동향을 살펴보고자 한다.

서울 A급 오피스의 실질임대료는 2008년을 금융위기를 기점으로 그 이전은 상승하고 그 이후는 2016년까지 하락하다가 2017년을 기준으로 2021년 말까지 지속적으로 상승하

[그림 6-18] 실질임대료

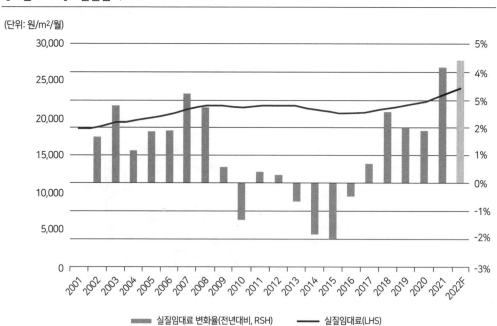

자료) CBRE Research.

고 있다는 것을 [그림 6-18]에서 확인할 수 있다.

한편, 서울 도심 및 분당권역의 오피스 거래가격은 2001년부터 2008년 금음위기까지 지속적으로 오르다가 2008년 금유위기 이후 2012~2013년까지 하락세를 이어가다가 다시 상승하여 2021년 말까지 이어졌다.

특히, 분당 권역의 거래가 활발하게 이루어져, 약 2조 9천억 원 수준의 거래 규모를 기록하였는데, 이는 가장 거래가 활발했던 2018년보다 약 60% 상승한 수치이다. 분당 권역의 거래를 가장 크게 견인한 지역은 전매 제한이 순차적으로 해제되고 있는 판교지역이다. 2021년 분당 권역 전체 거래의 절반이 판교에서 이루어졌으며, 이 밖에 중소형 물건 중심의 분당 수내, 서현 및 기타지역의 거래도 다수 포착되었다. 분당권역에 대한 투자자의 관심이 높아지는 이유는 꾸준한 임차 수요로 분당 권역의 공실률이 매우 낮은 수준 (2021년 4분기 기준 0.8%)을 유지하고 있는 것과 낮은 임대료 수준으로 잠재적인 임대료 상승 가능성을 지니고 있기 때문인 것으로 파악된다.

분당권역은 2020년을 기점으로 거래가 활발하게 이루어지자 평당 거래가격도 상승하는 것을 [그림 6-19]에서 확인할 수 있다.

이상 살펴본 바와 같이 최근 오피스공간에 대한 수요는 공실률, 실질 임대료 등 여러 측면에서 위축된 모습을 보이고 있다. 비록 공기업의 지방이전이나 대기업의 판교이전이

[그림 6-19] 서울 및 분당 권역별 오피스 거래 평당가(2000~2021)

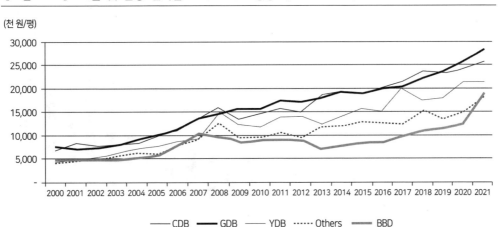

자료) 젠스타메이트 리서치센터.

일단락되어 가고는 있지만 향후 오피스수요는 공유오피스의 성장으로 증가하겠으나 오피스 공간시장의 경기가 공급 측면에 좌우되는 현실을 고려할 때 오피스 완공물량은 공실에 대한 부담을 주기에 충분하다. 최근 오피스공간에 대한 신규수요는 렌트프리와 같이 쉽게 관찰되지 않는 임대료 인하에 의한 인당 사용면적 증가에 기인하는 바가 큰 것으로 생각된다.

젠스타메이트 리서치센터에 따르면, 2021년 서울 및 분당 오피스 거래규모는 약 15조 290억 원으로 2020년 거래 규모인 14조 5천억 원 대비 약 3.8% 증가하였으며, 거래 면적으로는 약 70만 평이 거래되면서 역대 최대 규모를 기록했다고 밝혔다.

특히, 분당 권역의 거래가 활발하게 이루어져, [그림 6-20]에서 보는 바와 같이 약 2조 9천억 수준의 거래 규모를 기록하였는데, 이는 가장 거래가 활발했던 2018년보다 약 60% 상승한 수치이다. 분당 권역의 거래를 가장 크게 견인한 지역은 전매 제한이 순차적으로 해제되고 있는 판교지역이다. 2021년 분당 권역 전체 거래의 절반이 판교에서 이루어졌으며, 이 밖에 중소형 물건 중심의 분당 수내, 서현 및 기타지역의 거래도 다수 포착되었다.

분당권역에 대한 투자자의 관심이 높아지는 이유는 꾸준한 임차 수요로 분당 권역의 공실률이 매우 낮은 수준(2021년 4분기 기준 0.8%)을 유지하고 있는 것과 낮은 임대료 수

[그림 6-20] 서울 및 분당 오피스 거래규모

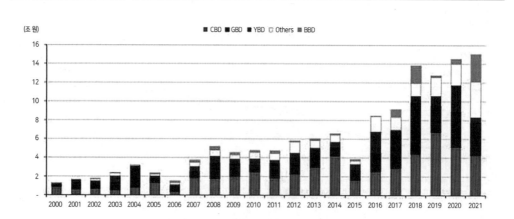

자료) 젠스타메이트 리서치센터.

[그림 6-21] 서울 오피스 자본환원율(투자수익률)

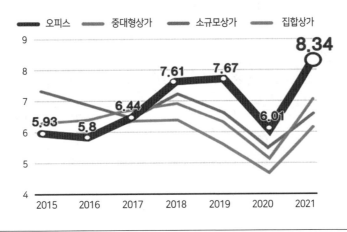

자료) 젠스타메이트 리서치센터.

준으로 잠재적인 임대료 상승 가능성을 지니고 있기 때문인 것으로 파악된다.

또한, 서울 주요 권역의 매물 감소와 금리 상승 등의 리스크도 투자자들의 발길이 분당
으로 향하는 데 한 몫을 하고 있어, 판교를 포함한 분당 권역에 대한 투자 관심도는 당분

[그림 6-22] 오피스의 투자수익률

자료) 한국부동산원.

간 지속될 것으로 보인다.

2021년 오피스 거래 동 수는 예년과 유사한 수준인 102개 동이 거래되었으나, 평당 거래가격의 상승으로 인하여 전체 거래규모가 증가하였다. 대부분의 권역에서 평당 거래가격 경신 사례가 확인되었는데, CBD권역의 SK서린동빌딩, GBD의 AP타워, YBD의 오투타워, 판교의 에이치스퀘어, 분당 퍼스트타워 등의 사례가 있었다.

한편, 2021년에는 높은 거래 규모를 보인 분당 권역의 경우, 2007년 이후 처음으로 서울 기타지역의 평당 거래가격을 뛰어넘었다는 것이다.

특히 [그림 6-19]는 분당권역의 2013년 이후 오피스 매매가의 꾸준한 상승세를 보여주고 있다.

[그림 6-21]에 따르면 2012년 1분기 이후 자본환원율은 5~6%로 등락을 거듭하다가 2015년 서울 오피스의 자본환원율은 4~5%로서 주식, 채권 등 타 자산 및 세계 주요도시 오피스에 비해 투자매력이 있는 편이어서 국내외 기관투자가의 자금이탈은 관찰되지 않고 있다.

[그림 6-22]에서 보는 바와 같이 2016년 투자수익률 5.8%를 기록한 후 2019년 7.67%까지 상승한 후 2020년 코로나19 팬데믹 영향으로 6.01%까지 하락하지만 2021년 다시 8.34%로 상승하는 추세이다.

한국부동산원의 '2021년 4분기 상업용부동산 임대동향조사' 공표보고서에 따르면 지난해 상업용부동산(오피스·중대형상가·소규모상가·집합상가) 가운데 오피스가 8.34%로 가장 높은 투자수익률을 기록했다. 이어 중대형상가 7.02%, 소규모상가 6.12%, 집합상가

<표 6-18> 연도별 오피스 투자수익률

지역		2016년	2017년	2018년	2019년	2020년	2021년
전체		5.8	6.44	7.61	7.67	6.01	8.34
	서울	6.57	6.9	8.44	8.78	6.86	8.9
	도심	7.02	7.33	8.18	8.11	6.33	7.69
	강남	6.51	6.94	8.61	9.22	7.32	9.54
	여의도	6.71	6.85	8.45	9.69	7.55	10.5
	기타	5.9	7.37	8.11	8.36	6.39	8.89

자료) 국토교통부.

6.58% 순으로 집계됐다. 2016년부터 2021년까지 서울 전역권의 오피스 투자수익률을 표로 정리하면 <표 6-18>과 같다.

[그림 6-23]에서 보는 바와 같이 2022년 1분기 전국 오피스빌딩 평균 공실률이 10.4%로 떨어졌다. 2013년 3분기(9.3%) 이후 8년여 만에 최저치다.

한국부동산원의 2022년 1분기 상업용부동산 임대동향조사 통계를 보면 전국 오피스 공실률은 10.4%로 집계됐다. 시도별로 1분기 공실률이 가장 낮은 지역은 제주(6.7%)였다. 그 뒤를 경기(6.9%)와 서울(7.1%)이 이었다.

최근 벤처기업과 비대면 IT기업의 성장으로 기업의 오피스 임차수요는 증가했지만, 이 수요를 뒷받침할 대형 오피스빌딩 공급이 부족했던 탓에 공실률이 낮아지고 있다는 관측이다. 개발부지 고갈로 향후 신규 오피스 공급도 제한적이라 공실률은 더 낮아질 것으로 보인다. 특히 2020년도에는 코로나 팬데믹으로 전 업종이 타격을 입었음에도 불구하고 오피스는 수익률 1위의 자리를 굳건히 지켰다. 지난해에도 전년 대비 2.33% 포인트 올라 가장 큰 회복세를 보였다. 이외에는 중대형상가 1.92% 포인트, 소규모상가 1.50% 포인트, 집합상가 1.18% 포인트 올랐다.

업계 전문가들은 이러한 배경으로 거점오피스 수요 확산이 주요 원인이라고 분석한다. 실제 대기업들도 속속 거점오피스를 도입하고 있는 모습이다. SK텔레콤은 서울 신도림과 일산, 분당 등 3곳에 거점형 업무공간을 마련했으며, SK하이닉스와 CJ 등 기업들도 국내

[그림 6-23] 전국 오피스 공실률 추이

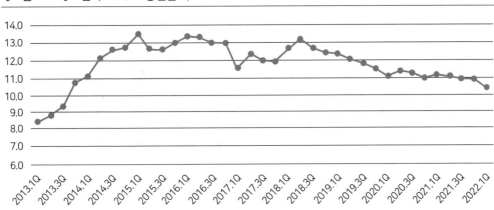

자료) 한국부동산원.

거점오피스를 더 늘릴 방침이라 발표한 바 있다.

2022년 11월 2일 교보리얼코에 따르면 서울 전체 지역의 지난 3분기 공실률은 전 분기 대비 0.57% 포인트(p) 하락하며 1.51%를 기록했다. 서울 오피스 공실률은 2018년 1분기 9.55%를 기록한 후 꾸준히 하락하다 2020년 6%대까지 잠시 상승했고, 이후 계속 내리막길을 걸었다. 그러다 3분기 2%대가 깨진 것이 [그림 6-24]에 나타나 있다.

반면 임대료는 꾸준히 상승을 유지하고 있다. 3분기에는 전 분기 대비 3.63% 오르며 m²당 2만6000원을 기록했다. 교보리얼코 관계자는 "장기 미공실 오피스가 많은 것을 보면 임대료가 추가로 상승할 것으로 전망된다"고 설명했다.

특히 도심권의 프라임급 오피스 대규모 공실 해소가 서울의 1%대 공실률을 기록하는 데 큰 역할을 했다. 도심권 공실률은 전 분기 대비 1.49%p 줄어들어 2.38%를 기록했다. 도심권역의 경우 그동안 타 업무권역 대비 상대적으로 높은 수준의 공실률 기록했으나, 서울 모든 권역 공실이 해소되면서 도심권역 역시 감소한 모습이다. 특히 도심권역에는 신규 공급이 더 이상 없을 예정인 만큼 공실률 감소세는 지속할 것으로 보인다.

그동안 인기가 높았던 강남권역과 여의도권역은 공실률 0%대까지 내려왔다. 강남권역은 공실률이 0.14%p 높아졌지만 여전히 0%대인 0.74%를 기록 중이다. 임대료는 3.79%나 올랐다. 여의도는 공실률이 1.02%p 떨어져 0.92%까지 내려왔는데, 눈에 띄는 점은 임

[그림 6-24] 서울지역 오피스 임대료 및 공실률 추이

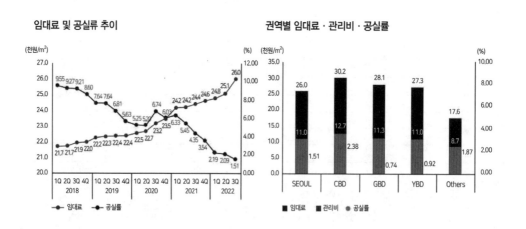

자료) 교보리얼코.

대료가 12%나 올랐다는 점이다.

교보리얼코 관계자는 "여의도는 임대시장으로 신규 편입된 면적이 없는 상황에서 최근 임차 수요가 크게 증가했고, 중대형급 오피스의 임대료 상승 조정이 몇 차례 있으면서 임대료가 대폭 상승했다"고 설명했다.

그동안 오피스 시장에서 공실률은 하락하고 임대료는 오르는 양상을 계속 보여 왔지만, 3분기는 특히 하락폭과 상승폭이 컸다고 전문가들은 말한다. 이들은 가장 큰 문제로 오피스 신규 공급이 부족하다는 점을 꼽았다. 실제로 3분기 서울에 공급된 빌딩은 6개로, 2분기보다 2개 늘었지만, 도심권역과 강남권역에는 소형오피스 2개가 전부였다.

서울 기타 지역에서도 대형오피스 1건 외에는 나머지 3건이 모두 중소형 오피스였다. 2023년까지는 서울 전 지역에서 오피스 공급이 거의 없는 상황이라 수급불균형은 심화할 것으로 보인다.

최근 늘어난 재택근무 등에도 오피스 수요가 줄어들지 않는 이유로는 거점오피스의 유행이 꼽힌다. 이런 공유오피스의 유행은 공유오피스 성장에 크게 기여하였다.

기업들이 직원들의 출퇴근 편의를 위해 거점오피스를 곳곳에 마련하고 있다. 그런데 거점오피스는 대규모 오피스가 필요가 없고 그 지역의 직원들의 수에 따른 적합한 면적이 필요하므로 공유오피스가 적합하다.

최근, 레고랜드 사태로 촉발된 PF 위기도 앞으로 오피스 시장의 수급불균형을 더 심화시킬 것으로 보인다. 권 연구원은 "빌딩을 짓고 부동산개발을 하려면 PF를 거쳐야 하는데 최근 PF시장이 어렵고 금리도 높기 때문에 더 짓기 어려운 상황"이라면서 "금융위기 이후 한때 빌딩을 많이 짓고 공실률이 높았던 영향이 재작년에 사실상 끝났고, 이후 코로나가 터지면서 시장도 불안정해지자 빌딩을 많이 안 짓는 추세"라고 덧붙였다.

하지만 2022년 7월 거시경제지표에서 나타나듯이 미국의 소비자물가지수가 42년 만에 최고치를 기록하여 6월 기준금리를 75bp로 올리고 다른 각국들도 경쟁이라도 하듯이 금리를 올리고 있는 게 현실이다. 심지어 여러 곳에서 스태그플레이션의 경고음까지 나오는 상황에서 서울의 토지가격이 오를 대로 오른 상태에서 무작정 오피스를 개발하는 것은 경기 하락국면에는 높은 위험에 처할 수도 있다. 그러므로 중·장기적인 측면에서 건물 전체를 차별화된 공유오피스를 개발하여 임대하는 것이 리스크를 줄이는 하나의 방안이 될 것이다.

3. 판매시설

1) 판매시설의 의의

판매시설이란 건축법 시행령 제3조의4에 근거한 [별표 1] 용도별 건축물 종류 7호에 나타나 있으며 다음과 같다.

(1) 도매시장(「농수산물유통 및 가격안정에 관한 법률」에 따른 농수산물도매시장, 농수산물공판장, 그 밖에 이와 비슷한 것을 말하며, 그 안에 있는 근린생활시설을 포함한다)

(2) 소매시장(「유통산업발전법」 제2조 제3호에 따른 대규모 점포, 그 밖에 이와 비슷한 것을 말하며, 그 안에 있는 근린생활시설을 포함한다)

(3) 상점(그 안에 있는 근린생활시설을 포함한다)으로서 다음의 요건 중 어느 하나에 해당하는 것

① 제3호 가목에 해당하는 용도(서점은 제외한다)로서 제1종 근린생활시설에 해당하지 아니하는 것

② 「게임산업진흥에 관한 법률」 제2조 제6호의2 가목에 따른 청소년게임제공업의 시설, 같은 호 나목에 따른 일반게임제공업의 시설, 같은 조 제7호에 따른 인터넷컴퓨터게임시설제공업의 시설 및 같은 조 제8호에 따른 복합유통게임제공업의 시설로서 제2종 근린생활시설에 해당하지 아니하는 것

(1) 도매시장(의류도매 및 패션 시장)의 역사적 조망

동대문시장은 남대문시장과 함께 100년간 우리나라 대표적인 도매시장으로서 여러 변천과정은 거쳐 오늘에 이르렀으며 변천과정을 기술하면 다음과 같다.

1905년 한국인 최초로 "광장주식회사"를 설립한 광장시장 설립 당시상황은 청계천을 복개하기 이전으로 서울상권은 청계천을 중심으로 남북으로 갈려 있었다. 일본인들은 남대문시장과 종로의 경영권을 장악하는 한편 주도권 장악에 실패한 동대문시장의 발달을 막기 위해 청계천 이남을 개발하면서도 청계천은 의도적으로 "미개한 조선의 상징"으로서 방치해 두었던 것이다.

6.25전쟁 이후 피난민들은 청계천 변에 공장 및 점포겸용의 무허가 판잣집을 짓고 생산과 판매를 겸했다. 청계천에 접해있는 지하는 공장으로 쓰였고 여기서 만든 옷을 지면에 접해있는 매장에 내다 팔았다.

상인의 대부분은 피난민(월남)들로 이루어졌고, 1958년 대형 화재로 실향민들의 삶의 터전이었던 판잣집이 거의 불타 버렸다. 1959년에는 남은 오두막들도 모두 철거되고 청계천 복원이 이루어졌다. 그렇게 복개된 자리에는 1961년 연건평 7,400여 평의 근대적 상가인 평화시장이 세워졌다. 피난민들이 주축으로 된 시장이기에 이름도 전쟁의 아픔을 달래기 위해 "평화시장"이라 하였다는 후문도 있다.

평화시장의 성공을 기초로 이를 벤치마킹, "통일시장"(1969), "동화시장"(1969), "성동상가"(1969, 1978년 "신평화시장"으로 개칭)되면서 비로소 의류시장으로서의 면모를 갖추게 된다.

1970년 12월 국내최대 원단 및 부자재 시장인 "동대문종합시장"이 생겨나면서 시장 내 원단공급이 원활하게 이루어지게 된다. 의류생산에 필요한 원단 및 부자재의 안정적인 대량공급이 가능해 비로소 동대문 시장내부에서 자기완결성을 구축하게 된다. 이때까지 여전히 의류도매시장의 중심은 "남대문시장"으로써 꼼꼼한 바느질 솜씨를 바탕으로 질 좋은 의류를 생산해낸 반면 동대문은 이보다 품질과 디자인이 한 단계 아래인 제품을 생산하거나 보세의류를 판매하는 시장이었다.

평화시장의 성공은 1960년대 말부터 1970년대 초반, 그리고 1970년대 말에서 1980년대 초반까지 집중적인 상가의 설립 붐을 초래한다. 이 과정에서 대규모 시장이 형성되고 1970년의 동대문종합시장을 필두로 1970년대 중반 의류 관련 제반 품목이 모두 동대문에 갖추어져 비로소 동대문은 산업집적지로서의 모습을 드러내고 전국적 도매시장으로 발전하게 된다.

그러나 여전히 남대문의 아성은 무너뜨리지 못한 채 동대문이 남대문과 더불어 전국적인 도매시장기능을 분할 담당하는 상태의 질서가 오랜 시간 지속되었다.

동대문 동평화시장 뒤편에 오픈한 아트프라자(1990)는 캐주얼을 주 품목으로 소비자들의 변화된 욕구를 충분히 반영하고, 가격경쟁력면에서도 우수성을 발휘하며, 남대문시장에서는 도저히 상상할 수 없는 가격을 무기로 남대문시장의 고정고객들에게 다가섰다.

남대문시장에서 나온 신상품이 동대문 아트프라자에선 3일이면 남대문시장에서는 상상도 할 수 없는 가격에 카피되어 나왔다. 이 같은 아트프라자의 경쟁력과 마케팅정책에 지방소매상들은 급속히 빨려 들어갈 수밖에 없었다.

아트프라자의 성공은 양대 남대문과 동대문의 의류시장 주도권 싸움으로 번졌으며, 이후 동대문이 의류단일 시장으로 최고의 자리 매김과 남대문상인들이 남대문을 떠나 동대문으로 몰리게 되는 계기를 마련했다.

이렇듯 아트프라자의 성공은 "디자이너클럽"(1994), "우노꼬레"(1996), "팀204"(1996 밀리오레벨리로 개명), "거평프레야"(1996 ⇒ 후에 "밀리오레" 탄생에 큰 벤치마킹의 대상이 되기도 했지만, 오픈당시는 도매를 표방하였다), "혜양엘리시움"(1997) 등 이후 출현하는 도매 상가들은 아트프라자를 벤치마킹하고 나름대로의 차별화 전략을 행하며 오늘의 동대문 도매시장의 아성을 만들어 왔다. 이후 밀리오레 출현으로 동대문은 두 흐름으로 진행방향이 나뉜다. 도매상권과 소매상권이 그것이다. 도매상권은 "apM"(1999), "누존"(2000) 등이 오픈 한다.

이후 도매상권은 남(신평화, 남평화, 흥인, 제일, 광희, 운동장평화(에어리어6, 아트, 우노꼬레, 혜양)과 북(디자이너, 팀204, apM, 누존, 4C4M)으로 이분된 변화를 보인다. 현재 상대적으로 남쪽 상권이 북쪽 상권보다 우세하다는 평가를 받고 있다.

아트프라자의 성공은 평화시장이 그 뒤를 이은 상가 설립 붐을 조성했듯이 또 한번 상가 설립 붐을 조성, 이후 디자이너클럽, 우노꼬레, 팀204, 혜양엘리스움이 1997년까지 계속 들어선다. 이들 현대식 도매 상가들은 전통 도매시장에 비해 현대적 건물과 주차시설, 그리고 남대문보다 빠른 개점으로 지방 소매상의 편의를 도모하여 남대문의 우위를 동대문으로 가져오게 된다. 이 과정은 남대문 상인이 동대문으로 들어오는 과정이기도 하다.

밀리오레의 성공은 단순히 동대문의 새로운 전기를 새로 세웠다는 차원을 떠나 전국으로 그리고 해외로 새로운 패션유통의 모델이 되어 삽시간에 퍼져나간다. 급조된 구조물에 오류가 있는 것은 인정해야할 부분이지만, 그 영향으로 전국에 태어난 적지 않은 수의 준비되지 못한 동대문형 쇼핑몰에 의해 고통을 받고 있는 이들도 있다. 그러나 분명한 것은 한 획을 긋는 계기가 된 것이다. 밀리오레 이후 이를 벤치마킹한 쇼핑몰들은 이후 동대문 서편에 세워지는 두타(1999), 헬로apM(2002) 및 앞으로 세워질 것으로 발표된 굿모닝시티(2004 예정), 라모도(2004 예정), 패션TV(2004 예정) 등에 이른다. 또한 전국적으로 이미 100개에 가까운 동대문형 쇼핑몰을 2000년 초까지 탄생시켰다.

① 농수산물 도매시장(가락동 농수산물시장)

가락동 농수산물 도매시장시장의 설립은 1977년 농수산부가 농수산물 유통센터 건립 방침을 「농수산물 유통 및 가격안정에 관한 법률」에 의하여 결정하고, 한국개발연구원, 세계식량농업기구, 한국농촌경제연구원 등의 시장 건립 타당성 분석을 통하여 서울특별시 송파구 가락동에 부지 면적 54만 7,265m²에 건물 면적 19만 7,142m²를 건설하기로 하고 1982년 4월에 건축을 시작하여, 1985년 5월에 공사를 마무리 짓고, 1985년 6월에 시장을 개장하였다.

농수산물의 유통 근대화를 효과적으로 달성하기 위하여 정부와 서울특별시가 서울 송파구 가락동에 설립한 종합도매시장은 **전국적인 농수산물의 대량** 신속 유통을 통해 유통 효율성을 증대시킴으로써 농수산물의 경제적, 사회적 유통 비용을 절감하여 생산자와 소비자를 동시에 보호하는 기능을 수행하고 있을 뿐만 아니라 가격 형성의 중추 시장 역할을 수행하고 있다. 또한 신속 정확한 유통 정보체계를 확립하여 수급 안정을 도모하고, 유사 도매시장의 기능을 흡수하여 도매시장의 건전한 발전을 도모하고 있다. 이와 함께 도매시장 중심의 유통 체계 개선으로 산지 시장과 소매 시장의 근대화를 유도하는 중심적인 역할을 수행하고 있다. 현황시장의 관리는 서울특별시 농수산물도매시장관리공사가 맡고 있으며, 시장의 운영은 1997년부터 10개의 농수축산물 도매시장 법인과 협동조합의 공판장이 담당하고 있다.

현재는 가락동 농수산물 도매시장뿐만 아니라 서울과 각시도 지역마다 농수산물시장, 원예시장, 수산물시장 등으로 전문성을 중심으로 구분되어 운영되고 있다.

(2) 소매시장

「유통산업발전법」 제2조 제3호에 따른 대규모 점포, 그 밖에 이와 비슷한 것을 말하며, 그 안에 있는 근린생활시설을 포함한다.

① 대규모점포의 종류에는 대형마트. 전문점, 백화점, 쇼핑센터, 복합쇼핑몰과 기타 대규모 점포가 있다.

㉠ 대형마트는 대통령령으로 정하는 용역의 제공장소(이하 "용역의 제공장소"라 한다)를 제외한 매장면적의 합계가 3천m² 이상인 점포의 집단으로서 식품·가전 및 생활용품을 중심으로 점원의 도움 없이 소비자에게 소매하는 점포의 집단을 말한다.

ⓛ 전문점이란 용역의 제공장소를 제외한 매장면적의 합계가 3천m² 이상인 점포의 집단으로서 의류·가전 또는 가정용품 등 특정 품목에 특화한 점포의 집단을 말한다.

ⓒ 백화점은 용역의 제공장소를 제외한 매장면적의 합계가 3천m² 이상인 점포의 집단으로서 다양한 상품을 구매할 수 있도록 현대적 판매시설과 소비자 편익시설이 설치된 점포로서 직영의 비율이 30퍼센트 이상인 점포의 집단을 말한다.

ⓔ 쇼핑센터이란 용역의 제공 장소를 제외한 매장면적의 합계가 3천m² 이상인 점포의 집단으로서 다수의 대규모점포 또는 소매 점포와 각종 편의시설이 일체적으로 설치된 점포로서 직영 또는 임대의 형태로 운영되는 점포의 집단을 말한다.

ⓜ 복합쇼핑몰이란 용역의 제공장소를 제외한 매장면적의 합계가 3천제곱미터 이상인 점포의 집단으로서 쇼핑, 오락 및 업무 기능 등이 한 곳에 집적되고, 문화·관광 시설로서의 역할을 하며, 1개의 업체가 개발·관리 및 운영하는 점포의 집단을 지칭한다.

ⓗ 그 밖의 대규모점포 제1호부터 제5호까지의 규정에 해당하지 아니하는 점포의 집단을 지칭한다.

② 대규모점포의 역사적 조망

첫째, 우리나라의 대형할인마트 역사는 그리 오래 되지 않았다. 국내 최초의 대형할인마트는 이마트로 1993년 11월에 문을 열었다. 이마트는 마케팅과 판촉비용을 없애고, 최소한의 판매사원으로 인건비를 줄였다. 그리고 이런 비용절감 효과를 소비자에게 값싼 물건으로 제공하게 했다.

소비자들에게는 대형마트가 물건이 싸다는 입소문이 퍼졌고 매출은 급속하게 증가했다. 또 이마트가 많은 수익을 올리자 홈플러스, 롯데마트 등 다른 업체들도 할인점 시장에 하나 둘 진출하기 시작했다.

지난 1996년 유통시장의 개방 이후 대형마트는 우후죽순처럼 생겨났고 1996년 이전 28개에 불과했던 대형마트는 2006년 300개를 훌쩍 넘었다.

대형마트는 개인의 자본을 끌어들여 하는 것이 아니라 대기업의 어마어마한 자본금을 이용해 지역에 진출하고 있다. 그리고 이런 매머드급의 자금을 동원한 대형마트의 출현은 영세 상인의 몰락에만 그치는 것이 아니라, 지역의 자금을 서울과 수도권으로 유출해 지역 경제 기반의 붕괴를 초래하고 있어 문제가 되고 있기도 하다.

현재 대형할인마트들은 PB(Private Brand)상품을 무기로 영향력을 확대해 나가고 있다.

PB상품은 자체상표를 쓰는 상품을 말한다. PB상품을 사용하면 유명상표에 붙는 로열티, 광고비, 판촉비, 중간마진 등의 거품이 없기 때문에 품질은 제조업체 상품과 같으면서 값은 10~30%가량 싸게 내 놓을 수 있다. 대형할인마트들이 직접 기획, 판매하는 PB상품이 급증하면서 유통업이 제조업의 경영전략까지 주도하는 새로운 산업구도가 형성되고 있는데, 할인점들은 고객의 기호변화에 부합하는 값싸고 특화된 PB상품으로 제조업체의 상품기획 단계에서부터 디자인, 생산계획 수립에까지 주요 경영전략을 주도하고 있다. 한 예로 이마트는 1997년 7월부터 자체브랜드인 'E-플러스' 등을 개발했으며 식품이나 생

<표 6-19> 2021년 국내 5대백화점 점포 매출순위

순위	점포명	매출(억 원)	신장률(%)
1	신세계 강남점	24,940	22.3
2	롯데 잠실점	17,973	22.1
3	롯데 본점	16,670	12.9
4	신세계 센텀시티점	15,664	27.1
5	현대 판교점	12,413	23.2
6	신세계 대구점	11,939	51.3
7	현대 무역센터점	10,860	22.8
8	현대 본점	10,809	22.6
9	롯데 부산본점	10,725	15.5
10	갤러리아 명품관	10,587	30.7
11	신세계 본점	10,026	28.1
12	신계계 광주점	7,652	19.7
13	갤러리아 타임월드점	7,407	15.4
14	현대 목동점	6,931	9.2
15	롯데 인천터미널점	6,850	21.2
16	더현대서울	6,637	-
17	현대 대구점	6,190	3.3
18	갤러리아 광교점	6,016	60.9
19	신세계 경기점	5,889	15.2
20	신세계 영등포점	5,564	18

자료) 어패럴뉴스.

활용품뿐만 아니라 스포츠용품 의류까지 그 범위를 확대했다.

둘째, 우리나라에 대형백화점이 본격적으로 등장한 것은 1970년대 후반부터였다. 이 시기 생활수준이 향상되면서 백화점에 대한 소비자들의 인식도 달라졌으며 백화점도 운영의 묘를 제대로 파악하고 있었기 때문에 백화점 운영은 활기를 띠었다. 1979년 서울 소공동에 롯데백화점이 문을 열면서 1980년대 백화점 경쟁체제가 시작되었다. 1985년에는 서울 압구정동에 현대백화점이 반포에 뉴코아백화점이 들어섰다. 이때에는 대형백화점뿐만 아니라 중소업체들까지 우후죽순 백화점업에 뛰어들었고, 그 결과 1996년 전국에 106개의 백화점이 개점되기에 이르렀다. 그러나 1997년 IMF 경제위기 등으로 경쟁력 없는 업체들은 백화점 시장에서 자연스럽게 퇴출되었다. 한때 백화점에서의 쇼핑은 부를 가진 사람들만이 할 수 있는 것이었고 서민들에게 백화점은 동경의 대상이었다. 그러나 경제성장에 따라 소득과 생활수준이 향상되면서 백화점도 대중화되었다.

2021년 기준 전국 70개의 백화점 중 매출 순위 1위 매장은 신세계 강남점이다. 매출이 무려 2조 4940억 원이다. 다른 나라들은 코로나로 인해 백화점 매출이 하락하는 추세였는데, 한국은 오히려 상승하고 있었기 때문에 2020년 전 세계 3위를 했던 신세계 강남점이 전 세계 1위 매장이 될 가능성이 높다.

1979년부터 2016년까지 압도적인 1위를 했었던 롯데백화점 본점이 2017년 2위로 내려온 것도 유통업계 큰 이슈였는데, 2021년 매출 순위에서는 3위로 한 단계 더 내려오게 된다. 그리고 롯데백화점 내 만년 '넘버2'였던 롯데백화점 잠실점이 전체 2위로 등극하게 된다.

롯데백화점 본점과 롯데백화점 잠실점의 순위 변화는 부동산시장에 큰 변화가 진행되고 있음을 알 수 있는 중요한 포인트다. 과거 백화점은 찾아가는 곳이었다. 백화점을 이용하고자 하는 고객 수요 대비 백화점 개수 자체가 적었기 때문이다. 많은 사람들이 편리하게 접근할 수 있도록 교통이 가장 편리한 입지에 위치했다. 그래서 가장 중심지의 백화점 매출이 압도적으로 높았다. 대표적인 백화점이 롯데백화점 본점이다.

하지만 백화점 개수가 증가하고, 슬리퍼생활권이라는 신조어가 생길 정도로 접근성에 대한 니즈가 커지면서 교통이 편리한 도심 내 백화점의 위상은 점점 낮아졌다. 그 골드크로스의 시기가 2016~2017년이다. 롯데백화점 본점이 신세계 백화점 강남점에 1위를 내준 것이다.

2021년 백화점 매출을 점포별로 분석해 보면 더 놀라운 사실을 확인할 수 있다. 코로나 등의 위기로 지역 중소 유통업체들의 폐점이 지속되는 가운데, 백화점 매출은 연일 사상 최고 상승률을 기록하고 있다. 특히 2021년에는 단일 점포로 매출 1조 원을 넘긴 점포가 무려 11개나 된다.

2021년 1조 원이 넘는 매출을 달성한 서울 매장은 신세계 강남점, 롯데 잠실점, 롯데 본점, 현대 무역센터점, 현대 본점, 갤러리아 명품관, 신세계 본점 등 7개 매장이다. 부산 매장 중에서는 신세계 센텀시티점과 롯데 부산본점이 1조 원 매출 클럽이다. 그 외 경기도 성남 소재의 현대 판교점과 신세계 대구점이 1조 원 클럽 멤버들이다.

서울엔 경제력 있는 수요층이 가장 많이 살고 있다는 것을 백화점 순위를 통해 알 수 있다. 경기와 인천에 있는 백화점까지 포함하면 전체 유통 매출의 대부분을 수도권이 담당하고 있다고 봐도 될 듯하다. 지방에서 부산, 대구, 광주에서 경쟁력이 있는 층들이 증가하고 있음을 알 수 있다. 특히 부산과 대구의 성장이 놀라운 정도다.

롯데백화점 본점의 순위 하락에는 유동 고객이었던 중국 등 해외 관광객들의 매출이 급감한 이유도 있을 것이다. 중국 고객은 사드 사태 이후로, 그 외의 나라 관광객들은 코로나 사태 이후로 급감해 버리고 말았다. 하지만 신세계 강남점은 주변의 배후 수요가 탄탄하다. 서초구 반포동은 계속 재건축이 진행되면서 거주 인구도 증가했고, 무엇보다 주거환경이 쾌적해져 경제력 있는 세대들이 지속적으로 이주해오고 있다. 결국 백화점의 매출 증감과 순위 변화를 보면 백화점 주변 지역의 거주 여건이 좋아지고 있음도 추정해 볼 수 있다.[5]

셋째, 쇼핑센터(복합쇼핑몰 포함)는 국내에서 백화점과는 또 다른 개념의 쇼핑몰이다. 일반적으로 1995년 이랜드의 '2001아울렛'을 시작으로 다른 대형 유통사도 대형 쇼핑몰 개발에 속속 가세했다. 현재 프리미엄아울렛으로 통칭되고 있지만 순수 창고형 아울렛과는 구분해 쇼핑몰 카테고리로 핫 플레이스 톱 10을 꼽았다.

대형 쇼핑몰은 대부분 시외에 자리해 주로 자가용을 이용해 방문하며 쇼핑뿐만 아니라 데이트나 나들이를 겸하는 레저 공간 역할도 한다. 2021년 1~10월까지 국내 최대 내비게이션 서비스 티맵의 목적지 정보와 소비자 데이터를 데이터분석기업 TDI가 분석해 핫 플레이스 순위를 산출했다.

---

5) 스마트튜브 부동산조사연구소(writer@bizhankook.com).

[그림 6-25] 쇼핑몰 지점별 차량도착수 Top10   (단위: 건)

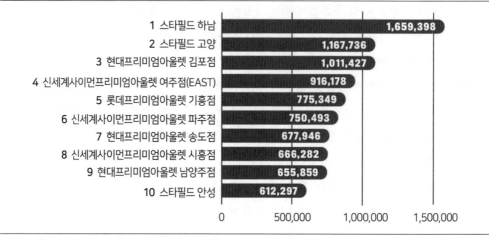

1 스타필드 하남   1,659,398
2 스타필드 고양   1,167,736
3 현대프리미엄아울렛 김포점   1,011,427
4 신세계사이먼프리미엄아울렛 여주점(EAST)   916,178
5 롯데프리미엄아울렛 기흥점   775,349
6 신세계사이먼프리미엄아울렛 파주점   750,493
7 현대프리미엄아울렛 송도점   677,946
8 신세계사이먼프리미엄아울렛 시흥점   666,282
9 현대프리미엄아울렛 남양주점   655,859
10 스타필드 안성   612,297

자료) TDI 드래곤(기간 2021년 1~10월).

그 결과, 브랜드 및 지점 순위에서 상대적으로 신규 브랜드인 스타필드의 상위권 장악이 두드러졌다. 브랜드 순위 1위이며, 지점별 순위에서도 1, 2위를 하남점, 고양점이 차지했다. 정용진 신세계그룹 부회장이 기존 프리미엄아울렛 개념과는 차별화해 추진한 복합 쇼핑몰 브랜드가 스타필드다. 실제 미국 쇼핑몰 전문운영기업인 터브먼사와 제휴해 기획했다. 그래서인지 미국의 대표 쇼핑몰 브랜드인 웨스트필드(Westfield)와 여러모로 닮았다는 평가도 있다. 지난 2016년 스타필드 하남을 시작으로, 두 번째 매장은 코엑스몰의 운영권을 신세계가 장기 임차해 스타필드 코엑스몰을 열었다. 이후 고양, 안성에 4호점까지 냈고, '스타필드시티'(8위)라는 서브 브랜드로 위례, 부천, 명지(부산)에 지점을 열었다. 2024년 완공 예정인 스타필드 청라부터는 2세대 개념을 적용해 쇼핑몰, 호텔, 백화점, 테마파크를 접목한 역대 최대 규모의 스타필드를 구현하겠다고 정 부회장이 밝히기도 했다.

한편 신세계는 프리미엄아울렛 콘셉트로도 롯데, 현대와 경쟁하고 있다. 신세계사이먼프리미엄아울렛이 브랜드 순위 4위에 올랐고, 여주점·파주점·시흥점이 지점별 순위 4·6·8위를 기록했다. 특히 여주점은 2020년 기준 매출 6518억 원으로 유통 빅 3가 운영하는 프리미엄아울렛 중 매출 순위 1위 지점으로 조사된 바 있다.

브랜드 순위 2위 롯데프리미엄아울렛은 유통 공룡 롯데답게 6위 롯데몰, 7위 롯데아울렛을 포함해 최다 규모인 총 29개 매장을 운영한다. 지점별 순위 5위에는 이탈리아 피렌체 콘셉트의 고풍스러운 인테리어로 2018년 오픈한 기흥점이 올랐다. 기흥점의 2020년 매출은 2976억 원이다. 매출 면에서는 오히려 경남지역의 지점들이 리드하고 있다. 명품 라인업이 가장 좋은 동부산점의 2020년 매출이 4712억 원, 롯데프리미엄아울렛 1호점인 김해점이 3388억 원으로 웬만한 롯데백화점 지점과 비슷한 매출 규모이다.

브랜드 순위 3위에 오른 현대프리미엄아울렛은 지점 순위에 김포점(3위), 송도점(7위), 남양주점(9위)을 올려놨다. '김현아'로 불리는 김포현대프리미엄아울렛은 2020년 매출 4679 억 원을 올려 지점 매출 톱 3 수준이다.

국내 유통 대형사 빅 3 이외에 10위권에는 5위 이케아, 9위 모다아울렛, 10위 타임스 퀘어가 포함됐다. 스웨덴의 DIY 가구 및 생활소품을 판매하는 다국적 기업 이케아는 세 계 52개국에 370개 매장을 운영하고 있다. 국내에는 2014년 광명점을 시작으로 고양점, 기흥점, 부산점을 열었다.

모다아울렛은 1999년 국내 최초 패션 브랜드 온라인 쇼핑몰을 시작한 패션플러스의 오 프라인 매장이다. 지난 2012년 현재의 모다아울렛을 계열사로 편입하면서 전국에 18개 패션 아울렛을 운영하고 있다. 약 1만 개 패션 브랜드를 유통하며 여성복 위주에서 스포 츠, 아웃도어, 골프, 남성복, 언더웨어, 슈즈, 잡화 등으로 확대했다.

타임스퀘어는 10위권 중 유일하게 서울에 자리한 복합쇼핑몰로 영등포구 구 경방필백화 점과 경방 영등포 공장 및 사옥 부지에 2009년 조성됐다. 지하 2층, 지상 8층 규모(총면적 37만m²)로 스타필드 하남이 개장하기 전까지 국내 최대 복합 쇼핑몰 자리를 지켰다.[6]

국내 복합쇼핑몰 변화 추이를 살펴보면 2000년을 시작으로 2014년까지 주기별로는 4세 대에 진입해 도심형 몰이 쏟아지고 있지만 진정한 '지역밀착형' MD에서는 아쉬움이 남는 다. 어딜 가도 볼 수 있는 글로벌 SPA가 키 테넌트로 들어와 있고 다음 순위는 F&B와 최근 1등으로 러브콜을 받는 '라이프스타일' 관련 콘텐츠가 중심을 이룬다.

SPA는 의류기획·디자인, 생산·제조, 유통·판매까지 전 과정을 제조회사가 맡는 의류 전문점을 말한다.

글로벌 SPA는 복합쇼핑몰에 최적화된 콘텐츠다. 수백평대의 매장을 꾸릴 수 있는 상품 력과 전 가족이 한 매장에서 동시에 쇼핑을 즐길 수 있는 SPA 브랜드는 해외에서는 몰의 성장과 추이를 함께했다.

---

6) TDI 데이터드래곤.

<표 6-20> 국내 주요 복합쇼핑몰 현황

구분	코엑스	타임스퀘어	여의도몰	잠실 제2롯데월드몰	파르나스몰
위치	서울 강남구 삼성동	서울 영등포구 영등포동	서울 영등포구 영등포동	서울 송파구 잠실	서울 강남구 삼성동
입지형태	도심형/지역형	도심형/지역형	도심형/지역형	도심형/지역형	도심형/지역형
오픈 및 리뉴얼 연도	2000년 5월 오픈/ 2014년 11월 리뉴얼 완성	2009년 5월 오픈/ 2014년 9월 리뉴얼	2012년 8월	2014년 10월	2014년 10월
전개사	한국무역협회	경방	윌리엄프리드먼 (AIG코리아) 운영: 터브먼	롯데자산개발	파르나스호텔
연면적/ 영업면적	16만5000m²/ 8만2645m²	37만m²/ 30만2000m²	7만6021m²/ 3만9420m²	42만8934m² (고층부제외)/ 5만2797m²(쇼핑몰)	1만5500m²/ 8830m²
특징	▪ 국내 1세대 복합쇼핑몰로 14년차에 리뉴얼 확장 ▪ 엔터테인먼트형 몰로 컬처플랫폼 시동 ▪ 브랜드 수 209개, F&B 91개	▪ 지역형 도심몰로 키 테넌트 강화 ▪ 카테고리, 조닝별 구분 리뉴얼로 강화 ▪ 브랜드 수 200여 개	▪ 오피스 상권특화형 MD 구성 ▪ 인터내셔널 스타일 쇼핑몰 콘셉트 ▪ 브랜드 수 110여 개	▪ 국내 미도입 브랜드 대거 선봬 화제 ▪ 중국 관광객 겨냥 ▪ 테마형 MD로 F&B 특화 ▪ 브랜드 수 270개	▪ 일본 모리빌딩 자회사 모리빌딩도시기획 컨설팅 ▪ 해외 프리미엄 브랜드 도입 ▪ 브랜드 수 63개

초대형 쇼핑몰과 지역밀착형 부티크 몰 간의 간격은 '대중'이냐 '코어 타깃'이냐에 따라 다시 구분되지만 이런 콘텐츠들이 복합쇼핑몰의 발전을 이끈다고 생각한다.

특히 2015년을 시작으로 향후 2~3년간 빅3 유통(롯데, 현대, 신세계)의 복합쇼핑몰 오픈 소식이 기다리고 있는 가운데 자칫 '대형화'에만 포커싱될 수 있다는 지적도 나온다. 한 쇼핑몰 전문 디벨로퍼는 "도심 재개발 현상과 맞물려 향후 도심형, 교외형 쇼핑몰이 동시 다발적으로 늘어날 것으로 예상한다. 메가형 몰은 인구 밀도, 국토 규모, 경쟁 유통을 고려해야 하는데, 현재 이 현상은 서울, 경기도에 집중되어 있다.

이렇게 되면 또 백화점, 아울렛이 밟아 온 메가 점포 겹치기 현상이 그대로 일어날 것이다. 다양한 소비자를 만족시킬 수 있는 테넌트 믹스에 기반한 지역밀착형 MD와 브랜드간 협업을 통해 램블링 족을 사로잡기 위한 고민이 따라야 할 것이다.

이렇게 성장한 유통업체들이 2022년 3월 코로나19 팬데믹으로 인해 엄청난 타격을 입고 온라인과 오프라인을 통합한 하이브리드형 마케팅을 추진하며 생존경쟁을 벌리고 있다.

③ 매장용부동산의 역사적 조망

매장용빌딩은 2002년부터 한국부동산원에서 투자수익률, 공실률, 임대료 등을 조사하여 통계 치로 남겼다. 2012년 투자수익률이 5.25%로 전년대비 1.41%p 하락하였는데, 경기침체 및 물가상승 등 실물경기 악화에 따른 소비심리 위축* 영향인 것으로 보인다. 외환위기 이후 2002년 부동산경기가 본격적으로 회복되면서 투자수익률이 상승하면서 상가에 대한 공급이 많아지면서 2004~2006년까지 하락하다가 2008년 미국의 리먼사태를 기점으로 2012년까지 지속적으로 투자수익률이 하락하고 있다.

<표 6-21> 매장용부동산 연간 투자수익률 추세   (단위: %)

구 분	2002	2003	2004	2005	2006	2007	2008	2009	2010	2011	2012
매장용	13.02	14.09	9.54	8.66	8.14	8.20	10.91	5.19	6.85	6.66	5.25

주 1) 2009년 이후 연간수익률은 해당년도 4분기 동안의 시간가중 수익률임.
주 2) 투자수익률(%) = 소득수익률(%) + 자본수익률(%).

그러나 2011~2012년 사이 연 5%대의 투자수익률은 같은 기간의 채권(국고채 3.13%, 회사채 3.77%), 금융상품(정기예금 3.4%, CD 3.3%), 주식(-2.7%)보다는 상대적으로 높은 수익률에 해당한다.

<표 6-22> 투자수익률 비교   (단위: %)

	상업용부동산		채권		주식	금융상품		기타		
	오피스	매장용	국고채 (3년)	회사채 (3년)	KOSPI	정기예금	CD (91일)	아파트 (매매)	환율	금가격
2011	6.97	6.66	3.62	4.41	12.4	3.69	3.44	9.6	-4.2	11.43
2012	5.55	5.25	3.13	3.77	-2.7	3.40	3.30	-0.2	1.7	-0.54

자료) 한국은행 경제통계시스템(http://ecos.bok.or.kr), 한국감정원 부동산통계정보시스템(www.r−one.co.kr), 한국거래소.

이 기간 연간 매장용 투자수익률을 도시별로 살펴보면 부산, 대구, 울산, 안양이 6% 이상인 반면, 수원은 2.13%로 가장 낮았으며, 대부분의 지역이 전년대비 하락한 가운데 서울은 전년대비 2.06%p 하락한 4.70%로 나타났다.

한편, 2012년 매장용 투자수익률은 연간 5.25%로 전년대비 대비 1.41%p 하락하였다.

<표 6-23> 매장용빌딩 도시별 연간 투자수익률 현황 (단위: %, 대비%p)

구분	투자수익률			구분	투자수익률		
	2011	2012	전년대비		2011	2012	전년대비
전체	6.66	5.25	-1.41	대전	6.52	5.78	-0.74
서울	6.76	4.70	-2.06	울산	5.20	6.35	1.15
부산	7.44	6.83	-0.61	성남	7.49	4.82	-2.67
대구	6.01	6.17	0.16	수원	5.85	2.13	-3.72
인천	7.06	5.01	-2.05	안양	7.52	8.58	1.06
광주	5.27	4.39	-0.88	고양	6.01	5.11	-0.90

주) 투자수익률: 1년 동안의 보유기간 연간 투자수익률이며, 증감폭은 수익률의 전년대비 차이(%p)임.

2002년부터 매장용빌딩의 공실률은 2004년까지 서서히 증가하다가 미국에서 금리를 인상하기 시작하자 2007년까지 공실률이 급격히 상승하기 시작하였다. 2008년 금융위기 이후 부동산경기가 하락하는 가운데 기준금리를 2009년 5.25%에서 2%로 인하하자 2012년까지 공실률도 완만히 하락하였다.

매장용빌딩의 공실률추이는 <표 6-24>와 같다.

<표 6-24> 연도별 매장용 공실률 추세 (단위: %, 대비%p)

구분	2002	2003	2004	2005	2006	2007	2008	2009	2010	2011	2012	전년대비
매장용	4.4	5.3	6.6	10.2	10.6	11.6	10.0	10.5	9.6	7.8	9.2	1.4

주) 2002~2008년은 각년도 7.1자 기준이며, 2009년부터는 각년도 4/4분기(12.31자) 기준임.
　매장용 신축물량은 완만한 증가세(2010년 27,153동, 2011년 28,143동, 2012년 28,221동).

한편, 매장용빌딩의 임대료 추이를 살펴보면 <표 6-25>와 같다. 2005년부터 2008년까지 경기가 활황기이라 임대료 추이는 지속적으로 상승하였다. 2009년부터는 기준금리를 급격히 인하하자 2012년까지 임대료도 상승하였다. 2012년 매장용빌딩은 45.7천 원/m² 으로 전년대비 2.5천 원/m² 상승하였다.

<표 6-25> 연도별 매장용 임대료 추세 (단위: 천 원/m²)

구분	2005	2006	2007	2008	2009	2010	2011	2012	전년대비
매장용	36.3	37.2	37.9	39.7	40.9	42.0	43.2	45.7	2.5

주) 2005~2008년은 각년도 7.1자 기준이며, 2009년부터는 각년도 4/4분기(12.31자) 기준임.
　　매장용빌딩은 1층 기준임.
　　임대료는 월세환산 임대료이며, 2005년 이전은 전세환산액으로 발표하여 미기재.

　상가는 2003년부터 통계치가 기록으로 발표되었다. 그 자료를 통해서 임대료, 공실률 그리고 투자수익률을 통해서 판매시설의 역사적 시장 환경을 고찰해 보고 부동산개발업자들이 사업추진 여부를 판단할 수 있도록 하고자 한다. 한국부동산원에서 <표 6-26>과 같이 조사한 통계자료를 활용하였다.

<표 6-26> 오피스, 상가 조사 표본의 통계자료

대상객체: 오피스, 상가
조사범위: 일반건물 12,111동(오피스 824동, 중대형 상가 5,761동, 소규모 상가 5,526동 및 집합건물
　　　　　29,500호)
조사단위
오피스: 전국, 16개 시·도, 52개 상권
중대형 상가: 전국, 17개 시·도, 248개 상권
소규모 상가: 전국, 17개 시·도, 232개 상권
집합 상가: 전국, 17개 시·도, 222개 상권
조사지역: 전국
조사방법: 표본조사, 현장조사

　2013년부터 2022년 3분기까지 중대형 매장용(주용도가 상가등인 3층 이상이거나, 연면적 330m² 초과인 일반건축물)과 소규모매장용(주용도가 상가 등인 2층 이하이고, 연면적 330m² 이하인 일반건축물), 집합매장용(주용도가 상가등인 집합건축물)의 각각의 임대료와 공실률 그리고 투자수익률을 국토부(한국부동산원에서 조사) 자료를 통하여 우리나라 전체, 서울과 서울의 도심, 강남, 여의도·마포, 기타 지역으로 분류하여 고찰해 보고자 한다.
　먼저, 통계치의 비통일성과 오류, 누락 또는 정확성의 시비논란이 있을 수 있다는 것을 참고하기 바란다.
　중대형매장용 임대료 산출은 서울의 도심 중 광화문, 동대문, 명동, 서울역, 종로, 충무

로 지역을 선정하였다. 강남지역 중 강남대로, 도산대로, 서초, 신사, 압구정, 청담, 테헤란로 지역을 선정하였으며, 신촌(마포)·영등포지역은 공덕동, 신촌, 홍대합정동 지역을 선정하였다.

서울의 기타지역으로는 건대, 경희대, 성신여대, 군자, 목동, 사당, 수유, 신림, 영등포, 용산, 이태원, 잠실, 장안동, 첨호, 청량리, 혜화동, 확곡 지역을 중심으로 한다.

서울을 제외한 우리나라 전체는 광역시, 자치시, 자치도, 각 시·도의 중심업무지역과 상권지역을 선정하여 임대료 등이 산출되었으며 자제한 내용은 한국부동산원 R-ONE 부동산 통계뷰어를 참고하기 바란다.

부동산시장은 지역시장이라 지역마다 약간의 차이는 있으나 전지역에 대한 중대형상가에 대하여 임대료를 살펴보면 2013년 4분기부터 2016년 4분기까지는 경기회복 초기이므로 별 변동이 없다. 2017년 4분기부터 2019년 4분기까지는 부동산경기가 회복기에 있으므로 상가의 거래가격은 상승하였다. 그러나 임대료는 약간의 하락이 있었고 2020년 3월 코로나19 팬데믹 이후에는 저금리와 엄청난 자금을 공급하여 주택가격은 큰 폭으로 상승하였으나 비대면으로 인해 상가는 큰 폭의 임대료가 하락하였다.

<표 6-27> 중대형 매장용 임대료

(단위: 천 원/m²)

구분	전체	서울	도심	강남	영등포/신촌	기타
2013년 4분기	31.3	59.6	105.2	75.6	49.7	42.7
2014년 4분기	31.7	60.4	106.2	77.8	50.2	43
2015년 4분기	31.8	60.7	105.6	78	51.9	43.1
2016년 4분기	31.1	58	93.5	78.1	51	43.1
2017년 4분기	29.6	59.3	94.9	76.9	47.9	45.3
2018년 4분기	29	58.2	93.7	75.4	52.2	45.5
2019년 4분기	28	58.2	100.6	72	52.2	46.7
2020년 4분기	26.3	54.2	92.8	62.3	48.6	46.5
2021년 4분기	25.4	51.7	82.3	57.8	47.3	45.6
2022년 1분기	25.5	51.5	82.1	56.7	46.4	46
2022년 2분기	25.5	51.6	82.2	56.8	46.3	46
2022년 3분기	25.6	51.8	82.2	57.1	47.2	46.2

\<표 6-28\> 소규모 매장용 임대료

(단위: 천 원/m²)

구분	전체	서울	도심	강남	영등포/신촌	기타
2015년 4분기	16.4	46.5	52.3		54.8	34.4
2016년 4분기	16.5	46.7	52.6		55.1	34.4
2017년 4분기	21.4	52.4	69.3	56.4	44	44
2018년 4분기	20.8	52.5	69.1	58.1	42.8	44.5
2019년 4분기	20.3	54.7	76.7	62.8	45.2	42.9
2020년 4분기	19.6	50.3	71.9	58.1	46.2	39.5
2021년 4분기	19	49.2	68	57.9	44.9	40
2022년 1분기	19.4	49	65.9	59.2	46	40.2
2022년 2분기	19.4	49.1	65.9	59.3	45.7	40.5
2022년 3분기	19.4	49.2	66.1	59.4	45.7	40.6

\<표 6-29\> 집합매장용 임대료

(단위: 천 원/m²)

구분	전체	서울	도심	강남	영등포/신촌	기타
2014년	28.8	50.0	86.1	59.2	38.6	42.9
2015년	28.8	50.2	86.2	59.4	38.9	43.1
2016년	28.7	50.2	86.1	59.4	38.9	43.1
2017년	28.6	52.4	82.9	62.5	42.4	48.2
2018년	28.5	52.2	82.8	61.5	42	48.5
2019년	28.2	52.2	89.1	60.1	41.7	48.4
2020년	27.6	51.3	83.8	60.2	41	47.7
2021년	26.9	47	80	52.8	36.6	43.4
2022년 1분기	26.9	47.1	79.6	52.5	35.8	44
2022년 2분기	26.8	46.8	79.5	52.6	35.8	43.4
2022년 3분기	26.8	46.9	79.6	52.8	35.8	43.4

\<표 6-27\>, \<표 6-28\>, \<표 6-29\>에서 보는 바와 같이 2022년 이후에는 엔데믹으로 보복소비로 인해 임대료의 회복을 크게 기대하였으나, 우크라이나, 사태로 고물가로 인한 금리상승과 경기침체 우려로 3분기의 임대료는 2분기에 비해 소폭 상승하였다.

미국을 비롯한 글로벌 경제 환경이 유래 없는 물가상승으로 인해 급격한 금리인상으로 인해 경기침체 공포가 팽배해 있는 불확실성시대에 부동산개발업자는 리스크를 줄일 수 있는 방안을 철저히 마련하여야 한다.

<표 6-30> 중대형 매장용 공실률 (단위: %)

구분	전체	서울	도심	강남	영등포/신촌	기타
2013년 4분기	10.2	6.8	5.9	8.4	4.2	6.5
2014년 4분기	10.3	6.9	8	6.2	6.4	6.5
2015년 4분기	10.3	7.5	8	7.6	6.6	7.2
2016년 4분기	10.6	7.7	7.2	6.5	7.8	8.1
2017년 4분기	9.7	7	4.4	7.3	7.7	7
2018년 4분기	10.8	7	6.6	7.4	7.5	6.4
2019년 4분기	11.7	8	6.5	8	8.7	8.4
2020년 4분기	12.7	8.8	12.6	10.1	8.6	7.3
2021년 4분기	13.5	10	17.9	10.3	11.7	8
2022년 1분기	13.2	9.5	16.2	9.6	10.2	7.9
2022년 2분기	13.1	9.5	16.9	9.8	10.6	7.7
2022년 3분기	13.1	9.1	18.1	8.6	9.1	7.7

<표 6-31> 소규모 매장용 공실률 (단위: %)

구분	전체	서울	도심	강남	영등포/신촌	기타
2015년	5	3.4	3.2		4.6	3.4
2016년	5.3	3	3.3		1.6	3.9
2017년	4.4	3.3	4.6	2.1	3.7	2.9
2018년	5.3	2.4	3.2	2	1.6	1.4
2019년	6.2	3.9	3.5	3.1	2.9	3.9
2020년	7.1	7.5	10.5	2.5	7.8	6.8
2021년	6.8	6.7	11.2	4.9	10.3	4.6
2022년 1분기	6.4	6.2	8.8	5.1	7.4	5.2
2022년 2분기	6.6	6.1	7.7	3.4	8.3	5.6
2022년 3분기	6.8	6.3	6.7	3.7	8.1	6.3

상가의 공실률은 2008년 금융위기 이후 2013년까지 부동산 경기가 하락국면에 있었고 2014년 이후 부동산경기가 조금씩 회복되면서 2018년까지 하락하였다. <표 6−30>, <표 6−31>에서 보는 바와 같이 2019년부터 공실률이 증가하기 시작하다가 코로나19 팬데믹 이후 큰폭의 공실률이 증가하게 되었다. 2022년 이후 3분기까지는 지역에 따라 공실이 증가 또는 감소하는 것으로 나타났다. 4분기 이후에는 코로나19 방역의 완화에도 불구하고 고금리와 통화긴축에 인한 경기침체가 본격화됨에 따라 공실이 증가할 것으로 전망된다.

<표 6-32> 중대형 매장용 투자수익률

(단위: %)

구분	전체	서울	도심	강남	영등포/신촌	기타
2013년	5.32	5.54	6.08	5.47	5.78	5.41
2014년	6.16	6.41	7.24	6.27	7.15	6.16
2015년	6.24	6.46	7.18	6.63	7.66	6.03
2016년	6.34	6.44	6.81	6.66	7.11	6.17
2017년	6.71	6.74	6.87	7.04	7.06	6.45
2018년	6.91	8.2	8.06	8.67	8.82	7.71
2019년	6.29	7.9	7.75	8.69	7.8	7.61
2020년	5.10	6.06	5.02	6.02	6.03	6.27
2021년	7.02	7.9	5.71	8.61	7.68	8.0
2022년 1분기	1.68	1.8	1.28	1.99	1.77	1.8
2022년 2분기	1.59	1.77	1.48	1.88	1.76	1.75
2022년 3분기	1.32	1.48	1.35	1.45	1.65	1.48

<표 6-33> 소규모 매장용 투자수익률

(단위: %)

구분	전체	서울	도심	강남	영등포/신촌	기타
2015년	5.85	5.64	5.21		7.37	5.01
2016년	5.93	5.84	5.19		8.02	5.24
2017년	6.32	6.52	5.77	6.4	8.45	6.2
2018년	6.35	8.11	7.74	8.23	9.04	7.85
2019년	5.56	7.21	6.8	8.04	7.16	7.25
2020년	4.62	5.51	4.92	5.67	5.75	5.72
2021년	6.12	6.76	5.57	7.9	6.66	6.96
2022년 1분기	1.47	1.5	1.19	1.81	1.56	1.5
2022년 2분기	1.43	1.61	1.38	1.88	1.61	1.61
2022년 3분기	1.20	1.37	1.26	1.33	1.42	1.36

<표 6-34> 집합매장용 투자수익률   (단위: %)

구분	전체	서울	도심	강남	영등포/신촌	기타
2014년	6.39	6.5	7.04	5.13	6.79	5.77
2015년	7.32	7.49	7.93	6.18	9.09	6.48
2016년	6.93	7.19	7.57	5.66	7.85	6.67
2017년	6.48	6.44	6.08	5.64	7.42	6.75
2018년	7.23	7.97	6.85	7.99	9.08	8.68
2019년	6.59	7.34	7.53	8.52	7.84	8.02
2020년	5.4	5.96	4.96	6.48	6.47	6.78
2021년	6.58	6.88	4.76	7.81	8.17	8.56
2022년 1분기	1.55	1.51	0.77	1.95	1.8	1.96
2022년 2분기	1.54	1.56	0.90	1.99	1.81	1.95
2022년 3분기	1.39	1.42	1.07	1.63	1.53	1.70

한편, 상가의 투지수익률은 <표 6-32>, <표 6-33>, <표 6-34>에서 보는 바와 같이 2020년 코로나19로 인해 투자수익률이 하락하나 2021년에는 경제활동의 재개와 함께 엔데믹시대로 접어들어 투자수익률이 상승하고 있다. 2022년 2분기부터 중대형상가는 3분기까지 투자수익률이 줄어들고 있으나 소규모상가나 집합상가는 2분기에 잠시 상승하는 듯하다가 3분기에는 다시 줄어드는 것으로 나타났다. 그 원인 중 하나는 매장의 거래가격이 상승했기 때문이다.

그러므로 앞에서 언급한 대로 미국을 비롯한 글로벌 경제 환경이 유래 없는 물가상승으로 인해 급격한 금리인상으로 인한 경기침체 공포가 팽배해 있는 상황에 부동산개발업자는 리스크를 줄일 수 있는 방안을 철저히 마련하여야 한다.

판매시설의 개발을 종합해 보면 백화점이나 대형쇼핑센터 등은 대기업 그룹들이 독차지하여 이들은 제4차 산업혁명과 코로나19로 인한 시장 환경이 변화하자 온라인과 오프라인의 비율을 적당히 구성함으로써 극대의 수익률을 창출할 수 있는 방안을 모색하고 있다. 오프라인도 고객창출형으로 고객들이 와서 쉬면서, 즐기면서, 게임도 하고 영화 관람도 하며 맛있는 음식을 먹으며 쇼핑하는 독창적이고 다양한 콘텐츠로 구성하는 노력을 하고 있다. 소규모상가를 개발하는 개발업자들은 개발환경의 변화에 따른 트렌드 변화 그리고 글로벌 거시경제 환경이 경기침체로 연결되는 불확실성 시대에 수요가 풍부하고 온라인과 오프라인을 결합한 하이브리드 브랜드 상품을 개발하는 것이 급선무이다.

최종적으로는 마케팅전략으로 인공지능 결합과 플랫폼으로 연결하여 리스크는 줄이면서 극대의 수익을 창출할 수 있는 비즈니스 모델을 개발하여야 한다.

4. 산업용 시설

1) 데이터센터

(1) 데이터센터의 의의

데이터센터는 기업 컴퓨터, 네트워크, 스토리지, 그리고 비즈니스 운영을 지원하는 기타 IT 장비가 위치하는 중앙집중식 물리적 시설이다.

또한 데이터센터는 데이터를 저장하는 서버, 스토리지와 원활한 데이터센터 가동을 위한 발전기와 냉각장치로 둘러싸인 설비다. 서버 등 전산장비가 원활하게 운영될 수 있도록 인프라 환경을 구축해 놓은 특수 공간으로 흔히 '서버호텔'로 비유한다.

데이터센터에는 서버를 탑재할 수 있는 랙(rack)공간, 전산장비에 전력을 공급하는 대규모 수전설비뿐 아니라 전기 공급이 끊기지 않도록 하는 UPS 장치 등 전기시설, 전산장비의 발열로 인한 장애를 막기 위한 항온항습 설비, 각종 보안/방재설비, 24시간 모니터링 시스템, 인터넷 통신을 위한 대규모 통신선로 및 회선설비가 갖춰져 있다.

① 데이터센터 산업동향

세계적인 코로나19 팬데믹으로 인해 비대면산업의 급격한 성장이 이뤄지고 있으며 4차 산업혁명과 맞물려 모든 산업은 디지털화를 가속화하고 있는 상황이다.

데이터센터(DC: DataCenter)는 4차 산업혁명시대 ICT산업 활성화를 위한 핵심 기반시설로 D.N.A(Data, Network, AI) 및 ICBM(IoT, Cloud, Big data, Mobile) 기반 서비스를 구현하기 위한 데이터의 저장·처리·유통 역할을 담당하고 있다.[7]

---

7) 송준화 사무국장, 데이터센터에너지효율협회.

데이터센터는 IT서비스의 근간이 되는 기반 인프라로, 지난 20여 년간 효율적인 IT 인프라 지원을 위해 많은 변화를 이루어 왔다. 또한 향후 AI, IoT, 자율주행 자동차 등 4차 산업혁명의 가속화와 더불어 지속적인 수요가 예상되며, 진보하는 IT서비스에 따라 그를 지원하기 위한 MEP 인프라에도 많은 변화가 예상된다.

② 데이터센터의 역할

모든 IT 기술과 소셜네트워크(SNS)을 통해 하는 모든 업무와 오락 등은 데이터센터를 거쳐서 이루어진다. 즉 은행의 인터넷업무, 온라인 뱅킹 등의 금융분야와 카카오, 네이버 등의 미디어 분야 플랫폼을 활용하는 것들도 데이터센터를 통해서 이루어진다. 블로그를 통해 맛집을 검색하거나 정보 등을 입수하는 것 들 모두가 데이터센터를 통해서 이루어진다.

③ 데이터센터의 구축(개발) 및 성장전망과 입지현황

국내 데이터센터 수는 2012년 114개, 2018년 155개, 2019년 158개, 2020년 156개로 매년 증가세를 유지하며 2021년 기준 총 159개가 구축·운영 중이다. 이 중 112개는 정부·공공, 지사 등 비수익용 센터이며 47개는 상업용(Co-location) 센터로 운영되고 있다.

삼우종합건축사무소에 의하면 글로벌센터 시장규모는 2017년부터 2021년까지 매년 10.2% 증가되는 것으로 알려져 있다.

특히 데이터센터의 입지는 지리적 여건, 주변 인프라의 우수성 등의 영향을 받아 주로 수도권에 위치하고 있다. 민간 데이터센터의 경우 서울에 43.3%, 경기도 25.6%, 인천 4.4% 등 수도권에만 73.3%가 집중되어 있으며, 그 외 지역은 부산 5.6%, 대전 4.4%, 강원 3.3% 순으로 집계되고 있다.

통신사 및 포털사이트, 금융권, 대기업 등은 신규 데이터센터 구축을 활발히 진행하고 있다. △KT: 서울 용산, △SK브로드밴드: 서울 가산, 경기 일산, △롯데정보통신: 경기 용인, △KINX: 경기 과천, △삼성SDS: 경기 동탄, △NHN: 경남 김해, 전남 순천, △GS건설: 경기 안양, △솔리스IDC: 충남 홍성, △네이버: 충남 세종, △카카오: 경기 안양, 제주, 서울대 시흥캠퍼스, △IBK기업은행: 경기 하남, △히든홀딩스: 경기 북부지역(미정), △퍼시픽자산운용: 경기 용인 등이 대표적이다.

글로벌 데이터센터기업의 국내 진출도 활발하다. AWS는 KT, SK브로드밴드, 롯데정보통신 등 3개 센터를 임대해 리전구축을 지속 확장 중이며, 마이크로소프트는 지난 2017년 LG CNS, LG U+ 등을 임대한 것에 이어 부산 글로벌 클라우드 데이터센터 시범단지 내 총 12조 원을 투자해 신규센터를 구축 중이다. 이외에도 IBM, 알리바바, 구글, 오라클, 에퀴닉스, DRL, oneAsia, 디지털엣지 등도 국내 데이터센터 임대 및 직접 구축을 추진하고 있다.

④ 데이터센터의 종류

㉠ 사용목적에 따라 분류와 구성

자사형 데이터센터와 인터넷 데이터센터로 분류할 수 있다.

자사형 데이터센터는 정보보관이 중심이 되므로 보안 및 안정성이 우선시 되어야 하며 설계시에도 보안성이나 안정성을 최우선으로 한다. 일반적으로 정부, 금융권, 대기업들의 데이터센터이다. 이들의 구성은 주센터, 재해복구센터, 백업센터로 구성된다. 재해복구센터는 메인센터가 정상적인 가동을 하지 못할 경우에 사용된다. 백업센터는 전쟁이나 자연재해가 있는 경우를 대비하여 백업센터에 저장된 데이터를 다시 불러와 가동하는 식으로 운영된다.

인터넷 데이터센터는 효율성과 수익성이 우선시 되어야 하므로 수많은 정보량이 이동할 수 있도록 하여 수익을 내는 것이 주목적이다.

인터넷 데이터센터는 정보공유가 중심이 되므로 많은 정보량을 이동시켜야 하며 통신3사와 카카오, 네이버 등이 이들을 이용한다.

규모에 따라서는 소형, 중형, 대형, 거대, 메가인터넷 데이터센터로 분류한다. 고집적, 고밀도로 인해 인터넷데이터센터들은 대형화로 가는 추세이다. 특히 자체변전소를 갖는 하이퍼스케일 데이터센터가 최근의 추세다. 하이퍼스케일 데이터센터는 분산된 컴퓨팅 환경을 최대 수천개 서버로 확장할 수 있는 안전한 하드웨어 및 소프트웨어가 조합돼야 하며 하이퍼스케일 서버 1개는 기존서버 3.75개를 대체할 수 있다.

⑤ 데이터센터의 라이프사이클

데이터센터의 라이프사이클은 계획 → 설계 → 구축 → 신뢰성테스터 → 운영 등의 순서로 이루어진다.

초기 계획단계에서 중요한 것은 데이터센터 입지에 적합한 부지선정이다. 즉 많은 전력량이 필요하므로 주변에 변전소가 두 개 이상이 있어야 한다. 열이 많이 발생함으로 인해 기온이 낮은 지역이 유리하다. 그리고 열을 식힐 물이 많이 필요하다. 수해나 자연재해에 대비하기 위해서 주변에 위험한 시설이 없어야 한다.

인프라기반시설의 3가지 주요한 특징은 첫째, 안정성을 도모하기 위해 이중화구조로 한다.

N, N+!, 2N으로 구성되는데 2N은 가격이 비싸지만 일반적으로 2N으로 구성한다.

데이터센터의 신뢰도를 향상시키기 위해서는 비용과 신뢰도에 따라 TIER1, TIER2, TIER3, TIER4로 등급이 올라가는데 운영하면서 유지보수가 가능한 TIER3를 사용한다.

둘째는 보안성확보이다. 외부공간에서 전산기계실로 출입할 때 보안을 위해서는 지문인식과 안면인식은 기본이고 한명씩만 들어갈 수 있게 하며 무게인식까지 가능함에 따라 보안사고를 막아주는 첨단 시스템을 도입하고 있다.

셋째는 에너지절감시스템을 도입하는 것이다. PUE라는 에너지효율 지표를 활용하여 기타 전력에 사용되는 전력을 줄여주는 것이 핵심이다. PUE는 데이터센터설비의 에너지효율을 정량적으로 측정할 수 있는 지표로 어떤 설비가 에너지효율이 낮은지를 판별해 개선하기 위한 핵심기술이다.

국내 160여 개 데이터센터에서 사용하는 전력은 약 400MW로 원자력발전소(신고리 4호기) 1개 평균 발전전력의 절반가량에 해당되는 규모다. 데이터센터 에너지사용은 IT장비 사용량과 데이터센터 설비의 사용량(냉각, 공조, 조명 등)으로 구분되며 에너지효율 향상을 위해서는 각 주요 구성요소의 측정·평가가 선결조건이다.

IT장비를 제외한 기타전력의 80%를 IT장비 쿨링에 사용한다. 주변의 차가운 자연환경을 이용해서 냉각하는 기술을 이용한다. 그렇지 않으면 다양한 기술을 사용해서 에너지 절감한다. 특히 프리쿨링냉동기 방식을 통해 차가운 공기로 만들어진 냉수를 항온항습기에 공급하는 방식이다.

(2) 데이터센터 부지선정 시 고려사항

부동산개발업자는 데이터센터 부지를 선택할 때 고려해야 할 다양한 요소를 종합적으로 파악하여야 한다. 다양한 요소 중 일부는 적합한 WAN 인프라와 같은 데이터센터의 물리적 용량 및 냉각수 가용성과 관련이 있다. 또 다른 요소는 인력, 물, 전력 및 토지 관련 비용 등 데이터센터의 비즈니스 운영과 관련이 있다.

이러한 점에서 부지를 선택할 때 가장 먼저 고려해야 사항은 다음과 같다.

① 환경적인 조건, 지역의 기후와 자연 재해에 대한 기록

② WAN, 광섬유 및 통신 인프라의 가용성과 비용

③ 전력과 전력 인프라의 가용성과 비용

④ 부지 레벨 기준

⑤ 사회 경제, 인력 및 정부 기준

이러한 기준은 지역의 사회적 및 경제적 안정성, 건설 및 유지 인력의 가용성, 기존 규정, 조세 및 인센티브와 관련이 있다. 대부분의 부지 선택요소는 서로 밀접한 관련이 있습니다. 예를 들어, 도로와 공항에 대한 접근성이 좋으면 부지로 건설 자재를 운송하는 비용이 절감되며 건설 후 부품 및 소모품을 지속적으로 운송하고 비즈니스 연속성을 관리할 수 있다.

첫째, 환경적인 조건에서 기후인 바람이 과도하게 불거나 추운지역, 공기오염, 범람, 지진, 화산 등 자연재해 등과 같은 위험이 있는 지역은 피해야 한다. 대개 건조하고 추운지역이 데이터운영에 가장 효율적이다. 외기냉각의 최적온도는 8~35℃이며 습도(RH)는 20~70%가 적당한데, 이 또한 데이터센터의 기계의 성능에 따라 달라질 수 있다.

둘째, 중요한 광섬유 및 통신 인프라 등 다양한 유형의 미디어(예: 광섬유, 구리, 위성, 마이크로파)가 WAN 연결에 사용된다. 사용된 미디어 유형은 서비스에 대한 서비스 공급자 및 그 역량에 따라 달라질 수 있다. 우리는 물리적 미디어가 간섭 및 기타 기상 조건의 영향을 받기 쉬우므로 위성 및 마이크로파보다 물리적 미디어(광섬유 또는 구리)를 선호한다. 부지에서 사용 가능한 WAN 및 기타 통신·용량, 고성능 데이터센터는 상당량의 네트워크 트래픽을 생성하기 때문에 부지선정 시나 데이터센터 설계 시에 주의를 요한다.

셋째, 데이터센터는 풍부한 전력과 전력의 연속적인 공급이 필요하고 데이터센터의 확장시에도 대비하여 근처에 두 개 이상의 변전소가 있는 지역이 부지로서 적합하다.

넷째, 부지가격이 경제성에 많은 영향을 미치므로 간이타당성검토를 하여 적합한 부지가격을 산출하여 주변 토지가격수준이 적합한지를 체크하여야 한다.

다섯째, 사회경제, 인력 및 정부기준에서 생각해 볼 때 사회경제적으로는 부지가 지역 경제활성화에 어느 정도 영향을 미치는지 또한 다른 사업과의 연계성 그리고 지자체가

지원하는 인센티브와 함께 중복되어 설치되는 것은 아닌지 검토해야 한다. 또한 데이터센터에 근무할 인력도 원활한지 함께 고려해야 하며, 정부입장에서도 4차산업의 발전과 경제발전에 대한 영향을 고려하여야 한다.

(3) 데이터센터의 향후전망

앞으로는 엣지 데이터센터와 클라우드 데이터센터로 2분화될 것으로 예상되며 서버자체를 차가운 냉매속에 직접 담그는 기술도 개발될 것으로 예상된다.

AI가 발전하고 센싱 기술과 로봇기술이 발전하면서 데이터센터의 인프라 매니지먼트 시스템이 자동화되는 시대가 도래될 것으로 예상된다.

(4) 부동산 디벨로퍼의 대응방안

데이터센터는 제4차 산업혁명으로 인해 수요가 지속적이고 폭발적으로 증가할 것으로 예상된다. 그러나 데이터센터의 입지선정 어려움과 초기 비용의 부담이 엄청나기 때문에 대기업과 PFV형식을 빌어 사업을 추진하거나 리츠를 통한 자금조달을 활용하여 개발하는 방안도 모색해 보는 것도 하나의 방식이다. 보다 더 중요한 것은 데이터센터의 고객의 니즈를 비밀리에 확보하고 그들을 먼저 비밀리에 미팅하여 선 계약을 통해 사업의 안정성을 확보해야 한다.

부동산개발업자는 데이터의 인프라 환경의 기술 발전에 따라 보완성, 효율성 그리고 수익성을 담보할 수 있도록 많은 지식을 쌓으며 노력하여야 한다.

2) 물류센터

(1) 의의

물류센터는 생산과 소비 사이의 유통 과정에서 거래 매매 외에 물건의 이동이 행해지는 것을 통제하고 관리하는 중심부를 말한다.

물류센터를 다르게 설명하면 공장에서 완성된 제품을 모아놓고 수요와 공급의 물류 흐름을 관리하는 시설을 말한다. 운송 시간, 재고 조절, 수요 정보 획득 등의 기능을 수행한다. 과거의 공장에서는 배송 단지로 상품을 직송함으로써 고객의 주문과 배송을 충족하였으나, 최근에는 수송의 효율화에 따라 수요시장의 공급을 원활하게 하기 위하여 제품 창고를 물류 전략적 지역에 두게 되었다. 생산과 소비 사이의 시간적 불일치 해소, 물품의 수급 조절로 가격 안정 도모, 물품의 입고, 보관, 유통 가공, 분류, 배치, 출고 등의 기능을 담당하고 있다. 단순 보관이라는 기능에서 보관 화물의 상품 가치와 상품 매매의 편리성을 높이는 유통 가공 서비스 기능의 확장이 이루어진 것이다.

(2) 물류센터의 역사적 변화

창고와 물류시설의 역사(歷史)는 물류 역사의 한축이다. 보관에서 시작된 '창고'는 '물류창고'로, '물류센터 & 배송센터(DC, Distribution Center)'로, 이제는 '주문이행센터(Fulfillment Center)'로까지 변화 확장되었다. 1930년 국내 최초 근대적인 물류기업으로 물류산업이 국내에 정착하는데 시초가 된 '조선미곡창고주식회사'가 설립되었고 그로부터 약 90년, 시간의 흐름만큼 물류의 역할과 창고의 기능도 크게 변화했다.

2005년 한국물류창고협회를 창립하고 국제창고협회연맹(IFWLA)에 가입해서 활동하였다. 이때 물류창고 합리화를 추진하면서 건설교통부 세미나에서 처음으로 듣게 된 3PL과 SCM에 관해 이야기는 창고업자나 누구에게나 충격으로 다가왔다. 3PL이라는 새로운 물류업의 접근은 고객의 물류코스트 감소만을 생각하는 물류시설에서, 가치와 이익을 창출하는 사고의 전환을 꾀했던 시발점이 되었기 때문이다. 이는 물류 및 물류시설시장에 있어서 혁명적인 변화라고 생각한다. 결코 눈에 띄지는 않지만 소리 없이 사회를 지탱하는 거인 같은 존재가 창고이고 물류시설이라 생각한다. 지금의 항만과 공항, 고속도로, 철도와 인접한 물류시설 인프라는 한강의 기적과 경제적 부흥을 통한 선진국으로 가는 길을 텄다. 우리 경제에서 물류시설과 물류창고인은 각종 사회비용을 절감함과 동시에 새로운 부가가치를 창출한 성공의 공헌자였으며 또 동북아시아를 현재 전 세계에서 가장 폭발적인 물류증가 및 처리량을 자랑하는 지역으로 이끈 것을 누구도 부인하지 않는다.

'물류'는 단순히 상품의 수배송이나 보관만 수행한다는 인식으로부터 경영전략상, 기업의 제3수익원으로서의 성격을 띤 공급망 관리(SCM)와 3자 물류서비스(3PL)처럼 기업 경영의 핵심 역량이 되었다. 물류시설 또한 '물건의 멸실 또는 훼손을 방지하기 위한 보관시설이나 장소'라는 1차적인 해석에서 벗어나, 새로운 진화의 과정을 거쳐 기존 개념과는 완전히 다른 상품가치와 편리성을 높이는 유통가공 부가가치 서비스를 제공함과 동시에 고객 가치를 실현하며 부가가치를 창출하는 시설과 산업으로 전환되었다. 창고 작업자의 단순반복적인 수작업 중심의 창고가 랙과 컨베이어벨트, 자동화 설비가 구축된 물류센터가 되고, 이제는 로봇과 빅데이터 등 IT기술이 총집결된 주문이행센터로 정의와 기능이 확장되고 있다.[8]

(3) 국내 물류센터(물류창고)의 공급과 수요

2010년 이후 이커머스의 지속적 성장으로 인한 대형 유통사들의 신규 물류센터 수요, 분산된 물류센터의 통합 이전 등 대형 물류창고의 수요가 증가하며 수도권을 중심으로 대규모 물류창고가 공급되었다. 그러나 인당 물류시설 면적은 0.5m²에 불과하여, 일본의 4.1m², 미국의 3.8m²보다 현저히 부족함을 알 수 있다. 이를 통해 볼 때 향후에도 국내 물류창고 수요는 특정지역의 공급 과잉에 따른 일시적 수급 불균형이 있을 수 있으나, 당분간 지속될 것으로 예상되고 있다.

수도권에 물류부동산이 61.4% 집중되어 있음에도 불구하고, 도시인구당 저온시설 면적은 1인 기준 0.3m²에 불과하다. 최근 들어 물류센터 건립 반대 민원 등과 같이 지역주민들의 반대로 인해 대도시내 물류시설 또는 배후시설 공급이 원활치 않았다.

코로나19 이후 소비 트렌드 변화에 따라 온라인 시장의 성장은 더욱 가속되었지만, 실질적으로 저온물류센터 수요가 그리 높지 않은 실정이기에 추후 시장 상황을 더 관망할 필요가 있다. 또한 주변 선진국과 비교해 볼 때 전반적으로 인구수 대비 물류센터 공급량이 현저히 낮고 수도권에 집중적으로 포진해 있기 때문에, 향후 저온물류센터 수요는 새벽배송 시장의 전국 확대 등으로 꾸준히 유지될 것으로 예상되고 있다.

삼성증권 보고서는 물류센터 수급 추정에 있어 가정을 다음과 같이 정하였다.[9]

① 신규 공급이 인·허가 이후 3년 내 이뤄진다. ② 매년 31.6만 평의 멸실이 이뤄지고 있다. ③ 기본적으로 필요한 물류센터 수요 추정에 있어 삼성증권의 유통섹터의 소비 증가율 전망치(2020년 0%, 2021년 5.1%, 2022년 5.0%)를 사용했다. ④ 이커머스 매출 10억 달러 증가시, 약 3.5만 평의 물류센터 면적이 신규로 필요하다는 CBRE의 추정을 사용했다.

---

8) 물류신문(http://www.klnews.co.kr).
9) 물류리츠 길라잡이, 삼성증권, 2020, pp.28-29.

매년 소비 증가와 이커머스 성장에 따른 물류센터 면적을 추정한 뒤, 매년 발생하는 멸실 재고를 차감한 결과 2023년 1,777만 평의 물류센터가 필요할 것으로 추정된다. 이는 인·허가에 기반해 추정한 실제 재고 1,791만 평을 0.8% 하회하는 것에 그쳐, 우려하던 공급과잉의 가능성은 낮다고 판단된다. 2020년에는 약 60만 평의 물류센터 공급이 확정된 상황이고 1분기에만 20만 평이 준공되는 등, 2023년까지 볼 때 2020년 공급이 가장 가파르게 증가한 시기다.

물류센터 공급과잉 논란은 2016년부터 지속돼 왔다. 2012년부터 연평균 16.2%씩 증가했던 물류센터 재고는 2020년부터 2023년까지 연평균 11.5%로 증가세가 둔화될 전망이며, 이커머스 성장률이 예상을 지속적으로 상회해 왔다는 점에서 공급과잉 리스크가 크게 부각될 가능성은 낮을 것으로 보인다.

이커머스 업체간 경쟁 심화와 빠른 배송을 충족시키기 위해, 목표 배송시간을 단축시킬 때마다 필요 물류창고는 기하급수적으로 증가하는 현상을 보이고 있다. 예를 들어 3일 배송의 경우, 시간내 배송률 90% 달성을 위해서는 2개의 물류창고가 필요하다고 하면, 2일 배송의 경우 3개의 물류창고가 필요하고, 1일 배송의 경우에는 배송 75% 달성을 위해 소규모, 도심지역에 12개의 물류창고가 필요하다. 이로 인해 이커머스 업체들의 경우 당일배송, 6시간 내 배송 등을 위한 다수의 물류창고 확보는 비용 문제로 자체 투자가 어려워, 외부 Vendor의 활용, 물류창고 Lease 방식으로의 확충이 대안으로 제시되고 있다.

일부 자료의 경우 다빈도 소량/당일 배송 급증으로 미국 내 2~3일 배송에 물류창고 5개가 가능하다면, 익일 배송에는(40~50개), 당일배송(80~100개)의 전진 배치된 물류창고가 필요하다는 견해도 있다. 이로 인해 소규모 도심 내 배송 물류창고(센터)의 증가도 예상된다.

(4) 국내 물류센터(물류창고)의 수요 증가와 발전

이커머스 발전과 코로나19로 인한 비대면 현상의 증가로 온라인몰과 인터넷을 통한 구매가 증가하고, 이를 빠르게 전달하려는 당일배송 시스템이 보편화됨에 따라 소비 패턴은 크게 변하고 있다. 쇼핑몰, 백화점, 할인매장 등 물리적 건축공간을 조성하여 소비자들의 직접적 경험을 토대로 부가가치를 창출하던 시대가 저물고, 소비자의 구매정보 및 패턴, 이력관리 등 축적된 데이터를 활용한 ICT기술로 온라인 쇼핑공간을 조성하고 자동화, 대형화된 물류시설(Logistics Facility)을 활용하여 간단한 절차를 통해 소비자가 원하는 장소 및 시간에 원하는 물품을 전달하는 시대가 도래하고 있다.

온라인 쇼핑공간은 오프라인 공간에서 이루어지던 진열공간 및 집품을 위한 탐색공간을 압축하여 소비자들에게 제시, 모바일앱과 인터넷 사이트를 통해 특정한 시간과 장소에 구애받지 않고 구매할 수 있는 환경변화를 통해 소비공간의 이용 양상을 바꾸고 있다. 온라인을 통한 구매시간 및 빈도는 오프라인 쇼핑시간을 이미 넘어섰으며, 업무시간이나 출퇴근 및 이동시간 등에 집중되는 등 다른 행위와 더불어 동시다발적으로 벌어지는 양상마저 보이고 있다.

현재 국내에서 이용 빈도가 큰 온라인 쇼핑공간은 쿠팡과 네이버 등으로 나타나고 있으며, 기존의 오프라인 공간에서 가장 큰 이용객과 물리적 공간을 보유하던 대형유통업체들도 변화된 소비패턴에 맞추어 온·오프라인 쇼핑공간을 통합 운영하는 등의 소비 공간에 대한 급격한 변화가 진행되고 있다.

소비 변화의 중심에 있는 물류센터(Logistics Center)는 단순 '보관'에 치중하던 기존 물류창고의 개념을 넘어, 입고되는 순간부터 '적치'와 '피킹', '포장', '분류', '출하'를 염두에 둔 자동화, 대형화, 적재방식을 통해 물류의 흐름을 최적화시키는 종합적인 공간개념으로 변화하고 있다. 물류센터는 소비변화에 따른 경험공간과 물리적 공간 변화의 핵심으로 사람이 없는 건축물로써 자동화가 가장 광범위하게 진행되는 공간이며, 시설의 물리적 범위가 주변건물을 압도할 크기로 구축되고 있다.

최근 물류센터는 이전의 오프라인 소비공간에서 유통기한, 제조일자, 제조위치와 장소 등 일정기간 동안 전시적 성격의 진열과 이에 따른 결과인 집품이 반복되던 과정이 생략되며 온라인 쇼핑공간으로 넘어가고, 하루에 90% 이상의 물품이 일시적으로 순환하는 과정이 주를 이루는 역동적인 공간으로 변하고 있다.

(5) 기존 유통시설의 물류센터 전환

물류부동산에 대한 수요가 빠르게 증가하고 있으나, 공급은 비교적 제한적인 상황(수도권내 토지 부족 및 인·허가 등)이다. 이를 타개하기 위해 기존 유통시설을 물류센터로 용도 '전환(Transformation)'하는 사례가 증가하고 있다. 미국 월마트의 경우 회원제 창고형 매장인 샘스클럽 점포들을 이커머스 물류센터로 전환한 사례처럼, 국내에서도 롯데마트가 구리점, 잠실점 등을 '세미 다크스토어'10)로 개편했다.

유통시설을 물류시설로 전환하는 데 있어 가장 큰 장애물은 수익성이다. 개별 자산의 임대 수익관점에서 물류센터 임차인이 지불할 수 있는 임대료 수준은 리테일 임차인이 지불할 수 있는 임대료 수준보다 훨씬 낮다. 이로 인해 유통시설을 소유하고 있는 투자자가 자산을 물류센터로 전환하는 것은 비현실적인 선택지이다. 하지만 자사 이커머스 물류 서비스 안정화에 기여하는 바가 크다고 판단되면 투자 관점에서 충분히 전환을 시도할 수 있다. 월마트가 샘스클럽 점포를 다크스토어로 전환하거나, 롯데마트가 세미다크스토어 컨셉을 실험하는 것도 이런 관점에서 이해할 수 있다.

리테일(유통) 시설을 물류 부동산으로 전환하기 위해서는 다음 4가지 사항을 고려해야 한다. 첫째, 물류센터 도입시 교통량 증가 등의 이슈로 지역 주민들의 반발이 있을 수 있다. 둘째, 입지를 잘 따져야 한다. 물류센터로 활용하려면 배후 수요와 근거리내에 위치해 있거나 교통 인프라 및 접근성이 우수해야 한다. 셋째, 이해 상충 문제가 발생할 수 있다. 일부만 물류센터로 전환하는 세미 다크스토어의 경우, 리테일 임차인과 충돌이 있을 수 있고, 유통시설로써의 매력이 저하돼 방문객이 감소할 리스크도 있다.

마지막으로, 건축설계(Building Design)도 고려해야 한다. 기존 유통시설이 전면 개편을 통해 쉽게 물류센터로 전환되게 하려면 충분한 바닥 면적, 8m 이상의 높은 층고, 차량 진·출입로, 접안 시설 등을 확보하는 것이 필요하다. 물류 상하역 선착장을 놓을 공간이 부족하거나 층고 등 건물 내부 구조가 적합하지 않으면 전환 자체가 어려울 수 있다.11)

(6) 물류창고의 개발방식(국토계획법과 해당 지자체 조례 참조)

① 개발행위허가에 의한 방식

• 일반적인 창고로 건축허가
• 국토계획법의 가능한 용도지역(조례 포함) 전용주거지역 1, 2종을 제외한 모든 지역에서 입지가 가능하나 반드시 해당 지자체 도시계획조례 참조할 것
• 용도지역변경은 불가, 계획관리지역인 경우 3만m² 미만(그 지자체 도시계획심의위원회

---

10) '불이 꺼진 슈퍼마켓'에서 유래한 다크스토어(Dark Store)는 고객이 주문한 상품을 도심 곳곳에 위치한 소규모 물류거점에서 배송하는 오프라인 매장을 의미하며, 세미다크스토어는 다크스토어의 전 단계로 오프라인 영업과 온라인 배송을 동시에 진행하는 매장을 의미한다.

11) 부동산 관점에서 본 '이커머스와 물류혁신', DBR, 319호, SR5, 2021년 4월호.

를 통과하면 3만m² 이상도 개발행위허가로 가능)

② 산업유통형 지구단위계획에 의한 개발

• 계획적인 단지 형태의 창고 개발

• 중분류 용도지역 안에서 종상상향가능(생산 및 보전관리지역 → 계획관리지역) 계획관리
지역인 경우 3만m² 이상

• 도시·군기본계획상 산업유통형 지구단위계획 물량확보 필요

• 지자체 도시계획심의를 거쳐 기초단체장 허가 사항

③ 유통업무시설로 개발

• 도시계획시설(유통업무설비)로 결정하여 물류, 상류, 터미널 등으로 개발

• 준주거, 중심상업, 일반상업, 근린상업, 유통상업, 일반공업, 준공업지역에 입지가능

• 도시외지역중 계획관리지역에만 설치가능, 지방 도시계획위원회 심의를 거쳐 시·도
지사 허가(50만 이상 대도시시장 제외)

④ 물류단지

• 계획적인 물류단지개발로 물류, 상류, 지원시설 등으로 개발

• 용도지역의 변경이 가능하며 면적규모는 정해져 있지 않음

• 물류단지지정권자가 실수요검증을 실시하여 광역단체장 및 특별시장(도지사 포함)

• 물류단지 개발절차 흐름도는 [그림 6-27]과 같다.

(7) 일반물류단지의 입지선정 및 사업타당성 검토

① 물류종합계획에 적합성여부 및 다음사항 참고

• 사업 가능한 토지가격수준

• 도로, 철도, 항만, 공항 등 수송에 따른 접근성

• 용수, 상·하수도, 통신, 에너지, 하수 및 폐수처리시설 등 인프라 확보 용이성

• 물류시설법, 국토계획법 등과 도시기본계획 등에 의한 토지이용의 제한 여부

• 물류권역 및 거점안의 물동량 추이

• 기존물류단지 및 설치중인 물류단지의 수급상황

• 배후도시의 여건과 용수사용에 대한 영향 검토

• 국토관련계획과 국가 물류기본계획과의 연계성

- 물류단지 집단화 가능성 및 물류단지시설 간 유기적인 기능의 발휘가능성
- 물류단지의 사업타당성 및 지역경제에 미치는 파급효과
- 관계행정기관 및 지역주민의 민원동향
- 물류단지 입주수요의 사전조사

② 경제적타당성과 물류단지시설용지의 수요·공급 상황과 지역간 균형개발 및 교통상황 등을 종합적으로 고려하여 적정규모 선정

(8) 물류시설 개발방식 비교

물류단지와 유통업무시설을 구분하여 개발방식을 비교하면 <표 6-35>와 같다.

<표 6-35> 물류시설 개발방식 비교

구분		물류단지(물류창고는 건축법 적용)	유통업무시설
근거법		물류시설의 개발 및 운영에 관한 법률	국토의 계획 및 이용에 관한 법률
토지확보방식		수용 또는 사용방식(일부 환지가능)	수용 또는 사용방식
부지 확보	사업제안	시행자의 물류단지 지정요청	사유 토지면적 4/5 동의
	사업시행자	법률에 따라 설립된 법인	토지면적 2/3, 토지소유자 1/2 동의
	토지수용요건	토지면적의 2/3 소유	토지면적 2/3, 토지소유자 1/2 동의
인·허가	승인권자	시·도지사	시·군수
	기본계획	시가화예정용지 및 시가화용지	
	실수요검증	실수요검증	
	절차	물류단지 지정요청 → 실수요검증 → 승인절차 통합이행(물류단지개발계획 + 실시계획인가)	용도지역변경 및 도시계획시설 결정 → 실시계획인가
	심의	지방 물류단지계획심의위원회 심의	시·도 도시계획위원회 심의
	구역지정 요건		창고시설은 준주거, 상업, 일반공업, 준공업, 계획관리지역 한함
기반 시설 확보		■ 녹지확보기준(100만m² 미만) 5~7.5% ■ 도로확보기준(100만m² 미만) 8% 이상 ■ 단지내간선도로 15m 이상	
도입 용도		■ 물류단지시설용지(물류시설, 상류시설, 복합시설) 및 지원시설(제조, 금융, 주거시설), 공공시설용지 ■ 물류단지 시설용지 60% 이상 ■ 물류시설용지 60% 이상	■ 물류단지, 대규모점포, 농수산도매시장, 자동차경매장 ■ 화물자동차운수사업용공영차고지, 철도역, 운송하역 및 보관시설 ■ 창고, 야적장, 저장소, 출고장 등 ■ 기타 부대편의시설(사무소, 점포, 종업원기숙사, 주요소, 금융시설 등)

(9) 물류창고(센터) 대형화와 공급지역 확장

이커머스 업체와 대형 유통사들의 취급 물동량 증가에 따라, 신규 물류센터의 수요도 증가하고 있다. 분산된 물류센터의 통합 이전 등 대형 물류창고 수요가 증대되어 최근 3년간 5,000~10,000m² 미만, 10,000m² 이상 규모의 물류센터 공급 총면적이 각각 연평균 15.5%, 17.7% 증가하였으며, 1,000~2,000m² 미만의 물류센터는 동기간 11.7% 증가에 불과하다.

물류센터 대형화는 풀필먼트서비스의 확장과 이커머스 성장을 들 수 있다. 불규칙적이고 다양한 상품을 처리해야 하므로 랙을 파렛트 단위로 높게 쌓기보다는 주문빈도가 높은 SKU를 효율적으로 처리하기 위한 낮은 선반 랙을 사용했고, 따라서 '높게' 쌓는 것보다 '넓게' 쌓아야 하는 상황이 필요해졌다. 빠르게 피킹과 분류, 포장작업을 위해 필요한 자동화 설비를 설치하기 위한 충분한 공간이 필요하게 되었다.

지역별 소매업 총매출액 중 수도권 매출액은 비수도권 광역시의 3배, 기타 지역 매출액의 약 2배 수준이다. 인터넷 총매출액의 경우, 수도권과 다른 지역 간 격차가 상당함을 알 수 있다. 2018년을 기준으로 수도권은 비수도권 광역시의 약 9배, 기타 지역의 17배 이상으로 나타났다.

2021년 8월 기준으로 지역별로 살펴보면 서울과 인천을 제외한 모든 지역에서 물류창고의 등록수가 늘어났다. 가장 많은 물류창고의 등록수가 늘어난 지역은 경기도 지역이다. 2017년 경기도 지역에 등록된 물류센터는 전국 물류센터 중 40%에 불과하였으나, 약 4년이 지난 2021년 8월 기준 52%까지 상승하였다. 경기도, 인천광역시, 서울특별시에 등록된 물류센터 총면적 비중 2017년 대비 각 132.2%, 69.8%, 12.7% 증가하고 있다.[12]

전자상거래의 확대, 새벽배송의 전국적 서비스, 비대면 쇼핑의 증대 영향 등으로 경남지역 또한 총 123개의 물류창고가 1년 사이 추가로 등록됐다. 전남도는 100개의 물류창고가 추가로 등록되면서 243개의 물류창고가 등록된 것으로 나타났다. 특히 주목되는 지역은 제주지역이다. 제주도는 2018년 115개의 물류창고가 등록되어 있었다가 2019년, 2020년 지속적으로 등록된 물류창고가 줄어드는 양상을 보였다. 하지만 2021년 무려 106개의 물류창고가 추가되면서 141개의 물류창고 등록되어 있다.

---

12) 인터넷 판매 매출액의 수도권 집중은 정보통신 인프라, 효율적 유통망 등 수도권의 보다 유리한 입지조건에 기인한 것으로 판단된다(정민수·송효진, 2020).

[그림 6-26] 물류단지 개발절차 흐름도

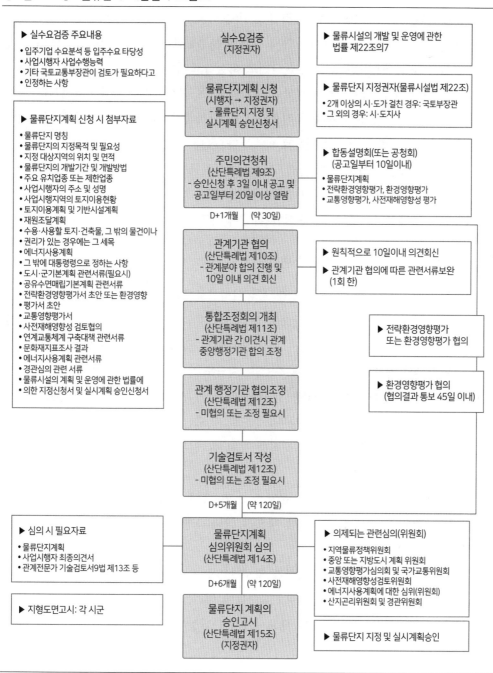

▶ 실수요검증 주요내용
• 입주기업 수요분석 등 입주수요 타당성
• 사업시행자 사업수행능력
• 기타 국토교통부장관이 검토가 필요하다고
  인정하는 사항

실수요검증
(지정권자)

▶ 물류시설의 개발 및 운영에 관한
  법률 제22조의7

물류단지계획 신청
(시행자 → 지정권자)
- 물류단지 지정 및
  실시계획 승인신청서

▶ 물류단지 지정권자(물류시설법 제22조)
• 2개 이상의 시·도가 걸친 경우: 국토부장관
• 그 외의 경우: 시·도지사

▶ 물류단지계획 신청 시 첨부자료
• 물류단지 명칭
• 물류단지의 지정목적 및 필요성
• 지정 대상지역의 위치 및 면적
• 물류단지의 개발기간 및 개발방법
• 주요 유치업종 또는 제한업종
• 사업시행자의 주소 및 성명
• 사업시행지역의 토지이용현황
• 토지이용계획 및 기반시설계획
• 재원조달계획
• 수용·사용할 토지·건축물, 그 밖의 물건이나
• 권리가 있는 경우에는 그 세목
• 에너지사용계획
• 그 밖에 대통령령으로 정하는 사항
• 도시·군기본계획 관련서류(필요시)
• 공유수면매립기본계획 관련서류
• 전략환경영향평가서 초안 또는 환경영향
• 평가서 초안
• 교통영향평가서
• 사전재해영향성 검토협의
• 연계교통체계 구축대책 관련서류
• 문화재지표조사 결과
• 에너지사용계획 관련서류
• 경관심의 관련 서류
• 물류시설의 계획 및 운영에 관한 법률에
• 의한 지정신청서 및 실시계획 승인신청서

주민의견청취
(산단특례법 제9조)
- 승인신청 후 3일 이내 공고 및
  공고일부터 20일 이상 열람

▶ 합동설명회(또는 공청회)
  (공고일부터 10일이내)
• 물류단지계획
• 전략환경영향평가, 환경영향평가
• 교통영향평가, 사전재해영향성 평가

D+1개월   (약 30일)

관계기관 협의
(산단특례법 제10조)
- 관계분야 합의 진행 및
  10일 이내 의견 회신

▶ 원칙적으로 10일이내 의견회신
▶ 관계기관 협의에 따른 관련서류보완
  (1회 한)

통합조정회의 개최
(산단특례법 제11조)
- 관계기관 간 이견시 관계
  중앙행정기관 합의 조정

▶ 전략환경영향평가
  또는 환경영향평가 협의

관계 행정기관 협의조정
(산단특례법 제12조)
- 미협의 또는 조정 필요시

▶ 환경영향평가 협의
  (협의결과 통보 45일 이내)

기술검토서 작성
(산단특례법 제12조)
- 미협의 또는 조정 필요시

D+5개월   (약 120일)

▶ 심의 시 필요자료
• 물류단지계획
• 사업시행자 최종의견서
• 관계전문가 기술검토서9법 제13조 등

물류단지계획
심의위원회 심의
(산단특례법 제14조)

▶ 의제되는 관련심의(위원회)
• 지역물류정책위원회
• 중앙 또는 지방도시 계획 위원회
• 교통영향평가심의회 및 국가교통위원회
• 사전재해영향성검토위원회
• 에너지사용계획에 대한 심위(위원회)
• 산지곤리위원회 및 경관위원회

D+6개월   (약 120일)

▶ 지형도면고시: 각 시군

물류단지 계획의
승인고시
(산단특례법 제15조)
(지정권자)

▶ 물류단지 지정 및 실시계획승인

그동안 국내 물류부동산 공급은 대부분 수도권 및 충청권에 집중돼 지방 물류부동산의 경우, 노후화된 중소형 시설이 많은 것이 현실이나 국내 이커머스 기업들이 편리하고 빠른 배송서비스를 전국적으로 확대하면서 지방 물류부동산의 공급이 확대될 것으로 전망된다. 쿠팡은 로켓배송 서비스를 전국 단위로 확장하고, 물류 및 운송 프로세스의 효율화를 높이기 위해 대구, 광주 등에 광역형 메가급 허브 물류센터를 구축하고 있다.

현재 수도권 물류 인프라 구축에 집중하고 있는 마켓컬리와 SSG닷컴 역시 쿠팡과 유사한 물류인프라 전략을 구사할 것으로 예측된다. 국내 부동산 자산운용사들은 이러한 흐름을 예측하고 지방 도시의 주요 거점 권역에 물류부동산개발을 위한 토지매입에 나서고 있는 상황이다. 수도권에 비해 창고 등록 비중은 크지 않으나, 지방권역에 대형 물류센터가 지속적으로 계획되고 있어서, 견실한 확산이 예견되고 있다.

(10) 수도권 물류창고(센터)의 입지 변화

물류창고(센터)의 탈도심화는 창고 및 물류처리시설 등이 구도심의 산업지역을 벗어나서 도시 외곽지역으로 이동하는 현상으로 대부분의 경우 시설의 대형화, 자동화를 동반한다. 이는 큰 소비시장을 갖춘 대도시 및 광역도시를 중심으로 흔히 발생하는 현상이다. 수도권 또한 물류창고의 탈도심화를 겪었고, 지금도 일부 진행 중에 있다.

1998년 이전에 준공된 물류창고중 1,000m^2 이상인 시설물 분포를 보면, 주로 인천항 배후지, 군포 내륙물류지지(ICD), 경부고속도로의 오산−기흥−수원·신갈−금곡 구간, 3번 국도의 이천−곤지암−성남, 김포공항 등지 및 일부 서울시 양재 등지에 집중된 것을 볼 수 있다.[13]

2014년 이후 준공된 물류창고의 분포를 보면, 집중 개발지역은 17번국도 일죽−백암−양지 구간으로, 이외에 김포공항 배후지, 인천공항 배후지, 경부고속도로 평택에서 오산에 이르는 구간 주변이다.

최근 들어 이커머스의 급속한 성장과 코로나19로 인한 비대면 사회로의 전환 등으로 빠른배송(당일, 반나절, 새벽, 1시간 등)이 요구됨에 따라, 물류창고의 탈 중심화와 도심 재진입 수요는 국내뿐만 아니라 해외 대도시에서도 관찰되는 현상이다.

---

13) 강상중, "수도권 물류창고 입지변화 경향분석", 브롭 빅스, 3Q, Vol 5, 중앙대학교 국제물류학과, 2021.

(11) 부동산개발업자의 대응방안

수도권 지역의 물류센터 포화상태 논란은 있지만 사실은 아니며 수요가 지속적으로 증가하므로 인해 불확실성시대 리스크를 줄이고 수익률을 극대화할 수 있는 사업이므로 물류센터에 대한 보다 정확한 정보수집과 첨단 물류센터에 사례분석을 통해 분석할 필요성이 있다. 화주를 연결하는 데 주력하여 인·허가 시 실검통과는 물론이고 안전한 사업을 수행하는 방안을 마련해야 한다. 자산운용사를 통해서 화주를 물색하는 방법과 PF도 동시에 해결하는 방법도 강구해 보아야 한다.

3) 지식산업센터

(1) 개념과 변천과정

산업집적활성화및공장설립에관한법률에 의하면 동일 건축물에 제조업, 지식산업 및 정보통신산업을 영위하는 자와 지원시설(최소 6개 업체 이상)이 복합적으로 입주할 수 있는 다층형(3층 이상) 집합건축물로서 대통령령으로 정하는 것을 말한다.

2008년까지는 이른바 "아파트형 공장"으로 불리다가 2009년 법률 개정으로 지식산업센터라는 이름으로 바꿔달았다. 쉽게 말하면 도심지역에서 중소기업이나 중견기업 공장과 사무실이 입주해 있는 아파트형 건물을 말한다. 오피스(사무실)빌딩은 내부에 생산시설을 설치할 수 없는데 지식산업센터는 생산시설을 설치할 수 있다.

전국 지식산업센터의 약 81% 이상이 수도권에 입지하고 있으며 수도권정비계획법상의 공장 총량제와도 예외로 운용되고 있는 점을 고려해 볼 때 수도권과 비수도권과의 지식산업센터 입지분포, 이용형태, 지식산업 여건 등에 관한 현황을 비교 분석해 보면 지역 간 차이점을 발견할 수 있다.[14] 비수도권에는 정부가 지원하고 있는 지역주도의 공공임대형 지식산업센터가 주로 건립되고 있다.

수도권정비계획법상 과밀억제·성장관리·자연보전권역에는 각각 공장에 관한 신·증설을 제한하는 규정을 두고 있지만, 예외로 산업집적활성화및공장설립에관한법률에 따라

---

14) 유현아 외 3인, "지식산업센터 현황과 정책과제: 수도권과 비수도권 비교를 중심으로", 국토연구원, 2021.

도시형공장을 유치하기 위한 지식산업센터는 신·증설을 제한 없이 허용하고 있다.

(2) 지식산업센터의 설립절차

지식산업센터의 설립절차를 살펴보면 [그림 6-27]과 같다.

[그림 6-27] 지식산업센터의 설립절차

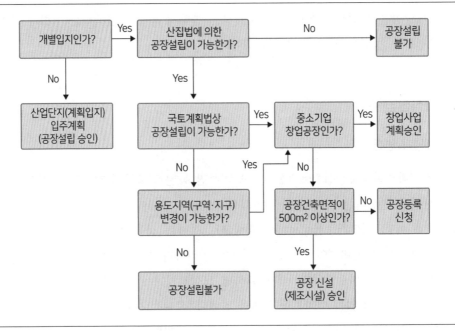

(3) 지식산업센터에 대한 지원

산업집적활성화및공장설립에관한법률 제28조의3에 의하면 다음과 같이 지원을 할 수 있다.

① 지식산업센터에 대하여는 다른 법률에서 정하는 바에 따라 필요한 자금을 지원할 수 있다.

② 국가 또는 지방자치단체가 지식산업센터를 설립하여 분양 또는 임대하려는 경우에는 「국유재산법」 및 「공유재산 및 물품 관리법」에도 불구하고 건설원가로 분양하거나 대통령령으로 정하는 임대료로 임대할 수 있다.

③ 제2항에 따라 건설원가로 분양을 받은 자는 산업통상자원부령으로 정하는 기간에는 이를 매각할 수 없다. 다만, 파산으로 인한 매각 등 산업통상자원부령으로 정하는 경우에는 그러하지 아니하다. 지식산업센터는 주로 택지지구 내에 들어선다. 그리고 기존 공장에 비해 면적 사용이 적다는 장점이 있어서 정부에서 지원을 해준다.

(4) 분양 및 임대

① 지식산업센터를 설립한 자가 지식산업센터를 분양 또는 임대하려는 경우에는 공장 건축물 착공 후 산업통상자원부령으로 정하는 바에 따라 모집 공고안을 작성하여 시장·군수 또는 구청장의 승인을 받아 공개로 입주자(지식산업센터를 분양 또는 임대받아 제조업이나 그 밖의 사업을 하는 자를 말한다. 이하 같다)를 모집하여야 한다. 승인을 받은 사항 중 산업통상자원부령으로 정하는 중요사항을 변경하려는 경우에도 또한 같다.

② 다음 각 호의 어느 하나에 해당하는 지식산업센터를 분양 또는 임대하는 경우에는 제1항을 적용하지 아니한다.

- 공공사업에 의하여 철거되는 공장의 유치나 그 밖에 대통령령으로 정하는 사유로 설립된 지식산업센터
- 대통령령으로 정하는 규모 미만의 지식산업센터

③ 지식산업센터를 설립한 자가 국가·지방자치단체, 공단, 「중소기업진흥에 관한 법률」에 따른 중소벤처기업진흥공단 또는 「지방공기업법」에 따른 지방공사(이하 "지방공사"라 한다)인 경우에는 제1항에도 불구하고 모집공고안을 시장·군수 또는 구청장에게 통보한 후 입주자를 모집할 수 있다. 통보한 사항 중 산업통상자원부령으로 정하는 중요 사항을 변경한 경우에도 또한 같다.

④ 지식산업센터를 설립한 자는 거짓 또는 과장된 사실을 알리거나 기만적 방법을 사용하여 입주자를 모집하여서는 아니 된다. 지식산업센터의 분양은 아파트 투유 같은 전산방식을 사용하는 일반 아파트나 오피스텔 분양과 달리, 모델하우스에서 직접 계약하거나 후분양으로 할 경우 건물 내의 분양상담실에서 오프라인으로만 할 수 있다. 아파트형 공장을 지식산업센터로 확장할 때 법률을 개정하여 전산 분양제도를 도입하려 했으나, 대한민국 국회에서 이 부분에 대해 조항을 만들지 않아서

오프라인 계약만 가능하다.

(5) 지식산업센터에 입주할 수 있는 시설은 다음 열거한 시설로 한다.

- 제조업, 지식기반산업, 정보통신산업, 그 밖에 대통령령으로 정하는 사업을 운영하기 위한 시설
- 「벤처기업육성에 관한 특별조치법」 제2조 제1항에 따른 벤처기업을 운영하기 위한 시설
- 그 밖에 입주업체의 생산 활동을 지원하기 위한 시설로서 대통령령으로 정하는 시설

(6) 제1항 제1호에 따라 지식산업센터에 입주할 수 있는 시설의 범위 및 규모는 대통령령으로 정한다.

제28조의5 제1항 제3호에 있는 "그 밖에 입주업체의 생산 활동을 지원하기 위한 시설"에는 은행, 증권사, 보험사 등 금융업체, 간단한 음식점, 통합형 기숙사, 헬스장 등 운동시설, 교통안내시설 등이 포함된다. 그래서 여러개 동으로 구성된 규모가 큰 지식산업센터의 경우 1개 동은 기숙사나 일반 상업시설로 쓸 수 있도록 오피스텔 비슷한 구조로 짓는 편이다.

경기도 용인시 구성 지구에 들어선 용인테크노밸리의 경우 메가박스 용인테크노밸리라는 영화관까지 들어섰다. 대한민국에서 지식산업센터에 영화관이 들어선 것은 용인테크노밸리가 처음이다.

(7) 지방자치단체, 정부, 공공기관

지방자치단체나 정부, 공공기관들은 지식산업센터를 매우 좋아한다. 놀고 있는 나대지를 지식 산업센터로 꾸밀 수가 있기 때문이다. 일반 공장은 도시계획상 공업지역에 입주해야 하는데 지식산업센터는 제3종 일반주거지역이나 준주거지역에 들어설 수 있기 때문이다. 그래서 신도시 및 택지지구를 개발하는데 100% 아파트를 짓지 않고 일부를 남겨놓은 이후 이른바 "자족기능확충"이라는 명목으로 지식산업센터를 건립한다.

특히 수도권 지방자치단체들이 선호한다. 수도권 지역은 과밀억제권역이라서 공업지구 설정이 제한되고, 일반 산업단지를 짓기 어렵기 때문이다. 이명박 정부에서 법률 개정으

로 지식산업센터가 일반주거지역에 들어설 수 있게 되자 수도권 지식산업센터가 폭증한
것은 여기서 알 수 있다. 사실상 수도권에 대한 규제 완화의 일환이었다. 2020년 3분기
지식산업센터 승인 건수는 역대 가장 많았다.

(8) 지식산업센터의 변천과정

1960년 후반~1990년: 구로공단 국가 경제 핵심 역할

1989년 중소기업진흥공단이 인천 주안에 '협동화사업 추진요령'과 '아파트형 공장설립
및 관리 요령'에 따라 설립된 것이 시초로 보고 있다. 1989년 이후 공공부문의 주도로 지
식산업센터가 본격적으로 건립되기 시작했고 1991년 서울, 경기 지역에 4개소가 설립되
었다. 지식산업센터는 1990년 중반 '벤처기업 육성에 관한 특별조치법' 등이 발표되고 각
종 세제 혜택, 건설비 지원 등의 정책이 추진되며 본격적인 활성화가 진행되었다.

최근에는 민간 자본 유입과 함께 시설의 첨단화, 고급화, 대형화가 이뤄지면서 오피스
빌딩과 유사한 투자 상품으로 발전하고 있다.

초기 우리나라의 지식산업센터는 수도권 및 대도시권 공업 집중화 경향에 따라 영세기
업들이 보다 효율적인 생산활동을 할 수 있도록 하는데 주안점을 두고 있었다. 국내 지식
산업센터가 처음 모습을 드러낸 곳은 인천 남동구 주안동이다. 초기에는 규모가 작아 입
주기업들의 불평이 컸다고 한다. 입주 업체 대부분이 대형 기계를 설치해야 하는 제조업
체이었는데 비좁은 내부에 하루 종일 돌아가는 기계 소음으로 입주자들은 고통을 받았다.
이 뿐만 아니라 입주자들을 위한 편의시설이나 휴게, 녹지공간도 부족했다.

과거 기계소음이 심했던 지식산업센터는 2000년 중반부터 전성기가 시작되었다. 과거
회색 칙칙한 공장 이미지에서 벗어나 다양한 편의시설과 문화공간을 갖춘 복합단지로 탈
바꿈하게 된다. 1세대로 불리는 단순 공장시설에서 2세대 아파트형 공장 시대로 들어 선
이다. 이 시기부터 층별·동별로 업무 집적화가 가능한 공간으로 설계됐고 업무지원시설
인 세미나실, 휴게실, 편의시설이 들어서기 시작하였다.

2022년 9월 말 기준 전국의 지식산업센터의 개수는 1,415개로 엄청나게 늘어났다.

이 같이 늘어나는 지식산업센터는 갈수록 대형화, 고층화되며 지역 내 랜드마크빌딩으
로 자리를 잡았다. 단지 안엔 녹지공간을 만들고 친환경설비와 최첨단 시스템 등을 갖춘
스마트형 지식산업센터로 재탄생되고 한 단계 더 발전해 문화, 예술 공간 개념이 더해지

면서 진정한 복합단지로 발전하게 되었다.

(9) 부동산개발업자의 대응방안

지식산업센터는 많은 지역에서 개발되고 대형화, 고층화되고 있으며 최근에는 단지 안에 녹지공간을 만들고 친환경 설비와 최첨단시스템을 갖춘 스마트형 지식산업센터로 진화되어 왔다.

수도권정비계획법상 과밀억제·성장관리·자연보전권역에는 각각 공장에 관한 신·증설을 제한하는 규정을 두고 있지만, 예외로 산업집적활성화및공장설립에관한법률에 따라 도시형공장을 유치하기 위한 지식산업센터는 신·증설을 제한 없이 허용하고 있을 정도로 입지가 완화되어 있다. 현재는 지식산업센터 관련 제도들이 지원에만 초점이 맞추어져 있지만 앞으로는 관리방안에 대한 정책과제들이 마련될 것으로 사료되므로 개발업자는 이에 대한 대비가 필요하다. 특히 도시의 건축물형태 혹은 구조는 도시의 주거, 산업, 상업 등의 활동을 자극시키거나 그 결과물이 집적되는 생산물로서의 기능을 가짐에 따라 향후 지식산업센터에 주거, 상업, 물류 등의 다양한 기능이 발휘되도록 건축적 요소의 다양성을 추진할 필요성이 대두된다. 뿐만 아니라 도시에 들어오는 새로운 생산적 조직들과 기존 생산 활동 간의 융합을 통해 도시에 배태된 기능이 완전히 발휘될 수 있도록 기존 도심산업과의 융합을 통한 네트워크형성을 고려하여 개발할 필요가 있다.

마지막으로 지식산업센터시장도 지역시장이라 지역마다 수요·공급 현황이 다르므로 철저한 시장조사를 해야 하는데 특히 수요자들의 니즈를 정확히 파악하여 개발하여야 성공할 수 있다. 이런 경우도 최근의 글로벌 거시경제 환경이 고물가, 고금리, 고환율 등으로 경기침체에 대한 우려가 심하게 대두되므로 개발업자는 이를 감안하여 리스크에 대비하여야 한다.

5. 토지시장

2000년대 초기부터 장기간 호황을 누려왔던 토지시장은 2007년을 기점으로 몇몇 개발호재를 안고 있는 지역을 제외하고는 하락세로 전환되는가 싶더니 분양가상한제로 인해

주거용 토지시장은 침체국면에서 벗어나지 못하고 있다. 그러나 금융위기가 발발한 2008
년을 제외하고는 2021년까지는 [그림 6-28]과 <표 6-36>에서 보는 바와 같이 상승
이 지속되는 것으로 나타났다.

[그림 6-28] 연도별, 지역별 지가지수

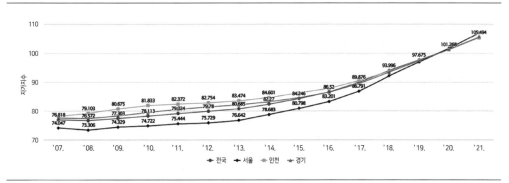

주) 기준시점 2020.9.1.=100.
자료) 한국부동산원.

<표 6-36> 연도별, 지역별 지가지수

지역	2007	2008	2009	2010	2011	2012	2013	2014	2015	2016	2017	2018	2019	2020	2021
전국	76.818	76.572	77.303	78.113	79.024	79.870	80.685	82.270	84.246	86.520	89.876	93.996	97.675	101.268	105.494
서울	74.047	73.306	74.329	74.722	75.444	75.729	76.642	78.683	80.798	83.201	86.791	92.097	96.966	101.624	107.023
인천	78.037	79.103	80.675	81.833	82.372	82.754	83.474	84.601	86.251	87.749	90.468	93.714	97.491	101.159	105.306
경기	77.468	77.259	78.200	79.360	80.526	81.362	82.104	83.119	84.559	86.446	89.428	93.382	97.389	101.263	105.622

주) 기준시점 2020.9.1.=100.
자료) 한국부동산원.

토지는 부동산개발사업의 주요한 자료이기 때문에 부동산개발사업의 업종과 그 업종의
호·불황에 따라 많은 영향을 받게 되어 있다. 이에 따라 토지가격도 개발 업종의 경기나
입지에 따라 많은 차이를 보이고 있다. 그러나 전반적으로 토지가격은 주거용과 비주거용
으로 구분할 것 없이 오를 대로 오른 상태에서 참여정부의 과도한 규제로 인해 2007년
하반기부터는 부동산시장이 마비될 정도로 거래가 되지 않고 있다. 2008년 12월 주택시
장의 규제는 상당부분 해제하였으나, 주거용 토지에 대한 비업무용이나 나대지에 대한 양

도소득세 장기보유특별공제 배제, 용도변경금지 및 전매제한기간 등의 규제가 상존해 있기 때문에 부동산경기가 회복되지 않는 동안 토지시장의 침체국면은 [그림 6-29]에서 보는 바와 같이 연도별 등락은 있지만 2013년까지 한동안 거래량이 줄어들었다. 그 후 거래량이 지속적으로 늘어나다가 2019년에 일시적으로 줄어든 이후 다시 2021년까지 늘어나고 있다.

[그림 6-29] 전국 연도별 토지 거래량 추이

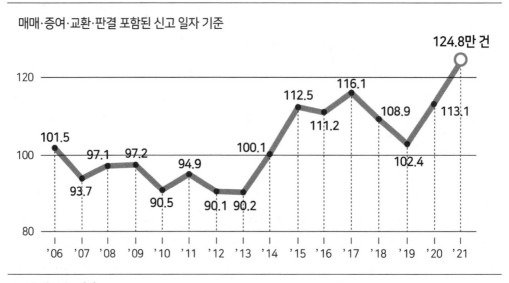

매매·증여·교환·판결 포함된 신고 일자 기준

자료) 한국부동산원.

2010~2021년 사이 연도별, 지역별 지가 변동률을 [그림 6-30], <표 6-37>에서 살펴보면 전국, 서울, 인천은 2012년이 지가상승률이 제일 낮지만 경기지역은 2013년이다. 지가상승률이 가장 높은 연도는 전국, 서울, 경기는 2018년이고 인천은 2019년이다.

한편, 문재인 정부 출범한 2017년부터 2021년까지는 주택을 비롯한 부동산가격이 한국 역사상 가장 많이 오른 시기이다. 2017년부터 2021년까지 지가 상승률이 어느 연도들보다 큰 것이 <표 6-36>에 잘 나타나 있다.

[그림 6-30] 연도별, 지역별 지가 변동률   (단위: %)

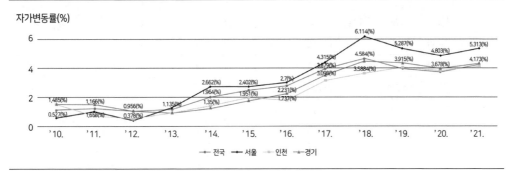

<표 6-37> 연도별, 지역별 지가 변동률

지역	2010	2011	2012	2013	2014	2015	2016	2017	2018	2019	2020	2021
전국	1.046	1.166	0.956	1.135	1.964	2.402	2.700	3.879	4.584	3.915	3.678	4.173
서울	0.527	0.966	0.378	1.206	2.662	2.688	2.974	4.315	6.114	5.287	4.803	5.313
인천	1.434	0.658	0.464	0.870	1.350	1.951	1.737	3.908	3.588	4.030	3.762	4.099
경기	1.485	1.470	1.038	0.912	1.236	1.733	2.231	3.450	4.421	4.291	3.978	4.305

자료) 한국부동산원.

글로벌 거시경제가 정점을 하락으로 접어드는 2021년 12월부터 2022년 9월까지 지가 지수를 지역별, 이용현황별로 종합하여 나타내면 <표 6-38>과 같다.

이 표에서 보듯이 부동산경기가 하락 국면임에도 불구하고 지역별, 이용 현황별에 상관없이 지속적으로 지가는 상승하고 있다는 것을 알 수 있다. 즉 지가는 부동산 중에서 가장 늦게까지 하락하지 않고 버티고 있는 것이 일반적이다.

토지는 부동산개발사업의 자료가 되기 때문에 부지를 선정하고 매입하는 것은 개발사업의 어떤 과정보다도 중요하다. 그러므로 개발업자가 고려하고 있는 개발사업을 위한 부지를 선정하는 경우에는 개발업종에 적합한 부지를 선정하는 것이 중요하다. 먼저 지역별 지가변동률을 검토하고 거래량과 토지시장 동향 등을 면밀히 검토한 다음에 도시기본계획의 개발축과 토지이용계획 등을 고려하고 지역별 개발계획 등이 있는 인접지역의 양호한 입지를 선정하여야 리스크를 줄이고 수익률을 극대화할 수 있을 것이다.

<표 6-38> 지역별, 이용현황별 지가지수 추이

지역	이용 상황	21년 12월	22년 01월	22년 02월	22년 03월	22년 04월	22년 05월	22년 06월	22년 07월	22년 08월	22년 09월
전국	주거용_대	105.828	106.161	106.487	106.826	107.175	107.531	107.892	108.218	108.495	108.583
	상업용_대	105.963	106.292	106.611	106.951	107.309	107.711	108.087	108.448	108.787	109.11
	공장	104.211	104.497	104.773	105.095	105.418	105.73	106.026	106.338	106.632	106.91
	전	105.126	105.425	105.711	106.03	106.345	106.676	106.994	107.303	107.61	107.886
	답	104.764	105.021	105.288	105.573	105.866	106.165	106.447	106.709	106.961	107.197
	임야	103.128	103.312	103.498	103.688	103.833	104.081	104.285	104.499	104.699	104.885
	기타	103.422	103.655	103.88	104.068	104.302	104.541	104.758	104.934	105.102	105.321
수도권	주거용_대	106.371	106.738	107.098	107.465	107.845	108.233	108.633	108.998	109.317	109.398
	상업용_대	106.595	106.958	107.308	107.678	108.069	108.519	108.94	109.341	109.724	110.1
	공장	105.751	106.123	106.455	106.848	107.222	107.564	107.899	108.24	108.566	108.896
	전	106.198	106.555	106.894	107.25	107.608	107.982	108.34	108.711	109.902	109.45
	답	105.305	105.604	105.901	106.221	106.546	106.891	107.222	107.53	107.841	108.176
	임야	103.773	103.988	104.214	104.428	104.657	104.9	105.139	105.41	105.667	105.921
	기타	103.583	103.823	104.051	104.257	104.499	104.716	104.932	105.14	105.401	105.717
지방	주거용_대	104.557	104.81	105.058	105.329	105.604	105.887	106.155	106.388	106.57	106.671
	상업용_대	104.481	104.731	104.977	105.245	105.526	105.815	106.086	106.356	106.59	106.789
	공장	102.561	102.754	102.971	103.216	103.485	103.764	104.017	104.3	104.559	104.781
	전	104.419	104.681	104.932	105.226	105.513	105.814	106.106	106.376	106.633	106.856
	답	104.577	104.819	105.075	105.348	105.631	105.914	106.178	106.424	106.656	106.858
	임야	102.644	102.805	102.962	103.134	103.303	103.467	103.644	103.815	103.972	104.107
	기타	103.278	103.505	103.728	103.9	104.126	104.386	104.602	104.75	104.836	104.969

자료) 한국부동산원.

부동산시장은 부동산의 고정성이라는 특성 때문에 지역시장을 형성하므로 전국은 물론 해외시장도 검토하여야 한다.

<표 6-36> 연도별, 지역별 지가지수나 <표 6-38> 지역별, 이용현황별 지가지수 추이를 종합해 보면 2008년을 제외하고는 2022년 9월까지도 토지가격은 지속적으로 상승하였다는 것을 알 수 있다. 이와는 반대로 판매시설이나 숙박시설의 경기는 바닥수준이

고 기존 주택가격은 급하게 하락하여 침체국면인데도 불구하고 토지가격은 하락하지 않고 있다.

한편, 서울 지역이나 분당지역의 A급 오피스 공실은 오히려 감소하고 있다. 특히 강남 지역은 오피스 공실률이 2022년 0.15% 정도로 오피스의 공급부족현상이 나타나고 있다. 이런 현상은 2020년 초에 코로나19 팬데믹으로 오피스시설의 중단으로 인해 공급부족의 일시적 현상으로 나타난 것이지 사업성이 있는 것은 아니다.

오피스는 주로 임대후 매도하는 시설로 임대소득(영업소득)과 양도소득(자본소득)으로 구성된다. 그런데 앞으로 고금리현상이 지속되고 토지가격이 오를 대로 오른 상태에서는 오피스개발은 사업성이 떨어지게 마련이다. 그러므로 개발업자들은 이러한 착시적인 현상도 고려하여야 리스크를 줄일 수 있다.

고금리로 인한 일반경기 침체와 부동산 경기가 하락국면인 경우에는 거시적 시장분석이 미시적 시장분석보다 중요하다. 그러므로 개발업자는 글로벌 거시경제흐름과 부동산 경기의 흐름을 철저히 분석하여 부동산 경기하락이 멈추고 거래량이 늘어나면서 가격이 약간 상승추세에 있는 지역을 선정하여 사업을 추진하여야 한다.

복습문제

01. 정부가 부동산시장에 개입하는 이유와 주택정책과 토지정책의 목표는?

02. 국토개발의 변화과정을 1960년부터 현재까지 10년 단위로 개략적으로 기술해 보라.

03. 도시개발정책의 변화과정을 1960년부터 10년 단위로 기술해 보라.

04. 택지개발 변천과정도 1960년부터 2000년까지 기술해 보라.

05. 1960년대의 개발정책과 개발역사를 기술해 보라.

06. 1960년대 토지구획정리사업이 1980년 초에 택지개발사업으로 변천되었는데 그 이유는?

07. 1890년대 말 토지공개념의 도입과 주택 200만 호 건설의 배경은?

08. 1990년 중반에 준농림지역의 등장으로 주택난개발의 단초가 되었는데 1998년 외환위기를 계기로 부동산규제가 완전히 해제됨에 따라 난개발이 가속화되었다. 이 결과 정부에서의 이에 대한 대응책은?

09. 2000년대 들어서면서 개발금융의 발달과 함께 본격적인 개발업자의 등장의 계기가 되었는데 그 개발업자들이 추진한 개발업의 종류는?

10. 노무현 정부의 부동산대책과 이명박 정부의 부동산대책의 차이점을 기술하고 노무현 정부의 부동산대책이 실패한 이유를 기술해 보라.

11. 2008년 9월 '서브프라임 모기지'사태 이후 부동산시장은 글로벌화로 인해 글로벌경기에 민감하게 반응하고 있는데 이에 대한 개발업자의 대책은?

12. 2011년도 경기 침체와 더불어 우리나라 부동산도 경기침체로 말미암아 주택시장의 매매가 잘 이루어지지 않고 전세가격만 상승하고 있는데 이에 대한 원인은 무엇이며 정부의 필요한 대책은 무엇인지 기술해 보라.

13. 2014년 1월 말 기준 전세가격은 1년 6개월 이상 계속적으로 상승하고 매매가격도 몇 주째 상승세를 이어갔는데, 이에 대한 원인은 무엇이고 정부의 필요한 대책은 무엇인지 기술해 보라.

14. 2015년에 주택시장의 활성화가 이루어졌는데 그 전 주택시장과 다른 점을 기술하고 그 이유를 기술해 보라.

15. 2020년 이후 주택가격이 급등하여 버블상태까지 올라와 있는데 그 이유는?

16. 2023년부터 주택경기 하락기간과 하락폭에 대하여 논의해 보라.

17. 제4차 산업혁명과 코로나19로 인한 개발환경변화에 대해 설명해 보라.

18. 부동산개발환경변화에 의한 입지의 중요성이 감소하는 이유를 설명해 보라.

19. 2030세대(MZ세대)들의 디지털시장의 트렌드를 논의해 보라.

20. 2022년 9월 글로벌 거시경제지표를 미국을 중심으로 설명하고 앞으로 개발사업들의 부동산개발에 대한 인식과 태도를 전망해 보라.

21. 데이터센터의 개발이 왜 필요하며 개발하기 위해서는 어떠한 점에 유의해야 하는지 설명해 보라.

22. 물류센터의 수요가 지속적으로 증가할 것으로 예상되나 공급포화상태도 우려된다. 개발업자가 어떻게 하여야 리스크를 줄이면서 수익률을 극대화할 수 있는지를 설명해 보라.

23. 지식산업센터의 입지 및 조세와 금융의 지원방안에 관하여 논의해 보라.

용어정리

1. 프롭테크

프롭테크는 부동산 자산(property)과 기술(technology)의 합성어다. 인공지능(AI), 빅데이터, 블록체인 등 첨단 정보기술(IT)을 결합한 부동산 서비스를 말한다. 부동산 중개, 사이버 모델하우스 같은 3차원(3D) 공간설계, 부동산 클라우드펀딩, 사물인터넷(IoT) 기반의 건물관리 등이 프롭테크에 해당한다.

2. 메타버스

메타버스(metaverse)는 meta에 세상을 뜻하는 universe의 verse를 붙인 말이다. 현실을 초월한 세상, 새로운 가상 세상 정도를 의미한다. 기존의 가상현실(Virtual reality)이라는 용어보다 진보된 개념으로 웹과 인터넷 등의 가상현실 세계가 현실세계에 흡수된 형태이다.

3. NFT(대체불가능토큰: Non-fungible token)

디지털자산의 저작권과 소유권을 블록체인 기반의 분산 네트워크에 기록하는 방식. 2017년 게임 아이템의 저작권과 소유권 인증을 위한 방식으로 채용된 이후, 이미지나 밈, 동영상, 프로그램 등 디지털자산을 위한 저작권과 소유권을 입증하는 효율적인 방식으로 널리 인정된 것으로 디지털 등기부등본이라 불리기도 한다.

4. 블록체인

블록체인은 데이터 분산 처리 기술이다. 핵심은 누적된 거래 내역 정보를 중앙은행과 같은 특정 금융기관 서버에 저장하지 않고 온라인 거래자 컴퓨터에 똑같이 분산 저장한다는 점이다. 추가적인 거래가 일어나면 각 참여자의 승인을 받도록 했다.

장부 자체가 인터넷상에 개방돼 있고 수시로 검증이 이뤄지기 때문에 원천적으로 해킹이 불가능하다. 블록체인 개발자들은 이 기술을 통해 개인이 국가 간섭이나 통제를 받지 않고, 자생적 신뢰를 쌓아나가면서, 거래를 활성화해나갈 수 있다고 주장하고 있다.

5. 클라우드펀딩

클라우드펀딩(crowd funding)은 온라인 플랫폼(중개업자)을 통해 다수의 개인들로부터 자금을 조달하는 금융서비스이다. 이는 세 행위주체, 즉 ① 아이디어 또는 프로젝트 기획자(자금수요자), ② 아이디어를 지원·전파하는 다수의 개인 또는 집단(자금공급자), ③ 아이디어를 실행하도록 이끄는 중개자 또는 조직(플랫폼)으로 이뤄진다. 자금을 금융기관을 통하지 않고 조달하는 방식이다.

6. 디지털자산

디지털자산(Digital asset)은 디지털 형태의 자산이다. 디지털 형태로 저장된 저작물과 암호화폐 같은 형태의 자산, 게임 재화 등이 있다.

7. 공유경제

재화를 여럿이 공유하여 사용하는 공유 소비를 기본으로 하여 자원 활용을 극대화하는 경제 활동 방식. 대량 생산과 대량 소비가 특징인 20세기 자본주의 경제에 반하여 생겨났다. 예를 들면 장소공유, 물건고유, 교통공유, 짓기공유 등이 있으며 공유오피스와 셰어하우스 등이 대표적이다.

8. 구독경제

온라인 비즈니스 모델과 소비 형태를 통칭하기 위해 만든 용어로 사용자가 일정 기간 구독료를 내고 상품이나 서비스를 이용하는 경제 활동이다.

신문이나 잡지를 구독하듯 면도기, 생리대 등 지속해서 소비가 필요한 상품을 제공받는 서비스와 자동차, 명품의류, 가구 등의 상품을 원하는 만큼만 빌려 쓰는 대여(rental) 서비스, 콘텐츠 소프트웨어, 영화, 드라마, 게임, 전자책, 음악 스트리밍처럼 디지털 플랫폼(digital platform)을 통해 제공되는 서비스를 말한다.

9. 조각투자

고객은 모바일 플랫폼을 통해 쉽게 조각난 부동산 지분을 구입할 수 있다.

펀블 같은 부동산 조각투자 플랫폼이 금융위원회로부터 해당 권리를 '부동산 디지털 수익증권'으로 이미 인정받았기 때문에 안전하다. 현재 국내에 선보이고 있는 부동산 조각투자 플랫폼들은 금융위로부터 혁신금융서비스로 지정됐다. 또 규제샌드박스 업종이어서 위법성 논란으로부터 상대적으로 자유롭다.

고객이 부동산 조각투자 플랫폼에서 블록체인 기반 디지털 토큰(DAS)의 매매와 주요 부동산투

자를 하게 되면 증권사는 한국예탁결제원과 함께 부동산 유동화 과정부터 보관, 유통, 청산 등
시스템 전 과정에 참여해서 투자자를 보호한다.

10. 다크스토어(Dark Store)

온라인 주문을 처리하기 위하여 기존 매장을 지역형 물류거점으로 활용하느전략으로 온라인용
재고를 따로 관리하고 물류창고의 역할을 하며 온라인 주문을 위한 픽업장소로 활용할 수 있다.
기존매장을 다크스토어로 전환하거나 매장내 일부공간을 리모데링 방식으로 이용되고 있는 판매
전략 중 하나이다.

10. 생태자연도

산, 하천, 습지, 호소, 농지, 도시, 해양 등에 대해 자연환경을 생태적 가치, 자연성, 경관적 가치
등에 따라 등급화하여 작성한 지도를 말한다.

11. 데이터센터

데이터센터란 각종 정보가 저장된 서버 컴퓨터(Server computer)가 수천개 이상 모인 대형시설
을 말한다. 데이터센터에는 각종 데이터·소프트웨어(SW)를 서버 컴퓨터에 저장해놓고 필요할
때마다 내려받아 사용할 수 있도록 하는 클라우드 컴퓨팅(Cloud Computing)을 활용하는 기업의
중요한 정보가 저장되기 때문에 기업 데이터센터가 있는 지역의 중요성이 커지고, 해당 국가의
국제적 위상도 높아진다.

12. 스태그플레이션

인플레이션(고물가)하의 경기침체를 의미한다. 경기침체는 경기순환과저양 2분기 이상 경기하락
을 의미한다.

13. 거시환경지표

국민소득이나 물가수준 등 국민경제 전체를 대상으로 수집·분석한 경제지표를 말한다. 거시경제
지표는 각 경제주체(가계·기업·정부) 활동의 합이 어떻게 나타나는가를 알려주는 국민소득, 물
가, 국제수지, 실업률, 환율, 통화증가율, 이자율 등으로 국가적 차원에서 경제상황을 판단할 수
있는 기준으로 활용된다.

14. 기대인플레션

물가가 장기간 상승하는 인플레이션이 지속되면 경제주체들은 앞으로도 물가가 계속 상승할 것이라는 예상을 하게 된다. 이와 같이 경제주체들이 예상하고 있는 미래의 인플레이션을 기대인플레이션이라 한다.

15. 소비자물가지수(CPI)

소비자가 구입하는 재화와 서비스의 가격변동을 나타내는 물가지수를 말하며 소비자물가지수는 대부분의 나라에서 매월 발표되는데, 대부분 식품·의복·임대료 등과 같은 주요항목의 비용에 대한 지수가 다루어진다. 때때로 유제품과 같이 더 세부적인 항목이 포함되기도 하며, 우유와 같이 개별 품목을 대상으로 조사하기도 한다. 이것은 부분적으로 가격이 수집되는 상품의 수에 따라 결정된다.

12. 근원소비자물가지수(근원CPI)

근원물가지수(Core Inflation)는 물가 변동을 초래하는 여러 요인 가운데 일시적인 공급 충격의 영향을 제외한 기초적인 물가 상승률을 말한다. 대부분의 경우 전체 소비자물가 상승률에서 농산물 가격, 국제원자재가격 등의 변동 부분을 제거해 계산한다.

13. 프로젝트파이낸싱(P/F: Project Financing)

프로젝트파이낸싱이란 프로젝트금융 또는 P/F라고도 하며 사업주와 법적으로 독립된 프로젝트로부터 미래에 발생하는 현금흐름(cash flow)을 담보로 하여 해당 프로젝트의 자금을 조달하는 기법이다. 프로젝트금융에서는 대출상환재원이 프로젝트의 사업성이며 기업의 신용과는 무관하다. 그러므로 프로젝트금융에서는 당해 프로젝트에서 발생하는 수익과 프로젝트를 수행하는 기업의 다른 사업에서 발생하는 수익이 구분·관리되어야 한다.

14. 풀 턴키(full-turn key) 방식

부동산개발사업에서 행해지는 계약방식으로서 사업타당성 검토에서부터 설계 및 시공에 이르기까지 전 과정을 대행해주는 계약방식을 말한다.

15. 지분제(또는 분양불) 계약

건축주와 시공사와의 계약방식의 하나로 일반도급계약이 공정에 따라 기성(공사비)을 지급하는 것과는 달리, 분양하여 수납된 분양금액으로 공사비를 지급하는 계약방식이다. 이 계약방식은 공정에 따른 기성 미지급으로 인한 연체 이자에 대한 걱정은 없으나 분양률이 양호한 경우 건축주에게 돌아가는 몫이 초기에는 적다.

16. 이익보장제 계약
이 계약은 개발사업에서 발생할 이익에 대하여 시공사가 책임지고 일정부분은 건축주에게 돌려주고 나머지 부분은 공사비 대가로 시공사가 가져가는 형식의 계약이다. 사업성이 불투명한 경우 시공사에 위험이 따르나 사업성이 양호할 경우에는 시공사가 많은 이익을 얻을 수 있는 장점이 있다.

16. GISLAW
전국 도시계획 등 760여 개 공간정보를 현행법 기준에 따라 누구나 쉽고 빠르게 분석하고 확인할 수 있는 공간정보플랫폼 사이트이다.

17. 지리정보체계(GIS)
지리정보체계는 지리적·공간적 자료, 즉 공간적으로 분포하고 있는 물체의 형태나 활동, 사건 등에 대한 자료를 받아들여 저장, 검색, 변형, 분석하고 사용자에게 유용한 새로운 형태의 정보로 표현하는 등 다양한 기능을 수행할 수 있는 기술이나 작동과정 혹은 도구를 총칭하는 것이다. 또한 이것은 도시의 환경에 존재하는 다양한 변수들을 측정하고, 지표나 공간의 형상을 도면화(mapping)하며, 시·공간적으로 변화하고 있는 현상을 관찰(monitoring)하고, 도시에 실행할 대안과 그에 따르는 진행과정을 모형화(modeling)하는 등과 같은 활동을 하는 데 도와주는 역할을 한다. 특히, GIS는 부동산개발사업 분야에서 입지분석이나 시장분석을 실시하는 데 이용되고 있다.

18. 자산관리(AM), 부동산관리(PM), 시설관리(FM)
- 자산관리란 증권, 단일부동산 또는 부동산 포트폴리오를 포괄하여 부동산가치를 창출하기 위한 투자 및 경영전략을 계획대로 적용하는 기능을 담당한다.
- 부동산관리는 부동산의 관리적 운영에 초점을 두어 가치창출을 도모한다는 점에서 자산관리와 구분된다. 즉 유지보수 임대차 관련업무, 임대수입, 비용관리예산 및 회계관리 보고 등의 기능을 담당한다.
- 시설관리(facility management)는 부동산 사용자에 관련된 시설들을 중점적으로 취급하며, 자산의 성과에 대하여 직접 관여하지 않는 점에서 부동산관리와 구별된다.

19. 자산담보증권(ABS)과 주택저당증권(MBS)

• 자산담보증권은 1998년 9월 16일 제정된 자산유동화에관한법률에 근거해서 현금흐름이 있는
자산을 담보로 발행한 증권을 말한다. 이 자산에는 부동산뿐만 아니라 자동차 할부채권, 신용카
드 할부채권, 부동산 분양대금, 부동산 임대료 등 장래 발생하는 모든 현금흐름이 있는 자산을
포함한다.

• 주택저당증권은 1999년 1월 29일 제정된 '주택저당채권 유동화 회사법'에 따라 주택저당채권
유동화 회사가 발행하는 MBS로 불리는 증권을 말한다. 현재 이 법에 따라 설립된 한국주택저
당채권유동화주식회사가 주택저당증권을 발행하고 있다.

20. 특수목적회사(SPC)

ABS 대상자산의 양수, 증권의 발행 또는 이와 관련된 한정된 업무만을 수행할 목적으로 설립된
법인을 말한다. 증권투자자를 보호하기 위하여 자산보유자로부터 특수목적법인에 대한 자산의 양
도는 자산보유자의 파산으로부터 영향을 받지 않는 진정한 매매(true sale)가 되어야 한다.
부동산이나 개발 프로젝트를 가진 기업이 기업 자체의 신용과 분리된 특수목적회사를 설립하고
이를 통해 자산을 담보로 주식이나 채권을 발행하는 증권화 방식이 자금조달수단으로 되었다.
우리나라는 '자산유동화법'에서 유동화 전문 유한회사가 이러한 특수목적회사에 해당된다.

21. 도관체(conduit)

법인은 법인세를 납부하고 남은 수익을 배당금으로 지급하고 그 배당금을 받은 주주는 소득세를
내야 한다. 즉, 동일한 소득에 대하여 두 번의 과세가 이루어지고 있다. 그러나 투자의 목적으로
만들어진 도관체에 대해 법인과 같이 이중과세를 하면 투자수익률이 악화되기 때문에 투자수단
으로만 이용되는 각종 도관체에 대해서는 통상 법인세를 면제해주고 있다. 우리나라 대표적인 도
관체는 신탁과 특수목적회사(SPC), 부동산투자회사(REITs), 뮤추얼펀드 등이 있다. 미국은 LP 등
이 있다.

22. 브레인스토밍(brain-storming)

회의에서 모든 아이디어를 비평 없이 발표하거나 제출하여 그중에서 최선책을 결정하는 방법
이다.

23. 델파이법(Delphi method)

특정(개발)분야에 관한 전문가를 대상으로 앙케트(또는 인터뷰)를 실시하여 의견을 수립하는 방

식이다.

24. 노미날 그룹 프로세스(nominal group process)
한 집단에 의해 확인된 아이디어 사이에서 우선순위를 결정하기 위한 기법을 말한다.

25. 포커스 그룹(focus groups)
포커스 그룹은 8명에서 12명으로 구성되고 2시간 동안 모임을 갖고 대부분 잠재소비고객의 희망사항을 충족시키기 위해 제안된 프로젝트를 수정하는 데 사용되어지는 기법이다.

26. 서베이(surveys)
서베이는 새로운 프로젝트 혹은 진행 중인 프로젝트를 수정하기 위하여 개발업자가 아이디어를 창출할 때에 사용하는 기법 중 하나이다.

27. PERT/CPM
PERT/CPM은 PERT와 CPM의 합성어이다. 이를 자세히 풀이하면 PERT는 Program Evaluation and Review Technique의 약자이고, CPM은 Critical Path Method의 약자로서 PERT/CPM은 하나의 프로젝트 수행에 필요한 다수의 세부사업을 관련된 계획공정표(Network)로 묶고 이를 공기단축과 공사비 절감이라는 최종목표로 연결시키는 종합관리기법이다.

28. 빅밸류의 플랫폼과 Richgo Mas 앱
우리나라 부동산에 관한 빅데이터를 수집하고 인공지능을 통해 입지분석과 시장분석을 자세히 할 수 있게 되어, 지금까지의 인적자원과 비용 그리고 시간을 단축할 수 있다

29. 포지셔닝(positioning: 자리매김)
포지션이 어떤 특정상품이 수요자의 머릿속에서 다른 경쟁상품과 대비되어 차지하고 있는 위치를 말한다면, 포지셔닝은 자사의 상품을 타사의 경쟁상품과 차별화시켜 원하는 위치에 자리매김하기 위한 일련의 마케팅활동을 말한다.

30. 중요(또는 정박)임차자(key tarent)
쇼핑센터나 대규모의 사무실 등은 전국적인 명성이 있는 백화점이나 유명회사의 지점을 사전에 확보해야 하는데, 여기서 백화점이나 유명회사의 지점이 중요(또는 정박)임차자에 해당한다.

31. 시장점유율(market share)

어떤 상품에 있어서 전체시장에서 자사상품의 판매량이 차지하는 비율을 말한다.

32. 흡수율분석(absorption rate analysis)

흡수율분석이란 부동산 수요와 공급을 구체적으로 조사하는 것인데, 시장에 공급된 부동산이 1년 동안 시장에서 얼마만큼의 비율로 흡수되었는가를 분석하는 것을 의미한다.

33. 고객점표기법(CST)

상업용 매장을 방문하는 고객을 대상으로 인터뷰조사를 통해 그들의 주소지 분포를 도면에 나타냄으로써 상권을 파악하는 기법이다.

34. 위탁관리계좌(escrow account)

금융기관이 사업주와의 약정에 따라 위탁관리계좌를 설정하여 이 계좌에서 시공회사들이 대금을 지불할 뿐만 아니라 주택준공 후 주택소유자에게 분양할 경우, 분양대금을 직접 위탁관리계좌로 입금토록 함으로써 금융기관이 프로젝트의 현금 유·출입을 관리할 수 있도록 한 것이다. 개발업자의 자금유용을 막고자 자금용도까지 제한하고 있는 실정이다. 위탁관리계좌는 결제위탁계정 등으로 불리기도 한다.

35. 필로티 구조

필로티 구조란 건물구조의 한 형식으로 벽식구조가 아닌 기둥으로만 된 구조로 치장벽 등도 없으므로 밖에서 내부공간이 들여다보이고 추위나 더위, 바람 등을 피할 수 없는 구조로서 주로 1층에 설치되며 주차장 등으로 사용되고 이런 경우 바닥면적에 산입되지 않으며 높이 산정 시에도 1층이 제외된다.

36. PI 지수법

PI 지수법은 투자의사결정의 한 방법으로서 투자로부터 발생하는 현금유입의 현가의 합을 현금유출의 현가의 합으로 나누어서 1보다 크거나 같은 경우 채택하는 투자의 결정기법이다. 순현재가치법(NPV)의 결과가 금액으로 나타나는 데 비해 PI 지수법은 비율로 나타나는 것 이외에는 순현가법과 구하는 과정이 같다.

37. 자본환원율, 시장추출법, 투자결합법, Ellwood법
• 자본환원율: 소득을 가치로 환원시키는 비율을 말한다.
• 시장추출법: 시장에서 대상 부동산과 유사한 최근의 매매사례에서 자본환원율을 찾아내는 법이다.
• 투자결합법: 대출자의 요구수익률과 지분투자자의 요구수익률을 가중평균하여 자본환원율을 구하는 법을 말한다.
• Ellwood법: 보유기간 동안에 예상되는 현금수입, 부동산가치의 상승 또는 하강, 그동안의 지분 형성분을 토대로 종합자본환원율을 구하는 법을 말한다.

38. 자본비용(cost of capital)
자본비용은 기업이 사용하는 자본에 대한 대가로 투자자에게 지불하는 비용의 개념으로도 파악할 수 있으며, 동시에 투자자 입장에서 보면 공급한 자본에 대한 대가로 기업에 요구하는 요구수익률의 개념으로도 파악할 수 있다. 따라서 완전한 자본시장의 균형에서의 자본비용은 기업이 투자자에게 지불하는 비용과 투자자가 기업에 요구하는 수익률이 일치하게 되는 시장에서 결정된 기대수익률의 개념과 일치한다.
자본비용이란 조달된 자본의 청구권자에게 자본이용의 대가로 지불하는 비용이다.
NPV, IRR과 투자평가기법에서 사용하는 할인율이 바로 이 자본비용과 같은 의미이다.

39. 머천다이징(M/D: merchandising)
일반적으로 MD 혹은 M/D라고 부르며 기업의 마케팅 목표를 달성하기 위한 특정 상품과 서비스를 가장 효과적인 장소, 시기, 가격 그리고 수량으로 제공하는 일에 관한 계획과 관리를 말한다.

40. 담보인정비율(LTV: Loan to Value)
금융기관에서 부동산을 담보로 하여 대출을 받는 경우에 부동산가치에 대한 대출금액을 비율로 표시한 것을 말한다. LTV를 다른 말로 대출비율로 부르기도 한다. 예를 들면 1억짜리 APT를 담보로 하여 6천만 원을 대출받는다면 LTV는 60%이다.

41. 총부채상환비율(DTI: Debt to Income)
금융기관에서 담보대출을 받는 경우 대출금의 한도액은 채무자의 연소득에 대한 원리금상환액의 합계 비율에 따라 결정되는데, 이 비율을 총부채상환비율이라 한다.

42. 총부채원리금상환비율(DSR: Debt Service Ratio)

차주의 상환능력 대비 원리금상환부담을 나타내는 지표로서, 차주가 보유한 모든 대출의 연간 원리금상환액을 연간소득으로 나누어 산출된다. 대출에는 마이너스 통장, 신용대출, 전세자금대출, 자동차할부금융 등이 모두 포함된다.

한편, 유사한 개념인 총부채상환비율(DTI)과 비교할 때, DTI는 원금상환액 중 주택담보대출 원금상환액만 포함하는 반면, DSR은 주택담보대출을 포함한 모든 대출의 원금상환액을 포함한다는 점에서 차이가 있다.

부 록

■ 건축법 시행령 [별표 1] <개정 2022. 12. 6.>

용도별 건축물의 종류(제3조의5 관련)

1. 단독주택[단독주택의 형태를 갖춘 가정어린이집·공동생활가정·지역아동센터·공동육아나눔터(「아이돌봄 지원법」 제19조에 따른 공동육아나눔터를 말한다. 이하 같다)·작은도서관(「도서관법」 제4조 제2항 제1호 가목에 따른 작은도서관을 말하며, 해당 주택의 1층에 설치한 경우만 해당한다. 이하 같다) 및 노인복지시설(노인복지주택은 제외한다)을 포함한다]

   가. 단독주택

   나. 다중주택: 다음의 요건을 모두 갖춘 주택을 말한다.

   1) 학생 또는 직장인 등 여러 사람이 장기간 거주할 수 있는 구조로 되어 있는 것

   2) 독립된 주거의 형태를 갖추지 않은 것(각 실별로 욕실은 설치할 수 있으나, 취사시설은 설치하지 않은 것을 말한다)

   3) 1개 동의 주택으로 쓰이는 바닥면적(부설 주차장 면적은 제외한다. 이하 같다)의 합계가 660제곱미터 이하이고 주택으로 쓰는 층수(지하층은 제외한다)가 3개 층 이하일 것. 다만, 1층의 전부 또는 일부를 필로티 구조로 하여 주차장으로 사용하고 나머지 부분을 주택(주거 목적으로 한정한다) 외의 용도로 쓰는 경우에는 해당 층을 주택의 층수에서 제외한다.

   4) 적정한 주거환경을 조성하기 위하여 건축조례로 정하는 실별 최소 면적, 창문의 설치 및 크기 등의 기준에 적합할 것

   다. 다가구주택: 다음의 요건을 모두 갖춘 주택으로서 공동주택에 해당하지 아니하는 것을 말한다.

   1) 주택으로 쓰는 층수(지하층은 제외한다)가 3개 층 이하일 것. 다만, 1층의 전부 또는 일부를 필로티 구조로 하여 주차장으로 사용하고 나머지 부분을 주택(주거 목적으로 한정한다) 외의 용도로 쓰는 경우에는 해당 층을 주택의 층수에서 제외한다.

   2) 1개 동의 주택으로 쓰이는 바닥면적의 합계가 660제곱미터 이하일 것

   3) 19세대(대지 내 동별 세대수를 합한 세대를 말한다) 이하가 거주할 수 있을 것

라. 공관(公館)

2. 공동주택[공동주택의 형태를 갖춘 가정어린이집·공동생활가정·지역아동센터·공동육아나눔터·작은도서관·노인복지시설(노인복지주택은 제외한다) 및 「주택법 시행령」 제10조 제1항 제1호에 따른 소형 주택을 포함한다]. 다만, 가목이나 나목에서 층수를 산정할 때 1층 전부를 필로티 구조로 하여 주차장으로 사용하는 경우에는 필로티 부분을 층수에서 제외하고, 다목에서 층수를 산정할 때 1층의 전부 또는 일부를 필로티 구조로 하여 주차장으로 사용하고 나머지 부분을 주택(주거 목적으로 한정한다) 외의 용도로 쓰는 경우에는 해당 층을 주택의 층수에서 제외하며, 가목부터 라목까지의 규정에서 층수를 산정할 때 지하층을 주택의 층수에서 제외한다.

가. 아파트: 주택으로 쓰는 층수가 5개 층 이상인 주택

나. 연립주택: 주택으로 쓰는 1개 동의 바닥면적(2개 이상의 동을 지하주차장으로 연결하는 경우에는 각각의 동으로 본다) 합계가 660제곱미터를 초과하고, 층수가 4개 층 이하인 주택

다. 다세대주택: 주택으로 쓰는 1개 동의 바닥면적 합계가 660제곱미터 이하이고, 층수가 4개 층 이하인 주택(2개 이상의 동을 지하주차장으로 연결하는 경우에는 각각의 동으로 본다)

라. 기숙사: 학교 또는 공장 등의 학생 또는 종업원 등을 위하여 쓰는 것으로서 1개 동의 공동취사시설 이용 세대 수가 전체의 50퍼센트 이상인 것(「교육기본법」 제27조 제2항에 따른 학생복지주택 및 「공공주택 특별법」 제2조 제1호의3에 따른 공공매입임대주택 중 독립된 주거의 형태를 갖추지 않은 것을 포함한다)

3. 제1종 근린생활시설

가. 식품·잡화·의류·완구·서적·건축자재·의약품·의료기기 등 일용품을 판매하는 소매점으로서 같은 건축물(하나의 대지에 두 동 이상의 건축물이 있는 경우에는 이를 같은 건축물로 본다. 이하 같다)에 해당 용도로 쓰는 바닥면적의 합계가 1천 제곱미터 미만인 것

나. 휴게음식점, 제과점 등 음료·차(茶)·음식·빵·떡·과자 등을 조리하거나 제조하여 판매하는 시설(제4호너목 또는 제17호에 해당하는 것은 제외한다)로서 같은 건축물에 해당 용도로 쓰는 바닥면적의 합계가 300제곱미터 미만인 것

다. 이용원, 미용원, 목욕장, 세탁소 등 사람의 위생관리나 의류 등을 세탁·수선하는 시설(세탁소의 경우 공장에 부설되는 것과 「대기환경보전법」, 「물환경보전법」 또는 「소음·진동관리법」에 따른 배출시설의 설치 허가 또는 신고의 대상인 것은 제외한다)

라. 의원, 치과의원, 한의원, 침술원, 접골원(接骨院), 조산원, 안마원, 산후조리원 등 주민의

진료·치료 등을 위한 시설

마. 탁구장, 체육도장으로서 같은 건축물에 해당 용도로 쓰는 바닥면적의 합계가 500제곱미터 미만인 것

바. 지역자치센터, 파출소, 지구대, 소방서, 우체국, 방송국, 보건소, 공공도서관, 건강보험공단 사무소 등 주민의 편의를 위하여 공공업무를 수행하는 시설로서 같은 건축물에 해당 용도로 쓰는 바닥면적의 합계가 1천 제곱미터 미만인 것

사. 마을회관, 마을공동작업소, 마을공동구판장, 공중화장실, 대피소, 지역아동센터(단독주택과 공동주택에 해당하는 것은 제외한다) 등 주민이 공동으로 이용하는 시설

아. 변전소, 도시가스배관시설, 통신용 시설(해당 용도로 쓰는 바닥면적의 합계가 1천제곱미터 미만인 것에 한정한다), 정수장, 양수장 등 주민의 생활에 필요한 에너지공급·통신서비스 제공이나 급수·배수와 관련된 시설

자. 금융업소, 사무소, 부동산중개사무소, 결혼상담소 등 소개업소, 출판사 등 일반업무시설로서 같은 건축물에 해당 용도로 쓰는 바닥면적의 합계가 30제곱미터 미만인 것

차. 전기자동차 충전소(해당 용도로 쓰는 바닥면적의 합계가 1천제곱미터 미만인 것으로 한정한다)

4. 제2종 근린생활시설

가. 공연장(극장, 영화관, 연예장, 음악당, 서커스장, 비디오물감상실, 비디오물소극장, 그 밖에 이와 비슷한 것을 말한다. 이하 같다)으로서 같은 건축물에 해당 용도로 쓰는 바닥면적의 합계가 500제곱미터 미만인 것

나. 종교집회장[교회, 성당, 사찰, 기도원, 수도원, 수녀원, 제실(祭室), 사당, 그 밖에 이와 비슷한 것을 말한다. 이하 같다]으로서 같은 건축물에 해당 용도로 쓰는 바닥면적의 합계가 500제곱미터 미만인 것

다. 자동차영업소로서 같은 건축물에 해당 용도로 쓰는 바닥면적의 합계가 1천제곱미터 미만인 것

라. 서점(제1종 근린생활시설에 해당하지 않는 것)

마. 총포판매소

바. 사진관, 표구점

사. 청소년게임제공업소, 복합유통게임제공업소, 인터넷컴퓨터게임시설제공업소, 가상현실체험 제공업소, 그 밖에 이와 비슷한 게임 및 체험 관련 시설로서 같은 건축물에 해당 용도로 쓰는 바닥면적의 합계가 500제곱미터 미만인 것

아. 휴게음식점, 제과점 등 음료·차(茶)·음식·빵·떡·과자 등을 조리하거나 제조하여 판매하는 시설(너목 또는 제17호에 해당하는 것은 제외한다)로서 같은 건축물에 해당 용도로 쓰는 바닥면적의 합계가 300제곱미터 이상인 것

자. 일반음식점

차. 장의사, 동물병원, 동물미용실, 「동물보호법」 제32조 제1항 제6호에 따른 동물위탁관리업을 위한 시설, 그 밖에 이와 유사한 것

카. 학원(자동차학원·무도학원 및 정보통신기술을 활용하여 원격으로 교습하는 것은 제외한다), 교습소(자동차교습·무도교습 및 정보통신기술을 활용하여 원격으로 교습하는 것은 제외한다), 직업훈련소(운전·정비 관련 직업훈련소는 제외한다)로서 같은 건축물에 해당 용도로 쓰는 바닥면적의 합계가 500제곱미터 미만인 것

타. 독서실, 기원

파. 테니스장, 체력단련장, 에어로빅장, 볼링장, 당구장, 실내낚시터, 골프연습장, 놀이형시설(「관광진흥법」에 따른 기타유원시설업의 시설을 말한다. 이하 같다) 등 주민의 체육 활동을 위한 시설(제3호마목의 시설은 제외한다)로서 같은 건축물에 해당 용도로 쓰는 바닥면적의 합계가 500제곱미터 미만인 것

하. 금융업소, 사무소, 부동산중개사무소, 결혼상담소 등 소개업소, 출판사 등 일반업무시설로서 같은 건축물에 해당 용도로 쓰는 바닥면적의 합계가 500제곱미터 미만인 것(제1종 근린생활시설에 해당하는 것은 제외한다)

거. 다중생활시설(「다중이용업소의 안전관리에 관한 특별법」에 따른 다중이용업 중 고시원업의 시설로서 국토교통부장관이 고시하는 기준과 그 기준에 위배되지 않는 범위에서 적정한 주거환경을 조성하기 위하여 건축조례로 정하는 실별 최소 면적, 창문의 설치 및 크기 등의 기준에 적합한 것을 말한다. 이하 같다)로서 같은 건축물에 해당 용도로 쓰는 바닥면적의 합계가 500제곱미터 미만인 것

너. 제조업소, 수리점 등 물품의 제조·가공·수리 등을 위한 시설로서 같은 건축물에 해당 용도로 쓰는 바닥면적의 합계가 500제곱미터 미만이고, 다음 요건 중 어느 하나에 해당하는 것

1) 「대기환경보전법」, 「물환경보전법」 또는 「소음·진동관리법」에 따른 배출시설의 설치 허가 또는 신고의 대상이 아닌 것

2) 「물환경보전법」 제33조 제1항 본문에 따라 폐수배출시설의 설치 허가를 받거나 신고해야 하는 시설로서 발생되는 폐수를 전량 위탁처리하는 것

더. 단란주점으로서 같은 건축물에 해당 용도로 쓰는 바닥면적의 합계가 150제곱미터 미만인 것

러. 안마시술소, 노래연습장

5. 문화 및 집회시설
   가. 공연장으로서 제2종 근린생활시설에 해당하지 아니하는 것
   나. 집회장[예식장, 공회당, 회의장, 마권(馬券) 장외 발매소, 마권 전화투표소, 그 밖에 이와
      비슷한 것을 말한다]으로서 제2종 근린생활시설에 해당하지 아니하는 것
   다. 관람장(경마장, 경륜장, 경정장, 자동차 경기장, 그 밖에 이와 비슷한 것과 체육관 및 운동
      장으로서 관람석의 바닥면적의 합계가 1천 제곱미터 이상인 것을 말한다)
   라. 전시장(박물관, 미술관, 과학관, 문화관, 체험관, 기념관, 산업전시장, 박람회장, 그 밖에
      이와 비슷한 것을 말한다)
   마. 동·식물원(동물원, 식물원, 수족관, 그 밖에 이와 비슷한 것을 말한다)

6. 종교시설
   가. 종교집회장으로서 제2종 근린생활시설에 해당하지 아니하는 것
   나. 종교집회장(제2종 근린생활시설에 해당하지 아니하는 것을 말한다)에 설치하는 봉안당(奉
      安堂)

7. 판매시설
   가. 도매시장(「농수산물유통 및 가격안정에 관한 법률」에 따른 농수산물도매시장, 농수산물공
      판장, 그 밖에 이와 비슷한 것을 말하며, 그 안에 있는 근린생활시설을 포함한다)
   나. 소매시장(「유통산업발전법」 제2조 제3호에 따른 대규모 점포, 그 밖에 이와 비슷한 것을
      말하며, 그 안에 있는 근린생활시설을 포함한다)
   다. 상점(그 안에 있는 근린생활시설을 포함한다)으로서 다음의 요건 중 어느 하나에 해당하
      는 것
      1) 제3호가목에 해당하는 용도(서점은 제외한다)로서 제1종 근린생활시설에 해당하지 아
         니하는 것
      2) 「게임산업진흥에 관한 법률」 제2조 제6호의2 가목에 따른 청소년게임제공업의 시설,
         같은 호 나목에 따른 일반게임제공업의 시설, 같은 조 제7호에 따른 인터넷컴퓨터게임
         시설제공업의 시설 및 같은 조 제8호에 따른 복합유통게임제공업의 시설로서 제2종 근
         린생활시설에 해당하지 아니하는 것

8. 운수시설
   가. 여객자동차터미널

나. 철도시설

다. 공항시설

라. 항만시설

마. 그 밖에 가목부터 라목까지의 규정에 따른 시설과 비슷한 시설

9. 의료시설

　가. 병원(종합병원, 병원, 치과병원, 한방병원, 정신병원 및 요양병원을 말한다)

　나. 격리병원(전염병원, 마약진료소, 그 밖에 이와 비슷한 것을 말한다)

10. 교육연구시설(제2종 근린생활시설에 해당하는 것은 제외한다)

　가. 학교(유치원, 초등학교, 중학교, 고등학교, 전문대학, 대학, 대학교, 그 밖에 이에 준하는 각종 학교를 말한다)

　나. 교육원(연수원, 그 밖에 이와 비슷한 것을 포함한다)

　다. 직업훈련소(운전 및 정비 관련 직업훈련소는 제외한다)

　라. 학원(자동차학원·무도학원 및 정보통신기술을 활용하여 원격으로 교습하는 것은 제외한다), 교습소(자동차교습·무도교습 및 정보통신기술을 활용하여 원격으로 교습하는 것은 제외한다)

　마. 연구소(연구소에 준하는 시험소와 계측계량소를 포함한다)

　바. 도서관

11. 노유자시설

　가. 아동 관련 시설(어린이집, 아동복지시설, 그 밖에 이와 비슷한 것으로서 단독주택, 공동주택 및 제1종 근린생활시설에 해당하지 아니하는 것을 말한다)

　나. 노인복지시설(단독주택과 공동주택에 해당하지 아니하는 것을 말한다)

　다. 그 밖에 다른 용도로 분류되지 아니한 사회복지시설 및 근로복지시설

12. 수련시설

　가. 생활권 수련시설(「청소년활동진흥법」에 따른 청소년수련관, 청소년문화의집, 청소년특화시설, 그 밖에 이와 비슷한 것을 말한다)

　나. 자연권 수련시설(「청소년활동진흥법」에 따른 청소년수련원, 청소년야영장, 그 밖에 이와 비슷한 것을 말한다)

　다. 「청소년활동진흥법」에 따른 유스호스텔

라. 「관광진흥법」에 따른 야영장 시설로서 제29호에 해당하지 아니하는 시설

13. 운동시설
　가. 탁구장, 체육도장, 테니스장, 체력단련장, 에어로빅장, 볼링장, 당구장, 실내낚시터, 골프연습장, 놀이형시설, 그 밖에 이와 비슷한 것으로서 제1종 근린생활시설 및 제2종 근린생활시설에 해당하지 아니하는 것
　나. 체육관으로서 관람석이 없거나 관람석의 바닥면적이 1천제곱미터 미만인 것
　다. 운동장(육상장, 구기장, 볼링장, 수영장, 스케이트장, 롤러스케이트장, 승마장, 사격장, 궁도장, 골프장 등과 이에 딸린 건축물을 말한다)으로서 관람석이 없거나 관람석의 바닥면적이 1천 제곱미터 미만인 것

14. 업무시설
　가. 공공업무시설: 국가 또는 지방자치단체의 청사와 외국공관의 건축물로서 제1종 근린생활시설에 해당하지 아니하는 것
　나. 일반업무시설: 다음 요건을 갖춘 업무시설을 말한다.
　1) 금융업소, 사무소, 결혼상담소 등 소개업소, 출판사, 신문사, 그 밖에 이와 비슷한 것으로서 제1종 근린생활시설 및 제2종 근린생활시설에 해당하지 않는 것
　2) 오피스텔(업무를 주로 하며, 분양하거나 임대하는 구획 중 일부 구획에서 숙식을 할 수 있도록 한 건축물로서 국토교통부장관이 고시하는 기준에 적합한 것을 말한다)

15. 숙박시설
　가. 일반숙박시설 및 생활숙박시설(「공중위생관리법」 제3조 제1항 전단에 따라 숙박업 신고를 해야 하는 시설로서 국토교통부장관이 정하여 고시하는 요건을 갖춘 시설을 말한다)
　나. 관광숙박시설(관광호텔, 수상관광호텔, 한국전통호텔, 가족호텔, 호스텔, 소형호텔, 의료관광호텔 및 휴양 콘도미니엄)
　다. 다중생활시설(제2종 근린생활시설에 해당하지 아니하는 것을 말한다)
　라. 그 밖에 가목부터 다목까지의 시설과 비슷한 것

16. 위락시설
　가. 단란주점으로서 제2종 근린생활시설에 해당하지 아니하는 것
　나. 유흥주점이나 그 밖에 이와 비슷한 것

다. 「관광진흥법」에 따른 유원시설업의 시설, 그 밖에 이와 비슷한 시설(제2종 근린생활시설
　　과 운동시설에 해당하는 것은 제외한다)

라. 삭제 <2010.2.18>

마. 무도장, 무도학원

바. 카지노영업소

17. 공장

물품의 제조·가공[염색·도장(塗裝)·표백·재봉·건조·인쇄 등을 포함한다] 또는 수리에 계속적
으로 이용되는 건축물로서 제1종 근린생활시설, 제2종 근린생활시설, 위험물저장 및 처리시설,
자동차 관련 시설, 자원순환 관련 시설 등으로 따로 분류되지 아니한 것

18. 창고시설(위험물 저장 및 처리 시설 또는 그 부속용도에 해당하는 것은 제외한다)

가. 창고(물품저장시설로서 「물류정책기본법」에 따른 일반창고와 냉장 및 냉동 창고를 포함한다)

나. 하역장

다. 「물류시설의 개발 및 운영에 관한 법률」에 따른 물류터미널

라. 집배송 시설

19. 위험물 저장 및 처리 시설

「위험물안전관리법」, 「석유 및 석유대체연료 사업법」, 「도시가스사업법」, 「고압가스 안전관리법」,
「액화석유가스의 안전관리 및 사업법」, 「총포·도검·화약류 등 단속법」, 「화학물질 관리법」 등에
따라 설치 또는 영업의 허가를 받아야 하는 건축물로서 다음 각 목의 어느 하나에 해당하는 것.
다만, 자가난방, 자가발전, 그 밖에 이와 비슷한 목적으로 쓰는 저장시설은 제외한다.

가. 주유소(기계식 세차설비를 포함한다) 및 석유 판매소

나. 액화석유가스 충전소·판매소·저장소(기계식 세차설비를 포함한다)

다. 위험물 제조소·저장소·취급소

라. 액화가스 취급소·판매소

마. 유독물 보관·저장·판매시설

바. 고압가스 충전소·판매소·저장소

사. 도료류 판매소

아. 도시가스 제조시설

자. 화약류 저장소

차. 그 밖에 가목부터 자목까지의 시설과 비슷한 것

20. 자동차 관련 시설(건설기계 관련 시설을 포함한다)
　가. 주차장
　나. 세차장
　다. 폐차장
　라. 검사장
　마. 매매장
　바. 정비공장
　사. 운전학원 및 정비학원(운전 및 정비 관련 직업훈련시설을 포함한다)
　아. 「여객자동차 운수사업법」, 「화물자동차 운수사업법」 및 「건설기계관리법」에 따른 차고 및 주기장(駐機場)
　자. 전기자동차 충전소로서 제1종 근린생활시설에 해당하지 않는 것

21. 동물 및 식물 관련 시설
　가. 축사(양잠·양봉·양어·양돈·양계·곤충사육 시설 및 부화장 등을 포함한다)
　나. 가축시설[가축용 운동시설, 인공수정센터, 관리사(管理舍), 가축용 창고, 가축시장, 동물 검역소, 실험동물 사육시설, 그 밖에 이와 비슷한 것을 말한다]
　다. 도축장
　라. 도계장
　마. 작물 재배사
　바. 종묘배양시설
　사. 화초 및 분재 등의 온실
　아. 동물 또는 식물과 관련된 가목부터 사목까지의 시설과 비슷한 것(동·식물원은 제외한다)

22. 자원순환 관련 시설
　가. 하수 등 처리시설
　나. 고물상
　다. 폐기물재활용시설
　라. 폐기물 처분시설
　마. 폐기물감량화시설

23. 교정 및 군사 시설(제1종 근린생활시설에 해당하는 것은 제외한다)

　가. 교정시설(보호감호소, 구치소 및 교도소를 말한다)

　나. 갱생보호시설, 그 밖에 범죄자의 갱생·보육·교육·보건 등의 용도로 쓰는 시설

　다. 소년원 및 소년분류심사원

　라. 국방·군사시설

24. 방송통신시설(제1종 근린생활시설에 해당하는 것은 제외한다)

　가. 방송국(방송프로그램 제작시설 및 송신·수신·중계시설을 포함한다)

　나. 전신전화국

　다. 촬영소

　라. 통신용 시설

　마. 데이터센터

　바. 그 밖에 가목부터 마목까지의 시설과 비슷한 것

25. 발전시설

발전소(집단에너지 공급시설을 포함한다)로 사용되는 건축물로서 제1종 근린생활시설에 해당하지 아니하는 것

26. 묘지 관련 시설

　가. 화장시설

　나. 봉안당(종교시설에 해당하는 것은 제외한다)

　다. 묘지와 자연장지에 부수되는 건축물

　라. 동물화장시설, 동물건조장(乾燥葬)시설 및 동물 전용의 납골시설

27. 관광 휴게시설

　가. 야외음악당

　나. 야외극장

　다. 어린이회관

　라. 관망탑

　마. 휴게소

　바. 공원·유원지 또는 관광지에 부수되는 시설

28. 장례시설

    가. 장례식장[의료시설의 부수시설(「의료법」 제36조 제1호에 따른 의료기관의 종류에 따른 시설을 말한다)에 해당하는 것은 제외한다]

    나. 동물 전용의 장례식장

29. 야영장 시설

「관광진흥법」에 따른 야영장 시설로서 관리동, 화장실, 샤워실, 대피소, 취사시설 등의 용도로 쓰는 바닥면적의 합계가 300제곱미터 미만인 것

비고

1. 제3호 및 제4호에서 "해당 용도로 쓰는 바닥면적"이란 부설 주차장 면적을 제외한 실(實) 사용면적에 공용부분 면적(복도, 계단, 화장실 등의 면적을 말한다)을 비례 배분한 면적을 합한 면적을 말한다.

2. 비고 제1호에 따라 "해당 용도로 쓰는 바닥면적"을 산정할 때 건축물의 내부를 여러 개의 부분으로 구분하여 독립한 건축물로 사용하는 경우에는 그 구분된 면적 단위로 바닥면적을 산정한다. 다만, 다음 각 목에 해당하는 경우에는 각 목에서 정한 기준에 따른다.

    가. 제4호 더목에 해당하는 건축물의 경우에는 내부가 여러 개의 부분으로 구분되어 있더라도 해당 용도로 쓰는 바닥면적을 모두 합산하여 산정한다.

    나. 동일인이 둘 이상의 구분된 건축물을 같은 세부 용도로 사용하는 경우에는 연접되어 있지 않더라도 이를 모두 합산하여 산정한다.

    다. 구분 소유자(임차인을 포함한다)가 다른 경우에도 구분된 건축물을 같은 세부 용도로 연계하여 함께 사용하는 경우(통로, 창고 등을 공동으로 활용하는 경우 또는 명칭의 일부를 동일하게 사용하여 홍보하거나 관리하는 경우 등을 말한다)에는 연접되어 있지 않더라도 연계하여 함께 사용하는 바닥면적을 모두 합산하여 산정한다.

3. 「청소년 보호법」 제2조 제5호 가목 8) 및 9)에 따라 여성가족부장관이 고시하는 청소년 출입·고용금지업의 영업을 위한 시설은 제1종 근린생활시설 및 제2종 근린생활시설에서 제외하되, 위 표에 따른 다른 용도의 시설로 분류되지 않는 경우에는 제16호에 따른 위락시설로 분류한다.

4. 국토교통부장관은 별표 1 각 호의 용도별 건축물의 종류에 관한 구체적인 범위를 정하여 고시할 수 있다.

참고문헌

1. 국내문헌

가. 단행본

■ 경정익, 부동산정보기술론, 서울: 박영사, 2021.

■ 곽윤직, 민법총칙, 서울: 박영사, 1989.

■ 국토연구원, 국토50년, 서울: 서울프레스, 1996.

■ 권강웅, 지방세법해설, 서울: ㈜광교 TNS, 2002.

■ 김성홍·김광중·최상철·원제무·안창모·박철수 공저, 서울 2천년사 35권, 서울: 서울역사 편찬원, 2016.

■ 김영곤 외 3인, 부동산투자론, 서울: 형설출판사, 2002.

■ 김영진, 부동산학총론, 서울: 범론사, 1990.

■ 김용한, 물권법, 서울: 박연사, 1996.

■ 김의원, 실록건설부, 서울: 경인문화사, 1996.

■ 노영진, 데이터센터 입문서, 서울: 조은 땅, 2020.

■ 노태욱, 부동산개발론, 서울: 부연사, 2002.

■ 노화준, 계량분석개론, 서울: 법문사, 1990.

■ 대한국토·도시계획학회 편저, 지역경제론, 서울: 보성각, 1999.

■ 류해웅, 부동산제도, 서울: 부연사, 2006.

■ 민태욱, 부동산 조세법, 서울: 부연사, 2002.

■ 백봉기, 부동산투자운용론, 서울: 부연사, 2004.

■ 서영철, 실전/소규모 부동산 대지분석 및 설계, 서울: 시공문화사, 2003.

■ 서울대 경영대연구소, 경영학핸드북, 서울: 서울대학교 출판부, 1993.

■ 서청원, 국토와 정책, 서울: 도서출판 청양, 1998.

■ 서후석 외 5인, 부동산펀드의 자산운용전략, 서울: 부동산114, 2004.

■ 손기원, 현금흐름과 기업을 살리는 재무전략, 서울: 경영베스트, 1998.

■ 신동훈, 부동산물권분석과 매매계약(법), 서울: 청산출판사, 1996.

■ 안정근, 현대부동산학 제5판, 서울: 양현사, 2014.

- 연제진·신동혜, 건축설계도 보는법, 서울: 성안당, 1999.
- 오석건·황창서 공저, 부동산컨설팅론, 서울: 한국생산성본부, 1998.
- 오윤희 외 1인, 소매마케팅, 서울: 남두도서, 1999.
- 오준석 외, 전략경영시대의 경영학, 서울: 웅지경영아카데미, 2000.
- 이소한 외 7인, 리츠란 무엇인가?, 서울: 박영률출판사, 2001.
- 이순효, PERT.CPM 실무, 서울: 박영사, 1989.
- 이종규, 부동산개발사업의 기획과 실무, 서울: 부연사, 2003.
- 장동훈·정승영, 부동산입지론, 서울: 부연사, 2008.
- 조성근, 한국의 디벨로퍼들, 서울: 이다미디어, 2005.
- 조주현, 부동산학원론, 서울: 건국대학교 출판부, 2002.
- 지청·장하성, 재무관리, 서울: 법경사, 1999.
- 최복수·이석규, 사례로 본 호텔프로젝트, 서울: 백산출판사, 2003.
- 최재선, 지역경제론, 서울: 법문사, 1990.
- 피터헨디 브라운(김인아 역), 부동산 디벨로퍼의 사고법, 차밍시티, 2021.
- 하성규 외, 주택·도시·공공성, 서울: 박영사, 2000.
- 황창서, 2008 부동산대예측, 서울: 원앤원북스, 2005.

나. 국내논문

- 감정평가연구원, "오피스시장 분석방법", 삼성에버랜드, 2000.
- 강상중, "수도권 물류창고 입지변화 경향분석", 브롭 빅스, 3Q, Vol 5, 중앙대학교 국제물류학과, 2021.
- 김민형, "부동산개발사업의 리스크 요인분석 및 관리방안", 한국건설산업연구원, 2005.
- 김양렬 외 2인, "프로젝트파이낸싱과 ABS를 통한 주택금융", 주택건설 활성화 방안, 주택산업연구원, 2000.
- 김재환, "부동산개발프로젝트의 위험도 정량화에 관한 연구", Kreri Working Series No. 06-W01, 건국대학교 부동산정책연구소, 2006.
- 김정호, "한국의 토지이용규제", 한국경제연구원, 1995.
- 김태섭, "전월세시장 구조변화에 대응한 정부정책 개선방안", 주택산업연구원, 2014.
- 류해웅, "택지개발제도의 변천과 도시개발법제의 영향에 관한 고찰", 토지연구 제11권 제2호, 2000.
- 박원석·박용규, "REITs 도입의 영향과 정책과제", 삼성경제연구소, 2000.

■ 성주한, "아파트 마케팅 전략에 관한 연구", 건국대학교 행정대학원 석사학위 청구논문, 2001.

■ 안정근, "매장용 부동산의 상권분석기법에 관한 고찰", 부동산학연구 제5집, 1999.

■ 유현아 외 3인, "지식산업센터 현황과 정책과제: 수도권과 비수도권 비교를 중심으로", 국토연구원, 2021.

■ 윤영식, "부동산개발사업의 타당성분석에 관한 연구", 건국대학교 행정대학원 석사학위 청구논문, 1992.

■ 윤영식, "부동산개발론의 학문적 체계에 관한 연구", 건국대학교 행정대학원 박사학위 청구논문 2004.

■ 윤영식, "한국 부동산 디벨로퍼의 부정적 인식 개선에 관한 소고", 부동산학보 제85집, 2021.

■ 윤영식 · 성주한, "부동산 개발사업에 관한 단계별 리스크 요인의 상대적 중요도와 효율적인 리스크 관리 방안에 관한 연구", 부동산학보 제59집, 2014.

■ 윤영식 · 신성윤, "셰어하우스를 통한 W사의 비즈니스 모델에 관한 사례연구", KOREA BUSINESS REVIEW, 한국경영학회 제23권 제4호, 2019.

■ 이춘섭, "부동산학의 학문적 성격, 부동산학연구 제4집, 1998.

■ 임석회 · 이재우, "상업용 부동산의 입지 및 상권분석에 관한 연구", 감정평가연구원, 2000.

■ 임석회 · 이재우, "부동산 분야의 GIS 활용 연구", 감정평가연구원, 2001.

■ 재정경제부, "프로젝트 파이낸싱 활성화를 위한 제도 개선방안", 2001.

■ 조재욱, "메타버스(Metaverse) 마케팅 사례를 통한 성공요인 및 활성화 방안 연구", 디지털융복합 연구 제20권 제4호, 2021.

■ 한국주택사업협회, "지주공동사업제에 관한 개발기법의 조사연구", 1992.

다. 기타

■ 건설교통부, 주택백서, 2002.

■ 건설교통부, 주택업무편람, 2003.

■ 건설교통부, 국토업무편람, 2005.

■ 건설교통부, 토지이용규제 정보화 추진방안 연구(Ⅱ): 규제안내서 작성방안, 2005.

■ 경기도 지방공무원 교육원, 도시계획전문과정, 1998.

■ 국토연구원, 부동산 개발업 관리 및 육성방안에 관한 공청회자료, 2006.

■ 기념심포지움, 2002.

■ 박상덕, 리츠 관련법규 및 정책방향에 관한 세미나, 2001.

■ 삼성그룹, 개발전문가과정 교육자료, 1998.

■ 서울특별시 도시계획국, 도시계획업무편람, 1998.

■ 손재영 편, 부동산정책론, 건국대학교 부동산학과, 2002.

■ 손재영, 경제위기 이후 부동산시장의 구조변화, 한국감정평가연구원 개원1주년.

■ 조성진, 부동산개발금융, 건국대학교 부동산정책연구소, 2003.

■ 조주현, 부동산시장·상권분석론, 건국대학교 부동산정책연구소, 1997.

■ ㈜서울비지니스컨설팅, 부동산개발기획기법 실무, 1999.

■ 한국능률협회, 시장조사 및 투자분석, 1998.

■ 한국능률협회, 상권조사·분석 전문과정, 1999.

■ 한국부동산개발협회, 선진국 개발현황과 디벨로퍼비전 및 전망, 2014.

■ 허윤경·김성환, 프롭테크기업, 부동산 산업의 새로운 미래, 한국건설산업연구원, 2019.

■ 현대 서울의 도시건설, 서울역사편찬원, 2016.

2. 외국문헌

가. 외국단행본

■ Barrett, G·Vincent, John P·Blair, *How to conduct & Analysis Real Estate Market & Feasibility Studies*, New York: Van Nostrand Reinhold Company, 1988.

■ Boyce, Byry N. /William N. Kinnard,Jr., *Appraising Real Property*, Lexington Books, 1984.

■ Brueggeman/Fisher, *Real Estate Finance and Investments*,(Tenth Sdition), Boston, New York: Irwin/McGraw−Hill, 1997.

■ Burke, Rory, *Project Management*, John Wiley & Sons, 1990.

■ Cadman, David & Perter Byrne, *Risk, Uncertainty & Decision−Making in Property Development*, E. & F. N. Spon Ltd., London, 1984.

■ Carn, Neil et al., *Real Estate Market Analysis Technigues & Application*, Prentice Hall, 1988.

■ Clapp, John M., *Handbook for real estate market analysis*, Prentice Hall, 1987.

■ Cooper, Pyhrr, *Real Estate Investment*, John Wiley & Sons, 1982.

■ Geltner, David M. /Norman G. Miller, *Commercial Real Estate Analysis & Investments*,

South－Western Publishing, 2001.

■ Hines, Mary alice, *Real Estate Investment*, Newyork: Macmillan publishing co., Inc., 1980.

■ Jones, Ken and Jim Simmons, Location Location Location (Analyzing The Retail Environment), Nelson Canada, 1990.

■ Jones, Ken and Jim Simmons, *The Retail Environment*, London: Routledge, 1990.

■ McMahan, John, *Property Development, Second Edition*, McGraw－Hill Publishing Company, New York, 1989.

■ Miles, Mike E. et al., Real E*state Develpment: principles and process* (Third Edition), Washington, D.C: The Urband Land Institute, 2001.

■ Parker, David F., MIRM & Charles R. Clark, MIRM, *Marketing New Homes, Hom Builder Press*, Washington DC, 1999.

■ Peiser, Richard B.with DeanSchwanke, *Proffessional Real Estate Development*, Washington, D.C: Dearborn Financial Pablishing, Inc. and The Urban Land Institute, 1992.

■ Ratclife, Richard U, Real Estate Analysis, McGraw－Hill Book Company, 1961.

■ Ratcliffe, John & Michael Stubbs, Urban Planning & Real Estate Development, London: UCL Press, 1996.

■ Schmitz, Adrienne /Deborah L. Brett, *Real Estate Market Analys－ is: a Case Study Approach, Washinton*, D.C.,: Urban Land Institute, 2001.

■ Shewkel, William M., *Real estate Finance*, Washington.D.C: American Bankers Association, 1976.

■ Wofford, Larry E., *Real Estate*, John Wiley & Sons, 1986.

나. 외국논문 및 인터넷

■ Graaskamp, James A., "*A Rational Approach to Feasibility Analysis*", Appraisal Journal, October. 1972.

■ Peiser, Richard B., "*who plans America: Planners or developer?*", Journal of the American Planning Association, 1990.

■ 국가공간정보포털(www.nsdi.go.kr/).

■ 국민은행(www.kbstar.com/).

- 넘베오(Numbeo): 국가비교 통계사이트(www.numbeo.com/).
- 데이터드래곤: 빅데이터분석 플랫폼, TDI, 2021.
- 물류리츠 길라잡이, 삼성증권, 2020.
- 물류신문(www.klnew.co.kr/).
- 미국의 FOMC 회의와 회의록 결과.
- 송준화, "에너지의 효율이 데이터센터 경쟁력 결정", KDCEA 사무국장, 2022.
- 스마트튜브 부동산조사연구소(writer@bizbankook.com).
- 영국 Knight Frank Global House Price.
- 유남선 마스터(삼우설계), 데이터센터의 유튜브 동영상.
- 인스타그램 계정: @zachmortice: 시카고의 건축 저널리스트인 잭 모티스의 트위터.
- 한국부동산원 통계시스템(www.r−one.co.kr/).
- 한국은행 경제통계시스템(www.ecos.bok.or.kr/).
- http://www.fsc.go.kr.
- http://www.fss.or.kr.
- http://www. keppelland.com.sq/.
- http://www.klnews.co.kr.
- https://sonomad.tistory.com/141.

찾아보기

저자 약력

윤 영 식

한양대학교 공과대학 졸업
현대건설주식회사 설계실
디에스디삼호㈜ 개발기획실 실장
㈜대유엔지니어링 기획실장
건국대학교 대학원 부동산학 1호 박사: Ph.D.
건국대학교 부동산정책연구소 부동산컨설턴트과정 주임교수
건국대학교 부동산대학원 겸임교수
아주대학교 공공정책대학원 부동산학과 교수
건설교통부 도시정책자문위원
경기도 투자유치자문관
경기도 주택정책심의위원회
수원시 도시계획위원회
수원시 분양가상한제 심의위원
용인시청 부동산평가위원
주택산업연구원 자문위원
KT 부동산개발 자문위원
한국부동산분석학회 이사
화성시 도시계획 심의위원
한국디벨로퍼협회 전문위원
오산시 분양가상한제 심의위원
의왕시 투자유치 자문위원

최신 부동산개발론

초판발행	2023년 2월 28일
지은이	윤영식
펴낸이	안종만·안상준
편 집	사윤지
기획/마케팅	정연환
표지디자인	Benstory
제 작	고철민·조영환
펴낸곳	(주) **박영사**
	서울특별시 금천구 가산디지털2로 53, 210호(가산동, 한라시그마밸리)
	등록 1959. 3. 11. 제300-1959-1호(倫)
전 화	02)733-6771
f a x	02)736-4818
e-mail	pys@pybook.co.kr
homepage	www.pybook.co.kr
ISBN	979-11-303-1675-8 93320

copyright©윤영식, 2023, Printed in Korea

정 가   35,000원